Friderike Seithel

Von der Kolonialethnologie zur Advocacy Anthropology

Interethnische Beziehungen und Kulturwandel

Ethnologische Beiträge zu soziokultureller Dynamik

herausgegeben von
Prof. Dr. Jürgen Jensen, Universität Hamburg

Band 34

LIT

Friderike Seithel

Von der Kolonialethnologie zur Advocacy Anthropology

Zur Entwicklung einer kooperativen Forschung und Praxis von EthnologInnen und indigenen Völkern

LIT

Gedruckt mit Unterstützung der Universität Hamburg und der Johanna und Fritz Buch-Gedächtnisstiftung

Umschlagbild: Idee: Tavi Iepan
Foto: Michael Poschmann
Vielen Dank an Renate Schukies für die leihweise Überlassung der Pfeife!

Die Deutsche Bibliothek – CIP-Einheitsaufnahme

Seithel, Friderike
Von der Kolonialethnologie zur Advocacy Anthropology : Zur Entwicklung einer kooperativen Forschung und Praxis von EthnologInnen und indigenen Völkern / Friderike Seithel. – Hamburg : LIT, 2000
   (Interethnische Beziehungen und Kulturwandel ; 34.)
   Zugl.: Hamburg, Univ., FB Kulturgeschichte und Kulturkunde, Diss., 1998 u. d. T. Von der Kolonialethnologie zur Advocacy Anthropology : Historische Entwicklung, theoretische Ausgangspunkte und methodische Grundlagen einer kooperativen Forschung und Praxis von EthnologInnen und indigenen Völkern
   ISBN 3-8258-4082-4

NE: GT

© **LIT** VERLAG Münster – Hamburg – London
Grindelberg 15a 20144 Hamburg Tel. 040–44 64 46 Fax 040–44 14 22

Dem Gedenken an
Edward Red Hat I. und Minnie Red Hat
gewidmet

Danksagung

Ich danke ganz besonders meinem Doktorvater Prof. Dr. Jürgen Jensen vom Hamburger Institut für Ethnologie für seine fachliche Betreuung und seine langjährige geduldige Begleitung meiner Dissertation. Ohne seine stete Ermutigung wäre diese Arbeit vielleicht nie fertig geworden. Danken möchte ich auch Frau Prof. Dr. Waltraud Kokot vom Hamburger Institut für Ethnologie für ihre kritischen Anmerkungen und ihre wohlwollende Betreuung als meine Zweitgutachterin. Prof. Dr. Ernst Neugebauer vom Fachbereich für Vergleichende Erziehungswissenschaft der Universität Hamburg danke ich für die sehr anregenden Diskussionen über die Geschichte der angewandten Ethnologie, durch die ich neue Perspektiven über die Arbeit von EthnologInnen aus interdisziplinärer Sicht gewonnen habe.

Prof. Dr. Karl H. Schlesier danke ich dafür, daß er mich im Sommer 1978 mit Edward Red Hat I., dem damaligen Cheyenne Arrow Keeper, und seiner Familie bekannt gemacht hat, und daß er mich gelehrt hat, was *action anthropology* bedeutet. Von ihm habe ich gelernt, wissenschaftliches Denken mit *committment* zu verbinden. Die Begegnung mit Edward Red Hat I. und seiner Frau Minnie Red Hat hat meine Einstellung zum Umgang mit ethnologischem Wissen nachdrücklich beeinflußt.

Den MitarbeiterInnen des Instituts für Ökologie und Aktionsethnologie (infoe) und den Mitgliedern der AG Ethik der Deutschen Gesellschaft für Völkerkunde. verdanke ich aus unseren gemeinsamen Diskussionen und Aktivitäten in den Jahren 1987-1994 viele Anregungen und Ideen für die Bearbeitung des vorliegenden Themas. Schließlich ein herzliches "Danke Schön" an alle FreundInnen und Bekannten, die mir in entscheidenden Momenten mit fachlichem Rat oder einem aufmunternden Wort zur Seite gestanden haben. Ganz besonders danke ich meinen Eltern und Dirk Stähler dafür, daß sie mich immer wieder ermutigt haben, die Arbeit fertig zu schreiben, und daß sie mich dabei finanziell und persönlich unterstützt haben. Meiner Tochter Sunna danke ich dafür, daß sie das Gewicht der Doktorarbeit so sehr zu schätzen wußte und Verständnis für meine Launen gezeigt hat, die oftmals vom Fortgang der Arbeit bedingt waren. Und *last but not least* danke ich Walter Berns für sein schnelles, zuverlässiges und gründliches Korrekturlesen meines Manuskriptes.

Inhalt

1. **Einleitung** — 1
   - 1.1. Begründung des Themas und Zielsetzung der Arbeit — 1
   - 1.2. Aufbau der Arbeit und persönliches Interesse am Thema — 7
   - 1.3. Materiallage und Forschungsstand — 13
   - 1.4. Sprachregelungen und Formalia — 18

2. **Abgrenzungen: Ausgangspunkte und Prämissen der Arbeit** — 25
   - 2.1. Einleitung — 25
   - 2.2. Wissenschaft und (Lebens-)Praxis — 26
   - 2.3. Ethnologie: Gegenstandsbereich und Fachverständnis — 36
   - 2.4. Kultur, Ethnie, Ethnizität — 44
   - 2.5. Reine, angewandte und praktische Ethnologie — 51
   - 2.6. Zusammenfassung — 67

3. **Entwicklungen:** *Practicing anthropology* - **Ein geschichtlicher Überblick** — 71
   - 3.1. Einleitung — 71
   - 3.2. Der ethnologische Wirkungsgrad in der Geschichte — 75
   - 3.3. Vordisziplinäre Phase und frühe ethnologische Praxis — 79
     - 3.3.1. Allgemeine Fachgeschichte — 79
     - 3.3.2. U.S.A. — 83
     - 3.3.3. Das *British Empire* — 89
     - 3.3.4. Deutschsprachiger Raum — 92
   - 3.4. Aufstieg und Niedergang der klassischen angewandten Ethnologie — 99
     - 3.4.1. Allgemeine Fachgeschichte — 99
     - 3.4.2. U.S.A. — 107
     - 3.4.3. Großbritannien — 117
     - 3.4.4. Deutschsprachiger Raum — 125
   - 3.5. Die neuere praktische Ethnologie — 139
     - 3.5.1. Allgemeine Fachgeschichte — 139
     - 3.5.2. U.S.A. — 145
     - 3.5.3. Großbritannien — 153

	3.5.4. Bundesrepublik Deutschland	156
3.6.	Ethnologie zwischen akademischer Forschung und gesellschaftlicher Praxis, AuftraggeberInnen und Forschungssubjekten	164

4. Konzepte:
Engagement, Intervention, Partizipation, Kooperation, *advocacy* - Zur Entwicklung kritischer ethnologischer Praxisansätze — 179

4.1. Einleitung — 179
4.2. Engagement und Stellungnahme früherer EthnologInnen — 182
4.3. Interventionsansätze der 40er und 50er Jahre — 187
    4.3.1. *Action research* — 187
    4.3.2. *Community development* und andere Praxisansätze — 190
4.4. *Action anthropology* und *research-and-development-approach* — 194
    4.4.1. Das Fox-Projekt — 194
    4.4.2. Das Vicos-Projekt — 203
    4.4.3. Ergebnisse und Bedeutung beider Projekte — 205
4.5. Kritische Praxisansätze in den U.S.A.: Die 60er und 70er Jahre — 211
    4.5.1. Radikale Ethnologie und andere programmatische Konzepte — 211
    4.5.2. Die Praxis der neuen AktionsethnologInnen — 216
    4.5.3. Gemeinsamkeiten der verschiedenen Ansätze — 220
    4.5.4. Zur Rezeption der neuen Praxisansätze im Fach — 226
4.6. Angewandte und praktische Ethnologie in Lateinamerika — 230
    4.6.1. Fachentwicklung zwischen *indigenismo* und *nation-building* — 230
    4.6.2. Angewandte Ethnologie in der staatlichen Indianerpolitik — 234
    4.6.3. *Antropología comprometida* und *antropología crítica* — 239
    4.6.4. Die Barbados-Symposien — 247
    4.6.5. *Indianismo*, neue indigene Bewegungen und die Ethnologie — 249
    4.6.6. Ethnologische Beiträge zur "Befreiung der Indianer" — 256
4.7. Partizipative Konzepte in Ethnologie, Nachbarwissenschaften und Entwicklungspolitik — 259
    4.7.1. Die Wiederentdeckung der Aktionsforschung — 260
    4.7.2. *Investigación acción participativa*: Kritische Sozialwissenschaft in Lateinamerika — 261

       4.7.3. Partizipatorische Aktionsforschung als alternatives Forschungskonzept des Südens 271
       4.7.4. *Participatory rural appraisal* und *participatory learning approaches* in der Entwicklungspolitik 273
       4.7.5. Partizipatorische Aktionsforschung in der Industrie 275
       4.7.6. Ein Begriff - viele Richtungen: Zur kritischen Einschätzung partizipativer Methoden 277
  4.8. Kooperative Forschungsansätze der 80er Jahre 283
       4.8.1. Gesellschaftliche und fachliche Entwicklungen 283
       4.8.2. *Collaborative research* 286
       4.8.3. *Community-based research* und *community-centered praxis* 291
       4.8.4. Kontextgebunden, pragmatisch und pluralistisch: Praktische Ethnologie in der Postmoderne 295
  4.9. *Advocacy anthropology* 298
       4.9.1. Zum Begriff der *advocacy* 298
       4.9.2. *Advocacy* als *empowerment* 302
       4.9.3. Wichtigste Merkmale einer *advocacy anthropology* 305
  4.10. Zusammenfassung von Entwicklung und Stellenwert einer *advocacy anthropology* im Fach 309

5. Generalisierungen: Über die Instrumentalisierung kollektiver Differenz 319

6. Praxis: *Advocacy anthropology* und indigene Völker 339
  6.1. Einleitung 339
  6.2. Indigene Völker 340
       6.2.1. Wer sind indigene Völker? 340
       6.2.2. Die neuen indigenen Bewegungen 355
       6.2.3. Indigene Rechtsansprüche zwischen Autonomie, Partizipation und symbolischer Präsentation 362
  6.3. Die Bundesrepublik Deutschland und indigene Völker 368
  6.4. Handlungsbereiche für *advocacy anthropologists* 371
       6.4.1. Sicherung indigener Rechte 372
       6.4.2. Beratung von Nichtregierungsorganisationen 380
       6.4.3. Zusammenarbeit mit indigenen Organisationen 383
       6.4.4. Rollen und Aufgaben für EthnologInnen 385

6.5. Fragen und Probleme der Praxis einer *advocacy anthropology* 390
    6.5.1. Repräsentativität: Zur Wahl der KooperationspartnerInnen 390
    6.5.2. Handlungsberechtigung und Kontrolle 395
    6.5.3. Einflußmöglichkeiten in Politik und Gesellschaft 403
    6.5.4. Institutionalisierung und Finanzierung 408
6.6. Zusammenfassung 411

7. **Synthese: Ethische, theoretische und methodische Grundlagen einer *advocacy anthropology*** 415
    7.1. Einleitung 415
    7.2. Zur Begründung einer wertexpliziten Wissenschaft 417
        7.2.1. Ist *advocacy anthropology* Wissenschaft? 417
        7.2.2. Universalistische *und* oder *versus* relativistische Perspektive 421
        7.2.3. Wertsetzungen einer *advocacy anthropology* 426
    7.3. Erkenntnis- und wissenschaftstheoretische Grundzüge 430
        7.3.1. Forschung als dialektischer, partizipativer und kommunikativer Prozeß 430
        7.3.2. Formen und Validität partizipativ gewonnenen Wissens 436
    7.4. Kooperation und Partizipation im Forschungsprozeß: Zur Beziehung zwischen ForscherInnen und Forschungssubjekten 441
        7.4.1. Eine dialogische und kooperative Forschungsstruktur 441
        7.4.2. Verständigung über Interessen, Ziele und Handlungswirklichkeit 450
    7.5. Methoden, Kenntnisse und Fähigkeiten 452
        7.5.1. Wissenschaft als Grundlage 452
        7.5.2. Erarbeitung neuer Konzepte und Theorien 457
        7.5.3. Methodenpluralität und Interdisziplinarität 460
        7.5.4. Strategischer Umgang mit Forschungsdaten 463
        7.5.5. Ausbildungsinhalte 467
    7.6. Zusammenfassung 469

8. **Schlußwort** 473

9. **Literatur** 477

1. EINLEITUNG

1.1. Begründung des Themas und Zielsetzung der Arbeit

In den 60er Jahren geriet das Fach Ethnologie in eine Krise, die an den theoretischen und methodischen Grundlagen der gesamten Disziplin rüttelte und bis heute ihre Auswirkungen zeigt (vgl. Kap. 3.5.). Man sprach vom "Ende der Ethnologie" (z.B. Worsley 1970) oder forderte eine radikale Neuschaffung des Faches (z.B. Hymes 1974a). Auch diejenigen Menschen, mit denen sich die Ethnologie wissenschaftlich befaßte, äußerten lautstark, wenn auch vereinzelt Kritik an ethnologischer Forschungsarbeit (z.B. Deloria 1969). Aber es gab von dieser Seite auch andere Stimmen. So hielt z.B. John Mohawk, ein politischer und intellektueller Sprecher der nordamerikanischen Indianerbewegung, es für möglich, daß EthnologInnen sich als Verbündete auf die Seite unterdrückter und kolonisierter Völker stellten:

> "Most of all, the purveyors of anthropology need to take a serious look at the possibilities of a discipline which is, after all, the study of man. That discipline could become the discipline which enhances the human spirit, which explores and expands the horizon of human emotional possibilities and experiences. It could become a discipline recognized for its contributions to the broadening of human cultural experiences on the emotional as well as on the 'intellectual' planes. But for this to come to pass requires first of all a struggle by anthropologists against the destruction of cultures and people; a struggle which dissolves academic boundaries, and situates the anthropologist as an ally of those whose cultures have for so long been under imperial assault" (Mohawk 1985:169).

Von Beginn der Fachgeschichte an gab es Bemühungen, ethnologisches Wissens zur Verbesserung der Lebenssituationen der Forschungssubjekte[1] oder zur Lösung sozialer Fragen einzusetzen. Diese **angewandte Ethnologie** spielte allerdings von Land zu Land und unter wechselnden historischen Bedingungen eine sehr unterschiedliche und teilweise umstrittene Rolle innerhalb der Disziplin. Während die britischen und nordamerikanischen EthnologInnen zum Bei-

---

[1] Zum Begriff der Forschungssubjekte siehe Kap. 1.4.

spiel auf eine lange Tradition einer *applied anthropology*[2] zurückblicken können, ist die deutsche Ethnologie bis heute - mit Ausnahmen - von weitgehender Praxisabstinenz gekennzeichnet.[3] Zwar sind auch hier in den letzten Jahren erste Ansätze einer stärkeren Praxisorientierung auszumachen, doch kann bislang kaum von einer *practical anthropology*[4] in der deutschen Ethnologie gesprochen werden. So werden erst vereinzelt berufsbezogene Elemente in die Ausbildung integriert, neue außerakademische Berufswege von EthnologInnen betreten (vgl. Bollig/Brumann 1998, Fischer 1988a, Lange et al. 1998, Seithel 1990b) und Publikationen über praktische Ethnologie veröffentlicht, die Bezug auf die deutsche Ethnologie nehmen (siehe: Kap. 3.4.4. und 4.10.).

Die vorliegende Arbeit befaßt sich mit der Entwicklung eines speziellen Ansatzes praktischer Ethnologie: den als wertexplizit, interventionistisch, partizipativ und/oder kooperativ bezeichneten Praxiskonzepten. Diese werden in den Gesamtkontext der Geschichte der angewandten bzw. praktischen Ethnologie gestellt, in Zusammenhang mit ihren jeweiligen gesellschaftlichen Entstehungsbedingungen analysiert und am Beispiel von Kooperationsmöglichkeiten zwischen EthnologInnen und den neuen Bewegungen indigener Völker[5] konkreti-

---

[2] Nach Foster (1969:198) wurde der Begriff *applied anthropology* 1896 zum ersten Mal mit spezifischer Bedeutung im akademischen Zusammenhang von dem Ethnologen Daniel G. Brinton (Brinton 1896) in einer Rede vor der *American Association for the Advancement of Science* verwendet. Van Willigen (1991:12-13) und Partridge/Eddy (1987:4) schreiben die erste Benutzung des Begriffes dem britischen Ethnologen C. H. Read in einem Bericht über das 1883 neu eingerichtete *anthropology*-Ausbildungsprogramm an der Oxford University zu (Read 1906:56).

[3] Zum Begriff der Praxis siehe Kap. 2.2.

[4] Der Terminus *practical anthropology* wurde nach Partridge/Eddy (1987:4) bereits 1860 das erste Mal von James Hunt, dem Gründer der *Anthropological Society of London*, benutzt. Bekannt geworden ist der Terminus vor allem durch den 1929 erschienenen Artikel gleichen Titels von Malinowski (Malinowski 1970). Der Begriff wird heute in der internationalen Fachliteratur häufig anstelle der Bezeichnung *applied anthropology* verwendet; zur Definition dieser verschiedenen Begriffe und ihrer Abgrenzung zur reinen oder akademischen Ethnologie siehe Kap. 2.5.

[5] Als indigene Völker werden die ursprünglichen BewohnerInnen einer Region bezeichnet, die durch nachkommende Bevölkerungsgruppen kolonisiert, verdrängt oder umgesiedelt wurden. Sie teilen eine eigene Geschichte, Kultur und Sprache und besitzen heute meist den Status von sozial und politisch diskriminierten Minderheiten. Mit der Eigenbezeichnung als indigene Völker verbinden die betreffenden Gruppen ein spezifisches Wir-Bewußtsein, aus dem sie bestimmte politische und rechtliche Forderungen ableiten. Der Terminus ist vor allem als politischer und nicht als wissenschaftlich-analytischer Begriff zu verstehen. Er fand im Umfeld der neuen politischen Bewegungen ethnischer Gruppen Verbreitung (ausführlich siehe Kap. 6).

siert. Die verschiedenen Konzepte der angewandten bzw. praktischen Ethnologie werden jeweils vor allem in Hinblick auf drei Beziehungsverhältnisse untersucht: dem Verhältnis zwischen Wissenschaft und Lebenspraxis, wie es sich im fachlichen Selbstverständnis von EthnologInnen darstellt; dem Verhältnis von ForscherInnen, Forschungssubjekten und AuftraggeberInnen, soweit die beiden letzteren nicht identisch sind; und dem Verhältnis von Wissensproduktion und Wissensanwendung sowie den daraus folgenden Strategien für Forschung und praktisches Handeln. Die Struktur dieser verschiedenen Beziehungsverhältnisse steht dabei in enger Wechselwirkung mit wissenschaftsinternen und -externen Entwicklungen und Prozessen.

Ziel der Arbeit ist eine wissenschaftshistorische Analyse der Entstehungskontexte sowie die Herausarbeitung der wichtigsten ethischen, theoretischen und methodischen Grundlagen einer praktischen Ethnologie, die eine Zusammenarbeit mit den Forschungssubjekten bei Erkenntnisproduktion und gesellschaftlicher Praxis anstrebt. Diese Form praktischer Ethnologie wird unter dem Oberbegriff *advocacy anthropology* zusammengefaßt. Ein weiteres Interesse gilt der Frage, wie sich die Postulate einer *advocacy anthropology* in der praktischen Zusammenarbeit zwischen EthnologInnen und indigenen Völkern verwirklichen lassen und welche Aufgabenbereiche sich in diesem Zusammenhang auch für EthnologInnen in der Bundesrepublik Deutschland stellen (können).

Mein ursprüngliches Vorhaben bestand in der Abfassung einer Arbeit über Möglichkeiten hiesiger EthnologInnen, praktische Beiträge zu den Selbstbestimmungsbewegungen indigener Völker zu leisten. Im Verlaufe der Recherchen wurde dann schnell deutlich, daß vor einer Darstellung dessen, "was man als EthnologIn machen kann", zunächst einmal eine eingehende Auseinandersetzung mit den Entstehungs- und Verwertungskontexten der verschiedenen Konzepte einer angewandten Ethnologie und mit der Entwicklung und den Grundlagen einer *advocacy anthropology* erfolgen mußte. Die Umsetzungspotentiale einer *advocacy anthropology* für hiesige EthnologInnen wurden deshalb nur im Rahmen der internationalen Bemühungen von EthnologInnen in der Zusammenarbeit mit indigenen Völkern skizziert. Eine ausführlichere Bearbeitung der Handlungsbereiche speziell für EthnologInnen in der Bundesrepublik Deutschland muß einer anderen Arbeit überlassen bleiben.

Das 6. Kapitel, in dem auf die spezifische Problematik indigener Völker und auf Praxisbeispiele einer *advocacy anthropology* eingegangen wird, soll zeigen, daß Ethnologie mit einer *advocacy*-Orientierung nicht nur "vor Ort" mit den Forschungssubjekten, sondern auch von "zu Hause", also z.B. von Deutschland aus betrieben werden kann. Das bedeutet, daß *advocacy anthropology* als eine Form praktischer Ethnologie verstanden wird, mit der sich auch die **hier** arbeitenden EthnologInnen befassen können. Darüber hinaus sollen die wissenschaftsgeschichtlichen und theoretischen Abhandlungen der Arbeit nicht nur als reine "Trockenschwimmübungen" darstehen, sondern auch in ihrer praktischen Umsetzbarkeit zumindest ansatzweise gezeigt werden.

Ein Anliegen dieser Arbeit ist es, den Entwurf einer *advocacy anthropology*, nicht zuletzt auch in Hinblick auf zu verändernde Ausbildungsinhalte, im Fach zur Diskussion zu stellen. Sie kann helfen, die Grundlagen der *advocacy anthropology* weiter auszuarbeiten und dabei vielleicht auch eine passendere Bezeichnung für diese Form ethnologischer Praxis zu finden. In der internationalen ethnologischen Literatur sind eher Verwirrung und Abgrenzungen zwischen den verschiedenen partizipativen und interventionistischen Praxiskonzepten als zusammenfassende Konzeptualisierungen zu finden. Darüber hinaus gibt es kaum Versuche, die Erkenntnisse der sog. postmodernen Arbeiten über Kontextualisierung und Präsentation ethnographischer Aussagen mit Konzepten konkreter gesellschaftlicher Praxis zu verbinden.[6] Diese Verbindung wird teilweise ebenfalls in den folgenden Ausführungen versucht (siehe besonders Kap. 5).

Um Mißverständnissen vorzubeugen, möchte ich bereits an dieser Stelle kurz auf zwei entscheidende Punkte eingehen: zum einen auf die Verwendung des Begriffs ***advocacy*** und zum anderen auf die Auswahl des Beispieles der **indigenen Völker** zur Veranschaulichung der Praxis.

Der Begriff der *advocacy anthropology* ist hierzulande relativ unbekannt oder mit überwiegend negativen Konnotationen belegt.[7] Eine *advocacy*-Arbeit wird häufig in die Nähe von paternalistischen, moralisch argumentierenden oder gar

---

[6] Ausnahmen sind z.B. Gardner und Lewis (1996) oder Johannsen (1992); zur (angeblichen) Unvereinbarkeit von postmodernen Positionen mit praktisch-politischem Engagement in der Ethnologie siehe z.B. Hastrup und Elsass (1990) oder Singer (1994). Als **postmodern** werden hier zusammenfassend diejenigen ethnologischen Arbeiten bezeichnet, die Relativierung, Kontextualisierung und Dekonstruktion von Begriffen und theoretischen Konzepten zu ihren Aufgaben gemacht haben und primär mit dem Vorgang des Verfassens ethnographischer Texte befaßt sind, die dabei wissenschaftlicher Theoriebildung und kategorialer Begrifflichkeit eine weitgehende Absage erteilen und sich weitgehend nur mit Autorität und Macht auseinandersetzen, soweit sie sich in Symbolen, Rhetorik, Kodierung, Interpretationen und Diskursen äußern (vgl. z.B. Habermeyer 1996:87-181, Pool 1991).

[7] Diese Einschätzung beruht vor allem auf Gesprächen mit deutschen EthnologInnen sowie auf einer Durchsicht der Fachliteratur (vgl. Kap. 1.3.).

missionarisch ambitionierten Positionen des Helfen- und Gut-Sein-Wollens oder der entmündigenden Fürsprache gerückt (vgl. Antweiler 1996:220-221; für die internationalen Diskussionen siehe: Harries-Jones 1991a, Hastrup/Elsass 1990, Hedican 1995:45-77, Paine 1985a, Weber/McCall 1978 u.a.; vgl. Kap. 4.9.). Trotz dieser inhaltlichen Besetzung des Begriffs wird er - in Ermangelung einer geeigneteren Bezeichnung und in bewußter Enthaltung der Einführung eines wieder neuen Terminus - in der vorliegenden Arbeit als Sammelbegriff für die verschiedenen Praxiskonzepte verwendet. Dies geschieht vor allem deshalb, weil sich von allen zur Verfügung stehenden Bezeichnungen, z.B. Aktionsethnologie, praktische Ethnologie, partizipative oder kooperative Forschung, verantwortliche oder kritische Ethnologie (siehe: Kap. 4), unter ihm immer noch am ehesten die verschiedenen Aspekte einer kritisch engagierten ethnologischen Forschung und Praxis subsumieren lassen: Wertexplizitheit und Stellungnahme, partizipatorische Forschung, kooperative Praxis und kritische Theorieentwicklung.

Das heißt, unter *advocacy anthropology* wird hier nicht lediglich eine moralische Anwaltschaft von EthnologInnen in Form von Öffentlichkeits- und Lobbyarbeit für "bedrohte Völker" oder andere benachteiligte Bevölkerungsgruppen verstanden, sondern eine kritisch engagierte ethnologische Praxis. Bei dieser nimmt die partizipative Produktion wissenschaftlicher Erkenntnisse einen ebenso wichtigen Stellenwert ein wie das gemeinschaftliche gesellschaftliche Handeln. Eine solche *advocacy anthropology* verortet sich sowohl ethisch als auch politisch und erfordert genauso die Partizipation der betreffenden Menschen am Forschungs- und Handlungsprozeß wie die aktive Beteiligung der WissenschaftlerInnen an gesellschaftlichen Veränderungen. Zu ihren zentralen Zielen gehört die Erarbeitung und Verbreitung grundlegend veränderter Bezugsrahmen für herrschende Wertsysteme, Diskurse und Entscheidungsstrukturen, mittels derer mehr Mitsprache- und Handlungsraum für Bevölkerungsgruppen geschaffen werden soll, denen unter den derzeitigen politischen Verhältnissen ein Selbstbestimmungsrecht weitgehend versagt ist. Damit wird der Begriff also im umfassenderen Sinne verwendet, als es gemeinhin in der ethnologischen Literatur üblich ist.

Konzept und Strategien einer *advocacy anthropology* sind grundsätzlich als spezifische Orientierung der theoretischen und praktischen Aufgabenstellungen von EthnologInnen gegenüber allen von ihnen untersuchten Gemeinschaften zu verstehen.[8] Die vorliegende Arbeit befaßt sich allerdings bei ihren praktischen Beispielen im wesentlichen mit einer *advocacy* mit **indigenen Völkern**. Zwar bewegt sie sich damit im Rahmen des klassischen Forschungsbereiches des Faches (vgl. Kap. 2.3.), doch soll dadurch das ethnologische Engagement keineswegs auf die letzten "edlen Wilden" reduziert werden. Indigene Völker wurden vielmehr aus verschiedenen Gründen als Beispiel ausgewählt: weil sie wichtige ForschungspartnerInnen von EthnologInnen sind; weil letztere deshalb nicht umhin können, sich mit den aktuellen Lebensbedingungen, Rechten und Problemen ihrer Forschungssubjekte zu befassen; weil aktuelle politische Ereignisse (z.B. die Agenda 21 oder die "Internationale Dekade der indigenen Völker"; siehe: Kap. 6.) auch die EthnologInnen zu Stellungnahme und einem aktiven Beitrag zur Lösung der Probleme indigener Völker herausfordern; weil von indigener Seite selbst Forderungen nach Unterstützung und Zusammenarbeit an EthnologInnen gestellt werden; weil im Fach ein Bedarf an der Weiterentwicklung der theoretischen, ethischen und methodischen Grundlagen einer solchen Zusammenarbeit besteht; weil eine kooperative ethnologische Praxis mit den neuen indigenen Bewegungen ein lohnendes Forschungsfeld für eine Befassung mit wichtigen theoretischen Konzepten des Faches aus der Perspektive ihrer praktischen Implikationen bietet; und nicht zuletzt, weil das Thema indigene Völker bzw. indigene Bewegungen meine Interessens- und Arbeitsschwerpunkte darstellen.

Die Befassung mit und Unterstützung von indigenen Völkern als ethnologischer Handlungsbereich ist deutlich von der sog. "Fourth Worldist"-Haltung (Bourgois 1990:47) zu trennen, wie sie teilweise im Umfeld von Menschenrechts- und Indianerunterstützungsorganisationen zu finden ist. Diese kann sogar soweit führen, daß grobe Verstöße gegen die allgemeinen Menschenrechte in der Öffentlichkeit weniger Aufmerksamkeit erlangen, nur weil die Opfer keine In-

---

[8] Gruppen, mit denen *advocacy anthropology* durchführbar ist bzw. durchgeführt wurde, sind z.B. bäuerliche Gemeinschaften und LandarbeiterInnen, SlumbewohnerInnen, Straßenkinder und Obdachlose, ArbeitsmigrantInnen, Flüchtlinge u.a. Einwanderergruppen, PsychiatriepatientInnen und Drogenabhängige sowie andere diskriminierte und marginalisierte gesellschaftliche Gruppen (vgl. z.B. Harries-Jones 1991a, Paine 1985a, Seithel 1990a, Stull/Schensul 1987, Weber/McCall 1978 sowie Kap. 4.). Die Problemstellungen, Aufgabenbereiche und Strategien sowie die äußeren Arbeitsbedingungen der EthnologInnen sind in diesen Fällen deutlich von denen bei der Zusammenarbeit mit indigenen Gruppen unterschieden. Es muß einer anderen Untersuchung vorbehalten bleiben herauszuarbeiten, ob und inwieweit auch die theoretischen und methodischen Grundlagen der *advocacy anthropology* als einer wertexpliziten, partizipatorischen und interventionistischen Wissenschaft davon berührt werden.

dianerInnen oder andere indigene Personen sind. Auch bei der kritisch-engagierten praktischen Ethnologie sind Ansätze zu finden, bei denen die Betonung der ethnischen oder indigenen Identität der PartnerInnen eher programmatischen Charakter besitzt, als daß damit eine soziale Realität beschrieben wird (vgl. Kap. 4.6.). So unterscheiden sich argumentative Begründungen und Handlungsstrategien eines ethnologischen Engagements je nachdem, ob kollektive Identitäten eher essentialistisch oder eher instrumentalistisch definiert werden (vgl. Kap. 2.4.). Eine Auseinandersetzung mit Konzepten über Kultur, Ethnie und Ethnizität ist also zentral für die praktischen Strategien der *advocacy anthropology* (vgl. Kap. 2. und 5.).

Daran schließt sich die Frage an, ob das Beharren auf eine eigene Politik für indigene Gruppen überhaupt politisch und ethisch vertretbar und durchführbar ist oder ob ein gesellschaftliches Handeln, das sich nicht an ethnisch-kulturell definierten Grenzziehungen orientiert, letztlich weniger ausgrenzend und damit emanzipatorischer wirkt (vgl. Kap. 5). Die Notwendigkeit von Kooperationen und Koalitionen zwischen indigenen und nicht-indigenen Personen und Gruppen, ja, überhaupt einer Aufhebung solcher Grenzziehungen zwischen Kollektiven wird teilweise auch bereits erkannt und praktiziert (vgl. Kap. 6).

1.2. Aufbau der Arbeit und persönliches Interesse am Thema

Eine Auseinandersetzung mit ethnologischer Praxis setzt eine Klärung des Standorts voraus, von dem aus argumentiert wird. Hierzu gehört, daß dargelegt wird, welche spezifischen Auffassungen von den allgemeinen Zielen und Aufgaben von Wissenschaft und ihres Verhältnisses zur (Lebens-)Praxis bestehen, wie der Gegenstandsbereich des Faches definiert und seine zentralen Konzepte verstanden werden und wie das Verhältnis von reiner, angewandter und praktischer Ethnologie begriffen wird (**Kap. 2**).

Um den Ansatz der *advocacy anthropology* anderen Konzepten einer angewandten Ethnologie gegenüber zu stellen, gilt es ferner zu untersuchen, in welcher Weise EthnologInnen im Laufe der Fachgeschichte ihre Forschungen und Theorieentwicklungen auf lebenspraktische Fragen bezogen, ihre Beziehungen zu den erforschten Gruppen gestaltet und ihre eigenen Positionen im Rahmen wechselnder gesellschaftlicher Machtverhältnisse definiert haben. Diese Fragen sind ohne eine Berücksichtigung der gesamtgesellschaftlichen Rahmenbedingungen und ihrer Auswirkungen auf die epistemologischen Prämissen, Methoden, Darstellungs- und Anwendungsformen ethnologischen Arbeitens nicht zu klären. Ihnen wird anhand eines Überblickes über die Geschichte der angewandten bzw. praktischen Ethnologie nachgegangen, wobei sich - aufgrund der Materiallage (siehe unten), der Themenstellung und meines persönlichen Interesses - besonders Beispiele aus der britischen *social anthropology*, der U.S.-amerikanischen *cultural anthropology* und der deutschen bzw. deutschsprachigen Ethnologie anbieten (**Kap. 3**).

Im weiteren Verlauf der Arbeit erfolgt dann eine Konzentration auf partizipatorische und interventionistische Forschungs- und Praxisstrategien, bei denen Stellungnahme, Intervention, Partizipation und Kooperation im Zentrum stehen. Deren Entwicklung wurde ab den 60er Jahren zu wesentlichen Teilen durch die von EthnologInnen erforschten indigenen Gemeinschaften mitangestossen. Die Praxiskonzepte sind auch in Zusammenhang mit der Herausbildung aktionsorientierter Forschungsansätze in anderen Wissenschaftsdisziplinen ab Ende der 50er Jahre in Europa, Nordamerika und anderen Kontinenten zu setzen. Diese Ansätze schöpfen wiederum aus den Ideen und Konzepten vielfältiger philosophischer, wissenschafts-, erkenntnis- und gesellschaftstheoretischer, ideologischer[9] und politischer[10] Strömungen, die zum besseren Verständnis der Entstehungskontexte zumindest teilweise erwähnt werden müssen. Richtungsweisend für die kritische praktische Ethnologie wurde insbesondere die *action anthropology* von Sol Tax[11] und deren Weiterentwicklung durch andere AktionsethnologInnen. In den 60er und 70er Jahren entstanden dann vor allem in Süd- und Nordamerika verschiedene Ansätze einer radikalen und verantwortlichen Ethnologie; in den 80er und 90er Jahren kamen die sozialwissenschaftliche partizipa-

---

[9] Als Ideologie wird hier ein weltanschauliches System von Glaubensvorstellungen und Ideen bezeichnet, das u.a. mit Prozessen der Legitimierung und Stabilisierung von Machtverhältnissen verknüpft ist (Hendricks 1988:216-7).

[10] Unter Politik wird sämtliches zielgerichtete und organisierte Handeln von Einzelpersonen, Gruppen, Organisationen, Interessensverbänden, Parteien oder Regierungen verstanden, das sich auf die Durchsetzung bestimmter Ziele im staatlichen, rechtlichen und öffentlichen Bereich richtet (Duden 1994:1084; ausführlicher vgl. Kap. 6.5.3.).

[11] In der internationalen Fachliteratur wird der Terminus *action anthropology* meist für den von Tax vertretenen Ansatz reserviert und heute statt dessen von *advocacy anthropology, intervention approach, participatory* oder *collaborative research* gesprochen (siehe: Kap. 4.). In Deutschland werden die Ansätze einer aktionsorientierten, partizipatorischen Ethnologie dagegen weiterhin meist unter dem Begriff *action anthropology* diskutiert (z.B. Amborn 1993d, 1994, K.Schlesier 1990, Seithel 1990a, 1990c, 1994; vgl. Kap. 4.10.).

torische Aktionsforschung sowie andere partizipatorische und kooperative Forschungsstrategien hinzu. Die verschiedenen Ansätze werden abschließend unter dem Begriff *advocacy anthropology* subsumiert (**Kap. 4**).

In folgenden Kapitel werden u.a. Überlegungen dazu angestellt, inwieweit die Einsichten der (postmodernen) KontextualistInnen und DekonstrukteurInnen für eine kritische ethnologische Praxis fruchtbar gemacht werden könn(t)en. In den als postmodern bezeichneten Arbeiten werden zumeist generische Begriffe und kategoriale Verallgemeinerungen kritisch hinterfragt und teilweise als Machtinstrumente eines "autoritativen Wissenschaftsdiskurses" zurückgewiesen (z.B. von Abu-Lughod 1991). Eine praktische Ethnologie, die u.a. erkenntnis- und handlungsrelevantes Wissen produzieren will, kann diese Kritik nicht übergehen. Schließlich ist eine Voraussetzung für ihre Effektivität eine kritische Befassung mit dem Zustandekommen und dem Wahrheitsgehalt ethnologischer Erkenntnisse. Gleichzeitig lassen sich beim Entwurf von allgemeinen Praxisstrategien einer *advocacy anthropology* Generalisierungen nicht vermeiden.

Das Interesse postmoderner Ansätze, die Ausgrenzung der u.a. mittels wissenschaftlicher Begrifflichkeit als "anders" definierten Menschen als Folge politischer und ökonomischer Herrschafts- und Abhängigkeitsverhältnisse zu erkennen und zu überwinden, trifft sich aber durchaus in einigen Punkten mit den politisch-emanzipatorischen Zielsetzungen der *advocacy anthropology*: wenn zum Beispiel die Monopolstellung der wissenschaftlichen Erkenntnisproduktion hinterfragt, der Dialog als Ausgangsbasis des Erkennens gesehen und die Anerkennung der subjektiven Realität der Anderen gefordert werden (vgl. Berg/Fuchs 1993). Allerdings bleiben die postmodernen Arbeiten so gut wie ausschließlich mit Fragen von Macht und Authentizität ethnologischer Textproduktion befaßt, während die Praxis-Ansätze ein konkretes Eingreifen in reale Machtverhältnisse anstreben. (**Kap. 5**).

Im Anschluß an diesen Exkurs werden die theoretischen und praktischen Implikationen einer *advocacy anthropology* am Beispiel der Kooperationsmöglichkeiten zwischen EthnologInnen und den neuen indigenen Bewegungen veranschaulicht. Die Zusammenarbeit mit indigenen Völkern stellt dabei nur **ein** mögliches und spezifisches Arbeitsfeld für *advocacy anthropologists* dar, in dessem Rahmen die Notwendigkeit einer Verknüpfung von ethischer und politischer Stellungnahme, partizipatorischer wissenschaftlicher Forschung und kooperativer gesellschaftlicher Praxis besonders deutlich werden. In diesem Kapitel geht es primär um den Bereich indigener Bemühungen um Sonderrechte,

Selbstbestimmung und Selbstorganisation und die sich daraus ergebenden Ansatzpunkte für eine *advocacy anthropology*. Diese werden u.a. in Hinblick auf eine mögliche Beteiligung hiesiger EthnologInnen an den internationalen Selbstbestimmungsbemühungen indigener Völker dargestellt.

Mit den Ausführungen in diesem Kapitel sollen den hierzulande studierenden und ausgebildeten EthnologInnen Anregungen geliefert werden, im Rahmen ihrer Arbeits- und Lebensumstände eine eigene kooperative Forschung und Praxis mit indigenen Völkern zu entwickeln oder zumindest in Betracht zu ziehen. Vorgestellt werden vor allem **Möglichkeiten** ethnologischer Praxis, da bislang weder viele hiesige EthnologInnen praktisch im Bereich indigener Politik gearbeitet haben noch umfassende Untersuchungen von EthnologInnen über diesen Arbeitsbereich vorliegen.[12]

In diesem Kapitel wird u.a. argumentiert, daß die ethnologische Forschungserfahrung zur Rückführung der Ethnologie in die eigene Kultur genutzt werden sollte, und zwar nicht oder nicht nur im Sinne einer erkenntnistheoretisch motivierten "Repatriierung" (vgl. Koepping 1993:120), sondern als Anstoß und Grundlage eines auch praktischen Engagements. Ein eingreifendes politisches Handeln sollte danach primär in der eigenen Gesellschaft betrieben werden, während der Aufenthalt vor Ort vor allem dem Lernen dient. EthnologInnen, die "dort" waren, sind unter anderem auch aufgefordert, so die vorliegende These, ihr Wissen und ihre Erfahrungen zu nutzen, um "hier" aktiv zu werden, wo viele Ungerechtigkeiten ihren Ausgang nehmen. Indigene Völker bzw. ihrer politischen VertreterInnen drängen selber im Rahmen ihrer Emanzipationsbemühungen immer wieder explizit auf Aufklärung und Veränderungen in den industrialisierten Gesellschaften, aus denen die meisten EthnologInnen kommen. So fragen manche der von EthnologInnen erforschten Menschen zu Recht: "If you are so interested in misery, why don't you go to the source instead of to the victims" (Nader 1995:426; ähnlich G.Smith 1994:32)?

Sie sähen EthnologInnen gerne u.a. in den Rollen als VermittlerInnen zwischen ihnen und den Institutionen der dominierenden Gesellschaften. EthnologInnen verfügen dabei über ein umfangreiches und spezifisches Wissen über indigene

---

[12] Ich selber habe während meiner Mitarbeit beim Institut für Ökologie und Aktions-Ethnologie (siehe unten) keine systematischen Erhebungen über die Tätigkeiten von EthnologInnen erhoben, da damals noch nicht an eine Dissertation zu diesem Thema gedacht war. Meine Ausführungen beruhen auf der Auswertung von Literatur und anderen Materialien, einer nachträglichen Aufarbeitung meiner Erfahrungen sowie auf Gesprächen mit heute in der Unterstützungsarbeit für indigene Völker tätigen EthnologInnen.

Gesellschaften bzw. über das fachliche Instrumentarium, um sich dieses anzueignen. Ihre besondere berufliche Aufgabe liegt in der Befassung mit anderen Realitäts- und Lebensgestaltungen. Die persönliche Begegnung der EthnologInnen mit den indigenen Gruppen vor Ort (z.B. während einer Feldforschung) stellt dabei eine wichtige Grundlage für eine Praxis in der eigenen Gesellschaft dar. Diese spezifische Erfahrung und Kompetenz kann u.a. dafür genutzt werden, um Probleme im Überschneidungsbereich unterschiedlicher (kultureller) Erfahrungszusammenhänge zu lösen oder zumindest zu beleuchten (**Kap. 6**).

Im abschließenden Kapitel der Arbeit werden die zentralen ethischen, theoretischen und methodischen Grundlagen einer *advocacy anthropology* herausgearbeitet. Die sozialen und politischen Situationen, innerhalb derer *advocacy anthropologists* tätig sind, und die Aufgaben, denen sie gegenüberstehen, sind so komplex, heterogen und unterschiedlich wie unsere (spätmoderne) soziale Realität. Deshalb kann es nicht gelingen - zumindest nicht im vorliegenden Rahmen - eine allgemeine Theorie oder neue Erkenntnisphilosophie der *advocacy anthropology* zu entwickeln. So gehört es gerade zu den Grundhaltungen vieler heutiger "praktizierender" EthnologInnen, daß sie der Versuchung widerstehen, ihre partikularen Praxiserfahrungen und Einsichten in eine allgemeine Gesellschafts- oder Handlungstheorie zu verarbeiten und sich statt dessen auf Teillösungen, lokalspezifische Perspektiven und auf den Einzelfall begrenzte theoretische Aussagen beschränken (vgl. Kap. 4.8.4.).

In Anbetracht der Pluralität der Aufgabenstellungen einer *advocacy anthropology* geht es deshalb hier erst einmal darum, diese Form praktisch-engagierter Ethnologie mit ihren wichtigsten Grundzügen und Prinzipien, aber auch Grenzen und Widersprüchlichkeiten als wichtigen Arbeitsbereich innerhalb der Ethnologie zu präsentieren. Dies geschieht in quasi "idealtypisch" formulierten Aussagen, die am konkreten Einzelfall ihre Realisierbarkeit beweisen sowie Relativierung und Korrektur erfahren müssen. Es wird gezeigt, inwieweit der Einsatz ethnologischer Kenntnisse und Fähigkeiten in Zusammenarbeit mit indigenen Bewegungen das Spektrum der praktischen Anwendungsmöglichkeiten des Faches erweitert, auf relevante neue Forschungsfelder verweist und neue theoretische und methodische Beiträge zum ethnologischen Instrumentarium liefert. Die Auseinandersetzung mit praktischer Ethnologie führt außerdem zu einem grundsätzlichen Überdenken der Grundlagen und des Selbstverständnisses des Faches. In diesem Zusammenhang können auch Hinweise auf veränderte Ausbildungsinhalte innerhalb der deutschen Ethnologie geliefert werden (**Kap. 7**).

Die Bearbeitung der eingangs formulierten Zielsetzung erfolgt demnach in folgenden Schritten:

- Bestimmung der Prämissen und Grundlagen einer praktischen Ethnologie (Kap.2);
- wissenschaftshistorischer Abriß des Verhältnisses von EthnologInnen zur praktischen Nutzung ihres Wissens und zu den Forschungssubjekten (Kap.3);
- Analyse verschiedener interventionistischer und partizipatorischer ethnologischer Praxiskonzepte in ihrem gesellschaftlichen und wissenschaftshistorischen Entstehungskontext; Zusammenfassung ihrer wichtigsten Merkmale im Konzept einer *advocacy anthropology* (Kap.4);
- Überlegungen zur Vereinbarkeit allgemeiner Handlungskonzepte, welche Generalisierungen über die Forschungssubjekte implizieren, mit den einzelnen kontextualisierten und relativierten ethnologischen Forschungserfahrungen (Kap. 5);
- Erarbeitung von praktischen Ansatzpunkten einer *advocacy anthropology* - auch für hiesige EthnologInnen - anhand der spezifischen Problematik indigener Völker (Kap.6);
- Analyse der wichtigsten ethischen, theoretischen und methodischen Grundlagen einer *advocacy anthropology* und kritische Diskussion des Konzeptes; Hinweise für weiterführende Forschungsfragen und die Ausbildung (Kap.7).

Persönlicher Hintergrund für die Abfassung dieser Arbeit ist mein besonderes Interesse an den Bedingungen und Prozessen ethnologischer Wissensproduktion und vor allem an der Frage nach den praktischen Konsequenzen dieses Wissens. Entscheidend für die Ausrichtung meines ethnologischen Werdegangs auf eine praxisorientierte engagierte Ethnologie wurde für mich die Begegnung mit dem (damals) in Wichita, Kansas/U.S.A., lehrenden Aktionsethnologen Karl H. Schlesier im Sommer 1976 und meine daraus entstandene Teilnahme an der *action anthropology* mit den Südlichen Cheyenne (*Tsistsistas*) in Oklahoma (1978/79). Die Auseinandersetzung mit der *action anthropology* und meine Erfahrungen aus dem Zusammenleben und -arbeiten mit dem Pfeil-Hüter der *Tsistsistas* (vgl. Schukies 1993) und seiner Familie habe ich in meiner Magisterarbeit verarbeitet (Seithel 1990a).

Meine weitere Auseinandersetzung mit einer engagierten praktischen Ethnologie erfolgte u.a. im Rahmen eines siebenmonatigen Forschungsaufenthalts in Venezuela, bei der ich Material über indigene Bewegungen und die Rolle der Ethnologie sammelte (Seithel/ Stähler 1987-88); durch ein zweijähriges Projekt zur beruflichen Orientierung im Ethnologie-Studium (Seithel 1990b); durch meine Teilnahme an wissenschaftlichen Arbeitskreisen wie der AG Ethik der Deutschen Gesellschaft für Völkerkunde; durch Lehraufträge und durch meine aktive Mitarbeit in Organisationen, die sich die Unterstützung indigener Völker zum Ziel gesetzt haben, insbesondere dem Institut für Ökologie und Aktions-Ethnologie/infoe (siehe Seithel 1989a, 1989b, 1990c, 1992, 1994, 1998). Mein besonderes Interesse an dieser Arbeit und die Erfahrung, daß sich bei letzterer Aufgabe lohnende und relevante Forschungs- und Handlungsziele für EthnologInnen stellen, daß aber nur sehr wenige deutsche EthnologInnen in diesem Arbeitsbereich tätig sind, motivierte mich zu vorliegender Arbeit. Sie beruht im wesentlichen auf einem auf Emanzipation zielenden Erkenntnisinteresse am Thema (vgl. Kap. 7.2.3.).

1.3. Materiallage und Forschungsstand

In der internationalen Fachliteratur über angewandte/praktische Ethnologie (siehe: Kap. 3.1.) wird meist die Kolonialethnologie in Großbritannien, gelegentlich auch die in Frankreich, den Niederlanden oder Belgien[13] beschrieben und die praktische Nutzung ethnologischen Wissens in Nordamerika von den Anfängen bis zur Gegenwart dargestellt.[14] Ab dem Zweiten Weltkrieg wird

---

[13] Hierbei handelt es sich um die von Gerholm/Hannerz (1982) als "mainland", "center" oder "metropolitan anthropologies" bezeichneten "Ethnologien", die in der internationalen "Weltordnung der Ethnologie" im Unterschied zu den "peripheren Ethnologien" die Entwicklung des Faches dominiert haben: "If international anthropology is defined by the plurality of national viewpoints, (...), these viewpoints hardly carry equal weight. (...) It seems that the map of the discipline shows a prosperous mainland of British, American and French anthropologies, and outside it an archipelago of large and small islands - some of them connected to the mainland by sturdy bridges or frequent ferry traffic, others rather isolated" (ebd. 6).

[14] Ein Beispiel für die Vernachlässigung der *applied anthropology* in anderen Ländern liefert van Willigen (1991). Die Publikation will Informationen über Fälle liefern, in denen EthnologInnen ihr Wissen zur Lösung praktischer Probleme eingesetzt haben, sowie als Chronik der internationalen Entwicklung einer *applied anthropology* dienen (ebd. 1). Unter den 530 Eintragungen findet man dann jedoch nur fünf über Frankreich, drei über Deutschland, sieben über die Niederlande, zwei über Belgien, zwei über Italien und je eine über Dänemark, Spanien, Irland und die (ehem.) UdSSR. Für Großbritannien (United Kingdom) gibt es immerhin 20

dann auch über die Gründung ethnologischer Einrichtungen und über praxisbezogene Forschungsprogramme in Ländern anderer Kontinente berichtet, weitaus häufiger tauchen diese Länder aber - mit Ausnahme von Mexiko (siehe: Kap. 4.6.) - als Zielgebiete für Forschungs- oder Entwicklungsprogramme europäischer oder nordamerikanischer Einrichtungen auf.

Die internationale Literatur über *action/advocacy anthropology* befaßt sich dagegen häufiger mit den sog. peripheren Ethnologien (siehe: Anm. 13) und stammt auch zu wesentlichen Teilen von dortigen WissenschaftlerInnen (siehe: Kap. 4). Diese Arbeiten finden aber nur geringe Erwähnung in den gängigen Einführungstexten über praktische Ethnologie und sind hierzulande häufig nur über Auslandsausleihe der Universitätsbibliotheken oder gar nicht zu beziehen. Sie bestehen zum größten Teil aus mehr oder weniger kurzen Projektberichten (vgl. Seithel 1990a) mit gelegentlichen methodologischen und/oder wissenschaftstheoretischen Randbemerkungen und ohne explizit herausgearbeitete Forschungs- und Handlungskonzepte. Nur wenige Arbeiten befassen sich ausführlicher mit grundlegenden theoretischen oder praktischen Fragen einer *action/ advocacy anthropology* (z.B. Amborn 1993c, 1993d, 1994, Hastrup/Elsass 1990, Paine 1985a, Rubinstein 1986, Schensul/Schensul 1978, K.Schlesier 1980, Stull/Schensul 1987, Wright 1988). Eine kontinuierliche methodische Diskussion sowie eine systematische und zusammenfassende Aufarbeitung der wissenschaftstheoretischen und ethischen Grundlagen einer *advocacy anthropology* existiert - zumindest in publizierter Form - bisher nicht.[15]

Dies mag u.a. damit zusammenhängen, daß praktizierenden *advocacy anthropologists* aufgrund der Praxisanforderungen wenig bis keine Zeit und Energien für theoretische Reflexionen am Schreibtisch und in Hörsälen übrig bleiben. Einige arbeiten auch in derart brisanten politischen Zusammenhängen, daß jede Veröffentlichung über ihre Tätigkeit eine lebensgefährliche Bedrohung der AkteurIn-

---

Eintragungen, wenn man die Anstellung britischer EthnologInnen bei den Kolonialverwaltungen afrikanischer Staaten nicht mitzählt, weil sie unter den jeweiligen Staaten eingetragen sind. Tatsächlich gibt es in den genannten Staaten (z.B. in Deutschland oder den skandinavischen Ländern) kaum *applied anthropology*-Aktivitäten. Zumindest ließe sich aber bzgl. Frankreich, Belgien und die Niederlande weitaus mehr über die Nutzung ethnologischen Wissens im Kolonialdienst sagen. Schließlich erwähnt van Willigen (1991:22) auch, daß nahezu die gesamte sowjetische Ethnologie eine Art "applied anthropology enterprise" war, ohne jedoch weitere Informationen darüber zu liefern.

[15] In den Nachbarfächern (Psychologie, Erziehungswissenschaften, Soziologie u.a.) dagegen ist die Diskussion über die methodischen, erkenntnistheoretischen und politischen Grundlagen der Aktionsforschung wesentlich ausführlicher geführt worden (vgl. Kap. 4).

nen und ihrer selbst bedeuten kann (siehe Kap. 4.10). Hinzu kommt, daß frühere AktionsethnologInnen (z.B. Tax 1975a:517) durch ihre Feststellung, daß es keine *action anthropology* mit einem fest umgrenz- und definierbaren theoretischen und methodischen Konzept, sondern nur *action anthropologists* gäbe, eine grundsätzliche und weiterführende Diskussion über die Grundlagen ihrer Arbeit verhindert oder zumindest erschwert haben. Darüber hinaus waren bis vor kurzem erkenntnistheoretische Grundlagendiskussionen insgesamt ein eher vernachlässigtes Feld in der Ethnologie (Koepping 1980:29), so daß das Theoriedefizit der *action/advocacy anthropology* auch Ausdruck eines allgemein im Fach bestehenden Mangels ist.

In der deutschsprachigen ethnologischen Literatur existieren keine Grundlagenwerke oder Lehrbücher über angewandte/praktische Ethnologie, die speziell auf den Forschungsstand, die Ausbildungssituation und die gesellschaftliche Position der hiesigen Ethnologie Bezug nehmen.[16] Auch in den meisten hiesigen[17] Einführungs- und Überblickswerken zur Standortbestimmung des Faches gibt es kein gesondertes Kapitel zur Anwendung oder praktischen Verwertbarkeit des im Fach erworbenen Wissens, wenn man einmal den klassischen Arbeitsbereich der Museumsarbeit ausnimmt (z.B. nicht in Bargatzky 1985, Berg et al. 1991, Fischer 1992a, Girtler 1979, Kohl 1993, Nixdorf/Hausschild 1982, Rudolph 1973, Schweizer et al. 1993, Stagl 1974, Thiel 1992, Trimborn 1971, Vivelo 1981).[18] Ebensowenig wird innerhalb der Texte auf angewandte Ethnologie oder Anwendungsbereiche, Verwertbarkeit oder ethnologische Praxis hingewiesen (eine Ausnahme ist Fischer 1992b:16-20) und wenn, dann fast immer

---

[16] Ausnahmen sind wenige, mit Einzelaspekten befaßte Arbeiten: z.B. über die deutsche Völkerkunde und ihr Verhältnis zu Kolonialismus und Nationalsozialismus (siehe Kap. 3.3.4.), der gesamte Bereich der Entwicklungsethnologie (siehe Kap. 3.4.4.) sowie einige programmatische Artikel über ethnologische Praxis (z.B. Antweiler 1986, 1992, 1996, 1997a, 1997b, 1998, Bruck 1987, 1989). Auf den Artikel von Antweiler (1998) konnte in diesem Text leider nicht mehr argumentativ eingegangen werden, da er erst nach Abgabe der Arbeit erschienen ist. Über Berufsperspektiven und Ausbildung für eine außerakademische praktische Ethnologie gibt es ein paar wenige Untersuchungen und Modellprojekte (z.B. Bollig/Brumann 1998, Schierholz/Schwarzer 1991, Seithel 1990b) aber fast keine einführenden Überblickswerke (Ausnahme: Fischer 1988a, Lange et al. 1998).

[17] Anders ist es bei U.S.-amerikanischen und britischen Lehrbüchern: Die meisten enthalten Abschnitte über "applied Anthropology", "the practical use of anthropology" oder auch "action/advocacy anthropology" (z.B. Harris 1989, Howard/McKim 1983, Keesing/Keesing 1971, Kottack 1982, Nanda 1987, Peoples/Bailey 1991, Spradley/McCurdy 1980 u.a.).

[18] Der einzige praxisbezogene Beitrag in Berg et al. (1991) stammt von einem norwegischen Autoren (Søftestad 1991); Praxisbezug besitzt ein einziger Artikel in Schweizer et al. (1993) über "Ethnologie und Sozialarbeit/Sozialpädagogik" (Schmitz 1993).

im Zusammenhang mit wissenschaftshistorischen Betrachtungen über den funktionalistischen Ansatz der britischen *social anthropologists* (z.B. K.E.Müller 1992:42), über Akkulturationsforschung (z.B. Rudolph 1973:50-69) oder über Feldforschungen (z.B. Fischer 1992c:92-94).

Die Stichworte "Aktionsethnologie" bzw. *"action anthropology"* oder *"advocacy anthropology"* tauchen in den Stichwortverzeichnissen - soweit vorhanden - der genannten Publikationen nicht auf.[19] Gewisse Ausnahmen in dieser "praxisabstinenten" deutschsprachigen Literatur liefern Schmied-Kowarzik und Stagl (1993) mit je einem Beitrag über Aktionsethnologie (Amborn 1993c) und "Ethik in ethnographischer Praxis" (Koepping 1993)[20] und E.W.Müller et al. (1984), deren Sammelband mehrere Beiträge mit Praxisbezügen enthält. Auch Ramaswamy (1985) setzt sich trotz des Anspruchs, eine "Einführung aus entwicklungspolitischer Sicht" zu liefern, selbst bei Themen wie Kulturpolitik, Ethnomedizin, Medienethnologie und Entwicklung kaum mit konkreten Fragen ethnologischer Praxis, Verwertbarkeit ethnologischen Wissen etc. auseinander. *Action anthropology* wird auch von ihm nur einmal in der Einleitung erwähnt, Literaturhinweise dazu gibt er keine.

Bei den deutschsprachigen Lexika und Wörterbüchern der Ethnologie finden wir dagegen häufiger die Erwähnung von angewandter Ethnologie (z.B. Herder-Lexikon "Ethnologie" 1981:12, Hirschberg 1988:25-27, Panoff/Perrin 1982:30, Streck 1987:21-24) und Aktionsethnologie bzw. Aktionsforschung (z.B. Herder-Lexikon "Ethnologie" 1981:9-10, Streck 1987:22-23, 52). Ansonsten finden sich verstreut in den (mehr oder weniger) etablierten Fachorganen (z.B. Zeitschrift für Ethnologie, Sociologus, Anthropos, Trickster, Cargo u.a.) und gelegentlich in internationalen Periodika (z.B. Current Anthropology) Artikel deut-

---

[19] Ausnahme ist eine kurze Erwähnung bei Fischer (1992c:86).

[20] Aber auch diese Beiträge befassen sich fast ausschließlich mit wissenschafts- und erkenntnistheoretischen Fragen und nicht mit den konkreten Anforderungen einer praktischen Ethnologie (gleiches gilt für Amborn 1993a). Da auch sonst in den Beiträgen, abgesehen von zwei kurzen Erwähnungen, keinerlei Verweise auf Anwendungsbereiche, Verwertbarkeit, praktische Ethnologie o.ä. erscheinen, kann auch dieser Sammelband nicht als praxisorientiert bezeichnet werden. Der in der ersten Auflage von 1981 noch enthaltene Beitrag von Schott über "Aufgaben der deutschen Ethnologie heute" (Schott 1981) ist 1993 entfallen. Er befaßte sich u.a. mit der Aufgabe von EthnologInnen, innerhalb der eigenen Gesellschaft Toleranz und Verständnis für fremde Lebensformen zu wecken, einen Beitrag zur "interkulturellen Kommunikation" zu leisten, kritisch die konventionellen Entwicklungsprogramme zu begleiten und ethnische Minderheiten auf dem Wege zur Selbstbestimmung zu unterstützen. Allerdings enthielt auch dieser Artikel kaum Hinweise auf die Realisierung dieser praktischen Aufgaben (z.B. durch veränderte Ausbildungsinhalte).

scher EthnologInnen, die sich mit Einzelfragen einer praktischen Ethnologie auseinandersetzen. Fündiger in Hinblick auf eine *action/advocacy anthropology* wird man in fachfremden Publikationen, z.B. der Entwicklungszusammenarbeit, oder von Menschenrechts- und Umweltschutzorganisationen. Grundlagendiskussionen über methodische und erkenntnistheoretische Fragen ethnologischer Praxis werden jedoch auch hier kaum geführt. Auch der Frage nach den Möglichkeiten einer *advocacy anthropology* im deutschsprachigen Raum wurde bisher nicht umfassender nachgegangen (z.T. angesprochen bei Amborn 1993a, 1993b, Antweiler 1986, 1987, 1992, Koepping 1993, Muth/ Seithel 1994, Stüben 1988a).

Über indigene Völker (*indigenous peoples*, *indígenas*) gibt es in der internationalen ethnologischen Literatur eine zunehmende Anzahl von Publikationen (vgl. Kap. 6). In der deutschsprachigen Fachliteratur taucht dagegen der Begriff so gut wie gar nicht auf. Sein politischer Charakter und seine wissenschaftliche Ungenauigkeit mögen Gründe dafür sein, daß er innerhalb der deutschen EthnologInnenschaft kaum Verwendung findet, ja, von manchen FachvertreterInnen explizit abgelehnt wird (persönliche Mitteilungen verschiedener deutscher EthnologInnen). Hinzu kommt, daß nur wenige deutsche EthnologInnen, wie schon erwähnt, an den Selbstbestimmungsbemühungen indigener Völker aktiv beteiligt sind und deshalb auch keine Arbeiten dazu zu finden sind.

Materialien über Lebensbedingungen, Probleme, Organisationsformen oder rechtliche und politische Forderungen indigener Völker finden sich so gut wie ausschließlich in den Veröffentlichungen von Menschenrechts- und Dritte-Welt-Gruppen oder nicht-universitären ethnologischen Organisationen (z.B. ASW 1993, Colchester et al. 1993, Gerber 1986, 1993, Grieb et al. 1991, Heinz 1988, infoe 1993, Jarnuszak/Kressing 1994, Muth/ Seithel 1994 u.a.; vgl. Kap. 6). Die Beiträge über indigene Völker in den nicht-ethnologischen Publikationen werden allerdings häufig von EthnologInnen, in zunehmendem Maße auch von indigenen Personen selber verfaßt.

Von indigenen Organisationen stammt auch ein Großteil der in der vorliegenden Arbeit verarbeiteten Informationen über indigene Völker. Dabei handelt es sich z.gr.T. um Deklarationen, Flugblätter, Statements und Memoranden, Reden auf Kongressen und Workshops, kurzen Artikeln, Stellungnahmen und Korrespondenz, die über ein global arbeitendes computergestütztes Informationsnetzwerk von indigenen Organisationen, internationalen Institutionen, UnterstützerInnengruppen und Einzelpersonen verbreitet werden. Hier findet man eine zunehmend unüberschaubarere Fülle von Materialien über indigene Völker, die aber leider von der etablierten deutschen Ethnologie sehr wenig zur Kenntnis genommen werden. Sie bieten einen Reichtum an Forschungsthemen mit politischer Relevanz, die in Zusammenarbeit mit den betreffenden Menschen erarbeitet und in die praktische Arbeit umgesetzt werden könnten.

1.4. Sprachregelungen und Formalia

In der Arbeit wird durchgängig von **Ethnologie** bzw. **EthnologInnen** gesprochen. Ethnologie wird dabei synonym zu Völkerkunde verwendet und mit den in anderen Ländern als *cultural anthropology, social anthropology, ethnografia/ethnologìa, antropología* o.ä. bezeichneten Fächern gleichgesetzt. Damit werden nicht die Unterschiede zwischen der deutschen Völkerkunde/Ethnologie und z.B. der U.S.-amerikanischen *anthropology* mit ihren vier Subdisziplinen Archäologie, Linguistik, Physische Anthropologie, Kulturanthropologie ignoriert,[21] sondern lediglich ein bestimmtes, primär auf die deutsche Entwicklung abgestimmtes Fachverständnis ausgedrückt (vgl. Kap. 2.3.).

Die Bezeichnung **deutsche** Ethnologie bezieht sich nicht auf ein "nationales Reservat von Forschungsinteressen und -methoden" (Schott 1981:40), sondern auf die an hiesigen ethnologischen Institutionen und in Publikationen vermittelten wissenschaftlichen Ausbildungsinhalte und Standorte sowie die theoretischen und thematischen Orientierungen deutscher EthnologInnen. Dabei ist die Ethnologie in Deutschland selbstverständlich nicht von den internationalen Entwicklungen und Standards im Fach abzugrenzen, im Gegenteil: Besonders in der Nachkriegszeit rezipierte die deutsche Ethnologie weitgehend die ausländischen Entwicklungen und lieferte kaum originäre eigene Beiträge zur internationalen Theorieentwicklung (Kap. 3). Die Entwicklungen der Nachkriegszeit beziehen sich ausnahmslos auf die westdeutsche Ethnologie.[22] Mit

---

[21] Zu den Unterschieden in der wissenschaftlichen Organisation der Ethnologie(n) verschiedener Länder siehe die bei Kapitel 3. aufgeführte Literatur.

[22] Die in der DDR vertretene Ethnologie bzw. Ethnographie verstand sich als eine Volks- und Völkerkunde umfassende historische Gesellschaftswissenschaft. Ihre VertreterInnen propagierten einen deutlichen Bruch mit den vorangegangenen Entwicklungen der bürgerlichen Wissenschaften und orientierten sich theoretisch wie methodisch ganz an der marxistisch-leninistischen Gesellschaftstheorie, die sie "zu bereichern" und "weiterführen zu helfen" bemüht waren (vgl. Jacobeit 1986, Timm 1972, Treide 1980). Sie verstanden ihre Tätigkeit explizit als eine bewußte Parteinahme für eine sozialistische Politik und sahen ihre Aufgaben in

deutschsprachiger Ethnologie werden die Forschungen, Theorieansätze und Publikationen im gesamten deutschsprachigen Raum angesprochen. Dies betrifft vor allem die Entwicklungen bis zum Zweiten Weltkrieg, aber gelegentlich auch die neuere Zeit, da auch heute noch ein reger Austausch von Personen und Ideen zwischen EthnologInnen aus Deutschland, Österreich und der Schweiz besteht, so daß manches hier Gesagte auf die gesamte deutschsprachige Ethnologie zutrifft. Bei der Literatur wurden ebenfalls alle deutschsprachigen Publikationen herangezogen; die Beispiele für Handlungsbereiche hiesiger *advocacy anthropologists* zusammen mit indigenen Völkern (Kap. 6.4.) beziehen sich auf die spezifischen Bedingungen und Zusammenhänge in der Bundesrepublik Deutschland.

Bei allgemeinen Aussagen über die ForschungspartnerInnen der *advocacy anthropologists* lassen sich kategoriale Begriffe nicht vermeiden (zu dieser Problematik siehe Kap. 5). In früheren Arbeiten wurde der Begriff **Zielgruppe** als Bezeichnung für "diejenige Gruppe von Menschen (...), deren Interessen, Ziele und Entscheidungen der betroffene Aktionsanthropologe als maßgebend für seine Arbeit definiert" benutzt (Seithel 1990a:125). Eine solche Verwendung des Terminus muß heute abgelehnt werden, da er in vielen Projekten und Programmen zur Bezeichnung derjenigen Menschen benutzt wird, auf die eine Maßnahme "abzielt". Dort impliziert er eine der *advocacy anthropology* konträre Handlungsperspektive: Die Ziele eines Projektes oder eines Forschungsprogrammes werden von außenstehenden, meist machthabenden gesellschaftlichen Gruppen bestimmt, die die Entscheidungen treffen und letztlich die AkteurInnen sind. In diesem Sinne ist der Begriff Zielgruppe "(...) the conceptual companion to social engineering" (Arhem 1985:94).

In der neueren Literatur über praktische Ethnologie wird vorzugsweise der Begriff Subjekte oder **Forschungssubjekte** verwendet, um diejenigen Menschen zu benennen, um deren Lebenssituation es geht. Damit soll einer veränderten

---

der Entwicklung einer "politischen, praxisverbundenen Wissenschaft mit klarer Orientierung auf den Historischen Materialismus, auf die gesellschaftlichen Erfordernisse unseres Staates und auf die enge Zusammenarbeit mit der Ethnographie der Sowjetunion und in anderen sozialistischen Staaten" (Timm 1972:15). Die Verknüpfung ethnologischer Arbeit mit Ideologie und Interessen des Staates wie bei der DDR-Ethnologie stellt keinen Einzelfall der ethnologischen Fachgeschichte dar (vgl. Kap. 3) und verdient zweifellos genauerer Betrachtung. Da die Ethnographie der DDR auf die heutigen Diskussionen und Ansätze zur Entwicklung einer praktischen Ethnologie in Deutschland jedoch so gut wie keine Auswirkungen hat(te) - nicht zuletzt auch aufgrund ihres relativ geringen Lehr- und Forschungsumfanges - wird ihre Behandlung hier zurückgestellt.

Sichtweise Rechnung getragen werden, derzufolge die betreffenden Menschen nicht mehr nur als zu beobachtende "Gegenstände" oder passive Objekte der Forschung, sondern als Subjekte betrachtet werden, die den Forschungsprozeß durch Kommunikation und Interaktion mit den ForscherInnen aktiv mitgestalten. Als Forschungssubjekten kann und muß ihnen darüber hinaus mehr Mitbestimmung und Partizipation zugestanden werden bzw. wird dies von ihnen eingefordert. Da auch die am Forschungsprozeß beteiligten EthnologInnen handelnde und forschende Subjekte sind und die Forschungssubjekte zudem - auch bei partizipativen Ansätzen - in gewissem Sinne immer noch Gegenstand der Forschung sind bzw. sein können (vgl. Kap.7.4.), ist auch dieser Terminus für eine Unterscheidung zwischen den EthnologInnen und denjenigen Menschen, deren Lebensverhältnisse geändert werden sollen, problematisch. Dennoch scheint er am geeignetsten, um die aktive Teilnahme der betreffenden Menschen am Forschungsprozeß und am praktischen Handeln auszudrücken.

Bei Ausführungen über frühere ethnologische Arbeiten, z.B. im Rahmen der klassischen angewandten Ethnologie, wird hingegen auch von den erforschten Gruppen oder nur den Erforschten gesprochen, um die in der herkömmlichen empirischen Forschungsmethodologie enthaltene Distanz der ForscherInnen gegenüber den betreffenden Menschen auszudrücken. Auch diese Terminologie ist jedoch nicht immer eindeutig durchzuhalten: Wenn z.B. die Erforschten zu Forschungssubjekten werden oder sich die Forschungssubjekte über ihre Behandlung als Erforschte beschweren, ist eine begriffliche Differenzierung nicht immer genau vorzunehmen. Gelegentlich wird auch von den betreffenden oder betroffenen Menschen gesprochen, ohne im letzteren Fall eine passive "Opferrolle" implizieren zu wollen.

In der praktischen Ethnologie geht es vornehmlich nicht um die Lebenssituation von Einzelpersonen, sondern um die von Gruppen. Ich spreche im Folgenden deshalb häufig von der/den **Gemeinschaft/en**. Dabei bezieht sich der Begriff Gemeinschaft (*community*) im Durkheimschen Sinne auf ein Kollektiv von Menschen, das sich primär durch Solidarität auszeichnet. Solidarität umfaßt eine gemeinsam geteilte Identität und einen gemeinsamen Verhaltenskodex. In diesem allgemeinsten Sinne kann sich der Begriff genauso auf ein indigenes Volk, ein Dorf oder einen Stadtteil, die bäuerliche Bevölkerung einer Region, eine Jugendgang, eine religiöse Sekte oder eine soziale Bewegung beziehen. Er ist lediglich ein deskriptives Taxon und nicht an bestimmte ethnische, kulturelle, territoriale, ökonomische oder soziale Kriterien gebunden (vgl.

Bhattacharyya 1995:61). Auch wird die Gemeinschaft nicht als homogene Gruppe mit einheitlichen Ansichten, Interessen und Zielen verstanden. Wenn z.B. von der Zusammenarbeit zwischen EthnologInnen und einer indigenen Gemeinschaft die Rede ist, dann sind es immer einige aktive Mitglieder der Gruppe, mit denen die WissenschaftlerInnen diskutieren und kooperieren. Dieses sind meist Individuen, die aufgrund ihrer Persönlichkeit, ihrer sozialen Position und Autorität, ihrer Erfahrung oder ihres Engagements führende soziale und politische Funktionen in einer Gruppen innehaben und von dieser oder einem Teil von ihr als (religiöse, soziale, politische) FührerInnen betrachtet werden. Es sind hervorragende Personen mit einer besonderen Fähigkeit zur Mobilisierung der übrigen Gemeinschaftsmitglieder, einer besonderen Entscheidungskraft und Handlungskompetenz (vgl. van Willigen 1993:111).

Die Bezeichnungen **angewandte** oder **praktische Ethnologie** sind ebenfalls problematisch. Ihnen werden in der Literatur Begriffe wie akademische, theoretische, abstrakte oder reine Ethnologie gegenübergestellt. Hier sei vorab gesagt, daß die terminologische Unterscheidung zwischen einer reinen-theoretischen und einer angewandten-praktischen Wissenschaft im vorliegenden Zusammenhang aus heuristischen und pragmatischen Gründen geschieht, in der Praxis aber nicht strikt zu vollziehen ist (ausführlich Kap. 2.5.). Sie hilft, die Besonderheiten praktischer Ethnologie genauer zu definieren und die verschiedenen Strategien im Umgang mit Wissen herauszuarbeiten.

Der Begriff **akademisch** nimmt zunächst einmal nur Bezug auf den institutionellen Rahmen, in dem der Wissenschaftler sich bewegt, also meist eine Universität. Dabei kann er, wie noch gezeigt wird, auch als Universitätsdozent mit praktischer Ethnologie befaßt sein und umgekehrt kann ein nicht-akademisch beschäftigter Ethnologe reine Forschung betreiben (s. Kap. 3).

Die Bezeichnung **abstrakte** Ethnologie, die vornehmlich im Angelsächsischen gebraucht wird (z.B. Partridge/Eddy 1987:5-6), erhält nur in der Gegenüberstellung zu einer konkreten Ethnologie Bedeutung. Abstrakt bedeutet in etwa: begrifflich, allgemein, unwirklich, von allem Sinnlichen, Dinglichen oder aus dem Zusammenhang gelöst, im bloßen Denken oder der Theorie verblieben, sinnlich nicht wahrnehmbar (Duden 1994:28, Klaus/Buhr 1972:41, Kluge 1975:777). Konkret bedeutet in etwa: anschaulich, greifbar, gegenständlich, wirklich, objektiv real vorhanden, sinnlich wahrnehmbar, etwas im Zusammenhang sehen (Duden 1994:757, Kluge 1975: 392, Klaus/Buhr 1975:594). Diese Umschreibungen treffen aber den Kern der vorzunehmenden Unterscheidungen nicht (siehe: Kap. 2.5, Kap. 3).

Der Begriff **rein** impliziert, daß eine praktische Ethnologie durch ihre Handlungsbezogenheit und die Beschäftigung mit Alltagsproblemen gewissermaßen "verunreinigt" wird oder daß sie in ihrer Methodologie weniger rigoros und regelhaft arbeitet, also etwas weniger Wertvolles als die reine Ethnologie darstellt.[23] Dies ist aber keineswegs der Fall. Eine **theoretische** Ethnologie einer praktischen Ethnologie gegenüberzustellen, suggeriert, daß letzterer eine theoretische Fundierung oder das Arbeiten mit Theorien fehlt. Dabei ist aber auch eine praxisorientierte Ethnologie theoriegeleitet bzw. an der Weiterentwicklung von Theorien interessiert. Außerdem kann auch eine theoretische Ethnologie "angewandt" werden (vgl. Kap. 2.5.). Darüber hinaus basieren beide "Ethnologien", die theorieorientierte wie die praxisbezogene, außer auf Theoriebildung immer auch auf empirischer Forschung.

In Ermangelung einer präzisen und adäquaten Begrifflichkeit werden in der vorliegenden Arbeit - mit Ausnahme des hier ungebräuchlichen Terminus "abstrakte Ethnologie" - alle oben genannten Bezeichnungen verwendet. Dabei ist immer dann von theoretischer, reiner oder akademischer Ethnologie die Rede, wenn es sich um Aktivitäten von EthnologInnen handelt, deren vorrangiges Ziel der Gewinn von Erkenntnissen um ihrer selbst willen ohne unmittelbaren Nutzungszusammenhang ist, d.h., denen es in erster Linie um die Erweiterung des ethnologischen Wissensfundus mittels empirischer Forschung, um die Überprüfung und Verfeinerung der ethnologischen Theoriebildung oder um einen Beitrag zu akademischen, nicht praxisbezogenen Diskussionen geht. Als praktische, praxisbezogene oder angewandte Ethnologie werden alle diejenigen Aktivitäten bezeichnet, bei denen es vorrangig um die Nutzung ethnologischer Daten, Erkenntnisse, Forschungsmethoden, Theorien oder Perspektiven zum Verständnis oder zur Lösung konkreter Fragen des menschlichen (Zusammen-)Lebens geht.

Die Frage der **Geschlechtsspezifizität** von Begriffen kann nur unbefriedigend gelöst werden: Soweit wie möglich werden die mittlerweile weitgehend üblichen geschlechtsneutralen Formulierungen wie EthnologIn/EthnologInnen benutzt. In den Fällen, wo dieses zugunsten der Lesbarkeit des Textes aufgegeben wird, sind sowohl weibliche als auch männliche Personen miteingeschlossen.

---

[23] Tatsächlich war und ist teilweise heute noch diese Einstellung bei EthnologInnen zu finden (vgl. Kap. 3.6.).

Diese Terminologie wird der Einheitlichkeit halber auch dann beibehalten, wenn die Teilnahme weiblicher Personen eher unwahrscheinlich, aber immerhin nicht ganz auszuschließen ist.

Fremdsprachige Ausdrücke, Fachbegriffe und Eigenbezeichnungen werden *kursiv* hervorgehoben, ebenso einzelne besonders betonte Worte. Im **Fettdruck** erscheinen Begriffe, die für die nachfolgenden Ausführungen oder in der Zusammenfassung zentrale Bedeutung haben. "Anführungsstriche" werden für Zitate verwendet sowie für Formulierungen, die problematisch gesehen werden, die einen umgangsprachlichen Ausdruck darstellen, der im jeweiligen Zusammenhang treffend scheint, oder zu denen bewußt Distanz eingenommen wird. Zentrale Begriffe der Arbeit werden bei erstmaliger Verwendung definiert oder es wird auf das Kapitel verwiesen, in dem sie ausführlicher behandelt werden.

2. ABGRENZUNGEN:
AUSGANGSPUNKTE UND PRÄMISSEN DER ARBEIT

2.1. Einleitung

Wie jede wissenschaftliche Arbeit geht auch diese von bestimmten Prämissen als Ausgangspunkte aller weiteren Ausführungen aus. Dabei handelt es sich um Annahmen über das Verhältnis von Wissenschaft und Lebenspraxis (Kap. 2.2.); um Auffassungen von Gegenstandsbereich, Herangehensweise und Aufgabenstellungen der Ethnologie (Kap. 2.3.); um Konzeptualisierungen der Begriffe Kultur/Kulturen, Ethnie und Ethnizität (Kap. 2.4.) und um das Verständnis von reiner, angewandter und praktischer Ethnologie (Kap. 2.5.).
Die diesen Themenbereichen zugrunde liegenden Prämissen bestimmen u.a. den Standort, von dem aus die WissenschaftlerInnen die soziale und politische Situation von Gruppen untersuchen, haben Einfluß auf die Einstellung der EthnologInnen zur praktischen Nutzung ihres Wissens, stecken den Handlungsbereich einer ethnologischen Praxis ab, beeinflussen den Entwurf ethnologischer Handlungskonzepte und wirken sich auf die politischen Perspektiven, leitenden Werte und Zielsetzungen von EthnologInnen aus. Aufgrund ihrer richtungsweisenden Funktion für eine praktische Ethnologie werden sie hier ausführlicher behandelt, womit auch der Forderung nach Offenlegung des eigenen Standortes Rechnung getragen wird (vgl. Kap. 2.2. u. 7.2.).
Dabei geht es nicht um eine umfassende Diskussion unterschiedlicher Positionen, sondern um Klärung, in welchem Sinne die verwendeten Begriffe und Konzepte im Rahmen der hier behandelten Fragestellung gebraucht werden. Eine endgültige definitorische Festlegung von Begriffen wie Kultur, Ethnizität, Ethnie usw. ist zudem nicht möglich, was sowohl mit dem Charakter kultur- und sozialwissenschaftlicher Forschung als auch mit dem Forschungsgegenstand selbst zusammenhängt: Aufgrund der empirischen Komplexität der Situationen und Sachverhalte, die Gegenstand der Untersuchungen sind, kann sich "der darzustellende ethnographische Sachverhalt (...) mit dem Bedeutungsgehalt des jeweils verwendeten ethnologisch-metasprachlichen Begriffs immer nur partiell decken" (Kohl 1993:419).

Diese begriffliche Unschärfe muß allerdings nicht unbedingt als Fehlerquelle betrachtet werden, sondern kann auch Ausgangspunkt für fruchtbare Kritik und Erkenntnisfortschritt sein (vgl. Feyerabend 1976, 1979). Da aber "Wörter (...) die wichtigsten Arbeitsmittel der Ethnologie" (Bargatzky 1993:271) sind, müssen sie soweit wie möglich auf das Material, das sie bearbeiten wollen, abgestimmt werden. Wissenschaftliche Begriffe, Kategorien und Konzepte sind dabei keine neutralen Instrumente, sondern immer auch Produkte und Ausdruck eines bestimmten sozialen und historischen Kontextes. Mittels der Begrifflichkeit wirken diese gesellschaftlichen Verhältnisse u.a. auf die wissenschaftliche Erkenntnisproduktion ein (vgl. Kap. 2.2.).
Umgekehrt zielt jede begriffliche Kategorisierung letztlich auf die Anpassung des Bezeichneten an die Kategorien (Amborn 1994:207) und konstituiert diese so auch mit. Diese kontextuelle Relativität der ethnologischen Terminologie und ihre Vermitteltheit mit der Realität gilt es in der wissenschaftlichen Arbeit stets mitzureflektieren, wie es bereits Scholte (1974, 1980) gefordert hat. Die folgenden Ausführungen sind in diesem Sinne zu verstehen. Sie beziehen sich auf umfangreiche Diskussionen, die in der jeweils genannten Literatur nachzulesen sind und hier nur knapp aufgeführt werden.

2.2. Wissenschaft und (Lebens-)Praxis

Unter **Wissenschaft** wird hier die intellektuelle und akademisch organisierte Erkenntnissuche westeuropäischen Ursprungs verstanden, deren Entstehungsgeschichte und Entwicklung Bernal (1970), Tomberg (1973) u.a. beschrieben haben. Diese Wissenschaft ist eine spezifische Form der Erkenntnisgewinnung über Wirklichkeit, die anderen existierenden Wissenssystemen und Formen der Wissensproduktion weder über- noch untergeordnet wird.[24] Sie ist das Resultat bestimmter historischer Entwicklungen und steht als soziales wie als erkenntnistheoretisches System (vgl. Friedrichs 1973:15-18) in Wechselwirkung mit dem jeweiligen politischen, sozialen, ökonomischen, moralisch-religiösen und ideologischen Kontext, innerhalb dessen sie sich entwickelt. Mit anderen Worten: Wissenschaft wird als Teil der alles umfassenden menschlichen Lebenspraxis verstanden, "welche der Wissenschaft vorausliegt und sie letztlich fun-

---

[24] Zu den Unterschieden zwischen westlich-wissenschaftlichen und sog. lokalen oder indigenen Wissenssystemen vgl. z.B. Banuri/Apffell (1993b).

diert" (Moser 1975:74; allgemein zur gesellschaftlichen Verwurzelung von Wissenschaft vgl. z.B. Gouldner 1970, Habermas 1968a, 1971, Horkheimer/ Adorno 1947, Mills 1959, Sohn-Rethel 1972, Tomberg 1973; für die Ethnologie vgl. Asad 1973, Bonfil Batalla 1973, Diamond 1974, 1980, Drubig 1994a, Ethnos 1982, Gough 1973, Helm 1985, Hymes 1974b, Kuper 1983, Leclerc 1976, Lewis 1973, Manners 1973, Maquet 1964, Mühlmann 1968, K.E.Müller 1992, Scholte 1974, 1980, Stavenhagen 1971, Stocking 1982, 1991, Wolf 1974).

Lebenspraxis ist die alltägliche tätige Auseinandersetzung von Menschen mit den materiellen und nicht-materiellen Grundlagen und Bedingungen ihrer Existenz. Sie setzt Annahmen und Kenntnisse von der Wirklichkeit voraus. Dieses Alltagswissen, d.h., der (individuelle wie kollektive) Bestand von überwiegend unbewußten und unreflektierten Ideen, Gedanken und Annahmen über die Wirklichkeit, der der "täglichen Weltorientierung" dient, wird durch Handeln gewonnen, überprüft und verändert (vgl. Matthes/Schütze 1973, Garfinkel 1973). Die dabei (neu) gewonnenen gedanklichen Einsichten greifen wiederum aufklärend, korrigierend, leitend und gestaltend in die Wirklichkeit ein. Die menschliche Lebenspraxis besteht demnach - sehr vereinfacht ausgedrückt - aus einer Wechselwirkung zwischen aktiver eingreifender Gestaltung der Wirklichkeit (Aktion/ Praxis) und dem Nachdenken über die Wirklichkeit (Reflexion/ Theorie). Die weitere Definition der Begriffe Theorie und Praxis folgt im wesentlichen den Ausführungen von Partridge (1987) und Warry (1992):[25]

Als **Praxis** (aus griech. *praxis*, Handlungsweise, das Tun) werden im allgemeinsten Sinne alle Tätigkeiten bezeichnet, die sich auf ein gesellschaftliches Handeln, auf eine Teilnahme am menschlichen Sozialleben beziehen, also jedes kreative, veränderungsbezogene Gestalten der materiellen, sozialen und ideellen Wirklichkeit. Sie ist mehr als bloßes gedankliches Handeln - etwa im Sinne einer "praktischen Theorie" - , mehr auch als die rein produktions- und reproduktionsbezogene "materielle Praxis" oder die auf gesellschaftlichen Umsturz abzielende "revolutionäre Praxis" der marxistischen Theorie.

> "*(P)raxis* (...) is a way of knowing which embodies ethical and political theory *and* practice as processes of social life, including intellectual life. (...) *Praxis* is a *kind of knowledge* of the world which compels ethical and political decisions; it is an ongoing interaction with the world in which the

---

[25] Die Begriffe "Theorie", "Praxis", "Wissen", "Methode" usw. werden hier zunächst im ganz allgemeinen Sinne ohne ihre spezifische Bedeutung im wissenschaftlichen Kontext gebraucht.

results or outcomes of those decisions shape the nature of the *praxis* which is achieved" (Partridge 1987:217; Betonung im Original).

Im Gegensatz dazu bedeutet **Theorie** (aus griech. *theoría*, Betrachtung, das Zuschauen) eine Aktivität, die sich möglichst der Teilnahme an der sozialen Lebenspraxis enthält und primär in der Anschauung derselben besteht.

> "(...) *(T)heoria* is a way of knowing about the world that involves strenuous, disciplined activity, much of it devoted to avoiding worldly activity, as is done in a nunnery, monastery, or college. (...) While the goal of *theoria* is knowledge for 'its own sake' (...) knowledge of this kind (...) is also of instrumental, pragmatic value (...). Theoria is, therefore, theory and practice of a *kind of knowledge*" (ebd. 216; Betonung im Original).

Theorie und Praxis stellen nach diesen Definitionen beide eine bestimmte Art von Wissen über Wirklichkeit dar und sind zugleich eine Methode, um dieses Wissen zu produzieren. Handeln und Denken, aktive Einflußnahme und distanzierte Anschauung sind dabei untrennbar aufeinander bezogen und miteinander verflochten. Sowohl Praxis wie Theorie besitzen jeweils "praktische" - auf eine Teilnahme am und Gestaltung des Soziallebens bezogene - und "theoretische" - auf eine gedankliche, distanzierte Anschauung und Reflexion über das Sozialleben bezogene - Aspekte. Theorie kann gestaltend in die Praxis eingreifen und diese verändern; die Praxis kann neue Erkenntnisse hervorbringen und die Theorie verändern. Bei der Praxis wird dem Handeln in der Wirklichkeit, bei der Theorie dem Nachdenken über die Wirklichkeit Priorität eingeräumt. Wenn wir uns das Leben als ein Theaterstück vorstellen, dann wären die PraktikerInnen die SchauspielerInnen, die für das Geschehen auf der Bühne verantwortlich sind, während die TheoretikerInnen die ZuschauerInnen sind, die auf das Schauspiel reagieren, aber nicht mitmachen. Gleichzeitig stimmen die SchauspielerInnen ihre Vorführung auf die Reaktionen und Meinungen der ZuschauerInnen ab (ebd. 217).[26]

Wissenschaft kann als "die Systematisierung von Aspekten der Lebenspraxis, wo lebenspraktische Erfahrungen auf den Begriff gebracht werden" (Moser 1975:74) verstanden werden. Sie "ruht (...) auf einem gesellschaftlichen Vorverständnis (...); (...) nimmt umgangssprachliche Paradigmata der Lebenspraxis auf", systematisiert sie und deutet ihren Sinn (ebd. 79-80). Wissenschaft bedeutet demnach ein systematisches und methodisch geregeltes Nachdenken und

---

[26] Interessanterweise entstammt der Begriff Theorie denselben griechisch-lateinischen Wortwurzeln wie der Begriff Theater (Partridge 1987:217).

Handeln in dieser Wirklichkeit sowie die Produktion von theoretischen Aussagen über die Wirklichkeit, die anhand bestimmter Kriterien überprüfbar sind bzw. sein sollten. Sie beruht sowohl auf Empirie, d.h., der mittels bestimmter Methoden gesammelten, auf Sinneseindrücken beruhenden forschenden Erfahrung der Wirklichkeit, als auch auf Theoriebildung (im wissenschaftlichen Sinne), d.h., nach bestimmten Regeln abgefaßten Systemen von Sätzen über die Beschaffenheit der Wirklichkeit (Endruweit 1993:6-13).

Lebenspraxis und **Wissenschaft** sind eine unterschiedlichen Regeln folgende, aber wechselseitig aufeinander bezogene und vermittelte Befassung mit der Wirklichkeit. Sie lassen sich zwar analytisch, aber nicht tatsächlich voneinander trennen. Lebenspraktische Aspekte und Bezüge durchdringen die gesamte wissenschaftliche Erkenntnisproduktion samt ihren Methoden, Konzepten und Resultaten. Im wissenschaftlichen Instrumentarium spiegeln sich genauso gesellschaftliche (lebenspraktische) Strukturen wider wie es dazu dienen kann, diese mitzuproduzieren, zu stabilisieren oder zu verändern (vgl. Moser 1975:80). Jede wissenschaftliche Aktivität - von der Formulierung der Fragestellung über die Methodenwahl und den Entwurf eines Forschungsplanes bis zur Durchführung der Untersuchung, zur Evaluierung und Präsentation der Ergebnisse - findet in einem spezifischen historischen, gesellschaftlichen und kulturellen Kontext statt, aus dem sich kein/e WissenschaftlerIn "wegdenken" kann. Es gibt keinen *außerhalb* der Geschichte liegenden archimedischen Punkt reiner Erkenntnis, nur eine Erkenntnis *innerhalb* von Geschichte.

Schon Karl Mannheim (1936:79-80) stellte fest, daß alles Wissen relationales oder perspektivistisches Wissen, d.h., standortgebunden ist: Der Standpunkt des Beobachters oder Forschers bestimmt seine Sichtweise oder Perspektive auf das beobachtete Phänomen oder die soziale Realität. Erkenntnisse werden entsprechend von dieser Position des Erkennenden aus formuliert und können nur mit Bezug auf diese interpretiert und verstanden werden (vgl. Maquet 1964:51; siehe auch Habermas 1968a; zu den neueren Diskussionen über die Relativität und Kontextualität allen Wissens speziell in der Ethnologie siehe z.B. die Beiträge in Berg/Fuchs 1993a; vgl. Kap. 5.).

Für Kultur- und SozialwissenschaftlerInnen bedeutet das u.a., daß sie immer auch Teil des Gegenstandsbereiches sind, den sie untersuchen: Sie forschen als handelnde und denkende Subjekte über handelnde und denkende Subjekte. Dabei können sie den Menschen, die Gegenstand ihrer Forschungen sind, nicht distanziert und unabhängig gegenüberstehen, sondern treten immer in eine

Beziehung zu ihnen. Sie inter- und reagieren und kommunizieren miteinander. Sozial- und kulturwissenschaftliche Forschung läßt sich danach als eine "Institution zusammen handelnder und miteinander sprechender Menschen" (Moser 1975:79-85) verstehen. Die ForscherInnen nehmen im Forschungsprozeß explizit oder implizit immer auch gegenüber den Forschungssubjekten einen Standpunkt im politischen und sozialen Kontext und den jeweils herrschenden Machtverhältnissen ein. Dieser Standpunkt wird u.a. aufgrund spezifischer Wertsetzungen ausgewählt. Eine solche Stellungnahme - oder im neueren Sprachgebrauch: Positionierung - ist unvermeidlich, da auch die Negation eines politischen oder ethischen Standpunktes und das Bemühen um eine möglichst wertneutrale Erkenntnisproduktion eine Wertposition darstellt.

"It is being realized that not taking a political position, not making a moral commitment, is not neutral: it is making a commitment - to the support und continuation of the system of which one is part and within which one is working anthropologically. If one does not 'notice' oppression or injustice or exploitation because one is only scientist and science does not concern itself with political issues, then one is being myoptic and self-deluding about objectivity. Ultimately amorality is immorality" (Keesing 1976:537).

Der gesamte Prozeß der Wissens- und Theoriebildung sowie der Anwendung von Wissen in der gesellschaftlichen Praxis ist von wertenden Entscheidungen durchzogen. Diese setzen bereits in den der wissenschaftlichen Arbeit zugrunde liegenden Konzepten über Wirklichkeit, Wandlungsmöglichkeiten oder im fachlichen Selbstverständnis ein. Kultur- und sozialwissenschaftliche Forschung kann demnach nie gänzlich wertfrei sein; Ethik ist vom Prozeß der Erkenntnisfindung nicht abtrennbar (vgl. Amborn 1993b:17-18, 1993c:23, 1994: 196). Diese Einsichten resultierten u.a. aus dem sog. Werturteilsstreit, der auch in der Ethnologie seinen Widerhall fand,[27] und werden heute in ethnologischen Grundlagendiskussionen weitgehend akzeptiert (vgl. Nadig 1997).

Wenn Wissenschaft keine außerhalb der allgemeinen menschlichen Lebenspraxis liegende "exotische" Sphäre ist, sondern Teil eben dieser Lebenspraxis, dann erhält sie nicht erst praktischen Bezug, wenn ihre Erkenntnisse bewußt und gezielt angewandt werden. Wenn sozial- und kulturwissenschaftliche For-

---

[27] Vgl. z.B. das *Social Responsibility Symposium* (1968) oder die Sammelbände von Hymes (1974a) und Huizer/Mannheim (1979); siehe auch Seithel (1990a:46-53) und die dort aufgeführte Literatur sowie Kap. 3. und 4.

schung[28] Teil und Ausdruck außerwissenschaftlicher historischer, sozialer, ökonomischer, politischer und ideologischer Zusammenhänge ist, dann wirkt sie auch in den außerwissenschaftlichen Raum hinein (vgl. Fischer 1992b:17-18), d.h., sie hat potentiell Auswirkungen auf die untersuchten Menschen, wenn auch häufig nicht direkt und unmittelbar, sondern zeitlich verzögert und vermittelt über verschiedene AkteurInnen und Prozesse. Diese Auswirkungen entstehen nicht nur durch den direkten Kontakt der ForscherInnen mit den Forschungssubjekten oder die bewußte und gezielte Nutzung ethnologischer Daten für praktische Maßnahmen, sondern auch und sogar vor allem durch die Veröffentlichung von Forschungsergebnissen oder die Verbreitung theoretischer Modelle oder begrifflicher Konzepte (vgl. Kap. 5).

Wer beispielsweise möglichst reine Grundlagenforschung über andere Menschen betreiben (z.B. ihr Verwandtschaftssystem erforschen) will, bewirkt allein schon durch dieses Vorhaben eine Veränderung: Er zeigt z.B. der untersuchten Gruppe, daß es außer ihrem Verwandtschaftssystem noch andere gibt, relativiert also ihr als selbstverständlich hingenommenes kulturelles Wissen, stellt es vielleicht in Frage oder weckt Neugier auf "das Andere". Vielleicht vermittelt er ihnen auch (implizite) Wertvorstellungen wie Bewunderung oder Geringschätzung für ihr eigenes Verwandtschaftssystem und fördert so Stolz oder Zweifel an den eigenen kulturellen Regeln. Auf jeden Fall rüttelt er allein durch seine Anwesenheit und seine Fragestellungen an sozialen Grundlagen, die bis dato möglicherweise unhinterfragt waren. Er bewegt und verändert damit soziale Realität.

Bei der Interpretation und Präsentation seiner Forschungsergebnisse geht dieses Einwirken auf das Leben anderer Menschen weiter: Der Forscher sortiert und ordnet die Informationen, läßt einige fort und fügt dem Gesehenen, Erfragten und Erfahrenen seine Deutungen, seine Erklärungen, seine Vergleiche oder seine Verallgemeinerungen hinzu. Dadurch verändert er erneut seinen Gegenstand (Informationen über das Verwandtschaftssystem), der nun gänzlich der Kontrolle seiner ursprünglichen "BesitzerInnen", d.h., derjenigen Menschen, die das Verwandtschaftssystem praktizieren, entglitten und zum Produkt des Forschers

---

[28] Alle wissenschaftlichen Forschungen sind Produkte und Teile historischer und gesellschaftlicher Entwicklungen und Rahmenbedingungen. Da aber bei Fächern wie z.B. Physik, Biologie oder Chemie das Verhältnis zu den jeweiligen Untersuchungsobjekten eine jeweils eigene Problematik und Charakteristik aufweist, auf die hier nicht näher eingegangen werden kann, wird bei den folgenden Ausführungen nur auf sozial- und kulturwissenschaftliche Forschungen Bezug genommen.

geworden ist. Indem der Forscher dann als nächsten Schritt durch Veröffentlichung sein Produkt selber aus den Händen gibt und damit allen, die es lesen wollen und können, zugänglich macht, kommt eine neue Dimension der verändernden Einwirkung auf die untersuchten Menschen hinzu. Nun formen sich in den Gedanken der LeserInnen - hierzu gehören zunehmend auch die Forschungssubjekte selber - Bilder über die beschriebenen Menschen, können die Informationen benutzt werden, um eine direkte Interaktion (z.B. in Form von Entwicklungsvorhaben) mit ihnen zu gestalten oder eine neue Selbstidentifizierung vorzunehmen u.a.m. Wieder bewegt und verändert der Ethnologe mit seiner Tätigkeit etwas. Dieser komplexe Zusammenhang von Forschung und Veränderung ist in jede ethnologische Untersuchung eingewoben.[29]

Das bedeutet, daß jede ethnologische Publikation durch die von ihr vermittelten Bilder und Interpretationen über die untersuchten Gemeinschaften in gewisser Weise meinungsbildend wirkt und damit auf gesellschaftliche Prozesse Einfluß nimmt, einerlei, ob der Ethnologe dieses beabsichtigt oder nicht. Potentiell kann darüber hinaus jede ethnologische Information gezielt für praktische Interessen und Zwecke genutzt werden. So haben die Arbeiten der sog. TextualistInnen gezeigt, daß "ethnologische Schriften auch als ein Element sozialer Praxis zu verstehen sind, da sie selber mittelbar den Gegenstand verändern" (Nadig 1997: 96). Whisson kommt nach einer Befassung mit der Rolle von "anthropologists in the real world" (1985) zu dem Schluß, daß

> "... even the writers of the pure classics of social anthropology, like Malinowski (1922) und Evans-Pritchard (1940) contributed towards the process of interaction between the subjects of their studies and the rulers of those subjects. Their intention may have been purely scientific, but their effects were applied" (ebd. 132).

Und Handler (1989:18) stellt fest:

> "(...) many who would not have considered themselves applied anthropologists have become such after the fact."

Angewandte Wissenschaft unterscheidet sich folglich von **reiner** Wissenschaft nur graduell: Ihre Auswirkungen sind beabsichtigt, werden geplant, gelenkt und

---

[29] Über die möglichen politischen Auswirkungen ethnologischer Konzepte wie Kultur, Ethnizität, Tradition u.ä. wird im Verlauf der Arbeit noch ausführlicher eingegangen. Über den "anthropologist as image-maker" siehe z.B. Hedican (1995:38-41) und Medicine (1971). Über die öffentliche Wirkung ethnologischer Forschungen von der Renaissance bis zum Beginn des 20. Jahrhunderts siehe Hog (1990).

bewußt gemacht (Fischer 1992b:18). Das heißt, daß nicht nur bei der gezielten praktischen Anwendung, sondern auch bei der Produktion und Publikation theoretischer Arbeiten der historische und soziale Kontext, die potentiellen Wirkungen und Nutzungsmöglichkeiten, also die Verwertungszusammenhänge der Forschungen mitbedacht werden müssen (vgl. Berreman 1968, 1971, 1974:90-91, Declaration of Barbados 1971, Gjessing 1968, Huizer 1973, Jones 1971, Jorgensen/Wolf 1970 u.a.).

Nun sind die praktischen Folgen ethnologischer Forschungsarbeiten nicht immer und überall vorher abzuschätzen. Auch in Fällen, wo mit den besten Absichten und der größtmöglichen Vorsicht vorgegangen wurde, können die Ergebnisse für die erforschten Gruppen unvorhersehbare destruktive oder negative Konsequenzen haben (vgl. z.B. Szalay 1977). Und auch die Ergebnisse derjenigen WissenschaftlerInnen, die sich um möglichst reine, zweckfreie und "unpolitische" Forschung bemühen, können u.U. Legitimationsfunktion für herrschende Ideologien übernehmen oder andere nicht vorhersehbare praktische Konsequenzen nach sich ziehen (siehe Kap. 3). Manche Folgen und Zusammenhänge lassen sich erst im Nachherein erkennen. Um so notwendiger ist es, daß sich WissenschaftlerInnen ihres Tuns, ihres Standpunktes im spezifischen Kontext, ihrer Werte und Motivationen bewußt werden und daß sie den Entstehungs- und Verwertungszusammenhang bei ihren Arbeiten mitreflektieren. Dieses gilt besonders, wenn EthnologInnen sich in den Dienst praktischer Zielsetzungen stellen.

In den letzten zwei Jahrzehnten hat sich ferner "Schritt für Schritt die Einsicht in den konstruktivistischen Charakter unseres Wissens" (Schiffauer 1996:22), d.h., die Annahme durchgesetzt, daß die Theorien und Modelle von EthnologInnen und anderen WissenschaftlerInnen nicht einfache Abbilder der Wirklichkeit, sondern von den jeweiligen Personen entworfene bzw. im Dialog mit den Forschungssubjekten "ausgehandelte" Konstruktionen sind, durch die die Realität nicht nur beschrieben, sondern auch z.T. erschaffen wird (für die Ethnologie z.B. Abu-Lughod 1991, Ames 1986c, Fabian 1983, 1993, Said 1979 u.a.; als Überblick Fuchs/Berg 1993; ausführlicher Kap. 5.). Diese konstruktivistische Wende hat u.a. zu einer veränderten Auffassung hinsichtlich der praktischen Auswirkungen ethnologischer Forschungsergebnisse und der Verantwortung der WissenschaftlerInnen geführt:

"Wenn ich mir nämlich klar mache, daß ich konstruiere und entwerfe, bin ich in einem weit elementareren Sinn verantwortlich für meine Erkenntnis, als wenn ich nur Strukturen ablese. Weil wir die Welt nicht nur registrieren, sondern auch schaffen, sind wir verantwortlich für das, was aus unseren Konstruktionen wird - wie sie gebraucht und vor allem mißbraucht werden" (Schiffauer 1996:23).

Nach einer konstruktivistischen Auffassung von Wissen werden ethnographische Aussagen im Miteinander von Forschenden und Forschungssubjekten als kontextabhängige, intersubjektiv und dialogisch konstruierte Realitäten gemeinsam geschaffen. Forschung wird dabei als ein Prozeß verstanden, der nicht *über* ein Forschungsobjekt, sondern im Austausch *mit* diesem durchgeführt wird. Aussagen über fremde Realitäten werden entsprechend nicht *von* EthnologInnen *über* andere Realitäten formuliert, sondern *gemeinsam* von WissenschaftlerInnen und Betroffenen durch kommunikatives und praktisches Handeln situations- und kontextgebunden produziert.[30]

Allerdings hat eine konstruktivistische Auffassung von Erkenntnisproduktion auch Grenzen: Wenn Wahrheit ausschließlich als konstruiert und ausgehandelt verstanden wird, führt das zu einem extremen Relativismus, der jegliches Werturteil und damit auch ein auf soziale Verbesserungen abzielendes praktisches Handeln unmöglich macht. Es gäbe keine Kriterien für eine Absage an unhaltbare Geschichtsinterpretationen wie die sog. Auschwitz-Lüge oder Welterklärungsmodelle fanatischer Sekten, keine plausible Begründung für ein Eintreten gegen Menschenrechtsverletzungen oder die Linderung menschlichen Leides. Die empirisch nachweisbare Existenz bestimmter Fakten oder Tatsachen, die außerhalb der individuellen subjektiven Wahrnehmung und Interpretation existieren und damit intersubjektiv überprüfbar sind, kann nicht geleugnet werden: Das tatsächliche Vorhandensein von Schmerz, Krankheit, Hunger oder Krieg in Frage zu stellen, mag ein interessantes Thema für akademische Publikationen und Konferenzen sein. Für die Betroffenen sind solche Überlegungen in Anbetracht existentieller Lebensprobleme belanglose, wenn nicht gar zynische intellektuelle Gedankenspielereien (vgl. Kap.5).

Damit wird auch das letztendliche Ziel wissenschaftlicher Tätigkeit angesprochen: die Frage, ob Wissenschaft nur eine nach bestimmten methodischen Regeln erfolgende Anhäufung von Wissen darstellt, deren praktische Nutzbarma-

---

[30] Die Einsicht in die Vermitteltheit von Subjekt und Objekt und Vorstellungen von Forschung als Kommunikationsprozeß zwischen Subjekten finden wir bereits bei Autoren der 60er Jahre wie Adorno, Horkheimer, Husserl, Heisenberg u.a. (vgl. Dettmar 1989:13-15).

chung den Interessen von "PraktikerInnen"[31] oder den Zufälligkeiten gesellschaftlicher Entwicklungen überlassen wird, oder ob wissenschaftliche Forschung bewußt und gezielt zur Lösung lebenspraktischer Fragen dienen soll, an deren Bewältigung auch die WissenschaftlerInnen selber beteiligt sind (Fischer 1992c:94)? Die Beantwortung dieser Frage ist eine Grundsatzentscheidung, über die im Fach keine einheitliche Auffassung besteht.

Zu wesentlichen Teilen in den Idealen der Aufklärung und des Humanismus des 18. und 19. Jahrhunderts wurzelnd, ist das Fach stark von der Grundeinstellung geprägt, daß eine Wissenschaft vom Menschen auch zum Wohle der Menschheit dienen und zu ihrem Glück, Wissen und ihrer Selbstentfaltung beitragen möge und könne (Gough 1973:158). So äußern die meisten EthnologInnen mehr oder weniger explizit die Hoffnung, daß ihre Forschungen "irgendeinen" praktischen Nutzen haben mögen (z.B. Harries-Jones 1985:224-226, Petersen 1982:235-237, Wright 1988:365-68; vgl. Kap. 4.2. und 7.2.), wohingegen die Auffassung, daß Wissenschaft ausschließlich einen Wert an sich darstellt, seltener zu finden ist (ähnlich Fischer 1992b:18).

Auch in dieser Arbeit wird davon ausgegangen, daß wissenschaftliche Erkenntnisse nicht nur um ihrer selbst willen gesammelt werden, sondern sich auch der Frage nach ihrem Nutzen in lebenspraktischen Zusammenhängen stellen müssen. Sie sollen letztlich Fragen und Probleme des menschlichen Daseins verstehen und lösen helfen. Dabei kann - entsprechend der oben angesprochenen Interdependenz von Handeln und Denken - das verstehende Durchdringen und Erkennen von Sachverhalten, Vorgängen und Zusammenhängen und die Verbreitung dieser Einsichten bereits ein Schritt zur Befreiung aus Abhängigkeiten, d.h., ein Akt der Aufklärung und damit von praktisch-emanzipatorischer Bedeutung sein.[32]

Zu den Ergebnissen ethnologischer Forschung kann auch ein besseres Verständnis der *eigenen* Gesellschaft und der Person des/r Forschenden gehören, was schon von früheren EthnologInnen als wichtige Aufgabe des Faches angesehen wurde (z.B. Evans-Pritchard 1946:93-94, Herskovits 1936:7, Kluckhohn 1964, Malinowski 1951:24; vgl. Fischer 1992b:19-20, Hinsley 1979:30-31) und heute gelegentlich sogar als einzig mögliches Ziel ethnologischer Forschung

---

[31] Unter PraktikerInnen werden hier und im Folgenden alle Personen verstanden, die außerhalb des akademischen Bereiches primär mit der Gestaltung der sozialen Realität befaßt sind.

[32] Auch bei der praktischen Ethnologie kommt der Reflexion und Erkenntnisproduktion eine zentrale Rolle zu. So spricht z.B. Amborn im Zusammenhang mit der Aktionsethnologie von der Pflicht, Wissen zu erwerben und weiterzugeben (Amborn 1993b:21, 23, 1994:194, 196).

betrachtet wird (z.B. von Rabinow 1977:5). Auch können für den Erkenntnisstand relevante Fragen aus der wissenschaftlichen Forschung selber hervorgehen, so daß die empirische Erforschung eines bestimmten Problems oder die theoretische Befassung mit einer Detailfrage zeitweilig auch ohne unmittelbaren praktischen Nutzen oder ein bestimmtes Anwendungsinteresse geschehen kann. Innerhalb der deutschen EthnologInnenschaft steht man der "Anwendung" zwar teilweise immer noch skeptisch oder ambivalent gegenüber, sie wird jedoch zunehmend als wichtiger Bestandteil des Faches akzeptiert (vgl. Drechsel 1984:56-60, Schmied-Kowarzik 1993:66-67, Prochnow 1996:33-34, Schott 1981; siehe: Kap. 2.5. und 3.4.4.).

Dieses Verständnis von der Verflechtung von Theorie und Praxis, Wissenschaft und Lebenspraxis, Subjekt und Objekt, Erkenntnisproduktion und -anwendung ist von entscheidender Bedeutung für die folgenden Ausführungen über die Grundlagen und Anwendungsbereiche einer kritischen praktischen Ethnologie. Die Einsicht in die historische, soziale, lebenspraktische und ideologische Vermitteltheit aller ethnologischer Erkenntnis bedeutet nicht,

"(...) reducing anthropological *praxis* to egomania, contamination, myth or falsity. Paradigmatic mediation entails derivation not reduction; comparative differences imply partialities not perversions" (Scholte 1980:78-79; Betonung im Original).

Die Erkenntnis der Kontextualität allen ethnologischen Wissens führt vielmehr, so Scholte weiter, über einen veränderten syntagmatischen Bezugsrahmen zu einem neuen Paradigma einer *liberated anthropology* und einer *anthropology of liberation*, deren Ziel praktische emanzipatorische Interessen sind (ebd. 81). In diesen gedanklichen Kontext sind auch die folgenden Ausführungen zu setzen.

2.3. Ethnologie: Gegenstandsbereich und Fachverständnis

Es gibt im Fach keine einheitliche Auffassung darüber, womit sich EthnologInnen eigentlich genau befassen. Meinungsverschiedenheiten bestehen im wesentlichen hinsichtlich der wissenschaftssystematischen Zuordnung des Faches, seinem Gegenstandsbereich und der Frage nach seinem spezifischen theoretischen und methodischen Instrumentarium, ja, es besteht noch nicht einmal eine Einigung darüber, nach welchen Kriterien Disziplinen überhaupt abzugrenzen sind.³³ Aufgrund der verschiedenen Fächerorganisationen fallen diese Standortbestimmungen zudem von Land zu Land unterschiedlich aus (vgl. z.B. Ramaswamy 1985, Stagl 1974:11- 64 sowie die Beiträge in Diamond 1980, Ethnos 1982, Fahim 1982). Die folgende Diskussion über das Fachverständnis wird vor allem aus der Perspektive der deutschen bzw. deutschsprachigen Ethnologie vorgenommen.³⁴

Ethnologie wurde und wird hierzulande als Kulturwissenschaft (Rudolph 1961:6), als Sozialwissenschaft (König 1984), als Kultur- und Sozialwissenschaft (E.W.Müller 1984:41), als Humanwissenschaft (Amborn 1993c:13), als Teil einer übergreifenden (Kultur-)Anthropologie (Fischer 1992b:4, Girtler 1979, Schmied-Kowarzik 1966:41) oder der Geschichts- und Kultursoziologie (Mühlmann/Müller 1966:12) definiert oder einfach als Ethnologie angeboten (Rudolph 1973:49). Aussagen über den Gegenstandsbereich des Faches reichen von "Natur-" oder "Stammesvölker" über "vorindustrielle", "traditionelle", "schriftlose" oder "kleine autonome Gesellschaften" bis zu "Ethnien", "außereuropäische", "fremde Kulturen" oder allgemein "nach bestimmten Kriterien abgegrenzte(n) Gruppen von Menschen" (vgl. Fischer 1992b:12-15, Jensen

---

³³ Fischer sieht (1971:13) die Abgrenzung der Disziplinen als eine "reine Frage der Forschungsökonomie" an, während Rudolph (1973:1) "solche Abgrenzungen (...) nach dem von einer Fachrichtung zu erforschenden Sektor der Wirklichkeit" vornehmen möchte. E.W.Müller (1984:38) hält dagegen: "Allein die Tatsache, daß sich nicht allgemeinverbindlich festlegen läßt, welche Grundsätze zu gelten haben, um Disziplinen zu begrenzen, beweist schon, daß eine Festlegung nach dem zu bearbeitenden Sektor der Wirklichkeit schwierig, wenn nicht unmöglich ist. 'Wirklichkeit' muß als metaphysischer Begriff immer sehr vieldeutig sein. Der Begriff 'Gegenstandsbereich', der in diesem Zusammenhang auch gebraucht wird, ist ebenfalls problematisch: Der Aspekt, unter dem ein bestimmter Teil der Wirklichkeit gesehen wird, ist ebenfalls Gegenstand." Der U.S.amerikanische Anthropologe Drake sieht hinter der Abgrenzung wissenschaftlicher Fächer vor allem ökonomische Aspekte: der Zugang potentieller AnwärterInnen auf begrenzte Ressourcen (akademische Jobs, Forschungsgelder u.ä.) soll durch eine genaue und möglichst enge Definition limitiert werden (Drake 1988:46-47).

³⁴ Zu den Diskussionen über das Selbstverständnis deutscher EthnologInnen in den 50er und 60er Jahren siehe u.a. Adam/Trimborn (1958), Hirschberg (1965), Mühlmann (1968), Mühlmann/Müller (1966), Schmied-Kowarzik (1966), Westphal-Hellbusch (1959); zu neueren Positionen und Argumentationen vgl. z.B. Antweiler (1986), Bargatzky (1985), Fischer (1992a), Hildebrandt (1990), Jensen (1995), Kohl (1993), Ramaswamy (1985), Rudolph (1992), Stagl (1993) sowie die Diskussion verschiedener Theorieansätze in Berg et al. (1993), E.W.Müller et al. (1984), Schmied-Kowarzik/Stagl (1993), Schweizer et al. (1993); zur wissenschaftssystematischen Einordnung der Ethnologie siehe allgemein Kimmerle (1978:20-29), in Hinblick auf die internationale Organisation der anthropologischen Disziplinen als der "Wissenschaften vom Menschen" siehe u.a. Girtler (1979), Rudolph (1973), Stagl (1974); speziell zur Beziehung zur Soziologie siehe König (1984), Mühlmann (1975), E.W.Müller (1984); zur Beziehung zur Geschichtswissenschaft siehe Szalay (1981).

1995:2, Kievelitz 1988:194, Kohl 1993:17-25, E.W. Müller 1984:37-40, Schott 1971:1). Andere sehen als zentralen Gegenstand des Faches **Ethnos** oder **Kultur** bzw. **Kulturen** (z.B. Jensen 1995:2, 4, Renner 1983:230-31, Rudolph 1973: 23, 1992; siehe Kap. 2.4.). Nadig (1997:86) schlägt mit Referenz auf die Prozesse der postmodernen Globalisierung vor, Ethnologie als die "Wissenschaft von der lokalen (regionalen) Verarbeitung des Globalen (Abstrakten) in der Spätmoderne" zu bezeichnen.

Der Gegenstand der Ethnologie scheint zu verschwinden. Bargatzky (1993: 263-4) stellt fest, daß die Ethnologie Gefahr laufe, sich für alles zuständig zu erklären, daher für nichts zuständig zu sein und mit ihrem Gegenstand sich selbst zu verlieren (ähnlich Fischer 1989, Stellrecht 1993:29-30, u.a.). Nicht nur die deutsche Ethnologie befindet sich in diesem Zustand der Zersplitterung; auch international gibt es im Fach weniger denn je einen allgemeinverbindlichen wissenschaftlichen Begriffsapparat, einen gemeinsamen Diskurs oder eine einigende theoretische Ausrichtung (Ortner 1984:126, Wolf 1980).

Einige FachvertreterInnen sehen diese dauerhafte Krise ihrer Disziplin nicht als Zeichen ihrer Auflösung, sondern eher als Chance für eine Neuorientierung: Die durch die Auflösung ihres traditionellen Forschungsbereiches und den Zusammenbruch alter Erklärungsansätze und theoretischer Konzepte entstehende "Unordnung" und theoretische Diversität könne den Nährboden für eine neue "Ordnung" bieten (so z.B. Ortner 1984:127; ähnlich auch Nadig 1997). Gelegentlich werden Versuche unternommen, übergreifende und die partikularistischen Forschungsansätze einigende Paradigmen zu entwerfen oder zumindest verbindliche Themen auszumachen,[35] doch konnte sich keiner von ihnen tatsächlich durchsetzen.

Die große Schwierigkeit bei der Abgrenzung der Ethnologie als eigenständiger Disziplin rührt insbesondere von der Tatsache, daß in dem von ihr untersuchten Wirklichkeitsausschnitt "große empirische Variation" herrscht und daß diese unendliche Vielfalt und Heterogenität ihres Gegenstandsbereiches u.a. zur Herausbildung eines ausgesprochenen Theorien-, Methoden- und Konzeptionenplu-

---

[35] So sieht z.B. Ortner (1984:127, 144-57) als einigendes Element der Theorien der 80er Jahre den sog. Praxis-Ansatz; vgl. auch den Entwurf einer Systematischen Anthropologie von Rudolph/Tschohl (1977) und den u.a. darauf aufbauenden Vorschlag von Bruck (1990) zur Entwicklung einer Theorie der Forschungstheorien oder die Überlegungen von Drechsel (1984) zur systematischen Konstruktion einer empirischen Kulturtheorie; siehe (Fox 1991) über unterschiedliche Ansätze zur Neufassung der Ethnologie.

ralismus geführt hat (Schweizer 1993:80-81; ähnlich Bennett 1976:852).[36] Im Folgenden wird nur dargelegt, auf welchem Verständnis von Ethnologie die Ausführungen zu einer praktischen ethnologischen Arbeit beruhen:

Ethnologie wird hier zunächst einmal ganz allgemein als eine Wissenschaft verstanden, die sich mit "Menschen(gruppen) und Kultur(en) in ihren spezifischen Zusammenhängen zu allen Zeiten, an allen Orten und in allen ihren Ausdrucksformen"[37] befaßt. Diese Formulierung bedarf einiger Spezifizierungen:

In der Forschungsrealität haben EthnologInnen lange Zeit nicht alle menschlichen Gruppen und Kulturen untersucht, sondern zum überwiegenden Teil nur solche, die durch einen besonderen "Grad der Unterschiedlichkeit" im Vergleich zu der des Forschers, also durch eine "relative Fremdheit" gekennzeichnet sind (Kohl 1993:26). Diese Auswahl ist u.a. Ergebnis der Fächerspezialisierung und der Fachgeschichte der Ethnologie, die sich als wissenschaftliche Disziplin mit außereuropäischen, schrift- und staatenlosen Völkern als ihrem klassischen Untersuchungsgegenstand etablierte (siehe die o.a. Literatur; vgl. Kap. 3.2.).

Wenn hier Menschengruppen als Untersuchungsbereich der Ethnologie genannt werden, dann sollen darunter sämtliche Kollektive von Menschen verstanden werden, die nach eigenem Verständnis oder in der Sicht Außenstehender bestimmte (kulturelle, soziale, historische, religiöse, politische, körperliche, wirtschaftliche o.a.) Merkmale teilen. Diese Gruppen können die von EthnologInnen in den vergangenen Jahrzehnten traditionellerweise erforschten kleinen autonomen oder staatenlosen Gesellschaften, Ethnien oder indigenen Völker (zu den Begriffen vgl. Kap. 5. und 6.) sein, aber ebenso Teilgruppen, soziale Minderheiten oder Subkulturen in hochkomplexen industrialisierten Gesellschaften oder urbanen Zentren (vgl. Jensen 1995). Sie können sich in *anderen* Gesellschaften, aber auch in der *eigenen* des Forschers befinden. Unter Gruppen werden dabei nicht statische und abgeschlossene "Einheiten", sondern dynamische, sich in stetem Wandel befindliche Gebilde verstanden, die in Interaktions- und

---

[36] Vgl. Bruck (1990) hinsichtlich der unübersehbaren Anzahl von Forschungsansätzen in den empirischen Kulturwissenschaften: Er zählte in den Indizes von nur sechs in den 80er Jahren erschienenen kulturwissenschaftlichen Überblickswerken allein 118 allgemeinere Forschungstheorien (ebd. 46); oder die Beiträge in Schweizer et al. (1993), deren AutorInnen übereinstimmend für ihre jeweiligen Spezialforschungsgebiete uneinheitliche Terminologien, unscharfe Abgrenzungen, sich auflösende Kategorien und heterogene Herangehensweise konstatieren.

[37] Diese Formulierung ist zusammengesetzt aus Rudolph (1992:76) und Bargatzky (1985:21).

Austauschprozessen mit anderen Gruppen stehen. Ein wichtiger Forschungsgegenstand der Ethnologie sind dementsprechend **Prozesse** der Gruppenbildung, -zuordnung und -abgrenzung sowie die Untersuchung des "Raumes *zwischen* den Kulturen" (Schiffauer 1996:28) und Gruppen (z.B. interethnische Beziehungen, soziale Bewegungen, Diffusionsprozesse, Synkretismen u.ä.). Um die Entwicklungs- und Austauschprozesse innerhalb und zwischen Gruppen in ihrer Komplexität zu erfassen, müssen die innerhalb und außerhalb der Gruppen wirkenden gesellschaftlichen Kräfte in ihrem komplexen Zusammenspiel und ihren Wechselwirkungen betrachtet werden. So wird zunehmend - wenn auch im Vergleich mit den klassischen ethnologischen Themen noch relativ vereinzelt - dem *studying up (*Nader 1974), d.h., der Untersuchung machthabender Gruppen und gesellschaftlicher Eliten wie Bürokratien, Unternehmen, Parteien usw. (vgl. Huizer 1993a) und der Erfassung kulturübergreifender, globaler Prozesse als Gegenstand ethnologischer Forschung Aufmerksamkeit gewidmet (als Überblick vgl. Breidenbach/Zukrigl 1995). Ethnologie befaßt sich demnach nicht mit einem zeitlich und räumlich genau lokalisierbaren "Gegenstand", sondern eher mit Prozessen der **Begegnung,** der **Beziehung,** des **Austausches** und des **Wandels** (ähnlich Nadig 1997).

Im Zusammenhang mit einer Neubestimmung des ethnologischen Forschungsbereiches - welche wiederum eine Reaktion auf globale Umstrukturierungsprozesse darstellt - verändert sich auch der ethnologische Blick auf die Rolle des Individuums und seinen Umgang mit **Macht** als zentraler Komponente menschlicher Beziehungen. Während Macht in den makroanalytischen Theorien der 60er und 70er Jahre (z.B. der Weltsystemtheorie; Wallerstein 1974) vor allem in gesellschaftlichen Instanzen lokalisiert oder als strukturelle Eigenschaft eines Systems betrachtet wurde,[38] hat besonders Foucault darauf hingewiesen, daß sie auf den unterschiedlichsten Ebenen ausgeübt wird und Bestandteil jeder sozialen Beziehung zwischen Menschen ist (z.B. Foucault 1977a, 1977b). Mehr und mehr wird Macht heute als "polyzentrisch" und "diffus" (Schiffauer

---

[38] Danach findet Macht ihren gesellschaftlichen Ausdruck insbesondere auf militärischer, ökonomischer (finanzieller, industrieller, technischer), kirchlich-priesterlicher, intellektuell-wissenschaftlicher, symbolischer, staatlicher, administrativer und organisatorischer Ebene. Sie kann u.a. auf Manipulation, sozialer Kontrolle, psychischem Druck, Verfügung über Produktionsmittel, materielle Güter und Dienstleistungen, physischer Gewalt, organisatorisch gesicherter Autorität und Kompetenz und/oder der Monopolisierung von Informationen beruhen. Wird die Macht durch Zustimmung, Glaube, Duldung oder Unterwerfung von den Betroffenen legitimiert, so entsteht Herrschaft (vgl. Stammer 1975:514).

1996:24-25) wahrgenommen. Es wird davon ausgegangen, daß auch das einzelne Individuum innerhalb der Grenzen des Systems Handlungsspielräume hat und auf diese Weise das gesellschaftliche System und die darin bestehenden Machtkonstellationen mitgestaltet.[39]

Nach diesem sog. praxeologischen Ansatz (Bourdieu 1976, Ortner 1984) wird davon ausgegangen, daß Gesellschaften nicht nur durch Strukturen, Werte und Normen geordnet sind, sondern vor allem von den in ihnen lebenden Personen durch Handlungen konstruiert werden. Danach sind bspw. die unterdrückten und verfolgten Angehörigen von Minderheiten nicht nur sprach- und geschichtslose Opfer einer ihnen von außen aufgezwungenen Macht, sondern sie partizipieren - z.T. aus eigenen Interessen - auch an der Konstruktion und der Aufrechterhaltung von Machtbeziehungen (vgl. Dracklé 1991, Turner 1979, Wolf 1986). Eine solche Sichtweise auf die soziale Einflußnahme und die Gestaltungsmöglichkeiten von Individuen und sozialen Gruppen soll die Verantwortlichen von Diskriminierung und Unterdrückung nicht entlasten. Auch soll nicht die Existenz machtvoller Eliten, der sog. *power elites* (Mills 1956), bestritten werden, die die Lebensbedingungen und Handlungsmöglichkeiten von Menschen z.T. drastisch beschneiden.

Es geht vielmehr darum, Menschen nicht *nur* als willenlos einem Weltsystem unterworfene Opfer oder Objekte zu sehen, sondern sie *auch* als handelnde Subjekte zu begreifen, die unter bestimmten Voraussetzungen imstande sind, ihre Lebenssituation und bestehende Machtkonstellationen in dialektischer Wechselbeziehung mit den Grenzen, die wiederum das System setzt, mitzugestalten und zu verändern (vgl. R.Thompson 1989:114-121). Ein solches Menschenbild, das die Opfer und "Objekte" früherer theoretischer Ansätze zu AkteurInnen und Subjekten macht oder ihnen zumindest ein entsprechendes Potential zubilligt, liegt auch an der Basis einer *advocacy anthropology*. Es wird von neueren ethnologischen Ansätzen und Forschungen (z.B. Appadurai 1990, 1991, Ferguson/Whitehead 1992a, Hannerz 1992) unterstützt, die z.B. auf die regional sehr unterschiedliche Rezeption und aktive Verarbeitung von Fremd-

---

[39] Die Bedeutung, die dieser Ansatz der gestaltenden Kraft individuellen Handelns zuschreibt, klingt auch schon in der klassischen Definition von Max Weber an. Nach Weber bedeutet Macht "(...) jede Chance, innerhalb einer sozialen Beziehung den eigenen Willen auch gegen Widerstreben durchzusetzen, gleichviel, worauf diese Chance beruht" (Weber 1921/72:28). Auch ist der ethnologische Blick auf das Individuum nicht neu: Schon frühere ethnologische Ansätze wie z.B. die Kultur-und-Persönlichkeitsforschung oder die biographische Forschung befaßten sich mit der gestaltenden Rolle des Individuums in seiner Kultur bzw. Gesellschaft.

einflüssen und die Entstehung einer Vielfalt neuer kultureller Formen und Identitäten verweisen, mit der sich Ethnien, Völker oder soziale Gruppen einer globalen Integration entgegenstellen (vgl. zusammenfassend Breidenbach/Zukrigl 1995). Sie zeigen auch, daß Menschen, die z.B. Kolonisierung oder Gewaltregimen unterworfen oder auch Naturkatastrophen ausgesetzt sind, als handelnde Subjekte imstande sind, ihr Überleben durch aktives und innovatives Umgestalten ihrer Lebensumstände zu kontrollieren oder dieses zumindest zu versuchen (z.B. Spittler 1989). Geschichte wird demnach durch die individuellen und kollektiven Handlungen und Entscheidungen der Menschen gemacht (vgl. Ferguson/Whitehead 1992b:16-18). Die neuen politischen Bewegungen indigener Völker (vgl. Kap. 6.) sind ein illustrierendes Beispiel dafür.

Ein nach wie vor zentrales theoretisches Konzept des Faches zur Erfassung menschlicher Lebensäußerungen, kollektiver Phänomene und Beziehungsstrukturen ist **Kultur** bzw. sind verschiedene kulturtheoretische Modelle. Kultur ist für die Ethnologie so wichtig wie "Evolution für die Biologie, Schwerkraft für die Physik und Krankheit für die Medizin" (Renner 1983:230-31). Dennoch - oder gerade deshalb - besteht im Fach keine einheitliche Auffassung darüber, was eigentlich genau als Kultur bezeichnet werden soll (ausführlich Kap. 2.4.). Gelegentliche Versuche, eine einheitliche Kulturtheorie zu entwerfen (z.B. Drechsel 1984, Rudolph/Tschohl 1977), konnten sich bislang nicht durchsetzen. Konzepte über Kultur beinhalten u.a. Annahmen über Gemeinsamkeiten und Unterschiede zwischen Menschen; wird von verschiedenen **Kulturen** gesprochen, dann wird u.a. von *kollektiven* Differenzen und Ähnlichkeiten ausgegangen. Die Befassung mit Kultur bzw. Kulturen ist damit immer auch eine Befassung mit der Beziehung zwischen "dem Fremden" und "dem Eigenen", dem Lokal-Spezifischen und dem Global-Allgemeinen. Fremd-Sein bezieht sich dabei nicht primär auf uns befremdende Lebensformen von kleinen exotischen Gesellschaften in weit entfernten Regionen der Erde,[40] also auf räumliche Distanz und äußerliches Anders-Sein, sondern ist als eine Art "methodisches Prinzip" zu verstehen, das von EthnologInnen genauso auf Gruppen und Individuen der eigenen Gesellschaft angewendet werden kann und wird (vgl. Fischer 1992b:15, König 1984:23). Ethnologie befaßt sich danach mit der Erforschung

---

[40] Dieses Fachverständnis ist allerdings zum Teil heute noch wirksam: So werden in der deutschen Ausgabe des als einführendes Lehrbuch der Ethnologie bezeichneten Buches von Harris (1989) als "eigentlicher Forschungsgegenstand" der deutschen Ethnologie "die sogenannten 'primitiven', schriftlosen, traditionellen oder 'naturvölkischen' Gesellschaften" (ebd.15) bezeichnet.

von menschlichen Gruppen und Kultur/ Kulturen unter dem Blickwinkel der Wechselbeziehung zwischen dem Fremden/Eigenen, dem Lokalen/Globalen (Nadig 1997:86; ähnlich: Fabian 1983, 1993, Kohl 1993, Schiffauer 1996 u.a.; siehe Kap. 2.5. und 5.).

Um Erkenntnisse über ihren spezifischen Untersuchungsbereich zu gewinnen, ist auch die Ethnologie auf empirische Datensammlung angewiesen. Zentral und fachspezifisch für die ethnologische empirische Forschungsmethodologie sind langzeitige Aufenthalte im Feld, die ein Miterleben und Nachvollziehen des Alltags der betreffenden Menschen und ein auf eigenen Erfahrungen gründendes Verstehen und Beschreiben der anderen Realität ermöglichen sollen.[41] Durch die persönliche Begegnung mit Menschen, die individuell-subjektive Erfahrung des Wechselspiels zwischen dem Allgemeinen und dem Besonderen und die methodische Beobachtung der anderen Lebenswelt gewinnen EthnologInnen einen ganz spezifischen, sie vor anderen WissenschaftlerInnen auszeichnenden Zugang zu ihren Forschungssubjekten (bzw. sie können ihn gewinnen), der gerade auch für eine engagierte ethnologische Praxis einen besonderen Stellenwert ausmacht (siehe Kap. 7.).

Durch Beschreibung, Analyse, Interpretation, theoretische Erklärung und den Vergleich der durch empirische Forschung gewonnenen Informationen wollen EthnologInnen zu Erkenntnissen gelangen, die über den Einzelfall hinausgehen und allgemeinere theoretische Aussagen über Phänomene (vor allem) kollektiven menschlichen Seins ermöglichen.[42] Die besondere Perspektive der EthnologInnen beruht gerade auf dieser kulturübergreifenden und -vergleichenden, dabei auf Eigenerfahrung des Einzelnen und Lokalen aufbauenden Betrachtungsweise kultureller Phänomene, bei der möglichst ganzheitlich die verschiedenen Aspekte menschlichen Daseins berücksichtigt und als aufeinander bezogen begriffen werden und die sowohl eine universale wie relativistische Einstellung beinhaltet (vgl. Kap. 5. und 7.2.2.). Im Sinne obiger Ausführungen werden

---

[41] Dabei kommen überwiegend qualitative Forschungsmethoden zur Anwendung, aber auch quantitative Methoden sind von Bedeutung (vgl. Bargatzky 1985:21-23, E.Chambers 1985:3-7, Stagl 1993 u.a.). In den neueren methodischen und theoretischen Diskussionen gewinnen zudem sog. synthetische oder systemische Ansätze, die statt Gegensätzlichkeiten die Verbindungen und Wechselbeziehungen zwischen interpretativen und analytischen Paradigmen betonen, zunehmend an Bedeutung (vgl. z.B. für die Kulturökologie Casimir 1993:225-33).

[42] Eine Absage an jegliche, das Partikulare überschreitende theoretische Verallgemeinerungen, wie sie bei einigen AutorInnen anklingt (z.B. Abu-Lughod 1991), stellt eher eine Einzelposition dar, die vom Gros der FachvertreterInnen nicht geteilt werden und auch nicht geteilt werden können, wenn der Bestand des Faches nicht prinzipiell in Frage gestellt werden soll.

diese Erkenntnisse heute kontextualisiert, d.h., als historisch, sozial, kulturell, individuell usw. vermittelt und als bis zu einem gewissen Grad (s.o.) konstruiert verstanden.

Der Untersuchungsbereich der Ethnologie in der hier konzipierten Form geht also deutlich über die Erforschung der "kleinen Gesellschaften" hinaus. Danach bestehen Verbindungen zu Themen, Methoden und Gegenstandsbereichen benachbarter Fächer (z.B. der physischen Anthropologie, Archäologie, philosophischen Anthropologie), zu anderen kultur- und sozialwissenschaftlichen Disziplinen (z.B. der Politologie, Soziologie, Sprachwissenschaft, vergleichenden Religionswissenschaft) sowie zu verschiedenen regional spezialisierten Wissenschaften (z.B. der Volkskunde, Amerikanistik, Afrikanistik, Indologie), aber teilweise auch zu naturwissenschaftlichen Fächern (z.B. der Medizin, Biologie, Agrarwissenschaft). Ethnologie kann deshalb auf eine **interdisziplinäre** Zusammenarbeit nicht verzichten.

2.4. Kultur, Ethnie, Ethnizität

Vorstellungen kollektiver Gemeinsamkeiten und Unterschiede, wie sie z.B. in Konzepten von Kultur(en), Ethnie(n) und Ethnizität ihren Ausdruck finden, sind auch in der *advocacy anthropology* mit indigenen Völkern handlungsleitend für das ethnologische Engagement. So argumentieren indigene VertreterInnen und ihre nicht-indigenen UnterstützerInnen häufig mit einer "kulturellen Andersartigkeit" oder mit "kulturellen Traditionen" der indigenen Gemeinschaften, um spezifische Rechte durchzusetzen (siehe: Kap. 6). An dieser Stelle sollen deshalb die genannten Termini auf ihre Implikationen untersucht und allgemeine Begriffsklärungen als Grundlage für die spätere Darstellung einer *advocacy anthropology* mit indigenen Völkern vorgenommen werden.

Der Begriff **Kultur** hat in den letzten rund 150 Jahren eine schnelle Verbreitung mit verschiedenen Bedeutungswandlungen erfahren. Er ist abgeleitet vom lateinischen Verb *colere* (= bearbeiten, anbauen, pflegen, bewohnen, verehren, verschönern), welches wiederum die Wurzel für Begriffe wie Kult, kultivieren oder kolonisieren ist. In ihrer frühen Bedeutung bezeichnete die *cultura animi* zunächst die durch "Bearbeitung" (= Erziehung) verfeinerten moralischen und intellektuellen Fähigkeiten eines Individuums, dann aber auch als *cultura Christi* oder *Dei* die Verehrung Christi oder Gottes. Erst im 17. und besonders im 18. Jahrhundert wurde der Begriff historisiert, d.h., mit Vorstellungen von

Entwicklung und Fortschritt verbunden, und objektiviert, d.h., als Ergebnis eines Prozesses auf die Lebensart von Gruppen innerhalb und außerhalb der eigenen Gesellschaft übertragen. In Gegenüberstellung zur **Natur** erlaubte der Begriff Kultur jetzt einerseits die Konzipierung einer prinzipiellen Einheit des Menschengeschlechts, beinhaltete aber andrerseits auch in Gegenüberstellung zu unkultiviert/barbarisch Konnotationen von hierarchisch bewerteter Unterschiedlichkeit. Damit bot er einen konzeptionellen Rahmen, um sowohl das Gemeinsame wie das Andersartige der fremden Kulturen in den Kolonien (!) zu erfassen. Die Unterschiedlichkeit menschlicher Lebensformen wurde zum Gegenstand von Forschung und von Erziehungsinteressen der Aufklärung. In diesem Kontext institutionalisierte sich auch die Ethnologie als akademische Disziplin. Besonders im deutschsprachigen Raum behielt Kultur daneben ihre Bedeutung zur Bezeichnung einer inneren, moralisch-intellektuellen Persönlichkeitsentwicklung (= höhere Bildung; vgl. Markus 1993).

An dieser Stelle sollen nicht die verschiedenen Definitionen von Kultur diskutiert oder gar zusammengeführt werden (vgl. u.a. Keesing 1974, Kievelitz 1988:194-7, Kroeber/Kluckhohn 1963, Ortner 1984, Renner 1983; siehe auch Draclé 1995), sondern nur das dieser Arbeit zugrunde liegende Verständnis von Kultur erläutert werden:

Ausgangspunkt folgender Überlegungen ist die Annahme von einer allgemeinen **Kulturfähigkeit** aller Menschen. Dabei soll Kultur - u.a. in Anlehnung an Rudolph (1973:168, 1992:62) - als der "selbstgestaltete Bestandteil menschlicher Existenz" verstanden werden, der "alles Materielle und Nichtmaterielle, was im menschlichen Dasein nicht von Natur aus vorgegeben ist" umfaßt.[43] In diesem Sinne ist Kultur "überall" (Hannerz 1993). Sie ist etwas, was jeder Mensch ganz

---

[43] Bei diesem Kulturverständnis wird davon ausgegangen, daß der Mensch mit bestimmten Eigenschaften (z.B. Ich-Bewußtsein, Entscheidungsfreiheit u.a.) ausgestattet ist, die es ihm ermöglichen, seinem Leben selbstbestimmt, bewußt und schöpferisch Formen zu geben, denen zwar von der Natur Grenzen gesetzt, die aber nicht von ihr vollends determiniert werden. Die Kontroverse über die *nature/nurture*-Dichotomie, d.h., über die Frage, was dem/den Menschen angeboren ist, was er/sie als soziales Wesen erlernt und in welcher Weise angeborene und erworbene Eigenschaften ineinander übergreifen, kann an dieser Stelle nicht aufgegriffen werden. Sie beschäftigte die Ethnologie schon im Rahmen evolutionistischer Entwicklungskonzepte und taucht neuerdings in Form soziobiologischer Ansätze wieder auf (zur ethischen Dimension dieser Debatten vgl. Drubig/Hermann 1993). Im vorliegenden Kontext, bei dem Kultur, Differenz und Selbstbestimmung im Rahmen der politischen Artikulation indigener Völker eine wichtige Rolle spielen, wird mit der Vorstellung einer Kulturfähigkeit dem Menschen die *prinzipielle*, aber zugleich durch außerhalb von ihm liegende Faktoren begrenzte Möglichkeit freier Willensentscheidung eingeräumt.

individuell für sich hat, was er/sie mit einigen anderen Menschen teilt und was er/sie mit allen anderen Menschen gemeinsam hat; oder in der bekannten Formulierung von Kluckhohn:

"Every man is in certain respects like all other men, like some other men, like no other man" (Kluckhohn/Murray 1948:15).

Eine ähnliche Kulturkonzeption finden wir in einer älteren Arbeit von R.Redfield (1962; vgl. Hannerz 1993). Redfield geht ebenfalls von einer Unterscheidung zwischen angeborenen und erworbenen Eigenschaften aus. Diese ordnet er jeweils Individuen, Kollektiven und der allgemeinen Menschheit zu, so daß sich folgendes Bild ergibt (nach Hannerz 1993:99):

	angeboren	erworben
individuell (idiosyncratic)	1	2
kollektiv (enduring collectivities)	3	4
universal (panhuman)	5	6

Ethnologische Kulturkonzeptionen sind zum größten Teil im Kasten 4 anzusiedeln, in dem es um die kulturellen Unterschiede zwischen menschlichen **Gruppen** geht. Während die individuellen Unterschiedlichkeiten (Kasten 2) bei ethnologischen Forschungen eher im Hintergrund des Interesses stehen, hat im Laufe der ethnologischen Theoriengeschichte mehrfach ein Perspektivenwechsel zwischen Kasten 4 und Kasten 6 stattgefunden, d.h., ein Hin- und Herschwingen theoretischer Schwerpunktsetzung bezüglich der allgemeinen "developed human nature" und den Unterschieden zwischen "particular cultures belonging to distinct enduring collectivities" (Hannerz 1993:100-101). Gegen letztere Verwendung des Kulturbegriffs richtet sich die Kritik derjenigen EthnologInnen (z.B. Abu-Lughod 1991, Ingold 1993, Wikan 1992), die den Kulturbegriff ganz abschaffen möchten, weil er nach ihrer Ansicht sowohl individuelle Unterschiedlichkeit (Kasten 2) als auch die allen Menschen gemeinsame Erfahrung des Mensch-Seins (Kasten 6) außer Acht läßt (vgl. Kap. 5).

Nehmen wir jedoch z.B. Redfields Konzept als Grundlage, so umfaßt der Begriff nicht nur das Kollektive, sondern auch das Universelle und das Individuelle der menschlichen Kultur. Denn "everything to the right is cultural" und "that which is cultural is not always difference" (Redfield 1962:446). Er erlaubt damit, innerhalb eines gemeinsamen theoretischen Rahmens Kultur sowohl als etwas Verbindendes als auch etwas Trennendes zu sehen.

> "Taking this view of culture, broadly inclusive along the distributive dimension, one can accept easily enough the idea of the continuous world, and wether one speaks of culture in the singular or cultures in the plural can be understood to be a matter of convenience. And one can unload more of that excess baggage which has accumulated over the years: assumptions not only of certain differences but also of the internal homogeneity, coherence and timelessness of cultures. To be able to recognize contradiction and misunderstanding one would not have to 'write against culture', and one could have resonance and culture, too. There would be no need to think that cultures are what 'they' have, whereas we do not" (Hannerz 1993:102).

Die Kultur einer Gruppe läßt sich danach als ein komplexer und offener Prozeß sehen, der internem Wandel und vielfältigen äußeren Einflüssen, Querverbindungen, Überschneidungen und Wechselbeziehungen unterliegt; der von individueller Kreativität und Innovation genauso geprägt wird, wie er diesen Grenzen setzt; der sowohl historisch tradiert als auch in der Gegenwart neu geschaffen und gelebt wird. Aufgrund der globalen Einflüsse des Weltsystems (Wallerstein 1974), der weltweit verbreiteten elektronischen Kommunikationstechnologien und der Mobilität der Menschen durch moderne Transportmittel finden heutzutage in bislang unbekanntem Ausmaß eine Vermischung, Neukombination und ein Austausch von kulturellen Formen und Elementen statt, die ihren Ursprung in teilweise radikal verschiedenen gesellschaftlichen Zusammenhängen haben (vgl. Appadurai 1990, 1991). Bedenkt man zudem, daß es zu allen Zeiten Kontakte, wechselseitige Einflüsse und Vermischungen zwischen Kulturen gab, dann lassen sich zu keinem Zeitpunkt klar abgrenzbare, homogene und autonome soziale und kulturelle Systeme identifizieren.

Begriffe wie Kultur, Ethnie, Volk, Gesellschaft oder Nation beschreiben vielmehr ein "sich in Zeit und Raum veränderndes und veränderbares Geflecht von Beziehungen bzw. ein Beziehungsgeflecht inmitten anderer Beziehungsgeflechte", die als "Bruchstücke" einer "vielfältige(n) Totalität miteinander verbundener Prozesse", aber nicht für sich alleine als isolierte Tatsachen betrachtet werden können (Wolf 1986:17, 22-23; vgl. auch Elwert 1989). Kulturen sind danach, wie Byron (1992:172) es ausdrückt, alle die "transient, epiphenomal, superficial, protean, multifarous, variable and fuzzy-edged expressions" der "transmission of human experience from one generation to the next." Oder in den Worten der Kwakiutl Renee Taylor:

> "Well, culture is what you are doing every day. Culture is getting in my battered up old Honda to drive here in Vancouver and worrying about getting to my tax law course on time today. Culture is also that I am going to be meeting one of my brothers and that's probably going to be touching home. We're talking about having a potlatch next year. It's all of that. It's what I do every day. That's culture" (Ignace et al. 1993:178)

Ähnliches wie über den Begriff Kultur läßt sich auch für die Begriffe **Ethnie** und **Ethnizität** feststellen. Wie zu erwarten, gibt es innerhalb der Ethnologie über diese Termini ebenfalls keine einheitlichen Auffassungen. Unter einer **Ethnie**[44] wird hier eine Gruppe von Menschen verstanden, die vor allem ein gemeinsames Wir-Bewußtsein und ein Zusammengehörigkeitsgefühl als ethnisch definierte Gruppe, d.h., eine ethnische Identität oder Ethnizität besitzt. Diese ethnische Identität *kann* sich auf Faktoren wie eine (angenommene oder reale) gemeinsame Geschichte und Abstammung, eine gemeinsame eigene Sprache, Kontinuität in der Überlieferung von Traditionen und kulturellen Merkmalen u.a. Kriterien berufen. Zu den gemeinsamen Traditionen und kulturellen Merkmalen, die von einer Ethnie in Abgrenzung zu anderen Gruppen mit besonderer symbolischer Bedeutung belegt werden, können z.B. Kleidung, Hausformen, Nahrung, Namengebung, Umgangsformen, Musik, Stereotype oder orale und literarische Überlieferungen gehören (Orywal/Hackstein 1993:599). Diese Kriterien sind zur Selbstabgrenzung von anderen Bevölkerungsgruppen möglich, werden aber nicht alle immer herangezogen, sondern je nach Kontext und Selbstverständnis der Gruppe selektiert.

Dabei sind Kultur und Ethnie nicht immer deckungsgleich: Verschiedene Ethnien können gemeinsame kulturelle Merkmale teilen; umgekehrt kann eine Ethnie die verschiedensten kulturellen Einflüsse integrieren und hinsichtlich eines kulturellen Elementes große Variationsbreiten aufweisen. Im Unterschied zu anderen sozialen Gruppen sind Ethnien bzw. ethnische Gruppen *überwiegend* endogam.

---

[44] Zu den Begriffen Ethnos und Ethnie vgl. Mühlmann (1964), Rudolph (1992), Shirokogoroff (1963); einen Überblick darüber, was in der Ethnologie bis in die 60er Jahre unter einer Ethnie verstanden wurde, gibt Naroll (1964); die formalistischen Ansätze werden auf Barth (1969) zurückgeführt.

Ethnische Gruppen sind häufig, aber nicht immer, Minderheiten. Auch für den Begriff **Minderheit** gibt es keine einheitliche Definition (vgl. Heinz 1988:14). Im soziologischen Sinne bezeichnet er keine zahlenmäßig kleinere Gruppe (siehe z.B. die hohen Anteile indigener Bevölkerungsgruppen in Bolivien oder Guatemala), sondern verweist auf bestimmte Eigenschaften und Beziehungsstrukturen der Abhängigkeit, politischen Machtlosigkeit und des Andersseins.[45] Eine Minderheit lebt zusammen mit anderen Bevölkerungsgruppen innerhalb eines Nationalstaates bzw. über verschiedene nationalstaatliche Grenzen verteilt. Ihr Zusammenhalt und ihre Identität beruhen auf spezifischen Kriterien (z.B. Sprache, Religion, Geschichte, Herkunft, Beruf, physische Merkmale, Geschlecht, Sexualverhalten u.a.), durch die sie sich (real oder fiktiv) von der herrschenden Bevölkerung dieses Staates bzw. dieser Staaten unterscheidet. Aufgrund dieser tatsächlichen oder konstruierten bzw. zugeschriebenen Andersartigkeit erfahren die Gruppenmitglieder soziale Diskriminierung, Verweigerung oder geringere Anerkennung gesellschaftlicher Rechte, kulturelle Unterdrückung, wirtschaftliche Ausbeutung und/oder physische Verfolgung und Ausrottung durch die restliche Bevölkerung. Häufig grenzen sich die Angehörigen einer Minderheit bewußt von der übrigen Bevölkerung ab und bemühen sich, die Merkmale ihres Anders-Seins innerhalb ihrer Gruppe zu erhalten und zu tradieren (Heinz 1988:23, Rose 1968:365-371).

Als **ethnische Minderheiten** sollen "die innerhalb eines Systems ethnischer Schichtung benachteiligten, unterdrückten, diskriminierten und stigmatisierten ethnischen Gruppen" bezeichnet werden (Heckmann 1992:57). Sie verfügen aufgrund ihres kulturellen und ethnischen Andersseins u.a. über eine Stellung minderer Rechte, über einen minderen sozialen Status und minderen Ressourcenzugang (zu einer Typologie ethnischer Minderheiten siehe ders. 59-71). Von vielen indigenen Gruppen wird eine Bezeichnung als ethnische Minderheit abgelehnt und statt dessen ein Selbstverständnis als Nation formuliert (vgl. Kap.6.).

Auch für den Begriff **Ethnizität** werden hier prozessuale oder dynamische Konzepte bevorzugt, die ein situationalistisches Verständnis von kollektiven

---

[45] So sprechen SoziologInnen bspw. auch im Falle der U.S.-amerikanischen Südstaaten wie Alabama oder Mississippi von der "schwarzen Minderheit", obwohl die schwarze Bevölkerung dort zahlenmäßig die Mehrheit darstellt (vgl. Rose 1968:365).

Identitäten beinhalten.[46] Danach läßt sich die Bildung von kollektiven ethnischen Identitäten, die sich gegen andere ethnische Identitäten abgrenzen, nicht primär an einer *Essenz* von Gemeinsamkeiten wie Sprache, Geschichte, Abstammung, Verwandtschaft, Kultur usw. festmachen, wie es bei primordialen oder essentialistischen Konzepten geschieht. Diese Faktoren sind, wie erwähnt, zur Festigung von Gruppenidentitäten wichtig, reichen aber zur Erklärung von kollektiven ethnisch und kulturell definierten Phänomenen nicht aus. Ethnische Identitäten werden hier vor allem als historische Produkte subjektiver und reflexiver Selektionsprozesse verstanden; sie werden konstruiert und situational ausgehandelt. Sie entstehen in Selbst- *und* Fremdzuschreibung, d.h., in Interaktion und Opposition zu anderen Gruppen.[47] Bei solchen formalistischen oder situationalistischen Konzepten von Ethnizität wird besonders dem *Prozeß* der Grenzziehung, der Konstruktion, der Wandelbarkeit und Situationsgebundenheit ethnischer Identitäten, der Manipulation kultureller Symbole und der Wahrnehmung der "Anderen" Aufmerksamkeit gewidmet (vgl. Barth 1969, Blu 1980, Keefe 1989b, Nagata 1974, O'Connor 1989, R.Thompson 1989).

"Ethnizität ist (...) eine von Zeit und Raum (Situation) abhängige Variable. (...) Ethnizität ist ein immerwährender Prozeß, unabhängig von der Tatsache, ob der Gegenüber in einer Interaktionssituation sichtbar oder nur als gedachter Gegenüber kognitiv existent ist. Das Wissen um den Gegenüber sowie die Zuschreibungen von Gemeinsamkeit, Eigenständigkeit oder Andersartigkeit werden durch den Sozialisationsprozeß vermittelt" (Orywal/ Hackstein 1993:601, 603).

Ethnizität wird hier also als eine situative kollektive Identität begriffen, die auf der Annahme oder Konstruktion kollektiver Differenz beruht. Die Begriffe

---

[46] Zu den unterschiedlichen Positionen und Ansätzen über Ethnizität vgl. Antweiler (1994a), R.Cohen (1978), Elwert (1989), Ganzer (1990), Keefe (1989b), D.Miller (1994), Ogan (1992), Orywal/Hackstein (1993), Streck (1992), R.Thompson (1989) sowie div. Beiträge in Waldmann/Elwert (1989).

[47] Im übrigen ist anzumerken, daß sich die hier angesprochenen Identitätsbildungsprozesse keineswegs einseitig auf die kolonisierten indigenen Völker beschränk(t)en. Auch die europäischen Gesellschaften definierten ein neues kollektives Selbstverständnis durch den Kontakt mit den nicht-europäischen Kulturen: Während sie letztere als "Barbaren", "Primitive" oder "Wilde" ansahen, konnten sie sich über ihre nationale Identitäten hinaus gemeinsam als zivilisierte, höher entwickelte EuropäerInnen oder AbendländerInnen mit einem christlichen Missionsauftrag verstehen. Die Konfrontation mit den indigenen Gesellschaften ermöglichte den europäischen Nationen so, über alle bestehenden Konflikte hinaus, die Entwicklung eines gemeinsamen Wir-Bewußtseins als EuropäerInnen in Gegenüberstellung zu "den Anderen" (Ferguson/Whitehead 1992b:15-16).

ethnische und **kulturelle Identität** sollen dabei nicht monovalent verstanden werden, sondern als Mischungen oder Aggregate von teils sehr unterschiedlich gearteten Rollen, Funktionen, Anforderungen und Erwartungen, die sich aus der Zugehörigkeit des Individuums zu verschiedenen Kollektiven ergeben. Je nach Situation und Notwendigkeit wird das eine oder andere dieser Identitätssegmente aktiviert und übernimmt leitende Funktion (vgl. Maihold 1986:33-35).[48] Die Betonung kultureller oder ethnischer Andersartigkeit muß dabei nicht notwendigerweise zu Dominanzstrukturen und Konflikten führen. Sie wird aber häufig im Falle von Verteilungskämpfen um politische Macht, Land und Ressourcen oder zur Mobilisierung von Widerstand gegen aufgezwungene, entwürdigende oder diskriminierende Lebensverhältnisse aktiviert.

Am Beispiel der neuen indigenen Bewegungen lassen sich alle diese Aspekte von Gruppenprozessen deutlich erkennen: die Entstehung multipler Identitäten und sich überschneidender Zugehörigkeiten, die Herausbildung neuer Autoritäts- und Entscheidungsstrukturen in Reaktion auf veränderte gruppenexterne Entwicklungen, die Verbindung nicht-"traditioneller" Organisations-, Aktions- und Diskursformen mit überlieferten Handlungs- und Interpretationsmustern und die Instrumentalisierung ethnischer Zugehörigkeit für politische und ökonomische Interessen (vgl. Kap.5. und 6.).

2.5. Reine, angewandte und praktische Ethnologie

Ebensowenig wie über den Forschungsbereich oder obige Begriffe gibt es im Fach eine einheitliche Auffassung darüber, wie eine praktische oder angewandte Ethnologie zu definieren ist, was sie von der akademischen oder reinen Ethnologie unterscheidet und welcher Stellenwert ihr im Rahmen der ethnologischen Erkenntnissuche zukommt. Stark vereinfacht lassen sich zwei grundsätzliche und unvereinbare Positionen ausmachen:

Auf der einen Seite steht die Auffassung, daß eine *möglichst* zweckfreie und wertneutrale Grundlagenforschung (*basic/pure research*) von einer zweckorientierten und von außerwissenschaftlichen Werten bestimmten Anwendung zu trennen und letztere nicht Aufgabe der WissenschaftlerInnen sei. Auf der ande-

---

[48] Ähnlich unterscheidet Streck (1992) zwischen kategorialen, fluktuierenden, verborgenen und erlittenen Gruppenidentitäten, die aufgrund unterschiedlicher historischer und sozialer Kontexte in Eigen- und Fremdzuweisungen entstehen.

ren Seite werden Erkenntnisgewinn und -anwendung als ein dialektisch aufeinander bezogenes und untrennbar miteinander verbundenes Unterfangen angesehen, das für den ethnologischen Erkenntnisprozeß unumgänglich ist (vgl. Nash 1959:67; Überblicke über verschiedene Positionen deutscher EthnologInnen zur Praxis geben u.a. Antweiler 1986, 1990, 1996, Bliss 1985a, Prochnow 1996). Zwischen diesen beiden Polen bestehen diverse mittlere Positionen mit je unterschiedlicher Gewichtung von theoretischer oder praktischer Arbeit und verschiedenen Auffassungen hinsichtlich der Aufgaben von EthnologInnen.

Auch zwischen den EthnologInnen, die grundsätzlich die Nutzung ethnologischer Kenntnisse zur Bewältigung gesellschaftlicher Probleme befürworten, existieren unterschiedliche, teilweise unüberbrückbare Standpunkte hinsichtlich der einzunehmenden Rollen: Die einen wollen die in theoretischer Forschung gewonnenen Ergebnisse PraktikerInnen zur Verfügung stellen, die dann über deren Verwendung entscheiden können, die anderen wollen selber aktiv am politischen Planungs-, Entscheidungs- und Umsetzungsprozeß teilnehmen (vgl. Kap. 3.). Zwischen diesen Positionen gibt es wiederum die verschiedensten "Feineinstellungen" hinsichtlich der Frage, wieweit sich die WissenschaftlerInnen auf politische und soziale Praxis einlassen sollen und dürfen, wann sie die Grenzen ihres Faches oder der Wissenschaft überhaupt überschreiten, wieweit ihr Engagement für die betreffenden Menschen gehen sollte, in welchem Maße Wertpositionen und Stellungnahmen notwendig sind, wieviel Macht und Kontrolle die WissenschaftlerInnen selber ausüben dürfen, inwieweit politisches Geschehen in die Forschungstätigkeit eingreifen darf u.a.m.

Die folgende (immer noch) unvollständige Liste gibt einen Überblick darüber, in welch unterschiedlichen Zusammenhängen von angewandter Ethnologie gesprochen wird. Sie ist weder eine umfassende Typologie von praktischer Ethnologie noch sind die Kategorien einheitlich oder schließen sich gegenseitig aus. So wird z.B. als angewandte Ethnologie bezeichnet:[49]

- ethnologische Grundlagenforschung, deren Ergebnisse irgendwann einmal von PraktikerInnen genutzt werden, ohne daß dieses von dem/der ForscherIn beabsichtigt ist;
- ethnologische Forschung für einen nicht-akademischen Auftraggeber, deren Ergebnisse zur Planung, Durchführung und/oder Evaluierung praktischer

---

[49] Ähnliche Auflistungen praktischer ethnologischer Tätigkeiten mit weiterführenden Literaturangaben finden sich bei Grillo (1985:6-7) und bei van Willigen (1976:82-3).

Maßnahmen dienen sollen, ohne daß der/die WissenschaftlerIn an deren Umsetzung beteiligt ist;
- eine außerakademische Anstellung von EthnologInnen, bei der sie aufgrund ihres ethnologischen Wissens an gesellschaftlichen Planungs-, Entscheidungs- und Handlungsprozessen beteiligt sind;
- eine (auch ehrenamtliche) Tätigkeit von EthnologInnen in nicht-akademischen Arbeitsbereichen, bei denen ihre ethnologische Ausbildung u.a. zum Tragen kommt;
- Forschung über ein aktuelles (lebens-)praktisches Problem, mit der der/die EthnologIn zum besseren Verständnis des Problems beitragen will;
- eine Übersetzungs- und Vermittlungstätigkeit im Bereich interkultureller Kontakte;[50]
- politische Unterstützungs- und Lobbyarbeit von EthnologInnen für Minderheiten und gesellschaftliche Randgruppen;
- Ausbildung von PraktikerInnen in ethnologischen Methoden, Theorien, Konzepten und ethnographischem Wissen;
- Untersuchungen über Theorien, Konzepte, Methoden, Grundannahmen und Problemstellungen bei der Anwendung ethnologischen Wissens; u.v.a.m.

Die Auflistung macht u.a. deutlich, daß eine Definition von *applied anthropology* und die Kategorisierung der praktischen Anwendungsmöglichkeiten ethnologischen Wissens nach sehr verschiedenen Kriterien erfolgen kann: z. B. hinsichtlich der Arbeitsstrategien, der von den EthnologInnen übernommenen Rollen und Aufgaben, der inhaltlichen Spezialisierungen, des Anwendungsbereiches, des Auftraggebers, der Zielgruppe, der Zielsetzungen u.a.m.[51] Die bestehenden Definitionen von *applied anthropology* setzen entsprechend unter-

---

[50] Als "interkulturell" wird der Überschneidungsbereich unterschiedlicher Erfahrungs- und Traditionszusammenhänge bezeichnet. Dabei sind die Unterschiede zwischen verschiedenen Kulturen weder unumstößlich festgelegt noch unvereinbar, sondern sie unterliegen der Interpretation, Relativierung, Veränderung und gegenseitigen Beeinflussung durch die beteiligten AkteurInnen. Die Grenzziehungen zwischen *kollektiven* Erfahrungszusammenhängen sind außerdem kontextbedingt und können ebenso konstruiert wie dekonstruiert werden (vgl. Kap. 2.4. und 5.). In Anbetracht aktueller Vermischungsprozesse fragt sich auch, ob nicht die meisten menschlichen Beziehungen durch die Vielfalt kultureller Einflüsse in gewissem Sinne als "interkulturell" zu bezeichnen sind.

[51] Vgl. u.a. Antweiler (1986), E.Chambers (1985, 1987), Naylor (1973), Spradley/McCurdy (1980) und van Willigen (1991, 1993) für verschiedene Systematisierungen und Typologien von praktischer Ethnologie.

schiedliche Schwerpunkte, spiegeln den jeweiligen historischen und gesellschaftlichen Kontext wider, in dem sie entwickelt wurden, und sind u.a. abhängig vom Wissenschaftsverständnis, den ethischen Wertsetzungen und den theoretischen und praktischen Zielsetzungen des jeweiligen Wissenschaftlers. Ein kurzer Überblick über einige Definitionen soll verdeutlichen, wie sich diese unterschiedlichen Schwerpunktsetzungen auf das Verständnis von angewandter Ethnologie auswirken.

Von vielen EthnologInnen wird vor allem der **Anwendungs-** oder **Praxis-**Aspekt von *applied anthropology* hervorgehoben. Die einfachsten Definitionen lauten etwa "(t)he use of anthropological finding, concepts, and methods to accomplish a desired end" (Clifton 1970b:viii; ähnlich Whitten/Hunter 1990:298) oder "the application of anthropology to the solution of human problems" (Nanda 1987:402; ähnlich E.Chambers 1985:8, Friedl 1980:337). Dabei wird angewandte Ethnologie meist als neutrales Instrument - gewissermaßen eine Art *cultural engineering* - betrachtet (vgl. Stagl 1985:151).

Ein zweites häufig genanntes Kriterium ist der **Auftrag-** oder **Arbeitgeber** bzw. eine Tätigkeit in außerakademischen Institutionen oder Arbeitsbereichen. So hebt z.B. Foster in seiner bis in die 70er Jahre vielbenutzten und z.T. heute noch verwendeten Definition (vgl. Naylor 1973:364, van Willigen 1993:8) die Einbindung der EthnologInnen in bestimmte "Programme" hervor:

"When anthropologists utilize their theoretical concepts, factual knowledge, and research methodologies in programs meant to ameliorate contemporary social, economic, and technological problems, they are engaged in applied anthropology" (Foster 1969:vii).

Auch Bennett (1996:25) verweist darauf, daß in den U.S.A. und Großbritannien *applied anthropology* im wesentlichen als "the employment of anthropologists by organizations involved in inducing change or enhancing human welfare" definiert wird bzw. wurde. Andere verstehen *applied anthropology* als eine Zusammenarbeit zwischen EthnologInnen und *policy-making bodies* (z.B. L.M.Cohen 1989:305, Nanda 1987:402). Bei diesen Definitionen wird eine Form der direkten Zusammenarbeit zwischen EthnologInnen und den Forschungssubjekten nicht miteingeschlossen.

Die meisten Definitionen - besonders der britischen SozialanthropologInnen während der klassischen Phase der angewandten Ethnologie in den 30-50er Jahren (vgl. z.B. Mair 1969:3) - nennen als Ziel angewandter Ethnologie, einen Beitrag zum sozialen **Wandel** zu liefern. Die Aufgabe der WissenschaftlerInnen wird dabei vor allem im Bereitstellen von ethnographischen Informationen für PraktikerInnen gesehen. Spradley/McCurdy möchten dagegen auch dann von angewandter Ethnologie sprechen, wenn ethnologisches Wissen zum **Erhalt** sozialer Institutionen genutzt wird. Letztere Form der Anwendung bezeichnen sie als *adjustment anthropology* (1980:334-337), die Nutzung ethnologischen Wissens für gesellschaftlichen Wandel als *administration anthropology* (ebd. 338-339).

Andere EthnologInnen verstehen unter *applied anthropology* eine **spezielle Forschungsorientierung**, die aktuelle gesellschaftliche Probleme zum Thema hat, zu deren Erhellung die WissenschaftlerInnen beitragen wollen, die aber kein eigenes gesellschaftliches Handeln der EthnologInnen umfaßt. So versteht z.B. Peattie (1958:4) unter angewandter Ethnologie "the general moral and practical enlightenment which anthropology can bring to problems of the day". Fischer ist der Ansicht, daß der wichtigste Beitrag einer angewandten Ethnologie darin bestehe, das Fremde verständlich und verstehbar zu machen, zu "übersetzen" (1992b:19), womit Anwendung in der Ethnologie "nicht in erster Linie Eingreifen in fremde Zusammenhänge, sondern Relativierung des eigenen Absolutheitsanspruchs, den jeder Mensch aus seiner Kultur ableitet, und Bewußtmachen allgemeiner Bedingungen menschlicher Kultur" bedeutet (ebd. 20). Und Stagl (1985:151) definiert angewandte Ethnologie als "Forschung unter einem außerwissenschaftlichen Primat".[52] Sie unterscheidet sich danach von der reinen wissenschaftlichen Tätigkeit durch die Wahl des Forschungsproblems, die Art der Ergebnisse und den Grad des Einfließens von Werten:

> "If the problem is a problem of somebody's everyday life, if the kind of conclusion is a rule of practice, and if the kind of commitment includes values in addition to that of making true sentences about the world, then we usually call the research applied, while if the opposite set of features prevails, we speak of pure or theoretical research" (Nash 1959:67).

Rappaports Verständnis von angewandter Ethnologie vereint die meisten der oben angeführten Kriterien: Forschung zur Erhellung aktueller menschlicher Probleme, praktische Handlung(svorschläge) für soziale Veränderung und die Orientierung an außerwissenschaftlich festgelegten Werten oder Zielen.

> "Applied Anthropology, as I understand the term, designates analysis of particular human problems, situations, or processes for the purposes of

---

[52] Siehe dazu die kritischen Anmerkungen von Bliss (1985:634).

comprehending their causes, dynamics, and consequences and, in some instances, for developing courses of action designed to affect those situations or processes such that they are brought into conformity with someone's goals or values, neither the someone nor the values always being made explicit" (Rappaport 1993:196-7).

Nach E.Chambers (1987:309) befaßt sich *applied anthropology* mit der Beziehung zwischen ethnologischem Wissen und der Nützlichkeit dieses Wissens für die "world beyond anthropology". Er plädiert dafür,

"... that the discipline of applied anthropology ought to be expressed as a scholarly, critical, and reasonably objective concern for what happens when our knowledge enters the realm of practice. Applied anthropology offers in its own right a model for basic and theoretical inquiry, and should be accorded the same distinction as any of our four traditional subfields" (ebd.).

Auch Bastide (1973:170-192) versteht *applied anthropology* als eine **eigenständige wissenschaftliche (Sub)Disziplin**, die sich mit Prozessen kultureller Dynamik, d.h., dem Wandel von Kulturen, befaßt und diesen mit genau denselben ethnologischen Techniken wie z.B. verwandtschaftliche oder politische Systeme untersucht. Bennett kommt jedoch zu einem anderen Schluß:

"However, despite persistent attempts to define and even regulate this (applied anthropology; F.S.) 'discipline' or 'subdiscipline', it has not been possible to achieve a convincing unity. This means that applied anthropology is not a genuine academic field, and this in turn means that its accomplishments are extremely diverse. (...) each topic is governed and illumined by concepts and values that pertain to its unique domain. As one famous anthropologist remarked to me years ago, 'The trouble with applied anthropology is that there is no there' " (Bennett 1996:49).

Weidman (1976:114) hält es sogar für "einen großen Irrtum", mit dem Begriff *applied anthropology* einen spezifischen Forschungs- oder Arbeitsbereich der Ethnologie zu umschreiben. Ebensowenig möchte sie diejenigen EthnologInnen als *applied anthropologists* tituliert wissen, denen es "zufällig" gelingt, mithilfe ethnologischer Kenntnisse und Techniken "to help move cultural systems from maladaptive postures to more advantageous one" (ebd.). Für sie ist die Nutzung ethnologischen Wissens ein Prozeß, dem kein besonderer Status innerhalb des Faches eingeräumt werden sollte. Und schließlich gibt es Auffassungen, denenzufolge die praktische Anwendung untrennbar mit jeder ethnologischen Arbeit verbunden ist:

"Anytime an anthropologist becomes involved in solving a problem in the practical real world, where he contributes his knowledge and talents, he has assumed an 'applied' role. One wonders who in the profession can claim never to have been an applied anthropologist, at least on an elemental level. (...) For any anthropologist, practical application is a fact of life" (Naylor 1973:365, 368; ähnlich auch Mead 1979:145).

Von AutorInnen, die nicht zwischen zwei "Arten" von Ethnologie - die eine rein und theoretisch, die andere angewandt und praktisch - unterscheiden möchten, wird eine Definition als unmöglich oder grundsätzlich die Verwendung des Begriffes *applied anthropology* als irreführend abgelehnt (z.B. Clifton 1970b:vii-xvi; vgl. Naylor 1973:364-65). In ihren Publikationen ist statt von *applied anthropology* häufig nur von "putting anthropology to use" (z.B. van Willigen 1993:vii), "the (practical) use of anthropology" (ebd. 7), "knowledge utilization" (z.B. Rylko-Bauer et al. 1989:1) oder "practical" bzw. "practicing anthropology" (z.B. Bennett 1996) die Rede (vgl. auch van Willigen 1996:44).[53]

Dieses soll als Überblick über die Annäherungsversuche an den Begriff angewandte Ethnologie genügen. Entsprechend der dieser Arbeit zugrunde liegenden Auffassung, daß Wissenschaft stets untrennbarer Teil von Lebenspraxis ist (Kap. 2.2.), wird im Folgenden zwar einerseits die terminologische Unterscheidung zwischen akademischer/reiner und angewandter/praktischer Ethnologie beibehalten,[54] gleichzeitig aber immer die unauflösbare und notwendige Verknüpfung von erkenntnisbezogener (theoretischer) und handlungsbezogener (praktischer) Arbeit betont. Die Vorstellung, daß sich Erkenntniserwerb (*pure science*) und Erkenntnisanwendung (*applied science*) in kontinuierlicher Wech-

---

[53] Interessanterweise scheint sich mit der in den letzten zwei Jahrzehnten besonders in den U.S.A. erfolgten Expansion außerakademischer Beschäftigungsfelder der Begriff und das gesamte Konzept einer angewandten Ethnologie - als einer von der theoretischen Ethnologie zu unterscheidenden Tätigkeit - zunehmend aufzulösen: "More and more it seems that applied work is done in the context of specific multidisciplinary networks of social scientists who do both applied and basic research work" (van Willigen 1991:7).

[54] Eine terminologische Unterscheidung scheint mir u.a. deshalb sinnvoll, weil so der Arbeitsbereich der praxisorientierten Ethnologie differenzierter erfaßt werden kann, und weil damit Kriterien für die unterschiedlichen "Arten" von Wissen entwickelt werden können, die mithilfe der verschiedenen Forschungsstrategien produziert werden. Solche Kriterien sind notwendig, um Mißverständnissen zwischen AuftraggeberInnen und ForscherInnen über die zu erwartenden Forschungsergebnisse vorzubeugen. Denn während die Fragestellungen und Kriterien der Grundlagenforschung primär auf einen Beitrag zur Theoriebildung des Faches abzielen, können sie für Personen, die Entscheidungen über praktische Probleme zu treffen haben, wenig brauchbar sein, zumal die Entscheidungen dieser PraktikerInnen immer noch auf einer Reihe anderer Kriterien als nur auf wissenschaftlichen Ergebnissen beruhen.

selwirkung miteinander befinden, wird insbesondere in den später vorgestellten Konzepten einer *action*, *advocacy* und *collaborative anthropology* wirksam (siehe Kap. 4.). Das vermittelnde Glied zwischen reiner und angewandter Wissenschaft ist das spezifische Konzept von *Praxis* (Kap. 2.2.), bei dem Forschung (Erkenntnisproduktion) Hand in Hand mit gesellschaftlichem Handeln geht und umgekehrt. Schon Bastide (1973:6) visiert, unter Rückgriff auf den Marxschen Praxisbegriff, diese Art von Aktionsforschung an, wenn er schreibt:

> "(...) theoretical knowledge develops at the same time as practical knowledge, in and of the same movement of praxis. Human intervention in social reality is both action and science at once, since it permits us at the same time to change the world, and in changing it, to discover it."

Nach diesem Wissenschaftsverständnis gibt es keine fundamentale theoretische und methodische Unterscheidung zwischen a*pplied* und *pure anthropology*. Vielmehr beziehen sich in beiden Fällen die EthnologInnen auf eine gemeinsame Ausbildung sowie auf einen gemeinsamen Bestand an theoretischen Konzepten, Bezugsrahmen und Forschungsmethoden. Demnach handelt es sich bei den entweder als "rein" oder als "angewandt" bezeichneten Arbeiten stets um dieselbe Wissenschaft. Sie verfolgen allerdings unterschiedliche Aufgaben und Zielsetzungen und unterliegen verschiedenen Arbeitsbedingungen und Anforderungen (ähnlich Bennett 1996:25, Anm. 5, Foster 1969: 39-54, 131-152, Grillo 1985:4-9, Naylor 1973:365, Partridge/ Eddy 1987:5, Stagl 1985, Stull/Schensul 1987:3-4).

Zunächst stehen hinter beiden Orientierungen (theorie- oder handlungsbezogen) verschiedene **ethische Grundeinstellungen** hinsichtlich der Aufgaben von Wissenschaft (Partridge 1987). Die akademische Ethnologie favorisiert eine "ethics (sic) of noninvolvement": Es geht ihr primär um eine von politischen und sozialen Problemen weitgehend unbeeinflußte Suche nach Wahrheit. Das Einlassen auf Politik und gesellschaftliches Handeln wird dabei als störend, als "verunreinigend" oder gar als "Prostitution" empfunden (ebd. 231). Der praktischen Ethnologie dagegen liegt eine "ethics (sic) of action" zugrunde:

> "This is an ethics that evolves from and in concert with practical activity. (...) (I)t is an ethics of responsibility within (...) the world of value dilemmas that matter, and moral ambiguities stemming from contradictions in social and political process which have genuine consequences. It is an ethics based in commitment to socially responsible science. This commitment requires that the practitioner employ the best professional tools

available that are appropriate to the task. It requires a pragmatic strategy based in practical knowledge so that there is a *good chance of being ethically and politically effective*. It demands a commitment to human rights; the most fundamental is the right to full development of the human biological and social potential as this is culturally defined. It requires *a commitment beyond narrow professionalism to take action* once analysis indicates a course of action, which is part of one's responsibility in the institutional context to provide excellent work. It demands a commitment to professional integrity, such that one is free to describe and analyze empirical realities of human social life and/or to find ways around the scientific and pragmatic constraints of preexisting policy, administrative procedure, or contemporary fashion. Finally, it demands a willingness to accept moral responsibility for the consequences of one's actions, which implies all of the above" (ebd.; Betonung im Original).

Praktische Ethnologie befaßt sich mit den **Gegenwartsproblemen** heute lebender Menschen. Historische Rekonstruktionen können dabei von Wert sein, aber nur insofern sie den Anforderungen und Zielsetzungen der aktuellen Problemsituation dienen. Praktisch tätigen EthnologInnen geht es nicht primär um die Fortführungen wissenschaftlicher Debatten mit FachkollegInnen, obwohl sie auch hierzu wichtige Beiträge leisten können (vgl. Kap. 3.), sondern vor allem um die Implikationen und die Effektivität ihrer Arbeiten für die Lösung praktischer Alltagsfragen (vgl. Partridge/Eddy 1987:6). Der Bereich der praktischen Ethnologie ist aufgrund seiner politischen Implikationen und praktischen Konsequenzen für die Forschungssubjekte konfliktträchtiger als die reine Forschung. Interessenkonflikte zwischen den ForscherInnen und den AuftraggeberInnen, Mißverständnisse zwischen allen beteiligten Parteien über Ziele, Motive und Erwartungen der gemeinsamen Arbeit, ethische und politische Konflikte zwischen den EthnologInnen und ihren indigenen PartnerInnen, Kritik seitens ihrer FachkollegInnen an ihrer Rolle als WissenschaftlerInnen u.v.m. machen praktische Ethnologie - erst recht in ihren partizipatorischen und interventionistischen Formen - angreifbarer als andere Forschungsbereiche (vgl. Hedican 1995:32).

Die in der Praxis auftauchenden ethischen und praktischen Fragen können nicht durch rigide Ethik-Codes oder allgemeine theoretische Kriterien, sondern nur im Kontext ihres konkreten Auftauchens gelöst werden - eine Tatsache, die im übrigen auch für jede Feldforschung gilt. Interessanterweise haben EthnologInnen aber im Verlaufe der Fachgeschichte, trotz der zahlreichen ungelösten Probleme, die mit gesellschaftlicher Praxis und sozialem Engagement verbunden sind, ihre praktischen Tätigkeitsfelder jenseits der reinen, akademisch orientierten Forschung immer weiter ausgebaut (vgl. Kap. 3.5.).

Ein weiterer zentraler Unterschied zur reinen oder akademischen Ethnologie ist, daß Ziel und Aufgabenstellung praktischer Ethnologie von einem **nichtakademischen Auftraggeber**[55] definiert werden. Dieser bestimmt u.a. Zielsetzung, Zeitrahmen und Umfang der Arbeit und hat damit auch wesentlichen Einfluß auf die Wahl der Methoden, auf inhaltliche Fragestellungen, Evaluationskriterien usw. Damit soll nicht gesagt sein, daß akademische Forschung völlig unbeeinflußt von äußeren Bedingungen ihre Erkenntnissuche betreiben kann: Auch hier greifen hochschulpolitische, bürokratische, institutsinterne u.a. Regeln und Richtlinien kontrollierend in den Forschungsprozeß ein. Forschungsprojekte müssen z.B. auf die Vergabekriterien der Förderinstitutionen abgestimmt, Lehrpläne erfüllt, hochschulpolitische Richtlinien eingehalten und bestimmte professionelle Leistungen erbracht werden. Die Vorgaben, Erwartungen und anderen Kriterien außerakademischer ArbeitgeberInnen sind jedoch anderer Art als die im akademischen Bereich.

Zu den spezifischen Beziehungen und Bedingungen, die den Forschungs- und Handlungsrahmen einer außerakademischen *applied anthropology* abstecken, gehören z.B. die Bestimmung (meist) kurzfristiger, wissenschaftsextern vorgegebener Ziele, die oft unter Zeitdruck erreicht werden müssen; die Auswahl der dafür geeigneten Methodologie; Konflikte zwischen wissenschaftlichen Anforderungen und den Zielen der AuftraggeberInnen; die unterschiedlichen (auch nicht-wissenschaftlichen) Aufgaben und Funktionen der EthnologInnen; die interdisziplinäre Zusammenarbeit mit anderen WissenschaftlerInnen und Nicht-WissenschaftlerInnen; die Notwendigkeit, die Forschungsergebnisse in leicht verständlicher Form zu präsentieren; die Bewältigung unvorhersehbarer lebenspraktischer Ereignisse und Probleme u.v.a.m. (vgl. Foster 1969:42, Stull/ Schensul 1987:3-4).

---

[55] Als AuftraggeberInnen sollen diejenigen Menschen oder Institutionen bezeichnet werden, die das Forschungsproblem und die Zielsetzung definieren, die Durchführung der Arbeit kontrollieren, über die Anwendung der Ergebnisse entscheiden und - last but not least - die Arbeit finanzieren (Foster 1969:ix). AuftraggeberIn kann z.B. eine Regierung, eine Behörde, ein privatwirtschaftliches Unternehmen, eine Forschungseinrichtung, eine Gemeinde, eine ethnische Gruppe oder eine Nicht-Regierungs-Organisation (*Non-Governmental-Organization/NGO*) sein. Der/die EthnologIn kann auch selbständig und unabhängig arbeiten und seine Dienste und Forschungsergebnisse in verschiedene praktische Zusammenhänge einbringen.

Ein weiteres Merkmal praktischer Ethnologie ist, daß sie sich nicht auf enge disziplinäre Grenzen festlegen läßt. Außerakademisch beschäftigte EthnologInnen befassen sich mit einer derartigen Vielfalt von unterschiedlichsten Problemstellungen, Arbeitsbedingungen, methodischen Ansätzen, theoretischen Konzepten, praktischen Anforderungen und Zielsetzungen, daß sich für ihre Arbeit kein einheitlicher und abgrenzbarer Bestand an fachspezifischen Methoden, Theorien oder Sachwissen entwickeln läßt. Die in außerakademischen Arbeitsfeldern tätigen EthnologInnen arbeiten deshalb eklektisch und interdisziplinär (vgl. Bennett 1996, Partridge 1987 u.a.).
Sie bedienen sich je nach Art des zu lösenden Problems, dem jeweiligen Kontext, der sozialen Situation, den beteiligten Personen, den Auftraggebern, den zur Verfügung stehenden Mitteln und der eigenen Spezialisierung flexibel und pragmatisch des bestehenden Bestandes an Theorien und Methoden des *eigenen* Faches, aber auch *anderer* Fächer und Berufssparten. Das Problem, nicht der Diskussionsstand in der Disziplin, bestimmt, welches Wissen und welche Methoden benötigt werden (van Willigen 1993:11-12). Die Validität der jeweiligen methodischen und theoretischen Ansätze wird anhand ihrer Brauchbarkeit für das zu lösende Problem und das angestrebte Ziel bemessen. Dabei unterscheiden sie sich bezüglich der benutzten ethnologischen Methoden nicht prinzipiell von den rein forschenden EthnologInnen (vgl. z.B. die Beiträge in Stull/Schensul 1987 oder Wulff/Fiske 1987). Der Rückgriff auf nachbarwissenschaftliche Forschungstechniken und Konzepte ist für viele "praktizierende" EthnologInnen selbstverständlich. Praktische Ethnologie überschreitet somit Fächergrenzen und läßt sich aufgrund der Pluralität ihrer Anwendungssituationen nicht innerhalb eng gefaßter Definitionen festlegen:

"(...) (F)or the dedicated practitioner, the source of concepts and theories should be irrelevant. This is the reason for the persisting multidisciplinary attitude in applied anthropology. The fundamental contradiction in the field is the stubborn desire (need?) to cling to a discipline which has never offered much of the intellectual fodder to accomplished the asigned tasks. There really is no issue, however, concerning theory in practical endeavor; you use what works. Applied anthropology is not a discipline or even a subdiscipline but a set of opportunities that some people with anthropology degrees pursue out of hunger or genuine social dedication or both" (Bennett 1996:48).

Ein weiterer Punkt hat ferner wesentlich zur Konfusion über die Unterschiede und Gemeinsamkeiten zwischen einer praxisorientierten und einer akademischen Ethnologie beigetragen: die häufige Gleichsetzung angewandter Forschungsstrategien mit angewandter Ethnologie insgesamt.[56] Dabei wird übersehen, daß zur angewandten Ethnologie sowohl angewandte Forschungsstrategien (*applied research*)[57] als auch Grundlagenforschung (*basic research*) gehören, insofern beide direkte Beziehungen zur Entscheidungsfindung bezüglich eines praktischen Problems besitzen. E.Chambers bezeichnet dabei die Grundlagenforschung als unabhängige Forschung (*independent research*) und die angewandte Forschung als kooperierende Forschung (*collaborative research*).[58]

Der Unterschied zwischen beiden Forschungsstrategien besteht in der Art und Weise, wie sich die Forschungsprobleme stellen und welche Art von Forschungsergebnissen angestrebt wird. Das Ziel der Grundlagen- oder unabhängigen Forschung ist das kontinuierliche In-Frage-Stellen und Überprüfen der Prämissen und Grundannahmen des Theoriebestandes des jeweiligen Faches sowie das aufgrund systematischer Forschung und mit weitestgehender Distanz zu außerwissenschaftlichen Wertorientierungen[59] erfolgende Verbessern, Verfeinern und Erweitern grundsätzlicher theoretischer Aussagen.

Bei praxisorientierter (*applied/collaborative*) Forschung dagegen ergeben sich die Forschungsprobleme nicht aus einem theoretisch begründeten Interesse, sondern aus konkreten gesellschaftlichen Bedürfnissen und Notwendigkeiten, die (meistens von Nicht-WissenschaftlerInnen) für eine praktische Entscheidungsfindung als bedeutungsvoll erachtet werden. Angewandte Forschung soll den PraktikerInnen und/oder betroffenen Menschen ein Wissen verschaffen, das

---

[56] Auf diesen Umstand hat u.a. besonders E.Chambers (1985:140-147) hingewiesen, weshalb bei den folgenden Ausführungen vor allem auf seinen Text zurückgegriffen wird.

[57] Zu den angewandten Forschungsstrategien gehören u.a. Methoden des *social accounting* (z.B. *social soundness*-Analysen, *resource assessment*, *social indicators research*), des *social forecasting* (z.B. *social impact assessment*, *risk analysis*, *cultural appraisal of impacts*) und der Evaluation (E.Chambers 1987:316-19, van Willigen 1993).

[58] Das Adjektiv *collaborative* hat im Englischen eine neutrale Bedeutung im Sinn von "zusammenarbeitend" (von lateinisch: co-laborare), während im Deutschen ein Kollaborateur jemand ist, der mit dem (politischen) Feind oder den Machthabern zusammenarbeitet, also im schlimmsten Fall ein Verräter. Um diese negative Konnotation zu umgehen, wird in dieser Arbeit *collaborative* durchweg mit "kooperativ" oder "kooperierend" übersetzt. Über die hier erfolgte allgemeine Gleichsetzung von angewandter und kooperierender Forschung hinaus wird mit *collaborative research* auch ein spezieller Ansatz einer auf Partizipation und Zusammenarbeit ausgerichteten praktischen Ethnologie bezeichnet (s. Kap. 4.8.).

[59] Dabei kann es immer nur um die Frage einer *relativen* Distanz oder Integration von individuellen oder sozialen Werten in die wissenschaftliche Arbeit gehen, die allerdings in jedem Fall bewußt gemacht werden sollte (vgl. Kap. 7.2.).

es ihnen ermöglicht, hinsichtlich einer beschlossenen und nicht mehr in Frage zu stellenden Handlungsrichtung zwischen verschiedenen Strategien zu wählen und die Folgen ihrer Wahl abzuschätzen.

Chambers (1985:141) betont, daß bei der Unterscheidung zwischen *applied* und *basic research* nicht vergessen werden darf,

> "(...) that the major objective of applied research is *not* to challenge most of the basic assumptions which underlie a policy stance, but to help figure out how to translate ideas into action and to then determine the impact of those actions on the real world. Rather than trying to prove whether basic assumptions are right or wrong, the applied researcher is generally concerned only with their operational validity - that is, with whether an expected outcome follows from a given event, even though the actual relationship between an event and its outcome may not be scientifically known. (...) The assumptions underlying such actions are almost invariably determined on the basis of societal values. A bolder way of making this point is to suggest that collaborative inquiry is necessarily shaped and constrained by the public values and policy intentions by which it evolves" (Betonung im Original).

In diesem Sinne bemüht sich, wie Chambers (ebd.) weiter ausführt, angewandte oder kooperierende Forschung nicht um Überprüfung oder In-Frage-Stellung der ihrer praktischen Aufgabe zugrunde liegenden Werte oder der verfolgten politischen Zielsetzung, d.h., um eine Distanz von außerwissenschaftlichen Wertsetzungen. Das bedeutet nicht, daß *applied research* weniger wissenschaftliche Rigorosität erfordert als *basic research* oder sich vollständig den Interessen der AuftraggeberInnen und EntscheidungsträgerInnen unterzuordnen hätte. Angewandte Forschung fragt lediglich, vereinfacht ausgedrückt, nicht nach dem "Warum", sondern nach dem "Was" und "Wer" eines Handlungszusammenhanges (ebd. 142).

> "The major aim of applied research is *not* to contribute to general social science or anthropological theory. Neither can the questions of applied research be derived solely from a theoretical base. In this sense, collaborative inquiry is not only unique in the way in which its problems are derived, but also in the major ends to which its results are directed. Collaborative inquiry will always come out poor second when it is evaluated in terms of its contribution to theory. If, on the other hand, applied research is judged on its own merits and in consideration of its special relationship to decision making, we can see that it fills a need to which basic research cannot respond" (ebd. 147; Betonung im Original).

Praktische Ethnologie läßt sich, so wurde bisher festgestellt, weder in Theorie noch Methodologie *grundsätzlich* von der reinen oder akademischen Ethnologie trennen. Was sie vor allem kennzeichnet, ist eine bestimmte Wissenschaftsauffassung (*ethic of action*), die Ausrichtung auf ein lebenspraktisches Problem, das erklärt und bewältigt werden soll, die Einbindung in außerakademische Arbeitsfelder, häufig ein nicht-akademischer Auftraggeber, spezifische Arbeitsbedingungen (z.B. begrenzter Zeitrahmen, KollegInnen der verschiedensten Berufssparten u.a.) und eine pragmatische Interdisziplinarität. Ausgangs- und Angelpunkt der praktischen Ethnologie ist immer ein konkretes gesellschaftliches Problem, das die Methoden, Aufgabenstellung und Forschungsbereiche bestimmt. Dabei geht es im wesentlichen um das In-Bezug-Setzen bestimmten Wissens zu diesem spezifischen Problem zwecks Erreichung eines angestrebten praktischen Zieles.

> "(...) today's practitioners are more inclined to define themselves by their substantive area (e.g. 'medical anthropology' or 'educational anthropology') rather than by the generic 'applied anthropology.' The rationale is apparent: there is very little of abstract or theoretical anthropology (or sociology or psychology) to be applied. To be 'applied' is to be situated outside the towers of academia. What is applied, or utilized, is a research orientation - a craft - and what then becomes distinctive is the *knowledge* and the process of inquiry which are so required" (Wax 1996:46; Betonung durch F.S.).

Zum ethnologischen Wissen gehören neben ethnographischen Kenntnissen und einem Bestand an theoretischen Aussagen über den Untersuchungsgegenstand ebenfalls das gesamte fachliche Instrumentarium zur Produktion, Evaluation und Überprüfung des Wissens sowie eine bestimmte fachspezifische Perspektive auf die Parameter menschlichen Daseins (wie z.B. eine holistische oder kulturrelativistische Betrachtungsweise u.a.; vgl. Kap. 2.3.). Das für die Behandlung des Problems erforderliche Wissen kann neu produziert werden, schon vorhanden sein oder sich aus vorhandenem Wissen ableiten; es muß u.a. der politischen und kulturellen Situation, den beteiligten Menschen, den zur Verfügung stehenden Mitteln, dem Zeitrahmen und der Zielsetzung angemessen sein. Damit ethnologisches Wissen für politische Entscheidungen und praktische Maßnahmen nützlich ist, sollte es sich auf ein Problem beziehen, bei dem Handlung und Veränderung tatsächlich möglich sind, sollte es rechtzeitig zur Verfügung stehen und sollte es in verständlicher und eindeutiger Weise präsentiert werden. Die meisten PraktikerInnen wollen zudem keine neutralen Forschungsberichte, sondern Einschätzungen und Handlungsempfehlungen der WissenschaftlerInnen (van Willigen 1993:12). Angewandte oder praktische Ethnologie stellt also einen komplexen Prozeß von Datenerhebung, Interpretation, Entscheidungsfindung, Kommunikation und gesellschaftlichem Handeln dar. Die Aufgaben der WissenschaftlerInnen bestehen in den meisten Fällen in Forschung (Produktion von Informationen), Analyse und Evaluation (ebd. 5; dort auch weitere Rollen für *practicing anthropologists*).

Der Umgang mit ethnologischem Wissen im Zusammenhang mit einem praktischen Problem kann (in Erweiterung einer Einteilung von E.Chambers 1985:17-18) in fünf verschiedenen Arbeitsweisen erfolgen, wobei wieder die fließenden Übergänge betont werden müssen:

1. Grundlagenforschung: hat das Verbessern, Verfeinern und Erweitern des jeweiligen Erkenntnisstandes mithilfe empirischer (Regional-)Forschung sowie das Überprüfen der Prämissen und Grundannahmen des Theoriebestandes des Faches zum betreffenden (praktischen) Thema zum Ziel. Grundlagenforschung bemüht sich, auch wenn ihr Thema ein aktuelles soziales Problem ist, um weitmöglichste Distanz zu außerwissenschaftlichen Wertorientierungen und Zwecksetzungen. Im Rahmen der praktischen Ethnologie können ihre Ergebnisse von den EthnologInnen selber oder von anderen PraktikerInnen zur Erhellung und/oder zur Bewältigung praktischer Probleme herangezogen werden. Grundlagenforschung über ein gesellschaftliches Problem kann, muß aber nicht im Auftrage nicht-akademischer ArbeitgeberInnen durchgeführt werden.

2. Angewandte Forschung: soll Wissen bereitstellen, das die Entwicklung oder die Auswahl adäquater Handlungsstrategien zur Erreichung eines praktischen Zieles ermöglicht. Das zu erreichende Ziel wird von außerwissenschaftlich bestimmten Wertorientierungen und Zwecksetzungen definiert und von den ForscherInnen als Grundlage ihrer Untersuchungen nicht in Frage gestellt. Der Wert angewandter Forschung bemißt sich nach der Brauchbarkeit ihrer Ergebnisse für das anvisierte Ziel, nicht nach ihrem Beitrag zum Theoriebestand des Faches. Angewandte Forschung setzt immer eine organisatorische Zusammenarbeit zwischen den ProduzentInnen und den NutzerInnen ethnologischen Wissens voraus.

3. Partizipatorische (Aktions-)Forschung: produziert gemeinsam mit einer Gruppe von Menschen ein Wissen, das diesen helfen soll, ihre soziale Realität besser zu verstehen, um sie (selber) zu verändern. Das Wissen wird vor allem durch soziales Handeln gewonnen und soll wiederum als Anleitung für weiteres

Handeln dienen. Produktion und Nutzung von Wissen sind in einem kontinuierlichen Prozeß wechselseitig miteinander verwoben, der von den Menschen, auf die sich das Wissen bezieht, kontrolliert wird. Probleme und Ziele ergeben und verändern sich mit fortschreitendem Verständnis der sozialen Situation. Die von den Problemen und den angestrebten Veränderungen betroffenen Menschen sind zusammen mit den WissenschaftlerInnen zugleich ProduzentInnen und NutzerInnen des Wissens. Die WissenschaftlerInnen sind KatalysatorInnen, forschende TeilnehmerInnen und Handelnde in einem dialogischen Prozeß der Wissensproduktion und gesellschaftlichen Praxis.[60]

4. Wissenstransfer: strebt keine Produktion von neuem Wissen an, sondern die Aufbereitung (Organisation, Auswertung, Interpretation, Vermittlung usw.) von bereits vorhandenem Fachwissen zur Bewältigung des sich stellenden praktischen Problems. Wissenstransfer umfaßt den gesamten Bereich der Ausbildung, Lehre, Beratung, öffentlichen Aufklärungsarbeit (z.B. Museumsarbeit) und sozialen Planung und kann von EthnologInnen selbständig oder im Auftrage nicht-akademischer Einrichtungen erfolgen. Dabei besteht die Hauptaufgabe in der "Übersetzung" wissenschaftlicher Theorien, Prämissen, Begrifflichkeit usw. in eine den alltäglichen und/oder beruflichen Sprach- und Denkgewohnheiten der PraktikerInnen oder sonstigen Zielgruppe angepaßte Form.

5. Entscheidungsfindung: bedeutet, daß EthnologInnen selber an der Planung und Realisierung politischer/sozialer Maßnahmen und Programme, d.h., an gesellschaftlicher Praxis teilnehmen. Als InhaberInnen verantwortlicher, evt. leitender nicht-akademischer Berufspositionen - z.B. als Verwaltungsangestellte, ProjektleiterInnen, ManagerInnen, ProgrammdirektorInnen u.ä. - treffen sie die Entscheidungen bezüglich Handlungsstrategien, Vergabe von Mitteln, Projektzielen, Zeitrahmen usw. Das heißt, sie sind selber die NutzerInnen ethnologischen Wissens und die AgentInnen sozialer Veränderungen.

Diese fünf Arbeitsbereiche sind Kategorisierungen zur Strukturierung der (möglichen) Tätigkeiten praktisch arbeitender EthnologInnen und können im Prinzip bei *jeder* Form praktischer Ethnologie - also auch der *advocacy anthropology* - zum Einsatz kommen. Sie verdeutlichen noch einmal einen wesentlichen, bisher nur am Rande angesprochenen Punkt: daß die mit der Bewältigung praktischer Lebensfragen beschäftigten EthnologInnen nicht schlicht bereits

---

[60] Partizipatorische (Aktions-)Forschung wird hier als bestimmte **Methode** zur Wissensproduktion verstanden, nicht im Sinne eines umfassenderen, ethisch fundierten Wissenschaftskonzeptes (wie z.B. bei der *action anthropology*, vgl. Kap. 4.4. und 4.5.2.).

vorhandenes, in reiner Forschung produziertes Wissen anwenden - wie der Terminus angewandte Ethnologie suggeriert und auch so von den EthnologInnen der klassischen *applied anthropology* weitgehend verstanden wurde (vgl. Kap. 3.4..) - , sondern daß sie vielmehr selber aufgrund und während ihrer praktischen Arbeiten neues Wissen produzieren, das in rein theoretischer Reflexion niemals hätte gewonnen werden können. So wird von manchen FachvertreterInnen die praktische Ethnologie sogar als derjenige Bereich betrachtet, der aufgrund seines Potentials zur Gewinnung von neuem Wissen die Erkenntnisproduktion des gesamten Faches am entscheidensten voranbringen kann (z.B. Partridge 1987:233).

Um die Unterschiede verschiedener Praxisansätze - z.B. zwischen der britischen *applied anthropology* der 30er Jahre, der *action anthropology* der 50er Jahre und der partizipatorischen Aktionsforschung der 80er Jahre - zu erfassen, bedarf es zwei weiterer Kriterien: Zum einen ist zu untersuchen, welche Position die betreffenden EthnologInnen innerhalb des jeweiligen politischen, sozialen und zwischenmenschlichen Machtgefüges einnehmen, d.h., wer sie anstellt und damit (meist) ihre Arbeit kontrolliert, wem sie weisungsgebunden sind, wer das Forschungsproblem definiert, wem sie ihre Forschungsergebnisse zur Verfügung stellen usw. Eng mit dieser Frage ist das zweite Kriterium verbunden: die Bestimmung der ihrer Tätigkeit zugrunde liegenden ethischen und ideologischen Grundeinstellungen.

Die klassische angewandte Ethnologie hat, wie noch gezeigt wird, es z.gr.T. versäumt, ihre eigenen Tätigkeiten im Rahmen größerer polit-ökonomischer Zusammenhänge zu definieren und entsprechend bewußt ihren Standpunkt zu wählen (Bodley 1996:42). Erst in den 60er und 70er Jahren wurde auf der Suche nach einer Neubestimmung der gesellschaftlichen Rolle des Faches über **Macht** und **Ethik** bei ethnologischer Forschung diskutiert. Hieraus entwickelten sich u.a. die neuen *value-explicit and action-involved approaches* der Ethnologie. In den folgenden beiden Kapiteln wird diesen Entwicklungen der praktischen Ethnologie nachgegangen.

2.6. Zusammenfassung

Diese Arbeit geht davon aus, daß **Wissenschaft** in die menschliche **Lebenspraxis** eingebettet und Ethnologie folglich Teil derjenigen Gesellschaft ist, die sie hervorbringt. Wissenschaft und (Lebens-)Praxis bedeuten eine unterschiedlichen Regeln folgende, aber aufeinander bezogene Auseinandersetzung mit der Wirklichkeit. Wissenschaftliche Theorien, Methoden und Konzepte reflektieren und konstituieren zugleich gesellschaftliche Verhältnisse. Wissenschaftliche Aussagen über die Wirklichkeit sind keine reinen Abbilder der Wirklichkeit, sondern standortgebundene, d.h. von der Perspektive des Betrachters und dem jeweiligen Kontext abhängige, teilweise konstruierte gedankliche Produkte, die die Wirklichkeit sowohl beschreiben als auch mitkonstituieren. Kultur- und SozialwissenschaftlerInnen stehen ihren Forschungssubjekten nicht distanziert gegenüber, sondern treten in eine kommunikative und interagierende Beziehung mit ihnen. Wissenschaftliche Forschung ist demnach (im weitesten Sinne) immer auch gesellschaftliche Praxis, die Auswirkungen auf die Forschungssubjekte hat bzw. haben kann und die Berücksichtigung ihres Verwertungszusammenhanges erfordert. Sie ist nie gänzlich wertfrei, sondern wird u.a. von ethischen Entscheidungen mitkonstituiert und beinhaltet immer auch eine Stellungnahme des/r ForscherIn im Rahmen bestehender Machtverhältnisse.

Ethnologie wird als eine Wissenschaft verstanden, deren Forschungsbereich menschliche Gruppen, Kultur/Kulturen und die Wechselbeziehungen zwischen dem Eigenen und dem Fremden, dem Lokalen und dem Globalen sind. Unter Gruppen werden sämtliche Kollektive von Menschen verstanden, die im eigenen oder fremden Dafürhalten bestimmte Merkmale teilen. Sie werden als dynamische, in Interaktions- und Austauschprozessen mit anderen Gruppen stehende Gebilde gesehen. Ethnologische Untersuchungen von Gruppen können in einer dem Ethnologen fremden wie in seiner eigenen Gesellschaft bzw. Kultur, in kleinen autonomen wie in komplexen industrialisierten Gesellschaften stattfinden. Die besondere Wissens- und Handlungskompetenz von EthnologInnen liegt im Überschneidungsbereich unterschiedlicher (interkultureller) Erfahrungs- und Traditionszusammenhänge. Die spezifisch ethnologische Perspektive beruht u.a. auf der individuell-subjektiven Begegnung und Erfahrung mit den "Anderen" mittels langzeitiger Feldaufenthalte und der Bevorzugung qualitativer Forschungsmethoden sowie auf vergleichenden und ganzheitlichen Ansätzen, die menschliche Kollektivphänomene sowohl relativistisch wie universell betrachten. Ethnologie hat Schnittstellen mit anderen wissenschaftlichen Disziplinen vom Menschen und kann auf eine interdisziplinäre Zusammenarbeit nicht verzichten.

Kultur wird, ausgehend von der Annahme einer allgemeinen Kulturfähigkeit der Menschen, als der selbstgestaltete Bestandteil menschlicher Existenz verstanden, der alles Materielle und Nichtmaterielle, was im menschlichen Dasein nicht von Natur aus vorgegeben ist, umfaßt. Kultur ist etwas, was jeder Mensch ganz individuell hat, was er/sie mit einigen anderen Menschen teilt und was er/sie mit allen anderen Menschen gemeinsam hat. Kulturen werden als prozeßhafte, wandelbare, von einer bestimmten Gruppe von Menschen in gemeinsamer Kommunikation und Handlung geschaffene, situationsbedingte und vielfältigen Außeneinflüssen und Querverbindungen unterliegende Gebilde verstanden.

Ethnien sind Gruppen von Menschen, die sich vor allem durch das gemeinsame Bewußtsein ihrer Zusammengehörigkeit und ihrer kollektiven (ethnischen) Identität bestimmen. Dabei können sie sich auf verschiedene gemeinsame Faktoren wie Sprache, Abstammung, Geschichte, kulturelle Merkmale wie Kleidung, Nahrung usw. berufen. Viele ethnisch definierte Gruppen besitzen den Status von **Minderheiten**, womit bestimmte Eigenschaften und Beziehungsstrukturen der Abhängigkeit, politischen Machtlosigkeit und des Andersseins gefaßt werden. Als **Ethnizität** wird eine kollektive Identität bezeichnet, die als historisches Produkt subjektiver und reflexiver Selektionsprozesse verstanden, in Selbst- und Fremdzuschreibung konstruiert und in Opposition und Interaktion mit anderen Gruppen ausgehandelt wird. Sie ist dynamisch und anpassungsfähig und kann für bestimmte Interessen instrumentalisiert werden.

In der Ethnologie wird allgemein zwischen einer **angewandten/praktischen** und einer **reinen/akademischen** Ethnologie unterschieden. Dabei handelt es sich um zwei wechselseitig aufeinander bezogene Orientierungen ethnologischer Tätigkeit, die sich auf den gemeinsamen Bestand an Methoden, Theorien und Konzepten des Faches beziehen. Praktische Ethnologie unterscheidet sich von akademischer Ethnologie u.a. durch die Art und Auswahl der Problemstellung, die praktischen (auch nicht-wissenschaftlichen) Aufgabenstellungen, die methodischen Anforderungen und Arbeitsbedingungen für die EthnologInnen, den Grad des Einflusses außerwissenschaftlicher Werte und Zwecke, meist einen nicht-akademischen Auftrag- oder Arbeitgeber sowie die zugrunde liegende Wissenschaftsethik.

Praktische (handlungsbezogene) und theoretische (erkenntnisbezogene) Arbeiten schließen sich nicht gegenseitig aus und können von derselben Person nacheinander, im Wechsel oder gleichzeitig durchgeführt werden. Grundlagenforschung gehört ebenso zum Aufgabenbereich der praktischen Ethnologie wie angewandte Forschung, (partizipatorische) Aktionsforschung, Wissenstransfer/ Öffentlichkeitsarbeit und Entscheidungsfindung. Durch die Nutzung ethnologischen Wissens in der gesellschaftlichen Praxis werden neue und andere Einsichten und Erkenntnisse produziert als durch die rein erkenntnisbezogene Reflexion und Diskussion. Die Teilnahme an gesellschaftlichen Planungs- und Entscheidungsprozessen führt zu neuen Rollen und Aufgabenstellungen, was wiederum Rückwirkungen auf Methoden, Theorien, Konzepte und das Selbstverständnis des gesamten Faches hat bzw. haben kann.

Das Verhältnis der EthnologInnen zur Praxis sowie die Art ihrer Beziehung zu den untersuchten Menschen wird wesentlich durch ihre Wissenschaftsauffassung, die institutionelle und theoretische Entwicklung des Faches sowie den jeweiligen historischen und gesellschaftlichen Kontext mitbestimmt. Im folgenden Kapitel werden die historischen Entwicklungen dieser Zusammenhänge nachgezeichnet.

3. ENTWICKLUNGEN: PRACTICING ANTHROPOLOGY - EIN GESCHICHTLICHER ÜBERBLICK

> "Those who cannot remember the past are condemned to repeat it."
> George Santayana[61]

3.1. Einleitung

Dieses Kapitel gibt einen allgemeinen Überblick über die Entwicklung der angewandten und praktischen Ethnologie. Nach ein paar kurzen Überlegungen zur Erfassung des ethnologischen Wirkungsgrades in der Geschichte (Kap. 3.2.) folgen drei Kapitelabschnitte zur Geschichte:[62]

1. die vordisziplinäre und frühe ethnologische Praxis umfaßt sog. proto-ethnologische Forschungen, die Institutionalisierung des Faches als wissenschaftliche Disziplin sowie Beispiele früher angewandter Ethnologie (Kap. 3.3.);

2. der Aufstieg und Niedergang der klassischen angewandten Ethnologie umfaßt die Zeit ab Ende des Ersten Weltkrieges und die Dekolonisierungsperiode (Kap. 3.4.);

3. die neuere praktische Ethnologie umfaßt die postkoloniale Ära und die Entwicklung vielfältiger Anwendungsbereiche ethnologischen Wissens (Kap. 3.5.).

Der Schwerpunkt der historischen Darstellung liegt auf der Herausarbeitung:

- von Korrespondenzen zwischen fachlichen Entwicklungen und dem jeweiligen gesellschaftlichen Kontext
- von Zusammenhängen zwischen ethnologischer Theoriebildung und unterschiedlichen Praxiskonzepten und
- von den vom historischen Kontext und von wissenschaftstheoretischen Entwicklungen abhängigen Beziehungsstrukturen zwischen EthnologInnen und den untersuchten Gruppen.

---

[61] Zitiert nach van Willigen (1991:3).

[62] Zu einer etwas anderen Einteilung der Entwicklungsperioden vgl. van Willigen (1991:3) oder Stocking (1978); siehe auch Bennett (1996:48): "It is difficult to document the development of applied anthropology because of the scarcity of ideological commitment and the absence of routine assessments of results. And the many approaches in applied anthropology are up for grabs - there is no authoritative classification, and anyone can provide one."

Der Entwicklung dieser drei Beziehungsverhältnisse (Wissenschaft und Gesellschaft, Wissensproduktion und Wissensnutzung, Forschungssubjekte und Forschungsobjekte) kann im vorliegenden Zusammenhang nur selektiv und überblicksartig nachgegangen werden. Am Anfang jedes Abschnittes werden allgemeine politische, ideologische und wissenschaftliche Entwicklungen der jeweiligen Zeitepochen skizziert. Anschließend wird anhand einzelner ausgewählter WissenschaftlerInnen, Werke und Institutionen beispielhaft die Geschichte einer praxisorientierten Ethnologie verfolgt. Die Personen und Fallbeispiele wurden in Hinblick darauf ausgewählt, inwieweit sie als richtungsweisend für ihre damalige Zeit gelten, wobei zur Arbeitsbegrenzung auf Standardwerke und bereits bestehende Untersuchungen über einzelne Persönlichkeiten und Zeitepochen in der Ethnologie zurückgegriffen wird.[63] Das Herausarbeiten von Trends und Hauptströmungen beinhaltet dabei immer auch ein Wissen um Ausnahmen. Für Details muß auf die zahlreichen weiterführenden Arbeiten über *applied* bzw. *practical anthropology* verwiesen werden.

Da man sich in nahezu allen Ländern, in denen Ethnologie gelehrt wurde und wird, neben theoretischen Fragestellungen auch mit der praktischen Nutzung ethnologischen Wissens befaßt, hat eine praktische Ethnologie derart viele Facetten und Formen, daß eine globale Darstellung nicht möglich ist. Zu den von Land zu Land unterschiedlichen historischen, politischen, sozio-kulturellen und wissenschaftsorganisatorischen Rahmenbedingungen zählen z.B. der (ehemali-

---

[63] Bei solch einem "great individual approach" (Roseneil 1993:196) kann der Gefahr einer *elite bias* nicht entgangen werden: Einige bekannte FachvertreterInnen werden von Publikation zu Publikation immer wieder zitiert, wodurch der Eindruck entsteht, als ob nur wenige Individuen richtungsweisend für die Fachentwicklung gewesen wären. Selbstverständlich besteht diese aus dem Zusammenwirken einer Vielzahl institutioneller, politischer, individueller, sozialer und ideologischer Faktoren. Im vorliegenden Zusammenhang besteht jedoch kaum die Möglichkeit, einer solchen Vereinfachung der historischen Darstellung zu entgehen. Die Geschichte der praktischen Ethnologie ist so komplex und kann nach derart unterschiedlichen Aspekten dargestellt und interpretiert werden, daß alle mir bekannten Arbeiten solche Schwerpunktsetzungen vornehmen (vgl. Bennett 1996:25, Anm.7). Zur Geschichte und einzelnen Aspekten der angewandten/praktischen Ethnologie siehe z.B. Angrosino (1976a), Asad (1973), Barnett (1956), Bastide (1973), Beals (1969), Bennett (1996), Bodley (1976), Brokensha (1966), E.Chambers (1979, 1985, 1987), Chapple (1953), Clifton (1970a), Eddy/Partridge (1987), Evans-Pritchard (1946), Fischer (1981, 1990), Forde (1953), Foster (1969), Goldschmidt (1979a), Gothsch (1983), Grillo/Rew (1985), Held (1953), Hinshaw 1980, Huizer/Mannheim (1979), Kelly (1985), Kennard/MacGregor (1953), Mair (1957), Mead (1977, 1978), Merry (1992), Paine (1985a), Pitt (1976), A.Redfield (1973), Reeves Sanday (1976), E.Schlesier (1957), Stull/Schensul (1987), Spicer (1952), Spradley/McCurdy (1980:326-354), L.Thompson (1960, 1979), van Willigen (1991, 1993), van Willigen et al. (1989), Th.Weaver (1973), Weber/McCall (1978), Willner (1980), Wright (1988), Wulff/Fiske (1987) u.a.

ge) Besitz oder Nicht-Besitz von Kolonien, die spezifische Kolonialpolitik sowie Umfang und Art der Beteiligung von EthnologInnen; Entkolonisierungsprozesse und die Ausrichtung von EthnologInnen auf den *nation-building*-Prozeß; die Staatsideologie und die entsprechende Kultur-, Sprachen- und Minderheitenpolitik; politische Entwicklungen wie Revolutionen, Kriege oder die Herausbildung totalitärer Regimes; die jeweilige Bildungs- und Wissenschaftspolitik eines Staates u.a.m. All dieses wiederum führt(e) zu verschiedenen Formen und Graden der Institutionalisierung des Faches, zu unterschiedlichem fachlichen Selbstverständnis, zu verschiedenen Auffassungen und Konzepten von Anwendung, zu unterschiedlichen Möglichkeiten, Voraussetzungen und Aufgaben einer ethnologischen Praxis sowie zu Unterschieden im gesellschaftlichen Status.[64] Im Vergleich zu anderen Wissenschaften spielt(e) Ethnologie dabei durchweg eine eher marginale Rolle.

Der folgende geschichtliche Überblick befaßt sich nur mit den Entwicklungen in der deutschsprachigen Ethnologie, der britischen *social anthropology* und der U.S.-amerikanischen *cultural anthropology*. Diese Auswahl ist durch das Thema, die Zugänglichkeit von Literatur und Materialien sowie meine eigenen Interessen begründet:

Die **U.S.-amerikanische** und **britische Ethnologie** wurden deshalb ausgewählt, weil sie in ihrer Gründungsphase mehr als andere "Ethnologien" mit dem Anwendungsgedanken verbunden waren, weil dort in den 20er bis 40er Jahren die ersten programmatischen Arbeiten geschrieben und die wichtigsten methodischen und theoretischen Grundlagen einer angewandten Ethnologie entwickelt wurden, und weil sie die hiesigen (eher spärlichen) Diskussionen über praktische Ethnologie am deutlichsten beeinflußt haben (vgl. Bennett 1996:26-28, Partridge/Eddy 1987:4). Nahezu alle Arbeiten über die Geschichte einer praktischen Ethnologie befassen sich z.B. eingehend mit der Blütezeit der *applied anthropology* während der britischen Kolonialzeit. Dieser historischen Phase ist auch im Folgenden ein breiter Raum gewidmet.

Die **deutsche Ethnologie** wird trotz ihres vergleichsweise geringen Praxisbezuges dargestellt, weil in der vorliegenden Arbeit das Konzept einer *advocacy anthropology* immer auch mit Blick auf ihre Bedeutung für hiesige EthnologInnen entwickelt wird (vgl. Kap. 1). Bei der deutschen bzw. deutschsprachigen

---

[64] Zu den länderspezifischen Entwicklungen vgl. Diamond (1980), Fahim (1982), Ethnos (1982) sowie die bei Bastide (1973), E.Chambers (1987), Foster (1969), Huizer/Mannheim (1979) und Pitt (1976) angegebene Literatur.

Ethnologie liegt ein besonderer Schwerpunkt auf der Ethnologie im Nationalsozialismus als einem krassen Beispiel der Einflußnahme von Politik und Ideologie auf Wissenschaft.

Die neuere praktische Ethnologie, die vor allem in den U.S.A. breitere gesellschaftliche Anerkennung findet, kann aufgrund ihrer Vielfalt höchst unterschiedlicher Arbeitsbereiche mit jeweils eigenen Diskursen, Fragestellungen und methodischen Ansätzen nicht in ihrer Bandbreite behandelt werden. Es wird daher bei Darstellung der dritten Phase nur ein knapper Überblick über die Entwicklungen gegeben und dann im folgenden Kapitel ausführlicher der Herausbildung von interventionistischen und partizipatorischen Ansätze nachgegangen. Die neuere britische Ethnologie liefert vor allem im Rahmen der Entwicklungsethnologie Beiträge für eine partizipatorische Forschungsmethodologie, die ausführlicher ebenfalls im 4. Kapitel behandelt werden. Die deutsche Ethnologie wird auch in ihren neueren Entwicklungen aus o.a. Grund recht detailliert besprochen.

Zum Abschluß dieses wissenschaftshistorischen Kapitels folgt eine Zusammenfassung der verschiedenen Spannungspole, zwischen denen sich die Ethnologie als wissenschaftliche Disziplin entfalten muß(te): zwischen den Anforderungen von AuftraggeberInnen und Forschungssubjekten, von wissenschaftlicher Erkenntnissuche und Verantwortungen in der Praxis (Kap. 3.6.).

Die geschichtlichen Ausführungen bilden den Hintergrund für die Entwicklung des Konzeptes einer *advocacy anthropology*, die damit in den Traditionszusammenhang des Faches gestellt und u.a. als ein Produkt wissenschaftsinterner und -externer Entwicklungen begriffen wird. Diese *advocacy anthropology* wird hier in ihrem historischen sozialen und politischen Kontext gesehen, der sie formt und wirksam werden läßt, aber auch begrenzt und in Zusammenhang mit künftigen gesellschaftlichen Veränderungen wieder der Kritik und Revidierung anheim stellt. Schon Foster hat festgestellt, daß "the current forms and place (of applied anthropology) within the broad discipline can be fully appreciated only with knowledge of the several stages of its development" (Foster 1969:18). Geringe Geschichtskenntnisse, die nach Ansicht von van Willigen besonders bei den anwendungsbezogen arbeitenden EthnologInnen zu finden sind (van Willigen 1991:3; vgl. auch Hildebrandt 1990:10-11), begrenzen demnach die Einsichten in die heutigen Entwicklungsmöglichkeiten und -probleme einer praktischen Ethnologie.

3.2. Der ethnologische Wirkungsgrad in der Geschichte

Ein Blick auf die Geschichte kann helfen, die Potentiale und Grenzen eines ethnologischen Engagements möglicherweise besser einzuschätzen. Er ist aber auch nicht ganz unproblematisch: So bereitet es einige Schwierigkeiten, retrospektiv das Verhältnis früherer EthnologInnen zu ihren Forschungssubjekten, die außerakademischen Auswirkungen ihrer Arbeiten und die Wechselwirkung zwischen der wissenschaftlichen Entwicklung des Faches und dem gesellschaftlichen Kontext zu erfassen, zumal noch in geraffter und überblicksartiger Weise. Dies trifft z.B. besonders auf das viel diskutierte und umstrittene Verhältnis zwischen Ethnologie und Kolonialismus oder Nationalsozialismus zu. Waren die EthnologInnen vor allem politische Erfüllungsgehilfen und Handlanger kolonialistischer oder nationalsozialistischer Politik, oder spielten sie eher eine gesellschaftlich marginalisierte und praktisch bedeutungslose, d.h., politisch "unschuldige" Rolle (vgl. Byer 1995)? Die zur Verfügung stehenden Materialien lassen offensichtlich verschiedene Interpretationen zu (vgl. für das Verhältnis von Ethnologie und Nationalsozialismus z.B. Fischer 1990, Gothsch 1983, Hauschild 1995a, Linimayr 1994, Michel 1986, Mosen 1991). Die Beantwortung dieser Frage hängt u.a. auch davon ab, inwieweit man Ideen für Taten und gesellschaftliche Prozesse verantwortlich macht und welche Machtposition man WissenschaftlerInnen, zumal aus der Sozial- und Kulturforschung, im Gang der Geschichte einräumt (Hauschild 1995c:32, 46).

Ausgehend von obigen Ausführungen über die Verknüpfung von Gedanken und Handeln scheint weder eine eindeutige Schuldzuweisung noch eine vollkommene Reinwaschung der Ethnologie von kolonialer oder nationalsozialistischer Verantwortlichkeit angemessen. Die Befürwortung und wissenschaftlich begründete Rechtfertigung kolonialer Expansion z.B., wie wir sie vom Ende des 19. Jahrhunderts bis in die 40er Jahre dieses Jahrhunderts bei vielen - und zeitweilig fast allen - EthnologInnen finden (siehe unten), heißt zunächst nur, daß die Ethnologie, genauso wie andere Wissenschaften, dem herrschenden gesellschaftlichen Diskurs ihrer Zeit unterlag, diesen aber auch mit ihren Ideen stützte (Byer 1995:71). So läßt sich bspw. eine ganze Reihe der ethnologischen Ansätze der 20er bis 40er Jahre in Deutschland in der einen oder anderen Weise mit dem nationalsozialistischen Gedankengebäude in Verbindung bringen (siehe z.B. Hauschild 1995a, 1995b:7-8, 1995c:32-33).

Andererseits muß eine ethnologische Aussage aufgrund von Ähnlichkeiten in Wortwahl und Argumentation nicht zwingendermaßen auch ein Beitrag zur faschistischen Ideologie gewesen sein (vgl. Fischer 1990). War Friedrich Ratzel allein schon deshalb ein Wegbereiter des Nationalsozialismus, weil die MachthaberInnen im NS-Staat u.a. sein "Lebensraum"-Konzept zur argumentativen Rechtfertigung ihrer aggressiven Expansionspolitik heranzogen? Auch die Tatsache, daß ein Ethnologe in Regierungsdiensten arbeitete, bedeutet noch nicht unbedingt, daß er mit seinem ethnologischen Wissen wesentlich deren Politik stützte. Er kann im Gegenteil auch ein Kritiker und Querulant innerhalb der Verwaltung gewesen sein (vgl. Kuper 1983:112-20). Allerdings läßt sich aus der Feststellung, daß es z.B. im "Dritten Reich" keine ausgesprochenen Regierungsethnologen gab, auch nicht notwendigerweise schließen, daß ethnologische Arbeiten keinerlei praktisch-politische Auswirkungen hatten. Anhand von Beschäftigungsverhältnissen, der Anzahl von Auftragsarbeiten oder der unmittelbaren Beteiligung von EthnologInnen an politischer Planung und Durchführung läßt sich der Wirkungsgrad ethnologischer Arbeit alleine nicht zuverlässig ausmachen.

So gibt es einerseits eine Reihe von Beispielen dafür, daß ethnologische Forschungsberichte, Kultur-Theorien oder Konzeptionen von Entwicklung, Sozialstruktur u.ä. (in häufig popularisierter Form) neben anderen Informationen einen Einfluß auf die Meinung von EntscheidungsträgerInnen und Öffentlichkeit ausgeübt und damit auch praktische Auswirkungen gehabt haben, ohne daß EthnologInnen daran unmittelbar Anteil hatten. Darauf wird noch ausführlicher einzugehen sein. Andererseits finden ethnologische Erkenntnisse und Konzepte nicht selten mit großer zeitlicher Verzögerung und in stark vereinfachter Form ihre Anwendung. Ein schon erwähntes Beispiel sind Vorstellungen von Kulturen als quasi-organische, holistische und statische Einheiten, die in der Ethnologie vor allem in den 20er - 40er Jahren vorherrschten, heute aber zum größten Teil revidiert sind. In Ausgrenzungsdiskursen dagegen, z.B. über den Umgang mit ImmigrantInnen, kehren sie jedoch bis heute hartnäckig wieder (vgl. Kap. 5.). Zudem können Fragen und Themen aus dem Untersuchungsbereich der Ethnologie auch ohne oder mit nur geringem Zutun von EthnologInnen eine gesellschaftliche Bedeutung erhalten, wie z.B. der heutige "Ethno-Boom" in Musik, Mode, Literatur und den Medien oder die sog. Ethnisierung politischer Konflikte zeigen (vgl. auch Fischer 1990:228-9).

Sind die EthnologInnen nachträglich für die Folgen ihrer Kulturkonzepte oder ihrer ethnographischen Berichte verantwortlich zu machen? Werden/wurden einige ihrer Arbeiten nicht vielmehr außerhalb ihres Entstehungszusammenhanges von gesellschaftlichen Interessengruppen zur Abstützung ihrer Machtambitionen instrumentalisiert? Haben ethnologische Erkenntnisse überhaupt Anteil an historischen Entwicklungen? Kolonialismus, Faschismus oder Rassismus ereignen sich auch ohne Zutun von EthnologInnen. Wie läßt sich der Wirkungsgrad ethnologischer Arbeiten nachweisen? Um z.B. die Auswirkungen ethnologischer Arbeiten im Rahmen der britischen Kolonialpolitik oder des nationalsozialistischen Expansionsstrebens zu untersuchen, müßten u.a. interne Papiere, Sitzungsprotokolle, Gesprächsnotizen, Korrespondenz usw. zwischen EthnologInnen, PolitikerInnen, BeamtInnen und anderen EntscheidungsträgerInnen der damaligen Zeit daraufhin studiert werden, inwieweit sich in ihnen der Einfluß ethnologischer Erkenntnisse der jeweiligen Zeit bemerkbar machte und in konkrete praktische Maßnahmen umgesetzt wurde. Und auch dann bleibt noch die Frage offen, in welche Richtung die Einflüsse in dem Wechselverhältnis von Politik und Wissenschaft gelaufen sind:

> "Auch liegt es auf der Hand, daß sich die politische Wirkungsweise einer Wissenschaft nicht nur aus dem amtlichen Schriftverkehr darüber ableiten läßt. Ohnehin ist dieser längst von jenen manipuliert, die rechtzeitig Zugriff zu diesem *Archivmaterial* hatten. Ohne sich mit dem öffentlichen und privaten Wirken einer Persönlichkeit im Kontext der Zeit sowie mit den sozialen und ökonomischen Bedingungen der einzelnen Protagonisten auseinanderzusetzen, bleiben derartige 'Primärquellen' von beschränktem Wert" (Byer 1995:71; Betonung im Original).

Wenn es demnach höchst schwierig ist, den gesellschaftlichen Wirkungsgrad ethnologischer Arbeit auszumachen, so läßt sich zumindest feststellen, in welchen historischen Zusammenhängen ethnologisches Wissen mal mehr und mal weniger explizit genutzt wurde oder werden sollte, inwieweit außerakademische Interessengruppen und Ereignisse Einfluß auf Zielsetzung, Fragestellung und Methodologie ethnologischer Forschung nahmen, welches Verhältnis die EthnologInnen selber zur Praxis besaßen, mit wem sie zusammenarbeiteten und ob und inwiefern eine ethnologische Theorie oder ein Erklärungsansatz ein ideologisches System argumentativ abstütz(t)e oder es kritisier(t)e. Möglicherweise helfen solche Erkenntnisse, den Blick für die potentiellen politischen Implikationen künftiger Theorieentwicklungen zu schärfen. Schließlich kann nur wieder festgestellt werden, daß es für EthnologInnen - wie für andere WissenschaftlerInnen - unerläßlich ist, den politischen und ideologischen Kontext, die ethischen Grundlagen, die Folgen und den Verwertungszusammenhang ihrer Arbeit nicht aus den Augen zu verlieren.

Im vorliegenden Zusammenhang wird anhand allgemeiner Entwicklungstendenzen, Hauptströmungen und Korrespondenzen zwischen gesellschaftlichen und fachlichen Entwicklungen dargestellt, wie "die" bzw. einige EthnologInnen in verschiedenen Zeiten gegenüber der praktischen Nutzung ihres Wissens eingestellt waren, in welcher Weise sie diese umsetzen wollten, welche Rollen sie im Dreiecksverhältnis von ForscherInnen - Forschungssubjekten - AuftraggeberInnen einnahmen, welche theoretischen Konzepte und Methoden ihren Praxis-Ansätzen zugrundelagen und in welchem (erkennbaren oder möglichen) Zusammenhang diese Einstellungen mit den ideologischen und politischen Strömungen ihrer Zeit standen. Dabei werden lediglich Parallelen in wissenschaftsinternen und -externen Entwicklungen aufgezeigt, ohne daß im Einzelnen die Richtung der Einflußnahme untersucht werden kann. Eine Ausnahme sind diejenigen Fälle, in denen die Auswirkungen gesellschaftlicher und politischer Entwicklungen auf die wissenschaftliche Arbeit eindeutig festzustellen sind: z.B., wenn die politischen Ambitionen von Regierungen oder die Interessen von Geldgebern ganz offensichtlich die Auswahl von Forschungsregionen, -themen oder -orientierungen bestimmt haben.

Die folgende Darstellung der Geschichte der praktischen Ethnologie zeigt noch einmal an konkreten Beispielen, inwiefern Wissenschaft und Gesellschaft in einem untrennbaren Zusammenhang wechselseitiger Beeinflussung stehen, der die herrschenden wissenschaftlichen Theorien, Paradigmen und Methoden einer Zeit unausweichbar in einen Rahmen zwingt, aus dem kein/e WissenschaftlerIn heraustreten kann (vgl. Kap. 2.2.). Die intellektuelle und praktische wissenschaftliche Tätigkeit ist in gewisser Weise immer Produkt und Produzent, Reflex und Agent der politischen und ideologischen Verhältnisse einer Zeit. Anders formuliert: Die Erfahrungsmöglichkeiten und zur Verfügung stehenden Realitätsinterpretationen in einem bestimmten historischen und gesellschaftlichen Kontext fördern, modellieren und limitieren das (theoretische) Verständnis und den (methodischen) Zugang der WissenschaftlerInnen zu ihrem Forschungsgegenstand.

Im Folgenden wird auch gezeigt, wie sich das Verständnis der EthnologInnen von den Beziehungen zwischen Wissenschaft/Gesellschaft, Theorie/Praxis und

Subjekt/Objekt im Laufe der Geschichte von grundsätzlich dichotom gedachten Dualismen immer mehr zu dialektisch miteinander verwobenen und untrennbar aufeinander bezogenen Wechselbeziehungen verändert hat. Dieses aktuelle Verständnis vom Verwoben-Sein von Wissenschaft und Lebenswelt, von Theorie und Praxis und von Subjekt und Objekt stellt den Ansatz- und Ausgangspunkt einer *advocacy anthropology* dar, die in Zusammenarbeit mit benachteiligten Gruppen sowohl relevantes Wissen produzieren als auch gesellschaftliche Verhältnisse verändern will.

3.3. Vordisziplinäre Phase und frühe ethnologische Praxis

3.3.1. Allgemeine Fachgeschichte

> "Ever since anthropology has existed as a research discipline it has had a practical aspect."
> van Willigen (1993:vii)

Schon lange vor Etablierung der Ethnologie als wissenschaftlicher Disziplin forschten und berichteten Reisende, Händler, Missionare, Offiziere und Kolonialbeamte über andere Kulturen und fremde Bevölkerungsgruppen. Zu den bekanntesten Beispielen dieser sog. **vordisziplinären Phase** der Ethnologie gehören u.a. Herodot (5. Jhdt. v. Chr.), Tacitus (1. Jhdt. n. Chr.), Thomas von Aquin (13. Jhdt.), Ibn Battuta und Ibn Chaldun (beide 14. Jhdt), De Sahagun (16. Jhdt.), Lafitau (18. Jhdt.) und Alexander von Humboldt (19. Jhdt.) (vgl. Bennett 1996:26, Fischer 1992b:16, Kohl 1993:100-104, Moravia 1977:120-208, K.E. Müller 1992, Stocking 1978, van Willigen 1993:18-20).

Bei diesen sog. proto-ethnologischen Arbeiten verbanden sich häufig theoretische und philosophische Forschungsinteressen mit praktischen Nutzungsaspekten. Bereits in der Antike benötigte man beispielsweise für militärische und administrative Zwecke genaue Kenntnisse über die Völker innerhalb und außerhalb des imperialen Herrschaftsbereichs (vgl. K.E.Müller 1992:24). Insbesondere katholische Missionare benutzten schon in frühen Jahrhunderten Kenntnisse über fremde Völker, um Konflikte zu reduzieren und eine Art "gelenkten Kulturwandel" herbeizuführen (siehe: Barnett 1942, Jeffereys 1956). Die Erforschung anderer Völker war zudem häufig eine Begleiterscheinung von ökonomisch oder politisch motivierten Expeditionen. So dienten z.B. Lafitaus Reisen, die zu seinen richtungsweisenden Forschungen über die soziale Organisation der Irokesen führten, urspünglich der Suche nach neuen Ginseng-Ressourcen für den europäischen Markt (van Willigen 1993:18-20, 1991:9-10). Und schließlich gehörte bereits Anfang des 19. Jahrhunderts die Vermittlung von Kenntnissen über die kolonisierten Völker bei vielen Kolonialmächten zur Ausbildung der KolonialbeamtInnen (vgl. Foster 1969:212-14, van Willigen 1993:22-23, 1991).[65] Die praktische Nützlichkeit von Informationen über andere Völker wurde also schon in früheren Jahrhunderten erkannt.

Etwa in der Mitte des 19. Jahrhunderts begann sich mit der Gründung ethnologischer und anthropologischer Gesellschaften Ethnologie in verschiedenen Ländern als wissenschaftliches Fach zu institutionalisieren (vgl. Voget 1975:114-164). In dieser Zeit wurde wissenschaftliche Forschung allgemein vom unilinearen evolutionistischen Fortschrittsgedanken geprägt, demzufolge die menschlichen Gesellschaften in unterschiedlicher Schnelligkeit durch im wesentlichen gleiche Stadien von niederen zu höheren Entwicklungsstufen voranschritten. Zwar wurde auch die Bedeutung von Diffusionsprozessen gesehen, insgesamt aber herrschte der Glaube an eine gleiche Entwicklung aller menschlichen Kulturen vor. Grundlage dieses klassischen Evolutionismus, der den Beginn einer wissenschaftlichen Sichtweise der menschlichen Gesellschaft und die Ablösung von theologischen Welterklärungen markiert (vgl. z.B. Hildebrandt 1990:128-137), war u.a. die Annahme von der psychischen Einheit der Menschheit und der Glaube an die sozialdarwinistische Doktrin vom "survival of the fittest". Ihrzufolge waren einige Kulturen bzw. Gesellschaften stärker und überlebensfähiger als andere und hatten deshalb das Recht, die (vermeintlich) Schwächeren zu beherrschen und zu kontrollieren.

Die unübersehbaren technologischen Errungenschaften im sich rasch industrialisierenden Europa und das bereits rund dreihundert Jahre bestehende Kolonialsystem schienen deutliche Zeichen für die Überlegenheit der europäischen Kulturen zu sein. Sozialdarwinismus und unilinearer Evolutionismus rechtfertigten mit wissenschaftlichen Argumenten die kolonialistische Unterwerfung

---

[65] So wurden z.B. ab 1806 in den Ausbildungsprogrammen für britische Kolonialbeamte auch Kurse über Kulturen und Sprachen der Kolonialgebiete eingerichtet. Auch in den Niederlanden finden wir früheste Beispiele einer angewandten Ethnologie: Dort wurden Mitte des 19. Jahrhunderts verschiedene Institutionen gegründet, die für die Versorgung der Kolonialverwaltung mit wissenschaftlichen Daten über die Kolonien zuständig waren (Held 1953, Josselin de Jong 1960, 1980, R.Kennedy 1943, Kievelitz 1988:199-201, Kloos 1975).

anderer Völker, die als eine Art Naturgesetz und als unabdingbar für den Fortschritt der gesamten Menschheit angesehen wurde. Mit der Herausbildung von Bürgertum und Proletariat begannen sich aber zugleich auch in den europäischen Gesellschaften soziale und ökonomische Ungleichheiten deutlicher abzuzeichnen. Verschiedene humanitäre, sozialreformerische und sozialistische Bewegungen nahmen hier ihren Ursprung; Marx und Engels entwickelten z.B. ihre Klassenkampf-Theorie. In diesem Zusammenhang entstanden auch sozialwissenschaftliche Ansätze, um das fachliche Wissen für aktive Sozialplanung und kontrollierte Verbesserung gesellschaftlicher Mißstände praktisch zu nutzen (vgl. Garbarino 1977:17-41, Voget 1975:165-310).

In dieser Zeit des ungebrochenen Glaubens an die praktische Nützlichkeit wissenschaftlich gewonnener Erkenntnisse zum Fortschritt der Menschheit institutionalisierte sich Ethnologie als spezifische Wissenschaft von den "primitiven", "unterentwickelten" Völkern ohne Staat und Schriftsprache. Diese wurden als Zeugen früherer Entwicklungsstufen betrachtet, anhand derer das gradlinige Fortschreiten der Menschheit von niederen zu höheren Kulturstufen rekonstruiert werden konnte (siehe E.Chambers 1987:311, Garbarino 1977:25-26, Partridge/Eddy 1987:8-9, Stocking 1978:26-29, Voget 1975:165-310 u.a.). Die Erkenntnisse über den menschlichen Evolutionsprozeß hatten, so der Glaube der EvolutionistInnen, einen inhärenten praktischen Nutzen: Sie konnten dazu dienen, den "unterentwickelten" Völkern zu einem schnelleren Übergang zu einer "höheren Entwicklungsstufe" zu verhelfen und so die Herausbildung einer immer vollkommeneren menschlichen Gesellschaft fördern. Diese Verbindung von (evolutions-)theoretischen Forschungsinteressen mit einem allgemeinen praktischen Anwendungsaspekt für den menschlichen Fortschritt war besonders bei britischen und nordamerikanischen EthnologInnen des 19. Jahrhunderts zu finden. Allerdings war das Ziel ihrer Arbeiten nicht explizit die praktische Nutzung, sondern der Gewinn wissenschaftlich-theoretischer Einsichten. Ein Engagement in praktischen Fragen erfolgte nur gelegentlich und in Folge ihrer ethnologischen Kenntnisse sowie eines persönlichen Verantwortungsgefühls für die erforschten Gruppen.

Insgesamt war die Zahl der mit konkreten praktischen Fragen befaßten EthnologInnen in dieser Zeit recht klein. Auch waren die meisten von ihnen ausgesprochene "LehnstuhlethnologInnen", die ihre Entwicklungstheorien anhand der Berichte von Reisenden, Händlern und/oder Missionaren formulierten, ohne je selber in Kontakt mit den betreffenden Völkern zu kommen. Es war allgemein üblich, ethnographische Daten mittels Fragebögen von wissenschaftlichen Laien erheben zu lassen, aus denen dann die "eigentlichen" Wissenschaftler - Sir James Frazer ist ein Beispiel dafür - in ihren Studierstuben theoretische Erklärungen und Vergleiche erarbeiteten. Das bekannteste Beispiel und Vorbild für andere ethnologische Fragesammlungen dieser Zeit sind die 1874 zum ersten Mal erschienenen *Notes and Queries on Anthropology* des *Royal Anthropological Institute of Great Britain and Ireland*. Allerdings gab es bemerkenswerte Ausnahmen von dieser Trennung zwischen empirischer Forschung und Theoriebildung. Eine der Ausnahmen war der als Rechtsanwalt ausgebildete Lewis Henry Morgan, der selber Feldstudien betrieb (vgl. Garbarino 1977:27-29).

Erst um die Jahrhundertwende führte der zunehmende Bedarf an genaueren empirischen Daten zu längeren Feldaufenthalten einiger ForscherInnen und zu einigen größeren Forschungsexpeditionen. Dadurch ergaben sich teilweise engere, auch freundschaftliche Kontakte zwischen EthnologInnen und den untersuchten Menschen. Diese führten wiederum in einigen Fällen zu einem partiellen und sporadischen humanitären und politischen Engagement der EthnologInnen für die Erforschten und zu verschiedenen praktischen Versuchen, letztere vor den schlimmsten Folgen der Kolonisierung - die als evolutionistische Notwendigkeit selber nicht in Frage gestellt wurde - zu bewahren (vgl. Bastide 1973:11, E. Chambers 1987:311, Foster 1969:182, Hinsley 1979:16-17, Partridge/Eddy 1987:13-15, Reining 1970, Tyrnauer 1984:113-14, van Willigen 1993:18-20, Wright 1988:368-9 u.a.; vgl. Kap. 4.2.).

Neben kulturhistorischen und evolutionstheoretischen Fragestellungen war also von Anfang an mit der Institutionalisierung von Ethnologie als Wissenschaft auch ein fester Glaube an den praktischen Nutzwert ethnologischer Forschung verbunden.[66] Gleichzeitig darf nicht übersehen werden, daß die praktische Nützlichkeit ethnologischer Arbeit vor allem von den EthnologInnen selber betont wurde und daß dahinter zum nicht unerheblichen Teil werbetaktische Motive zu suchen sind.[67] Die allgemeine Öffentlichkeit schien nicht so ohne

---

[66] Dieses trifft vor allem für die britische und U.S.-amerikanische Ethnologie zu. Einigen ihrer Vertretern zufolge ist Ethnologie als wissenschaftliche Disziplin überhaupt nur aus praktischen Anwendungszusammenhängen entstanden (z.B. Malinowski 1938:11, van Willigen 1991:3); dagegen halten z.B. deutsche Ethnologen, daß ihr Fach "keineswegs aus irgendwelchen praktischen Erwägungen" entstanden ist (E.Schlesier 1957:93; ebenso Schott 1961:11).

[67] Die Frage, inwieweit es bei der Betonung der Verwertbarkeit ethnologischen Wissens insbesondere um die Sicherung des eigenen Lebensunterhaltes geht, zieht sich durch die gesamte Geschichte der Nutzung ethnologischen Wissens, wie die Darstellungen in diesem Kapitel zeigen (vgl. z.B. Kuper 1983:99-120 für die britische *social anthropology* oder Drake

weiteres überzeugt davon, daß man von den "unterentwickelten" und "primitiven" Völkern etwas lernen konnte oder daß es sich lohnte, öffentliche Gelder für ethnologische Untersuchungen bereit zu stellen. Ethnologie galt gemeinhin als zwar interessantes, aber eher nutzloses Hobby, so daß manch früher Ethnologe, dessen Arbeiten fachlich richtungsweisend waren, zu seinen Lebzeiten für seine Forschungen keine oder kaum finanzielle Unterstützung erhielt (Hinsley 1979:16-18, Kuper 1983:100-102).

Dieses lag zum Teil auch daran, daß es den EthnologInnen oft nicht hinreichend gelang, den praktischen Nutzen ihrer Forschungen nachzuweisen. Der evolutionistische Ansatz mit seiner sog. vergleichenden Methode führte zwar zu einer Anhäufung von ethnographischem Datenmaterial, der Entwicklung neuer wissenschaftlicher Konzepte und Methoden und der Formulierung einer Reihe von Hypothesen über Ursprung und Entwicklung der Menschheit, erbrachte aber kaum relevantes Material, das von direktem praktischen Nutzen für die Anforderungen von Planung, Verwaltung und Politik war. So mißlangen im Großen und Ganzen die wenigen Versuche, die Nutzung ethnologischer Arbeit im Dienste kolonialpolitischer Aufgaben zu institutionalisieren.

3.3.2. U.S.A.

Zu den frühesten anwendungsorientierten Forschungen in den U.S.A. gehören die Arbeiten von Henry Rowe Schoolcraft (Stewart 1973:39). Schoolcraft, Ehemann einer Chippewa, arbeitete als Verwaltungsbeamter in Indianerfragen in Michigan und forschte über 30 Jahre lang über verschiedene nordamerikanische indianische Völker.[68] Im Auftrage und finanziert vom U.S.-Kongress stellte er ein sechsbändiges Werk über Kulturen und Lebensbedingungen der indigenen Bevölkerung Nordamerikas zusammen (Schoolcraft 1852-57), das zu den frühesten ethnologischen Grundlagenwerken zählt und explizit angefertigt wurde, um der U.S.-Regierung verläßliche Daten für ihre Indianerpolitik zu lie-

---

1988:44-47 für die U.S.-amerikanische *cultural anthropology*). Umgekehrt mag auch für die jeweiligen Regierungen die Ausrüstung von wissenschaftlichen Expeditionen und die Einrichtung von Forschungsinstitutionen eine Prestigefrage gewesen und weniger in Erwartung tatsächlich praktisch verwertbarer Ergebnisse geschehen sein, wie Streck (1987:21) annimmt.

[68] Hier und in den folgenden Ausführungen über Entwicklungen auf dem amerikanischen Kontinent werden die Bezeichnungen *indigen* und *indianisch* synonym verwendet; zu den generischen Begriffen Indianer, Indio und Indigene vgl. Kap. 4.6., 5. und 6.

fern (Partridge/Eddy 1987:13, van Willigen 1980: Doc.1-6, 1993:19-20). Noch im folgenden Jahrhundert dienten Schoolcrafts ethnographische Dokumentationen als wichtige Beweismaterialien zugunsten indianischer Landrechtsklagen (Stewart 1973:40). Trotz der wissenschaftlichen und praktischen Relevanz von Schoolcrafts Arbeit für die damalige und spätere Zeit konnte er sich mit seinen Forschungen weder einen angemessenen sozialen Status noch eine ausreichende Finanzierung seines Lebensunterhaltes sichern. Er starb 1864 verarmt und in seiner Forschungsarbeit weitgehend ignoriert (Hinsley 1979:18).

1879 wurde vom U.S.-Kongress als Unterabteilung der *Smithsonian Institution* das *Bureau of American Ethnology (BAE)* gegründet, das sich zum ersten langfristig arbeitenden regierungsfinanzierten ethnologischen Forschungsinstitut der U.S.A. entwickelte und seine Arbeit explizit als *applied ethnology* verstand (van Willigen 1996:44).[69] Sein erster Leiter, der Geologe und Forscher John W. Powell, hob im ersten Jahresbericht ausdrücklich den praktischen Nutzen seiner ethnographischen Forschungen für die "Verwaltung der indianischen Bevölkerung" hervor (Powell 1881:xi). Dem generalisierenden, unilinear-evolutionistischen Denken seiner Zeit verhaftet, betonte er insbesondere den reformerischen, aktivistischen Aspekt sozialer Evolution und war ein heftiger Verfechter empirischer wissenschaftlicher Arbeit, deren Ergebnisse er als einzig verläßliche Grundlage einer effektiven Indianerpolitik ansah. Der indianischen Bevölkerung wollte er - ganz im Sinne evolutionistischen Fortschrittsdenkens - durch eine Umwandlung in agrarische Gesellschaften ein Überleben in der modernen Welt sichern. Gesellschaftliche Wandlungsprozesse mußten nach Powells Ansicht auf der Basis eines umfassenden, wissenschaftlich "endgültig" bewiesenen Wissens erfolgen. Sein Bemühen um möglichst vollständiges Wissen über die erforschten Kulturen führte zu einer umfangreichen ethnographischen Datensammlung, ohne daß daraus jemals die angestrebten "definitiven" wissenschaftlichen Aussagen als Grundlage für eine Regierungspolitik formuliert wurden. Eingerichtet, um dem U.S.-Kongress und der Verwaltung ethnologisches Wissen für die Lösung des sog. Indianerproblems zur Verfügung zu stellen, wandelte sich das BAE in den 23 Jahren unter Powells Leitung mehr und mehr zu einer reinen Forschungsinstitution, deren Personal, dem induktiven Empirismus Po-

---

[69] Zu den MitarbeiterInnen des BAE gehörte u.a. der Omaha Francis La Flesche. Die von ihm zusammen mit einem Ethnologen verfaßte Beschreibung über die Kultur seines Volkes ist ein frühes Beispiel für kooperative ethnologische Forschung und Publikation (Fletcher/La Flesche 1911).

wells folgend, seinen individuellen Forschungsinteressen nachging (Hinsley 1979). So gibt es keinen Hinweis darauf, daß Powells Ziel, die praktische Indianerpolitik durch ethnologische Forschungen mitzubestimmen, auch nur in einer einzigen politischen Entscheidung erreicht wurde (Fluehr-Cobban 1991c: 16, Foster 1969:197). Im Gegenteil: Der U.S.-Kongress äußerte zunehmend seine Unzufriedenheit mit der Arbeit des Büros, dessen Ergebnisse unverständlich und irrelevant für den politischen Praktiker waren. Powells zunehmende Abstinenz gegenüber Stellungnahmen in politischen Angelegenheiten - einer Petition, die eine Untersuchung über die Rolle der U.S.-Armee bei verschiedenen Massakern an Indianern forderte, verweigerte er z.B. mit der Begründung seine Unterschrift, das würde ihm nur Ärger mit dem Innenminister bringen (Hinsley 1979:24) - legt zudem die Vermutung nahe, daß er die praktische Nützlichkeit ethnologischer Forschungen für die Öffentlichkeit, zumindest in späteren Jahren, vor allem aus werbetaktischen Gründen zur Finanzierung seiner Untersuchungen anführte.

Um die Jahrhundertwende hatte sich die politische Landschaft in den U.S.A. verändert: Der gesamte Kontinent war bis zur Westküste von SiedlerInnen durchdrungen und weitgehend in Besitz genommen; die indianischen Völker waren militärisch besiegt, vernichtet oder in Reservate abgeschoben und damit zu einer "internen" Staatsangelegenheit geworden; die U.S.A. begannen nun, ihren Machtanspruch auf den karibischen und pazifischen Raum auszudehnen. Sie annektierten die Hawaii-Inseln und übernahmen nach dem spanisch-U.S.-amerikanischen Krieg (1897-1901) die Vorherrschaft auf Kuba, Puerto Rico und den Philippinen. Das Interesse an der Nutzbarmachung ethnologischen Wissens bezog sich nun nicht mehr nur auf die indianischen Kulturen, deren Verschwinden als unwiderrufliche Tatsache angesehen wurde, sondern zunehmend auch auf die Integration der verschiedenen neu kolonisierten Völker und der ImmigrantInnengruppen, die in großen Massen auch aus Europa einzutreffen begannen. Sowohl den indianischen Völkern wie den ImmigrantInnen wurde mit einer, wie Barsh (1991a:6) es formuliert, "ambivalenten Kombination von Nostalgie und Assimilation" begegnet: Kulturelle Traditionen wurden als folkloristische Trivialitäten geduldet, solange sie der Assimilation der unterschiedlichen Kulturen in den Schmelztiegel der Gesellschaft nicht im Wege standen.

Diese politischen Entwicklungen wirkten sich auch auf das BAE aus: So beschrieb William J. McGee, der nach Powells Tod (1902) zunächst die Leitung des Büros übernahm, seine Vision einer *applied ethnology* als einer praxisorientierten Wissenschaft, die Lösungen für die gesellschaftlichen Probleme sucht, die sich aus der Einwanderung neuer Bevölkerungsgruppen, der Besetzung neuer Territorien und der Notwendigkeit zur "Erziehung der farbigen Rassen" ergeben (Hinsley 1979:26). Er erhielt u.a. argumentative Unterstützung von Franz Boas, der das BAE durch die Integration anthropometrischer Studien, die das Problem der "Rassenmischung" klären helfen sollten, ebenfalls in eine sozial relevantere und praxisorientiertere Einrichtung verändert sehen wollte (ebd.27). Im gleichen Jahr hob Frank Russell (Russel 1902:17) in seiner Antrittsrede vor der *American Folklore Society* noch einmal den besonderen praktischen Nutzen der Ethnologie für Kaufleute, Ärzte, Rechtsanwälte, Politiker und andere PraktikerInnen hervor (vgl. Foster 1969:198). Das BAE diente dem U.S.-Innenministerium auch als Vorbild für die Einrichtung eines *Philippine Ethnological Survey*, der von 1906 bis 1910 unter der Leitung des Ethnologen Albert E. Jenks durchgeführt wurde und die Regierung mit ethnographischem Datenmaterial über die betreffenden Regionen versorgen sollte (Jenks 1921a, 1921b). Nach seiner Rückkehr zur Universität von Minnesota richtete Jenks einen sogenannten *Americanization Training Course* ein, in dem U.S.-amerikanische Führungskräfte so ausgebildet werden sollten, daß sie die Assimilation der verschiedenen Nationalitäten und Kulturen in die U.S.-amerikanische Gesellschaft vorantreiben konnten (Foster 1969:199).

Franz Boas führte Anfang des Jahrhunderts ebenfalls einige regierungs- und firmenfinanzierte Forschungen mit praktischen Zielsetzungen durch (z. B. Boas 1966).[70] Nicht primär auf Anwendung seiner Arbeit bedacht, nahm er offenbar die Aufträge hauptsächlich deshalb an, um seine sonstigen Forschungsinteressen finanziert zu bekommen (Partridge/Eddy 1987:14, Stocking 1979:36, van Willigen 1993:22). Boas befaßte sich zwar Zeit seines Lebens auch mit aktuellen Fragen und Problemen seiner Zeit (z.B. 1928, 1940,), hatte aber insgesamt eine eher pessimistische und begrenzte Auffassung von der praktischen Anwendbarkeit und einer politischen Aufgabenstellung des Faches (Stocking 1979:46-47). Er vertrat eine geradezu idealistische Konzeption einer reinen Wissenschaft, die sich jenseits praktischer Erwägungen ganz der Suche nach Wahrheit widmen sollte. Als radikaler Empirist akzeptierte er Generalisierun-

---

[70] Boas' 1910 erstellte Studie über die "Changes of Bodily Form of Descendants of Immigrants" (Boas 1966) wird verschiedentlich als eine der ersten politikberatenden ethnologischen Studien betrachtet (Goldschmidt 1979b:6, Kievelitz 1988:205).

gen nur, wenn sie sich eindeutig aus dem vorhandenen Datenmaterial ergaben. So glaubte er in den früheren Jahren seiner Arbeit, durch die sorgfältige historische Rekonstruktion der Entwicklung einzelner Kulturen möglicherweise bestimmte kulturelle und historische Gesetzmäßigkeiten entdecken zu können, verwarf aber später gänzlich die Idee von der Existenz kultureller Gesetze (vgl. Harris 1968:250-280, Partridge/ Eddy 1987:12, Voget 1975:319-339). Mit seiner Betonung empirischer und induktiver Forschungen stellte er den globalisierenden Anspruch und deterministischen Charakter des unilinearen Evolutionismus des 19. Jahrhunderts radikal in Frage und beschwor angesichts der expandierenden Industrialisierung die Notwendigkeit, die verschwindenden indianischen Kulturen Nordamerikas detailliert zu erforschen und für die Nachwelt zu bewahren.

In wenigen Fällen intervenierte Boas allerdings auch aktiv zugunsten der von ihm untersuchten indianischen Gemeinden, um ihnen eine gerechtere und bessere Behandlung durch die behördlichen Autoritäten zukommen zu lassen (Lurie 1988:551). Boas besitzt darüber hinaus einen Ruf als aktiver Pazifist und war u.a. Mitglied der Sozialistischen Partei. Er kritisierte öffentlich und vehement die herrschenden rassistischen und nationalistischen Einstellungen seiner Zeit: Unterschiede zwischen den indigenen und eingewanderten Bevölkerungsgruppen in den U.S.A. führte er nicht auf biologische, sondern kulturelle Determinanten zurück. Rassenkonflikte wollte er durch "physische Vermischung" der verschiedenen ethnischen Gruppen im großen Schmelztiegel der amerikanischen Nation lösen (Stocking 1979:38). Sein wissenschaftlich wie persönlich begründeter Anti-Rassismus - Boas war Jude - machte ihn u.a. in den 30er Jahren zu einem entschiedenen öffentlichen Gegner des in seinem Geburtsland Deutschland aufkommenden Nationalsozialismus.

Insgesamt genommen aber war die von Boas vertretene Auffassung einer empirisch, induktiv und historisch orientierten ethnologischen Wissenschaft, die nachhaltig die folgenden Generationen U.S.-amerikanischer EthnologInnen beeinflußte, nicht auf praktische Anwendung ausgerichtet. Die praktischen Implikationen seiner Arbeiten waren eher implizit und wurden nur offensichtlich, wenn sie fachinterne Kontroversen hervorriefen oder wenn Boas aus persönlicher Überzeugung und in Folge seiner wissenschaftlichen Einsichten öffentlich zu tagespolitischen Fragen Stellung nahm (Parridge/Eddy 1987:15).

Die U.S.-amerikanischen EthnologInnen dieser frühen Epoche teilten den evolutionistischen Glauben an den unaufhaltbaren Untergang der indianischen

Kulturen. Zuvor wollten sie jedoch soviel Wissen wie möglich über diese vermeintlich verschwindenden Kulturen für die Nachwelt bewahren. Da die Assimilation der indianischen Völker als unvermeidliches Schicksal angesehen und nicht als Folge einer bestimmten Politik in Frage gestellt wurde, trugen die EthnologInnen nichts oder nur wenig dazu bei, Bedingungen zu schaffen, die ein selbstbestimmtes Überleben der indianischen Gemeinschaften u.U. hätten ermöglichen können. Zwar engagierten sich einige von ihnen (z.B. Morgan, Cushing, Powell, Schoolcraft oder Mooney) schon früh für indigene Interessen (Frisch 1971, La Rusic 1985, Seithel 1990a:37-38, vgl. Kap. 4.2.), grundsätzlich aber befürworteten sie - wie andere weiße VerfechterInnen indianischer Rechte des 19. Jahrhunderts - die *melting pot*-Ideologie und Assimilationspolitik der Regierung. So unterstützten z.B. viele EthnologInnen den *Dawes Act* bzw. *General Allotment Act* (1887), der die Aufteilung der indianischen Territorien in individuelle Privatparzellen vorsah. Privateigentum an Land wurde als ein entscheidender Fortschritt der indianischen Gemeinschaften auf dem Weg in die Moderne gesehen (Barsh 1991a:2-5, Hertzberg 1988:305-307, Lurie 1988:550). Die destruktiven Auswirkungen der Landaufteilung auf die wirtschaftliche Basis und das Sozialleben der indianischen Gemeinschaften wurden erst später erkannt und dann auch bekämpft (Hertzberg 1988:308-310; s. unten). Ihr Interesse an indianischer Geschichte und Kultur und die zunehmend länger währenden Feldaufenthalte einiger ForscherInnen verlieh ihnen zugleich aber auch eine besondere Rolle bei den indianischen Völkern:

> "Most Whites who went among the Indians did so to hasten the Indians' socio-cultural demise in the name of God and country or to improve their own fortunes at the Indians' expense. Anthropologists, interested in neither of these ends, brought a rare quality, simply the desire to know and understand. Furthermore, albeit for reasons of their own, anthropologists were as distressed as the Indians that the Indians' traditions were being systematically repressed and destroyed. A mutual bond was thus easily established. The anthropologist, by his or her very presence and dedicated labors, acknowledged as worthy of the greatest intellectual respect those very things that Indian agents forbade as 'savage' and missionaries denounced as 'pagan' " (Lurie 1988:549).

So entstanden nicht selten auch freundschaftliche Beziehungen zwischen den EthnologInnen und den von ihnen erforschten indianischen Gemeinschaften, aus denen u.a. einige indigene EthnologInnen hervorgingen, die bei der späteren politischen Organisierung der indianischen Völker eine wichtige Rolle spielten (ebd. 549-551; Hertzberg 1988).

3.3.3. Das *British Empire*

Auch die britische Ethnologie war vor allem in der frühen Phase ihrer Institutionalisierung eng mit Fragen der praktischen Nutzung verbunden. So entstanden die ersten ethnologischen und anthropologischen Gesellschaften im britischen Königreich im Rahmen von Auseinandersetzungen über den "richtigen Umgang" mit den kolonisierten Gesellschaften (Reining 1970, Stagl 1974:21-23, Tyrnauer 1984). Die 1838 in London gegründete *Aboriginal Protection Society* befürwortete direkte Intervention und Hilfe für die australischen UreinwohnerInnen, die sich 1842 abspaltende *Ethnological Society of London* betonte die Notwendigkeit von Forschung. 21 Jahre später zerstritt sich letztere Organisation wiederum über die Frage der Sklaverei. Während sich die *Ethnological Society*, ausgehend von der Darwinschen Annahme von der Einheit der Menschheit, gegen eine Sklavenhaltung aussprach, waren die Mitglieder der sich neu gründenden *Anthropological Society of London* starke Verfechter der Sklaverei, die sie durch ihre anthropometrischen Forschungen als gerechtfertigt bewiesen sahen (Reining 1970:3-5).
Das von ihnen herausgegebene *Popular Magazine of Anthropology* hatte explizit die Popularisierung ethnologischen bzw. anthropologischen Wissens zum Ziel, von dem man sich Aufklärung, größeren Reichtum und Glück für die gesamte Menschheit versprach (ebd.5-6). Kennzeichnend für diesen zeittypischen Enthusiasmus über den möglichen Nutzen ethnologischer Forschung ist folgendes Statement aus dem *Popular Magazine* von 1866:

> "Anthropology, independently of its scientific interest and importance, may and should become an applied science, aiding in the solution of the painful problems which human society and modern civilization proffer, and tending to the bettering of the conditions of man in the aggregate all over the world" (zit. n. ebd.5).

Die *Ethnological* und die *Anthropological Society of London* vereinigten sich 1871 im *Anthropological Institute of Great Britain and Ireland*, dem späteren *Royal Anthropological Institute (RAI)*, und beendeten damit die von Reining (1970) als "lost period of applied anthropology" bezeichnete Phase der frühen britischen Ethnologie. Das neue Institut widmete sich vor allem der ethnologischen Datensammlung, theoretischen Forschungsfragen und der Aufgabe, dem Fach akademischen Respekt an den Universitäten zu verschaffen. Nur gelegentlich wurde versucht, die KolonialpolitikerInnen auf die praktische Bedeutung ethnologischen Wissens hinzuweisen (ebd.7-9; Feuchtwang 1973:81-82, Foster 1969:183-4). So wurde das 1883 eingerichtete erste *anthropology*-Programm an der Oxford Universität explizit auch als Ausbildungsprogramm für Kolonialbeamte konzipiert (van Willigen 1991:12-13).

1896 verabschiedete die *British Association for the Advancement of Science* eine Resolution, in der die Gründung eines *Imperial Bureau of Ethnology* nach dem Vorbild des *Bureau of American Ethnology* gefordert wurde. Dessen Aufgabe sollte die ethnographische Datensammlung über die Völker innerhalb und außerhalb des Empires sein, die für Wissenschaft und Regierung von größtem Wert seien (Feuchtwang 1973:81). Wiederholt rief Richard Temple zur Einrichtung einer *School of Applied Anthropology* an der Cambridge Universität auf, in der das Verwaltungspersonal der Kolonien eine ethnologische Ausbildung erhalten sollte (vgl. Kuper 1983:102). Allerdings kam es zu dieser Zeit nicht zur Etablierung der geforderten Einrichtungen, und Kuper (1983:100) vermutet hinter diesen Hinweisen früher britischer Ethnologen auf den praktischen Nutzen ihrer Arbeit wiederum vor allem werbetaktische Motive: Die Kolonialregierungen waren die besten Quellen, um finanzielle Unterstützung für die ansonsten als recht exotisch geltenden Forschungsarbeiten der EthnologInnen zu gewinnen.

Deren Interesse galt vor allem der theoretischen Beschäftigung mit den herrschenden evolutionistischen Themen ihrer Zeit: der Erforschung und Rekonstruktion der gemeinsamen Entwicklungsstufen der Menschheit, die anhand von Religion, Sprache, Verwandtschaftsklassifikationen, Wirtschaftsformen, Wertsystemen, sozialer Organisation u.a. verfolgt wurden und in umfangreichen Werken, z.B. bei Tylor, Frazer oder MacLennan, ihren Niederschlag fanden (Voget 1975:165-310). Dieses Material hatte kaum oder keinen Bezug zu Gegenwartsfragen. Der praktische Wert ethnologischer Arbeit für den Fortschritt der Menschheit wurde, wenn überhaupt, höchstens sehr allgemein erwähnt, so z.B., wenn Tylor, der Begründer der akademischen Ethnologie in Großbritannien, das Fach als "essentially a reformer's science" bezeichnet (Tylor 1871:410). Frazer dagegen lehnte jede praktische Anwendung von Ethnologie auf politische Fragen explizit ab (Reining 1970:9). Immer deutlicher wurde allerdings der Bedarf an genaueren empirischen Daten: Um die Jahrhundertwende wurden deshalb erste größere Feldforschungsexpeditionen wie die Torres Strait Expedition (1898-1899) sowie längere Feldaufenthalte einzelner Forscher durchgeführt (vgl. Garbarino 1977:40-41).

Anfang des 20. Jahrhunderts schien es, daß zumindest ein Teil der Kolonialoffiziere die potentielle Bedeutung und den Nutzen erkannte, den ethnologische Kenntnisse und eine entsprechende Ausbildung für die Kolonialverwaltung haben konnten. Ausgelöst wurde dieses Interesse an zuverlässigerem Wissen über die Verhältnisse in den Kolonien u.a. durch zunehmende Unruhen in den britischen Mandatsgebieten. Angehende Kolonialbeamte begannen nun, in Vorbereitung ihrer Arbeit auch ethnologische Seminare in Cambridge und Oxford zu besuchen; ethnologische Grundkurse wurden in einige koloniale Ausbildungsprogramme integriert (Foster 1969:185-86). Die Ernennung von Northcote W. Thomas 1908 zum *government anthropologist* von Nigeria war die erste offizielle Beteiligung eines britischen Ethnologen an der Regierungspolitik im kolonisierten Afrika. Seine Aufgabe war es, der Kolonialregierung genauere Daten über die Ibo- und Edo-sprechenden Bevölkerungsgruppen zwecks besserer Verwaltung und Kontrolle zu liefern (ebd. 187, Lackner 1973:133-135).

Unterrichtung der KolonialbeamtInnen und Bereitstellung von ethnographischem Material für die Kolonialverwaltungen wurden als Hauptaufgaben der EthnologInnen gesehen (vgl. die Beiträge in Asad 1973). Die sich in den folgenden drei Jahrzehnten allmählich entwickelnde Zusammenarbeit von EthnologInnen mit der britischen Kolonialregierung (vgl. Asad 1973, Foster 1969: 186-88, Kuper 1983:99-120 u.a.) verlief jedoch keineswegs reibungslos (vgl. das folgende Kapitel). Auch war der Anteil an ethnologischen Kursen in der gesamten Vorbereitungszeit der angehenden KolonialbeamtInnen recht gering (Malinowski 1930:421). Der in den völkerkundlichen Vorlesungen und Publikationen vermittelte Inhalt schien nach wie vor wenig Nutzen für die spätere praktische Arbeit der KolonialbeamtInnen besessen zu haben (Drubig 1994a: 54). Kuper bewertet den Umfang der tatsächlichen Nachfrage nach ethnologischem Wissen in dieser frühen Phase der britischen Ethnologie als recht gering:

"The demand for anthropological instruction was never widespread, and it never became established outside the African empire. Nor were anthropologists to succeed in getting money and recognition for many years. They kept plugging on, even during the war, this odd alliance of opinionated administrators and relatively obscure scholars" (Kuper 1983:102).

3.3.4. Deutschsprachiger Raum

Im deutschsprachigen Raum institutionalisierte sich das Fach Ethnologie in der zweiten Hälfte des 19. Jahrhunderts als eine ausgesprochen kulturhistorisch orientierte Wissenschaft, die sich mit theoretisch-philosophischen Fragen nach den Urzuständen und frühen Phasen der Menschheit sowie dem Ursprung und der Verbreitung von kulturellen Elementen befaßte (Nowotny 1980, E.Schlesier 1957:93, Schott 1962:11).

Die Etablierung des Faches wird allgemein mit dem großen Forschungsreisenden Adolf Bastian in Verbindung gebracht.[71] Bastian war ab 1868 Museumskurator für Ethnologie in Berlin, gründete 1869 die Zeitschrift für Ethnologie und zusammen mit Rudolph Virchow die Berliner Gesellschaft für Anthropologie, Ethnologie und Urgeschichte und wurde 1876 Direktor des neuen Berliner Völkerkundemuseums (vgl. Stagl 1974:30). Überzeugt von der psychischen Einheit der Menschheit, die in sog. Elementargedanken ihren Ausdruck fand, suchte er nach Erklärungen für die Vielfalt kultureller Erscheinungen, die er auf seinen Reisen kennenlernte. Diese deutete er als geographisch bedingte lokale Variationen (Völkergedanken) der im wesentlichen überall gleich reagierenden menschlichen Psyche. Ähnliche kulturelle Erscheinungen führte er auf unabhängige, aber parallele Entwicklungen zurück. Systematisch versuchte er, mittels einer unermüdlichen Forschungstätigkeit ein möglichst umfangreiches ethnographisches Datenmaterial über die vermeintlich verschwindenden "primitiven" Kulturen zu erwerben, um daraus die Elementargedanken aller Kulturen herauszufiltern. Obwohl nicht primär auf Anwendung bedacht, glaubte Bastian wie andere EthnologInnen seiner Zeit, daß die Entdeckung der Gesetze menschlicher Entwicklung von großem praktischen Wert für die Reformierung der eigenen Gesellschaft und die Lenkung des Kolonialgeschehens sein könnten (Bastian 1893-4, Bd.1:x; vgl. Gothsch 1983:36-38, Kramer 1995, Voget 1975:148).

Bastian gehörte zu den ersten Ethnologen, die mit dem Eintritt Deutschlands in die Reihe der Kolonialmächte (1884) auf die Relevanz ihrer Wissenschaft für die Verwaltung der deutschen Kolonien hinwiesen. So ließ er keine Gelegenheit

---

[71] Die Diskussionen, die schon rund ein Jahrhundert früher an den Universitäten von Göttingen und Halle über Völkerkunde, Volkskunde, Ethnologie und Ethnographie stattgefunden haben (Fischer 1970, Lutz 1973), sind für die Herausbildung der hiesigen Ethnologie sicher von großer Bedeutung, müssen aber aus Platzgründen unberücksichtigt bleiben.

ungenutzt, um die Notwendigkeit ethnologischer Forschungen in den Kolonialgebieten und die allgemeine Nutzbarmachung der Völkerkunde für die eigene und die kolonisierte Gesellschaft hervorzuheben.[72] Aufgrund seiner evolutionistischen Position untermauerte Bastian die Überzeugung der Kolonialherren von ihrer sog. "Kulturmission" mit wissenschaftlichen Argumenten. Unter anderem wünschte er die Gründung eines Auskunftsbüros für Fragen der Ethnologie und Kolonialgeschichte (Bastian 1889:65) und hielt die Ethnologie für unentbehrlich für die Bewältigung kolonialer Schwierigkeiten (Bastian 1899). Allerdings scheint Bastian kaum Versuche unternommen zu haben, seine ungeheure Menge an ethnographischen Daten in konkreten Zusammenhang mit kolonialpolitischen Fragestellungen zu bringen. Das von ihm produzierte ethnographische Material war aufgrund seiner verwirrenden und unüberschaubaren Fülle, seines langatmigen Schreibstils und der Vernachlässigung der kolonialen Gegenwart für die KolonialbeamtInnen so gut wie unbrauchbar (vgl. Gothsch 1983:33-36).

Gegen Ende des 19. Jahrhunderts entstanden Arbeiten deutscher und österreichischer Ethnologen, die sich gegen den klassischen unilinearen Evolutionismus mit seiner Vorstellung von unabhängigen und parallelen Entwicklungen wandten und kulturelle Ähnlichkeiten u.a. auf Übertragungen, Entlehnungen und geschichtliche Verbindungen zwischen Kulturen, d.h., auf Diffusion, zurückzuführen versuchten. Ausgehend von der Theorie des Geographen und Völkerkundlers Friedrich Ratzel über die durch Kulturkontakte und geschichtliche Überlagerungsprozesse erfolgte Verbreitung von Kulturelementen entwickelte sich die kulturhistorisch-diffusionistische Richtung, die die deutschsprachige Ethnologie über Jahrzehnte prägte und in der sog. Kulturkreislehre der Wiener Schule in den ersten Jahrzehnten dieses Jahrhunderts ihren einflußreichsten Ausdruck fand (vgl. Garbarino 1977:46-47, Voget 1975:348-355). Die Kulturhistoriker waren primär an historischen Rekonstruktionen und der Verbreitung von Kulturelementen, nicht aber an praktischer Anwendung ihrer Forschungen interessiert. Dennoch waren die meisten von ihnen - noch ganz im evolutionistischen Sinne - von der moralischen Berechtigung und Notwendigkeit der europäischen Kolonialherrschaft überzeugt und befürworteten die Nut-

---

[72] "Wie aber war Bastian bestrebt, jeden Vorteil eiligst für die Ethnologie wahrzunehmen! War eine neue politische oder wirtschaftliche Konstellation im Schwange oder wurde über eine neue Kolonie diskutiert, flugs war ein neues bastiansches Buch zur Stelle: Was ist der Diplomat, der Kaufmann, der Kolonisator ohne ethnologische Kenntnis?" (Von den Steinen 1905:248).

zung völkerkundlicher Forschungsergebnisse für koloniale Aufgaben. Neben Ratzel gehörte hierzu u.a. sein Student Leo Frobenius (z.B. Frobenius 1899), der als erster das Konzept von Kulturkreisen entwarf und in seiner Kulturmorphologie Kulturen mit Organismen verglich (Frobenius 1897/98). Für Frobenius war die Kolonisation eine unabwendbare Gesetzmäßigkeit und moralische Pflicht der EuropäerInnen, die den Kolonisierten im eigenen Interesse zur Weiterentwicklung verhalf und notfalls auch mit Zwangsarbeit, Prügelstrafe u.ä. Maßnahmen durchgesetzt werden mußte. Wie Bastian rechtfertigte er mit seiner wissenschaftlichen Argumentation die Arbeit der Missionare und Kolonialherren. Seine Anträge auf finanzielle Unterstützung seiner Forschungsreisen begründete er u.a. mit derem zu erwartenden praktischen Nutzen für die Kolonialverwaltung. Trotzdem blieben aber auch seine Beiträge zur praktischen Anwendung ethnologischer Arbeit zu spekulativ und abgelöst von kolonialen Fragestellungen und fanden bei den KolonialbeamtInnen kaum Beachtung. Auch ein Versuch (1914/15), sich direkt ins politisch-militärische Geschehen in Afrika einzumischen, scheiterte (Gothsch 1983:105-130).

Die meisten deutschen Ethnologen, die auf den praktischen Nutzen ihrer wissenschaftlichen Tätigkeit hinwiesen, wollten diesen - als Nebenprodukt wissenschaftlicher Arbeit - auf die Bereitstellung ethnographischer Informationen beschränkt wissen. Eine besondere Ausrichtung des Faches auf die Belange kolonialer Praxis wurde meist nicht für erforderlich gehalten. Eine Ausnahme bildet Richard Thurnwald, der nicht nur schon früh die Relevanz der Ethnologie für die koloniale Verwaltung betonte, sondern mit seiner funktionalistisch-dynamischen Kulturtheorie mehr als die anderen Völkerkundler seiner Zeit die Ausrichtung ethnologischer Forschung auf Kulturwandel, Akkulturation und damit auf aktuelle Aspekte des kolonialen Gegenwartsgeschehen lenkte. Zusammen mit Ratzel, Thilenius, von Luschan und Pater W. Schmidt nahm er am Ersten Deutschen Kolonialkongreß von 1902 teil (vgl. Luschan o.J.), äußerte sich schon früh zu kolonialpolitischen Themen (z.B. Thurnwald 1905, 1910, 1912) und befürwortete eine aktive Kolonialpolitik des Deutschen Reiches nach dem Vorbild der britischen *indirect rule*. Seine Erhebung demographischer und genealogischer Daten und seine sozialpsychologischen Untersuchungen über die körperliche und geistige Leistungsfähigkeit der kolonisierten Menschen führte er explizit in Hinblick auf ihre Verwendbarkeit in der Kolonialpolitik durch. Er war von der wirtschaftlichen Notwendigkeit der Kolonien für das Deutsche Reich überzeugt, machte konkrete Vorschläge für die Gestaltung kolonialer Verwaltung und wünschte die Einrichtung eines praxisorientierten Forschungsinstituts (Thurnwald 1912:68).

Es fehlte auch nicht an frühen Versuchen, systematisch ethnographisches Material für die koloniale Praxis zu erheben. So verschickte bereits 1895 die Internationale Vereinigung für Vergleichende Rechtswissenschaft und Volkswirtschaftslehre zu Berlin - u.a. mit Unterstützung der Deutschen Kolonialgesellschaft und des deutschen Auswärtigen Amtes - einen Fragebogen über die "Rechtsgewohnheiten der Naturvölker" an Missionare, Beamte, Forscher und andere Personen in Afrika und Ozeanien. Er war von dem Rechtswissenschaftler A. Post erarbeitet worden und wurde von dem Ethnologen S. R. Steinmetz ausgewertet (Steinmetz 1903). Aus den Antworten über insgesamt 17 Völker aus Afrika und Ozeanien erhoffte man sich einen Beitrag "zur besseren Kenntnis der Naturvölker und ihres Rechtes" (ebd. VI).

1897 veröffentlichte der Rechtswissenschaftler Josef Kohler eine weitere Fragensammlung zu den Rechtsverhältnissen bei den kolonisierten Völkern (Kohler 1897). 1906 gaben Steinmetz und Thurnwald noch einmal eine überarbeitete und erweiterte Fassung des Fragebogens von 1895 heraus, der als "praktischer Leitfaden" für die Erhebung ethnographischer Daten gedacht war und von dessen Beantwortung man sich, so der Mitherausgeber Thurnwald, einen "hohen praktischen Wert" für die Kolonialpolitik und die Nutzung der einheimischen Arbeitskräfte erhoffte (Ethnographische Fragesammlung 1906:5). Inwieweit dieser Fragebogen tatsächlich zur Erhebung von Daten im Rahmen der Kolonialpolitik genutzt wurde, ist nicht eindeutig ausmachbar.

1907 schließlich beschloß der Reichstag, eine großangelegte Datensammlung über die "Rechtsgebräuche der Eingeborenen" erstellen zu lassen. 400 Exemplare eines mehrere hundert Fragen umfassenden Fragebogens wurden im Auftrage des Reichskolonialamtes in den Kolonialgebieten verteilt; die Auswertung, an der Ethnologen wie Ankermann, Adam, Trimborn, Lips und Thurnwald teilnahmen, nahm jedoch viele Jahre in Anspruch, und als 1929 und 1930 die ersten Veröffentlichungen erschienen, die explizit für die koloniale Praxis zugeschnitten waren, gab es bereits keine deutschen Kolonien mehr (vgl. Gothsch 1983:164-67).

Neben Absichtsbekundungen und Anpreisungen des Nutzens einer Kolonialethnologie, einigen praktischen Empfehlungen sowie systematischen Datenerhebungen für die Kolonialpolitik beschäftigten sich Ethnologen auch mit Ausbildungsseminaren zur Vorbereitung von ausreisenden KolonialbeamtInnen u.a.

Personen. 1908 wurde mit aktiver Unterstützung engagierter Hamburger Kaufleute das Hamburgische Kolonialinstitut gegründet, das dem Reichskolonialamt unterstand. Ihm vorausgegangen waren bereits über 60 Jahre des Bemühens um Einrichtung einer Hamburger Hochschule, die zugleich den kaufmännischen Interessen dienen wie der Stadt einen angemessenen Platz im geistig-kulturellen Leben sichern sollte (Thilenius 1910:10-11). Die Ziele des Kolonialinstituts waren:

> "1. die gemeinsame Vorbildung von Beamten, die vom Reichskolonialamte an das Institut überwiesen werden, und von anderen Personen, die in die deutschen Schutzgebiete zu gehen beabsichtigen; 2. die Schaffung einer Zentralstelle, in der sich alle wissenschaftlichen und wirtschaftlichen kolonialen Bestrebungen konzentrieren können" (Hamburgisches Kolonialinstitut 1909:6).

Der Standort Hamburg wurde aufgrund seiner wirtschaftlichen Bedeutung als Haupthandelsplatz für den deutschen Überseeverkehr und dem Bestehen verschiedener kolonialpolitisch relevanter "wissenschaftlicher Anstalten" ausgewählt. Zu diesen Anstalten, die dem Kolonialinstitut gleich nach dessen Gründung beitraten, gehörte u.a. auch das Museum für Völkerkunde. Die "wünschenswerte ständige Fühlung mit der Kaufmannschaft" (ebd. 8) sollte durch einen kaufmännischen Beirat gesichert werden; das Reichskolonialamt und das Reichsmarineamt waren durch je einen Kommissar vertreten. Die Regelung der Lehrtätigkeit unterlag einem Professorenrat, der durch einen dreiköpfigen Ausschuß das Institut nach außen vertrat. Sein erster Vorsitzender wurde der damalige Direktor des Museums für Völkerkunde, Georg Thilenius, der in seinen Seminaren über "Die Eingeborenen der deutschen Kolonien" u.a. "besondere(n) Wert auf die Beurteilung der praktischen Bedeutung ethnographischer Erscheinungen" legte (ebd. 26, 36-7 sowie alle nachfolgenden Berichte über die Studienjahre des Kolonialinstituts; zu Thilenius vgl. Fischer 1990:27-33).

Auch die Lehrinhalte der anderen dem Kolonialinstitut angeschlossenen wissenschaftlichen Einrichtungen waren ausdrücklich auf die praktischen Belange der Kolonien ausgerichtet und eng mit den wirtschaftlichen Handelszielen Hamburgs verknüpft.[73] Neben theoretisch-wissenschaftlichen Kenntnissen über

---

[73] In keinem Jahresbericht des Instituts fehlte der ausdrückliche Hinweis auf die kolonialpraktische Relevanz seiner Tätigkeit und seine Abstimmung auf die kaufmännischen Interessen der Hamburger Wirtschaft. Diese wiederum unterstützten und lenkten auch die inhaltliche Arbeit des Instituts mit. So stellte bspw. Eduard Woermann, einer der einflußreichsten Hamburger Kaufleute, 1913 einen Preis von 6.000,- DM zur Verfügung für die beste Bearbeitung

Geographie, Völker und Kulturen, Tier- und Pflanzenwelt, Hygiene und Krankheiten usw. in den Kolonien wurden zudem in berufs- und fachübergreifendem Unterricht eine Reihe praktischer Kenntnisse vermittelt:

> "(...) besonderer Nachdruck mußte auf die Exkursionen gelegt werden, die das reiche Anschauungsmaterial des Hafens und seiner Speicher, der Aufbereitungsanstalten und Fabriken, der landwirtschaftlichen und technischen Betriebe nutzbar machten. (...) An den Unterricht in der Tropenhygiene schließen sich (...) ein Samariterkurs, Anleitungen zur Zubereitung von Nahrungsmitteln, zur Anlage von Nutzgärten, zum Haus- und Wegebau. (...) So ergab sich von selbst die Notwendigkeit für die Hörer, die von den Bänken der Hochschulen, aus den Bureaus und Kontoren her in kurzer Zeit in die Kolonien gehen wollten, Gelegenheit zur Übung und Stählung des Körpers zu bieten durch Unterricht in Reiten, Rudern und Segeln, Fechten usw. (...) Der Hörer des Kolonialinstituts, der aus den Vorlesungen und Übungen die Fähigkeit zur Erkennung des Wertes neuer Erscheinungen und zur richtigen Fragestellung mitnehmen soll, erhält in besonderen Kursen die Anleitung zur sachgemäßen Behandlung des neuen Materials, damit es wissenschaftlich verwertet werden könne, und findet Gelegenheit, sich auch die zur Fixierung von Beobachtungen notwendigen technischen Fertigkeiten (Photographie, Zeichnen usw.) anzueignen. (...) Allgemein bestand der Wunsch, dem der Staatssekretär des Reichskolonialamtes besonderen Ausdruck verlieh, daß ein gemeinsamer Unterricht von Beamten, Kaufleuten, Pflanzern usw. eingerichtet werde" (Hamburgisches Kolonialinstitut 1909:18-20).

Im Unterricht wurde im evolutionistischen Sinne von dem "niederen Entwicklungsstand" der Kulturen in den Kolonien und der Notwendigkeit ihrer "Europäisierung" ausgegangen, weshalb der gemeinsame Ausgangspunkt der Lehrveranstaltungen "die europäische Kultur" war (ebd. 22). Dabei sollte besonders die Verbreitung des "deutschen Geistes" zur "Bereicherung und Förderung" der Völker dienen (dasselbe 1914:5). Zur Erfüllung der Bildungsziele wurden das Unterrichtsangebot bereits bestehender Lehr- und Forschungsinstitutionen ausgeweitet sowie neue Professuren (z.B. für Geographie, Geschichte und Kultur des Orients, öffentliches Recht u.a.; dasselbe 1909:7) eingerichtet.

So erfolgte auch die Gründung des ersten Lehrstuhls für afrikanische Sprachen mit Carl Meinhof als Professor 1909 im Rahmen des Kolonialinstituts. Die Er-

---

der Frage: "Durch welche praktischen Maßnahmen ist in unseren Kolonien eine Steigerung der Geburtenhäufigkeit und Herabsetzung der Kindersterblichkeit bei der eingeborenen farbigen Bevölkerung - des wirtschaftlich wertvollsten Aktivums unserer Kolonien - zu erreichen?" (Hamburgisches Kolonialinstitut 1913:10).

forschung, Dokumentation und Klassifikation der ethnischen, sprachlichen und kulturellen Vielfalt Afrikas verlieh der Afrika-Forschung eine besondere "gesellschaftliche Relevanz", und das hieß zur damaligen Zeit, sie besaß Bezug zu Kolonialinteressen und kolonialer Praxis (Meyer-Bahlburg/Wolf 1986:2, 7-33). Der Unterricht in den Sprachen der Kolonialgebiete zog besonders die Kandidaten der Missionsgesellschaften an (Hamburgisches Kolonialinstitut 1912:8). Die Zentralstelle des Instituts, aus der sich später das Hamburger Weltwirtschaftsarchiv entwickelte, hatte die Aufgabe, die Kontakte zwischen "den kolonialen Interessen in der Heimat und in Übersee" zu pflegen sowie eine Informations- und Materialsammlung über die wirtschaftlichen und wissenschaftlichen Verhältnisse in den Kolonien anzulegen. Das übergeordnete Reichskolonialamt sollte für die Beschaffung der notwendigen Gegenstände und Materialien aus den Kolonien sorgen (ebd. 9).

Zwischen 1908 und 1910 wurde auf Initiative von Thilenius die große Hamburger Südsee-Expedition durchgeführt, die von der Hamburgischen Wissenschaftlichen Stiftung, einer Einrichtung einflußreicher Hamburger Kaufleute, ausgerüstet und finanziert wurde (Fischer 1981). Die Ziele der Expedition waren sowohl wissenschaftlicher wie praktischer Art: Einerseits sollten allgemeine ethnographische Daten über bestimmte Regionen erhoben werden, deren Auswahl u.a. in Hinblick auf die spezifischen "hamburgischen Interessen" erfolgte (ebd. 29), andererseits sollten diese Kenntnisse über Kultur und Bevölkerung die "Lösung der Arbeiterfrage" in den deutschen Kolonien erleichtern helfen (ebd. 38-39). Die Auswahl der Forschungsregion und die Formulierung der Expeditionsziele erfolgten also mit Blick auf ihre Zweckmäßigkeit für kolonialpraktische Belange - und mit Blick auf die Geldgeber. Thilenius war, wie andere Ethnologen seiner Zeit, von der Richtigkeit des kolonialen Systems und der praktischen Nützlichkeit ethnologischer Forschung überzeugt. Es fragt sich aber doch, inwieweit die Betonung der ökonomischen Zielsetzung auch in diesem Fall wieder nur aus werbetaktischen Gründen zur Finanzierung der Expedition vorgeschoben wurde. Schließlich ist der Nachweis "brauchbarer Ergebnisse" zu allen Zeiten eine notwendige Voraussetzung zur offiziellen Anerkennung eines wissenschaftlichen Faches gewesen (ebd. 42-48 sowie ders. 1992b:16-17).

Mit dem Ausbruch des Ersten Weltkrieges kam die Lehr- und Sammeltätigkeit des Hamburgischen Kolonialinstituts in weiten Teilen zum Erliegen (Hamburgisches Kolonialinstitut 1914, 1915). Der Zentralstelle wurde auf Anregung und unter Leitung von Thilenius eine Nachrichtenstelle beigefügt, die "der Wahrheit entsprechende Nachrichten über den Krieg ins Ausland" leiten sollte (ebd. 1914:6). Das Institut bestand während der Kriegsjahre zunächst weiter. Nach dem Verlust der deutschen Kolonien am Ende des ersten Weltkrieges verlor es jedoch seine ursprüngliche Aufgabenstellung und erhielt erst nach fast zehnjährigen Bemühungen schließlich 1921 den Status einer Universität, zu deren vornehmlichen Aufgaben weiterhin die "Förderung der Auslands- und Kolonialkunde" gehören sollte (H.Köhler 1959:25; vgl. auch ASTA 1969).

Trotz aller Bemühungen scheinen während der aktiven Kolonialzeit des Deutschen Reiches keine Ethnologen nachweislich an Planung und Durchführung kolonialpolitischer Maßnahmen beteiligt gewesen zu sein. Da die Ethnologie weitgehend - mit Ausnahme von Thurnwald und einigen anderen - "unter dem Primat einer kulturhistorischen Forschung" stand und überwiegend mit Fragen der Verbreitungs- und Entlehnungsforschung befaßt war, war sie für die KolonialbeamtInnen weitgehend unbrauchbar (Gothsch 1983:242). Auch scheint es den deutschen Völkerkundlern - ähnlich wie ihren britischen und nordamerikanischen KollegInnen - oftmals mehr um den Gewinn finanzieller Unterstützung und gesellschaftlicher Anerkennung für das Fach und ihre eigenen Forschungen als um die wirkliche Anwendung ihrer Tätigkeiten gegangen zu sein.

3.4. Aufstieg und Niedergang der klassischen angewandten Ethnologie

3.4.1. Allgemeine Fachgeschichte

Anfang des 20. Jahrhunderts zeichneten sich Veränderungen in der europäischen Kolonialpolitik ab. Nach der militärischen Eroberung, Inbesitznahme und Besiedelung der Kolonialgebiete[74] stand nun deren politische Stabilisierung, Verwaltung und ökonomische Entwicklung im Vordergrund. Zur Integration und Kontrolle der lokalen Bevölkerungen reichte militärische Gewalt allein nicht mehr aus (z.B. im britischen Empire) oder war nicht mehr notwendig (z.B. in den U.S.A.). Immer deutlicher zeichneten sich teilweise drastische kulturelle

---

[74] Die Situation der indianischen Völker in den U.S.A. wird hier einfachshalber mit der von **internen Kolonien** (zum Begriff vgl. Kap. 4.6.3.) gleichgesetzt. Wenn also im Folgenden von Kolonialpolitik die Rede ist, so umfaßt diese auch die U.S.-amerikanische Indianerpolitik. Wie Bennett (1996:28-30) aufzeigt, unterscheiden sich die innerhalb der verschiedenen Kolonialsysteme arbeitenden EthnologInnen lediglich in ihrer Rhetorik, nicht aber in ihrer paternalistischen Haltung gegenüber der kolonisierten Bevölkerung.

Veränderungen, soziale Zerrüttung und materielle Verelendung bei den kolonisierten Völkern ab. Neue politische und administrative Aufgaben, für die man u.a. genauere Informationen über aktuelle Probleme und Sozialstrukturen der betreffenden Bevölkerungsgruppen benötigte, kamen auf die BeamtInnen und PolitikerInnen zu (Garbarino 1977:43-44, Voget 1975:783).

Gleichzeitig begannen sich auch im Fach Ethnologie wesentliche theoretische und methodische Neuerungen abzuzeichnen. Längere Feldaufenthalte und Forschungsexpeditionen hatten neues ethnographisches Material erbracht, das die Thesen des einfachen unilinearen Evolutionismus widerlegte und nach differenzierteren Erklärungen von kultureller Entwicklung und Vielfalt verlangte. Um die Jahrhundertwende entwickelten sich kulturhistorische und diffusionistische, wenig später dann funktionalistische und strukturfunktionalistische Ansätze. Die teilweise dramatischen Veränderungen bei den untersuchten Gesellschaften lenkten auch das Interesse mancher EthnologInnen auf Probleme des Wandels und der Gegenwart.

In diesem Zusammenhang drängte sich die Frage nach dem praktischen Wert ihrer Arbeiten, die sich bislang als relativ unbrauchbar für koloniale Belange erwiesen hatten, immer stärker in den Vordergrund. Das gleichzeitig zunehmende Interesse der KolonialbeamtInnen an sozialen und kulturellen Informationen über die Kolonien führte so zeitweise zu einer verstärkten Nachfrage nach ethnologischem Wissen. Daten über Verwandtschafts- und Rechtssysteme, über politische Entscheidungstrukturen und soziale Institutionen, über aktuelle soziale und psychologische Probleme der lokalen Bevölkerung u.a. sollten Hinweise darauf liefern, wie das Zusammenleben zwischen Kolonisierten und Kolonisatoren möglichst konfliktfrei gestaltet werden konnte.

Diese Daten konnten aber nicht mehr, wie bislang üblich, lediglich durch Fragebögen ermittelt und dann am Schreibtisch in theoretische Erklärungen verarbeitet werden, sondern erforderten längere Aufenthalte im Feld, einen engeren Kontakt mit den erforschten Menschen und Teilnahme am sozialen Geschehen. Die von Malinowski entworfene Methode der teilnehmenden Beobachtung markiert methodisch diesen Perspektivenwechsel ethnologischer Forschung von der theoretischen Rekonstruktion der historischen Entwicklung und Verbreitung kultureller Elemente zur empirischen Erforschung und funktionalen Analyse des sozialen Gegenwartsgeschehen. Das Neue an dieser Methode war u.a. die (zumindest mögliche) größere Nähe der EthnologInnen zum "Objekt", d.h., den erforschten Menschen und ihrer Lebensrealität.

Die theoretischen Grundlagen für die Erforschung sozialer Prozesse lieferten der Funktionalismus von Malinowski und der Strukturfunktionalismus von Radcliffe-Brown. Beide Ansätze entwickelten sich nach einer relativ kurzen Phase diffusionistischer Theoriebildung in Großbritannien und fanden in den U.S.A. in der Kultur- und Persönlichkeits-Forschung sowie in Deutschland in den Arbeiten von Richard Thurnwald und anderen ihre länderspezifischen Varianten. Mittels synchroner und komparativer Analysen sozialer Systeme versuchten die FunktionalistInnen und StrukturfunktionalistInnen, soziale Gesetzmäßigkeiten aufzudecken, die die Funktion einzelner sozialer Institutionen zur Erhaltung eines sozialen und kulturellen Gleichgewichts sowie das Funktionieren von Gesellschaften als selbst-integrative Systeme erklären sollten. Dabei wurden Kulturen als "Einheiten" verstanden, die auf Stabilität, Harmonie und Gleichgewicht abzielten. Innerhalb einer kulturellen Einheit hatte jedes Element den Zweck, zur Aufrechterhaltung des Ganzen beizutragen. Ein Wissen um soziale Funktionen einzelner Kulturelemente und um soziale Gesetzmäßigkeiten ermöglichte u.a. Eingriffe in und Kontrolle über das betreffende soziale System. So konnte es z.B. helfen, Maßnahmen zur Lenkung sozialer Unruhen zu formulieren.

Die VertreterInnen von Funktionalismus und Struktur-Funktionalismus betonten entsprechend die praktische Verwertbarkeit ihrer Daten und lieferten programmatische Entwürfe für eine Kolonialethnologie. Gleichzeitig aber übersahen die EthnologInnen weitgehend ihren geschichtlichen Standort im Rahmen von Kolonialismus und Imperialismus und bezogen bei ihren wissenschaftlichen Analysen den gesamtpolitischen Rahmen nicht mit ein. Indem die dramatischen sozialen Veränderungen in den Kolonien verharmlosend als Kulturwandel oder Akkulturation bezeichnet wurden, wurde der Kolonialismus als quasi gesetzmäßige Gegebenheit nicht in Frage gestellt. So fügten sich die EthnologInnen mit ihrer ahistorischen, unpolitischen und isolierten Betrachtungsweise von Kulturen als integrierte Einheiten in die koloniale Ideologie und die kolonialen Herrschaftsverhältnisse ihrer Zeit, deren politischen Anforderungen sie sich bei ihren Bemühungen um praktische Verwertbarkeit ihrer Forschungen weitgehend unterordnen mußten (zum Zusammenhang zwischen Funktionalismus und Kolonialismus vgl. u.a. Asad 1973, Drubig 1994a:51-68, Kuper 1983:99-120, Leclerc 1976, Lewis 1973, Onoge 1981, Stauder 1974-75, Stocking 1991).

In den ersten drei Jahrzehnten dieses Jahrhunderts entstand vor allem in den U.S.A. ein weiterer Gegenentwurf zu den rassistischen und ethnozentrischen Implikationen der Evolutionstheorien: der Kulturrelativismus. Dieser Ansatz, der im wesentlichen auf Franz Boas, Ruth Benedict und Melville Herskovits zurückgeführt wird, geht zum einen von einem holistischen, alle menschlichen Lebensäußerungen determinierenden Kulturkonzept und zum anderen "von einer tiefgehenden Unterschiedlichkeit der existierenden Kulturen, wurzelnd in geschichtlich herausgebildeter Vielfalt", aus (Rudolph 1968:89; vgl. auch Hildebrandt 1990:22-29, 66-91, Renteln 1988a:57, Rudolph 1968:88-90). Daraus folgt ein ausgesprochenes Plädoyer für Toleranz unterschiedlicher kultureller Werte und Praktiken, die nur in ihrem kulturellen Gesamtzusammenhang verstanden und beurteilt werden können. Kulturübergreifende Maßstäbe zur Bewertung von Kulturen werden als ethnozentrisch, biologistische Erklärungsversuche von kulturellen Unterschieden als rassistisch zurückgewiesen (Rudolph 1968:90-91).[75] Für das Funktionieren von Kulturen ist danach die effiziente Anpassung des Individuums durch den Sozialisationsprozeß an die herrschenden Normen und sozialen Regeln von entscheidender Bedeutung.

Eine kulturrelativistische und funktionale Betrachtungsweise, die den Eigenwert und die Integrationskraft jeder Kultur betonte, traf sich teilweise mit einer kolonialen Herrschafts- und Assimilationspolitik: Sie übersah geschichtliche (koloniale) Dominanzverhältnisse, betonte die funktionale Notwendigkeit zur Anpassung an herrschende kulturelle Normen, lieferte Daten für Politik und Verwaltung über das innere Funktionieren kultureller Systeme und unterstützte ideologische Konzepte von "organischen", "völkischen Einheiten". Auch die VertreterInnen einer nationalsozialistischen Ideologie bedienten sich einiger Bruchstücke kulturrelativistischer Argumentationen, um z.B. Rassentrennung und die Erhaltung der "arteigenen Kultur" zu rechtfertigen (Byer 1995:73, Hildebrandt 1990:26-27; siehe 3.4.4.).

Da die KulturrelativistInnen stark dazu tendierten, die jeweils herrschenden gesellschaftlichen Verhältnisse und politischen Ideologien als kulturelle Gegebenheiten hinzunehmen, ohne sie als Bedingungen ihres Denkens und Handelns zu hinterfragen, legitimierten und unterstützten sie letztlich die Politik der Herrschenden. So stellten besonders die U.S.-amerikanischen EthnologInnen in den

---

[75] Zumindest wurde von den KulturrelativistInnen eine ausgesprochen anti-rassistische Haltung propagiert; zu einer kritischen Auseinandersetzung mit dem Kulturrelativismus vgl. z.B. Hildebrandt (1990:22-29, 85-87).

40er Jahren ihr Wissen und ihre Fertigkeiten in den praktischen Dienst der Kriegs- und Nachkriegspolitik der U.S.-Regierung.
Vor dem Hintergrund der Ansätze von Funktionalismus, Strukturfunktionalismus und Kulturrelativismus sowie dem Bemühen um Ausrichtung auf Verwertbarkeit ihrer Daten ist es verständlich, daß die EthnologInnen der damaligen Zeit trotz mancher Kritik an den Auswirkungen des kolonialen Systems durchweg positiv gegenüber der *indirect rule* (siehe den Abschnitt über Großbritannien) und der Nutzung ihrer Arbeiten im Rahmen von Kolonial- und Assimilationspraxis eingestellt waren. Dem Anspruch auf wissenschaftliche Objektivität und Neutralität versuchten sie durch strenge Trennung zwischen Forschung und praktischer Anwendung gerecht zu werden. Angewandte Ethnologie bedeutete, daß die WissenschaftlerInnen in reiner Forschung einen Bestand an Daten, Erkenntnissen und Theorien erarbeiteten und den PraktikerInnen zur Verfügung stellten. Theorie und Praxis hingen danach zwar zusammen, stellten aber zwei getrennte Bereiche dar. Die Produktion von neuen Erkenntnissen geschah ausschließlich in der *pure science*, der eigentlichen und "richtigen" Wissenschaft, und mußte und konnte schon *vor* der praktischen Nutzung des Wissens abgeschlossen sein.
Die Nutzbarmachung des Wissens wurde dann vor allem als eine Frage der passenden Sozialtechnologie angesehen, deren Ausführung den PraktikerInnen überlassen wurde. EthnologInnen übernahmen dabei die Rollen von (vermeintlich) wertneutralen ForscherInnen und BeraterInnen, zu deren Aufgabe es u.a. gehörte, das wissenschaftliche Material so aufzubereiten, daß es von den PraktikerInnen unmittelbar für die Erreichung ihrer Ziele brauchbar war. In dieser *research consultant period* (van Willigen 1991:3-4) war und blieb man ein objektiver, der Wissenschaft verpflichteter Ethnologe und hoffte auf diese "unpolitische" Weise zugleich, zum Wohle der erforschten Menschen wie zur fachlichen Wissenserweiterung beizutragen (vgl. Bennett 1996:30, Grillo 1985: 9-16, Voget 1975:772-3).
Politische und ideologische Entwicklungen, ein theoretischer Perspektivenwechsel und methodische Neuerungen im Fach bilden damit einen engen Zusammenhang, der in den 30er und 40er Jahren zur Blütezeit der klassischen *applied anthropology* führte. Mit geradezu naivem Optimismus wurde die zukünftige wissenschaftliche Fundierung einer neuen Politik des Kulturkontaktes anvisiert, in deren Rahmen den EthnologInnen, so glaubte man, eine wichtige Rolle zufallen würde:

"Looking into the future, perceptive anthropologists were convinced, that ethnic relations throughout the world were becoming more complicated and tense. (...) (T)he dominance of whites in the world had peaked and would begin to decline. As European control weakened, the direct management they exercised over native peoples, backed by threat or use of force, would become ineffective, and in the long run dangerous. There was a clear need for 'new techniques and for exact knowledge upon which the development of these techniques can be based' (Linton 1940:vii). If (...) governments altered course and programmed their control of native races scientifically, it would be necessary to monitor the controlled experiment to see what effects followed. There was urgent need to apply scientific knowhow to the formulation of policies and programs so as to diminish conflict and ease the strain of changing from one mode of life to another. Science could bring a much needed objectivity and a perspective in depth to problems of culture contacts (Voget 1975:722-23)."

Allerdings verlief die Zusammenarbeit zwischen EthnologInnen und Verwaltung bzw. Politik keineswegs konfliktfrei, denn die WissenschaftlerInnen nahmen höchst ambivalente Rollen ein. Bei aller Kritik an der Rolle der EthnologInnen während der Kolonialära, die dem Fach seinen Ruf als Kolonialwissenschaft und "Kind des westlichen Imperialismus" (z.B. Gough 1968b, Lewis 1973) eingetragen hat, sollte nicht übersehen werden, daß ein Großteil von ihnen eine vor allem humanistisch-liberale Haltung auf Seiten der kolonisierten Bevölkerungsgruppen einnahm und bemüht war, diese vor den schlimmsten Folgen von Kolonisierung und "Fortschritt" zu bewahren (siehe Gough 1968a: 403, Schensul 1987:211, van Willigen 1993:28; vgl. auch Malinowski 1951:27-28). Der Gegenstand des Faches, sein Bemühen um Verständnis anderer Denk- und Lebensweisen, der enge Kontakt der EthnologInnen mit den Einheimischen, zu denen die BeamtInnen meist nur wenig Zugang hatten, und eine dem Fach inhärente relativistische und humanistische Perspektive (vgl. Kap. 4.2., 4.9. und 7.2.) machte einige EthnologInnen sogar zu den schärfsten KritikerInnen des Kolonialsystems. James (1973:42) ist der Ansicht, daß allein die Existenz der *social anthropology* in der Kolonialzeit eine potentielle Quelle radikaler Systemkritik darstellte und bezeichnet die britischen KolonialethnologInnen als "reluctant imperialist(s)" und "frustrated radical(s)".
Ihr relativistischer und kulturzentrierter funktionalistischer Ansatz vernachlässigte zwar durchweg den Kontext kolonialer Machtverhältnisse, stellte aber zugleich eine Absage an das von den KolonialbeamtInnen meist noch vertretene

evolutionistische Denken dar. EthnologInnen galten nicht selten als "Störfaktoren", die die indigenen Kulturen vor den Einflüssen der modernen Welt bewahren wollten, oder zumindest als "Sonderlinge", die dem Ansehen der EuropäerInnen in den Kolonien schaden konnten (Kuper 1983:112-16, 120). Da die EthnologInnen aber zur Durchführung ihrer Arbeit von der Zustimmung der kolonialen Autoritäten und ihrer Geldgeber abhängig waren, äußerten sie ihre Kritik nur in einer Weise, die die Zusammenarbeit mit den Kolonialverwaltungen und ihre Forschungen nicht gefährdete (vgl. James 1973).

Trotz aller Bemühungen blieb das angebotene Material der EthnologInnen häufig immer noch zu umfangreich, kompliziert und zu wenig an praktischen Fragestellungen orientiert, ihre Arbeitsmethoden zu zeitaufwendig, ihr Schreibstil zu langatmig und ihre Einstellung gegenüber den untersuchten Gruppen zu bewahrend für die an ökonomische und politische Sachzwänge gebundene Verwaltung. Die BeamtInnen waren an präzisen Informationen interessiert, die ihnen als Grundlage für kurzfristige pragmatische Entscheidungen dienen konnten. Sie erwarteten politische Einschätzungen und persönliche Stellungnahmen, nach denen sie ihre sozialen Planungen ausrichten konnten (Drubig 1994a:64). Das Festhalten an reiner Grundlagenforschung und das Übersehen der gesellschaftlichen und politischen Rahmenbedingungen machte dagegen viele ethnologische Arbeiten unbrauchbar für politische und administrative Entscheidungsfindung.

Ein besonderes Beispiel waren die von U.S.-amerikanischen EthnologInnen während des Zweiten Weltkrieges und danach angefertigten umfangreichen Nationalcharakterstudien über fremde Nationen, die auf der Grundlage von Analysen der unterschiedlichsten Dokumente und Materialien, aber gänzlich ohne Feldforschungen erarbeitet wurden. Die Untersuchungen, bekannt geworden als das Studium von "culture at a distance", resultierten in relativ statischen Typologien von sog. nationalen Charakteren, die soziale Klassenunterschiede, multiethnische Hintergründe und andere soziale und kulturelle Aspekte komplexer Gesellschaften stark vernachlässigten (Garbarino 1977:67-68).

Unterschiedliche Rollenerwartungen, Mißverständnisse und Unkenntnisse der jeweiligen beruflichen Sachzwänge und Grenzen auf beiden Seiten, Vorurteile und mangelnde Vermittlung über die tatsächlichen Potentiale ethnologischer Arbeit führten so letztlich dazu, daß ethnologisches Wissen wieder in weit geringerem Maße praktische Anwendung fand, als sich die EthnologInnen erhofft hatten (Fluehr-Cobban 1991c:21). Insgesamt wird deshalb der tatsächliche Einfluß der Arbeiten von EthnologInnen auf Politik und Verwaltung selbst in dieser Blütezeit der angewandten Ethnologie als relativ gering eingeschätzt (siehe z.B. Bennett 1996:31, Fischer 1990, Gothsch 1983: 246, 264-5, 268-9, Grillo 1985:9-16, Kuper 1983:116). Folgenreicher als die praktische Unterstützung des Kolonialismus waren dagegen die von der kolonialen Situation ideologisch geprägten ethnologischen Konzepte von Gesellschaft, Sozialstruktur, Kultur, Entwicklung usw., die eine teilweise langfristige gesellschaftliche Wirkung entfalteten (vgl. Asad 1979:624, 1973, Leclerc 1973, Maquet 1964, Onoge 1979 u.a.).

Politische Ereignisse und die Entwicklungen auf dem akademischen Arbeitsmarkt führten in der Nachkriegszeit schließlich dazu, daß sich die EthnologInnen weitgehend wieder in akademische Gefilde und rein theoretisches Arbeiten zurückzogen. Die problematischen Erfahrungen mit dem Nutzen (bzw. Nicht-Nutzen) ethnologischen Wissens während der Kolonialzeit und des Zweiten Weltkrieges sowie eine zunehmend kritischere Einstellung gegenüber dem potentiellen Mißbrauch wissenschaftlicher Tätigkeit im Dienste politischer und ideologischer Zielsetzungen, verbunden mit dem Wiederaufbau und der Expansion akademischer Institutionen, ließ die meisten EthnologInnen sich wieder überwiegend theoretischen Fragestellungen, "unabhängiger" Forschung und akademischen Jobpositionen zuwenden. Hinzu kamen die beginnenden Prozesse der Entkolonisierung, die u.a. zum zunehmenden Widerstand der erforschten Völker und Gruppen gegen ihre Behandlung als reine Studienobjekte führten. Auf die weltweite Veränderung der politischen Machtstrukturen, die teilweise rasche Industrialisierung und Urbanisierung ländlicher Regionen, die technologischen und wissenschaftlichen Neuerungen und den schnellen sozialen und kulturellen Wandel vieler Gesellschaften reagierten vor allem die U.S.-amerikanischen EthnologInnen mit einer starken Ausweitung und Diversifizierung ihres Untersuchungsbereiches und einer Vielfalt neuer Theorieansätze und Methoden (Garbarino 1977:63-64, Partridge/Eddy 1987).

Eine wesentliche Rolle bei der Entwicklung der Fächer in Großbritannien, den U.S.A. und Deutschland spielte dabei die politische Rolle der Länder in einer sich entkolonisierenden Welt. Die U.S.A. konnten ihre Machtstellung ausbauen, mußten ihre "Indianerpolitik" effektivieren und die ImmigrantInnen verschiedener Nationalitäten integrieren: Daraus ergab sich eine Bandbreite neuer ethnologischer Themen mit praktischem Bezug auch und gerade innerhalb der eigenen Gesellschaft. Das britische Empire begann sich dagegen aufzulösen. Der

Bedarf an ethnologischen Informationen zur sozialen Kontrolle der Einheimischen nahm zwar zu, gleichzeitig gingen aber die Kolonialära und damit auch die praktischen Arbeitsmöglichkeiten einer Kolonialethnologie dem Ende zu. Für Deutschland gab es - ohne Kolonien und ohne Perspektiven auf Kolonialerwerb - keine Region, deren ethnologische Erforschung von praktischem Nutzen für die politischen EntscheidungsträgerInnen gewesen wäre. Das Fach blieb weitgehend ohne praktische Anwendungsorientierung.

3.4.2. U.S.A.

Die U.S.-amerikanischen EthnologInnen hatten sich unter dem Einfluß von Franz Boas in den ersten Jahrzehnten dieses Jahrhunderts weitgehend mit umfangreichen induktiven und historischen empirischen Forschungen befaßt, sich dabei aber kaum - von Ausnahmen wie z.B. Margaret Mead abgesehen - auf aktuelle Probleme und praktische Anwendung ausgerichtet.[76]

Als dann ab den späten 20er Jahren eine verstärkte Nachfrage nach ethnologischen Empfehlungen für die Indianerpolitik erfolgte, waren die mit geschichtlichen Rekonstruktionen und der Diffusion von Kulturelementen befaßten WissenschaftlerInnen schlecht auf diese Aufgabe vorbereitet (Partridge/Eddy 1987:26-29). Das erwachende Interesse der staatlichen Einrichtungen an der Arbeit von EthnologInnen kam vor allem aus einem immer sichtbarer werdenden Versagen der bisherigen Indianerpolitik. So dokumentierte der 1928 vom *Brookings Institute* in Washington angefertigte sog. *Meriam Report* (Meriam et al. 1928) die unwürdigen Lebensbedingungen der meisten indianischen Gemeinschaften, zeigte das Fehlschlagen der staatlichen Integrationsprogramme und endete mit dringenden Empfehlungen zur Anwendung kulturell adäquaterer Strategien, zu deren Entwicklung ethnologisches Wissen notwendig wurde

---

[76] Ironischerweise führten Boas' Auffassungen von reiner Forschung dazu, daß er das erste - und einzige (Berreman 1993:39) - Mitglied der *American Anthropological Association* wurde, das jemals öffentlich vom *Executive Council* der Organisation gerügt worden ist (1919/20). Anlaß war ein Leserbrief von Boas in *The Nation*, in dem er auf's Heftigste die Spionagetätigkeit von "mindestens vier" U.S.-amerikanischen EthnologInnen unter dem Deckmantel wissenschaftlicher Forschung verurteilte (AAA 1920, Boas 1919). Boas' Vorwurf wurde als ungerechtfertigt zurückgewiesen, u.a. um das Image U.S.-amerikanischer EthnologInnen gegenüber fremden Regierungen nicht zu schädigen. Es kam zu diesem Zeitpunkt jedoch zu keiner eingehenderen Debatte über das Verhältnis zwischen Wissenschaft und Staat und möglichen professionellen Richtlinien für außerakademische Beschäftigungsbereiche.

(Voget 1975:721). Die anschließenden Reformversuche der Indianerverwaltung unter der Politik des *New Deal* brachten in den 30er Jahren für EthnologInnen eine Reihe neuer außerakademischer Forschungs- und Beschäftigungsmöglichkeiten.[77]

In größerem Umfang wurden EthnologInnen im Rahmen der staatlichen Indianerpolitik zum ersten Mal unter John Collier angestellt. Collier, ab 1932 Leiter der neu eingerichteten *Applied Anthropology Unit (AAU)* beim *Indian Office* (dem Vorläufer des späteren *Bureau of Indian Affairs/BIA*), wollte die Zerstükkelung der indianischen Landbasis aufhalten und den indigenen Gemeinschaften mehr Selbstbestimmung zurückgeben. Unter seiner Federführung wurde u. a. der *Indian Reorganization Act (IRA)* verabschiedet (1934).[78] Die beim *Indian Office* angestellten WissenschaftlerInnen sollten die Umsetzung des IRA durch Bereitstellung ethnographischer Daten unterstützen. Das betraf vor allem Fragen zur aktuellen sozialen Organisation der knapp 200 indianischen Völker, die der Annahme einer neuen Verfassung unter dem IRA zugestimmt hatten. Aufgabe der EthnologInnen war ausschließlich die ethnologische Datensammlung; administrative Verantwortung sollten sie nicht übernehmen (McNickle 1979:

---

[77] Die *applied anthropology* in den U.S.A. gründet sich außer in der Indianerpolitik noch in zwei weiteren ausgesprochen anwendungsorientierten ethnologischen Forschungsfeldern der 30er Jahre: den Harvard Studien über die soziokulturellen Grundlagen der industriellen Gesellschaft und ihrer Institutionen sowie den vom Landwirtschaftsministerium geförderten Untersuchungen über ländliche Gemeinden (vgl. Bennett 1996:26, Partridge/Eddy 1987:21-23, Whyte 1987). Im Rahmen dieser Arbeiten fanden EthnologInnen u.a. beim *U.S.-Department of Agriculture* und beim *Committee on Human Relations in Industry* der Chicagoer Universität Beschäftigung (zu weiteren Funktionen und Aufgaben der WissenschaftlerInnen in den 30er Jahre vgl. Barnett 1956, Foster 1969:196-212, Kennard/MacGregor 1953, Partridge/Eddy 1987:24-31 u.a.). Die zunehmende Beschäftigung von EthnologInnen in außerakademischen Arbeitsfeldern war u.a. auch eine Folge des Anstieges graduierter EthnologInnen, für die keine ausreichende Anzahl an akademischen Arbeitsplätzen zur Verfügung stand (Partridge/Eddy 1987:24-25). Die folgenden Ausführungen konzentrieren sich aufgrund der thematischen Orientierung dieser Arbeit auf *applied anthropology*-Projekte mit indianischen Gemeinschaften.

[78] Mithilfe des *Indian Reorganization-Act (IRA)* sollte der Landparzellierung durch den *General Allotment Act* Einhalt geboten, den indianischen Gemeinschaften - nach dem Vorbild der U.S.-amerikanischen Gesellschaft - mittels demokratisch gewählter Stammesräte Instrumente zur politischen Selbstverwaltung an die Hand gegeben und durch den Aufbau eines landwirtschaftlichen Kreditprogrammes ihre wirtschaftliche Unabhängigkeit gefördert werden. Letztlich hatte der IRA aber aufgrund seiner Mißachtung traditioneller politischer Strukturen und Entscheidungsprozesse und der mangelnden Partizipation der indigenen Gruppen eher destruktive Folgen, wie z.B. die Reduzierung tribaler Ressourcen, die Destruktion und "Amerikanisierung" indianischer Institutionen und den weiteren Ausbau der Macht der staatlichen Bürokratie (Barsh 1991b:63, Partridge/Eddy 1987:25, Steward 1968, van Willigen 1993:23-24; vgl. die Diskussionen zu diesem Thema in: American Indian Quarterly 1991, Vol. XV/1).

54). Dieser Balanceakt zwischen objektiver Wissenschaft und praktischer Anwendung liest sich in den Anweisungen des Büros wie folgt:

> "The type of work (...) calls for the culturally objective viewpoint and approach which the anthropological training of the field worker should have given him. It also calls for the usual field methods and techniques of social anthropology as distinguished from ethnography. However the aim of the work is entirely different from scientific anthropology. The goal is not science but cooperation in the practical solution of administrative problems through the social science approach. Although not scientific in aim, the procedure in fact-gathering must be as rigidly scientific as in any scientific study (BIA files)" (ebd.).

Die hochgesteckten Ziele konnten jedoch nicht erreicht werden: Das vorhandene ethnographische Material enthielt - u.a. als Folge der boasianischen *cultural anthropology* - kaum Informationen über aktuelle soziale Probleme, so daß umfangreiche neue Feldstudien betrieben werden mußten. Für diese Aufgabe reichten aber weder Anzahl noch Ausbildung des ethnologischen Personals der *Applied Anthropology Unit*. Ein rigider Zeit- und Finanzplan verhinderte zudem in den meisten Fällen zeitaufwendige Feldforschungen. So wurden vielen indianischen Gemeinschaften ohne Mitspracherechte neue Verfassungen zur Abstimmung vorgelegt, die von RegierungsjuristInnen ohne genaue Kenntnisse der sozialen Strukturen und aktuellen Problemlagen ausgearbeitet worden waren. Die Einhaltung des Zeitrahmens für das Finanzjahr erhielt Priorität über die Berücksichtigung kultureller Belange und ethnologischer Einsichten (ebd. 55). Bevorzugt wurden zudem diejenigen Gruppen, die am ehesten die Angebote des IRA (z.B. Kredite, politische Positionen) zu nutzen verstanden (vgl. Mekeel 1944).

1934 initiierte Collier ein weiteres Programm zum Schutz und Erhalt des Weidelandes auf der Navajo Reservation. Eingerichtet in der wohlwollenden Absicht, den wirtschaftlichen Niedergang im Navajo-Land abzuwenden, führten ähnliche finanzielle und zeitliche Sachzwänge wie beim IRA-Projekt, mangelnde Partizipation der indigenen PartnerInnen und andere Planungsfehler letztlich zur erbitterten Ablehnung des Vorhabens von Seiten der Navajo-Gemeinde. So muß auch dieser Versuch, ethnologische Forschungen zur Lösung von administrativen und politischen Problemen einzusetzen, als gescheitert betrachtet werden.

Collier zog aus diesen Fehlschlägen Lehren für ein weiteres Forschungsprojekt, das *Indian Personality and Administration Research Project/IPARP* (1941-47).

Durch die Anwendung von Aktionsforschungsmethoden (!) wollte er diesmal eine stärkere Berücksichtigung indianischer Interessen erreichen (McNickle 1979:58-9). Zum interdisziplinären Forschungsteam des IPARP gehörten u.a. Dorothea Leighton, Clyde Kluckhohn, Margaret Mead, Fred Eggan und Ruth Benedict. Koordinatorin war Laura Thompson (Thompson 1950, 1970). Aufgabe des Projektes war die Erforschung und der Vergleich der Persönlichkeitsentwicklung von Kindern und Jugendlichen von fünf indianischen Nationen im Gesamtkontext ihres historischen, geographischen und sozio-kulturellen Umfeldes. Ziel war es, die Auswirkungen der staatlichen Indianerprogramme auf ausgewählte Individuen zu untersuchen und Vorschläge für eine neue, effektivere und angemessenere Indianerpolitik zu erarbeiten.

Die Ergebnisse des Projektes fanden ihren Niederschlag in einer Reihe berühmt gewordener ethnologischer Werke (z.B. L.Thompson/Joseph 1944, MacGregor 1946, Kluckhohn/Leighton 1946, 1947, Joseph et al. 1949), insgesamt konnten aber auch hier die Projektziele nur teilweise erreicht werden: Der Eintritt der U.S.A. in den Zweiten Weltkrieg schränkte die Weiterfinanzierung und personelle Ausstattung des IPARP derart massiv ein, daß die Forschungsarbeiten kein ausreichendes ethnologisches Material für die Formulierung sozialer Programme liefern konnten. So blieben auch in diesem Fall, zum großen Teil bedingt durch äußere Projektbedingungen, die Forschungsergebnisse von den meisten Angestellten des Indianerbüros unbeachtet (Hicks/Handler 1987:403, McNickle 1979:59).

Alles in allem hatte also die Arbeit von EthnologInnen in der *New Deal*-Ära entgegen allen Hoffnungen wenig Einfluß auf die Indianerpolitik der U.S.-Regierung. Die *Applied Anthropology Unit* wird im Nachherein - wie vorher das *BAE* - bezüglich ihres praktischen Nutzens meist als ein Fehlschlag betrachtet (Anthropology and the American Indian 1973:32-33, McNickle 1979, L.Thompson 1956, van Willigen 1991:23-24). Ihre staatliche Finanzierung wurde bald gestrichen und die Forschungstätigkeit damit endgültig unterbrochen.

An der Arbeit der AAU entfachte sich eine heftige Debatte innerhalb des Faches über Sinn und Aufgaben angewandter Ethnologie. Die einen (z.B. Herskovits 1936) befürchteten, durch die praktische Beteiligung an Verwaltungsaufgaben die wissenschaftliche Neutralität und Integrität des Faches zu kompromittieren, und befürworteten stattdessen eine ethnologische Zusatzausbildung für VerwaltungsbeamtInnen. Die anderen hielten dagegen, daß wissenschaftliche Forschungen sehr wohl von praktischem Nutzen für die Verwaltung sein könnten, wenn sie sich statt auf historische Entwicklungen auf gegenwärtige soziale und politische Organisationsformen und Akkulturationsfragen konzentrieren würden. Solche Studien könnten aber nur von EthnologInnen ausgeführt werden (vgl. Kelly 1985:128-9).

Wie schon zuvor, dämpften Mißverständnisse, Vorurteile und falsche Erwartungen sowohl bei den VerwaltungsbeamtInnen als auch bei den EthnologInnen schon bald wieder den Enthusiasmus über die Beschäftigung der WissenschaftlerInnen in Regierungsdiensten (Partridge/Eddy 1987:29-31). Unzureichende Kenntnisse der EthnologInnen über den politisch-ökonomischen Kontext ihrer Arbeit sowie über administrative Sachzwänge und Erwartungen der PraktikerInnen, unzureichendes Material über aktuelle soziale Fragen und eine besondere Wertschätzung kultureller "Traditionen" brachten den WissenschaftlerInnen den Ruf ein, die Integration und Entwicklung der indianischen Völker eher behindern als fördern zu wollen. Diese Vorurteile der auf Assimilationsstrategien ausgerichteten VerwaltungsbeamtInnen und PolitikerInnen gegenüber der (vermeintlich) "konservierenden" Haltung der EthnologInnen machte erstere auch taub für ansonsten sinnvolle Empfehlungen der WissenschaftlerInnen (vgl. Foster 1969:200-203; Hicks/Handler 1987:402-404, Kennard/MacGregor 1953: 834, Voget 1975:773).

Ende der 30er Jahre hatte sich die Euphorie über die Potentiale einer *applied anthropology* somit schon wieder gelegt. Allerdings hatte die U.S.-amerikanische Ethnologie in dieser Zeit ihre theoretische Ausrichtung entscheidend verändert. Unter dem Einfluß funktionalistischer Betrachtungsweisen von Kulturen - Anstöße kamen hierzu u.a. durch Besuche von Malinowski und Radcliffe-Brown an U.S.-amerikanischen Universitäten in den 20er und 30er Jahren (Partridge/Eddy 1987:19-20) - begannen sich U.S.-amerikanische EthnologInnen nun auch für Akkulturations- und Kulturwandelprozesse, Gemeindestudien und aktuelle soziale Fragen in der eigenen Gesellschaft zu interessieren (vgl. ebd. 15-24, Kelly 1985).

Als spezifische "amerikanische Version des synchronistischen Funktionalismus" (Harris 1968:393) entwickelte sich die sog. **Kultur-und-Persönlichkeits-**Richtung, die den Zusammenhang zwischen der Psyche eines Individuums und seinem kulturellen Kontext untersuchte und kulturelle Phänomene mittels individualpsychologischer Begrifflichkeit und lern- und sozialisationstheoretischen Ansätzen zu erklären versuchte (z.B. Benedict 1934; vgl. Garbarino 1977:64-

67). Die Lehren der *applied anthropology*-Projekte während des *New Deal* waren z.T. verarbeitet worden. Die neueren ethnologischen Studien erhielten nun aufgrund ihrer Beschäftigung mit der Funktion kultureller Institutionen, mit Gegenwartsproblemen und sozio-kulturellem Wandel sowie mit sozialpsychologischen Fragestellungen zumindest potentiell einen stärkeren praktischen Verwertungsaspekt. Dieser wurde aber interessanterweise eher von den VerwaltungsbeamtInnen als von den EthnologInnen selber entdeckt (Stocking 1976: 33-34).

Als sich mit dem Eintritt der U.S.A. in den Zweiten Weltkrieg (1941) eine unerwartete Vielzahl neuer Beschäftigungsmöglichkeiten in Regierungsdiensten für EthnologInnen auftat, waren diese theoretisch und methodisch besser vorbereitet als in vorangegangenen Jahrzehnten. Viele AutorInnen setzen hier die eigentliche Geburtsstunde der U.S.-amerikanischen *applied anthropology* an (z.B. Partridge/Eddy 1987:31). Eine Reihe der bekanntesten EthnologInnen wie Margaret Mead, Gregory Bateson, Elliot Chapple, Lawrence K. Frank, Ruth Benedict, Allison Davis, W. LLoyd Warner u.a. unterstützte die Kriegsanstrengungen der U.S.A. durch Mitarbeit z.B. im *Committee for Nationale Morale*, dem *Committee on Food Habits* oder im *Office of War Information* (ebd. 33-34), durch Anfertigung sog. Nationalcharakterstudien über feindliche Nationen (z. B. Benedict 1946, Gorer 1943, Mead 1953, Mead/Metreaux 1953; s. oben) oder eine Tätigkeit in der *War Relocation Authority*, der die Verwaltung und Betreuung Hunderttausender zwangsumgesiedelter und -internierter U.S.-amerikanischer BürgerInnen japanischer Abstammung unterlag (Leighton 1945, Spicer 1946:16-36, 1952:41--54,).[79] Andere beteiligten sich an der Ausbildung von Offizieren der U.S.-Marine für den Dienst in Kriegsgebieten in Asien und im Pazifik (vgl. Kennard/MacGregor 1953:837) oder arbeiteten nach Kriegsende für das U.S.-Innenministerium als VerwaltungsbeamtInnen und BeraterInnen im *U.S.Trust Territory of the Pacific Islands* (Barnett 1956; für weitere Beispiele siehe: Foster 1969:203-211, Partridge/Eddy 1987:31-40, van Willigen 1993:23-28).

Die Arbeiten dieser *applied anthropologists* erhoben u.a. das Studium komplexer, industrieller Gesellschaften zu einem akzeptierten ethnologischen Forschungsbereich. Sie führten die EthnologInnen zunächst auch wieder zu einer

---

[79] Auch in diesem Fall war John Collier als *Indian Commissioner* wieder wegweisend für die Anstellung von SozialwissenschaftlerInnen: Er bot zwei Indianerreservationen in Arizona als Standorte für Internierungslager für JapanerInnen an (Kelly 1985:134).

optimistischeren Einschätzung bezüglich des praktischen Potentials ihres Faches (vgl. Partridge/Eddy 1987:37). 1941 werden die *Society for Applied Anthropology/SfAA* mit ihrer Zeitschrift *Applied Anthropology* (später: *Human Organization*), 1942 das *Institute of Inter-American Affairs/IAA* und 1943 das *Institute of Social Anthropology/ISA* der *Smithsonian Institution* gegründet (Foster 1969:211, Partridge/Eddy 1987:37-39). 1948 verabschiedete die SfAA das erste *Statement on Ethics* einer professionellen ethnologischen Organisation (SfAA 1950). Zu Beginn der 50er Jahre hatte sich die a*pplied anthropology* damit innerhalb der U.S.-amerikanischen Ethnologie zwar institutionalisiert, nahm aber nach Abflauen der "Praxiseuphorie" der Kriegsjahre weiterhin einen eher marginalen Platz im Fach ein (vgl. Partridge/Eddy 1987:40, van Willigen 1993:32).

Eine rasche institutionelle Expansion im Zuge des starken allgemeinen Wachstums von Bildungseinrichtungen in den U.S.A. und des großen Anstieges wissenschaftlicher Forschungsaktivitäten - u.a. eine Folge des sog. "Sputnik-Schocks" von 1957 - brachte in den 50er und 60er Jahren einen Aufschwung an neuen akademischen Positionen für EthnologInnen mit sich (Partridge/Eddy 1987:40-47). Neue Institute wurden gegründet; Forschungsgelder standen vermehrt zur Verfügung. Ein Großteil der EthnologInnen verließ die Regierungsjobs und kehrte zu akademischen Anstellungen und theoretischen Fragestellungen zurück. Das Fach professionalisierte und diversifizierte sich in zahlreiche Forschungsbereiche (Erziehung, Gesundheit, Landwirtschaft, Entwicklungspolitik u.a.m.), theoretische Ansätze (Neo-Evolutionismus, Strukturalismus, Kognitive Ethnologie, Kulturökologie, Soziobiologie u.a.m.) und methodische Verfahren (z.B. Statistik, *cross-cultural studies*; vgl. Partridge/Eddy 1987:40-47). Daneben gehörten die klassischen ethnologischen Themen wie das Studium von Kultur und Persönlichkeit, Struktur und Funktion sozialer Institutionen, Ethos und Werten, Kulturwandel und Akkulturation weiterhin zum festen Repertoire des immer breiter werdenden Untersuchungsbereiches der U.S.-amerikanischen Ethnologie (vgl. Beals 1962, Garbarino 1977:64-74), die sich weitgehend aus den von Boas gesetzten Restriktionen gegen Verallgemeinerungen und Vergleiche gelöst hatte.

Zwar wurden in den 50er und frühen 60er Jahren verschiedene Forschungsprojekte zu praxis- und politikrelevanten Themen wie Landrechte, Urbanisierung, Migration oder Gesundheitsversorgung durchgeführt und Arbeiten mit praktischen Empfehlungen für Politik und Verwaltung publiziert (vgl. van Willigen

1993:32-33). Dennoch scheint bezüglich einer praktischen Nutzung ethnologischen Wissens in dieser Zeit eher Pessimus vorzuherrschen (vgl. Hoben 1982:354-5, Foster 1969:217, Schusky 1982: 91). Nach dem großen Beschäftigungsangebot für KulturwissenschaftlerInnen in den Krisenzeiten des Zweiten Weltkrieges bestand nun von Regierungsseite kaum noch eine Nachfrage nach ethnologischem Wissen. Die wenigen EthnologInnen, die sich noch mit außerakademischer Praxis befaßten, wurden von ihren UniversitätskollegInnen eher geringschätzig betrachtet (Foster 1969:130-152, Partridge/Eddy 1987:40-42).

"Like an aristocratic family going into trade to keep up payments, applied anthropologists were felt to be simplifying the complex wisdom of their craft and getting their hands dirty in service. As the wartime faded, and as it became clearer that improving the rapport within an assembly-line crew did nothing to ameliorate the problems of the industrial system at large, applied anthropology became the ugly stepsister within the discipline. It became an act of condescension in many cases, rather than an act of conviction for the anthropologist to descend from the ivory tower to solve problems" (Angrosino 1976b:3).

Allerdings zeigten sich nicht alle U.S.-amerikanischen EthnologInnen in dieser Zeit abstinent gegenüber der praktischen Anwendung ihres Wissens: Sol Tax entwickelte sein Konzept einer *action anthropology* (Kap. 4.4.1.); Allan Holmberg führte mit KollegInnen in Peru das sog. Vicos-Projekt durch (Kap. 4.4.2.); andere EthnologInnen nutzten ihre ethnographischen Kenntnisse als *expert witnesses* bei Landrechtsprozessen zugunsten indianischer Gemeinschaften; wieder andere arbeiteten im Rahmen von *community development*-Projekten für die Reorganisation und Selbstbestimmung indigener u.a. Gemeinden (siehe Kap. 4.3.). Auch in anderen gesellschaftlichen Bereichen (z.B. Erziehungswesen, wirtschaftliche Entwicklung, Gesundheitsversorgung) gab es wichtige Beiträge von EthnologInnen zu einer *applied anthropology* (vgl. Partridge/Eddy 1987:43, van Willigen 1991).

Allgemein ist jedoch in der U.S.-amerikanischen Ethnologie von den 50er Jahren bis Ende der 60er Jahre ein weitestgehendes Desinteresse an praktischen Fragen und der Nutzbarmachung ethnologischer Arbeiten zu verzeichnen. Auch dem 1956 in Philadelphia gegründeten *International Committee on Urgent Anthropological and Ethnological Research* ging es nicht um eine aktive Unterstützung ethnischer u.a. Minderheiten, sondern um Fälle,

"(.....) in denen die Erforschung von Rassengruppen, Stämmen, Kulturen und Sprachen besonders dringlich erscheint, um noch vor derem drohenden Verschwinden **für die Wissenschaft** Kenntnisse zu sichern, die sonst unwiederbringlich verlorengehen würden" (Heine-Geldern 1959, Betonung durch F.S.).

Die Überzeugung, daß die indianischen Kulturen bald ganz ausgelöscht sein würden und deshalb soviel wie möglich von ihnen in Publikationen, Museen und Archiven bewahrt werden sollte, führte, zusammen mit der weithin anerkannten Priorität reiner Wissenschaft u.a. dazu, daß EthnologInnen teilweise recht skrupellos bei der Erhebung ihrer Daten vorgingen. So setzten sich einige ForscherInnen rücksichtslos über kulturelle Tabus ihrer indigenen GastgeberInnen, z.B. beim Fotografieren oder in religiösen Fragen, hinweg (vgl. Lurie 1988:550-1). Andererseits finden wir bei denselben WissenschaftlerInnen aber auch ein gelegentliches Engagement für die Rechte ihrer ForschungspartnerInnen (ebd.), das sich aus den teilweise herzlichen Freundschaften ergab, die sich zwischen EthnologInnen und ihren indianischen InformantInnen während ihrer langen Feldaufenthalte entwickelten.

Auch die ForscherInnen besaßen für die indianischen Gruppen einen gewissen Nutzen, z.B. als Mittelsleute oder "Puffer" zur (oft verhaßten) Bürokratie und zu anderen, weniger wohlwollenden Weißen. Aufgrund ihres Interesses und ihres Respektes vor kulturellen Überlieferungen verliehen die EthnologInnen zudem den erforschten Gemeinschaften eine gewisse psychologische Unterstützung und wurden deshalb auf den Reservationen häufig nicht ungern gesehen. Einige waren darüber hinaus aktive Mitglieder in den seit Ende des 19. Jahrhunderts entstehenden Organisationen des *Indian Rights Movements* und setzten sich dort z.B. für die Selbstbestimmungs- und Reorganisationspolitik der *New Deal*-Ära,[80] für Bürger- und Landrechte oder gegen die Terminationspolitik der

---

[80] Allerdings sind gerade die Gesetzeserlässe und Programme der *New Deal*-Ära trotz der gutgemeinten Intentionen eines John Collier oder der wohlklingenden Absichtserklärungen von BeamtInnen und PolitikerInnen im Nachherein als subtile Instrumente der politischen Beherrschung anstatt als Wege zur wirklichen Selbstbestimmung der indianischen Nationen beurteilt worden. So betonen z.B. KritikerInnen der *New Deal*-Politik, daß bei den neu eingerichteten indianischen Selbstverwaltungsorganen die politische Macht und ökonomische Kontrolle weiterhin beim *Bureau of Indian Affairs (BIA)* verblieben, welches sich so nicht nur seine Existenz sichern, sondern seinen Einflußbereich sogar noch erweitern konnte. Eine konsequent verwirklichte Terminationspolitik (s. unten) hätte dagegen seine Verwaltungstätigkeit überflüssig gemacht. Außerdem war es einfacher, z.B. Bergbaukonzessionen für gemeinschaftlich, aber zentral verwaltetes indigenes Land anstatt für parzelliertes Privateigentum zu

50er Jahre[81] ein (vgl. Hertzberg 1988:307-15, Lurie 1988:551-2, Rosenthal 1985).

Trotz des Engagements einiger EthnologInnen für indigene Rechte und Selbstbestimmung blieb die staatliche Indianerpolitik bis in die 60er Jahre von der Grundeinstellung beherrscht, daß das "indian problem" von außenstehenden (überwiegend) nicht-indianischen ExpertInnen mittels entsprechender administrativer Techniken gelöst werden mußte und konnte. Diese technokratische Haltung kooptierte[82] Forderungen nach Selbstbestimmung oder Partizipation, ließ aber den Sitz von Macht und Kontrolle unverändert beim BIA (vgl. Barsh 1991b:61-63, Biolsi 1991:26-27, Boxberger 1991:29 u.a.). Weder in der bürokratischen Struktur noch den gesamtgesellschaftlichen Machtverhältnissen oder in der ethnologischen Herangehensweise fanden grundlegende Veränderungen zugunsten einer wirklichen Beteiligung und Selbstbestimmung der indianischen Völker statt.

Die insgesamt eher enttäuschenden Resultate ethnologischer Bemühungen zur Reformierung der staatlichen Indianerpolitik, die politische Enthaltsamkeit der ethnologischen Berufsverbände angesichts der Terminationspolitik des U.S.-Kongresses und das wachsende politische Bewußtsein sowie der zunehmende Ausbildungs- und Organisationsgrad der indianischen Völker führten in den 60er Jahren schließlich zu wachsenden Ressentiments der indigenen Gemeinschaften gegenüber EthnologInnen (vgl. Lurie 1988:552-55; siehe auch den folgenden Abschnitt).

---

vergeben (z.B. Barsh 1991a, 1991b, Biolsi 1991:26-27, Burnette/Koster 1974:116-117, Deloria 1991).

[81] In den 50er Jahren verfolgte der U.S.-Kongress eine Indianerpolitik, die endgültig die Assimilation der indianischen Nationen bewirken sollte: Durch Auflösung der Reservate und Einstellung sämtlicher staatlicher Dienstleistungen sollten der besondere Status der indigenen Gemeinschaften abgeschafft und die IndianerInnen als "freie und gleichberechtigte BürgerInnen" in die U.S.-amerikanische Gesellschaft integriert werden. Eine Folge dieser sog. Terminationspolitik war das um 1960 eingeführte *relocation program*, das die Umsiedlung der indigenen Bevölkerung in die Städte vorsah (S.L.Tyler 1973:125-188; vgl. Kap. 4.4.1..).

[82] Als Kooptation wird die Einverleibung kritischer oder oppositioneller Argumente, Konzepte oder Forderungen durch gesellschaftlich herrschende Institutionen (z.B. Bürokratien oder politische Parteien) bezeichnet, ohne daß sich dadurch bestehende Machtstrukturen und Sozialbeziehungen grundsätzlich ändern. Auf diese Weise kann z.B. ein bürokratischer Apparat seine Existenz legitimieren und sich zugleich den Zugang zur *grassroots*-Basis, d.h. der betreffenden Zielgruppe, sichern (vgl. Biolsi 1991:26).

3.4.3. Großbritannien

Das britische Empire hatte nach dem Ersten Weltkrieg seine größte Ausdehnung erreicht, wurde aber zunehmend in verschiedenen Regionen seines Mandatsbereichs mit Aufständen und Revolten der kolonisierten Bevölkerung konfrontiert. Statt diesen allein mit militärischer Gewalt zu begegnen, bediente man sich vorzugsweise traditioneller lokaler Autoritäten und Entscheidungsstrukturen, um Kolonialinteressen durchzusetzen.

Diese sog. indirekte Herrschaft beruhte auf der grundsätzlichen Anerkennung der Verschiedenartigkeit der Kulturen. Diese sollten nicht abrupt zerstört, sondern in ihrer Eigenart erhalten und behutsam "von innen heraus" den "Anforderungen der modernen Zivilisation" angepaßt werden (Leclerc 1976:77-81). Dafür bedurfte es u.a. genauerer ethnologischer Kenntnisse, über die die in Sachzwänge und praktische Verwaltungsaufgaben eingebundenen KolonialbeamtInnen selten ausreichend verfügten. So wurde es in den 20er und 30er Jahren zunehmend üblich, daß britische KolonialbeamtInnen ethnologische Kurse besuchten oder daß EthnologInnen als ForscherInnen und BeraterInnen von Kolonialregierungen beschäftigt wurden.

In diesem Sinne arbeiteten z. B. Seligman, Evans-Pritchard und Nadel im Sudan, Rattray in der Goldküste (dem heutigen Ghana), Meek in Nigeria, Schapera in Südafrika und Read im damaligen Nordrhodesien (vgl. Kuper 1983:103-104). 1925 richtete das *Native Affairs Department* der Südafrikanischen Union eine ethnologische Abteilung zur wissenschaftlichen Erforschung der Bantusprechenden Völker ein. In Papua Neuguinea waren ebenfalls seit Beginn der 20er Jahre EthnologInnen im Dienste der Kolonialverwaltung und der Industrie[83] tätig (vgl. Faris 1973, Feuchtwang 1973, Foster 1969:186-88, Lackner 1973). 1926 erhielt Radcliffe-Brown einen Lehrstuhl für Ethnologie an der Universität von Sydney, der u.a. mit Geldern der U.S.-amerikanischen Rockefeller-Stiftung eingerichtet worden war (Partridge/Eddy 1987:18). Hier begann er mit der Entwicklung von ethnologischen Seminaren für Kolonialverwaltungs-"lehrlinge" (Feuchtwang 1973:83).

Aber die Zusammenarbeit zwischen EthnologInnen und Regierungs- und VerwaltungsbeamtInnen verlief keineswegs immer zufriedenstellend. Die Ausein-

---

[83] Nach Foster (1969:189) ist die Anstellung von W. P. Chinnery zur Überwachung der einheimischen Arbeiter in einer Kupfermine in der Nähe von Port Moresby/Papua Neuguinea vermutlich der erste Einsatz von EthnologInnen im Dienste der Industrie.

andersetzung über den Wert ethnologischer Arbeit für die Kolonialverwaltung war Gegenstand umfangreicher Korrespondenz und Diskussionen im britischen *Colonial Office* (vgl. Lackner 1973). Der Wert detaillierter Kenntnisse über indigene Institutionen und Rechtssysteme für die Kolonialpolitik wurde zwar meist anerkannt; ähnlich wie in den U.S.A. stritt man sich aber um die Frage, ob man zur Beschaffung dieser Daten EthnologInnen anstellen müsse oder ob diese Forschungen nicht genauso gut oder gar besser von Kolonialoffizieren mit ethnologischer Ausbildung durchgeführt werden konnten.

Den WissenschaftlerInnen wurde vorgeworfen, trotz langjähriger Arbeit kaum nützliche Informationen zu liefern, sich mit ihrer akademischen Geisteshaltung schlecht in den Verwaltungsbetrieb einzufügen und durch ihre langen Feldaufenthalte z.T. Verhaltensweisen an den Tag zu legen, die die Weißen insgesamt in Mißkredit brachten.[84] Die VerwaltungsbeamtInnen dagegen könnten schon mit einem Minimum an ethnologischer Ausbildung aufgrund ihrer Kenntnisse der praktischen Probleme und der erforderlichen Informationen weitaus bessere Ergebnisse liefern. Diese bis heute diskutierte Frage (siehe Kap. 3.5.) nach der Brauchbarkeit von EthnologInnen für die Praxis wurde in Nigeria schließlich durch einen Kompromiß gelöst: Das Verwaltungspersonal erhielt eine umfangreichere ethnologische Ausbildung; zusätzlich wurden EthnologInnen angestellt (ebd.).

Bis in die 30er Jahre hinein scheinen die Arbeiten und Empfehlungen der RegierungsethnologInnen wenig bis gar nicht von den Kolonialverwaltungen umgesetzt worden zu sein. Auch war die sog. ethnologische Ausbildung der KolonialbeamtInnen meist freiwillig und verlief eher oberflächlich und unsystematisch. So blieben die ethnologischen Beiträge zur britischen Kolonialpolitik im wesentlichen praktisch wirkungslos, wobei nicht zu beurteilen ist, welche Auswirkungen die Ausbildung der KolonialbeamtInnen durch EthnologInnen im Einzelfall hatten (Kuper 1983:103-4).

Trotzdem wurden die britischen EthnologInnen nicht müde, immer wieder öffentlich den praktischen Wert ihrer Arbeiten hervorzuheben (Feuchtwang 1973, Lackner 1973:138-142), nicht zuletzt, um finanzielle Unterstützung zu erhalten. Ihre Bemühungen führten u.a. 1926 zur Gründung des *International Institute of*

---

[84] So beschreibt z.B. ein Kolonialbeamter den Ethnologen Northcote Thomas als "(...) recognised maniac in many ways. He wore sandals, even in this country, lived on vegetables, and was generally a rum person." Nach der Ansicht der BeamtInnen würden die weißen Siedler es bestimmt nicht wollen, "(...) to have an object like that going about (...) partly he was calculated to bring a certain amount of discredit upon the white man's prestige" (Lackner 1973:135).

African Languages and Cultures (im Folgenden: Afrika-Institut) mit Lord Lugard - auf den die Idee der *indirect rule* zurückgeht (Foster 1969: 190) - als ersten Vorsitzenden des Institutsvorstandes und mit der instituteigenen Zeitschrift *Africa* (Kuper 1983:105). Das Institut wurde von EthnologInnen, Missionaren und KolonialbeamtInnen verschiedener europäischer Länder unterstützt und in den ersten Jahren u.a. von U.S.-amerikanischen Stiftungen (*Rockefeller Foundation, Carnegie Foundation*) mitfinanziert. Es sollte die wissenschaftliche Erforschung der afrikanischen Kulturen und Sprachen voranbringen, mit seinen Forschungsergebnissen zur Lösung praktischer Probleme in Verwaltung und Politik beitragen und zugleich die einheimische Elite im Umgang mit dem modernen Leben und sozialen Wandel ausbilden (Feuchtwang 1973:83).

Das Afrika-Institut ging in den ersten Jahren vor allem akademischen Forschungsinteressen nach, erarbeitete dann aber 1932 einen Fünf-Jahres-Plan, in dem ausdrücklich eine *applied anthropology* als Grundlage der Institutsarbeit festgeschrieben wurde. Ihre Aufgabe bestand in der "objektiven" wissenschaftlichen Erforschung des sozialen Wandels in Afrika und der Bereitstellung ethnologischer Erkenntnisse für die Kolonialverwaltung. Die dafür notwendigen Feldforschungen wurden durch die Bereitstellung entsprechender Geldsummen seitens der Rockefeller Stiftung möglich (Kuper 1983:105-106).

Eine Grundlage des Fünf-Jahres-Planes war, so Feuchtwang (1973:83), Malinowskis 1929 erschienener Aufsatz über "Practical Anthropology" (Malinowski 1970). Ethnologie war für Malinowski vor allem eine "anthropology of the changing native", besaß als solche immer auch einen Anwendungswert und war von höchster Wichtigkeit und unentbehrlich für den "Praktiker in den Kolonien" (ebd. 24). Entschieden trat er für den Einsatz von EthnologInnen zur Lösung praktischer Probleme im kolonialen Afrika ein. Unerläßliche Voraussetzung für praktisches Handeln waren für ihn wissenschaftliche Daten und theoretische Erkenntnisse, die zunächst in reiner Forschung gewonnen werden mußten. Die Aufgabe von KolonialethnologInnen bestand deshalb nach seiner Ansicht vor allem in der Bereitstellung von ethnographischem Datenmaterial.[85] Eine sehr

---

[85] In seinen späteren Arbeiten geht Malinowski von einer engeren Verbindung von Forschung und Anwendung aus (z.B. Malinowski 1951, besonders 23-43, 289-308; vgl. auch James 1973). Mit Nachdruck plädiert er für eine Befassung der EthnologInnen mit aktuellen politischen Problemen und die Berücksichtigung der Auswirkungen der kolonialen Expansion bei wissenschaftliche Analysen. Kritisch wendet er sich gegen die kulturelle und physische Vernichtung und die ökonomische Ausbeutung der kolonisierten Bevölkerungsgruppen und spricht von einer "moralischen Verpflichtung" (ebd. 27) des Ethnologen gegenüber den erforschten Menschen: "Der Eingeborene braucht immer noch Hilfe. Und der Anthropologe, der

ähnliche Auffassung von der Anwendung ethnologischer Arbeit und der Trennung zwischen reiner und angewandter Ethnologie hatte auch sein Zeitgenosse Radcliffe-Brown (vgl. verschiedene Beiträge von Radcliffe-Brown in: Srinivas 1958).

Diese "praktische" Ethnologie der 30er Jahre wurde vor allem als Grundlagenforschung aufgefaßt. Sie führte zur Produktion umfangreicher ethnographischer Monographien und anderer wegweisender ethnologischer Arbeiten, die aber für die Verwaltung wieder von geringem praktischen Wert waren (Kuper 1983:106-107). So haben die Arbeiten des Afrika-Instituts zwar international wesentlichen Einfluß im Fach ausgeübt und u.a. die klassische Phase der britischen *applied anthropology* begründet, haben aber weniger Verwendung in der Kolonialverwaltung gefunden, als Lord Lugard bei Institutsgründung gehofft hatte. Ein Grund lag sicherlich in dem Konflikt zwischen den unterschiedlichen Zielsetzungen und Werten der EthnologInnen und der VerwaltungsbeamtInnen (Forde 1953:850, Foster 1969:191). Nach Ansicht von Lord Hailey, der neben Lord Lugard zu den Schlüsselfiguren in der Vermittlung zwischen ethnologischer Wissenschaft und kolonialer Verwaltung zählte, konnten ethnologische Langzeitstudien nicht die von der Verwaltung benötigten Informationen für kurzfristig zu treffende Entscheidungen liefern (Drubig 1994a:62; vgl. Kuper 1983:107). In seinem 1938 herausgegebenen vielbenutzten und einflußreichen *African Survey*, einer Art sozialwissenschaftliches Handbuch für die Kolonialverwaltung, vermittelte Hailey das aus ethnologischen und soziologischen Werken zusammengestellte Wissen an die KolonialbeamtInnen und leistete damit einen Teil der von EthnologInnen erwarteten Arbeit. Hailey war es auch, der von der Regierung mit der Bildung eines *Colonial Research Advisory Committee* beauftragt wurde, für das ab 1940 zum ersten Mal offiziell Regierungsgelder für "koloniale Forschung" zur Verfügung gestellt werden sollten. Trotz der Befürchtungen des damaligen Kolonialministers, daß EthnologInnen "as a class, are rather difficult folk to deal with" und daß es schwierig sein würde, einen

---

dies nicht zu begreifen vermag, der unfähig ist, die tragischen Irrtümer, die manchmal mit der besten Absicht und manchmal unter dem Zwange der Umstände begangen wurden, festzustellen, der lebt, mit akademischem Staub bedeckt, in einem Narrenparadies. (...)" (ebd. 28). Es wäre "irrig" zu glauben, so Malinowski weiter, daß praktische und akademische Ethnologie grundsätzlich verschieden wären (ebd.30). Eine wissenschaftliche Ethnologie ist für ihn immer "auch praktisch" (ebd. 31), ja, er spricht sogar vom "völligen Gleichklang der praktischen Interessen mit den Aufgaben der Anthropologie" (ebd. 35, ähnlich 289-91). Schließlich hebt er noch den Wert einer angewandten Ethnologie zur Lösung von Problemen auch in der eigenen Gesellschaft hervor (ebd. 24).

Ethnologen zu finden, "who has not his own personal axe to grind" (R.Brown 1973:176-177), setzte Hailey die Beteiligung von EthnologInnen an dem Komitee durch.

1937 wurde auf Initiative des Governeurs des damaligen Nordrhodesiens mit Befürwortung durch Lord Hailey und gegen den jahrelangen Widerstand oder zumindest die Skepsis der Londoner Kolonialfunktionäre, das *Rhodes-Livingstone-Institute (RLI)* als erste Forschungseinrichtung in Afrika (Nordrhodesien) gegründet. Das Institut verstand sich

> "(...) as a contribution to the scientific efforts now being made in various quarters to examine the effect upon native African society of the impact of European civilization, by the formation in Africa itself of a centre where the problem of establishing permanent and satisfactory relations between natives and non-natives - a problem of urgent importance where, as in Northern Rhodesia, mineral resources are being developed in the home of a primitive community - may form the subject of special study" (The Times, 30. Juni 1937, zit. n. H.Brown 1973:181).

Der Hinweis auf die ökonomische Bedeutung der Region - es ging insbesondere um Kupfer - hatte besondere propagandistische Ziele: Da die weißen SiedlerInnen der Region der Institutsgründung skeptisch bis ablehnend gegenüberstanden und die Finanzierung des Instituts durch Regierungsgelder nicht ausreichend gesichert war, bemühte man sich um finanzielle Unterstützung durch die im rhodesischen Kupfergürtel tätigen Bergwerks- und Kapitalgesellschaften. Diese konnten zunächst auch für das Vorhaben gewonnen werden. Der erste Leiter des RLI, Godfrey Wilson, betonte, wie in dieser Zeit üblich und erforderlich, einerseits die Objektivität und Unparteilichkeit der auf exakter Beschreibung und neutraler Analyse beruhenden ethnologischen Arbeitsergebnisse des Instituts und zugleich deren praktischen Wert für die Politik (Wilson 1940). Sein Vorhaben, ebenfalls Forschungen in urbanen Regionen, in den Minengebieten und über die Beziehungen zwischen afrikanischen und europäischen Bevölkerungsgruppen durchzuführen, verursachte dann aber Irritationen sowohl bei der Kolonialregierung und den BeamtInnen des Kupfergebietes als auch bei den ausschließlich von Nicht-WissenschaftlerInnen besetzten *Board of Trustees* des RLI. Wilson erhielt die Auflage, dem Kupfergürtel höchstens einen kurzen Besuch abzustatten, um ein erstes "mental picture" über die dortige Situation zu erhalten, und ansonsten mit seinen Forschungen in ländlichen, politisch weniger brisanten Gebieten zu beginnen. So könnten Regierung und Verwaltung erst einmal einen Eindruck über seine "Persönlichkeit, sein Taktgefühl und seine Methoden" im Umgang mit der afrikanischen Bevölkerung gewinnen. Wilson stimmte zögernd zu.

Als dann jedoch 1940 heftige Bergarbeiterstreiks ausbrachen, strichen die Minengesellschaften ihre Unterstützungsgelder für das RLI wieder: Die Methoden der ForscherInnen würden - so hieß es - Unruhe unter den Bergarbeitern hervorrufen und den Respekt der AfrikanerInnen gegenüber den EuropäerInnen untergraben. Außerdem würde Wilson angeblich gemeinsame Sache mit den AfrikanerInnen machen (R.Brown 1973:191-2). So gerieten die EthnologInnen wieder zwischen die Fronten politischer und wirtschaftlicher Konflikte: Wilson gab seinen Posten 1941 nach nur dreijähriger Amtszeit auf. Unter seinem Nachfolger Max Gluckmann entwickelte sich das RLI zu einer überwiegend akademisch orientierten Einrichtung. Seine Arbeiten wurden von den rhodesischen RegierungsbeamtInnen als unverständlich und wenig nützlich empfunden (ebd. 196-7).

Rückblickend scheinen EthnologInnen in dieser Blütezeit der britischen *applied anthropology* zwischen den beiden Weltkriegen weitaus weniger Beschäftigung innerhalb der Kolonialpolitik gefunden zu haben als es sich noch Malinowski 1929 erhofft hatte. Die Nachfrage nach ethnologischen Diensten oder gar eine Daueranstellung von EthnologInnen in Regierungsdiensten war sehr gering (Kuper 1983:116). Bei Ausbruch des Zweiten Weltkrieges waren nur im Sudan, der Goldküste und der Südafrikanischen Union RegierungsethnologInnen tätig (vgl. auch Richards 1944:292). Grillo stellt fest, daß es für die Zeit der 30er und 40er Jahre nur eine Handvoll herausragender ethnologischer Studien gibt, die als *applied anthropology* gelten können (Grillo1985:12). Ein wichtiger Grund dafür war sicher, daß die ethnologischen Forschungsergebnisse in langen, theoretischen Abhandlungen mit einer Spezialistensprache präsentiert wurden und für den Alltagsbedarf der PraktikerInnen dadurch kaum verwendbar waren (Forde 1953:850). Hinzu kam, daß sich die EthnologInnen ausgiebig mit Detailfragen, z.B. über Landnutzung, die Position lokaler Autoritäten oder Heiratsregeln, befaßten, aber so gut wie keine Aussagen über die sozialen Wandlungsmöglichkeiten einer ganzen Gesellschaft trafen (Kuper 1983:110-112).

Insgesamt scheint das Interesse der britischen EthnologInnen bei diesen Forschungen primär akademischen und theoretischen Fragestellungen gegolten zu haben, und die Vermutung liegt nahe, daß ihre Nützlichkeitsbeteuerungen vor allem mit Blick auf die Geld- und ArbeitgeberInnen abgegeben wurden (ebd.

116). In den Augen vieler KolonialbeamtInnen und anderer EuropäerInnen waren die EthnologInnen zudem seltsame Geschöpfe, die einen Ruf als "wild man of the woods" besaßen und gerne als "dancing round a tom-tom in a loin-cloth" beschrieben wurden (Richards 1944: 293). Auch Malinowski mußte, trotz aller Vehemenz, mit der er die Unentbehrlichkeit einer praktischen Ethnologie beschwor, zugeben, daß die Stimmen der EthnologInnen von der Verwaltung weitgehend ungehört blieben (Malinowski 1951:292-3). In der sich an die Veröffentlichung (1929) von Malinowskis Artikel anschließenden und über 20 Jahre andauernden Debatte in der Zeitschrift *Africa* über die Nützlichkeit einer angewandten Ethnologie äußerte bspw. der Gouverneur von Kenya eine sehr kritische Einstellung gegenüber dem Fach, die kennzeichnend für die ablehnende Haltung vieler KolonialbeamtInnen war:

"There was, especially during the nineteen twenties and thirties, a spate of special reports and investigations; at one time, indeed, anthropologists, asserting that they only were gifted with understanding, busied themselves with enthusiasm about all the minutae of obscure tribal and personal practices, especially if they were agreeable associated with sex or flavoured with obscenity. There resulted a large number of painstaking and often accurate records of interesting habits and practices, of such length that no one had time to read them and often, in any case, irrelevant, by the time they became available, to the day to day business of government" (zit. n. James 1973:65).

Nach dem Zweiten Weltkrieg entstanden in verschiedenen afrikanischen Staaten neue kultur- und sozialwissenschaftliche Forschungseinrichtungen, die sich den Problemen der wirtschaftlichen und sozialen Entwicklung ebenso wie denen der Verwaltung widmeten und ethnologische Forschung und Lehre in ihre Programme integrierten. Auch das *Colonial Department* des *Institute of Education* der Universität von London widmete sich aktuellen Fragen der Entwicklung und Administration. Das *Colonial Office* stellte bis Anfang der 50er Jahre 25 EthnologInnen an, um Untersuchungen über ländliche Entwicklung, Urbanisation, Viehzucht, Gesundheitserziehung u.ä. durchzuführen (Foster 1969:194, Grillo 1985:13-14, Kuper 1983:121-22). Wegweisend für die spätere praktische Ethnologie war die Entwicklung von Grundlagen und Methoden zur allgemeinen Volksbildung in einigen westafrikanischen Staaten, die den Keim des später als *community development* bekannt gewordenen Ansatzes bildeten (vgl. Kap. 4.3.2.).

Insgesamt ließ sich jedoch, ähnlich wie bei ihren U.S.-amerikanischen KolleginNen, auch bei den britischen EthnologInnen nach dem Zweiten Weltkrieg ein zunehmender Rückzug in theoretische Fragestellungen und akademische Gefilde feststellen (Firth 1960:38, Foster 1969:195-96, Grillo 1985:14-15, Kuper 1983:121-41, Mair 1957:13). Zum einen zeichnete sich ab, daß die Kolonialära des britischen Empire und damit auch eine *applied anthropology* in Regierungsdiensten nicht von Dauer sein würden, so daß sich viele EthnologInnen wieder mehr auf den akademischen Bereich ausrichteten (vgl. Evans-Pritchard 1956, Firth 1944). Zum anderen förderten der Aufbau neuer Universitätsinstitute und ausreichend vorhandene Gelder eine rasche Expansion und Professionalisierung der akademischen Ethnologie und stellten genügend neue Arbeitsplätze zur Verfügung. Die Forschungsgelder wurden über den nach dem Krieg eingerichtete *Colonial Social Science Research Council* verwaltet, der vor allem ethnologische Forschungen in den afrikanischen Kolonien förderte (Kuper 1983:109-110, 121). Die Forschungsthemen und -methoden der britischen EthnologInnen wurden durch die 50er Jahre hindurch weitgehend von einer Fortsetzung bzw. Auseinandersetzung mit den Ansätzen des Funktionalismus und Strukturfunktionalismus geprägt. Feldforschungen wurden nach dem Vorbild Malinowskis durchgeführt und fanden fast ausschließlich in den britischen Mandatsgebieten statt: Verwandtschaft, Sozialbeziehungen und benachbarte Themen gehörten dabei zu den bevorzugten Forschungsbereichen (Garbarino 1977:74-80).

Zwar wurden die ethnologischen Lehrstühle an den britischen Universitäten nach dem Zweiten Weltkrieg zum großen Teil von denjenigen EthnologInnen und ihren SchülerInnen besetzt, die in den Jahrzehnten davor eine anwendungsorientierte Wissenschaft befürwortet hatten, doch fand kaum ein/e EthnologIn in der postkolonialen Zeit Beschäftigung in den neuen Entwicklungshilfeprogrammen. Ebensowenig waren EthnologInnen 1964 an der Gründung des britischen *Overseas Development Ministry* beteiligt (E.Chambers 1985:16). Auch die Hoffnung auf neue praktische Aufgaben, die manche EthnologInnen in den 50er und 60er Jahren mit der Entstehung neuer politisch unabhängiger Staaten verbanden, erfüllte sich nicht. Sie wurden von den neuen Nationen vielmehr skeptisch als VertreterInnen der alten Kolonialmächte betrachtet (Helland 1985:28).

Innerhalb des Faches hatte eine *applied anthropology* ebenfalls an Ansehen verloren (Kuper 1983:110), und man plädierte weiterhin für eine Trennung zwischen reiner Forschung und Anwendung. So war bspw. Evans-Pritchard (1946: 93) der Ansicht, daß die mit politischen und administrativen Interessen verbundenen "Verführungen" von der Untersuchung wissenschaftlicher Probleme ablenkten und damit den Fortschritt der Wissenschaft ernsthaft gefährdeten. Eine gleichzeitige Befassung mit wissenschaftlichen und praktischen Problemen war für ihn nicht möglich. Auch Mair, eine Studentin Malinowskis und nach Grillo (1985:5) die einzige Person in Großbritannien, die jemals einen Lehrstuhl für *applied anthropology* innegehabt hat, vertrat die Meinung, daß wissenschaftliche Einsichten zunächst in einem theoretischen und "interessenlosen" Erkenntnisprozeß entwickelt werden müßten, bevor sie zur Anwendung auf praktische Fragen gebracht werden konnten (Mair 1957:10).

"In sum, there was in the postwar years a move against applied anthropology, which neither the continuing involvement in experiments with applied research by the institutes, nor the employment of the occasional anthropologist in a government advisory capacity (e.g.Gulliver) did anything to discourage. There were several reasons for this movement: a wish to distance the subject from colonialism because of disagreement with policy, or sometimes because it was foreseen that the future lay in self-government; a desire to pursue research of the discipline's own choosing, and the need for career purposes to establish academic credentials (here the snobbishness about pure research becomes relevant); and finally a growing disbelief in the possibility of application for either practical reasons (...)" (Grillo 1985:15).

3.4.4. Deutschsprachiger Raum

Nach dem Verlust seiner Kolonien am Ende des Ersten Weltkrieges wurde im Deutschen Reich von weiten Teilen der Bevölkerung und der PolitikerInnen die Hoffnung auf einen Wiedererwerb der überseeischen Territorien nicht aufgegeben. Auch einige EthnologInnen warben weiterhin für eine Nutzbarmachung der Völkerkunde für koloniale Belange und setzten sich für die Aufrechterhaltung eines "Kolonialbewußtseins" ein, so z.B. Fritz Krause (1932), Richard Thurnwald (1932) und Dietrich Westermann (Mosen 1991:57-59).
Die Mehrheit von ihnen widmete sich jedoch in der Zwischenkriegszeit nach wie vor historisch und diffusionistisch orientierten Arbeiten ohne unmittelbaren Bezug zur politischen Gegenwartssituation. Neben einer sehr ausgeprägten kul-

turhistorischen Richtung gab es aber auch funktionalistische und strukturalistische Ansätze, soziologisch und psychologisch orientierte Arbeiten sowie Verbindungen zu Anthropologie und Anthroposophie (Fischer 1990:16-19). Besonders die sozialwissenschaftlich, funktionalistisch und psychologisch orientierten Arbeiten von Thurnwald sowie später seiner Frau Hilde Thurnwald und seinem Schüler Wilhelm Mühlmann stellten ein richtungsweisendes Gegengewicht zu den Kulturhistorikern dar. Wie kaum ein Ethnologe seiner Zeit orientierte Thurnwald seine Forschungen und theoretischen Entwürfe (z.B. sein 5-Phasen-Akkulturationsmodell; Thurnwald 1932) an praktischen Fragestellungen der kolonialen Gegenwart.

Auch innerhalb der kulturhistorischen Richtung, die von ihrem Ansatz her nicht explizit auf Anwendung zielte, gab es einige VertreterInnen, die Ethnologie vor allem als Mittel zur Verfolgung bestimmter Interessen betrieben. So gehörte z.B. zu den führenden "Köpfen" der Wiener Schule der katholische Priester und Missionar Pater W. Schmidt, für den der Katholizismus eine Weltanschauung bedeutete, die er global verbreiten wollte. Die ethnologische Wissenschaft war für ihn "immer auch Mission und Ausübung des Priesteramtes" (Fischer 1992b:17). Insgesamt scheint aber die Völkerkunde während der Weimarer Republik wenig Bezug zu Gegenwartsfragen gehabt und eine gesellschaftlich eher bedeutungslose Rolle gespielt zu haben (Mosen 1991:31).

Für die NationalsozialistInnen waren zunächst Übersee-Kolonien "kein originäres Ziel" (Fischer 1990:106). Sie interessierten zwar in Hinblick auf mögliche Ausbeutung von Rohstoffen und Arbeitskräften; ansonsten suchte man aber vor allem nach neuem "Lebensraum" im Osten. Der Untersuchungsbereich der damaligen Völkerkunde, die außereuropäischen Völker, war in dieser Zeit für die deutschen PolitikerInnen kaum relevant. Die wissenschaftliche Absicherung ihrer Ideologie erhofften sich die NationalsozialistInnen vor allem von Nachbarwissenschaften wie Anthropologie oder Vor- und Frühgeschichte. Auch der Versuch von Krause, dem Begründer der Deutschen Gesellschaft für Völkerkunde (1929), bereits 1933 in einer "Eingabe an die Reichs- und Staatsbehörden" den neuen MachthaberInnen die "Bildungswerte" und den "praktischen Nutzen" der Völkerkunde anzupreisen, blieb zunächst folgenlos (ebd. 152-54).

Erst in der zweiten Hälfte der 30er Jahre wurden infolge politischer Auseinandersetzungen mit Großbritannien die Stimmen, die "koloniale Gleichberechtigung für Deutschland" forderten, wieder lauter (Mosen 1991:34). Das 1934 gegründete *Kolonialpolitische Amt (KPA)* war auf die stärker werdende Kolonialpropaganda administrativ gut vorbereitet. Auch andere koloniale Einrichtungen sowie wirtschaftliche Interessenverbände und Wissenschaften reagierten auf die Intensivierung der kolonialpolitischen Diskussionen mit vorbereitenden Planungen zur Übernahme von Kolonien.

Bei der Mehrzahl der EthnologInnen stieß die zunehmende Kolonialeuphorie auf eine "offenkundige Bereitschaft", aktiv an kolonialer Planung und Gestaltung mitzuwirken (Fischer 1990:104-108, Mosen 1991:26-40). 1939 unterbreitete z.B. Thurnwald, der bereits 1912 die Grundlagen einer "Angewandten Ethnologie in der Kolonialpolitik" formuliert hatte (s.o.), genaue Vorschläge für die Verwaltung der afrikanischen Kolonien (Thurnwald 1939). Er befürwortete - im Unterschied etwa zu Franz Boas (s.oben) und ganz im Sinne nationalsozialistischer Ideologie - zur Reduzierung von Konflikten zwischen AfrikanerInnen und EuropäerInnen eine Vermeidung "rassischer Verschmelzung" und die Einrichtung von "Eingeborenenreservaten", d.h. ein Segregationsmodell. Obwohl er stellenweise Kritik an der Behandlung der kolonisierten Völker und der Zerstörung ihrer traditionellen Kulturen übte,[86] hatte er dabei doch meist die europäischen Interessen im Sinne und lieferte insgesamt eine argumentative Absicherung der moralischen Rechtfertigung des europäischen Kolonialismus (vgl. Gothsch 1983:174-178, Kievelitz 1988:229-234).

Bis zum Ende des Zweiten Weltkrieges hoffte er auf den Wiedererwerb von Kolonien für Deutschland, befaßte sich mit einer funktionalistischen und dynamischen Betrachtungsweise von Kulturen, mit sozialpsychologischen Untersuchungen zur Leistungsfähigkeit der kolonisierten Völker und setzte sich mit Akkulturationsprozessen und kulturellem Wandel in Afrika auseinander. In seiner 1940 zusammen mit Baumann und Westermann herausgegebenen "Völkerkunde von Afrika" versuchte er, durch eine Verbindung von Grundlagen- und angewandter Forschung Völkerkunde in die nationalsozialistische Kolonialpolitik einzubinden (zu Thurnwald vgl. auch Gothsch 1983:139-205, Mosen 1991:67-77). Thurnwald gehörte, ebenso wie Westermann, ab 1938 dem *Ausschuß für Kolonialrecht* in der *Akademie für Deutsches Recht* an und war Mitarbeiter in der *Arbeitsgemeinschaft Eingeborenenarbeits- und -sozialrecht*. Sei-

---

[86] So kritisierte er z.B., wenn auch in recht milder Form, in einem seiner Hauptwerke die grausamen Folgen der Sklavenjagden (1939:321-24), die steuerliche Überausbeutung der afrikanischen Bevölkerung, welche u.a. zur Verelendung und Proletarisierung führte (ebd. 374-79) und die "ziellose" und kulturell inadäquate koloniale Erziehungspolitik (ebd. 419-35). Dabei ermahnte er die EuropäerInnen, "ihren Herrenstandpunkt nicht zu überspannen" (ebd. 449).

ne Thesen zur Rassentrennung stimmten in weiten Teilen mit dem vom Kolonialpolitischen Amt herausgegebenen "Kolonialkatechismus" überein (Mosen 1991:85-86).

1940/41 kam es - bedingt durch die militärischen Erfolge der deutschen Armee - zu einem "geradezu explosionsartigen Ausbruch kolonialer Aktivitäten und kolonialer Publikationen von völkerkundlicher Seite", deren Zielsetzungen "völlig im Sinne der 'nationalsozialistischen Bewegung' " lagen (Fischer 1990: 119). Eine ganze Reihe von EthnologInnen bemühte sich nun um die Entwicklung einer angewandten Ethnologie: Hierzu gehörten z.B. Thurnwald, Krause, Meinhof, Wagner, Plischke, Bernatzik, Schilde, Westermann, Baumann, Spannaus u.v.a. (vgl. Fischer 1990, Gothsch 1983:247-65, Linimayr 1994, Mosen 1991:46-82). Die Fachgruppe *Koloniale Völkerkunde* wurde 1940 mit Bernhard Struck als Leiter in der kolonialwissenschaftlichen Abteilung des Reichsforschungsrates gegründet. Im gleichen Jahr fand in Göttingen eine "Arbeitszusammenkunft deutscher Völkerkundler" statt, auf der übereinstimmend das Fach als richtungsweisende und grundlegende Wissenschaft einer nationalsozialistischen Kolonialpolitik gesehen und die Forderung nach Einstellung von RegierungsethnologInnen erhoben wurden (Fischer 1990:124, Mosen 1991:77-82).

Leiter der Fachgruppe *Koloniale Sprachforschung* wurde der Afrikanist und Sprachforscher Dietrich Westermann, der Begründer des *Akademischen Kolonialbundes* (1925), Herausgeber der Zeitschrift *Africa* und später der *Kolonialen Rundschau* sowie Mitarbeiter und zeitweiliger Direktor des Internationalen Afrika-Instituts[87] war. Westermann war ein starker Befürworter eines "Rechtes auf Kolonien" und der Rassentrennung. Ethnologie war für ihn vor allem praktische Kolonialethnologie, die mit funktionalistischer und gegenwartsbezogener Forschung über Kulturwandel der Verwaltung bei der Bewältigung ihrer prakti-

---

[87] Der funktionalistische Ansatz der britischen EthnologInnen und die anwendungsorientierte Forschungsausrichtung des Afrika-Instituts hatten einen beachtlichen Einfluß auf diejenigen EthnologInnen und AfrikanistInnen in Deutschland, die eine praktische Kolonialethnologie befürworteten (z.B. G.Wagner 1938). Eine ganze Reihe deutscher EthnologInnen arbeitete mit dem Afrika-Institut zusammen: So gehörten zu den deutschsprachigen Gründungsmitgliedern des Instituts u.a. auch Carl Meinhof, Paul Schebesta und Pater W. Schmidt (Mosen 1991:42). G.Wagner führte 1934-38 im Auftrag des Instituts eine Feldforschung in Kenia durch und studierte zuvor unter Malinowski an der *London School of Economics*. Auch Thurnwalds Forschungen und Publikationen über Ostafrika wurden direkt vom Afrika-Institut unterstützt (Gothsch 1983:254).

schen Probleme helfen sollte (z.B. Westermann 1937, 1940, 1941a, 1941b; vgl. Mosen 1991:57-67).

Neben Thurnwald und Westermann formulierte auch Hugo Bernatzik recht genaue Vorstellungen über die Gestaltung der Kolonialpolitik und die Rolle einer angewandten Ethnologie (z.B. Bernatzik 1939).[88] Bernatzik unterhielt gute Kontakte zu verschiedenen nationalsozialistischen Einrichtungen und wurde vom KPA als angehender Regierungsethnologe "in einem kommenden Kolonialministerium vorgesehen" (Linimayr 1994:138). Zudem erhielt er eine für die damalige Zeit beträchtliche Geldsumme zur Erstellung eines kolonialvölkerkundlichen Handbuches über Afrika, das u.a. als "Instruktionsbuch für die Wehrmacht dienen" sollte, allerdings erst 1947 fertig gestellt wurde (ebd.).

Auch andere EthnologInnen arbeiteten mit nationalsozialistischen Dienststellen zusammen: im wesentlichen mit der Fachgruppe *Koloniale Völkerkunde* des Reichsforschungsrates, dem *Kolonialpolitischen Amt* der NSDAP, dem *Amt Rosenberg* und Himmlers *Ahnenerbe*. In Vorträgen und Artikeln beschworen sie die praktische Bedeutung ihres Faches für eine nationalsozialistische Kolonialpolitik, schlugen Maßnahmen zur "Behandlung der Eingeborenen" vor, bei denen es vor allem um Nutzung ihrer Arbeitskraft ging, befürworteten eine indirekte Verwaltung und die Erhaltung der "arteigenen Kultur". Ferner erstellten sie - teilweise mit Geldern von Staat und Wirtschaft - wissenschaftliche Auftragsarbeiten und führten Forschungsexpeditionen durch (vgl. Ehl 1995, Fischer 1990, Greve 1995, Linimayr 1994:199-205, Michel 1986, 1995, Mosen 1991: 46-82, 115-175).

Ein besonderes Beispiel für die Orientierung von Forschungen an den politischen Vorgaben der nationalsozialistischen Machthaber lieferte Wilhelm E.

---

[88] Es ist bemerkenswert, daß in der 1974 von Bernatzik herausgegebenen "Neuen Großen Völkerkunde" in der Einleitung immer noch die "große Bedeutung" hervorgehoben wird, die die " 'Kolonialethnologie' (....) für die kulturelle Weiterentwicklung der Naturvölker bewiesen" hat. Ungebrochen wird hier das Kolonialbewußtsein weitergeführt: "Sie (die Völkerkunde; F.S.) gibt Richtlinien für die Art der Schulung und Erziehung und den Einsatz im Wirtschaftsprozeß. Sie weist auf die Wichtigkeit völkerpsychologischer Fragen hin, *um die Grenzen kultureller Anpassungsfähigkeit ganzer Gruppen festzustellen*" (Betonung durch F.S.). Weiter heißt es, daß die "farbigen Völker" die Hilfe, Erziehung und "geistige Führung" der EuropäerInnen bedürften, um die "nicht aufzuhaltende (...) Übernahme der modernen Zivilisation" bewältigen zu können. Ganz im nationalsozialistischen Sprachstil ist dort von "arteigener Kultur" und "fremvölkischer Eigenart" die Rede. Aufgabe der Ethnologie sei u.a. "die Erforschung der rassenbiologische(n) und psychologische(n) Grundlagen, die durch Erbgut, Umwelt und Gesellschaft geformt werden" sowie "der funktionalen Zusammenhänge und des inneren Aufbaus einer Kultur" (Bernatzik/Bernatzik 1974:1-11).

Mühlmann. Er verband schon früh anthropologische und ethnologische Forschungen auf der Grundlage erb- und sozialbiologischer Hypothesen, befürwortete die Rassen- und Volkstumspolitik der NSDAP ebenso wie ihre expansionistischen und militaristischen Ziele und trat während der gesamten NS-Zeit aktiv für die politische Anerkennung und Anwendung völkerkundlicher Forschungen ein (z.B. Mühlmann 1936). 1939, als Hitler den "Aufbruch nach Osten" verkündete, forderte er die Umorientierung des Faches auf die Erforschung der Völker in Osteuropa als "bevorzugte(s) Feld unserer ethnologischen Betätigung" (Mühlmann 1939:363). Mit seiner Forderung nach einer Neuorientierung des Faches als Rassen- und Völkerkunde und seiner regionalen Ausrichtung nach Osteuropa bemühte sich Mühlmann, Ethnologie als eine politische Planungswissenschaft in den Dienst der NS-Machthaber zu stellen. Zudem erstellte er für verschiedene Institute Publikationen, Gutachten und Vorschläge für die praktische Nutzung ethnosoziologischer Forschungen für geopolitische Interessen (Michel 1995).[89]

Mit dem Vordringen der NS-Armee nach Osten entstanden 1942 auf Anordnung Himmlers ebenfalls Pläne für eine "Totalerforschung des Kaukasus" und eine verstärkte Tibet- und Asienforschung, bei der auch Völkerkundler in einem interdisziplinären Team mitarbeiten sollten (Greve 1995:181-88). Im selben Jahr erging in Berlin auf der "Osttagung deutscher Wissenschaftler" u.a. an die EthnologInnen die Aufforderung, ihre Fachkenntnisse dem Militär und der Verwaltung zur Verfügung zu stellen, verstärkt anwendungsorientierte Untersuchungen durchzuführen sowie ethnographische Kenntnisse und eine geeignete Begrifflichkeit für die neue "Völkerordnung" zu liefern (Michel 1995:157). Die Kapitulation der Armee setzte im darauffolgenden Jahr der Umsetzung dieser Pläne zwar wieder ein Ende, ließ aber "kriegswichtige Forschungen" wie z.B. die Züchtung eines "winterharten Steppenpferdes" und "unempfindlicher Getreidesorten für die Kriegswirtschaft", für die auch ein ethnologischer Mitarbeiter (Alfons Rohrer) vom Kriegsdienst freigestellt wurde, weiterbestehen (Greve 1995:194). Mit dem Ende der militärischen Erfolge wurden die Hoffnungen auf den Wiedererwerb der Kolonien aufgegeben, und die kolonialpolitischen Einrichtungen und Bestrebungen verloren an Bedeutung. Auch einer deutschen Kolonialethnologie war damit der Boden entzogen.

---

[89] Mit der Arbeit Mühlmanns hat sich detailliert Michel (z.B. 1986, 1995) auseinandergesetzt (vgl. auch Fischer 1990:132-34).

Insgesamt vermitteln die Untersuchungen über die deutsche Ethnologie im Nationalsozialismus das Bild, daß eine ganze Reihe der EthnologInnen während der NS-Zeit bereitwillig auf die von den Machthabern geforderte Umorientierung ihrer Forschungen auf rassentheoretische und -biologische Fragestellungen sowie auf kolonial-praktische Belange hinarbeitete. Ob aus Überzeugung oder aus Opportunismus, wie vor allem Fischer (1990:139, 230-32; vgl. auch Greve 1995:196) meint, sei dahingestellt.

Die Umorientierung des Faches erforderte keine gänzlich neue Forschungsausrichtung, sondern lediglich das verstärkte Aufgreifen von bereits im Fach bestehenden Ansätzen und Themen: eine funktionalistische Betrachtungsweise von Kulturen, die Befassung mit Kulturwandel und aktuellen, kolonialpraktischen Fragen, einen "organischen" Kulturbegriff, die besondere Wertschätzung von "arteigenem" Volkstum und Kultur und schließlich und vor allem eine (rassen-)biologische Ausrichtung der Forschungen. Letztere war aufgrund der schon früher bestehenden Verbindung zwischen Anthropologie und Ethnologie (vgl. Fischer 1990:27, Linimayr 1994:194-99) ebenfalls kein ganz neues Terrain für EthnologInnen. Obwohl auch andere EthnologInnen die Notwendigkeit dazu erkannten (vgl. Fischer 1990:132, Michel 1995:156), verfolgte lediglich Mühlmann mit seiner ethnosoziologischen Ostforschung auch eine regionale Umorientierung.

So gab es zwischen bereits bestehenden ethnologischen Theorien und Ansätzen eine ganze Reihe von Übereinstimmungen oder zumindest Anknüpfungspunkten mit der NS-Ideologie, die letzterer die Einbindung ethnologischer Arbeit in ihre Expansions-, Rassen- und Volkstumspolitik ermöglichte bzw. erleichterte: Die auf Intuition und Einfühlung aufbauende Kulturmorphologie von Leo Frobenius paßte bspw. nahtlos in die ideologischen Strömungen seiner Zeit: "(...) (D)urch seinen Beitrag zur Zerstörung der Vernunft, der kritischen, rationalen Wissenschaft, der Skepsis, zugunsten gläubiger Hingabe und Ergriffenheit" (Fischer 1990:90) und seine Lehre vom *Paideuma*, der sich in jeder Kultur offenbarenden "Schicksalsmacht", kann er als ein Wegbereiter der nationalsozialistischen Ideologie betrachtet werden, mit deren mächtigsten VertreterInnen in Politik und Wirtschaft er auch zusammenarbeitete (vgl. Ehl 1995, Kramer 1995:98-100, Streck 1995). Die Betonung der "Eigenart jedes Volkstums", wie sie in ethnologischen Arbeiten dieser Zeit zu finden ist, paßt ebenfalls in die nationalsozialistische Politik (Fischer 1990:145-6, Michel 1986:9-25, 103-106). Und auch Friedrich Ratzel kann mit seinem Konzept vom "Lebensraum" eines

Volkes und seinen sozialdarwinistischen Auffassungen als ein " 'Anreger' der Geopolitik" und damit indirekt des Nationalsozialismus gelten (Fischer 1990: 135-37; vgl. Mosen 1991:29).
Andererseits, und auch das darf nicht übersehen werden, gehörten die EthnologInnen zu denjenigen Personen, die immer wieder um Verständnis für die kulturellen Besonderheiten der Völker in den Kolonien warben, die den "Eigenwert" fremder Kulturen hervorhoben und um das Wohlergehen der von ihnen erforschten Menschen besorgt waren (vgl. Fischer 1990:129-30, Mosen 1991:108, Westphal-Hellbusch 1959:852). Auch meldeten einige derjenigen EthnologInnen, die generell eine europäische Kolonisation, Rassentrennung und nationalsozialistische Politik befürworteten, durchaus auch Kritik an den destruktiven Folgen der Kolonisierung (z.B. Thurnwald 1939; s. Anm. 22) oder wandten sich, wie z.B. Mühlmann, gegen einen "vulgären Rassismus" (vgl. Michel 1995:163). So rechtfertigte z.B. Frobenius' Paideuma-Lehre einerseits den Kolonialismus als eine unabwendbare Gesetzmäßigkeit, andererseits lehnte er aber das sich im kolonialistischen Expansionsstreben offenbarende materialistische Zweckdenken ab und wandte sich in seinen späteren Arbeiten gegen Eurozentrismus und die Abwertung afrikanischer Kulturen (Gothsch 1983:108-110, 130-33). Interessanterweise waren seine Arbeiten offenbar aufgrund ihres spekulativen Charakters und ihrer "Praxisferne" für die NationalsozialistInnen weitgehend unbrauchbar, wurden aber später von Vertretern der *Négritude*-Bewegung wieder aufgegriffen, die aus ihnen eine Stärkung ihres kulturellen Selbstwertgefühls und "psychologische Unterstützung" zogen (ebd. 133-36).
Ein Interesse der NationalsozialistInnen am Fach war zwar vorhanden, wie die o.a. Beispiele oder auch die Zunahme ethnologischer Lehrstühle während der NS-Zeit (Fischer 1990:19-20, Linimayr 1994:22-23) belegen. Es war aber vergleichsweise geringer als das an anderen Fächern. Der unmittelbare praktische Wert völkerkundlicher Arbeiten für die Machthaber blieb, trotz aller Bemühungen, relativ gering (Fischer 1990:147, Greve 1995:192, Michel 1995:152, Mosen 1991:16). Der Erwerb von Kolonien, der Voraussetzung für eine angewandte Kolonialethnologie war, war zwar Bestandeil, aber nicht Hauptziel nationalsozialistischer Außenpolitik, die vor allem der Schaffung von "Lebensraum" im Osten galt. Ethnologie wurde nur für eine relativ kurze Zeit der Kolonialeuphorie für die Machthaber wirklich interessant. Auf beiden Seiten wurden vor allem Erwartungen, Bereitschaftserklärungen, Absichtsbekundungen und Hoffnungen auf mögliche Beiträge sowie eine zukünftige praktische Zusammenar-

beit formuliert, verbunden mit der Aufforderung an die EthnologInnen, ihre thematischen, theoretischen und regionalen Forschungsinteressen nach den politischen Ambitionen der NationalsozialistInnen neu zu orientieren.

Inwieweit die deutschen EthnologInnen tatsächlich der von ihnen erwarteten "parteilichen Wissenschaft" bzw. der "Wissenschaft mit Voraussetzungen" (Michel 1986:20-22, Mosen 1991:10, 88-114)[90] entsprachen, wird heute unterschiedlich beurteilt. Nach Fischer (1990:149) hat es nie eine "nationalsozialistische Ethnologie" gegeben, wohl aber eine kritiklose Übernahme ideologischer Grundannahmen durch EthnologInnen. Linimayr dagegen konstatiert zumindest für die Wiener Ethnologie eine deutliche Umorientierung des Faches "in Richtung einer Volkstums- und Rassenideologie" (1994:204) und eine maßgebliche Beteiligung von EthnologInnen an den Bemühungen, Hitlers "Kolonialauftrag" in die Praxis umzusetzen (ebd. 16-17, 22). Auch das von Mosen (1991) und z.T. bei Hauschild (1995a) vorgelegte Material macht eine weitaus stärkere Einbindung von EthnologInnen in die nationalsozialistische Wissenschaftspolitik deutlich, als diese etwa von Fischer (1990:139) und Gothsch (1983:264) gesehen wird.

Westphal-Hellbusch (1959:852-3) ist der Ansicht, daß die meisten EthnologInnen versuchten, möglichst abseits und unbehelligt von Politik ihren historischen Forschungen nachzugehen. Auch Fischer hält die meisten VölkerkundlerInnen dieser Zeit für "unpolitisch", wobei sie, dem "Zeitgeist" entsprechend, überwiegend konservativ, staatstreu, nationalistisch, anti-kommunistisch, häufig militaristisch und teilweise rassistisch und anti-semitisch eingestellt waren. Sie folgten damit den ideologischen Hauptströmungen ihrer Zeit. Die unkritischen Haltungen der WissenschaftlerInnen führten zu Konformität, Sympathie, Übereinstimmung, Einbindung und/oder teilweise offener Unterstützung des NS-Regimes. Die Mehrzahl der fachlich einflußreichen Professoren waren Parteimitglieder, unterstützten das NS-System zumindest passiv oder verhielten sich einfach opportunistisch (Fischer 1990:156, Linimayr 1994:181-192). Alle AutorInnen bekunden zudem übereinstimmend, daß offenbar von kaum einem deut-

---

[90] Wissenschaft erhielt allgemein im Nationalsozialismus eine Legitimierungsfunktion und "praktische" Komponente. Sie sollte zur Absicherung der Ideologie und Förderung der Politik dienen. Objektivität und Wertfreiheit, Rationalismus und Skepsis wurde eine deutliche Absage erteilt; wissenschaftliche Forschung setzte Parteinahme für die politischen Ziele der NSDAP voraus. Grundlage der Forschungen waren Rassentheorie, Sozialdarwinismus und ein daraus begründetes "völkisches Selbstbestimmungsrecht" (vgl. Michel 1986:20-25).

schen Ethnologen[91] der damaligen Zeit (Ende der 30er/Anfang der 40er Jahre) öffentlich das Recht und der Anspruch auf überseeischen Kolonialbesitz und die Bedeutung einer kolonialpraktischen Ethnologie in Frage gestellt wurden (Fischer 1990:128). Zwar wandten sich einige EthnologInnen gegen eine übermäßige Betonung kolonialer Fragen in ihrem Fach, doch geschah dies vor allem aus wissenschaftsinternen Gründen: Die AmerikanistInnen befürchteten bspw. eine zu einseitige Ausrichtung der Disziplin auf den afrikanischen Kontinent durch die KolonialethnologInnen (ebd. 125-28).

Insgesamt blieb die deutschsprachige Ethnologie - trotz einer kurzen Zeit des Bemühens um angewandte Forschung - in großem Maße kulturhistorisch ausgerichtet. Der funktionalistische Ansatz konnte sich letztlich nicht so durchsetzen, wie es für eine praxisbezogene Gegenwartsorientierung des Faches notwendig gewesen wäre. In dem Maße aber, wie sich die deutsche Ethnologie primär mit einer Rekonstruktion der menschlichen Kulturgeschichte und der vergleichenden Forschung über Ursprung und Verbreitung bestimmter Kulturelemente befaßte, waren ihre Informationen für PolitikerInnen und BeamtInnen - trotz gegenteiliger Beteuerungen der EthnologInnen - nicht oder kaum praktisch verwendbar. Der ideologische Wirkungsgrad ethnologischer Theorien und Konzepte läßt sich dagegen, wie eingangs ausgeführt, nicht genau erfassen.[92]

---

[91] Einer, der sich in den 30er Jahren gegen die Wiedereinsetzung Deutschlands als aktive Kolonialmacht wandte, ist der Ethnologe Julius Lips. Er hatte allerdings vor der Machtergreifung Hitlers noch seiner Hoffnung auf Rückgabe der ehemaligen Kolonien Ausdruck verliehen (Lips 1932, 1937). Später floh er vor den NationalsozialistInnen ins Ausland. Auch eine Reihe anderer deutscher Völkerkundler leistete Widerstand, wurde verfolgt oder emigrierte ins Ausland (vgl. die Aufstellungen bei Fischer 1990:164-208 und Riese 1995). Allerdings befanden sich auch unter diesen Verfolgten überzeugte Anti-Semiten, Nationalisten, Rassisten, Anti-Demokraten und Kolonialideologen, deren Einstellungen teilweise zwar mit der NS-Ideologie übereinstimmten, aber nicht unbedingt auf eine nationalsozialistische Gesinnung schließen ließen (Fischer 1990:53-74). So entsprach z.B. Pater W. Schmidt mit seiner anti-semitischen und anti-kommunistischen Haltung, seiner großdeutschen Ausrichtung und seinem rassenhierarchischen Denken in weiten Teilen der nationalsozialistischen Ideologie, erklärte sich aber beim "Anschluß" Österreichs als offener Gegner des NS-Regimes. Er wurde verhaftet und arbeitete nach seiner Entlassung aktiv im Widerstand in der Schweiz mit, ohne allerdings seine rassistischen und anti-semitischen Einstellungen aufzugeben (Fischer 1990: 54-63, Linimayr 1994:33-37).

[92] So scheint z.B. selbst Thurnwald, der wie kaum ein anderer seine Forschungen auf die Belange der kolonialen Praxis abgestellt und sich um eine anwendungsorientierte Präsentation seiner Ergebnisse bemüht hat, keinen konkret nachweisbaren praktischen Einfluß auf die deutsche Kolonialpolitik gehabt zu haben (Kievelitz 1988:229-234). Andererseits hielt Thurnwald seine Vorträge auch vor sog. "Rassenhygienikern" und spielte u.a. eine wichtige Rolle bei der (erfolgreichen) Promotion von Eva Justin, einer Assistentin an der Rassenbiologischen Forschungsstelle von Robert Ritter. In ihrer Dissertation, die Thurnwald mit "sehr gut" beurteilte,

Nach dem 2. Weltkrieg zogen sich die deutschen EthnologInnen weitgehend wieder in akademische Forschung zurück und vermieden jede Ausrichtung ihrer Arbeit an praktischen Problemen.[93] Eine Aufarbeitung der Zusammenhänge zwischen nationalsozialistischer Ideologie und ethnologischer Forschungsorientierung sowie der Rolle von EthnologInnen im NS-Regime ließ Jahrzehnte auf sich warten. Man stürzte sich vor allem in empirische Feldforschungen und bevorzugte eine historische Perspektive; größere theoretische Entwürfe wurden aufgrund möglicher ideologischer Bezüge von den meisten vermieden. Ausnahmen waren u.a. die Arbeiten der KulturhistorikerInnen (z.B. Jensen, Baumann, Heine-Geldern) oder der EthnosoziologInnen (z.B. Thurnwald, Mühlmann). Wichtige Einflüsse kamen vor allem von der U.S.-amerikanischen Ethnologie und Soziologie, dann auch von der britischen *social anthropology* (vgl. Bliss 1988:109, Braukämper 1979:8, Fischer 1990:209-226, Heine-Geldern 1960, 1964, Hildebrandt 1990:10-20, Markov 1985:140-43, Schmied-Kowarzik 1967:823, Vossen/Seidensticker 1970:305, Westphal-Hellbusch 1959:853-55). Gelegentliche Versuche, den praktischen Nutzen der Ethnologie und die Befassung mit Gegenwartsproblemen zu fördern (z. B. Manndorf 1955, 1956, Westphal-Hellbusch 1954, 1958), wurden als "verfehlt" (E.Schlesier1957:104) oder als "unsittliche Anträge" (Baumann 1962:259) zurückgewiesen. Selbst Fachvertreter wie E. Schlesier, der die Anwendung völkerkundlicher Ergebnisse grundsätzlich bejahte, ja, sogar als "segensreich" erachtete, hielt die *deutsche* Völkerkunde aufgrund ihrer primär historischen Ausrichtung für überhaupt nicht anwendbar und plädierte für eine strikte Trennung zwischen Grundlagenforschung und angewandter Forschung (E.Schlesier 1957:97-101). Ohne Kolonialbesitz war für ihn "eine Planung und Lenkung der Akkulturation in der Form des aktiven Eingriffs in den Gang des Kulturwandels" keine Aufgabe der deutschen EthnologInnen. Diese sollten "auch weiterhin ruhigen Gewissens ethnologisch-*historische* Studien treiben", wenn sie dabei den "modernen Kulturumbruch (...) auch mit innerer Anteilnahme an dem Schicksal jener Völker" nicht aus dem Auge verlieren würden (ebd. 105; Betonung im Original; zu einer kritischen Antwort auf E. Schlesier siehe Schott 1962:26-27). Westphal-Hellbusch

---

verlangte Justin die Sterilisierung "aller Zigeuner und Zigeunermischlinge ersten Grades" sowie die "Unfruchtbarmachung der Mischlinge zweiten Grades" (Linimayr 1994:197-8).

[93] Wie eingangs erwähnt, ist hier wie im Folgenden nur von den Entwicklungen in der BRD die Rede. Die DDR-EthnologInnen verwoben explizit Staatsideologie und Forschung zu einer "praxisorientierten Wissenschaft" (vgl. Jacobeit 1986, Treide 1980 sowie die Beiträge im Jahrbuch des Museums für Völkerkunde zu Leipzig 1972).

(1958:108-9) war dagegen der Ansicht, daß gerade die deutschen EthnologInnen sich besonders mit praktischen Fragen des kulturellen Wandels befassen und dazu ihre Ergebnisse öffentlich mitteilen sollten, da sie aufgrund fehlender Kolonien an keinerlei Interessen gebunden und keiner politischen Zensur unterworfen wären.

Eine der wenigen Ausnahmen in dieser Zeit allgemeiner politischer Enthaltsamkeit war Hans Manndorff (1955, 1956, 1961, 1962 u.a.). Infolge seiner halbjährigen Mitarbeit in einem Ausbildungszentrum der UNESCO für "Volkserziehung" in Indien erschien ihm die "Einbeziehung der angewandten Völkerkunde in die Planung und Durchführung derartiger Projekte" (d.h.: Entwicklungsprogramme, die auf die Wünsche und Bedürfnisse der Bevölkerung abgestimmt sind; F.S.) als "grundsätzlich und praktisch gerechtfertigt" (Manndorff 1956:141). Er betonte den praktischen Nutzen ethnologischen Wissens und die Notwendigkeit der Beteiligung von VölkerkundlerInnen an Entwicklungsprogrammen:[94]

"Die grundsätzliche Funktion der angewandten Völkerkunde im Rahmen derartiger Entwicklungsprogramme liegt in einer Reduzierung der Inkompatibilität zwischen dem Prinzip der Planung von unten einerseits und der nichtsdestoweniger notwendigen Planung von außen andererseits. Ohne die Einbeziehung der angewandten Völkerkunde müßte die Theorie von der gelenkten Selbsthilfe und technischen Assistenz logisch ungereimt und praktisch undurchführbar bleiben. (...) So wie man bei der Erschließung der Bodenschätze auf die Geologie zurückgreift oder bei der Behandlung von Gesundheitsfragen die Medizin heranzieht, so müßte man die Völkerkunde zum Einsatz bringen, wo es um die äußerst schwierigen Fragen der menschlichen Beziehungen geht, im besonderen dort, wo es sich um eine gesunde Integration von sogenannten rückständigen Bevölkerungen und moderner Zivilisation handelt" (ebd. 127-8).

In den als unvermeidlich angesehenen Entwicklungs- und Veränderungsprozessen teilte Manndorff den EthnologInnen die Aufgaben der "Diagnose" und "Prognose", nicht aber die der "Therapie" zu, d.h., er sah sie nicht als aktive TeilnehmerInnen an Planung und Durchführung von Maßnahmen, sondern schrieb ihnen (in Analogie zu einem medizinischen Heilungsprozeß) die Rollen als "Hausärzte" und "Vertrauensmänner" zu und beurteilte ihre Möglichkeiten

---

[94] Manndorff war somit ein früher Befürworter der erst rund 30 Jahre später ausführlicher diskutierten Einbeziehung der sog. sozio-kulturellen Faktoren in die Entwicklungszusammenarbeit (s. unten).

zur Mitarbeit in der internationalen Entwicklungshilfe recht optimistisch. Zugleich schlug er die sukzessive aktive Anteilnahme der betreffenden Bevölkerungsgruppen, die er als die eigentlichen "Klienten" der WissenschaftlerInnen bezeichnete, an den grundlegenden soziologischen und ökonomischen Untersuchungen vor (ebd. 130) und betonte, "daß ein gesunder Kulturwandel nicht *an* einem Volke, sondern nur *vom* Volke vorgenommen werden kann" (ders. 1955:173; Betonung im Original). Nur wenn das Entwicklungsprogramm in Einklang mit der Tradition, der Denkart und den Bedürfnissen der lokalen Bevölkerung gebracht werden konnte,

> "(...) wird man mit einer aktiven Teilnahme seitens der breiten Bevölkerung rechnen können, denn die Menschen sind nicht der Ton, der vom Programm geformt wird, sondern der Töpfer, der das Programm verwirklicht" (ders. 1955:156).

Manndorffs Aufruf zu einer praktischen deutschen Ethnologie im Rahmen der internationalen Entwicklungshilfeprogramme und seine Bemühungen um aktive Beteiligung der betreffenden Bevölkerungsgruppen blieben jedoch singulär und weitgehend ungehört.[95]

Zwar gab es in den 50er und frühen 60er Jahren eine Reihe von Publikationen, die sich mit Fragen von Kulturwandel, Akkulturation und aktuellem Gegenwartsgeschehen befaßten (vgl. Prochnow 1996:5-8, Trappe 1960, Westphal-Hellbusch 1958), aber während international in dieser Zeit die Fachliteratur über Wandel und Veränderungen "boom-artig im Wachsen begriffen" war (Trappe 1960:18), waren solche Arbeiten in Deutschland relativ selten. Hinweise auf mögliche Beiträge des Faches zur Entwicklungshilfe oder anderen praktischen Problemen waren selten und durchweg sehr allgemein und vage. Meist wurden die Fehlschläge von Entwicklungsprogrammen analysiert, die Bedeutungen kultureller Faktoren betont, auf den diesbezüglichen ethnologischen Daten- und Theoriebestand hingewiesen und dann abschließend die Anwendung der Ethnologie als "unentbehrlich", "grundlegend" und "notwendig" für die Entwicklungsprogramme postuliert.

Ob diese Betonung der Nützlichkeit des Faches wieder besonders aus werbetaktischen Gründen geschah (vgl. Barthel 1960), läßt sich nicht eindeutig entscheiden, ist aber anzunehmen. Mit konkreten Vorschlägen über die praktische

---

[95] Eine Ausnahme war Schott, der mehrfach auf Manndorff als positives Vorbild für eine angewandte Ethnologie verwies (Schott 1961:214, 1962:28; ebenso Trappe 1960:30).

Umsetzung ethnologischer Kenntnisse und die dabei einzunehmenden Rollen der EthnologInnen waren die AutorInnen jedenfalls äußerst sparsam (z.B. E.W. Müller 1962, Schott 1961, 1962, Westphal-Hellbusch 1958:110-11). Die Aufgabe der EthnologInnen wurde durchweg darin gesehen, mithilfe ethnographischer Detailkenntnisse und ethnologischer Forschungsmethoden (intensive Feldforschung), fachspezifischer Perspektiven (holistisch, kulturrelativistisch) und Theorien (z.B. über Kultur, Kulturwandel und Akkulturation) zum Verständnis der betreffenden Menschen beizutragen sowie theoretische Modelle zum Erfassen der fremden sozio-kulturellen Ordnungen zu entwerfen. Bei der Befassung mit sozialem und kulturellem Wandel wurde meist - neben einer funktionalistischen Orientierung - auch die Notwendigkeit historischer Forschung betont (z.B. Baumann 1962, Mühlmann 1962, Westphal-Hellbusch 1958). Eine aktive Beteiligung der WissenschaftlerInnen an der Lösung der Probleme wurde durchweg abgelehnt.

Daß die VölkerkundlerInnen mit dieser mangelnden Praxisorientierung bei den EntwicklungsplanerInnen auf geringes Interesse stießen, ist nicht verwunderlich. So berichtete beispielsweise Rudolph (1961:4) von einer 1961 von der *Deutschen Stiftung für Entwicklungsländer* abgehaltenen Tagung über "Die Erforschung kultureller und sozialer Voraussetzungen für Aufbauprogramme in Entwicklungsländern", auf der

> "(...) in weitgehender Übereinstimmung festgestellt wurde, daß die derzeitigen Möglichkeiten eines Entwicklungshilfe-Beitrages der Sozialwissenschaften im deutschsprachigen Raum (...) sehr gering sind."

Er selber hielt "ein grundlegendes-richtungsweisendes Herangehen der Sozialwissenschaften an die Entwicklungshilfe (für) völlig unmöglich" (ebd. 18) und forderte stattdessen eine intensive Förderung der Grundlagenforschung (ebd. 16).

Trotz dieser gelegentlichen vorsichtigen Annäherung zwischen FachvertreterInnen und EntwicklungsplanerInnen wurde im Großen und Ganzen innerhalb der deutschen Ethnologie eine mögliche Beteiligung an den beginnenden entwicklungspolitischen Aktivitäten der Bundesregierung oder an anderen praktischen Aufgabenstellungen in den 50er und 60er Jahren nicht thematisiert. Selbst die Beiträge auf der Freiburger DGV-Tagung (1961), die unter dem Generalthema "Ethnologische Probleme der modernen Entwicklung" standen (Zeitschrift für

Ethnologie 1962:163-263), befaßten sich überwiegend mit theoretischen Überlegungen.[96]

So machte beispielsweise Mühlmann in seinem einleitenden Beitrag deutlich, daß die Untersuchung von Wandlungsvorgängen nicht bloß - und nicht einmal in erster Linie - einem praktischen Interesse entsprang, sondern vor allem unter geschichtssoziologischen theoretischen Aspekten der Bewegung und Veränderung erfolgte (Mühlmann 1962). Explizit anwendungsorientierte Arbeiten waren auch bei dieser Tagung nicht zu finden. Im Gegenteil: Ansichten wie die, "daß jede pragmatische Ethnologie in diesen Zeiten auf die schiefe Bahn kommen muß" (Baumann 1962:254), daß die EthnologInnen lieber "die Zugbrücke des Elfenbeinturms hochziehen" sollten (ebd. 259) und daß angewandte Ethnologie "überhaupt nicht zur Wissenschaft der Völkerkunde " gehörte (Schmied-Kowarzik 1966:50), schienen die vorherrschende Stimmung in der deutschen Ethnologie zu charakterisieren.

So wa es wenig verwunderlich, daß die gesellschaftliche Bedeutung der Völkerkunde in der Öffentlichkeit und bei den PolitikerInnen nicht sonderlich hoch eingeschätzt wurde, wie es z.B. in den vom Deutschen Wissenschaftsrat ausgesprochenen Empfehlungen zur Begrenzung des Ausbaus des Faches zum Ausdruck kam (vgl. Barthel 1960). Und wenn Barthel (ebd. 273) sich wunderte: "Haben wir es vielleicht nicht immer recht verstanden, aus dem reichen Bestand der in Fachkreisen selbstverständlichen Argumente jene zu wählen, die auch dem Außenstehenden einleuchten müßten?", dann fragt es sich, auf welche Argumente er sich bezog bzw. ob diese Argumente, die zwar die VölkerkundlerInnen von der Relevanz ihres Faches überzeugt haben mochten, nicht grundsätzlich an den praktischen Belangen und Fragestellungen der gesellschaftlichen EntscheidungsträgerInnen vorbeiliefen.

3.5. Die neuere praktische Ethnologie

3.5.1. Allgemeine Fachgeschichte

Der Rückzug der EthnologInnen aus praktischen Arbeitsfeldern hielt, von Ausnahmen abgesehen, bis Anfang der 70er Jahre an. Die wenigen EthnologInnen, die in dieser Zeit außerhalb von Museum und Universität tätig waren, arbeiteten

---

[96] Hildebrandt (1990:15) weist darauf hin, daß auf dieser Tagung aber auch die Forderung erhoben wurde, "geschulte Kräfte im Rahmen der Entwicklungshilfe" einzusetzen.

weiterhin überwiegend als GrundlagenforscherInnen und BeraterInnen, z.B. beim *Bureau of American Ethnology* (vgl. McNickel 1979) oder beim *Institute of Social Anthropology* (vgl. Foster 1979). Sie produzierten Wissen und stellten es Institutionen zur Verfügung, waren aber nicht selber an der Anwendung dieses Wissens beteiligt (E.Chambers 1985:15-16, Hanson 1988b:29). Ansonsten ging man im akademischen Elfenbeinturm den länderspezifischen Forschungsbereichen nach (siehe unten).

Das neu erwachende Interesse an einer praktischen Nutzung der Ethnologie in den 70er Jahren hing wiederum eng mit außerakademischen Entwicklungen zusammen: Die Auflösung der Kolonialreiche nach dem Zweiten Weltkrieg, verbunden mit nationalistischen und anti-kolonialistischen Bewegungen und dem zunehmenden politischen Aufbegehren ethnischer Gruppen und indigener Völker, hatte die Problematisierung ethnologischer Feldforschung und ein Überdenken der ideologischen Grundlagen ethnologischen Arbeitens mit sich gebracht und u.a. die vielbeschworene "Krise" im Fach ausgelöst (z.B. Hymes 1974a). Veränderte gesellschaftliche Bedingungen durch rasche industrielle und technologische Modernisierung, die Zunahme sozialer Ungleichheiten und Konflikte auch in den Industriestaaten, der politische und wirtschaftliche Imperialismus der westlichen Staaten, drohende Umwelt- (vor allem Nuklear-)Katastrophen und das Schreckgespenst eines Dritten Weltkrieges waren u.a. Auslöser einer Vielzahl gesellschaftskritischer und politischer Bewegungen in Westeuropa und Nordamerika, die Themen wie Bürger- und Menschenrechte, Anti-Imperialismus, Frauenemanzipation, Umweltschutz u.a.m. auf ihre Fahnen schrieben.

Protestierende StudentInnen attackierten die bestehenden Gesellschaftsordnungen und den etablierten Wissenschaftsapparat und warfen Fragen nach der gesellschaftlichen Rolle und Relevanz wissenschaftlicher Arbeit auf. Der Einfluß kolonialer und imperialistischer Machtstrukturen auf die ethnologische Theoriebildung, Methodik und Praxis wurde untersucht (z.B. Asad 1973, Gough 1973, Hymes 1974a, Kuper 1983:99-120, Leclerc 1976, Lewis 1973, Stauder 1974/75 u.a.). In teilweise hitzigen Debatten über die soziale und ethische Verantwortung von WissenschaftlerInnen und den politischen Kontext ethnologischer Arbeiten (z.B. Huizer/Mannheim 1979, *Social Responsibility Symposium* 1968, Stavenhagen 1971) wurde radikal die Wertneutralität wissenschaftlicher Tätigkeit in Frage gestellt.

Viele EthnologInnen begannen die Tatsache zu akzeptieren, daß ihre wissenschaftliche Arbeit immer auch Teil und Produkt ihrer "Erzeuger"-Gesellschaften und derer Ideologien war und daß sie, trotz aller Bemühungen um Neutralität, an der Schaffung und Stabilisierung von Herrschaftsstrukturen teilhatten. Im Gegenteil: Das Bemühen um Wertneutralität und objektive Wissenschaftlichkeit reduzierte die EthnologInnen zu einer Art technischer DatenlieferantInnen und ließ gleichzeitig gesellschaftlichen Interessengruppen freie Hand bei der Nutzung ihrer Forschungsergebnisse. Die Erfahrungen mit der Verwendung ethnographischer Informationen zur Kriegsführung und Aufstandsbekämpfung (siehe Kap. 4.5.1.) zeigten u.a., in welcher Weise reine Forschungen für politische Zwecke ge- und mißbraucht werden konnten (siehe: Berreman 1969, Bourgois 1990:44, Condominas 1957, Horowitz 1973, Jones 1971, Jorgensen/Wolf 1970, Salemink 1991).

Ironischerweise führte gerade die Auseinandersetzung um die ethische und politische Bedenklichkeit einer außerakademischen Nutzung ethnologischen Wissens zur Begründung ihrer moralischen Notwendigkeit (E.Chambers 1987:312). Denn aus der Einsicht, daß (fast) jede ethnographische Information für praktische Interessen genutzt werden konnte, folgte die Forderung, daß EthnologInnen sich ihrer politischen Position bewußt(er) werden und die Verantwortung für die Folgen und die Nutzung ihrer Forschungen übernehmen sollten. Aus diesen Diskussionen über die ethische und soziale Verantwortung von WissenschaftlerInnen und über ihre Einbindung in gesellschaftliche Machtverhältnisse entstanden in den 70er Jahren verschiedene Entwürfe einer als revolutionär, radikal, emanzipatorisch und kritisch bezeichneten Ethnologie (siehe Kap. 4).

Parallel zu diesen Auseinandersetzungen um die politische Rolle des Faches bildeten sich in den ausgehenden 60er und den 70er Jahren verschiedene neue theoretische Ansätze und Themen in der Ethnologie heraus, die eine veränderte Sichtweise auf ethnologische Praxis ermöglichten und von denen hier stichwortartig einige der wichtigsten genannt seien: Anstatt die Stabilität, Homogenität und das Gleichgewicht kultureller Systeme hervorzuheben, befaßte man sich vermehrt mit sozialen Differenzierungen, Widersprüchen und Konflikten; religiöse, nationalistische und separatistische Bewegungen wurden als treibende Kräfte für gesellschaftlichen Wandel untersucht; ethnische und andere Minderheitenbewegungen warfen Fragen nach sozialer und kultureller Identität und dem Verhältnis von Klassenbewußtsein und Ethnizität auf.

Kulturmaterialistische Positionen (Neo-Evolutionismus, Kulturökologie) thematisierten die Anpassungsfähigkeit von Kulturen an ihre Umwelt. Der Strukturalismus führte kulturelle Phänomene auf bestimmte klassifikatorische Prinzipien zurück, leugnete dabei aber den gestaltenden Einfluß von Geschichte und Subjekt. Ein Rückgriff auf die marxistische Gesellschaftstheorie (Strukturaler Marxismus, Politische Ökonomie) rückte die Organisation der Produktion als determinierende gesellschaftliche Kraft in den Vordergrund und richtete das Augenmerk der EthnologInnen auf die Verflechtung von globalen und lokalen sozialen und ökonomischen Prozessen. Neue Modelle und Theorien von (Unter-)Entwicklung und Abhängigkeit wurden als Absage an die Modernisierungstheorien entwickelt (vgl. Kap. 4.6.3. und 4.7.2.). Konzepte aus der Sprach- und Kommunikationswissenschaft, aus Psychologie und Psychoanalyse wurden rezipiert. Die kognitive Ethnologie (*ethnoscience*, symbolische Ethnologie, *new ethnography*) entwarf ein mentalistisches Konzept von Kultur, das diese u.a. als ein System von Symbolen oder ein "Bedeutungsgewebe" (Geertz 1983:9) verstand. Dabei wurden kulturelle Phänomene und Kulturwandel vor allem als Kommunikations- und Interaktionsprozesse zwischen verschiedenen PartnerInnen und gesellschaftlichen Instanzen und weniger als soziale Gesetzmäßigkeiten gesehen.

In den 80er und 90er Jahren befaßten bzw. befassen sich EthnologInnen statt mit allgemeinen Entwicklungs- und Gesellschaftstheorien stärker mit der partikularen Politik von Kultur (bzw. *race*), Identität und Geschlecht (*gender*), mit der Diversität und Pluralität kultureller Ausdrucksformen, mit dem Verwobensein vielfältiger, sich überschneidender sozialer und kultureller Prozesse und Beziehungen, mit der Konstruktion und Dekonstruktion von Grenzziehungen (z.B. zwischen Kulturen, sozialen Gruppen, politischen Ideologien, Begriffssystemen), mit der Rolle individueller AkteurInnen bei sozialem Wandel (die sog. praxeologischen Ansätze) sowie mit der Kontextualität ethnographischer Darstellungen und den sich in ihnen widerspiegelnden Machtstrukturen (vgl. Breidenbach/Zukrigl 1995, Kuper 1994, Ortner 1984, Rosaldo 1989, Voget 1975: 783-85).

Wissen wird immer weniger als objektive Abbildung einer vorgegebenen, dem Beobachter äußerlichen Realität angesehen, sondern als situations- und subjektgebundene kollektive Konstruktion von "Teilwahrheiten" (Clifford 1986a:6) verstanden, die u.a. vom historischen Kontext, den beteiligten Personen sowie der Perspektive und dem theoretischen Ansatz der WissenschaftlerInnen abhängig sind (Watson-Verran/White 1993:70-71; vgl. Kap. 2.2. und 2.3.). Die bislang primär als Forschungsobjekte betrachteten Menschen erhalten nun mehr und mehr Rollen als potentielle oder tatsächliche KoproduzentInnen ethnographischer Forschung und Texte. Die Vielzahl neuer Forschungsschwerpunkte seit den 60er Jahren (z.B. Entwicklung, Identität, Macht, Menschenrechte, Geschlechterrollen, Widerstand, Fluchtbewegungen, Rassismus, Nationalismus, Multi-Kulturalismus, Ressourcennutzung u.a.m.; vgl. Bennett 1996:27, Kuper 1994:329-30), die auch das Studium komplexer, industrieller Gesellschaften miteinschlossen, machte ethnologische Forschungsarbeiten auch für die PraktikerInnen z.T. wieder interessanter.

So hatte das Fach zwar in den 20er bis 40er Jahren im Rahmen von Kolonialpolitik und Kriegsanstrengungen ein theoretisches und methodisches Handwerkszeug entwickelt, das eine Anwendung ethnologischen Wissens überhaupt erst möglich machte. Aber eine praktische Ethnologie, die über das bloße Bereitstellen von ethnographischen Daten und eine instrumentelle Anwendung im Dienste administrativer und politischer Aufgaben hinausging, entwickelte sich erst ab den 70er Jahren. Möglich wurden diese Entwicklungen u.a. durch eine größere Bereitschaft auf Seiten der WissenschaftlerInnen, sich selber im Rahmen gesellschaftlicher Machtverhältnisse zu "positionieren" und sich auf eine gesellschaftliche Praxis einzulassen, anstatt ausschließlich Grundlagenforschung zu betreiben, durch ihre immer stärkere Spezialisierung und Professionalisierung in praxisrelevanten Bereichen sowie durch die zunehmende Beteiligung der bisherigen Forschungssubjekte am ethnologischen Diskurs. Hinzu kam ab Mitte der 70er Jahre in vielen Ländern ein "Boom" an Ethnologie-StudentInnen, die sich nach ihrem Studienabschluß auf Arbeitsplatzsuche auf dem außerakademischen Arbeitsmarkt begaben und dort teilweise neue Berufsfelder für EthnologInnen erschlossen (Partridge/Eddy 1987:40, 47-52).

Die neue, ab den 70er Jahren entstandene praktische Ethnologie begreift ihre Praxis nicht - wie die klassische *applied anthropology* - als eine quasi instrumentelle Anwendung von zuvor in empirischer Forschung und theoretischer Reflexion gewonnenen wissenschaftlichen Erkenntnissen, sondern als Überprüfung, Weiterentwicklung und Neuproduktion von Wissen durch gesellschaftliches Handeln. Anstelle einer strikten Trennung von Theorie und Praxis (im o.a. Sinne; Kap. 2.2.) wird nun die wechselseitige Befruchtung von theoretischer Reflexion und praktischem Handeln erkannt (vgl. Eddy/Partridge 1987:57-58).

Die Teilnahme von WissenschaftlerInnen am sozialen Geschehen und die gezielte Induzierung von sozialem Wandel ermöglicht nach diesem Wissenschaftsverständnis neue Erfahrungen, gewährt Einsichten in gesellschaftliche Zusammenhänge und produziert Erkenntnisse, die nicht kontextunabhängig am Schreibtisch gewonnen werden können (vgl. Bastide 1973:170-92, E.Chambers 1987:309; sowie als Beispiele die Beiträge in Eddy/Partridge 1987 und Stull/Schensul 1987). Durch die praktische Nutzung können u.a. Wissensdefizite entdeckt und möglicherweise ausgeglichen werden, die der ethnologischen Wissensproduktion zugrundeliegenden Prämissen, Kategorien und konzeptionellen Bezugsrahmen präzisiert und notfalls in adäquatere transformiert werden, fallspezifische Methodologien entwickelt oder neue Rollen und Verhaltensmuster für ForscherInnen gelernt werden (z.B. Cernea 1987, Hill-Burnett 1987, Partridge 1987, Peterson 1987 u.a.). Praktische Ethnologie dient danach sowohl der Überprüfung von Hypothesen und Theorien in praktischen Zusammenhängen (vgl. E.Chambers 1987:318, Eddy/Partridge 1987:57) als auch der Produktion neuer Beiträge zum Wissensbestand wie zum Forschungsinstrumentarium. Mit diesem Wissenschaftsverständnis wird, wie bereits oben angesprochen, eine Trennung zwischen reiner und praktischer Ethnologie hinfällig.

Neben ihrer gesellschaftlichen und ethischen Positionierung und einer engeren Verflechtung von theoretischer und praktischer Arbeit zeichnen sich die neuen Ansätzen praktischer Ethnologie auch durch veränderte Beziehungen zwischen den beteiligten AkteurInnen im Forschungsprozeß aus: Kulturwissenschaftliche Forschung wird nun vor allem als ein Interaktions- und Kommunikationsprozeß gesehen, an dem ForscherInnen und Forschungssubjekte gleichermaßen, allerdings mit unterschiedlichen Beiträgen, Rollen und Voraussetzungen, beteiligt sind. Die Einsicht, daß WissenschaftlerInnen immer auch Teil der Situation sind, die sie untersuchen, und daß ein Wissen in der konkreten Begegnungssituation von EthnologInnen und den betreffenden Menschen jeweils erst kontextgebunden geschaffen wird (vgl. Kap. 2.2. und Kap. 7.), führte somit zur Aufhebung der in herkömmlichen Forschungsmethoden vorgenommenen Trennung zwischen Forschungssubjekten und -objekten.

Besonders in den U.S.A. entwickelte sich in den vergangenen zwei Jahrzehnten wie in kaum einem anderen westlichen Land eine breitgefächerte *practical anthropology,* auch und gerade in der eigenen Gesellschaft, so z.B. in den Bereichen Landwirtschaft, industrielle Organisation, Gesundheits- und Erziehungswesen. In Westeuropa wurde die Nutzung ethnologischen Wissens vor allem im

Bereich der Entwicklungspolitik diskutiert. Die deutsche Ethnologie blieb dabei, trotz einiger Bemühungen, weiterhin kaum praxisorientiert. Etwa im gleichen Zeitraum entstanden in verschiedenen Ländern anderer Kontinente eigene Ansätze einer kritischen und praktischen Ethnologie, die sich besonders mit den Problemen der einheimischen indigenen Bevölkerungsgruppen befaßten und eine zunehmend wichtige Rolle für die empirische Forschung und die praktische Zusammenarbeit mit indigenen Gemeinschaften spielten (vgl. Kap. 4.6. und 4.7.).

3.5.2. U.S.A.

In den 60er Jahren gehörten in den U.S.A. Kurse über *applied anthropology* zwar zunehmend zum Standardrepertoire universitärer Lehrpläne, insgesamt hatten sich die EthnologInnen aber weitgehend aus außerakademischen Positionen zurückgezogen (siehe oben). Auf Seiten potentieller ArbeitgeberInnen war man genauso skeptisch über den praktischen Wert ethnologischer Arbeit wie auf Seiten der EthnologInnen:

> "In retrospect, anthropology of the post-war years had started overly optimistic and continued for too long as too naive. Good intentions were far too little; minor innovations at a few selected villages were not enough, and anthropologists could not hope to be politically neutral while helping to make a few economic changes that would benefit the poorest of the poor" (Schusky 1982:92).

Ende der 60er und Anfang der 70er Jahre war für die EthnologInnen ein Tiefpunkt in außerakademischen Beschäftigungsverhältnissen erreicht. So arbeiteten 1973 noch 55 EthnologInnen als Vollzeitangestellte in Regierungsdiensten. Die Zahl erscheint für deutsche Verhältnisse recht hoch, ist aber verglichen mit den zur gleichen Zeit in Regierungsdiensten angestellten WissenschaftlerInnen anderer Fächer (z.B. 4.638 WirtschaftswissenschaftlerInnen) verschwindend gering (Partridge/Eddy 1987:45). Doch bereits 1978 sind laut einer Umfrage der *Society for Applied Anthropology* wieder 113 EthnologInnen in 32 verschiedenen außerakademischen Arbeitsbereichen tätig (Wolfe 1996:47).

Die Erfahrungen mit der außerakademischen Verwendung ethnographischer Daten machte eine grundlegende Auseinandersetzung mit den ethischen und politischen Positionen von EthnologInnen erforderlich: 1971 verabschiedete die *American Anthropological Association* die *Principles of Professional Responsibility (AAA 1970)*. 1973 wurde das *Statement on Professional and Ethical Responsibilities* der *Society for Applied Anthropology* veröffentlicht (SfAA 1973). Ein wichtiger Angelpunkt der Ethik-Diskussionen war die Frage nach verdeckter oder geheimer Forschung, die schon Boas über ein halbes Jahrhundert vorher öffentlich als politische Spionage verurteilt hatte (Boas 1919), ohne jedoch damit zunächst bei seinen KollegInnen auf Verständnis zu stoßen (s.o.). In der Folgezeit hatte sich allerdings allmählich im Fach die allgemeine Einstellung durchgesetzt, daß geheime Forschung politisch und ethisch nicht vertretbar und deshalb von EthnologInnen abzulehnen sei (Fluehr-Cobban 1991c:23-27).

Mit der neu erhobenen Forderung nach *studying up* (Nader 1974), d.h., der Untersuchung von Machtstrukturen und gesellschaftlichen Eliten durch EthnologInnen, erhielt die Frage nach verdeckter Forschung eine neue Brisanz: Es war nicht anzunehmen, daß WirtschaftsdirektorInnen, PolitikerInnen oder hohe Militärs den ForscherInnen offenherzig Informationen über interne Vorgänge, Entscheidungsstrukturen und Strategien geben würden. War im Namen einer *committed anthropology* in solchen Fällen eine heimliche Forschung ethisch zu rechtfertigen? Und wie ging man mit dem impliziten doppelten Wertestandard um, der sich daraus ergab: eine Ethik für *studying up* und eine andere für *studying down*? Diese Frage wars heute Anlaß für Grundlagendebatten über praktische Ethnologie und konnte bislang nur fallspezifisch und individuell gelöst werden (z.B. Hedican 1995:31-34; siehe Kap. 7).

Zwar drehten sich viele Diskussionen in den 60er und 70er Jahren explizit um politische Themen und um praktische Fragen, das Gros der FachvertreterInnen lehnte jedoch weiterhin die außerakademische Nutzung ethnologischen Wissens ab (E.Chambers 1987:311, Partridge/Eddy 1987:46-47). Zwischen den programmatischen Entwürfen einer kleinen Gruppe radikaler EthnologInnen (vgl. Kap. 4.5.) und der Praxisabstinenz eines Großteils der WissenschaftlerInnen entstanden in den späten 60er und frühen 70er Jahren Ansätze einer praktischen Ethnologie, die sich von der klassischen angewandten Ethnologie vor allem in dreierlei Hinsicht unterschieden (van Willigen 1993:28-29; vgl. auch R.Cohen 1987:141-2):

1. *Role-extension*: Die EthnologInnen begrenzten ihre Rollen nicht mehr nur auf die von ForscherInnen, BeraterInnen und LehrerInnen bzw. AusbilderInnen, die zwischen akademischen Positionen und zeitlich begrenzten praktischen Tätig-

keiten abwechselten, sondern übernahmen neue und langzeitige berufliche Positionen außerhalb des akademischen Umfeldes, bei denen ethnologische Methoden, Kenntnisse und theoretische Konzepte in vielfältiger Weise zusammen mit anderen Fertigkeiten genutzt wurden.

2. *Value-explicity*: Die EthnologInnen setzten sich bewußter mit ihren Werten, Motivationen und persönlichen Zielen auseinander und verstanden diese als integrativen Bestandteil ihrer Tätigkeit. Zunehmend artikulierten sie explizit praktische Zielsetzungen für ihre Arbeit.

3. *Action-involvement*: Als Folge der Übernahme neuer Rollen und einer wertexpliziten Haltung wandelte sich auch das Verhältnis der EthnologInnen zu den EntscheidungsträgerInnen und PraktikerInnen gesellschaftlichen Wandels. Statt nur zu forschen und zu beraten, beteiligten sie sich selber an der Umsetzung ihres Wissens und an Entscheidungsfindungsprozessen zur Lösung praktischer Probleme, d.h., sie nahmen als *change agents* an gesellschaftsverändernden Handlungen teil.

Dieser Wandel in der praktischen Ethnologie ermöglichte erst die Entstehung einer kritisch engagierten Ethnologie in Zusammenarbeit mit indigenen Völkern, wie sie ausführlich im folgenden Kapitel nachgezeichnet wird.

In den U.S.A. begann sich in den 70er Jahren somit langsam eine "neue angewandte Ethnologie" (Angrosino 1976b) herauszubilden (vgl. auch Schusky 1982:92-93). Angrosino stellte Mitte der 70er Jahre optimistisch fest, daß angewandte Ethnologie wieder eine akzeptierte Alternative zur akademischen Karriere geworden war und nicht mehr nur eine Nebenbeschäftigung zur "richtigen" Ethnologie darstellte (Angrosino 1976b:5). Mitte der 80er Jahre waren zum ersten Mal seit Gründung der AAA (1902) mehr EthnologInnen außerhalb des akademischen Bereiches angestellt als innerhalb (Fluehr-Cobban 1991b:5). Der wieder stark schrumpfende akademische Arbeitsmarkt, die vergleichsweise geringere Bezahlung in akademischen Einrichtungen und die gleichbleibend hohe jährliche Rate an neu promovierten EthnologInnen (ebd. 6-7) führten zur verstärkten Suche nach neuen außerakademischen Forschungs- und Betätigungsfeldern und machte die angewandte Ethnologie zum am raschesten expandierenden Teilbereich des Faches (E.Chambers 1987:312, Fluehr-Cobban 1991b:3-7, Partridge/Eddy 1987:47-48, van Willigen 1980:34, 1993:33, 1996:44). In Abgrenzung zur klassischen *applied anthropology* wird nun vorzugsweise von "knowledge utilization", "practical anthropology" oder "practicing anthropologists" (vgl. Kap. 2.5.) gesprochen:

"(...) a practicing anthropologist is one who utilizes the anthropological perspective in activities of immediate relevance to public policy. The term implies an engagement with persons and institutions outside the profession. It does not exclude academically situated anthropologists, but does insist on direct or more than occasional interaction between the anthropologist and the public, with the expectation that the anthropologist has at least as much to learn from such exchanges as the public stands to gain from anthropological input. (...) Importantly, the practicing anthropologist need not be a researcher, although such activity remains an important aspect of many kinds of practice. Practicing anthropology can be validated in any type of public activity or employment" (E.Chambers 1979:533).

Die neuen "praktischen" oder "praktizierenden" U.S.-amerikanischen EthnologInnen arbeite(te)n seit Ende der 70er Jahre in einer Vielzahl von institutionellen und inhaltlichen Bereichen mit den unterschiedlichsten Aufgabenstellungen und Positionen.[97] Diese Entwicklungen machen eine Trennung zwischen akademischer und praktischer Ethnologie endgültig hinfällig. Sinnvoller scheint es dagegen, die Tätigkeit von EthnologInnen anhand von thematischen Arbeitsbereichen zu unterscheiden. So zeigen neuere Erhebungen über die Arbeitsgebiete U.S.-amerikanischer EthnologInnen, daß sich ein Großteil von ihnen zwar nicht explizit als *applied anthropologists* bezeichnet, durchaus aber mit aktuellen anwendungsbezogenen Fragestellungen befaßt ist (Bennett 1996:25). So werden z.B. nach Ansicht von Bennett (ebd.) einige der wichtigsten Arbeiten im

---

[97] Anhand der Materialien des *Applied Anthropology Documentation Project* der Universität von Kentucky arbeitet van Willigen (1993:6) bspw. folgende 39 unterschiedliche Arbeitsbereiche der praktischen Ethnologie heraus: "Agriculture, Alcohol and Drug Use, Community Action, Criminal Justice and Jurisprudence, Design and Architecture, Development Policies and Practices, Disaster Research, Economic Development, Education and Schools, Employment and Labor, Energy Extraction, Environment, Evaluation, Fisheries Research, Forestry and Forests, Geriatric Services, Government and Administration, Health and Medicine, Housing, Human Rights, Racism, and Genocide, Industry and Business, Land Use and Land Claims, Language and Action, Media and Broadcasting, Military, Missions, Nutrition, Policy making, Population and Demography, Recreation, Religious Expression, Resettlement, Social Impact Assessment, Training Programs, Urban Development, Water Resources Development, Wildlife Management, Women in Development". Zur Bandbreite der von praktisch tätigen EthnologInnen ausgeübten Rollen, Positionen und Funktionen vgl. auch die *practitioner profiles* in der Zeitschrift *Practicing Anthropology*. Auch wenn sich diese Arbeitsbereiche wegen unterschiedlicher Ausbildungsinhalte, Bildungs- und Arbeitsmarktpolitik usw. nicht oder nur sehr bedingt auf andere Länder übertragen lassen, gibt diese Liste zumindest eine Vorstellung davon, in welcher Weise sich eine kulturwissenschaftliche Ausbildung gesellschaftlich praktisch anwenden läßt bzw. ließe. Sie zeigt auch die sehr pragmatische und arbeitsmarktorientierte Herangehensweise der U.S.-amerikanischen EthnologInnen an ihr Fach im Unterschied etwa zur primär akademisch-theoretischen Orientierung ihrer deutschen KollegInnen.

Bereich der angewandten Ethnologie von WissenschaftlerInnen geleistet, die sich selber nicht zu den *applied anthropologists* zählen.

Außerdem wird es unter EthnologInnen in den U.S.A. zunehmend üblich, sich nicht mehr nach der regionalen oder thematischen Forschungsspezialisierung, sondern nach dem Arbeitgeber beruflich zu identifizieren (E.Chambers 1985:7-8). Diese ArbeitgeberInnen sind nationale Regierungen und internationale Institutionen, Wirtschaftsunternehmen, nicht-staatliche Organisationen und Kirchen, einzelne Gemeinden, Bürgerinitiativen und Interessensverbände, ethnische Gruppen und indigene Organisationen. Die von EthnologInnen übernommenen Funktionen und Rollen charakterisiert van Willigen (1993:3-5) als: *policy researcher, evaluator, impact assessor, needs assessor, planner, research analyst, advocate, trainer, culture broker, expert witness, public participation specialist, administrator/manager, change agent* und *therapist*. Sicher ließe sich diese Liste noch ergänzen; auch gibt es zweifellos Überschneidungen zwischen den verschiedenen Funktionen.

Das zunehmende Interesse an praktischen Aufgabenstellungen wirkte sich auch auf die akademische Ethnologie aus: Universitäten und ethnologische Verbände entwickelten seit Mitte der 70er Jahre spezielle Ausbildungsprogramme für *applied anthropology* (siehe: Kushner 1978, Leacock et al. 1974, Partridge/ Eddy 1987:51, Stern/van Willigen 1982, Trotter 1988, van Willigen 1979, 1987a, 1987b, 1993:34-35, Wolfe 1996:47). Es erschienen Handbücher und Lehrmaterialien für nicht-akademische Laufbahnen für EthnologInnen (z.B. AAA 1982, 1986, E.Chambers 1977, Eddy/Partridge 1987, Goldschmidt 1979a, C.E.Hill 1985, Partridge 1984, van Willigen/Dewalt 1985, Th.Weaver 1985a, 1985b); Praktika und Hospitationen bei Einrichtungen aus den Bereichen Politik, Wirtschaft, Gesundheit, Entwicklungszusammenarbeit, Sozialarbeit, ländliche Entwicklung, Medien u.a. wurden empfohlen bzw. in Studiengänge integriert (Angrosino/Kushner 1978, Wolfe et al. 1981).

Die Erfahrungen der EthnologInnen in nicht-akademischen Berufslaufbahnen zeigten schnell, daß zu der klassischen Ausbildung in ethnologischen Theorien und Methoden, die in jedem Fall das Kernstück der in der praktischen Ethnologie genutzten Fertigkeiten darstellten, eine Reihe anderer, auf den speziellen Arbeitsbereich zugeschnittener Kenntnisse und Kompetenzen hinzukommen mußte (vgl. z.B. Eddy/Partridge 1987:235-6, van Willigen 1988, C.E.Hill 1988). Neue Periodika entstanden, die sich explizit und ausschließlich den Fragen einer praktischen Ethnologie widmeten (z.B. "Practicing Anthropology" von der *Society for Applied Anthropology*), und es gründeten sich neue regionale und überregionale Vereinigungen professioneller EthnologInnen, die sich explizit mit praktischen Aufgaben befaßten (z.B. 1974 die *Society of Professional Anthropologists/SOPA* oder die *Washington Association of Professional Anthropologists/WAPA*; vgl. van Willigen 1993:34-36).

Die Orientierung an neuen außerakademischen Arbeitsfeldern und die Notwendigkeit zu größerer beruflicher Spezialisierung führte Anfang der 80er Jahre auch zur Reorganisation der *American Anthropological Association*. Zu den neuen Untereinheiten, die daraus entstanden, gehört u.a. die *National Association of Practicing Anthropologists/NAPA*, die in regelmäßigen Abständen Bulletins zu aktuellen Themen der *practical anthropology* herausbringt (Partridge/ Eddy 1987:48-49).

Hand in Hand mit diesen beruflichen und organisatorischen Umorientierungen der U.S.-amerikanischen Ethnologie wurde die Diskussion über die Ethik ethnologischer Forschung und Praxis neu aufgegriffen. Die Veränderungen auf dem Arbeitsmarkt führten in den 80er Jahren zu Revidierungen der Ethik-Codes der *Society for Applied Anthropology* und der *American Anthropological Association*. In den überarbeiteten Versionen wurde den neuen Anforderungen an EthnologInnen aufgrund veränderter Aufgabenstellungen und neuer ArbeitgeberInnen Rechnung getragen. Als besonders problematisch erwies sich weiterhin die Frage nach der Weitergabe von Forschungsergebnissen und nach verdeckter Forschung. Während sich SfAA wie AAA in vorangegangenen Diskussionen ausdrücklich gegen jede Form von verdeckter Forschung und die heimliche Weitergabe nicht-öffentlicher Forschungsdaten an die AuftraggeberInnen ausgesprochen hatten, erkannte die SfAA nun ein gewisses Besitzanrecht der AuftraggeberInnen an den Ergebnissen der WissenschaftlerInnen an. Aus beiden revidierten Ethik-Codes (AAA 1989, SfAA 1983) ist der Begriff der geheimen Forschung ganz verschwunden.[98]

---

[98] Vgl. dazu die sehr kritischen Ausführungen von Berreman (1993), demzufolge sich die heutige praktische Ethnologie in den U.S.A. zunehmend nach den Anforderungen der freien Marktwirtschaft und des privatwirtschaftlichen Unternehmertums anstatt nach den humanistischen und ethischen Traditionen des Faches orientiert. Die Annahme des neuen *Code of Ethics* der AAA bedeutet für ihn, "die Vornehmheit der Politik der Wahrheit der Perversität der Realpolitik zum Opfer zu bringen" (ebd. 119). Eine entscheidende Frage, nämlich die nach den "rechtmäßigen Auftraggebern" ethnologischer Arbeit, wird weder in den beiden Ethik-Statements noch von Berreman angesprochen. Sie wird im Zusammenhang mit einer *advocacy anthropology* besonders relevant.

Die Veränderungen auf dem Arbeitsmarkt, die rasche Expansion einer außerakademischen praktischen Ethnologie und die organisatorischen Reaktionen der akademischen Ethnologie führten schließlich zur Herausbildung zahlreicher neuer theoretischer Forschungsfelder, zur Entwicklung verschiedener neuer Techniken und Methoden der sozialen Intervention und zu einem pragmatischen und erweiterten fachlichen Selbstverständnis (vgl. van Willigen 1993:27-33, zu Beispielen praktischer Ethnologie siehe van Willigen 1980, 1991; vgl. Kap. 4). So forderten die *practical anthropologists*, daß neben Datensammlung und Theoriebildung auch eine gesellschaftliche Praxis, z.B. Verwaltungs- und Planungsaufgaben, in einer Definition von Ethnologie Eingang finden mußte. Nach einer Umfrage der AAA war die häufigste nicht-akademische Position für EthnologInnen Mitte der 80er Jahre die eines *program director*. Eine solche Berufsposition beinhaltete üblicherweise neben Forschung und Dokumentation auch Verwaltungs- und Evaluationsaufgaben (Fluehr-Cobban 1991b:7). Drake (1988:49) schlug dementsprechend vor:

"(...) to dispense with notions such as to be an administrator is not to be an anthropologist. This is such a silly statement (like a hospital administrator can't be a physician) that it would not be worth discussion were it not taken so seriously. Instead, agree that anyone with a degree in anthropology (B.A., M.A., or Ph.D.) is an anthropologist. Anthropologists simply work in different settings using their skills to different ends. They can still benefit the profession as a whole. To define anthropology otherwise is to limit ourselves out of much of our future."

Nicht nur das Verhältnis zur gesellschaftlichen Praxis, auch die Beziehung zu den Forschungssubjekten begann sich ab den 70er Jahren entscheidend zu ändern. So hatten bspw. die indianischen Völker mittlerweile einen hohen Organisationsgrad und ein politisches Selbstbewußtsein erworben, welches sich in zunehmendem Widerstand gegen die staatliche Indianerpolitik und immer lauter werdenden Forderungen nach Selbstbestimmung äußerte. Von diesen Unmutsäußerungen blieben auch die WissenschaftlerInnen nicht verschont. In seinem Buch "Custer died for your sins" erhob der indianische Jurist Vine Deloria, Jr., heftige Anklagen gegen die "Ethnologen und andere Freunde" (Deloria 1969: 83-105) und traf damit den Nerv vieler IndianerInnen, die sich in den 50er und 60er Jahren zunehmend enttäuscht von den "anthros" abgewandt hatten.

Das "wachsende negative Image der EthnologInnen bei den amerikanischen Indianern" (Maynard 1974) hatte verschiedene Gründe: Neben denen, die bereits im vorangegangenen Abschnitt erwähnt wurden (Praxis- und Politikabstinenz der EthnologInnen, Fehlschläge ethnologischer Projekte usw.), machte sich nun deutlich der Bildungs"boom" der Nachkriegszeit bemerkbar. Die indianischen Reservationen waren traditionellerweise das bevorzugte Studienfeld der U.S.-amerikanischen Ethnologie gewesen, was bei der bis dahin relativ geringen Anzahl von EthnologInnen zu relativ ausgewogenen Beziehungen zwischen ForscherInnen und Forschungssubjekten führen konnte. Die ab Ende der 50er Jahre infolge des raschen Anwachsens der StudentInnenzahlen in großen Mengen aus den Universitäten strömenden ethnologischen NachwuchsakademikerInnen dagegen leiteten auf der Suche nach einem Trainingsfeld für Feldforschungsmethoden oder einem Examensthema geradezu eine "large-scale anthropological invasion of Indian life" ein (Lurie 1988:554). Hinzu kam, wie Lurie anmerkt, daß sich in dieser Zeit das Interesse der qualifizierteren und erfahrenen *applied anthropologist* auf Übersee richtete, so daß die Reservate vor allem das Übungsfeld junger BerufsanfängerInnen und mancher "would-be anthropologists" blieben (ebd.).

Auch auf indianischer Seite hatte sich einiges verändert: Die Regierungspolitik der *termination* und *relocation* (s.o.) hatte nicht, wie beabsichtigt, dazu geführt, das "Indianerproblem" durch Assimilation zu lösen, sondern hatte vielmehr zur Entstehung einer wachsenden Zahl von städtischen IndianerInnen beigetragen, die mit Argumenten, Rhetorik und politischen Organisationsformen der nichtindigenen Gesellschaft vertraut waren und WortführerInnen einer neuen Indianerrechtsbewegung wurden (Lurie 1985:366). Die z.T. gut ausgebildeten indigenen AktivistInnen empfanden die meisten Themen ethnologischer Forschungen als irrelevant für ihre Alltagsprobleme oder schlicht als beleidigend und äußerten heftigen Unmut darüber, daß sie weder an den Forschungsprogrammen noch den Forschungsgeldern Anteil hatten (vgl. Lurie 1988:552-56).

Dabei sollte nicht übersehen werden, daß die neue, überwiegend von jüngeren Leuten getragene Indianerbewegung einen wichtigen Anstoß durch die Sommercamps, Workshops und Ausbildungsseminaren erhielt, die ab den 50er Jahren von Bildungs- und Wissenschaftseinrichtungen für indianische Jugendliche durchgeführt wurden.[99] Diese häufig von EthnologInnen geleiteten Veranstaltungen boten den jungen IndianerInnen eine Möglichkeit, ihre Probleme zu

---

[99] Deloria dagegen war sehr kritisch auch gegenüber den "work shop anthros" eingestellt (Deloria 1969:87-90).

formulieren, Erfahrungen und Informationen auszutauschen und sich zu organisieren (Hertzberg 1988:315-16).

Auch waren nicht alle U.S.-amerikanischen EthnologInnen so desinteressiert und ignorant gegenüber den Problemen der indianischen Gemeinschaften, wie z.B. Deloria es darstellte. So hatten sich einzelne von ihnen öffentlich gegen die Terminationspolitik der 50er Jahre eingesetzt (vgl. Lurie 1988:552) oder sich an der Organisation und Durchführung der *American Indian Chicago Conference* (1961) beteiligt. Diese setzte ein erstes deutliches Zeichen dafür, daß die indianischen Nationen keineswegs "vanishing races" waren, sondern daß im Gegenteil seit den 50er Jahren ein bedeutendes pan-indianisches Bewußtsein entstanden war (Straus et al. 1986; vgl. Kap. 4.5.2.). Im Großen und Ganzen waren es aber wenige WissenschaftlerInnen, die sich aktiv und in Zusammenarbeit mit indigenen VertreterInnen für indianische Rechte und mehr Selbstbestimmung einsetzten.

So löste Delorias Buch nicht ganz zu Unrecht eine breite Welle des Unmutes und indianischen Protestes über die bisherigen Versuche sog. ExpertInnen, einschließlich der EthnologInnen, aus, von außen her das "Indianerproblem" zu lösen, und lieferte der wachsenden *Red Power*-Bewegung (vgl. Akwesasne 1978, Biegert 1976, D.Brown 1972, Burnette/Koster 1974, Cahn/Hearne 1969, Josephy 1971, Steiner 1968, 1976 u.a.) entscheidende Argumentationshilfen. Mancher Ethnologe war in der Folgezeit gezwungen, seine Feldforschung auf indianischen Reservaten aufzugeben oder/und sich den politischen Aktionen der betreffenden Gruppe anzuschließen (z.B. Talbot 1974); andere suchten z.T. gemeinsam mit den Forschungssubjekten nach neuen Methoden und Zielsetzungen, um den Forderungen der indigenen Gemeinden nach Partizipation und Selbstbestimmung gerecht zu werden (s.unten).

3.5.3. Großbritannien

In den ersten zwei Nachkriegsjahrzehnten gewannen die letzten britischen Kolonien ihre Unabhängigkeit. Parallel dazu erfolgte ein Rückzug der britischen EthnologInnen aus praktisch-politischen Arbeitsfeldern. Sie richteten sich nun erneut an theoretischen Themen aus dem klassischen Spektrum der *social anthropology* (Verwandtschaft, Sozialstruktur u.ä.) aus. Kulturhistorische, psychologische und vergleichende Ansätze oder eine thematische Breite wie in der

U.S.-amerikanischen Ethnologie wurden kaum entwickelt (Garbarino 1977:74-80). Ende der 60er und Anfang der 70er Jahre erreichten diejenigen EthnologInnen, die die Auseinandersetzungen um die *applied anthropology* der vorangegangenen Jahrzehnte geprägt hatten, ihr Pensionsalter, behielten aber mit ihren Arbeiten weiterhin einen nicht unerheblichen intellektuellen Einfluß (Kuper 1983:121-41, 185-86). Zur gleichen Zeit stagnierte die institutionelle Expansion des Faches: Gelder wurden knapper, Lehrstühle blieben unbesetzt. Bei der neuen Generation britischer EthnologInnen gewannen vor allem in den 70er Jahren marxistische und strukturalistische Ansätze der französischen Ethnologie einige Bedeutung; in den 80ern kamen dann vor allem "kognitive" Forschungsthemen wie z.B. Symbolismus, Rituale und Klassifikationssysteme sowie Studien über Ethnizität, Rassismus und Entwicklung hinzu. Neben Afrika gewannen nun andere Kontinente, aber auch Großbritannien selber als Forschungsregion zunehmend an Bedeutung (ebd.186-92). Zusammenfassend konstatiert Kuper für die britische Ethnologie Anfang der 80er Jahre "institutional stagnation, intellectual torpor, and parochialism" (1983:192).

Während die Nachkriegsjahre von einer weitestgehenden Praxisabstinenz gekennzeichnet waren, begaben sich ab Mitte der 60er Jahre wieder einige britische EthnologInnen in den Bereich der Entwicklungspolitik und befaßten sich mit anwendungsbezogenen Themen wie z.B. *race relations* oder *peasant studies*. Das allmählich zunehmende Interesse an außerakademischen Arbeitsfeldern, das vor allem bei den jüngeren EthnologInnen in den 70er Jahren zu finden war, gründete sich sowohl in dem Glauben an die praktische Nützlichkeit ihres fachlichen Wissens zur Lösung sozialer Probleme als auch in dem ausgesprochenen Mangel an akademischen Arbeitsplätzen und Forschungsgeldern (Gardner/Lewis 1996:39-41, Grillo 1985:2, Kuper 1983:190-91, Partridge/Eddy 1987:49-50). In der zweiten Hälfte der 70er Jahre wurden verschiedene ethnologische Gesellschaften gegründet, die sich mit praktischen Aufgabenstellungen befaßten (z.B. 1976 die *British Medical Anthropology Society*). 1981 formierte sich die *Group for Anthropology in Policy and Practice/GAPP*, die seitdem über angewandte Ethnologie und außerakademische Berufslaufbahnen für EthnologInnen publiziert und Veranstaltungen durchführt (Partridge/Eddy 1987: 50). Die Institutionalisierung einer *practical anthropology* war damit eine - im Vergleich zu den USA - späte Entwicklung in Großbritannien, hatte sich aber zu Beginn der 80er Jahre weitgehend vollzogen (vgl. Kuper 1983:206-210).

Apthorpe sprach 1984 von einem "neuen Interesse an angewandter Ethnologie" und stellte fest, daß es zwar immer noch eine Spaltung zwischen den Befürwortern einer reinen und einer angewandten Ethnologie gäbe, daß dem Thema der ethnologischen Praxis aber zunehmend mehr Aktualität, Dringlichkeit und Interesse zukam (Apthorpe 1984:403-4). Etwa ab Mitte der 80er Jahre begann die *British Overseas Development Administration*, bei deren Gründung 1964 zunächst keine Beteiligung von Kultur- und SozialwissenschaftlerInnen vorgesehen war, mit der zunehmenden Anstellung von EthnologInnen als EntwicklungsberaterInnen (Eyben 1997:5, Gardner/Lewis 1996:39, 129; Kahrmann 1996; siehe auch Rew 1991). Ab der gleichen Zeit erschienen in britischen Fachzeitschriften, z.B. *Anthropology Today*, und anderen Publikationen vermehrt Beiträge über *applied anthropology*, vorrangig im Bereich Entwicklungspolitik, dann aber auch über andere aktuelle soziale Themen wie AIDS, Rassismus, Flüchtlinge, Katastrophenhilfe, Minderheitenpolitik u.ä. Konferenzen, Workshops und Ausbildungsseminare zu Aspekten einer angewandten Ethnologie wurden durchgeführt.

Der Einfluß ethnologischer Arbeiten macht sich in den letzten Jahren besonders im entwicklungspolitischen Bereich bemerkbar, z.B. bei der Entwicklung partizipatorischer Verfahrensweisen (siehe Kap. 4.7.4.). Federführend war und ist dabei das *International Institute for Environment and Development* mit seiner Zeitschrift "PLA Notes/Notes on Particpatory Learning and Action". Mitte der 90er Jahre hat die Anzahl der *social development specialists* am britischen *Department for International Development* (DFID) die gleiche Größe wie die anderer FachberaterInnen erreicht. Jedes Übersee-Department des DFID beschäftigt heute sozialwissenschaftliche BeraterInnen, deren Expertise nicht auf bestimmte Projekte beschränkt ist, sondern quer durch sämtliche Entwicklungsprogramme zu Rate gezogen wird (Eyben 1997:5-6). Obwohl Großbritannien heute neben den Niederlanden, Norwegen und Schweden eine Vorreiterrolle in der Entwicklungsethnologie in Europa einnimmt (vgl. Kahrmann 1996:109-110), scheint die Mitarbeit von EthnologInnen in der Entwicklungspolitik von einem Großteil der britischen FachvertreterInnen ebenso wie andere angewandte ethnologische Tätigkeiten immer noch als wissenschaftlich weniger wertvolle Arbeit angesehen zu werden (vgl. Prochnow 1996:1-2).

3.5.4. Bundesrepublik Deutschland

In Deutschland arbeiteten die EthnologInnen auch durch die 60er und 70er Jahre hindurch weiterhin überwiegend historisch, empirisch und wenig anwendungsbezogen. Auch befaßten sich nur wenige Arbeiten mit den theoretischen Grundlagen des Faches (Ausnahmen z.B. W.Müller 1968/69, Schmied-Kowarzik 1966, 1967, Vossen 1969). Etwa ab Mitte der 70er Jahre stieg dann zwar die Zahl von Publikationen mit theoretischen Fragestellungen (z.B. Kramer 1977, Lang et al. 1981, Oppitz 1975, Rudolph 1973, Schmied-Kowarzik/Stagl 1981, Schweizer 1978, Seiler 1979, Stagl 1974 u.a.; vgl. Hildebrandt 1990:10-17), aber die nach Kriegsende eingenommene theorieabstinente Haltung vieler deutscher EthnologInnen machte sich teilweise noch bis in die 80er Jahre bemerkbar (Braukämper 1979:7, Jensen 1981:189, Nowotny 1980).

Vereinzelt tauchten ab Ende der 60er Jahre und etwas zunehmend ab Mitte der 70er Jahre auch Arbeiten auf, die sich mit praktischen und gegenwartsbezogenen Themen befaßten (z.B. Adrian 1975, Bundt et al. 1979, Cochrane 1974, Janata 1974, U.Köhler 1969, E.Schlesier 1964, Stagl 1985, Vossen/Seidensticker 1970).[100] Diese Arbeiten behandelten im wesentlichen einzelne entwicklungspolitische Fallbeispiele oder enthielten allgemeine Überlegungen zum potentiellen Wert ethnologischer Einsichten für die entwicklungspolitische Praxis, gaben aber kaum konkrete oder generalisierbare theoretische und methodische Hinweise, wie eine praktische Nutzbarmachung der Ethnologie auch in Forschung und Lehre ihren Niederschlag finden konnte (für ähnliche Einschätzungen vgl. Bliss 1985a:626-37, 1988:109-10, Kievelitz 1988:237-8). Die wichtigste Aufgabe einer angewandten Ethnologie sahen die meisten dieser AutorInnen in der kritischen Begleitung der Entwicklungshilfe, die allerdings teilweise auch als eine "Fortsetzung des Kolonialismus mit anderen Mitteln" gesehen wurde (z.B. Stagl 1985:158; ähnlich Vossen/Seidensticker 1970:307). Während Stagl die Aufgabe der EthnologInnen weiterhin auf die wissenschaftliche Forschung und die Lieferung von Daten und Konzepten begrenzte, erschien es ihm gleichzeitig

---

[100] Cochrane bildete eine Ausnahme unter den genannten AutorInnen, da er sich nicht auf die deutschsprachige Ethnologie bezog. Der in Großbritannien ausgebildete und in den U.S.A. lehrende Ethnologe hatte durch seine Aktivitäten Anfang der 70er Jahre entscheidend zur Beschäftigung von zahlreichen EthnologInnen bei der Weltbank und der U.S.-amerikanischen Entwicklungsbehörde USAID beigetragen. Er wird hier aufgeführt, da er durch seine deutschsprachigen Veröffentlichungen auch den hiesigen EthnologInnen Argumente für eine Beteiligung an der Entwicklungszusammenarbeit lieferte (vgl. Kievelitz 1988:215-222).

für unvertretbar, vor aktuellen sozialen Problemen die Augen zu schließen und der humanitären Verpflichtung gegenüber den Forschungssubjekten nicht nachzukommen:

> "Wollte er (der Ethnologe; F.S.) sich in überhaupt nichts einmischen und nur im Stillen hoffen, daß 'seinen Völkern' nichts geschieht, damit er weiterhin an den pittoresken Details ihrer sozio-kulturellen Organisationen seinen Erkenntnistrieb und sein ästhetisches Gefühl befriedigen kann, dann müßte er sich aber auch dessen bewußt sein, daß er sich damit entschieden hat, 'seine' Völker in Schönheit sterben zu lassen" (ebd. 159).

Gleichzeitig hielt er eine kritische Haltung gegenüber dem aufkommenden Nationalismus der neuen Staaten für notwendig, und sieht es als politische Aufgabe, deren einheimische Intelligentia zur Anerkennung und zum Respekt vor den Leistungen der kleinen ethnischen Gruppen zu bringen. Er forderte die "Zugänglichmachung völkerkundlicher Forschungsergebnisse für jene Menschen, denen man sie verdankt", um "(...) jenem Teil der Menschheit, die eine solche angeblich nicht besitzt, seine Geschichte zurück(zugeben)" (ebd.159-160).

Solche Befürwortung einer Teilnahme an entwicklungspolitischen Aufgaben war in den 70er Jahren in der deutschen Ethnologie sonst kaum zu finden. E.Schlesier hielt z.B. die Forderung nach Berücksichtigung der "Gegenwartsprobleme der Dritten Welt" in der ethnologischen Ausbildung durchaus für gerechtfertigt, warnte aber davor, daß EthnologInnen auf zu vielen Gebieten agierten und forderte eine "ausbildungsgerechte Beschränkung der Forschungsziele" (E.Schlesier 1974: 70-73). Das vorrangige Ziel der ethnologischen Arbeit wäre es, das Leben fremder Kulturen verständlich zu machen, zu übersetzen und zu dokumentieren (ebd. 74). Statt einer Praxisorientierung der Ethnologie bevorzugte er eine ethnologische Grundausbildung der PraktikerInnen.

Auch Vossen/Seidensticker (1970) teilten der Ethnologie vor allem Bildungsaufgaben zu: z.B. Verständnis und Toleranz für andere Kulturen zu wecken, zum Abbau von Vorurteilen beizutragen und ethnozentrische Anschauungen und Werte korrigieren zu helfen (ebd. 308). Sie rieten zur Vorsicht bei der Teilnahme an der Entwicklungspolitik, befürworteten aber, "unter bestimmten Voraussetzungen" eine Unterstützung von Befreiungsbewegungen (ebd. 307). Schott sah es als wichtigste Aufgaben der EthnologInnen, als eine Art interkulturelle ÜbersetzerInnen oder VermittlerInnen eine "wechselseitige Erhellung" zwischen verschiedenen Kulturen zu bewirken, durch Förderung von Verständnis für fremde, andersartige Lebensformen und Beseitigung von rassistischen, nationalistischen u.a. Stereotypen einen Beitrag zur Konfliktreduzierung im Zusammenleben der Menschen zu leisten, kritisch die staatlichen Entwicklungsprogramme zu begleiten, die Rechte der ethnischen Gruppen auf Selbstbestimmung zu unterstützen sowie allgemein zur Selbsterkenntnis der eigenen Gesellschaft beizutragen (Schott 1962:28, 1971:20, 1980).

Konkrete Vorschläge oder Versuche, diese Aufklärungs- und Bildungsziele in die Praxis umzusetzen oder die Unterstützung indigener Selbstbestimmungsbemühungen im Fach zu thematisieren, wurden jedoch von Seiten der institutionalisierten akademischen Ethnologie nicht gemacht. Zwar erschütterten kurzzeitig die Forderungen der StudentInnenbewegung nach politischer Relevanz wissenschaftlicher Forschung auch die TeilnehmerInnen der etablierten DGV-Tagungen (vgl. Hildebrandt 1990:17-18), doch das Gros der EthnologInnen stand weiterhin der praktischen Anwendung ihrer Arbeit skeptisch, ablehnend (z.B. Nowotny 1980) oder zumindest indifferent gegenüber (vgl. Bliss 1985a, 1988).[101]

Erst ab 1980 begann - vor allem bei der jüngeren EthnologInnengeneration - eine intensivere Auseinandersetzung mit der Rolle des eigenen Faches in der Kolonialzeit und im Nationalsozialismus (z.B. Fischer 1981, 1990, Gothsch 1983, Hauschild 1995a, Hildebrandt 1990:9-64, Michel 1986, Mosen 1991) und mit Fragen nach einer gesellschaftlich relevanten und praxisorientierten Ethnologie.[102] Die Hinwendung zur Befassung mit Praxis und Politik der Ethnologie kann als ein verspätetes Wirken der gesellschafts- und wissenschaftskritischen Bewegungen der 60er und 70er Jahre gesehen werden (ähnlich Kievelitz 1988: 239-40), ist sicherlich aber auch auf das überproportionale Anwachsen der StudentInnenzahlen seit Mitte der 70er Jahre und einem entsprechenden Mangel an akademischen Berufspositionen zurückzuführen (Fischer 1988b, Valjavec 1984).

Das DGV-Symposium in Münster über "Beiträge von Ethnologen zur Gestaltung von Entwicklungsprojekten in Übersee" (1981) markierte den Beginn einer

---

[101] Eine Ausnahme sind die MuseumsethnologInnen, die bereits in den 70er Jahren eine ausführliche Diskussion über Grundlagen und praktische Aufgaben der Völkerkundemuseen begannen (z.B. in der Zeitschrift für Ethnologie, 1976, Vol. 101 mit Beiträgen von Deltgen, von Gagern, Harm, Hinz, Mey, Münzel, Nachtigall und Vossen; siehe auch Hildebrandt 1990:18).

[102] Vgl. dazu u.a. die Dokumentationen der jährlichen studentischen Ethno-Treffs und Ethnologinnen-Treffen sowie die Beiträge in den (z.T. eingestellten) Zeitschriften *Ethnologische Absichten* (Berlin), *CARGO* (wechselnde Erscheinungsorte), *Ethno* (Zürich) und *Trickster* (München).

zunehmenden Befassung mit den Anwendungsmöglichkeiten ethnologischen Wissens auch von Seiten der akademisch etablierten EthnologInnen. Zu dem erhofften Dialog zwischen EntwicklungspolitikerInnen und EthnologInnen kam es auf der Tagung allerdings noch nicht (vgl. Wald 1981). Die ReferentInnen (Adrian 1984, Heinen 1984, U.Köhler 1984, Pfeffer 1984, Moser-Schmitt 1984) befaßten sich anhand eigener Erfahrungen zwar konkreter mit möglichen ethnologischen Beiträgen zu Entwicklungsprojekten und lieferten auch Hinweise für eine praxisbezogenere ethnologische Ausbildung (besonders Adrian 1984:119-120). Trotzdem zeichnete sich noch keine grundlegende Wende innerhalb der deutschen akademischen Ethnologie ab (vgl. Erlenbach 1985).

Bis Mitte der 80er Jahre spielte die Befassung mit einer praxisrelevanten Ethnologie und einer entsprechenden Ausbildung weiterhin eine untergeordnete Rolle in Forschung und Lehre. Erst dann nahmen die Diskussionen, Publikationen und Tagungen über Ethik und Verantwortung, gesellschaftliche Relevanz und die mögliche Nutzbarmachung ethnologischer Arbeit allmählich zu (z.B. Amborn 1993a, 1993d, Antweiler 1986, 1987, 1990, 1992, 1993, 1994, 1996, 1997a, 1997b, Bruck 1987, 1989, Dettmar 1990, Koepping 1993, Moser 1985, Münzel 1980, Nahr 1985, K.Schlesier 1980, Seithel 1990a, 1990b, 1990c, 1994a, Szalay 1977, Wentzel 1984 u.a.). Auf den DGV-Tagungen finden seitdem regelmäßig, wenn auch im Vergleich zu anderen Themen noch im geringeren Umfang, Veranstaltungen über Ethik und praxisrelevante Themen wie z.B. Entwicklungsethnologie, Nationalitätenpolitik, Ethnopädagogik u.ä. statt.

Die anwendungsorientierten Publikationen und Artikel in Fachzeitschriften wie "Zeitschrift für Ethnologie", "Anthropos" oder "Sociologus" bezogen und beziehen sich zum weitaus größten Teil auf die (potentiellen) Beiträge von EthnologInnen zur staatlichen Entwicklungszusammenarbeit (z.B. Antweiler et al. 1987, Bliss 1983, 1985a, 1986, 1988, Bliss/Erlenbach 1985, Bliss/Kievelitz 1988, Bliss/Neumann 1996, Bliss/Schönhuth 1990, Bräuer1990, Herbon 1987, Hippel 1986, Honerla/Schröder 1995, Kievelitz 1986, 1988, Korff 1993, Krause 1985, Poeschke 1991, Prochnow 1996, Schönhuth 1991, Schönhuth/Kievelitz 1993, 1994, Simson 1991, Trickster 1980, 1987, 1988).[103] 1989 gründete sich

---

[103] Unterstützt wurde dieses Aufkommen einer Entwicklungsethnologie u.a. durch eine Wende in der staatlichen Entwicklungspolitik: Ab Mitte der 70er Jahre begann man sich bei der Gesellschaft für Technische Zusammenarbeit (GTZ) - nicht zuletzt aufgrund des Fehlschlagens vieler Entwicklungsmaßnahmen - zunehmend für die sog. **sozio-kulturellen Faktoren** zu interessieren. Der versuchsweise Einsatz von SozialwissenschaftlerInnen als ProjektgutachterInnen ab Ende der 70er Jahre, Gesprächsrunden mit Fachleuten aus Soziologie, Ethnologie

eine AG Entwicklungsethnologie (AGEE) bei der DGV (siehe Antweiler 1990); 1991 entstand aus dieser Arbeitsgruppe heraus ein Verein gleichen Namens mit der Zeitschrift "Entwicklungsethnologie". Die AGEE e.V. setzt sich explizit eine praxisorientierte Arbeit, die Vertretung ethnologischer Fragestellungen in der Öffentlichkeit und die Suche nach Beschäftigungsmöglichkeiten zum Ziel (Schönhuth 1994).

Die Diskussion um die Mitwirkung von EthnologInnen bzw. um die mögliche Nutzung ethnologischen Wissens in der Entwicklungszusammenarbeit wurde und wird andernorts ausführlich geführt (siehe die o.a. Literatur) und soll deshalb hier nicht wiederholt werden. Im vorliegenden Zusammenhang sei nur darauf hingewiesen, daß sich insgesamt die Zusammenarbeit zwischen EthnologInnen und EntwicklungsplanerInnen weiterhin zögerlich und geprägt von Vorurteilen und Unkenntnissen auf beiden Seiten entwickelt(e). Die Argumente ähneln z.T. früheren Diskussionen um die angewandte Ethnologie: So wird den EthnologInnen z.B. von entwicklungspolitischer Seite mangelndes Sachwissen bzw. Ignoranz gegenüber politischen, ökonomischen und administrativen Zusammenhängen, das Fehlen eines praxisadäquaten methodischen und theoretischen Instrumentariums, eine überwiegend konservativ-bewahrende Haltung bezüglich kultureller Traditionen und eine übergroße Detailfreudigkeit und Umständlichkeit bei der Untersuchung und Darstellung sozio-kultureller Phänomene vorgeworfen (als krasses Beispiel siehe Hippel 1986, als Antwort Kievelitz 1986). Die EthnologInnen ihrerseits betonen die entwicklungspolitische Praxisrelevanz ihrer kulturellen Detailkenntnisse, die besondere "Innensicht", die ih-

---

und Psychologie und die Bildung von GTZ-Arbeitsgruppen zu diesem Thema führten schließlich zur Integration des "sozio-kulturellen Bereichs" in die entwicklungspolitischen Richtlinien der GTZ (Brisbois 1983, DSE 1982, 1983, Schneider/Melchers 1987, von der Ohe et al. 1982; vgl. Prochnow 1996:48-57).

Diese Richtungsänderung in der staatlichen Entwicklungspolitik förderte den Kontakt zwischen EthnologInnen und EntwicklungsplanerInnen und führte (zunächst nur sporadisch und sehr begrenzt) zur Mitarbeit von EthnologInnen in der staatlichen Entwicklungspolitik. Den WissenschaftlerInnen wiederum diente die schnell zur vielbenutzten Floskel geronnene Forderung nach "Einbeziehung der sozio-kulturellen Faktoren" als nützliches Argument zur Betonung der praktischen Brauchbarkeit ethnologischen Wissens und der Anstellung von EthnologInnen (vgl. z.B. Bliss/Erlenbach 1985, Bliss 1986, Kievelitz 1988).

Eine ähnliche Entwicklung ist neuerdings bezüglich der Anwendung partizipatorischer Planungsverfahren in der Entwicklungszusammenarbeit zu verzeichnen (vgl. Kap. 4.7.4.). Im Rahmen dieser aktuellen Diskussionen wächst das Interesse entwicklungspolitischer Institutionen an ethnologischen Forschungsmethoden und der Mitwirkung von EthnologInnen, die damit eine gewisse Aufwertung ihrer Arbeit erfahren (vgl. Bliss 1996).

nen ihre Feldforschungsmethoden verschaffen, und die Bedeutung ihrer kulturtheoretischen Modelle, ohne damit die EntwicklungsplanerInnen bislang entscheidend überzeugt zu haben (vgl. AGEE 1996, Antweiler et al. 1987, Antweiler 1990, Bliss 1985b, 1985c, 1987, 1988, Bliss/Schönhuth 1990, CARGO 1996, Kievelitz 1988:513-15, Mundt 1997, Nienhaus 1986, Simson 1991, Wald 1981; außerdem die Diskussionen in der Zeitschrift "Entwicklungsethnologie"). Zwar scheinen neuere Entwicklungen, wie z.B. die Diskussion um die Anwendung partizipativer Planungsverfahren (vgl. Kap. 4.7.4.), eine weitere Annäherung zwischen EthnologInnen und den EZ-Institutionen mit sich zu bringen. Aber auch diese wird wiederum hauptsächlich aus den Defiziten der Entwicklungspraxis geboren und läuft deshalb Gefahr, im Zuge des wechselvollen Spieles politischer und ökonomischer Interessen zur Modeerscheinung zu verkommen und durch einen neuen Trend ersetzt zu werden.

Außer mit Entwicklungsethnologie befaßte sich ein Teil der (überwiegend jüngeren) EthnologInnen ab den 80er Jahren auch mit anderen praktischen Ansätzen, wie z.B. der *action anthropology* (vgl. Kap. 4.10.), oder mit möglichen Praxisfeldern wie Tourismus (z.B. Wahrlich 1984), interkulturellen Begegnungen (z.B. Dettmar 1989, 1990), Rechts- und Sozialarbeit mit Personen anderer Nationalitäten (z.B. Jensen 1983) und vor allem mit dem Bereich der ethnomedizinischen Gesundheitsversorgung, der schon früh zu einem anwendungsbezogenen Forschungsfeld geworden war (z.B. Kröger 1982, Pfleiderer/Bichmann 1985, Rudnitzki et al. 1977, E.Schröder 1977, Sich/Hinderling 1984; Beispiele für nicht-akademische ethnologische Berufswege liefern Fischer 1988a und Lange et al. 1998). Häufiger wurden diese Praxisbereiche aber als Gegenstand ethnologischer Forschungen und nicht als potentielle Berufsfelder mit den entsprechenden Implikationen für Lehre und Ausbildung behandelt.

Einhergehend mit Überlegungen über Anwendungspotentiale ethnologischer Kenntnisse beschäftigt man sich in den letzten Jahren auch zunehmend mit der Ausbildungs- und Berufssituation für EthnologieabsolventInnen. Alle diesbezüglichen Untersuchungen und Projekte[104] münden in der deutlichen Forderung

---

[104] Siehe z. B. das Projekt "Berufspraktische Orientierung im Völkerkunde-Studium (BOV)" am Hamburger Institut für Ethnologie 1986-1988 (Seithel 1990b); die 1989-1991 am Berliner Institut für Ethnologie durchführte Verbleibstudie über Ethnologie-AbsolventInnen (Schierholz/Schwarzer 1991); berufsbezogene Aktivitäten und Untersuchungen am Kölner Institut für Völkerkunde (Bollig/Brumann 1998) und das zweijährige Projekt über "Praktikamöglichkeiten und Berufsperspektiven für Studierende der Völkerkunde" in Marburg (Lange et al. 1998); außerdem: den Entwurf eines Lehrplanes mit dem Studienschwerpunkt Entwicklungsethnologie in Kievelitz (1988:392-411) und den Curriculum-Entwurf für eine praxisori-

nach einer mehr gegenwarts- und praxisbezogenen Ausbildung. Im Vergleich zu den vorangegangenen Jahrzehnten hat das Interesse an Gegenwartsfragen (siehe: die in der "Zeitschrift für Ethnologie" publizierten laufenden Forschungsvorhaben), einer anwendungsorientierten Ausbildung und den Nutzungsmöglichkeiten ethnologischen Wissens in den letzten Jahren also deutlich zugenommen. Insgesamt aber besitzt die institutionalisierte deutsche Ethnologie in Lehre und Forschung noch immer vergleichweise wenig Praxisorientierung und bereitet die Studierenden kaum auf außerakademische Berufstätigkeiten vor.[105]

In einer "Bestandsaufnahme der deutschsprachigen Ethnologie" beschreiben die HerausgeberInnen der Zeitschrift "Trickster" Ende der 80er Jahre das Image des Faches als "langweilig, gründlich, pedantisch, museal und materialbezogen, realitätsfremd, theorie-feindlich, konservativ" (Trickster 1989:4). Die Antworten auf ihre Umfrage relativieren diese Aussagen zwar teilweise, umreißen tendenziell jedoch immer noch eine überwiegend historisch, empirisch und nicht-praktisch ausgerichtete Wissenschaft. Schließlich bestätigt ein Blick in das "Verzeichnis zur deutschsprachigen Ethnologie" (1993) im Großen und Ganzen diese Einschätzungen: Von knapp 1.000 eingetragenen EthnologInnen aus der BRD, Schweiz und Österreich geben 45 ein Interesse an angewandter Ethnolo-

---

entierte Ethnologie der Arbeitsgemeinschaft Entwicklungsethnologie (Antweiler 1994b; vgl. dazu auch Antweiler 1993); den Entwurf eines Ethik-Curriculums in der Ethnologie von Mitarbeitern des IFAK (Drubig et al. 1996); die Vorschläge zu entwicklungspolitischen und praxisbezogenen Lehrinhalten von Antweiler (1986:182-85, 1987:51-53) und Bräuer (1988:87-88); die Etablierung einer "Arbeitsgruppe Studenten" bei der DGV (Arbeitsgruppe Studenten 1992); die Bildung einer "Interessengemeinschaft Berufsperspektiven in der Ethnologie" bei der DGV (Straatman/Schönhuth 1992, Dettmar 1997); sowie diverse Treffen und andere berufs- und praxisbezogene Aktivitäten an verschiedenen Universitäten (siehe z.B. die Beiträge in CARGO 22, 1997). Einen frühen Entwurf für ein Projektstudium in der Ethnologie, der allerdings kaum Widerhall im Fach fand, lieferte Harms (1972).

[105] Von dieser Aussage unberührt bleibt die Tatsache, daß EthnologieabsolventInnen durch ihr Studium sog. Schlüsselqualifikationen wie Flexibilität, Offenheit für ungewohnte Handlungsweisen und Arbeitssituationen, Differenzierungsvermögen u.ä. erwerben, die ihnen auf dem Arbeitsmarkt auch einen Perspektivvorteil verschaffen und sie beruflich u.U. besser, auf keinen Fall aber schlechter darstehen lassen als andere Sozial- und KulturwissenschaftlerInnen. So weisen erste Untersuchungen über außerakademisch beschäftigte EthnologInnen in der BRD darauf hin, daß diese die Arbeitsplatzanforderungen vor allem aufgrund ihrer allgemeinen (geisteswissenschaftlichen) Fähigkeiten und ihrer Persönlichkeitsprofile und nicht oder kaum aufgrund ihrer ethnologischen Sachkenntnisse oder Forschungstechniken erfüllen (vgl. Brumann/Bolig 1997, Fischer 1988a, Lange et al. 1998, Schierholz/Schwarzer 1991, Seithel 1990b). Im Unterschied etwa zu den U.S.A. sind die deutschen "praktizierenden" EthnologInnen kaum als ForscherInnen (Grundlagen- und angewandte Forschung; vgl. Kap. 2.5.) für nicht-akademische AuftraggeberInnen tätig.

gie, 15 an *action anthropology* und 105 an Entwicklungsethnologie/-hilfe/-politik an.[106] Das "ethnologische Vademekum für den deutschsprachigen Raum" (Krickau/Krüger 1993:VII) gibt zwar die Gesamtsituation der deutschsprachigen EthnologInnenschaft nur ungenau wider[107] und muß z.T. eher als Selbstdarstellung eines Teils der FachvertreterInnen verstanden werden, zeugt aber insgesamt von der immer noch herrschenden geringen Praxisorientierung der deutschsprachigen Ethnologie.[108]

---

[106] Personen, die mehr als eines dieser Stichworte angegeben haben, wurden nur einmal gezählt. Die Stichworte "Entwicklungsethnologie", "Entwicklungshilfe" und "Entwicklungspolitik" wurden einfachshalber zusammengefaßt, womit nicht die Unterschiede zwischen den verschiedenen Bereichen verwischt werden sollen. In diesem Zusammenhang geht es lediglich um die Feststellung, wieviel EthnologInnen allgemein ein Interesse am "Entwicklungsbereich" angeben. Insgesamt nennen vier Personen jeweils sowohl "Entwicklungsethnologie" als auch "Entwicklungshilfe" und sieben Personen jeweils "Entwicklungspolitik" und "Entwicklungshilfe". Die Doppelnennung "Entwicklungsethnologie" und "Entwicklungspolitik" kommt nicht vor. Bei den InteressentInnen für *action anthropology* gibt es nur je eine Person, die zusätzlich "Entwicklungsethnologie" und "Entwicklungspolitik" angegeben hat. Ein Ethnologe benennt sowohl *action anthropology* als auch "Entwicklungshilfe" und "angewandte Ethnologie" als seine Interessengebiete.

[107] Die Daten stammen von vorausgegangenen EthnologInnenverzeichnissen und einer aktuellen Fragebogenumfrage. Es ist unklar, wie hoch der Prozentsatz der erfaßten EthnologInnen überhaupt ist (Krickau 1994, mdl. Auskunft). Eine ganze Reihe mir bekannter graduierter - und als solche tätiger - EthnologInnen erscheint z.B. nicht im Verzeichnis: Entweder erfuhren sie aufgrund ihrer praktischen Tätigkeit nichts von der Umfrage oder sie fühlten sich dem Kreis der akademischen Ethnologie nicht (mehr) verbunden. Auch scheinen einige EthnologInnen ihren Eintrag in das Verzeichnis mit der Begründung verweigert zu haben, hierbei handele es sich doch nur um einen "Markt der Eitelkeiten" (persönliche Gespräche mit "Nicht-Eingetragenen"; s. auch Vorwort der HerausgeberInnen Krickau/Krüger 1993:VII). Bleibt abzuwarten, ob sich das allmählich zunehmende Interesse der deutschen EthnologInnen an der Praxis im neuen EthnologInnen-Verzeichnis niederschlägt, das derzeit in Vorbereitung ist.

[108] Allerdings wird aus der bloßen Nennung eines Stichwortes nicht deutlich, ob das Interesse der Person eine praktische Berufstätigkeit in diesem Arbeitsfeld oder die theoretische Untersuchung von dessen Konzepten und Problemen ist. Zudem bestehen Unklarheiten über die Definition von Kategorien wie "angewandte Ethnologie" oder *action anthropology*. Die Auseinandersetzungen zwischen den EntwicklungsethnologInnen und den AktionsethnologInnen Ende der 80er Jahre (vgl. Antweiler 1996, Trickster 1987:11-21, 1988:146-155 u.a.) erklären z.T., warum einige EthnologInnen sich zum "Entwicklungsbereich", andere zur angewandten Ethnologie, wieder andere zur *action anthropology* oder zu keinem der genannten Interessengebiete "bekennen" und warum es dabei so wenig personelle Überschneidungen gibt. Auch kann die Nennung bestimmter Forschungsinteressen (z.B. "Agrarethnologie", "Dritte Welt", "Regenwaldproblematik" o.ä.) ein Hinweis auf praxisbezogenes Arbeiten sein, muß es aber nicht.

3.6. Ethnologie zwischen akademischer Forschung und gesellschaftlicher Praxis, AuftraggeberInnen und Forschungssubjekten

Der Blick auf die Fachgeschichte zeigt deutlich die vielfältige und enge Verwobenheit von ethnologischer Forschung und dem jeweiligen gesellschaftlichen Kontext. Fassen wir kurz zusammen:

Die Epoche der kolonialen Eroberung der Völker anderer Kontinente durch europäische Mächte bildete den historischen Rahmen, innerhalb dessen sich die systematische Erforschung außereuropäischer Kulturen entwickelte, sich als akademische Disziplin institutionalisierte und das Fach Ethnologie seine professionelle Identität als Wissenschaft von den exotischen kleinen Gesellschaften herausbildete. Die koloniale Expansion fand in dem evolutionistisch begründeten Glauben an die Überlegenheit der europäischen Kulturen, dem auch die EthnologInnen verhaftet waren, ihre ideologische und wissenschaftliche Rechtfertigung.

Mit Abschluß der militärischen Eroberung trat der Kolonialismus um die Jahrhundertwende in eine neue Phase: Die Kolonialmächte mußten ihre Herrschaftspositionen sichern und die eroberten Gebiete politisch, administrativ und ökonomisch in den Griff bekommen. In der Ethnologie finden wir in etwa zeitgleich einen Wandel von evolutionistischen Entwicklungsvorstellungen zur funktionalistischen Betrachtungsweise von Kulturen. Die als unvermeidlich und universell angesehenen gesellschaftlichen Veränderungsprozesse in den Kolonialgebieten wurden als Akkulturationsphänomene analysiert und interpretiert. Unter weitestgehender Ausblendung des kolonial-politischen Kontextes formulierten die EthnologInnen Einsichten in das Funktionieren kultureller Systeme, die für die koloniale Verwaltung von praktischem Nutzen sein sollten.

Im Zusammenhang mit den ab dem Zweiten Weltkrieg einsetzenden Entkolonisierungsprozessen gerieten die europäischen und nordamerikanischen EthnologInnen zunehmend ins Blickfeld der Kritik der nach politischer Unabhängigkeit strebenden Staaten und Völker. Die sich in vielen Ländern entwickelnden sozialen und politischen Emanzipationsbewegungen stellten die bestehenden Machtverhältnisse in Frage und kritisierten in diesem Zusammenhang auch die Ethnologie als Teil des kolonialistischen Herrschaftsapparates. In der wissenschafts- und gesellschaftskritischen Aufbruchstimmung der 60er und 70er Jahre wurde von Intellektuellen und politischen AktivistInnen die Möglichkeit einer wertneutralen Wissenschaft grundsätzlich in Frage gestellt und gefordert, daß

WissenschaftlerInnen sich an die Seite der Armen und Unterdrückten stellen und zum Aufbau gerechterer gesellschaftlicher Strukturen beitragen sollten. Einheimische Kultur- und SozialwissenschaftlerInnen der neuen Nationalstaaten warfen den westlichen WissenschaftlerInnen "intellektuellen Kolonialismus" (Fals Borda 1970) vor. Gleichzeitig begannen sich die erforschten Gemeinschaften immer stärker gegen ihre Behandlung als bloße Studienobjekte zu wehren. Sie forderten das Recht, Forschungen bei ihnen künftig mitbestimmen sowie die Verwendung der Forschungsergebnisse kontrollieren zu können.

Hinzu kam ein rascher sozio-kultureller Wandel der von EthnologInnen erforschten Gruppen durch ihre zunehmende Integration in "fremdbestimmte Ausbildungs-, Verwaltungs- und Entwicklungszusammenhänge" (Streck 1992:97) und in die Strukturen des Weltsystems (Wallerstein 1974). In diesem Zusammenhang gewannen ab den 60er Jahren polit-ökonomische Ansätze, globale Gesellschaftstheorien und Auseinandersetzungen mit der eigenen Position im Rahmen nationaler und internationaler Machtverhältnisse innerhalb der Ethnologie zunehmend an Bedeutung. Die drastische Veränderung oder Auflösung ihres herkömmlichen Untersuchungsbereiches sowie die zunehmende politische und intellektuelle Artikulation der Forschungssubjekte veranlaßte die EthnologInnen - zum wiederholten Male - zu einem selbstreflexiven Überdenken ihrer theoretischen Ansätze, Paradigmen, Darstellungsformen und ihres Erkenntnisinteresses. Ab den 70er und 80er Jahren wurden Fragen nach Identität, Authentizität, Repräsentation und Dominanz bei ethnologischer Forschung sowie nach einer Neubestimmung der Beziehungen zwischen ForscherInnen und Forschungssubjekten thematisiert. Die Befassung mit Machtverhältnissen, Ethik und Politik ethnologischen Arbeitens veranlaßte einen Teil der EthnologInnenschaft, nach neuen Formen praktischer Ethnologie zu suchen, die den Forderungen der Forschungssubjekte nach Mitbestimmung, Partizipation und Kontrolle im Forschungsprozeß Rechnung tragen sollten.

Der gesellschaftliche Kontext griff und greift somit auf verschiedenen Ebenen und mit sehr unterschiedlichen Ergebnissen in die Entwicklung des Faches Ethnologie ein: Das reichte von der gezielten Nutzung ethnologischer Informationen im Dienste von Politik und Verwaltung, bei der die AuftraggeberInnen u.a. Thema, Fragestellung, Forschungsregion und teilweise auch Forschungsstrategien (mit)bestimmten, über eine allgemeine Ausrichtung ethnologischer Arbeit an zeitgenössischen politischen und ideologischen Strömungen bis zur impliziten Widerspiegelung gesellschaftlicher Verhältnisse in ethnologischer Theorie-

und Begriffsbildung. Ethnologie erweist sich somit - wie jede Wissenschaft - immer auch als "Reflex einer Zeit, einer Ideologie, eines politischen Herrschaftssystems" (Fischer 1990:52). Die tatsächliche Nutzung ethnologischen Wissen hängt dabei u.a. von der Konjunkturlage des Staates, der (inter-)nationalen politischen Lage, innergesellschaftlichen Entwicklungen sowie dem "geistigen Klima" einer Zeit ab. Diese und andere Faktoren beeinflussen das Interesse politischer MachthaberInnen an einer Indienstnahme wissenschaftlicher Arbeit und führen entsprechend zur Bereitstellung bzw. Streichung von finanziellen Ressourcen und gesellschaftlicher Unterstützung.

Die (phasenweise) Zusammenarbeit zwischen EthnologInnen und PraktikerInnen aus Verwaltung und Politik gestaltete sich durchweg schwierig und konfliktreich. So entstanden u.a. Mißverständnisse aufgrund der unterschiedlichen Erwartungen und Motivationen, die an ethnologische Forschungen geknüpft wurden. Die praktisch-politischen Zielsetzungen der ArbeitgeberInnen und die wissenschaftlichen Interessen und Forschungsstandards der EthnologInnen waren oftmals inkompatibel. Insgesamt haben Letztere dadurch weitaus geringeren Einfluß auf Politik und Verwaltung nehmen können, als sie anstreb(t)en (vgl. Bennett 1996). Trotz der Zunahme einer praktischen Nutzung ethnologischen Wissens in den letzten 20 Jahren - vor allem in den U.S.A. - klagen EthnologInnen bis heute, daß ihr Wissen viel zu wenig berücksichtigt wird und sie selber kaum Anstellungen in außerakademischen Arbeitsbereichen finden. Während die EthnologInnen selber häufig von der Relevanz ihres Wissens überzeugt sind, werden sie bei der Formulierung politischer und öffentlicher Maßnahmen bislang immer noch wenig zu Rate gezogen (z.B. Hess 1993:38):

"(...) (N)o matter how much we talk among ourselves about how relevant and useful our insights ought to be, we have very little hard evidence so far that anthropology has contributed to making the world a better place to live, especially for those people that we used primarily to study. (...) One (reason) is, no doubt, that as academics of an interpretative turn of mind we do not carry much clout in the corridors of power in governments, big cooperations, or international organizations. Another is that in general we do not take the representatives of 'real' power sufficiently seriously (...). A third is that anthropology in its historical inception and development, as well as in its present institutional demography is undeniably a predominantly white, middle-class, Euro-American enterprise, and this makes us somewhat handicapped" (Ovesen 1994:85).

Als verantwortlich für die vergleichsweise geringen praktischen Auswirkungen ethnologischer Forschungen auf Gesellschaft und Politik werden in der Literatur außerdem genannt:
- die Tendenz, sich vornehmlich auf lokale Prozesse und Situationen, d.h. auf die Mikroebene zu konzentrieren und politisch-ökonomische Prozesse und Strukturen der Makroebene zu übersehen (Dyck/Waldram 1993b:12);
- Unkenntnisse von Arbeitsweisen, Sachzwängen und Bedingungen der VerwaltungsbeamtInnen (das sog. Collier-Syndrom), mangelndes Wissen über Bedürfnisse und Interessen, Machtverhältnisse und Grundannahmen in politischen Entscheidungsprozessen, mangelnde Kenntnisse über den *policy making process* insgesamt, ohne die keine hinreichenden Ansatzpunkte zum Einbringen ethnologischen Wissens gefunden werden können (Helland 1985, Hess 1993:47-48, La Rusic 1985:24-26, Weeks/Schensul 1993:50-53);
- eine gewisse Naivität oder auch Überheblichkeit bezüglich der eigenen Position im Rahmen globaler Machtverhältnisse: das Hervorkehren einer "innocent distance from the structure of imperialism" (Starn 1994:17), Anklagen gegen Kapitalismus und Kolonialismus, Kirche, Regierungen und Bürokratien als Ursachen sozialer Probleme bei gleichzeitiger Teilhabe an diesen Machtstrukturen (La Rusic 1985:26);
- eine allgemeine Unfähigkeit, schnell und pragmatisch auf Anfragen von nicht-akademischer Seite zu reagieren und Forschungsergebnisse in verständlicher und praxisorientierter Weise mitzuteilen (S.Weaver 1985b); ein zu akademischer Fachjargon, der die unterschiedlichen Sprachstile der PraktikerInnen nicht ausreichend berücksichtigt (Fettermann 1993a); eine Ineffektivität bei dem Versuch, ethnologisches Wissen den relevanten EntscheidungsträgerInnen nahe zu bringen (Hedican 1995:130) und eine gewisse "simple-mindedness" beim Entwurf von Lösungsvorschlägen;
- zu wenig gegenwarts- und gesellschaftspolitisch bezogene Forschungsthemen, die relevant für praktische Politik und Entscheidungsfindung wären (Dyck/Waldram 1993b);
- häufig ein zu holistischer und vergleichender Forschungsansatz, der zwar die Komplexität einer Situation zu erfassen vermag, dessen Ergebnisse aber für die kurzfristigen Entscheidungen und notwendigen pragmatischen Kompromisse von Bürokratie und Politik keine Entscheidungshilfen bieten (Partridge/Eddy 1987:44-45);

- ein individualistischer (Feld-)Forschungsansatz, Mangel an interdisziplinärer Forschung, Teamarbeit und fächerübergreifenden Perspektiven (Sansom 1985a);
- wenig geeignete fachspezifische Publikationen oder Materialien, in denen regelmäßig die Nützlichkeit ethnologischen Wissens für PraktikerInnen demonstriert wird, und entsprechend ein mangelhaftes professionelles Profil: Politikrelevante ethnologische Arbeiten erscheinen häufig in Fachpublikationen anderer Berufssparten (Hess 1993:47); die Inhalte ethnologischen Sachwissens sind den PraktikerInnen häufig nicht ausreichend bekannt (Salisbury 1976).

Zu diesen fachlichen Defiziten kommt zunehmend auch eine primär ethisch und politisch begründete Kritik von den Forschungssubjekten: EthnologInnen würden sie nur für die berufliche Karriere benutzen, indigene Rechte an geistigem Eigentum mißachten, Unwahrheiten über die untersuchten Gruppen verbreiten, zu oberflächlich arbeiten, die Aussagen einzelner Individuen zu kulturellen Wahrheiten erheben, sich mit Themen befassen, die für die Forschungssubjekte irrelevant seien, einen zu statischen Kulturbegriff verwenden, mit kulturellen Objekten Geschäfte machen u.a.m. Auch von dieser Seite wird dem Fach vorgeworfen, insgesamt wenig bis gar nichts für die Forschungssubjekte getan zu haben (vgl. Brizinski 1993, Deloria 1969:83-104, 1980, Ignace et al. 1993, Lurie 1988, Manuel/Posluns 1974:158-61, 192-3, Maynard 1974, Medicine 1987, Mohawk 1985, Moody 1988, Parker/Langley 1993, Speck 1993:176-7, Strynadka 1970 u.a.).

Dem relativ geringen praktischen Wirkungsgrad der Ethnologie steht das sich durch die gesamte Fachgeschichte ziehende Bemühen um eine gesellschaftliche Nutzbarmachung ethnologischer Forschungen gegenüber. Inwieweit dieses im Selbstverständnis der EthnologInnen in den Vordergrund gestellt wird, hängt wiederum vom jeweiligen historischen Kontext ab. Wenn bspw. ein Vertreter der funktionalistischen britischen Ethnologie der 20er und 30er Jahre den Ursprung aller Wissenschaft in der Praxis sieht (z.B. Malinowski 1951:30), so formuliert er diesen Gedanken vor dem Erfahrungshintergrund einer Zeit, in der das britische Kolonialimperium und mit ihm die britische *applied anthropology* ihre Blütezeit erlebten. Der pragmatische Nützlichkeitsaspekt, den Hinsley (1979:16) für einen integralen Bestandteil aller U.S.-amerikanischen Wissenschaften hält, paßt zur "Macher"haltung einer auf internationalen Machtaufbau und Expansion ausgerichteten Gesellschaft.

In beiden Ländern standen PolitikerInnen und BeamtInnen vor der Aufgabe, Menschen unterschiedlicher Kulturen innerhalb ihres Machtbereiches zu kontrollieren und zu verwalten, wozu sie u.a. genauer Informationen über diese Menschen bedurften. Folglich war es für viele britische und U.S.-amerikanische EthnologInnen eine Selbstverständlichkeit, daß das von ihnen produzierte Wissen an sich schon einen praktischen Wert besaß. Dabei spielt die Definition des Forschungsbereiches eine wichtige Rolle. Wurde er auf außereuropäische Kulturen (vgl. Kap. 2.3.) begrenzt, so besaß das Fach in Ländern, in deren politischem Einflußbereich sich keine solche Völker befanden, wenig bis keine Praxisrelevanz.

Für die deutschen EthnologInnen gab es aufgrund des nur kurzfristigen bzw. fehlenden Kolonialbesitzes ihres Heimatstaates bspw. keine entsprechenden Interessengruppen für die praktische Nutzung ihrer Forschungsergebnisse. Ihre Arbeit behielt, von kurzen Phasen anwendungsorientierter Bemühungen abgesehen, durchweg eine theoretisch-akademische Ausrichtung. Versuche, dem Fach durch eine Neudefinition seines Untersuchungsgegenstandes einen praktischen Wert zu verleihen, wie es z.B. Mühlmann mit seiner Umorientierung nach Osteuropa anstrebte, wurden durch das politische Geschehen zunichte gemacht.

Heutige Tendenzen in der Ethnologie, nicht mehr kategorisch zwischen "Uns" und den "Anderen" zu unterscheiden, sondern - ähnlich wie die Völkerkunde des 18. Jahrhunderts (vgl. Fischer 1970) - auch die westlichen Gesellschaften in Forschung und Theoriebildung miteinzubeziehen, gründen u.a. in der gegenwärtigen Erfahrung weltweiter Globalisierungs- und Vermischungsprozesse. Sie kennzeichnen aber auch Bemühungen, dem Fach einen Gegenwarts- und damit potentiellen Praxisbezug zu bewahren und das ethnologische Arbeitsfeld nicht auf einen Gegenstand einzugrenzen, der letztlich Ethnologie nur noch als ethnohistorische Geschichtsschreibung möglich machen würde (Szalay 1981).

Die BefürworterInnen einer angewandten oder praktischen Ethnologie begründen diese sowohl in ethischen und pragmatischen als auch in wissenschafts- und erkenntnistheoretischen Motiven: Zum einem zieht sich durch die gesamte Geschichte des Faches das humanistische und aufklärerische Bestreben, ethnologische Arbeit zum Wohle der erforschten Gruppen, der eigenen Gesellschaft (vgl. Hinsley 1979:30-31) oder allgemein der Menschheit einzusetzen. Ein Engagement für die Forschungssubjekte, der Wunsch, soziale Mißstände zu beseitigen und etwas für eine gerechtere Welt zu tun, scheint eine dem Fach inhärente berufliche Ethik darzustellen (vgl. Kap. 4.2. und 4.9.). Sie kommt im jeweiligen gesellschaftshistorischen Kontext in unterschiedlicher Weise, Stärke und Explizitheit zum Ausdruck und ist eine der treibenden Kräfte hinter vielen Projekten der praktischen Ethnologie.

Zum anderen ist ein sehr pragmatischer Grund, nämlich die Notwendigkeit des Lebensunterhaltes, verantwortlich für die Suche von EthnologInnen nach außerakademischer Praxis. Ethnologische Forschung, die wie jede Wissenschaft eine gesellschaftliche Institution darstellt, ist, wie Fischer (1981:31) erläutert, auf Öffentlichkeitsarbeit und Werbung, Überzeugungstätigkeit und effektive Organisation angewiesen. Sie braucht gesellschaftliche Anerkennung und Ressourcen. Forschungen sind häufig nur durchzuführen, wenn finanzielle und gesellschaftliche Unterstützung von außerakademischen Kreisen erlangt werden kann. Für diese wiederum ist Wissenschaft nur förderungswürdig, wenn sie ihren praktischen Nutzen nachweisen oder zumindest glaubhaft machen kann. Gerade in Zeiten, in denen ein Mangel an akademischen Berufspositionen herrscht, werden von ethnologischer Seite der praktische Nutzen des Faches besonders betont und seine Zielsetzung und Aufgabenstellung an nichtakademische Tätigkeitsbereiche angepaßt. Die Orientierung an Zeitströmungen und die Zur-Verfügung-Stellung für politische und praktische Interessen zum Zwecke des Selbsterhaltes ist dabei durchaus verständlich und auch in anderen Fächern anzutreffen (vgl. z.B. die Geschichte der Afrikanistik; Meyer-Bahlburg/Wolf 1986).

Außer in dieser "mixture of idealism and job opportunities" (Kuper 1983:190) begründet sich eine praktische Ethnologie auch in theoretischen und methodischen Überlegungen, nämlich in dem Bestreben, die Validität ethnologischer Forschungsergebnisse nach dem Vorbild der Naturwissenschaften in klinischen oder experimentellen Anwendungsformen in der Praxis zu testen und aus der Praxis neue Erkenntnisse zu gewinnen (vgl. Asch 1983, E.Chambers 1987:318, Eddy/Partridge 1987:57, Peattie 1958, Tax 1975a:515).

Und schließlich spielt auch der jeweilige Stand der fachlichen Theorie- und Methodenentwicklung noch eine wichtige Rolle für die Herausbildung von Praxiskonzepten: Die evolutionistisch und diffusionistisch ausgerichteten Arbeiten besaßen z.B. keine oder nur sehr indirekte praktische Relevanz für die Sachanforderungen von Verwaltung und Politik. Gegenwarts- und Praxisbezug bekamen ethnologische Arbeiten, zumindest potentiell, erst ab den 20er und 30er Jahren mit den funktionalistischen und strukturfunktionalistischen Ansätzen. Aber erst seit den 70er Jahren schlägt sich aufgrund der Spezialisierung von EthnologInnen auf aktuelle soziale Themen und ihrer Bereitschaft, die ethischen und politischen Implikationen ihrer Tätigkeit theoretisch und methodisch in ihre Arbeit zu integrieren, ihr Bemühen um eine Praxisorientierung auch deutlich in außerakademischen Beschäftigungsverhältnissen nieder. Angestoßen wurden diese Entwicklungen wiederum sowohl durch außerwissenschaftliche Vorgänge - Veränderungen des Forschungsgegenstandes und der Forschungsbedingungen - als auch durch fachinterne Prozesse - neue Forschungsergebnisse und neue theoretische Perspektiven - , die wiederum erst durch die veränderten äußeren Forschungsbedingungen ermöglicht wurden. Außerakademische gesellschaftliche Entwicklungen gehen also ein untrennbares Wechselspiel mit Prozessen innerfachlicher Theorie- und Methodenentwicklung, mit Veränderungen im Verhältnis der EthnologInnen zur Praxis und mit Neustrukturierungen ihrer Beziehungen zu den Forschungssubjekten ein.

Zur Erlangung gesellschaftlicher und finanzieller Unterstützung diente den EthnologInnen einerseits der (werbetaktische) Hinweis auf die praktische Verwertbarkeit ihrer Arbeit und andererseits die Betonung ihrer wissenschaftlichen Objektivität. In Zeiten, in denen weitgehend unangefochten das Wertfreiheitspostulat für die Wissenschaft galt - wie bis etwa Mitte dieses Jahrhunderts - basierte die Glaubwürdigkeit und Verläßlichkeit ethnologischer Forschungsergebnisse gerade auf ihrer nicht-zweckorientierten, wertfreien Wissenschaftlichkeit. So war (und ist) es also immer auch eine taktische Argumentation, wenn EthnologInnen gegenüber PraktikerInnen sowohl den praktischen Nutzen als auch die Objektivität ihrer Arbeit beton(t)en (vgl. James 1973:47). Nur durch die strikte Trennung zwischen sozialem Handeln und wissenschaftlicher Erkenntnissuche konnten EthnologInnen überhaupt gesellschaftliche Anerkennung finden. Ihre (vermeintlich) wertneutrale Position demonstrierten die *applied anthropologists* durch die (Eigen-)Begrenzung ihrer Aufgaben auf die von ForscherInnen, BeraterInnen und InformationslieferantInnen.

Insgesamt hat demnach das Bemühen um Trennung zwischen reiner und angewandter Wissenschaft die Fachgeschichte dominiert. Die praktische Nutzung ethnologischen Wissens besaß dabei durchweg ein geringeres Prestige als die reine Forschung (vgl. Hastrup/Elsass 1990:302). Man befürchtete, durch die Ausrichtung auf soziale und politische Fragen die wissenschaftliche Integrität aufzugeben, sich sozusagen "die Hände schmutzig zu machen am dreckigen Alltagsgeschäft" (vgl. Angrosino 1976b:2-3, E.Chambers 1985:31-51, Foster 1969:131, Stagl 1985:154). Angewandte Forschung galt als "zweitklassige"

Ethnologie für die weniger qualifizierten WissenschaftlerInnen, als eine "occupation for the half-baked" (Mair 1969:8). Sie lieferte lediglich "civil service slots for young people who cannot find **preferred** academic employment" (Mead 1979:146; Betonung durch F.S.).

Von ähnlichen Erfahrungen mit ihren KollegInnen bei ihrer Suche nach Praxisfeldern berichtet die U.S.-amerikanische Ethnologin Karen Hanson noch in den 80er Jahren (Hanson 1988b:28).[109] Dieses geringe Image der praktischen Ethnologie beginnt sich erst in den letzten rund zwei Jahrzehnten allmählich zu ändern. Inzwischen wird anerkannt, daß die praktische Nutzung ethnologischen Wissens ein wichtiger Bestandteil des Faches ist. Trotzdem gilt die möglichst reine Erkenntnissuche letztlich immer noch als die Hauptaufgabe der EthnologInnen. Die direkte Beteiligung an politischen und administrativen Planungs- und Entscheidungsprozessen wird - auch von manchen *practicing anthropologists* - weiterhin mit Skepsis betrachtet (vgl. Schensul/Schensul 1978:124, Stull 1988:37). Diese Praxisabstinenz läßt sich nicht nur als Opportunismus oder als Festhalten an einem positivistischen Wissenschaftskonzept verstehen, sondern ist auch in der Angst vor einer In-Dienstnahme wissenschaftlicher Arbeit für die Machtinteressen gesellschaftlich herrschender Gruppen begründet. Man will sich der potentiellen Einflußnahme und dem Gebrauch durch gesellschaftliche *power elites* soweit es geht entziehen, um möglichst unabhängig der Suche nach Erkenntnissen nachgehen zu können.[110] Aber auch die reinste Forschung ist, wie die Geschichte der praktischen Ethnologie zeigt, nicht vor politischem Ge- und Mißbrauch geschützt.

So durchzieht die gesamte Fachgeschichte einerseits ein Ringen um gesellschaftliche Anerkennung durch den Nachweis des praktischen Nutzens ethnologischer Arbeit bei gleichzeitigem Bemühen um eine Trennung zwischen reiner Forschung und gesellschaftlicher Praxis und andererseits die Erfahrung, daß es den EthnologInnen nicht gelingen konnte, den Einflüssen der jeweils herrschenden gesellschaftlichen Verhältnisse zu entkommen, besonders dann nicht, wenn sie sich mit gegenwartsbezogenen Themen befaßten. Die Trennung von

---

[109] Vgl. auch van Willigen (1996:45): "Many practicing anthropologists simply do not allow themselves to be called applied anthropologists, even though they apply anthropology." Und Bennett (1996:25, Fußnote 5): "Some of the most significant applied work has been done by people who do not identify themselves as 'applied anthropologists' (...)."

[110] Vgl. dazu R.Brown (1973:174) und besonders James (1973); ähnlich Fischer (1990) sowie die Ethik-Diskussionen in den U.S.A.; siehe auch die Argumentation gegen die Etablierung einer AG Entwicklungsethnologie in der DGV (z.B. Trickster 1987:11-21, 1988:146-155).

reiner Forschung und Praxis und die Nicht-Berücksichtigung historischer Rahmenbedingungen und Machtverhältnisse machte ethnologisches Arbeiten teilweise sogar noch leichter für politische Interessen instrumentalisierbar.

Da wissenschaftliche Arbeit im jeweiligen historischen ideologischen und gesellschaftlichen Kontext eine eigene Position im Spiel der herrschenden Kräfte einnimmt, hat sie an diesem in der einen oder anderen Weise - unterstützend, legitimierend, reflektierend, kritisierend - auch teil. Die WissenschaftlerInnen, die sich politischer Stellungnahme und entsprechender Interventionen enthielten, verhielten sich also in Wirklichkeit nur passiv, nicht aber neutral: Indem sie nicht verändernd in eine soziale Situation eingriffen, erhielten bzw. unterstützten sie die Politik der gesellschaftlichen MachthaberInnen und Eliten. Indem sie eine explizite Wertposition, die Verantwortung für die praktische Nutzung ihrer Arbeit und ein entsprechendes Handeln vermieden, überließen sie Entscheidungen, Anwendungen und Interventionen anderen Instanzen und AkteurInnen. Das waren und sind in den meisten Fällen aber die gesellschaftlich machthabenden Gruppen und EntscheidungsträgerInnen,[111] die sich primär an pragmatischen und politischen Zielsetzungen und Handlungsvorgaben orientieren (müssen). Diese richten sich in Politik, Verwaltung und sozialer Alltagspraxis letztlich nach Kriterien wie Wirtschaftlichkeit, Effizienz, Machterhalt, Kontrolle und Durchsetzbarkeit und nicht nach wissenschaftlichen Standards oder ethischen Idealen.

Auch wenn zweifellos häufig wohltätige oder humanistische Motive als treibende Kräfte hinter den Aktivitäten von vielen WissenschaftlerInnen, aber auch von PolitikerInnen und BeamtInnen standen - auch die Kolonisierung wurde schließlich als Segen für die betreffenden Völker betrachtet - galt das Interesse der AuftraggeberInnen letztlich immer dem Ziel, mittels ethnographischer Informationen soziale Konfliktherde zu lösen und die jeweiligen Menschen ef-

---

[111] Man darf bei dieser Kritik nicht das existentielle Dilemma praktisch arbeitender EthnologInnen übersehen: Als MitarbeiterInnen oder Angestellte bei Kolonial-, Regierungs- und Entwicklungsbehörden mußten/müssen sie sich, wenn sie ihre eigene Position nicht auf's Spiel setzen wollten, den Interessen und Zielsetzungen ihrer Arbeit- und AuftraggeberInnen fügen. Zwar bestanden im Rahmen der arbeitgebenden Einrichtungen häufig gewisse Freiräume, innerhalb derer die EthnologInnen sich für die Berücksichtigung der Belange und Bedürfnisse der indigenen Gruppen einsetzen konnten und auch einsetzten. Doch die Abhängigkeit der EthnologInnen von Forschungserlaubnissen, Geldern und Unterstützung zur Durchführung ihrer Untersuchungen und zum Broterwerb ließ und läßt auch engagierten und kritischen EthnologInnen als Angestellten oder ArbeitnehmerInnen einflußreicher Institutionen häufig wenig Handlungsmöglichkeiten.

fektiver verwalten, kontrollieren und in ihren Einflußbereich integrieren zu können. Sofern die ethnologischen Forschungsergebnisse praxisrelevant für die Sachanforderungen von Politik und Verwaltung waren, wurden sie in diese Zielsetzung eingebunden, auch wenn die WissenschaftlerInnen selber glaubten, politisch neutral zu sein oder auf Seiten der erforschten Gemeinschaften zu stehen.

Auch die Kritik einiger KolonialethnologInnen an den unmenschlichen Zuständen in den Kolonien führte nicht dazu, daß sie das gesamte koloniale System in Frage stellten. Schließlich war man von der Richtigkeit und Notwendigkeit des Kolonialismus und der Bedeutung wissenschaftlicher Forschungen in diesem politischen Rahmen zum Wohle der gesamten Menschheit überzeugt. Der (evolutionistisch begründete) Glauben an die Überlegenheit der europäischen Zivilisation mit Wissenschaft als Ausdruck höchster geistiger Errungenschaft stellte z.B. die Durchführung von Forschungen über alles und legitimierte zu ihrer Sicherstellung notfalls auch Drohungen, Hinterlist oder gar Gewalt (vgl. Fischer 1981:125-37). Die Sorge um die Rechte und Nöte der einheimischen Bevölkerung war dem allgemeinen Ziel der wissenschaftlichen Erkenntnissuche unterzuordnen. Für Forschungsmethodik und Theorieentwicklung spielte sie keine Rolle. Auch der Kulturrelativismus, Funktionalismus und Strukturalismus schenkten den historisch bedingten Machtverhältnissen kaum Beachtung.

Solange aber Kulturen als vorgegebene, auf Integration und Stabilität abzielende Einheiten und eigenen sozialen Gesetzmäßigkeiten folgende Systeme verstanden wurden, die von außenstehenden BeobachterInnen wertneutral untersucht werden konnten, solange hatten Ethik, soziale Verantwortung und eine Selbstbestimmung der Forschungssubjekte in der ethnologischen Wissenschaft wenig Platz. Der Widerspruch zwischen dem individuell verspürten Bedürfnis nach Parteinahme und nach Unterstützung für die Forschungssubjekte einerseits und dem Ideal einer objektiven und wertneutralen Forschung bzw. den Zielen und Arbeitsbedingungen der AuftraggeberInnen andererseits wurde fast ausschließlich als ethische Problematik der Feldforschung bzw. der angewandten Ethnologie diskutiert und in den Bereich der Tagebücher und persönlichen Erlebnisberichte verbannt (vgl. Vorwort und Beiträge in Rynkiewich/Spradley 1976).[112] Erst ab den späten 60er Jahren wurde dieser Widerspruch auch als

---

[112] Petersen (1982) beschreibt ein Beispiel für die Vermischung von ethischen und politischen Fragen bei ethnologischer Forschung: Ein staatlich finanziertes dänisches Forschungsprojekt der 70er Jahre befaßte sich mit den Auswirkungen der Aktivitäten von Bergbaukonzernen auf

Produkt bestehender Machtverhältnisse, d.h. als ein politisches Problem erkannt (Hymes 1974a, Soc. Resp. Symposium 1968).

Die Veränderung der Machtverhältnisse, u.a. durch den Widerstand der Bevölkerungen in den Kolonien, das teilweise Versagen kolonialer und imperialistischer Unterwerfungs- und Integrationspolitik und die Entstehung des Ost-West-Konfliktes schufen erst die Voraussetzungen, innerhalb derer Fragen nach den Bedingungen ethnologischer Forschung, nach dem Einfluß gesellschaftlicher, ideologischer und subjektiver Faktoren, nach der Rolle und den Bedürfnissen der bislang nur als Forschungsobjekte betrachteten Gruppen und nach der Handlungsverantwortung von EthnologInnen gestellt werden konnten (vgl. Rosaldo 1989). Diese veränderten Kräfteverhältnisse erlaubten es, sowohl die Beziehung von reiner Forschung und gesellschaftlicher Praxis in Richtung einer Wechselbeziehung neuzubestimmen als auch die bisherigen Forschungsobjekte als selbständig handelnde Subjekte und AkteurInnen geschichtlicher und sozialer Veränderungsprozesse zu verstehen. So wurde es möglich, auch im erkenntnistheoretischen, methodischen und ethischen Bereich die erforschten Menschen als ernst zu nehmende Subjekte im Forschungsprozeß zu begreifen. Praktisches Handeln auf Seiten benachteiligter Gruppen und eine verantwortungsbewußte Handhabung der Forschungsdaten zum Nutzen der Forschungssubjekte konnte nun als politische Forderung formuliert und in Forschungsstrategien integriert werden (ausführlich Kap. 4.).

---

die indigene Bevölkerung Grönlands. Die auftraggebende Regierungseinrichtung bestand darauf, daß Themen wie Jagd- und Fischereirechte aus den Untersuchungen ausgeklammert wurden, da sie als "zu kontrovers" galten. Die WissenschaftlerInnen folgten dieser - offensichtlich politisch begründeten - Anweisung, vermieden das Thema Jagdrechte, das zweifellos eng mit dem Untersuchungsauftrag zusammenhing, und gaben ihr passives Verhalten als politische Neutralität und "non-interfering attitude" aus (ebd. 225).

Nach Beendigung des Projektes kam es zu einem weiteren Eklat: Die beiden am Projekt beteiligten Ethnologen sprachen in einem Radiointerview über einige ihrer Forschungserkenntnisse. Sie hatten diesen Auftritt nicht mit ihren Auftraggebern abgesprochen. Ein dänischer Politiker warf den Wissenschaftlern daraufhin vor, voreilige Schlußfolgerungen ohne ausreichende Analyse ihrer Daten veröffentlicht zu haben. Obwohl anhand des Interviewmanuskriptes nachgewiesen werden konnte, daß die Ethnologen weder Schlußfolgerungen noch politische Konsequenzen aus ihren Forschungsergebnissen veröffentlicht hatten, wurde das Projekt wegen "schwerwiegender Verstöße gegen ethische Regeln" suspendiert und ein Teil des Budgets zurückgezogen (ebd. 225-7). Indem politische Machtfragen als ethische Probleme präsentiert wurden, konnte das Projekt zu Fall gebracht werden. Politische Neutralität bedeutete in diesem Fall die Nicht-Behandlung oder das Verschweigen bestimmter brisanter Fragen im Sinne von "no debate, no problems" (ebd. 227).

EthnologInnen, die ihre Kenntnisse und Fertigkeiten in außerakademischen Praxisbereichen einsetzen wollten, saßen also häufig zwischen allen Stühlen: Die akademischen KollegInnen betrachteten ihre Arbeit mit einer gewissen Geringschätzung als zweitklassige Wissenschaft; die Forschungssubjekte sahen in ihnen VertreterInnen kolonialer, nationaler und imperialistischer Herrschaftsmächte und begegneten ihnen mit Mißtrauen und Ablehnung; PraktikerInnen aus Verwaltung und Politik sahen in ihnen weltfremde "Waldlichtungsforscher" (Hippel 1986), die für ihre praktischen Sachanforderungen wenig zu bieten hatten oder gar Störenfriede im Verwaltungsapparat darstellten, indem sie "ihre" Völker konservieren oder aufwiegeln wollten; und gesellschaftskritische Kreise betrachteten EthnologInnen häufig ebenfalls als Erfüllungsgehilfen gesellschaftlicher Machteliten. Ihre ambivalente Position brachte den EthnologInnen durchweg mehr Mißtrauen, Ablehnung und Kritik ein, als ihre tatsächlich geringen praktischen Einflüsse zu rechtfertigen scheinen (James 1973:43; vgl. auch R.Brown 1973, Feuchtwang 1973, Lackner 1973 oder die Diskussionen um eine ethnologische Beteiligung an der Entwicklungspolitik, siehe Kap. 3.5.).
Die Geschichte der praktischen Ethnologie zeigt schließlich, daß Wissen und gute Absichten allein nicht ausreichen, um soziale Probleme zu lösen. Neue Forschungsthemen, Theorieansätze und Methodologien vermögen dem produzierten Wissen zwar u.U. mehr Praxisrelevanz zu verleihen, führen aber nicht schon an sich zu einer größeren Berücksichtigung ethnologischer Kenntnisse in Gesellschaft und Politik oder gar zu einer Veränderungen ungerechter Verhältnisse. Wissen ist nicht nur Macht, sondern bedarf auch der Macht, um etwas zu bewirken. Eine reine Wissensproduktion, die lediglich Wissen zur Verfügung stellt und nicht die Frage nach den "Quellen der Macht" stellt, kann allein keine sozialen Mißstände verbessern. EthnologInnen haben aber selten einflußreiche und machthabende Positionen inne.
Sie sind an erster Stelle WissensproduzentInnen, keine PolitikerInnen oder andere wichtige EntscheidungsträgerInnen. So müssen sie Wege finden, die *policy makers* mit ihrem Wissen so zu beeinflussen, daß diese die angestrebten sozialen Verbesserungen vornehmen. Hierzu bedarf es aber Erfahrungen und Kenntnisse des *policy making processes*, welche durch Bewahrung einer neutralen und distanzierten Beobachter- und Forscherperspektive allein nicht gewonnen werden können. Um Einfluß auf Politik zu nehmen, müssen sich die WissenschaftlerInnen in das Feld der praktischen Politik begeben und dort sowohl mit den Zielgruppen als auch mit den Verantwortlichen zusammenarbeiten.

Aufgrund dieser Erkenntnisse rückten in den letzten drei Jahrzehnten u.a. Themen wie Macht, soziale Verantwortung und ethische Grundlagen ethnologischen Arbeitens ins Zentrum der Diskussionen um eine praktische Ethnologie. Eine Konsequenz war die Forderung nach Bewußtmachung der gesellschaftlichen und ideologischen Voraussetzungen wissenschaftlicher Arbeit und nach der eigenen Position im gesellschaftlichen Machtgefüge (Wertexplizitheit/ Stellungnahme), nach der Übernahme von Kontrolle über die Verwendung wissenschaftlicher Daten durch aktive Teilnahme an politischen Handlungs- und Entscheidungsprozessen (Aktion/Intervention) und nach der Berücksichtigung des Rechtes der Forschungssubjekte auf Selbstbestimmung durch ihre Beteiligung am Forschungs- und Veränderungsprozeß (Partizipation/Kooperation). Im folgenden Kapitel wird ausgeführt, wie diese neuen Kriterien einer kritischen Wissenschaft schrittweise methodisch und theoretisch in ethnologische Praxiskonzepte integriert und in Projekten erprobt wurden.

4. KONZEPTE:
ENGAGEMENT, INTERVENTION, PARTIZIPATION, KOOPERATION, *ADVOCACY* - ZUR ENTWICKLUNG KRITISCHER ETHNOLOGISCHER PRAXISANSÄTZE

> "Confronted by a world where genocide, exploitation and deprivation of control over one's own life are constant facts of life for fellow human beings, social science must become the indefitagable watchdog over human inviolability. Only then will the social scientist become anything more than a predator consuming data. And only then will the concept of *responsibility* mean mor than a buttonhole flower worn at academic ceremonies."
>
> Helge Kleivan (1969)[113]

4.1. Einleitung

Ein gelegentliches praktisches Engagement für die Rechte und Belange der erforschten Gruppen war von Beginn an Bestandteil des Faches. Im ersten Abschnitt dieses Kapitels werden noch einmal einige Beispiele dazu angesprochen (4.2.). Die Anfänge einer kritischen ethnologischen Praxis, die dieses Engagement auch methodisch und theoretisch in ihre Forschungsstrategien integriert, sind allerdings erst ab den 40er Jahren zu finden. Vor allem in Nordamerika und Westeuropa entstanden in verschiedenen Wissenschaftsdisziplinen Ansätze zur Verbindung von wissenschaftlicher Forschung und sozialem Handeln. Auch in der Ethnologie wurden nach dem Zweiten Weltkrieg verschiedene handlungsorientierte Konzepte wie die *action research* (Kap. 4.3.1.) und die *community development* (Kap. 4.3.2) ausprobiert, mit deren Hilfe die Situation benachteiligter Gruppen verbessert werden sollte. In den 50er Jahren entwickelte sich die *action anthropology* von Sol Tax (Kap. 4.4.1.) und der *research-and-development-approach* von Allan Holmberg (Kap. 4.4.2.), die als die eigentlichen Anfänge einer wertexpliziten, interventionistischen und partizipatorischen ethnologischen Forschungspraxis gelten. Dann entstehen in den 60er und 70er Jahren programmatische Konzepte einer radikal-politischen Ethnologie (Kap. 4.5.1.) und verschiedene neue Praxisansätze in den U.S.A. (Kap 4.5.2.). Im Anschluß

---

[113] Betonung im Original; zit. n. Brøsted et al. (1985:11).

an deren Darstellung folgen ein Überblick über die unterschiedlichen Praxiskonzepte (Kap. 4.5.3.) und über ihre Rezeption im Fach (Kap. 4.5.4.).

Ab den 60er Jahren wurde die Diskussion über eine praktische Ethnologie dann zunehmend von EthnologInnen anderer Kontinente, vor allem aus Südamerika, geprägt, weshalb sich der folgende Abschnitt dieses Kapitels gesondert mit der Entwicklung einer angewandten und kritischen Ethnologie in südamerikanischen Staaten befaßt (Kap. 4.6.). Beginnend mit einem kurzen historischen Überblick über das Verhältnis zwischen *indigenismo* und dem *nation-building-process* in lateinamerikanischen Staaten (Kap. 4.6.1.) sowie der Rolle der angewandten Ethnologie in der staatlichen Indianerpolitik (Kap. 4.6.2.) befaßt sich dieser Abschnitt insbesondere mit der Herausbildung der *antropología comprometida* und *antropología crítica* (Kap. 4.6.3.) und ihrer Beziehung zu den indigenen Völkern des Kontinents. Letztere erhielten besonders im Rahmen der beiden Symposien von Barbados (Kap. 4.6.4.) Raum zur Formulierung ihrer Rechte und Bedürfnisse, was u.a. zu einer Neustrukturierung des Verhältnisses und der Kooperation zwischen VertreterInnen des *indigenismo*, der neuen indigenen Bewegungen und der südamerikanischen Ethnologie führte (Kap. 4.6.5.). Daraus ergaben sich spezifische Aufgaben und Beiträge der EthnologInnen zur "Befreiung der Indianer" (Kap. 4.6.6.)

Der Abschnitt 4.7. setzt sich mit der vor allem in Ländern der Dritten Welt[114] entstandenen, in den 70er Jahren wiederentdeckten und weitergeführten Diskussion um Aktionsforschung (Kap. 4.7.1.) und anderen partizipatorischen Ansätzen in Entwicklungs-, Erziehungs- und Sozialpolitik auseinander. Hierzu gehören besonders die sozialwissenschaftliche *investigación acción participati-*

---

[114] Die Rede von einer Dritten Welt, die sich zwischen einer westlich-kapitalistischen Ersten und einer östlich-sozialistischen Zweiten Welt ansiedeln ließe, ist spätestens seit der Auflösung des Ost-West-Konfliktes hinfällig, war aber schon immer problematisch. Der griff wird vielfach - und zu Recht - abgelehnt (vgl. Menzel 1992). Sprachliche Auffangkonstruktionen wie die "sog. Dritte Welt", die "Zweidrittelwelt", "der Süden" oder die "nicht-westliche Welt" haben dieselben Definitionsprobleme und verwirren durch die teilweise geographische Zuweisung der Länder (vgl. Nuscheler 1996:68-69). Auch Sammelbegriffe wie "Entwicklungsländer", "Schwellenländer" oder "Industrieländer" sind fragwürdig, da sie eine Einheitlichkeit von Staaten konstruieren, die durch sehr unterschiedliche ideologische, politische und wirtschaftliche Systeme, die verschiedensten Interessen und Problemlagen und einen höchst unterschiedlichen Grad an technologischer und industrieller Entwicklung gekennzeichnet sind. In Ermangelung eines besseren, von Mißverständnissen unbelasteten Terminus wird in dieser Arbeit der Begriff Dritte Welt (ohne Anführungszeichen und einschränkende Zusätze) beibehalten. Er wird als politischer Begriff verstanden, der diejenigen Staaten bzw. Teile von ihnen umfaßt, die als "arm", "weniger industrialisiert" und/oder "politisch und wirtschaftlich abhängig" charakterisiert werden können (vgl. ebd. 68-91).

va/IAP (Kap. 4.7.2.), die partizipatorische Aktionsforschung (Kap. 4.7.3.), partizipative Ansätze in der Entwicklungspolitik (Kap. 4.7.4.), aber auch deren Kooptation durch Industrie und andere gesellschaftliche Gruppen (Kap. 4.7.5.). Dabei wird deutlich, daß partizipatorische Methoden allein noch nicht notwendigerweise Verbesserungen für benachteiligte Gruppen bringen, sondern daß dazu immer auch eine Stellungnahme oder Positionierung der WissenschaftlerInnen innerhalb bestehender Machtverhältnisse erforderlich ist (Kap. 4.7.6.).

Zum Verständnis der kooperativen Forschungsstrategien der 80er und 90er Jahre ist zunächst noch einmal ein Blick auf die neueren gesellschaftlichen und fachlichen Entwicklungen notwendig (Kap. 4.8.1.). Zu den neuen Konzepten gehören vor allem die *collaborative research* (Kap. 4.8.2.), die *community-based research* und die *community-centered praxis* (Kap. 4.8.3.). Bei dieser praktischen Ethnologie in der "Postmoderne" (Kap. 4.8.4.) läßt sich im Unterschied zu vorangegangenen Konzepten deutlich eine Kontextgebundenheit, Pragmatik und eine Methodenpluralität sowie ein zunehmendes Zusammenspiel von ForscherInnen und Forschungssubjekten, Erkenntnisproduktion, Reflexion und Aktion feststellen. Wo in herkömmlichen Konzepten der angewandten Ethnologie eine mehr oder weniger strenge Trennung zwischen forschenden Subjekten und erforschten Objekten sowie zwischen Forschung und gesellschaftlicher Praxis gefordert wird, bemüht man sich nun um Dialog, kommunikativen Austausch und Zusammenarbeit, um eine Verbindung von Erkenntnisgewinnung und -nutzung und von Reflexion und Intervention. Die bisher vor allem als passive Forschungsobjekte behandelten Menschen werden zunehmend als selbständig handelnde Subjekte und GestalterInnen ihres eigenen Schicksales gesehen und avancieren zu KooperationspartnerInnen und AuftraggeberInnen der EthnologInnen. Die WissenschaftlerInnen wiederum übernehmen verstärkt aktive Rollen als gesellschaftliche *change agents*.

Die zentralen Merkmale der Praxiskonzepte werden im Terminus *advocacy anthropology* zusammengefaßt (Kap. 4.9.). Dabei geht es besonders auch um eine Klärung des problematischen Begriffs *advocacy* (Kap. 4.9.1.) und um die spezielle Aufgabe des *empowerment* (Kap. 4.9.2.) benachteiligter Gruppen. Die wichtigsten Schlüsselbegriffe der Methoden einer *advocacy* sind Wertexplizitheit, Intervention, Partizipation und Kooperation (Kap. 4.9.3.).

Den historischen Rahmen, innerhalb dessen sich diese wissenschaftlichen Entwicklungen abspielten, bildeten:

1. die Nachkriegsphase der Entkolonisierung, der Entstehung neuer Nationalstaaten und der Modernisierung;
2. die gesellschafts- und sozialkritische Aufbruchzeit der 60er und 70er Jahre mit ihren großen gesellschaftstheoretischen Entwürfen und den verschiedensten Versuchen einer alternativen gesellschaftlichen Praxis; und
3. die Globalisierungs-, Vermischungs-, Homogenisierungs- und Fragmentierungsprozesse der heutigen Postmoderne, die u.a. durch die Formierung einer globalen Medien- und Informationsgesellschaft, eine rasche weltweite Industrialisierung und Technologisierung, heftiger werdende Macht- und Verteilungskämpfe und eine teilweise Ethnisierung bzw. Kulturalisierung politökonomischer Konflikte gekennzeichnet ist.

Die Auflösung bisheriger politischer Kategorien (z.B. sozialistischer Osten/kapitalistischer Westen, reicher Norden/armer Süden, industrialisierte/nicht-industrialisierte Gesellschaften) und das Verschwimmen (realer oder angenommener) Grenzen zwischen ethnischen, kulturellen und sozialen Gruppen machen das theoretische Erfassen und zielgerichtete Handeln in der sozialen Realität bedeutend schwieriger, als in vorangegangenen Jahrzehnten angenommen wurde. Die Konsequenzen und Anforderungen, die sich für eine kritische engagierte Ethnologie aus den Erfahrungen der Fachgeschichte in der Kolonialzeit, in der postkolonialen Ära und in der postmodernen "Bricolage einer Gleichzeitigkeit des Ungleichzeitigen" (Moser 1995:16) ergeben, werden u.a. auch in diesem Abschnitt beschrieben.

4.2. Engagement und Stellungnahme früherer EthnologInnen

EthnologInnen haben sich zum überwiegenden Teil mit solchen Gesellschaften und Bevölkerungsgruppen befaßt, die im Rahmen von Kolonialstrukturen und Nationalstaaten einen begrenzten Zugang zu sozialer, wirtschaftlicher und politischer Macht und ihren Ressourcen hatten bzw. haben. Sie haben mit diesen Menschen gelebt, sich mit ihnen befreundet und teilweise identifiziert und dabei vielfach das Bedürfnis verspürt, ihnen in irgendeiner Form Unterstützung zukommen zu lassen (vgl. z.B. die Diskussionen in Paine 1985a). So haben sich von Beginn der institutionellen Etablierung des Faches an immer auch einige EthnologInnen auf Seiten der erforschten Gruppen engagiert und deren Rechte verteidigt. Dieses Engagement von EthnologInnen für die Forschungssubjekte zieht sich durch die ganze Fachgeschichte und stellt eine dem Gegenstand und der Methodik entspringende spezifische fachliche Ethik dar (vgl. Kap. 4.9.). In allen Fällen waren enge persönliche Beziehungen zu den betreffenden Menschen und fundierte ethnographische Kenntnisse die Voraussetzungen und Grundlagen einer *advocacy*.

In den **U.S.A.** liefert der vielfach als "Vater" der U.S.-amerikanischen Ethnologie bezeichnete Lewis H. Morgan (1818-1881) eines der frühesten Beispiele. Seine Forschungen bei den Tonawanda Seneca in Nordamerika führten zu klassischen wissenschaftlichen Werken wie "Systems of Consanguinity and Affinity of the Human Family" (1871) oder "Ancient Society" (1877/1963). Gleichzeitig engagierte er sich aber auch für die Rechte der untersuchten indigenen Gemeinschaften: Als die Seneca in den 40er Jahren des 19. Jahrhunderts gegen ihren Willen und für eine unverhältnismäßig geringe Entschädigung ihr Land im U.S.-Bundesstaat New York abtreten und in den Bundesstaat Kansas übersiedeln sollten, initiierte Morgan eine Kampagne von Protestbriefen und Petitionen und unterstützte sie bei der Abfassung einer Bittschrift an den U.S.-Senat und den U.S.-Präsidenten (Frisch 1971, Hildebrandt 1990:99-100, Willems 1981: 42). Bei den Anhörungen im U.S.-Senatskomitee für Indianerfragen vertrat Morgan ebenfalls die Seite der Seneca.

Seine Aktivitäten können als frühe *advocacy anthropology* und zugleich als Beginn der *applied anthropology* in den U.S.A. gelten (Resek 1960:32). Obwohl primär an theoretischen Fragestellungen interessiert, startete Morgan auch einen (allerdings erfolglosen) Versuch, ein *Commissioner of Indian Affairs* zu werden und brachte Gesetzesvorlagen und konkrete Vorschläge zur Integration der indianischen Völker ein (ebd. 1960). Morgans parteiliche Haltung auf Seiten der Seneca machte diese nach Ansicht von Frisch (1971) überhaupt erst zugänglich für seine wissenschaftlichen Untersuchungen. Aus der Zusammenarbeit zwischen Morgan und den Seneca ging zudem ein neuer politischer Führer hervor: Ely Parker, Morgans Hauptinformant, wurde unter Präsident Grant ein *Commissioner of Indian Affairs* (ebd.).[115]

Bei den MitarbeiterInnen des *Bureau of American Ethnology/BAE* (s. Kap. 3.3.2..) sind ebenfalls schon früh engagierte VerfechterInnen indianischer Rechte zu finden. Einer der bekannteren ist Frank Hamilton Cushing. Wie seine

---

[115] Diese Herausbildung neuer indigener Führungskräfte durch *advocacy*-Aktivitäten von EthnologInnen und anderen nicht-indigenen UnterstützerInnen ist auch innerhalb der neuen indigenen Bewegungen zu beobachten (vgl. Kap. 6.).

FachkollegInnen war er dem evolutionistischen Denken seiner Zeit und dem Glauben an die Notwendigkeit empirischer Wissenschaft verhaftet. Er warnte davor, die indigenen Gemeinschaften durch unüberlegten schnellen Wandel zu zerstören und forderte Respekt für ihre Traditionen, religiösen Vorstellungen und Lebensweisen. Die Aufgabe der EthnologInnen sah er darin, die indianischen Kulturen möglichst vollständig zu erforschen und solange zu erhalten, bis der geeignete Zeitpunkt zur Veränderung gekommen sei (Cushing 1897). Während jahrelanger Aufenthalte bei den Zuñi (1879-84) erwarb er detaillierte Kenntnisse über ihre Glaubensvorstellungen und identifizierte sich schließlich so sehr mit ihnen, daß er aktiv ihre Interessen verteidigte. Als weiße Rancher versuchten, den Zuñi Land zu rauben, agierte Cushing heftig in der öffentlichen Presse dagegen. Cushings *advocacy* veranlaßte schließlich das BAE auf politischen Druck, ihn aus dem Zuñi-Land zurückzurufen. Kurz vor seinem Tode, im Alter von 42 Jahren, zerstörte er seine Aufzeichnungen über die Geheimnisse der Zuñi-Priester, weil er glaubte, sie nicht bekannt machen zu dürfen (vgl. Cushing 1983).

Auch James Mooney, gelegentlicher Mitarbeiter des BAE und ausgebildeter Zeitungsreporter, kann als früher *advocate* indigener Interessen gelten (Stewart 1973). Er verfaßte mit seiner klassischen Studie über den *Ghost Dance*[116] (Mooney 1896) eine der ersten *policy studies*[117] und trat im U.S.-Kongress als engagierter Verteidiger der an der Geistertanzbewegung beteiligten IndianerInnen auf. Ebenso setzte er sich schon Ende des 19. Jahrhunderts für den straffreien Gebrauch von Peyote für die AnhängerInnen der *Native American Church* ein, intervenierte 1907 bei Verhaftungen von Peyote-NutzerInnen und bewirkte 1908 die Rücknahme eines Anti-Peyote-Gesetzes in Oklahoma (Stewart 1973: 36-38). Mooney war damit einer der ersten U.S.-amerikanischen EthnologInnen, der sich für die rechtliche Absicherung einer Religionsfreiheit für indianische Nationen einsetzte. Seine *advocacy*-Aktivitäten entwickelten sich wie die anderer EthnologInnen aus jahrelangen Forschungsaufenthalten bei den betreffenden Gemeinschaften und fußten auf seinen hervorragenden ethnographischen Kenntnissen.

---

[116] Der *Ghost Dance* war eine nativistische oder revitalistische Bewegung nordamerikanischer IndianerInnen im ausgehenden 19. Jahrhundert, deren AnhängerInnen an eine Rückkehr der Toten, die Wiederherstellung und Stärkung der alten indianischen Lebensweise und ein kommendes Goldenes Zeitalter glaubten.

[117] Ob Mooney bei seinen Studien tatsächlich von politischen Überlegungen motiviert war, ist innerhalb des Faches umstritten (vgl. Hinsley 1979:23, van Willigen 1991:214).

John Collier und andere MitarbeiterInnen der *Applied Anthropology Unit* beim *Indian Office* liefern weitere Beispiele einer frühen *advocacy anthropology*. Einige AutorInnen (z.B. Kemmis 1990:30) sehen in Collier sogar den Begründer einer frühen Aktionsforschung, der als erster die Ideen von einem zyklischen Prozeß von Handlung und Forschung propagierte.

Auch bei späteren U.S.-amerikanischen EthnologInnen, die die *cultural anthropology* als wissenschaftliche Disziplin etablierten und ausprägten (wie Franz Boas, Margaret Mead, Ruth Benedict, Julian Steward u.a.), waren öffentliche Stellungnahmen zu tagespolitischen Ereignissen und ein engagiertes Eintreten gegen Rassismus, kulturelle Unterdrückung und soziale Diskriminierung zu finden. Allerdings waren sie deshalb keineswegs gleich als BefürworterInnen einer politisch engagierten Ethnologie anzusehen (siehe oben; vgl. auch La Rusic 1985), denn, wie Kimball (1987:392) zu Recht argumentiert: "Speaking out on public issues does not a policy scientist make." Es zeugte lediglich von einer grundlegenden ethischen Einstellung, die die meisten EthnologInnen auf die Seite der erforschten Gemeinschaften stellte.

In ähnlicher Weise finden wir auch in der kanadischen Ethnologie von Beginn an Ansätze einer *advocacy* für indigene Rechte, die ab den 60er Jahren zu einer zunehmenden Kooperation zwischen ForscherInnen und indigenen Gemeinschaften führte. EthnologInnen leisteten Forschungen für indigene Gruppen und arbeiteten als VermittlerInnen und *broker* zwischen indianischen Gemeinschaften, Regierungseinrichtungen und Wirtschaftskonzernen. Sie engagierten sich besonders im Rahmen der großen Energieentwicklungsprojekte ab den 70er Jahren (vor allem dem *James Bay Project* in Quebec und der *Mackenzie Pipeline Inquiry* in den Northwest Territories) auf Seiten der betroffenen indianischen Völker. Auf der anderen Seite übernahmen indianische FührerInnen ethnologische Konzepte wie das des *citizien plus*,[118] um gegen die Assimilationspolitik der Regierung zu kämpfen (s. Asch 1983, 1989, Berger 1977, Boldt/ Long 1985a, Dyck/Waldram 1993a, Feit 1985, Hedican 1995:14-21, Salisbury 1976, 1986, S.Weaver 1993 u.a.).

Auch die Institutionalisierung der **britischen Ethnologie** war eng mit einem humanitären Interesse an den erforschten Gruppen verknüpft. So führten im 19. Jahrhundert Auseinandersetzungen um die Frage, auf welche Weise die

---

[118] Der Begriff *citizen plus*, der erstmals von kanadischen EthnologInnen im sog. *Hawthorn Report* benutzt wurde, besagt, daß IndianerInnen neben den allgemeinen Bürgerrechten noch Sonderrechte haben (S.Weaver 1993).

kolonisierten "native races" am besten geschützt werden konnten, zur Gründung der ersten ethnologischen Vereinigungen (vgl. oben Kap. 3.3.3.; Reining 1970). Tyrnauer (1984:114) erkennt darin bei Teilen der Gründerväter der britischen *social anthropology* ebenfalls eine frühe *advocacy*-Haltung. Auch bei den britischen KolonialethnologInnen war häufig ein humanistisches Engagement und eine moralische Stellungnahme auf Seiten der kolonisierten Bevölkerungsgruppen zu finden (siehe Kap. 3.4.3.). So war bekanntermaßen Malinowski nicht nur ein Verfechter einer praktischen Kolonialethnologie, sondern auch ein heftiger Kritiker des Kolonialsystems. In seinen Arbeiten trat er auch für die Belange der "natives" ein, fuhr z.B. polemische Attacken gegen die destruktiven Aktivitäten von Missionaren auf den Trobriand-Inseln (Malinowski 1979:502-6) oder plädierte für eine auch politisch engagierte Ethnologie (Malinowski 1951:23-43).[119]

In **Deutschland** etablierte sich zwar letztlich keine Kolonialethnologie und damit auch kein den britischen oder U.S.-amerikanischen *advocacy*-Aktivitäten vergleichbares praktisches Engagement früherer deutscher EthnologInnen, aber auch bei ihnen finden wir teilweise schon früh Kritik an den destruktiven Folgen der kolonialen Expansion, ein Werben um Verständnis und Toleranz für die kulturellen Eigenarten der Völker in den Kolonien oder die Hoffnung, daß ethnologische Forschungen zum Wohle der erforschten Menschen eingesetzt werden könn(t)en (vgl. Kap.3.4.3.). Neben schon erwähnten Ethnologen wie Thurnwald, Frobenius u.a. gehörten hierzu z.B. auch frühe Brasilienforscher wie Karl von den Steinen oder Curt Nimuendaju (vgl. Dungs 1991, Keller 1996:38-46).

In der Nachkriegszeit tauchten dann hin und wieder bei den wenigen FachvertreterInnen, die sich Gedanken über eine gesellschaftliche Praxis machten, Überlegungen über eine größere Berücksichtigung der Interessen und Rechte der Forschungssubjekte auf. So wünschte z.B. Manndorff bereits in den 50er Jahren die Teilnahme der Betroffenen an Untersuchungen über ihre Situation (Manndorff 1956:129), eine für seine Zeit eher ungewöhnliche Einstellung. Schotts Forderung, "wir (sollten) bei fremden Völkern in die Schule gehen" (Schott 1962:10) beinhaltete eine Aufforderung zur Abkehr von westlichem Überlegenheitsdenken und eine Aufwertung des Wissens indigener Kulturen und entsprach im wesentlichen der Grundeinstellung eines Großteils der dama-

---

[119] Siehe auch Hedican (1995:45-4); zu einer Diskussion über die ethischen und politischen Haltungen der britischen *applied anthropologists* vgl. Firth (1981).

ligen EthnologInnen, die bei ihren langen Feldforschungsaufenthalten den kulturellen Reichtum der erforschten Völker kennen- und achten gelernt hatten.
Stagl schließlich wollte die ethnologischen Forschungsergebnisse an diejenigen zurückgeben, denen man sie verdankte (Stagl 1985:160). Er bewegte sich damit im Rahmen der anti-kolonialistischen Argumentationen der 60er Jahre. Sie alle (und andere) sprachen von der Pflicht der EthnologInnen, denjenigen Menschen, bei denen sie ihre Forschungen betreiben, als eine Art Gegengabe ihre Unterstützung bei praktischen und politischen Problemen zukommen zu lassen (vgl. ebd.:157).
Der gelegentliche praktische Einsatz für die Forschungssubjekte lieferte aber noch keine ausreichende Grundlage für die Entwicklung interventionistischer und partizipativer Praxisansätze. Diese wurden erst durch außerakademische Entwicklungen angestoßen, die ihren Niederschlag auch in anderen kultur- und sozialwissenschaftlichen Fächern fanden.

4.3. Interventionsansätze der 40er und 50er Jahre

4.3.1. *Action research*

Die Erfahrungen während des Zweiten Weltkrieges und die sich anschließenden Prozesse der Entkolonisierung förderten innerhalb der Sozial- und Kulturwissenschaften ein besonderes Interesse an Gruppenprozessen, Demokratisierung von Forschung und der praktischen Verantwortung von WissenschaftlerInnen. Der Einsatz wissenschaftlicher Forschungen für die Vernichtung von Millionen von Menschen im Dienste politischer und ideologischer Machtkämpfe verwies auf die immer mögliche Verflechtung wissenschaftlicher und gesellschaftlicher Praxis. Themen wie Rassismus, Vorurteile, politischer Autoritarismus oder interethnische Beziehungen rückten ins Blickfeld sozial- und kulturwissenschaftlicher Forschungen, nicht selten gerade bei denjenigen WissenschaftlerInnen, die als Juden oder andere Verfolgte dem nationalsozialistischen Regime entfliehen mußten (Kemmis 1990:31-33). Während ein großer Teil der nordamerikanischen und europäischen Sozial- und KulturwissenschaftlerInnen sich aufgrund der Kriegserfahrungen in den Elfenbeinturm reiner Erkenntnisproduktion zurückzog (vgl. Kap. 3.5.), gingen andere den Weg zu einer wertexpliziten wissenschaftlichen Praxis und entwickelten Mitte der 40er Jahre den Ansatz der *action research*:[120]

> "The social problems manifested in and provoked by the Second World War created a new environment for social science, an environment in which the earliest action researchers believed that they could no longer pursue only understanding. They had been drawn (or shocked) into the field of action" (ebd. 33).

Als Begründer der Aktionsforschung gilt der Sozialpsychologe Kurt Lewin. Lewin, der als Jude in den 30er Jahren aus dem nationalsozialistischen Deutschland in die U.S.A. emigriert war, arbeitete während der Kriegsjahre u.a. mit Margaret Mead und anderen EthnologInnen bei der Untersuchung von Ernährungsgewohnheiten der U.S.-amerikanischen Bevölkerung zusammen. Diese Forschungen lenkten sein Interesse u.a. auf Entscheidungs- und Führungsprozesse innerhalb von Gruppen, auf die Verbesserung von Intergruppenbeziehungen und auf die Möglichkeiten, wissenschaftliche Erkenntnisse für sozialen Wandel und gerechtere Gruppenbeziehungen einzusetzen (ebd. 32-33; vgl. Moser 1975:47-53).

Im Zusammenhang mit seiner Feld-Theorie (Lewin 1963) befürwortete er eine wissenschaftliche Forschung im sozialen Feld bzw. in natürlichen sozialen Situationen anstatt in einer künstlich geschaffenen Laborsituation. Dabei hielt er die Einbeziehung *aller* TeilnehmerInnen in den Forschungsprozeß für sinnvoll und notwendig und plädierte für eine Wissenschaft, deren Ergebnisse auf gesellschaftliche Praxis abzielten. Für Lewin gehörten Forschung und soziales Handeln zusammen, wobei sich die Forschung "spiralförmig" in einem Dreischritt von "Planung, Handlung und Tatsachenfindung über das Ergebnis der Handlung" vorwärts bewegte (ders. 1953:284). In einem 1946 erschienenen Aufsatz formulierte er folgende vielzitierte Passage zur Begründung seines Ansatzes:

---

[120] *Action research* wird mit Tatforschung, Handlungsforschung, Aktionsforschung oder aktivierende Sozialforschung übersetzt. Einige AutorInnen vermeiden den Terminus Aktionsforschung, da "(d)er Begriff der Aktion (...) im Deutschen einen Nebenklang (hat), der unter 'Aktion' eine außergewöhnliche und eigens organisierte, publikumswirksame Handlung meint ('Aktionskomitee', 'Aktionskünstler', 'Bürgeraktion'), die auch noch in der leicht abwertenden Bezeichnung 'Aktionismus' mitschwingt" (Huschke-Rhein 1993:183). Ähnlich weckt der Begriff Aktionsethnologie vor allem bei jüngeren EthnologInnen und StudentInnen häufig Assoziationen mit spektakulären Aktionen oder gar Partisanentum. In neuerer Zeit wird teilweise auch von Praxisforschung gesprochen (z.B. Heiner 1988, Huschke-Rhein 1993:184, Moser 1995; vgl. Kap. 7.).

"The research for social practice can be best characterized as research for social management or social engineering. It is a type of action-research, a comparative research on the conditions and effects of various forms of social action, and research leading to social action. Research that produces nothing but books will not suffice" (Lewin 1948:202-203).

Lewin verstand seine Aktionsforschung nicht als eine gänzlich neue Methodologie, sondern als eine spezifische Variante der klassischen empirischen Forschung, die er um die Erforschung "natürlicher Situationen" erweitern und auf soziale Praxis ausrichten wollte. Die Aufgabe der WissenschaftlerInnen bestand, wie in den herkömmlichen Konzepten angewandter Wissenschaft, in der Bereitstellung relevanten Wissens, nicht aber in der Mitwirkung bei der Formulierung und praktischen Umsetzung eines bestimmten gesellschaftspolitischen Handlungszieles. Damit verblieb seine Aktionsforschung im wesentlichen im Rahmen des herrschenden Wertfreiheitspostulats. Sie war eine Art *social engineering*, das von den verschiedensten gesellschaftlichen Gruppen mit den unterschiedlichsten praktischen Zielsetzungen einsetzbar war.

Seine Forschungsstrategie führte vor allem zu Erkenntnissen über und Veränderungen von gruppendynamischen Prozessen. Sie konnte dabei genauso Prinzipien wie Demokratisierung, Selbstbestimmung und Emanzipation folgen wie sie zur Stabilisierung von Ungleichheiten und Hierarchien verwendet werden konnte (vgl. Moser 1975:48-49, Sevilla-Casas 1978:142-45, Vío-Grossi 1981:44-46).[121] Dabei erkannte Lewin durchaus die Verantwortung der SozialwissenschaftlerInnen bei der Erhaltung und beim Ausbau demokratischer Gesellschaftsstrukturen (Lewin 1953:295). Dies veranlaßte ihn aber nicht, explizit einen Wertestandpunkt als Bestandteil seiner Forschungsstrategie zu formulieren. Sein besonderes Verdienst war es, wissenschaftliche Theorie und Praxis in einem zyklischen Prozeß zusammenzuführen, konkrete soziale Probleme als Ausgangspunkt wissenschaftlicher Forschung zu nehmen und die Teilnahme an sozialer Praxis als fruchtbare Quelle neuer wissenschaftlicher Erkenntnisse her-

---

[121] So nutzen beispielsweise Wirtschaftsunternehmen Aktionsforschungmethoden, um die Beziehungen zwischen den Angehörigen eines Unternehmens und insgesamt das Betriebsklima zu verbessern, ohne daß die Organisationsstruktur verändert wird. Durch die Gewährung einer gewissen Beteiligung und Mitsprache werden Arbeitsmotivation und Zusammenhalt zwischen Angestellten und ArbeiterInnen gefördert und ihre Kontakte zur Unternehmensleitung verbessert, während diese gleichzeitig ihre Kontrolle und leitende Position gegenüber den "Untergebenen" verstärken kann (vgl. Huschke-Rhein 1993:186; zum Einsatz partizipatorischer Aktionsforschungsmethoden durch EthnologInnen u.a. SozialwissenschaftlerInnen im Organisationsmanagement s. Kap. 4.7.5.).

vorzuheben. Seine Forderung, möglichst alle an der Forschung Beteiligten in den Forschungsprozeß miteinzubeziehen (z.B. durch gemeinsame Auswertungsgespräche), deutete außerdem schon in die Richtung einer Auffassung von "Wissenschaft als Diskurs", die im Rahmen späterer Praxisansätze besondere Bedeutung erhielt (vgl. Moser 1975:47-64).

In den späten 40er und frühen 50er Jahren wurde die Auseinandersetzung über Aktionsforschung in den U.S.A. insbesondere im Bereich der Erziehungswissenschaft und Sozialpsychologie geführt. Ende der 50er Jahre schien das Interesse an diesem Ansatz wieder stark gesunken, und erst zehn bis fünfzehn Jahre später kam es zu einer erneuten Beschäftigung mit der *action research* (siehe Kap. 4.7.1.).

Auch in der Ethnologie wurde in dieser Zeit über eine mögliche Verbindung von Forschung und gesellschaftlichem Handeln zur Verbesserung der Situation unterprivilegierter sozialer Gruppen nachgedacht. Dabei fand das Lewinsche Konzept einer *action research* Eingang in Ansätze praktischer ethnologischer Arbeit. So bedienten sich z.B. die in den 50er Jahren am *Indian Personality and Administration Research Project* beteiligten WissenschaftlerInnen explizit Methoden der *action research* (L.Thompson 1950; s. Kap. 3.4.2.). L.Thompson (1956) bezeichnete sogar den *Indian Reorganization Act* von 1934 insgesamt als ein "Aktionsforschungsexperiment" (vgl. McNickle 1979).[122] Die unten ausführlicher beschriebene Aktionsethnologie von Sol Tax scheint ebenfalls, auch wenn dies nirgendwo ausdrücklich erwähnt wird, entscheidende Anregungen von Lewin übernommen zu haben (vgl. Kap. 4.4.1.).

4.3.2. *Community development* und andere Praxisansätze

In den 50er Jahren entstanden international verschiedene Konzepte einer praktischen Ethnologie, die das eingreifende gesellschaftliche Handeln von EthnologInnen sowie eine Partizipation der betreffenden Menschen an Forschung und gesellschaftlicher Veränderung zumindest thematisierten, wenn auch nicht immer praktizierten. Zu nennen ist in diesem Zusammenhang besonders der Ansatz der *community development*, der sich nach dem Zweiten Weltkrieg im

---

[122] Diese Ansicht wird aufgrund des offensichtlichen Paternalismus und der mangelnden Beteiligung der indigenen Gemeinschaften an der politischen Reorganisierung von mir nicht geteilt (vgl. Kap. 3.4.2.).

Kontext der britischen Kolonialverwaltung bzw. der diese ablösenden Entwicklungshilfe in Afrika und Indien entwickelte und insbesondere in der Erziehungswissenschaft und Sozialarbeit praktiziert wurde, aber auch in der Ethnologie zur Anwendung kam.[123] Hauptziel war die in gemeinschaftlichen Aktionen erfolgende Verbesserung der Lebenssituation einer Gruppe:

> "Community development is a process of social action in which the people of a community organize themselves for planning and action; define their common and individual needs and problems; make group and individual plans to meet their needs and solve their problems; execute their plans with a maximum of relevance upon community resources; and supplement these resources when necessary with services and materials from government and non-governmental agencies outside the community" (van Willigen 1993:91).

Merkmale der *community development* waren u.a. die Ausrichtung auf eine "Entwicklung von unten", die an den Bedürfnissen und Zielen der betroffenen Menschen (den *felt needs*) ansetzte, die Prozeßhaftigkeit der Projektarbeit, die vor allem auf eine zunehmende Befähigung der Gemeinschaft zur selbstbestimmten Handhabung ihres politischen und sozialen Umfeldes abzielte, und die Arbeit mit bereits existierenden oder neu geschaffenen sozialen Gemeinschaften (*communities*). Die Rollen der WissenschaftlerInnen waren im wesentlichen die von ForscherInnen und UnterstützerInnen.

Community development basierte vor allem auf Organisation, Forschung bzw. Wissen und dem Zugang zu Ressourcen. Ihre Werteposition gründete sich in Konzepten wie Selbstbestimmung, Demokratie, Partizipation, Kooperation, Selbstverwirklichung und Selbstregierung sowie im Glauben an Fortschritt und Verbesserung durch soziale Veränderung und Entwicklung der menschlichen Potentiale. Wissen und Erziehung wurden dabei als Grundlage für eine Stärkung der Handlungsfähigkeit der Gemeinschaft angesehen. Der Ansatz verstand sich vor allem als eine Mobilisierung von Gruppen und als ein Gruppenprozeß, der gemeinsame Forschung, Entscheidungen, Handlungen und Evaluationen notwendig macht (van Willigen 1993:96).

Dennoch wurde eine Partizipation der betreffenden Menschen an Wissensproduktion und -nutzung zumindest in den frühen Projekten kaum realisiert. Der Ansatz entwickelte sich ausgesprochen interdisziplinär und fand Anwendung in

---

[123] Nach Doughty (1987a:438) leisteten die mexikanischen EthnologInnen bereits in den 20er Jahren auf diesem Gebiet Pionierarbeit.

der Erwachsenenbildung, Sozialarbeit, Ethnologie, Soziologie u.a. Wissenschaftsfächern. In den U.S.A. wurde der *community development*-Ansatz vor allem durch Techniken der *community organization* aus dem Bereich der Sozialarbeit geprägt (Goodenough 1963, van Willigen 1993:91-107).

Community development fand in den Nachkriegsjahren eine ausgesprochen weite Verbreitung, geriet dann aber in den 70er Jahren mehr und mehr aus dem Blickfeld angewandter Wissenschaft und Projektarbeit und wurde von neuen Konzepten einer kritischen Forschungspraxis verdrängt, die entsprechend dem "Zeitgeist" ein radikaleres politisches Selbstverständnis formulierten. Dabei lieferten die in der *community development* und der frühen Aktionsforschung entwickelten ethischen, methodischen und theoretischen Postulate die wesentlichen Grundlagen für die späteren, als kooperativ, partizipatorisch, *community-based* oder *people-centered* bezeichneten Ansätze. Zu Unrecht werden also die frühen *community development*-Projekte als Vorläufer einer engagierten ethnologischen Forschungspraxis übersehen, worauf u.a. Bhattacharyya (1995) hinweist. In Anlehnung an ein neueres (postmodernes) Vokabular versteht er den Ansatz der heutigen *community development* als "the pursuit of solidarity and agency" (ebd. 61). Als *agency* bezeichnet er:

> "(...) the capacity of a people to order their world (...), that is, the capacity to create, reproduce, change, and live according to their own meaning systems, the powers effectively to define themselves as opposed to being defined by others. (...) Agency is the anti-thesis to dependency, a condition devoid of any internal dynamic. The value premise of community development is that people have the right to agency, and the distinctive purpose of community development is to safeguard, and where impaired or lost, to reconstruct it" (ebd.).

Desweiteren setzt er als Grundpfeiler der *community development* eine ethische Grundhaltung und soziale Praxis, die er als "non-impositional, non-manipulative, and scrupulously respectful of the will of the people" bezeichnet (ebd. 63). Die drei zentralen Prinzipien des Ansatzes (*self-help*, *felt needs*, *participation*) basieren auf der Prämisse, daß die betreffenden Menschen ihre Probleme am besten selber definieren können, daß sie an deren Lösung beteiligt sein müssen und daß sie ein Recht auf selbstbestimmtes Handeln haben. Aufgabe der *community developers* ist es, alle Außeneinflüsse zurückzudrängen, die der Gemeinschaft dieses Rechtes und dieser Möglichkeiten beraubt (ebd. 60-64). Nach diesem Selbstverständnis folgen die heutigen *community developers* im wesentlichen denselben oder zumindest sehr ähnlichen ethischen und methodischen Postulaten wie die VertreterInnen anderer kritischer Praxisansätze (z.B. Hlady 1969; siehe unten).

Als ein weiterer Vorläufer einer interventionistischen Ethnologie gilt die von Spillius (1957) entworfene *operational research*. Spillius beschrieb unter diesem Begriff seinen aktiven Einsatz für die von einem Wirbelsturm betroffene indigene Bevölkerung auf Tikopia, für die er - spontan und unvorbereitet - verschiedene praktische Katastrophenhilfemaßnahmen organisierte und bei Konflikten innerhalb der Gemeinschaft wie zwischen ihr und außenstehenden Autoritäten vermittelte. Allerdings verarbeitete er seine Erfahrungen nicht zu einem umfassenderen Konzept ethnologischer Praxis, so daß er innerhalb des Faches kaum richtungsweisend wirkte.

Auch einige Entwicklungsprojekte in Comilla (Pakistan) benutzten ab Ende der 50er Jahre Methoden der Aktionsforschung (offene Projektziele, Beteiligung der Bevölkerung an Projektplanung und -ablauf, aktive Intervention der ForscherInnen u.a.), um die Lebensumstände der äußerst armen bäuerlichen Bevölkerung in dieser Region zu verbessern (Choldin 1969). Ein anderer Ethnologe, der Ende der 50er Jahre auf Methoden der Lewinschen Aktionsforschung zur Entwicklung einer *research-through-action* zurückgriff, war der Niederländer Gerrit Huizer (1979b). Auch andere EthnologInnen machten sich in dieser Zeit Gedanken über die Notwendigkeit, aber auch die Probleme praktischer Intervention im Feld (z.B. Gallin 1973, orig. 1959, Manners 1973, orig. 1956). Ein besonderer ethnologischer Tätigkeitsbereich, der sich ebenfalls bereits in den 50er Jahren entwickelte, ist der sog. *claims litigation approach*, bei dem EthnologInnen als *expert witnesses* zur Unterstützung der Landrechtsansprüche indigener Gemeinschaften auftraten.[124] Diese Tätigkeit gehört heute zu den wich-

---

[124] Die Einrichtung der U.S.-amerikanischen *Indian Claims Commission* (*ICC*) gab indianischen Gemeinschaften die Möglichkeit, für erlittene Landverluste finanzielle Entschädigung einzuklagen. Sie stellte einerseits einen gewissen Erfolg der Indianerrechtsbewegung und ihrer UnterstützerInnen dar, da durch sie die Landrechtsforderungen vieler indianischer Völker anerkannt wurden, einige Gemeinschaften durch die Kompensationszahlungen eine Basis für wirtschaftliche Entwicklung erhielten - die meisten entschieden sich allerdings für eine Pro-Kopf-Verteilung der Zahlungen, die schnell aufgebraucht waren und ohne Folgen blieben -, die indigenen Gruppen viele nützliche rechtliche Informationen und ethnographische Dokumentationen erwarben, teilweise einen eigenen Rechtsbeistand für spätere juristische Verfahren aufbauen konnten und ihr politisches Bewußtsein gestärkt wurde (Rosenthal 1985:67).
Gleichzeitig ist die ICC aber auch als ein Instrument der Terminationspolitik kritisiert worden, da sie lediglich Geld zuteilte, damit im Nachherein den Landraub als Landkauf legalisierte und den indigenen Gemeinschaften endgültig ihre Landbasis nahm. Außerdem wurden die Geldsummen als viel zu gering erachtet, die rechtlichen Definitionen und historischen Inter-

tigsten *advocacy*-Aufgaben von EthnologInnen vor allem in den Vereinigten Staaten, Kanada und Australien (vgl. Beals 1985, Dobyns 1987, Dyck/Waldram 1993a, Lurie 1955, Stewart 1985, Wilmsen 1989).

4.4. Action anthropology und research-and-development-approach

4.4.1. Das Fox-Projekt

Die *action anthropology* entstand in einer Zeit, in der sich die Lebensbedingungen für die indianischen Gemeinschaften in den U.S.A. entscheidend verändert hatten: In der Ära der *New Deal*-Politik (vgl. Kap. 3.4.2.) und während der Amtszeit des Ethnologen John Collier als *Indian Commissioner* hatten sie ein gewisses Maß an Selbstverwaltung und -regierung erworben, verbesserte staatliche Serviceleistungen im Gesundheits- und Bildungsbereich sowie Mittel zur Förderung wirtschaftlicher Unternehmen erhalten; die Privatisierung ihres Landes war aufgehalten und das Verbot zur Ausübung ihrer Religionen aufgehoben worden. In den 50er Jahren verschlechterte dann jedoch die Politik der *termination* und *relocation* wieder drastisch die Lebensbedingungen der indianischen Gemeinschaften. Die Assimilationspolitik führte jedoch nicht, wie von Regierungsseite erhofft, zur vollständigen Integration der indianischen Völker in die U.S.-Gesellschaft, sondern förderte im Gegenteil teilweise ihren stärkeren Zusammenschluß und wachsenden Widerstand, der dann mit Beginn der 60er Jah-

---

pretationen als ethnozentrisch und zu eng, die Verfahrensweisen als zu langwierig und den indianischen Kulturen unangemessen und das Engagieren von ExpertInnen (EthnologInnen, HistorikerInnen, GeographInnen u.a.) als paternalistische Bevormundung der indianischen Ältesten angesehen, deren Anhörung ohne die sog. ExpertInnen z.T. schwieriger und mit größeren Kommunikationsproblemen verbunden war (Lurie 1985, Rosenthal 1985).
Eine Folge war, daß in 42% der eingereichten Fälle die Anerkennung der indigenen Forderungen abgelehnt (Rosenthal 1985:67) wurde. Von den indianischen Gemeinschaften wurde die Arbeit der ICC teilweise zurückgewiesen und als "unrentabel, sinnlos und lächerlich" bezeichnet (Burnette/Koster 1974:252). Die Rolle der EthnologInnen als *expert witnesses* im Rahmen der *claims*-Anhörungen war und ist widersprüchlich: Z.T. dienten sie der Kommission lediglich zur Bestimmung der Größe des betreffenden Landes und zur Festsetzung des entsprechenden Geldwertes, den man so gering wie möglich zu halten bemüht war. Dabei gelang es der Kommission nicht selten, durch geschickte Befragungen die EthnologInnen auf die Seite der Regierungsposition zu bringen (vgl. Beals 1985). 1978 wurde die Arbeit der ICC eingestellt und alle weiteren Landrechtsfragen dem neu eingerichteten *Court of Claims* übertragen (siehe auch Kap. 5.).

re konkrete Aktions- und Organisationsformen annahm (vgl. Biegert 1976, Gerber 1993, Josephy 1971, Steiner 1968, Wißmann 1993 u.a.; vgl. Kap. 3.5.2.).
Das Konzept der *action anthropology* entwickelte sich im Laufe eines als Fox-Projekt bekannt gewordenen Programmes der Universität von Chicago (1948-58), das unter der Leitung des Ethnologen Sol Tax stand. Tax, Sohn deutscher Einwanderer aus kleinbürgerlichen Verhältnissen, wurde im Elternhaus schon früh mit den Ideen eines populistischen und sozialreformerischen Sozialismus konfrontiert (Bennett 1996:34-35, Wax 1996:46). Er erhielt seine ethnologische Ausbildung u.a. unter Ralph Linton, Ruth Benedict, A.R. Radcliffe-Brown und Robert Redfield und befaßte sich in den 30er und 40er Jahren mit den vorherrschenden ethnologischen Forschungsthemen seiner Zeit: Akkulturation und Kulturwandel, Identitäts- und Gemeinschaftsbildung sowie Fragen politischer Organisation und Faktionalisierung. Sein theoretischer Ansatz war funktionalistisch und ausgesprochen kulturrelativistisch. In den 40er Jahren erlebte er den Aufschwung und die Etablierung der U.S.-amerikanischen *applied anthropology* und war wie die meisten FachvertreterInnen seiner Zeit zwar einerseits vom praktischen Wert ethnologischer Forschungen überzeugt, befürwortete andererseits aber eine wertneutrale, von praktischen Problemen möglichst unberührte reine Forschung (Tax 1945:21-23). Ganz besonders lag ihm ein möglichst enger menschlicher Kontakt zu den Forschungssubjekten am Herzen, gekoppelt mit der Überzeugung, daß die ärmeren und ausgebeuteten Bevölkerungsgruppen Hilfe und Unterstützung brauchten.
Während seiner Feldforschungen in Mexico und Guatemala probierte er erste Formen partizipativer Forschungs- und Lehrmethoden aus. Eine Gastprofessur im Jahre 1942 an der mexikanischen *Escuela Nacional de Antropología* bot ihm Gelegenheit, aus nächster Nähe die Verknüpfung von ethnologischen Konzepten über Kulturwandel und Akkulturation sowie funktionalistischen und kulturrelativistischen Betrachtungsweisen mit Programmen staatlicher Indianerpolitik kennenzulernen (vgl. Kap. 4.6.2.). Die Erkenntnisse über die Rolle von WissenschaftlerInnen im Zweiten Weltkrieg (z.B. bei Massenvernichtungen oder der Entwicklung von Nuklearwaffen) stürzten ihn dann in eine persönliche Krise, während der er zu dem Schluß kam, daß EthnologInnen wie andere WissenschaftlerInnen die Verantwortung für die Verwendung ihrer Forschungsergebnisse nicht an die PraktikerInnen abgeben durften, sondern selber aktiv Beiträge zur Verbesserung gesellschaftlicher Verhältnisse leisten müßten. Diese Erkenntnisse und sein spezifischer wissenschaftlicher wie persönlicher Lebenshinter-

grund bildeten die Grundlagen für den Entwurf einer stellungnehmenden und interventionierenden Ethnologie, die er *action anthropology* nannte (Bennett 1996:34-36, Blanchard 1979, Hinshaw 1979, Rubinstein 1991, Tax 1988; vgl. Seithel 1990a:39-43).

Das Fox-Projekt[125] entstand aus einem Programm für Feldforschungspraktika für Ethnologie-StudentInnen. Die Studierenden sollten durch ihren Aufenthalt bei den *Mesquakie* (Fox) lernen, wie man mit den Menschen einer fremden Kultur zusammenleben konnte und welche Fragen und Probleme sich dabei ergaben (Biegert/K.Schlesier 1979:15). Zu den Schlüsselfragen, die Tax den StudentInnen mit ins Feld gab, gehörte die Frage nach den Bedürfnissen und Zukunftsplänen der Fox - ein für die damalige Zeit ungewöhnliches Untersuchungsthema für ethnologische Feldforschungen, die durchweg mit der Beschreibung und Rekonstruktion "traditioneller" Kultur befaßt waren (Bennet 1996:35).

Nach kurzer Zeit begannen die StudentInnen, ihre Untersuchungen vor allem auf die aktuellen Probleme der Fox zu konzentrieren, und äußerten das Bedürfnis, "den Indianern irgendwie zu helfen" (vgl. Gearing et al. 1960:30-33). Tax ermutigte sie, diesem Bedürfnis nachzugehen und es in ihre wissenschaftliche Arbeit zu integrieren. Er schlug ihnen vor, sie sollten etwas tun, "what has sometimes been called action research" (Tax in Gearing et al: 1960:33). Mit einiger Sicherheit bezog er sich hier auf das Konzept von Lewin (1948), ohne dessen Einfluß jedoch bei der Darstellung seines Konzeptes einer *action anthropology* (z.B. Tax 1956, 1970, 1975a, 1975b, 1988) in irgendeiner Weise näher herauszustreichen.[126] Die Gespräche, denen kein vorgegebener Forschungsplan zugrunde lag, und das Zusammenleben der StudentInnen mit den Fox gaben

---

[125] Die Geschichte des Fox-Projektes ist ausreichend dokumentiert und soll deshalb hier nicht eingehender behandelt werden (vgl. besonders Gearing et al. 1960, außerdem Biegert/ Schlesier 1979, K.Schlesier 1980, Seithel 1990a, 1990b, Tax 1970, 1975a).

[126] Daß Tax von Lewin zumindest entscheidende Denkanstöße erhalten hat, ist vor allem deshalb anzunehmen, da zu der Zeit, als er als Forschungsassistent und später als *associate professor* am Chicagoer Ethnologie-Institut arbeitete, die Universität von Chicago das *Indian Personality and Administration Research Project* (siehe oben) durchführte, in dessen Beratungskomitee u.a. Lewin vertreten war. Auf dem 25. Treffen des *Institute for Social Research*, das 1946 an der Universität von Chicago stattfand, wurde zudem ein damals wegweisender Vortrag über "The Field of Action Research" gehalten (Chein et al. 1990, orig. 1946). Da Tax sich zu diesem Zeitpunkt bereits seit etlichen Jahren mit der Entwicklung von gleichberechtigten Beziehungen zwischen den an ethnologischer Forschung beteiligten Personen befaßt hatte (Blanchard 1979:421-27), ist es nur zu wahrscheinlich, daß er bei der Konzeption seiner *action anthropology* theoretische und methodische Überlegungen von Lewins *action research* übernommen hat. Eine diesbezügliche schriftliche Anfrage (1989) von mir an Tax blieb jedoch leider unbeantwortet.

damit den Anstoß zur Entwicklung einer ethnologischen Wissenschaft, die nicht nur *über* andere Gesellschaften forschte, sondern *mit* ihnen bei der Lösung ihrer Probleme zusammenarbeitete. 1951 stellte Tax die Ergebnisse der gemeinsamen Überlegungen unter dem Begriff *action anthropology* auf einem Kongreß der *American Anthropological Association* vor und führte den Begriff damit in die ethnologische Fachwelt ein.

Die Probleme der Fox wurden hauptsächlich als interkulturelle Konflikte gedeutet. Mit verschiedenen praktischen Aktivitäten sollten die ökonomische Entwicklung vorangetrieben (z.B. durch eine Kunsthandwerkskooperative), das Ansehen der Fox bei der nicht-indigenen Bevölkerung verbessert (z.B. durch Zeitschriftenartikel und Medienauftritte) und die Ausbildungschancen für Fox-Jugendliche erhöht werden (z.B. durch College-Stipendien). Das Projekt endete 1958, ohne daß die Fox wesentlich an der Planung, Mitbestimmung und Durchführung dieser Aktivitäten beteiligt worden waren. Da die StudentInnen und EthnologInnen die von ihnen entwickelten Grundsätze (s. unten) so gut wie gar nicht in die Praxis umsetzten, muß das Projekt im Sinne der *action anthropology* als gescheitert betrachtet werden (K.Schlesier 1980:44-45). Umfassendere Nachfolgeuntersuchungen über die Folgen des Projektes gab es nicht (Bennett 1996:36, van Willigen 1993:74; vgl. die Kritik von Stucki 1967). Dessen Bedeutung blieb damit hauptsächlich theoretischer Natur, ist aber für die wissenschaftsinterne Diskussion über die Möglichkeiten einer engagierten praktischen Ethnologie von besonderer Bedeutung.

Neben der Entwicklung der *action anthropology* wurden außerdem wesentliche Erkenntnisse über die Widerstands- und Anpassungsfähigkeit der Fox-Kultur gegenüber den Integrations- und Assimilationsbemühungen der U.S.-amerikanischen Gesellschaft formuliert (W.Miller 1960). Durch das enge Zusammenleben mit den Fox stellten die EthnologInnen u.a. fest, daß zwar eine gewisse Übernahme von Elementen und Techniken der U.S.-amerikanischen Gesellschaft stattgefunden hatte, daß dieses aber nicht notwendigerweise auch bedeutete, daß die Fox unaufhaltsam im Schmelztiegel der U.S.-amerikanischen Gesellschaft untergehen würden, sondern daß sie im Gegenteil wesentliche Inhalte und Werte ihrer eigenen Kultur erhalten hatten. Tax' Schlußfolgerung aus dieser Beobachtung stand der in der damaligen Zeit gängigen Auffassung vom unaufhaltsamen Akkulturations- und Assimilationsprozeß der indianischen Kulturen entgegen und nahm eine Einsicht in die Entwicklungsprozesse indigener Kulturen vorweg, die sich in heutiger Zeit zu bestätigen scheint:

"My answer is that acculturation[127] does **not** occur. (...) My thesis stated in its strongest terms is that there is no reason to expect now that the Navajo, the Fox or the Iroquois won't be with us for a thousand years" (Tax in Gearing et al. 1960:173; Betonung im Original).

Tax (1975a) beschrieb in seinem Vortrag den neuen Ansatz als eine praxisorientierte Ethnologie, die es ablehnte, die erforschten Menschen lediglich zum Zweck der Erweiterung wissenschaftlicher Erkenntnisse zu nutzen. Sie wollte vielmehr selber aktiv zur Lösung der Probleme und zur Verbesserung der Situation der Betreffenden beitragen, gleichzeitig in diesem Handlungsprozeß aber auch wissenschaftliche Erkenntnisse gewinnen:

"A major characteristic of the action anthropology (...) is, that we have adopted what might be called a clinical or experimental method of study. We do not conceive of ourselves as simply observing what would happen 'naturally'; we are willing to make things happen or help them along, or at least to be catalyzers. We believe we can learn many things in this way that we could not learn in any other way. So we are anthropologists interested in anthropological problems, but we pursue them in a context of action. Hence the phrase action anthropology" (ebd. 515).

Tax verstand *action anthropology* - in Anlehnung an naturwissenschaftliche Verfahrensweisen - als eine Art experimenteller Forschung, mittels derer die WissenschaftlerInnen einerseits über sozialen Wandel und Veränderungsprozesse **lernen** und andererseits der betreffenden Gemeinschaft bei der Lösung ihrer Probleme **helfen** wollten. Ins Zentrum der Forschung stellte er auch bei der *action anthropology* den Begriff "Kultur" und das Studium kultureller Diversität, das den EthnologInnen Erkenntnisse über reale Lösungsmöglichkeiten sozialer Probleme ermöglichte. Der Verantwortung der WissenschaftlerInnen oblag es, die Forschungssubjekte dabei zu unterstützen, diese Lösungsmöglichkeiten herauszuarbeiten und in geeignete Handlungsstrategien umzusetzen. Von der *applied anthropology* seiner Zeit setzte er - etwas vage - die *action anthropology* wie folgt ab:

---

[127] Tax verstand unter Akkulturation nicht - wie zu seiner Zeit üblich (vgl. z.B. R.Redfield et al. 1936:149) - jede Form von kulturellem Wandel, der durch den Kontakt zweier oder mehrerer Kulturen geschieht, sondern unterschied zwischen einer "äußeren" und einer "inneren" Akkulturation. Unter ersterer verstand er die Übernahme der "outward manifestations of culture" wie z.B. Kleidung, Häuser, Technologien etc. Dagegen setzte er den "inneren Bereich" der Bedeutungen bzw. der "overriding themes, patterns or basic ethos" einer Kultur. Solange sich letzterer nicht wesentlich änderte, konnte, so Tax, nicht von Akkulturation die Rede sein (Tax in Gearing et al. 1960:172-4).

"If applied anthropology presupposes a body of scientific knowledge - compendent empirical propositions - developed by theoretical anthropologists and awaiting application to particular situations when we are asked to do so by management, government, administrator, or organization, than action anthropology is far different" (ebd.).

AktionsethnologInnen wollten, so Tax weiter, keine allgemeinen, in theoretischer Reflexion gewonnenen Erkenntnisse "anwenden", sondern vor allem in der Praxis neues Wissen erwerben, überprüfen und weiterentwickeln. Außerdem sollten sie es soweit wie möglich vermeiden, sich wie in der herkömmlichen angewandten Ethnologie von machthabenden AuftraggeberInnen abhängig zu machen, sondern stattdessen als "unabhängige Mitglieder der akademischen Gemeinde" arbeiten (ebd.). Während der Aktionsethnologe jede Verbindung mit oder Akkumulation von Macht und Autorität zu vermeiden suchte, wollte er gleichzeitig durch die Förderung von gemeinschaftlicher Organisation und Selbstregierung der Gemeinschaft mehr Macht verschaffen.

Schließlich ging es in der *action anthropology* darum, daß die WissenschaftlerInnen ihre Werte und Einstellungen explizit und bewußt als Bestandteil ihrer Arbeit nutzten und entsprechend offen darlegten. Nach Tax war ein grundlegender Wert der AktionsethnologInnen das Recht auf **Freiheit** und **Selbstbestimmung** jedes Menschen und jeder menschlichen Gruppe und die Suche nach **Wahrheit**. Selbstbestimmung war für ihn kein endgültig erreichbares Ziel, sondern eher ein Weg oder Mittel, das als Handlungsmaxime und Entscheidungsgrundlage benutzt wurde und die Ziele, Interessen und Bedürfnisse der Subjekte ins Zentrum der Überlegungen stellte. Jeder Mensch mußte die Freiheit zugestanden bekommen, die Gruppe, mit der er sich identifizieren wollte, frei wählen zu können; jede Gruppe mußte über ihre eigene Lebensweise frei entscheiden können. Zum Selbstbestimmungsrecht gehörte deshalb Eigenverantwortung und "die Freiheit, Fehler zu machen" (Tax 1956).

Das Postulat unbedingter Selbstbestimmung hochzuhalten, konnte aber wiederum auch, wie Tax erkannte, im Extremfall zwei Gefahren in sich bergen: Zum einen konnte es dazu führen, daß jede Entscheidung der Forschungssubjekte als prinzipiell gut und richtig akzeptiert und eine weitere Klärung von Konsequenzen und Alternativen damit ausgeschlossen wurde. Zum anderen konnte Selbstbestimmung, in extremer Weise als Handlungsziel verstanden, dazu führen, daß die Forschungssubjekte - unter Umständen gegen ihren Willen - dazu überredet oder gezwungen wurden, selbstbestimmt zu handeln. Diese beiden Bedeutungen oder Konsequenzen von Selbstbestimmung als Handlungsmaxime und -ziel können einander also widersprechen. Wenn die Forschungssubjekte keine eigenen Entscheidungen treffen wollten, sondern diese den WissenschaftlerInnen überließen, dann trafen sie eine selbstbestimmte Entscheidung, die ihnen letztlich aber Selbstbestimmung versagte (Tax in Gearing et al. 1960:381).

Für die Praxis der AktionsethnologInnen bedeutete das, daß sie lediglich Alternativen anbieten konnten, zwischen denen die Betroffenen selber frei wählen können mußten. Die EthnologInnen sollten sich dabei so wenig restriktiv wie möglich verhalten und zugleich versuchen, alle Bedingungen zu beseitigen, die die Entscheidungsfreiheit der Gruppe einschränkten. Dabei durften sie ihnen auch nicht ihre eigenen Werte aufdrängen (1975a:516), sondern lediglich eine Art nicht-richtungsgebende Beratung (*non-directive counselling*)[128] ausüben. Peattie (1960:300-304) beschrieb dieses Vorgehen als ein *interacting-with* anstelle eines *acting-on people*.

Die in einer Entscheidungssituation wirksam werdenden Werte wurden als situational und relativ bezeichnet, d.h., sie entsprangen dem Kontext und den Wünschen und Bedürfnissen der Gemeinschaft. Die EthnologInnen halfen, durch Aufklärung, Diskussion, Information und Reflexion handlungsrelevante Werte und praktische Ziele zu klären, Alternativen für Entscheidungen und deren Konsequenzen herauszuarbeiten, adäquate Methoden zu finden und Ergebnisse zu evaluieren, die wiederum die Ausgangspunkte für weiteres Handeln waren. Die praktischen Zielsetzungen und Interessen der betreffenden Menschen waren dabei "soweit wie möglich" (Tax in Gearing et al. 1960:94) die Grundlage für die Entscheidungen, Untersuchungen und andere Tätigkeiten der AktionsethnologInnen. Das bedeutete, die WissenschaftlerInnen bezogen explizit Stellung auf Seiten der betreffenden Gruppe. Die Menschen waren nicht länger Objekte von von außen geplanten und durchgeführten Forschungs- und Entwicklungsprojekten, sondern nahmen gemeinsam mit den EthnologInnen und anderen Personen an der Erforschung und selbst gewünschten und bestimmten Veränderung ihrer Situation teil.

---

[128] Der aus der Psychologie stammende Begriff des *non-directive counselling* (Rogers 1942) bezeichnet ein Verfahren, bei dem die Therapeutin den Patienten durch keinerlei Ratschläge oder Stellungnahmen beeinflußt oder lenkt, sondern mit ihm zusammen durch freies Reden und Reflektieren Lösungen erarbeitet und Denkprozesse in Gang setzt. Er stellt einen der wesentlichsten Grundsätze der *action anthropology* von Tax dar und ist zugleich ein wichtiger, allerdings nicht unumstrittener Beitrag zur Methodendiskussion in der praktischen Ethnologie (vgl. infoe 1989, Seithel 1990c:59-60, Stüben 1988c:101-108).

Als weiteres wichtiges Merkmal aktionsethnologischer Arbeit wurde die Auflösung eines strengen Mittel-Zweck-Denkens definiert. Dieses Postulat wurde erst gegen Projektende entwickelt und dem *social engineering*-Programm der ersten Projektjahre sowie der herkömmlichen angewandten Ethnologie entgegengestellt (Diesing 1960, Peattie 1960): Bei einem sozialtechnologischen Vorgehen entscheidet der Ethnologe bzw. sein Auftraggeber zuerst, "was er tun will, und versucht dann herauszufinden, wie er es tun kann" (Peattie 1960:301. Im Gegensatz dazu waren AktionsethnologInnen vielmehr an der "Entwicklung und Klärung von Zielen und dem Ausgleich zwischen widerstreitenden Zielen und Werten" (ebd.) interessiert:

"When the action anthropologist states his goals or 'ends' they tend to be open-ended objectives like growth in understanding, clarification of values, and the like, rather than fixed goals like the quotas in a five-year-plan. They are not properly speaking 'ends' at all, for they can never be said to have been reached. They are more properly modes of valuing - modes of valuing all stages in a continuous and infinite process" (ebd.).

Bei diesem "interaktiven Planen" stellte ein bestimmtes Teilziel (z.B. die Errichtung einer Kooperative, ein Landrechtsprozeß u.ä.) immer zugleich auch ein Mittel zur Erreichung eines weiteren Teilzieles (z.B. größere wirtschaftliche Unabhängigkeit) dar. Einer der entscheidendsten Punkte war dabei die Auswahl und Anwendung von kulturell adäquaten und situationsangepaßten Methoden. Methoden und Ziele waren interdependent, bedingten und veränderten sich gegenseitig und waren beide gleichermaßen wichtig.

Wir finden bei Tax' Konzept einer *action anthropology* eine Reihe von Elementen aus anderen Praxisansätzen seiner Zeit (besonders aus der Lewinschen Aktionsforschung und der *community development*) sowie aus den Diskussionen über Hilfe zur Selbsthilfe: z.B. die Forderung nach einer Entwicklung von unten, ein Recht auf Selbstbestimmung, die Verbindung von Erkenntnisproduktion und -anwendung, eine gezielte Intervention in die erforschte Situation, den Einsatz wissenschaftlicher Forschung zur Verbesserung der Lebensumstände der Forschungssubjekte, den Einbezug der erforschten Gruppe in Forschung und soziale Veränderung u.a.m. Diese Elemente waren insgesamt Teil einer seit Ende des Zweiten Weltkrieges aufkommenden, anti-kolonialistischen und -imperialistischen, humanistisch-liberalen, auf Reformen, sozialen Aktivismus, Erziehung und Aufklärung, Eigenorganisation und Emanzipation aufbauenden Strömung in Wissenschaft und Politik, die sich in den 50er Jahren noch eher verhalten zu Wort meldete, dann aber in den 60er und 70er Jahren in vielfältiger Weise zum Ausdruck kam:

> "Community organization or activist social work (...) was (...) in the air from the late 1950s on through the whole 1960-70s era of social unrest and reformism (Borman 1979), and in that context Tax's approach simply represents the appearance of this general approach within anthropology" (Bennett 1996:36; vgl. ebd.:39, Wax 1996:46).

Es war Tax' besonderer Verdienst, diese Themen seiner Zeit aufzugreifen und sie zu einem Gesamtkonzept von wissenschaftlicher Forschung *und* gesellschaftlichem Handeln zu verknüpfen, bei dem Prinzipien wie Wertexplizitheit und Stellungnahme, partizipative Forschungsmethoden, Herstellung einer Subjekt-Subjekt-Beziehung, Ablösung von machthabenden Institutionen und die Auflösung eines strengen Mittel-Zweck-Denkens im Zentrum standen. Damit setzte er die *action anthropology* deutlich von der herkömmlichen angewandten Ethnologie ab.[129]

> "Der Ansatz der Action Anthropology wird innerhalb und außerhalb der internationalen Ethnologie oft als radikal angesehen, da er weltweit dem Schutz bedrohter ethnischer Restgruppen und verfolgter Minderheiten verpflichtet ist. Der Action Anthropology praktizierende Kulturanthropologe hat, mit den Worten von Elias Sevilla-Casas, den 'Sprung auf die andere Seite des Flußufers' gewagt, d.h. er ist auf die Seite der Machtlosen und Unterdrückten getreten. Im Verhältnis zur Applied Anthropology ist seine Position seitenverkehrt: Er hat den Auftraggeber gewechselt, er macht sich und seine Kenntnisse den früheren Forschungsobjekten zugänglich und unterstützt ihre fundamentalen Rechte auf Selbstbehauptung und Selbstbestimmung" (K.Schlesier 1990:30).

Allerdings blieb die frühe Aktionsethnologie von Tax in ihrer Zeit ein überwiegend theoretisches Konzept ohne praktische Umsetzung. Inwieweit bei den Fox ein Bewußtwerdungs- oder Organisationsprozeß in Gang gesetzt wurde, der für spätere Entwicklungen wichtig war, läßt sich - ohne Evaluierungen - nicht beurteilen.

---

[129] Zu anderen Projekten von Tax, bei denen z.T. aktionsethnologische Prinzipien zur Anwendung kamen, vgl. u.a. Bennett (1996:36) und Wax (1996:45).

4.4.2. Das Vicos-Projekt

Ein weiterer interventionistischer Ansatz der 50er Jahre, der das Modell der *community development* aufgriff und in vielem der *action anthropology* verwandt war, war die *participant intervention* bzw. der *research-and-development-approach*.
Dieser Ansatz basierte auf der Prämisse, daß Forschung und Anwendung in der ethnologischen Arbeit untrennbar miteinander verbunden waren, womit sich das direkte Eingreifen von EthnologInnen in gesellschaftliche Zusammenhänge begründete (Holmberg 1970a:88). Die Intervention der WissenschaftlerInnen sollte dazu dienen, bestimmte, in wissenschaftlicher Forschung herausgearbeitete und als universell angenommene menschliche Werte (s.unten) in ihrem spezifischen Kontext zu verbreiten, die daraus abgeleiteten Entwicklungsziele voranzutreiben, dabei gleichzeitig die Entwicklungsprozesse zu untersuchen sowie wissenschaftliche Thesen zu überprüfen.
Das bekannteste Projekt dieser Art war das Vicos- oder Cornell-Peru-Projekt (CPP), das von der U.S.-amerikanischen Cornell Universität 1952-1957 unter der Leitung des Ethnologen Alan Holmberg im Hochland von Peru durchgeführt wurde (Dobyns et al. 1971, Doughty 1987a, 1987b, Gearing 1960:263-377, Holmberg 1955, 1970a, 1970b, Holmberg et al. 1958; vgl. van Willigen 1993:77-89). Es hatte zum Ziel, "(...) transforming one of Peru's most unproductive, highly dependent manor system into a productive, independent, self-governing community adopted to the reality of the modern Peruvian state" (Holmberg 1970b:95). Die Tätigkeit der EthnologInnen basierte auf der Überzeugung,

> "(...) that the best kind of a community in which to live is one that is, to quote Aldous Huxlex, 'just, peaceable, morally and intellectually progressive' and made up of 'responsible men and women.' To my way of thinking, and I am by no means unique in this view, the best way of approaching this Utopian state of affairs is to pursue as a goal the realization of basic human dignity to which every individual is entitled. And by basic human dignity I mean a very simple thing: a wide rather than a narrow sharing of what I regard of positive human values (...)" (Holmberg 1970a:85).

Diese allgemeinen menschlichen Werte waren nach Holmberg (ebd.; vgl. auch Doughty 1987b:148): "power, wealth, enlightenment, respect, well being, skill, affection, and rectitude." Trotz dieser festgelegten Wertposition bewahrten die WissenschaftlerInnen eine kulturrelativistische Haltung, indem sie die lokale Variabilität der genannten Werte in jeweils kulturspezifischen sozialen Institutionen anerkannten (van Willigen 1993:80).

Wie beim Fox-Projekt gründete sich das Engagement der WissenschaftlerInnen beim Vicos-Projekt in der festen Überzeugung, daß alle Menschen ein Recht auf Selbstbestimmung hatten (Holmberg 1970a:86). Konkrete Ziele waren die Umverteilung der Machtverhältnisse (u.a. durch Abschaffung der Leibeigenschaft, die Bildung neuer Entscheidungsgremien, die Übernahme des Landbesitzes durch die Vicosinos), wirtschaftliche Entwicklung (u.a. durch Einführung neuer Produktionsformen, Technologien und handwerklicher Fähigkeiten sowie durch Ausbildung) und verschiedene Verbesserungen ihrer Lebensbedingungen (bessere Gesundheitsversorgung, Transportmöglichkeiten usw.). Diese Zielsetzungen erforderten tiefgreifende politische, soziale und ökonomische Veränderungen in der Region und führten zu entsprechenden Widerständen seitens machthabender peruanischer Institutionen und Gruppen. Da das Projekt aber Unterstützung in maßgebenden Kreisen genoß, konnte - allerdings erst durch die Intervention von Edward Kennedy und massive Lobbyarbeit - 1962 der Verkauf des Landes an die Vicosinos erreicht werden (Doughty 1987a:444-445).

Um die gewünschten Entwicklungen kontrollieren und lenken und gleichzeitig den Prozeß der Modernisierung studieren zu können, übernahm zunächst Holmberg die Rolle des Patron und damit dessen Machtmonopol. Im Laufe des Projektes wurde schrittweise seine Macht an ein gewähltes Gremium von Vicosinos abgegeben. Dieses Vorgehen wurde u.a. als "benevolent dictatorship of anthropology" (Naylor 1973:366) kritisiert, bei der Macht und Verantwortung bei den WissenschaftlerInnen in ihrer "doppelten Rolle als Götter und EthnologInnen" (Holmberg 1970a:84) blieben. Diese versuchten, so die KritikerInnen, die Bauern und Bäuerinnen nach dem Vorbild der eigenen Gesellschaft umzuerziehen und behielten bis zu ihrem Ausscheiden die wichtigsten Macht- und Kontrollpositionen in ihren Händen (Gearing 1960, Münzel 1980:61; vgl. auch Seithel 1990a:90-112).

Das CCP war richtungsweisend für andere Entwicklungsprojekte in der Region (z.B. in Kuyo Chico, vgl. Nuñez del Prado/Whyte 1973:xiv-xxv, Holmberg 1970a:87-88) und entfachte umfangreiche Diskussionen im Fach (z.B. Dobyns et al. 1971, Doughty 1987a:434, 1987b). Der Erfolg des Projektes wurde unterschiedlich beurteilt: Von einigen als paternalistische "Symptomkuriererei" oder gar als vollständiger Fehlschlag kritisiert, wurde es von anderer Seite als sehr erfolgreich gelobt (eine Zusammenfassung der unterschiedlichen Einschätzungen findet sich in Doughty 1987a:446-459, 1987b). Nach Doughty (1987a:458-9) bedeutete das Projekt

> "(...) the successful completion of the first holistically designed, community and land reform program, which upheld and enhanced the dignity, conditions of life, and citizen rights of impoverished Indian serfs against the weight of colonial tradition and the ultimate wishes of the elites."

4.4.3. Ergebnisse und Bedeutung beider Projekte

Das Fox- und das Vicos-Projekt leisteten wichtige neue Beiträge zur Entwicklung einer kritischen ethnologischen Praxis: Tax wie Holmberg vertraten eine ausgesprochen kulturrelativistische Einstellung (z.B. Holmberg 1970a: 86, Tax 1988), die sie aber nicht davon abhielt, eine wertexplizite Position zur Grundlage ihres Handelns zu machen. Diese gründete sich vor allem im Glauben an ein Recht aller Menschen und Gruppen auf Selbstbestimmung. Sie befürworteten eine aktive, interventionierende Rolle der WissenschaftlerInnen anstelle einer distanzierten, unbeteiligten Beobachterposition. Sie wollten eine engere Beziehung zu den Forschungssubjekten herstellen, ihnen etwas zurückgeben und ihre Probleme zum Ausgangspunkt ihrer Untersuchungen machen. Sie wollten "lernen und helfen", d.h., die Produktion wissenschaftlicher Erkenntnisse mit deren Anwendung zur Verbesserung der Lebensbedingungen der erforschten Menschen verbinden. Und sie wollten sich letztlich überflüssig machen und die Gemeinschaft zur selbstbestimmten Entwicklung befähigen (vgl. Holmberg et al. 1958).

Ein weiteres wichtiges Ergebnis beider Projekte war die Veränderung von unzutreffenden oder stereotypen Vorstellungen über "die Indianer" in der nicht-indigenen Öffentlichkeit und in Fachkreisen. So überraschte Tax, wie oben erwähnt, 1952 seine KollegInnen mit der Aussage, daß die These vom Schmelztiegel der U.S.-amerikanischen Gesellschaft, in den die indianischen Nationen über kurz oder lang unweigerlich aufgehen würden, empirisch nicht haltbar sei. Zu dieser Einsicht kam er aufgrund seiner persönlichen Nähe und Begegnung mit den Fox und anderen indianischen Gemeinschaften, eine Nähe, die wiederum erst durch den speziellen Ansatz der *action anthropology* ermöglicht wurde (Tax 1988:8-

15). Den WissenschaftlerInnen beim Vicos-Projekt gelang es durch ihre wirtschaftlichen Erfolge, das Vorurteil der peruanischen Gesellschaft, daß IndianerInnen "passive, primitive und entwicklungsunfähige" Menschen wären, ein positives Bild gegenüber zu stellenn (Doughty 1987b:132, 148-54).

Andererseits wurden die WissenschaftlerInnen in beiden Projekten ihren ethischen und methodischen Ansprüchen (explizite Werteposition, Selbstbestimmung als Handlungsmaxime und -ziel, Partizipation der Forschungssubjekte) nicht oder nur teilweise gerecht. Eine der Hauptschwächen des theoretischen Konzeptes von Tax war sein Versuch, die *action anthropology* zu einer "klinischen" oder "experimentellen" Methode und den Aktionsethnologen zu einer Art "Therapeuten" zu erklären, der sich trotz des Einbezugs von Werten letztlich um Neutralität bemüht. Hier schlug offensichtlich Tax' früheres Bemühen um wertneutrale reine Forschung wieder durch. Nach ihm sollten AktionsethnologInnen es vermeiden, über allgemeine politische und ethische Fragen grundsätzliche Entscheidungen zu treffen, wenn sie nicht unmittelbar etwas mit dem vorliegenden Fall zu tun hätten, bzw. sie sollten sie denjenigen überlassen, die von ihnen betroffen waren. Mit diesem sog. *Law of Parsimony* forderte er letztlich von den EthnologInnen Enthaltsamkeit hinsichtlich der Formulierung allgemeiner praktischer Zielsetzungen und ethischer Entscheidungen, die auch für andere Projekte als Richtlinien und Entscheidungshilfen von Bedeutung sein konnten:

"Rather than an 'action anthropology' (...) there exist thus only action anthropolog*ists*, doing at every choice point what they think they individually ought to do in whatever total situation they, as unique individuals, find themselves" (Tax 1975a:517; Betonung im Original).

Indem Tax nur fallspezifische, aber keine grundlegenden Wertsetzungen für ethnologische Arbeit akzeptierte, ver- bzw. behinderte er die Entwicklung allgemeiner theoretischer und ethischer Grundlagen eines umfassenderen Konzeptes einer *action anthropology*.

Zudem führte seine Forderung, daß sich AktionsethnologInnen jeder Einflußnahme und Machtausübung und jeglicher Verbindung mit machthabenden Personen und Institutionen enthalten und keinen "master" haben sollten, u.a. dazu, daß die ProjektteilnehmerInnen sich so gut wie gar nicht mit dem Phänomen Macht befaßten. Die umfangreichen Materialien über das Fox-Projekt zeigen, daß sich nur einer der beteiligten EthnologInnen ernsthaft mit der Frage der Machtverhältnisse innerhalb der Fox-Gemeinschaft sowie zwischen den Fox und der U.S.-amerikanischen Gesellschaft auseinandergesetzt hat (Gearing et al. 1960:126-66). Seine Einsichten wurden jedoch weitgehend ignoriert bzw. erst gegen Projektende von seinen KollegInnen berücksichtigt, ohne noch Eingang in die Projektpraxis zu finden. Eine Analyse von Machtverhältnissen schien für die EthnologInnen im Fox-Projekt nicht von Bedeutung gewesen zu sein.

Zusammen mit anderen Schwächen seines Konzeptes, wie z.B. die unzureichende Umsetzung des Selbstbestimmungsrechtes in eine konzeptionell, methodisch und praktisch verwirklichte Partizipation der Fox oder die Nicht-Beachtung bereits bestehender Autoritäts- und Entscheidungsstrukturen (vgl. Seithel 1990a: 46-53, 300-302, 315-321; 1990c:51-55; siehe unten), kommt Tax' *action anthropology*-Konzept damit dem Lewinschen Aktionsforschungsansatz nahe. Dieses wurde von KritikerInnen als sozialtechnologisch und reproduktiv bezeichnet, da es nur Verbesserungen innerhalb des bestehenden gesellschaftlichen Systems anstrebte, dessen grundlegende Strukturen und Machtverhältnisse aber nicht in Frage stellte (vgl. Moser 1975:47-53, Sevilla-Casas 1978:142-45, Vío-Grossi 1981:44-46). Der Soziologe Fals Borda, einer der exponiertesten Vertreter der radikal-kritischen partizipatorischen Aktionsforschung (siehe Kap. 4.7.2.), bezeichnete Tax' Ansatz deshalb als "detached observer brand of 'action-anthropology' "(Fals Borda 1991:159).

Die bewußte Distanzierung von Machtpositionen und dem potentiellen Einfluß außenstehender AuftraggeberInnen gehörte zu den wesentlichen Merkmalen der Aktionsethnologie von Tax. Die Geschichte der angewandten Ethnologie hat dagegen gezeigt, daß letztlich die gesellschaftlichen Machtverhältnisse immer Einfluß auf die ethnologische Tätigkeit nehmen. Zudem zählt die Finanzierung von Projektarbeit und Lebensunterhalt für WissenschaftlerInnen wie ProjektteilnehmerInnen zu den wichtigsten Fragen und Voraussetzungen jedes sozialen Engagements. So ist die Ablehnung jeglicher Assoziierung mit Machtinstanzen und GeldgeberInnen eine nicht immer erfüllbare Idealforderung, die als eine "having the cake and eating it, too"-Haltung kritisiert worden ist (Bennett 1996: 33).

Damit ist das Dilemma von AktionsethnologInnen und anderen praktisch engagierten WissenschaftlerInnen angesprochen, die einerseits staatliche u.a. Machtmonopole abbauen und radikal-transformatorisch wirken, d.h., auch gegen bestehende gesellschaftliche Strukturen arbeiten wollen, andererseits aber auf staatliche Gelder und die Nutzung gesellschaftlicher Ressourcen angewiesen sind. Diese ambivalente Position stellt die praktisch arbeitenden EthnologInnen immer wieder vor die Frage nach dem Umgang mit Macht, die sich durch die gesamte Geschichte der angewandten Ethnologie zieht und in den kritischen Praxisansätzen in unterschiedlicher Weise und fallspezifisch gelöst, aber nicht generell entschieden wird. Eine Ignorierung bestehender Machtstrukturen, wie sie größtenteils im Fox-Projekt geschehen ist, bedeutet allerdings nicht, daß man sich auch von ihnen distanzieren kann.

Im Unterschied zum Fox-Projekt strebten die EthnologInnen beim Vicos-Projekt nicht eine größtmögliche Unabhängigkeit von machthabenden Instanzen an, sondern assoziierten sich während des Projektverlaufs mit einflußreichen Personen und Institutionen: peruanischen RegierungsbeamtInnen, dem *Instituto Indigenista del Perú*, der Cornell-Universität und der *Carnegie Foundation* als GeldgeberInnen. Entsprechend griffen die Ziele und Interessen dieser Auftrag- und GeldgeberInnen auch in den Projektverlauf ein und hatten einigen Einfluß auf die Formulierung der Zielsetzung (Doughty 1987b). Das heißt, die WissenschaftlerInnen des Vicos-Projektes beteiligten sich bewußt am gesellschaftlichen und politischen Machtspiel, das sie für ihre Interessen nutzten, in dem sie aber auch selber von regionalen PolitikerInnen und VerwaltungsbeamtInnen für Eigeninteressen benutzt wurden: Sie betrieben also teilweise explizit Politik mit dem Ziel, durch ihr Engagement Anstöße für umfassendere, zumindest regionale Landreformen in Peru zu liefern, und wollten dabei zugleich diesen Veränderungsprozeß als eine Art soziales Experiment erforschen.

Obwohl Zusammenarbeit und Konsultation mit den Vicosinos als Bestandteil des Projektkonzeptes definiert und teilweise auch verwirklicht wurden (ebd. 133, 137, Holmberg 1970b:100), waren es im wesentlichen die WissenschaftlerInnen und die leitenden Institutionen, die von außen dem Projekt ihre Zielvorstellungen - Entwicklung, Modernisierung und Demokratisierung der Gemeinde nach dem Vorbild der peruanischen bzw. U.S.-amerikanischen Gesellschaft - vorgaben (vgl. Münzel 1980:61). Als die EthnologInnen schließlich aus dem Projekt ausschieden, war der weitere Weg schon vorbestimmt. Daß diese Entwicklung den Vicosinos zweifellos (lebens-)wichtige Verbesserungen ihres materiellen Lebensstandards und ihrer gesellschaftlichen Position gebracht hat, steht dabei außer Frage und kann als wichtiger Erfolg gewertet werden.

Die EthnologInnen des Vicos-Projektes haben also gezielt Machtpositionen übernommen und mit machthabenden Instanzen zusammengearbeitet, um die von ihnen definierten Entwicklungsziele initiieren, lenken und teilweise erreichen zu können. Beim Fox-Projekt hingegen haben sich die WissenschaftlerInnen und StudentInnen bewußt von jeder Machtposition und Einflußnahme ferngehalten und lediglich Diskussionsprozesse und kleinere Aktivitäten bei den Fox in Gang gesetzt. Auch sie berücksichtigen bei der Ausarbeitung von Verbesserungsvorschlägen - entgegen ihres eigenen Konzeptes - wenig bis gar nicht die Wünsche und Interessen der Fox bzw. bereits bestehender Entscheidungsgremien.

Die Bedeutung vom Fox- und Vicos-Projekt für die Ethnologie liegt also insbesondere in der Ausarbeitung von alternativen Konzepten einer ethnologischen Praxis, die ethische Stellungnahme, soziale Intervention, Selbstbestimmung und Partizipation der Forschungssubjekte als Bestandteile ethnologischer Arbeit in Theorie und Methode thematisierten. Sie nahmen die aktuellen Probleme der erforschten Gemeinschaften als Ausgangspunkte ihrer Untersuchungen und gingen von der Annahme aus, daß nur die Betroffenen selber langfristig die existentiellen Fragen ihres Lebens lösen konnten. Damit stellten sie der herkömmlichen angewandten Ethnologie, die bis dahin gewöhnlich eine Tätigkeit von EthnologInnen im Auftrage gesellschaftlich herrschender Instanzen bedeutete, eine Alternative entgegen, die die Rechte und Interessen der Forschungssubjekte als KooperationspartnerInnen berücksichtigte und eine veränderte Perspektive im Beziehungsverhältnis zwischen ForscherInnen, Forschungssubjekten und AuftraggeberInnen ermöglichte.

Sie entwarfen neue Rollen für EthnologInnen als aktive gesellschaftliche *change agents* und ermöglichten so ein fachliches Nachdenken über ein neues Verhältnis zur ethnologischen Praxis, das nicht nur in der instrumentellen Anwendung bereits vorhandener Erkenntnisse bestand, sondern in und durch gesellschaftliche Praxis die Produktion neuer wissenschaftlicher Einsichten ermöglichte, die die Grundlage für weiteres gesellschaftliches Handeln darstellten. Hier vollzog sich der entscheidende erste Schritt von einem Wissenschaftskonzept, bei dem Theorie und Praxis sowie Subjekt und Objekt streng getrennt gesehen wurden, hin zu einer Auffassung von Forschung als einen Wechselprozeß zwischen Theorie/Praxis und Objekt/Subjekt.

Die zu dieser Frage aufgestellten Forderungen, z.B. nach Beteiligung der Forschungssubjekte an der Definition von Projektzielen oder der Auswahl von Forschungsmethoden, verblieben allerdings weitgehend im programmatischen Bereich. Damit verharrten die EthnologInnen zum größten Teil in einer paternalistischen Haltung[130] gegenüber den indigenen Gemeinschaften und enthielten ihnen eine wirkliche Selbstbestimmung über mögliche Organisations-, Entwicklungs- und Handlungsformen vor. So konnten auch nicht die mit einer partizipatorischen Herangehensweise verbundenen praktischen Probleme erfahren und durch die Entwicklung entsprechender Methoden gelöst werden. Man verblieb in puncto Partizipation und Selbstbestimmung weitgehend bei der Aufstellung von Idealforderungen.

Auch andere wesentliche Fragen, z.B. nach der Finanzierung der Arbeit oder den Möglichkeiten zur Begrenzung ungewollter Einflußnahme außenstehender Auftrag- und GeldgeberInnen konnten nicht zufriedenstellend gelöst werden. Zudem blieb die Übertragbarkeit der Konzepte des *research-and-development*-Ansatzes und der *action anthropology* auf andere Situationen problematisch: Im peruanischen Hochland hatte das Vicos-Projekt zwar einige positive Auswirkungen auf Nachbargemeinden (Doughty 1987b:151-54), konnte jedoch nicht die von den EthnologInnen erhoffte Breitenwirkung für grundsätzliche regionale und nationale Veränderungen entfalten. Dem Fox-Projekt folgten zu seiner Zeit keine vergleichbaren Projekte in den U.S.A. So blieben die beiden Projekte in ihrer Zeit Einzelfälle, zu großen Teilen getragen, wie manches andere soziale Engagement, von der Persönlichkeit und dem Einsatz ihrer Leiter (Tax und Holmberg). Erst Ende der 60er Jahre besann man sich u.a. der Grundsätze der *community development*, der *action anthropology* und des *research-and-development*-Ansatzes und brachte sie - in deutlich politisierter und radikalisierter Form (vgl. Seithel 1990a) - in diversen Projekten und verschiedenen Ländern zur Anwendung.

---

[130] Tax war sich dieses potentiell paternalistischen Charakters seines "klinischen Modells" des "Lernens und Helfens" durchaus bewußt (vgl. z.B. Tax in Gearing et al. 1960:378-386) und versuchte, diesem durch eine konsequente Beachtung eines Selbstbestimmungsrechtes entgegenzuwirken. Zumindest sein theoretische Konzept kann man daher kaum als paternalistisch kritisieren; in der Praxis allerdings folgte das Fox-Projekt nicht dem Postulat der Selbstbestimmung, sondern überging die herkömmlichen Entscheidungs- und Autoritätsstrukturen der Fox, so daß L.Thompson (1976) nicht ganz zu Unrecht dem Projektteam einen verborgenen Paternalismus vorwarf.

4.5. Kritische Praxisansätze in den U.S.A.: Die 60er und 70er Jahre

4.5.1. Radikale Ethnologie und andere programmatische Konzepte

Die emanzipatorischen Bewegungen der 60er und 70er Jahre schufen ein allgemeines Bewußtsein für die Nöte und Rechte diskriminierter, benachteiligter und armer Bevölkerungsgruppen. Das Fehlschlagen vieler Entwicklungs-, Modernisierungs- und Sozialprogramme führte in den U.S.A. während der Amtszeit der Präsidenten Johnson, Nixon und Carter u.a. zu erneuten Reformversuchen der staatlichen Indianerpolitik. Neue Gesetzeswerke zum Schutze von Minderheiten, die Einrichtung von Gesundheits-, Ausbildungs- und Wirtschaftsförderungsprogrammen und eine zunehmende politische Organisierung indianischer AktivistInnen weckten Hoffnungen auf eine neue Ära der Selbstbestimmung für indigene Gemeinschaften (Stull/Schultz/Cadue 1987:33). Diese politischen Entwicklungen ließen auch das Fach Ethnologie nicht unberührt.

Der rasche soziale Wandel, die teilweise drastische Verschlechterung der Lebensumstände oder gar die Auslöschung einiger der erforschten Bevölkerungsgruppen, der wachsende Widerstand anderer gegen ihre Benutzung als reine Forschungsobjekte, die fachinterne und -externe Kritik an der mangelnden gesellschaftlichen Relevanz des Faches und seiner insgesamt eher geringen praktischen Effektivität (vgl. Kap. 3.) und der Einfluß des kritischen "Zeitgeistes" der 60er und 70er Jahre führten zu eingehenden Reflexionen und Diskussionen über Grundlagen, Bedingungen und Ziele ethnologischer Tätigkeit (z.B. Hymes 1974a). Die Beteiligung von Sozial- und KulturwissenschaftlerInnen an sog. *counterinsurgency*-Maßnahmen[131] wie beim Projekt Camelot, während des Vietnam-Krieges und in Thailand (Beals 1969, Berremann 1969, 1971, Condominas 1957, Horowitz 1973, Jones 1971, Jorgensen/Wolf 1970, Salemink 1991) entfachte Diskussionen über die politische Rolle und die ethische und soziale Verantwortung von EthnologInnen (z.B. Beals 1969, Bonfil Batalla 1973, Huizer 1973, Huizer/Mannheim 1979, Jorgensen 1973, Social Responsibility Symposium 1968, Th.Weaver 1973; zur Geschichte der Ethik-

---

[131] Als *counterinsurgency* bezeichnet man politische, militärische und zivile Operationen eines Staates zur Vorbeugung und Unterdrückung revolutionärer Bewegungen u. a. potentieller sozialer Unruheherde.

Diskussionen vgl. Berreman 1993, Fluehr-Cobban 1991c). Diese führten u.a. zur Forderung nach einer explizit Stellung beziehenden und sich für die Veränderung von ungerechten und oppressiven gesellschaftlichen Strukturen praktisch engagierenden Ethnologie.[132]

Weitere Einflüsse kamen von kritischen WissenschaftlerInnen und Intellektuellen aus Dritte-Welt-Ländern[133] sowie aus anderen wissenschaftlichen Disziplinen, z.B. der partizipatorischen Aktionsforschung der Erziehungs- und Sozialwissenschaften oder der feministischen Forschung (siehe die folgenden Kapitel). Innerhalb dieses intellektuellen Umfeldes entstanden neue theoretische Entwürfe und praktische Ansätze einer kritischen Ethnologie, in die die politischen Ansichten und Postulate aus den gesellschaftlichen Bewegungen und Theorien der Zeit (z.B. Neo-Marxismus, Kritische Theorie, Dependenztheorien u.a.) einflossen. Teilweise in Anknüpfung an die Diskussionen und praktischen Ansätze der 50er Jahre über Forschung und Aktion, teilweise aber auch in fundamentaler Ablehnung aller bisherigen Versuche einer angewandten oder praktischen Wissenschaft wurden Konzepte einer Ethnologie entworfen, die sich in Theorie und Praxis "an die Seite der Unterdrückten und Armen" stellen und gemeinsam mit ihnen gegen Kolonialismus, Rassismus, Sexismus, Ausbeutung und Diskriminierung und für eine gerechtere Gesellschaft arbeiten sollte (z.B. Huizer 1979a, K.Schlesier 1980). Die klassischen *applied anthropologists* wurden dabei u.a. als HandlangerInnen von Kolonialismus und Imperialismus angeprangert, während sich die kritischen EthnologInnen als radikale Intellektuelle und geistige MentorInnen von Revolution, von Befreiung und Emanzipation diskriminierter Minderheiten verstanden (vgl. Angrosino 1976b:4-5, Kuper 1994:529). Man begann nach Forschungsmethoden und Praxiskonzepten zu suchen, bei denen Selbstbestimmung, Stellungnahme und Partizipation zu den

---

[132] Es ist nicht möglich, alle in dieser Zeit entstandenen Ansätze einer politisch engagierten radikalen Ethnologie aufzuführen. Manche Entwürfe bestanden z.B. nur aus einem einzelnen Beitrag in wenig verbreiteten Publikationen und entfalteten keine Breitenwirkung. Es soll hier lediglich auf die wichtigsten intellektuellen und politischen Strömungen dieser Zeit und deren Auswirkungen auf die Ethnologie hingewiesen werden. Zu einer allgemeinen Übersicht über diese inner- und außerakademischen Entwicklungen und die entsprechenden Literaturangaben siehe Seithel (1990a:46-53, 1990c: 52-55; vgl. auch Kapitel 3.5.).

[133] Z.B. Asad (973), Bonfil Batalla (1973), Bonilla et al. (1972), Chilungu (1976, 1984), Duala M'bedy (1977), Fals Borda (1970, 1980, 1985), Fals Borda/Brandão (1986), Fals Borda/Rahman (1991), Magubane (1971), Maruyama (1974), , Sevilla-Casas (1977, 1978), Simposio Mundial de Cartagena (1978), Stavenhagen (1971), Vío Grossi et al. (1981, 1984) u.a.; vgl. Grünberg (1982), Lurie (1971, 1973) und den folgenden Abschnitt.

handlungsleitenden Kriterien zählten. Neue Bezeichnungen sollten diese Ethnologie von den bisherigen Ansätzen absetzen.

So entwarfen Gough (1968a, 1968b, 1973), Wolff (1974) und andere EthnologInnen eine *radical anthropology*. Sie kritisierten die herkömmliche angewandte Ethnologie als Teil des westlichen kolonialistisch-imperialistischen Herrschaftsapparates, lehnten das Postulat wissenschaftlicher Wertneutralität als unhaltbar ab und forderten stattdessen die Einnahme einer expliziten Wertposition von den EthnologInnen. 1973 bildete sich auf dem 9. *International Congress of Anthropological and Ethnological Sciences (ICAES)* in Chicago ein *International Movement of Radical Anthropologists*, das sich zur Aufgabe stellte, "to ally themselves entirely with the oppressed" (Huizer 1979a:12).

Moore (1971) forderte eine *partisan anthropology*, die er als "sozialistisch", "demokratisch" und "anti-imperialistisch" (ebd. 42) definierte. Er war sich mit den *radical anthropologists* in der Kritik am imperialistischen Charakter der herkömmlichen Ethnologie einig und forderte von EthnologInnen die Untersuchung der herrschenden Gesellschaftsstrukturen, eine funktionalistische Kritik der U.S.-amerikanischen Kultur und die Entwicklung einer "science of socialist planning in America" (ebd. 43).

Der Entwurf einer *revolutionary anthropology* (Buijtenhuis 1979, Stavenhagen 1971) sah das Fach als eine Wissenschaft, die sich revolutionären Bewegungen zur Verfügung stellte bzw. Forschungen betrieb, die von diesen genutzt werden konnten. Ethische und methodische Postulate der *action anthropology* (Stellungnahme für die Forschungssubjekte, Offenlegung der eigenen Motivationen, Zurückstellung wissenschaftlicher Zielsetzung usw.) und politische Forderungen der radikalen Ethnologie verband Caulfield (1979) zur *partisan participation*. Gedicks (1979) bezeichnete seine Arbeit für eine sich *Community Action on Latin America* nennende Aktionsforschungsgruppe als *guerilla research*.

Als Oberbegriff für alle Konzepte einer kritisch engagierten Ethnologie wählte Polgar (1979a, 1979b) den Ausdruck *committed anthropology* und verstand darunter allgemein "alle ethnologischen Bemühungen im Interesse der gegenwärtigen und zukünftigen Menschheit" (1979b:409). Die Hauptaufgabe einer *committed anthropology* sah Polgar (ebd.) in einem Beitrag zur Auflösung der Nationalstaaten, die durch ihre künstlich geschaffenen Grenzen den ethnischen Gemeinschaften die Möglichkeiten zur Entscheidungsfreiheit und Selbstbestimmung nahmen.

Hymes (1974b), Scholte (1974) u.a. forderten eine *critical anthropology*, die sie als selbstreflexiv und selbstkritisch definierten und die durch das Bewußtwerden der eigenen gesellschaftlichen Konstituierung eine emanzipatorische Potenz für die Praxis der EthnologInnen in sich trug (ähnlich Hessler et al. 1980). Huizer (1979a) beschrieb eine "emanzipatorische", "dialogische" und "nicht-manipulative" Forschungsperspektive, die er *anthropology from within and below* nannte, und bei der diejenigen Menschen, mit denen die EthnologInnen arbeiteten, selber die Untersuchungen und Analysen ihrer Lebenssituation und der sie unterdrückenden gesellschaftlichen Strukturen vornehmen sollten.

Stavenhagen (1971), L.Thompson (1976, 1979), Gladwin (1972), Gearing (1972) u.a. plädierten für eine entkolonisierte bzw. postkoloniale "subversive" Sozial- und Kulturwissenschaft, die praxisrelevantes Wissen produzieren sollte, das zu einer wirklichen Veränderung herrschender Machtverhältnisse führte (zu weiteren Auseinandersetzungen dieser Zeit mit den ethischen und gesellschaftlichen Grundlagen ethnologischer Praxis siehe Davis 1979, Diamond 1974, Huizer 1979b, Jackson 1971, Kielstra 1977, Maquet 1964, Maruyama 1974, Piddington 1970, Sevilla-Casas 1976 u.a.).

Diese Entwürfe einer radikalen Ethnologie waren meist sehr allgemein in ihrer Darstellung der praktischen Handlungsmöglichkeiten und Rollen von EthnologInnen: Die herkömmliche angewandte Ethnologie wurde häufig pauschal als Instrument kolonialistischer und imperialistischer Interessen kritisiert und abgelehnt, jede Form reiner Forschung als irrelevant verurteilt sowie eine eindeutige ethische und politische Stellungnahme und Handlungsbereitschaft der EthnologInnen auf Seiten der unterdrückten, diskriminierten und verfolgten Völker und Gemeinschaften gefordert, mit denen sie Hand in Hand für eine radikal-transformatorische Umwandlung gesellschaftlicher Machtstrukturen arbeiten sollten. Es gab zwar einige methodische und strategische Überlegungen, wie diese Zielsetzungen erreicht werden konnten, z.B. durch das Studium von Eliten und Dominanzstrukturen, durch engere Zusammenarbeit mit den Forschungssubjekten oder durch Unterstützung von Organisation und Widerstand indigener u.a. Gemeinschaften. Ansätze zur Entwicklung interventionistischer und partizipatorischer Forschungsmethodologien oder passender Handlungstheorien für die geforderten Transformationsprozesse waren aber selten; wissenschafts- und erkenntnistheoretische Reflexionen und Einsichten waren gelegentlich eingeflochten, wurden aber kaum eingehender verfolgt.

Da viele VertreterInnen der *radical anthropology* Lehrpositionen an Universitäten innehatten, beschränkte sich ihre Radikalität überwiegend auf akademische Diskussionen, auf kritische theoretische Arbeiten und auf Versuche zur Politisierung des Universitätsbetriebes, führte aber kaum zu längerfristigem praktischen Engagement oder zur Erarbeitung konkreter Handlungsstrategien (Polgar 1979b:415). So enthielten die meisten dieser programmatischen Arbeiten z.B. keine oder kaum Auseinandersetzungen darüber, wie die realen praktischen Probleme einer *action* oder *advocacy anthropology*, z.B. im Umgang mit Bürokratien, Militär, GeldgeberInnen und anderen Instanzen gesellschaftlicher Macht, gelöst werden konnten, wie im konkreten Fall (Re-)Organisation und Widerstand indigener Gemeinschaften ohne Gefährdung von Leib und Leben der Beteiligten bewerkstelligt werden konnten, welche Kenntnisse, Methoden und Fähigkeiten EthnologInnen überhaupt für eine effektive intervenierende Praxis benötigten und was sie den Forschungssubjekten an nützlichem Wissen anzubieten hatten, wie gruppeninterne Konflikte und Widersprüche gelöst oder zumindest angegangen werden konnten, wie widersprüchlichen ethischen Anforderungen (z.B. Zugänglichmachen der Daten vs. Schutz der InformantInnen) begegnet werden konnte, wie Zusammenarbeit und Dialog methodisch gestaltet und die erforschten Menschen als Subjekte in den Forschungsprozeß integriert werden konnten u.v.a.m.

Der wesentliche fachliche Beitrag dieser radikalen Entwürfe bestand u.a. darin, daß sie die Arbeit von EthnologInnen in größere polit-ökonomische und historische Kontexte setzten, ihre Rollen und Wirkungen in diesen Zusammenhängen analysierten und daraus neue Themen und Zielsetzungen ethnologischer Forschung ableiteten, die in umfassendere gesellschaftstheoretische Perspektiven eingebettet waren. Damit lenkten sie den Blick auf die gesellschaftlichen Bedingungen ethnologischer Arbeit und ermöglichten eine Diskussion über die praktischen und gesellschaftlichen Zielsetzungen einer zukünftigen ethnologischen Praxis.

Insbesondere begannen die EthnologInnen, sich mit dem Phänomen **Macht** und ihrer Beziehung zur ethnologischen Erkenntnisproduktion zu befassen (vgl. Wolf 1974). Sie stellten das Ideal positivistischer Wissenschaftsauffassung von Neutralität und Objektivität der Forschung in Frage und initiierten so eine fachinterne Auseinandersetzung über die Wirkung von impliziten subjektiven Werten, Einstellungen, Motiven und Interessen der WissenschaftlerInnen im Forschungsprozeß. So setzten sie auch ein Nachdenken über die ethischen Grundlagen ethnologischer Arbeit in Gang, das zu wesentlichen Neuerungen im Fach (z.B. die Verabschiedung neuer Ethik-Codes) führte.[134] Sie richteten darüber hinaus ihre Untersuchungen auf neue thematische Aspekte wie "Widerstand", "strukturelle Gewalt", "Unterdrückung" u.ä. und befaßten sich mit Themen wie Bauernorganisationen, Widerstandsbewegungen, der gesellschaftlichen Stellung von Frauen oder der Diskriminierung von Minderheiten, was wiederum zu einer kritischen Überprüfung bestehender Theorien oder zur Formulierung neuer theoretischer Ansätze führte (Hymes 1974a, Polgar 1979b:413, vgl. auch ders. 1979a).

4.5.2. Die Praxis der neuen AktionsethnologInnen[135]

Parallel zu diesen radikal-programmatischen Arbeiten entstanden in den 60er und 70er Jahren in den U.S.A. verschiedene praktische Formen der Zusammenarbeit zwischen EthnologInnen und indigenen Gemeinschaften bzw. ihren Organisationen, bei denen Prinzipien der *action anthropology*, aber auch viele andere der oben erwähnten politischen Einflüsse und Postulate zur Anwendung kamen. Eines der frühesten Ereignisse war die Mitwirkung - auf Initiative von Sol Tax - einer Reihe von EthnologInnen (Nancy Lurie, Robert Rietz, Albert Wahrhaftig und Joan Ablon) an der Organisation der *American Indian Chicago Conference* von 1961. Es war das bislang größte nationale Zusammentreffen indianischer VertreterInnen in der Geschichte der U.S.A. Rund 500 Personen von 90 verschiedenen indigenen Völkern Nordamerikas besprachen eine Woche

---

[134] Die genannten Themen wurden in den 60er und 70er Jahren nicht zum ersten Mal im Fach diskutiert. So hatten sich schon früher EthnologInnen Gedanken über ihre Verantwortung gegenüber den Forschungssubjekten gemacht (siehe Kap. 4.2. und 4.3.). Auch hatten Wissenschaftstheoretiker schon Jahrzehnte zuvor Zweifel und Kritik an der Möglichkeit objektiver und wertfreier Erkenntnis geäußert (z.B. Mannheim 1936; siehe Kap. 2.2.). Allerdings wurden diese Themen zu keiner Zeit in vergleichbarem Umfang und mit derselben Heftigkeit diskutiert wie in den 60er und 70er Jahren. Das Neue an den kritischen ethnologischen Ansätzen dieser Zeit war, daß sie sich nicht mehr um eine größtmögliche, methodisch abgesicherte Annäherung an das Ideal einer Wertneutralität bemühten, sondern stattdessen eine explizite Werteposition und Stellungnahme der WissenschaftlerInnen forderten.

[135] Einfachshalber werden hier alle diejenigen EthnologInnen, die sich ab den späten 60er Jahren bei ihrer praktischen Arbeit an Prinzipien der *action, advocacy* oder *committed anthropology* und vergleichbaren Praxiskonzepten orientierten, als "neue AktionsethnologInnen" bezeichnet. Die oft nur geringfügigen Unterschiede in den verschiedenen Ansätzen werden im Folgenden z.T. angesprochen.

lang ihre Probleme, tauschten Informationen und arbeiteten gemeinsame Perspektiven und Handlungsstrategien aus.

Ein Ergebnis war u.a. eine 49-seitige *Declaration of Indian Purpose*, die in den folgenden Jahren weite Verbreitung fand. Tax organisierte und koordinierte Gelder, Räumlichkeiten und Logistik der Großveranstaltung; Leitung und inhaltlicher Verlauf lagen vollständig in den Händen der indigenen Delegierten (Ablon 1979, Lurie 1961). Die auf der Konferenz zum ersten Mal in breiter Öffentlichkeit erhobene Forderung nach mehr Selbstbestimmungsrechten für die indigenen Gemeinschaften trug zur Politisierung und Herausbildung der indianischen Bewegungen in den 60er Jahren bei (Peyer 1986:126, Straus et a. 1986). So war z.B. eine wichtige Folge der Konferenz die Formierung des *National Indian Youth Council*, aus dem später das radikal-politische *American Indian Movement (AIM)* hervorging. Ferner erfolgte nach der Konferenz - wiederum mit Unterstützung von Tax - die Gründung der ersten indianischen Zeitschrift (*Indian Voices*), die Vorläufer und Vorbild für eine Reihe nachfolgender indianischer Zeitschriften wurde (Ablon 1979:455, K.Schlesier 1980: 46).

Bei anderen Projekten arbeiteten EthnologInnen als "KatalysatorInnen" von Reorganisations- und Selbstbestimmungsprozessen, als BeraterInnen, ForscherInnen und GutachterInnen, als (inter)kulturelle ÜbersetzerInnen und VermittlerInnen, als SekretärInnen und Bürokräfte, als FürsprecherInnen bei Behörden, Polizei und Öffentlichkeit, als KoordinatorInnen, VerhandlungsführerInnen, *resource persons* und EvaluatorInnen. Sie bezeichneten ihre Rollen als *advocate, ombudsman, cultural broker*, FreundIn, PartnerIn, UnterstützerIn, MitarbeiterIn und MitkämpferIn oder waren Beauftragte und Angestellte von Stammesräten und indigenen Organisationen.

Sie haben indigene Gemeinschaften beim Aufbau von selbstverwalteten Gemeinde- und Kulturzentren, von Museen und Kulturarchiven, von Kooperativen und Ausbildungseinrichtungen, von Selbsthilfeinitiativen und politischen Organisationen unterstützt, haben geholfen, staatliche Serviceleistungen im Gesundheits- und Erziehungsbereich zu verbessern, haben bei der Sammlung, Dokumentation und Weitergabe kulturellen Wissens (z.B. orale Geschichte, handwerkliche Techniken, Sprache u.a.) geholfen, sind als GutachterInnen bei Landrechtsprozessen aufgetreten, haben die Auswirkungen von Entwicklungsprojekten evaluiert und indigene Gemeinschaften entsprechend informiert, haben bei der Beschaffung von Geldern, Kontakten, technischen Hilfsmitteln, Transportgelegenheiten u.a. Ressourcen geholfen, haben Organisationsprozesse innerhalb indigener Gemeinschaften begleitet, koordiniert, dokumentiert und ausgewertet, haben Presse- und Öffentlichkeitsarbeit betrieben, Projektanträge geschrieben, Ausbildungs- und Einkommensmöglichkeiten zu schaffen versucht, haben Kommunikation und Austausch zwischen verschiedenen Projekten und indigenen Gemeinden gefördert, haben ihren indigenen PartnerInnen und/ oder AuftraggeberInnen soziale und politische Analysen, Informationen und Daten als Argumentations- und Entscheidungshilfen zur Hand gegeben, haben sie bei Widerstandsaktionen gegen Entwicklungsprojekte, polizeiliche Willkür oder soziale Diskriminierung unterstützt u.v.a.m. (z.B. Berger 1977, F.G.Cohen 1976, Efrat/Mitchell 1974, Feit 1985, Hedburg 1976, Hlady 1969, John 1972, La Rusic 1985, Lurie 1973, Paine 1985a, Paredes 1976, Peterson 1974, 1987, Robinson 1979, Salisbury 1976, Schensul/Schensul 1978, K. Schlesier 1972, 1974, 1977, 1980, Stull/Schultz/Cadue 1987, Talbert 1974, Talbot 1977, Watahomigie/Yamamoto 1987, Willard 1977; für die ausführliche Beschreibung einzelner Projekte siehe Seithel 1990a).

Nicht nur in der Zusammenarbeit mit indianischen Gemeinschaften, auch bei Projekten mit ImmigrantInnen und ethnischen Minderheitengruppen (Borman 1979, Hessler/New 1972, Hessler et al. 1980, Schensul 1980, Schensul/Schensul 1978:143-153, Schensul et al. 1987), mit städtischen Jugendlichen (Schensul 1973, 1974), PsychatriepatientInnen (Borman 1979), urbanen Nachbarschaftsgruppen (Jacobs 1974), multiethnischen Schulklassen (Stanley 1975: 521) und in anderen Zusammenhängen wurden Ideen, Postulate und Methoden der *action, committed, radical* oder *advocacy anthropology* praktisch umgesetzt (vgl. Stanley 1975, weitere Beispiele bei Rubinstein 1986:276).

Die Befürwortung einer *action anthropology* bedeutete für manche EthnologInnen nicht einfach den Einsatz einer neuen Methode oder Praxisstrategie, sondern war für sie ein Bekenntnis zu einer spezifischen Wissenschaftsauffassung oder sogar eine Art Weltanschauung: "Action Anthropology is less a method and more a way of living with the world", schreibt z.B. der am Fox-Projekt beteiligte Ethnologe Fred Gearing (1960:414). Auch für Tax war die ethische Grundhaltung der *action anthropology* untrennbarer Bestandteil seiner persönlichen Lebensphilosophie (Rubinstein 1991; Tax 1988; ähnlich auch K.Schlesier 1980, 1990). Entsprechend dieser Wissenschaftsauffassung, die zu einer langfristigen Verpflichtung der WissenschaftlerInnen gegenüber den Forschungssubjekten führte, versuchten manche EthnologInnen, aktionsethnologische Prinzipien wie Partizipation, Dialog, Mitspracherecht oder Zusammenarbeit in ihrem gesamten Arbeitsbereich umzusetzen, z.B. bei der Lehre und Verwaltung im College (Hinshaw/Young 1979), bei Museumsarbeit (Stanley 1975: 521) oder bei der Organisation der internationalen ethnologischen *scientific community*.

Gründung, Struktur und Arbeitsweise der internationalen Fachzeitschrift *Current Anthropology* wurden bspw. vom Herausgeber Tax und seinen MitarbeiterInnen als eine Anwendung aktionsethnologischer Prinzipien im Wissenschaftsbetrieb verstanden: Der Herausgeber führte internationale Fachleute zusammen, beriet und schlug Themen vor; die Entscheidung über die Annahme von Manuskripten traf ein Gremium von Assoziierten, das die internationale EthnologInnen-Gemeinschaft repräsentierte (Rubinstein 1991:177, K.Schlesier 1980:45-46, Tax 1965).

Ein weiterer praktischer Ansatz der 70er Jahre, der zum Umfeld der *action anthropology* gerechnet werden kann, ist die *cultural brokerage*, die primär im Bereich der staatlichen Gesundheitsversorgung in den U.S.A. entwickelt wurde (van Willigen 1993:125-137, Weidman 1982). Als *cultural broker* wurde eine Person bezeichnet, die als individuelles Verbindungsglied zwischen gesellschaftlichen Gruppen mit unterschiedlichem sozio-kulturellen Hintergrund vermittelte und hauptsächlich die staatlichen Dienstleistungsangebote der Mehrheitsgesellschaft den Minderheitengruppen zugänglicher machen und ihren Bedürfnissen angemessener gestalten wollte. Sie mußte in diesem Prozeß kultureller Mediation über ausreichendes Wissen über alle beteiligten Parteien verfügen, eine Aufgabe, die fortlaufende Forschungen verlangte. Grundlage ihrer Arbeit war ein ausgesprochen kulturrelativistisches Verständnis "interkultureller Gleichberechtigung" (van Willigen 1993:136), ohne daß eine genauere Wertposition benannt wurde. Gegenstand der Veränderung war eine Instanz oder Einrichtung der Mehrheitsgesellschaft (z.B. im Gesundheitsbereich).

Auch die Strategie des *social marketing* konnte im Rahmen von Aktionsansätzen zum Einsatz kommen. Dabei ging es im wesentlichen um die effektive Verbreitung bestimmter Ideen oder sozialer Ziele über Massenmedien und andere Kommunikationskanäle, die zur Verbesserung der Situation benachteiligter Gruppen und zur Lösung sozialer Konflikte beitragen sollten (ebd. 139-153).

In den Projektberichten dieser hier als neue AktionsethnologInnen bezeichneten engagierten FachvertreterInnen stand zwar zwar einiges über konkrete Strategien und Vorgehensweisen zur praktischen Umsetzung aktionsethnologischer Postulate, zumindest mehr als in den Arbeiten der radikalen Ethnologie. Aber sie beschränkten sich zumeist auf relativ kurze Projektbeschreibungen, die hauptsächlich von Erfolgen berichteten. Wenig oder nur am Rande wurde von alltäglichen Arbeitsabläufen und Entscheidungsprozessen, von Interessenskonflikten und Meinungsverschiedenheiten zwischen EthnologInnen und Forschungssubjekten, von Problemen bei der Herstellung einer "gleichberechtigten Partnerschaft" und "dialogischen Forschung", von persönlichen Motiven, Schwierigkeiten und Interessen der WissenschaftlerInnen oder von Problemen im Umgang mit Behörden oder GeldgeberInnen berichtet. Außerdem ließen die meisten Berichte den Bezug auf vergleichbare andere Projekte und damit eine Kontinuität in der Diskussion methodischer, ethischer und praktischer Fragen vermissen.

So standen die Projekte als relativ isolierte Einzelfälle da, aus denen sich keine allgemeinere Konzeption einer kritischen ethnologischen Praxis ableiten ließ. Hinzu kam daß insgesamt die Zahl derjenigen Projekte, die sich als *action, advocacy* oder *committed anthropology* definierten, in dieser Zeit recht gering war, so daß schon deshalb wenig Vergleichsmaterial zur Entwicklung generalisierbarer Projektkriterien existierte.

4.5.3. Gemeinsamkeiten der verschiedenen Ansätze

Bei ihrer Zusammenarbeit mit indigenen Gemeinschaften beriefen sich die meisten EthnologInnen explizit auf die Prinzipien der *community development*, des *research-and-development*-Ansatzes und vor allem der *action anthropology*, die sie fallspezifisch modifizierten und weiter entwickelten. Einige bevorzugten in Abgrenzung zur *action anthropology* von Tax für ihre Arbeit neue Bezeichnungen wie *advocacy anthropology* oder *committed research* (z.B. Jacobs 1974, Schensul/Schensul 1978). Damit wurde eine wertexplizite praktische Ethnologie bezeichnet, bei der die Ethnologin in einer direkteren und engeren Beziehung mit der betreffenden Gemeinschaft lebte und arbeitete, als es die *action anthropology* und der *research-and-development*-Ansatz bis dahin vorsahen. Eine langfristige, persönliche Verantwortung und Parteinahme für die Forschungssubjekte und ihre Ziele und Bedürfnisse, das Zurückstellen wissenschaftlicher Zielsetzungen, Kooperation und Partizipation bei der Forschung wie bei gesellschaftlichem Wandel und ein gemeinsames Verständnis der ideellen und politischen Grundlagen ihrer Arbeit kennzeichneten diese engagierte Ethnologie der 70er Jahre. Die EthnologInnen verstanden sich dabei weniger als *change agents* denn als HelferInnen, UnterstützerInnen und Freunde der organisierten Führerschaft einer Gruppe (van Willigen 1993:109-123). Andere praktisch engagierte EthnologInnen handelten nach ähnlichen Prinzipien und Überzeugungen, verwendeten aber weiterhin die Bezeichnung *action anthropology* (z.B. K.Schlesier 1974, 1980) für ihre Arbeit.

So hat die Auseinandersetzung mit und Abgrenzung zu bestehenden Praxisansätzen zu einer sehr unterschiedlichen und teilweise verwirrenden Verwendung der verschiedenen Bezeichnungen geführt: Manche Projekte werden nachträglich der *action* oder *advocacy anthropology* zugerechnet oder von ihr abgesetzt, um das eigene Vorgehen argumentativ zu rechtfertigen und in wissenschaftstheoretische Richtungen einzuordnen.[136] Während beispielsweise Paredes (1976) seine Arbeit mit den Eastern Creek in Alabama ausdrücklich nicht als *action*, sondern als *applied anthropology* verstand (ebd. 318), betrachtete die Aktionsethnologin Lurie sein Engagement als *action anthropology*, "auch wenn Paredes dies leugnet" (Lurie 1976:320; ebenso Rubinstein 1986:271). Peterson (1974) vermied bei den Berichten über seine Tätigkeit für die Choctaw den Begriff *action anthropology*, "um nicht einem bestimmten Lager von Ethnologen" zugeordnet zu werden (ebd. 311), und umschrieb seine Rolle als die eines *advocate*, wurde und wird aber in vielen Abhandlungen über *action anthropology* als Fallbeispiel herangezogen (z.B. Schensul/Schensul 1978:141, Seithel 1990a: 171-192).

Manchmal wird *action anthropology* als eine Form von *applied anthropology* bezeichnet (z.B. van Willigen 1993:109-123), manchmal wird sie explizit davon abgesetzt (K.Schlesier 1980:36, 1990:30, Seithel 1990a:93, 305-310, Tax 1975a:515). Manche AutorInnen zählen *action* und *advocacy anthropology* zur *community development* (z.B. Bennett 1996:34, Stull/Schensul 1987:7) oder zur Entwicklungsethnologie (z.B. Kievelitz 1988:244-245, Prochnow 1996:4, 29-

---

[136] Die kategorische Zuordnung der eigenen oder fremden Arbeit zu einem bestimmten Ansatz oder Konzept begründet sich nicht immer in tatsächlichen methodischen oder theoretischen Unterschieden, sondern häufig ebenso in persönlichen Meinungsverschiedenheiten, Zu- bzw. Abneigungen zu den führenden VertreterInnen eines Ansatz oder der eigenen Zuordnung zu einem wissenschaftlichen, politischen und/oder ideologischen "Lager". So sieht z.B. Bennett (1996:37) Tax' Propagierung seines Handlungs- und Forschungsansatzes als *action anthropology* u.a. als einen Akt bewußter Abgrenzung zu seinen KollegInnen in Chicago und Harvard oder zu der "applied gang" um Margaret Mead, mit denen er zwar viele wissenschaftliche Auffassungen teilte, die meiste Zeit aber im intellektuellen Zwist stand (vgl. z.B. die Auseinandersetzung um eine engagierte ethnologische Praxis in der deutschen Ethnologie: Antweiler 1996 oder die Projektbeschreibungen in Seithel 1990a).

32), andere verstehen unter *advocacy* eine ganz allgemeine Herangehensweise an die Ethnologie ohne bestimmte Methoden oder Aufgabenstellungen, die sich auf die verschiedensten Bereiche ethnologischer Tätigkeit wie Grundlagenforschung, angewandte Ethnologie und *action anthropology* beziehen kann (Schensul/Schensul 1978). Jacobs (1974) beschreibt ihre Tätigkeit innerhalb eines städtischen Gesundheitszentrums als *action* **und** *advocacy anthropology*. Peatties "reflections on advocacy planning" (Peattie 1968) werden von Rubinstein (1986:271) als *action anthropology* bezeichnet. Polgar (1979b:409) reiht, wie andere Autoren (z.B. K.Schlesier 1974:277-78, Tax in Gearing et al. 1960:379), das Vicos-Projekt, das von seinen Betreibern als *research-and-development-approach* bezeichnet wird, in die *action anthropology* ein. Van Willigen (1993:74) bezeichnet *action anthropology* als ein "nützliches Set von Ideen" zur Umsetzung von *research-and-development*-Aufgaben. Dieses sind nur einige Beispiele für die unterschiedliche Benutzung der Bezeichnungen.

Wenn in dieser Arbeit der Begriff *advocacy anthropology* als Oberbegriff für alle Ansätze einer wertexpliziten und interventionistischen praktischen Ethnologie verwendet wird, so geschieht das wiederum mit einem sehr weiten Verständnis von *advocacy* als einer generellen Forschungsorientierung, die die wesentlichsten Merkmale der genannten Praxiskonzepte in sich vereint (ausführlich siehe Kap. 4.9.).

Abgesehen von dieser unterschiedlichen Begriffsverwendung gab es eine ganze Reihe von Neuerungen, die die Praxiskonzepte der 70er Jahre von vorangegangenen Ansätzen unterschieden. So formulierten die meisten neuen AktionsethnologInnen - entgegen dem Postulat von Tax: "Not to settle questions of value unless they concern us" (Tax 1975a:516) - durchaus allgemeine ethische Grundhaltungen oder entwarfen gesellschaftspolitische Perspektiven als Entscheidungsgrundlagen für ihr Engagement. Sie beriefen sich dabei u.a. auf die ethischen Richtlinien der *American Anthropological Association* und der *Society for Applied Anthropology* (z.B. Jacobs 1974:210) oder auf die Universale Erklärung der Menschenrechte (K.Schlesier 1990:30), nannten "happiness, autonomy, and self-realization" (Maddock 1961:236) als Ziele oder traten generell für kulturellen Pluralismus ein, weil sie diesen als "Vorbedingung einer dynamischen freien Zivilisation" ansahen (K.Schlesier 1974:282). Polgar (1979b: 416) sah als grundlegenden Wert der *action anthropology* "(...) the regard for all humanity, for the past as well as the present, for the inherent legitimacy of all cultures no matter how different from one's own." Und nach Sevilla-Casas

(1978:136-38) setzten sich AktionsethnologInnen für Humanisierung und gegen die Unterwerfung eines Menschen durch einen anderen ein. Er sah das Ziel der *action anthropology* u.a. darin, Beziehungen der Beherrschung und Unterdrückung durch solche der Freiheit und Gleichheit zu ersetzen und damit an einer "Neuschaffung des Menschen" zu arbeiten. In den meisten Projektberichten wurden diese Zielsetzungen und Wertpositionen allerdings eher am Rande oder in einer Schlußbetrachtung erwähnt.

Am weitreichendsten hat K.Schlesier (besonders 1980, 1990) die ethische und politische Grundhaltung seines *action anthropology*-Konzeptes formuliert: Er fordert die "Zerschlagung der kapitalistischen und marxistischen Ideologien" europäischer Prägung sowie eine "Zurückweisung des organisierten Christentums" (K.Schlesier 1980:33), die er mit ihrem Ethno- und Anthropozentrismus für die drohende Zerstörung allen Lebens auf dieser Erde verantwortlich macht. An ihrer Stelle müssen, so Schlesier weiter, neue Gesellschaftssysteme errichtet werden, die sich an den "Philosophie(n) der kleinen Kulturen" orientieren, weil in deren "Weltbildern der Mensch ein Teil der Schöpfung war, nicht ihr Meister, und weil sie sich der Gemeinschaft des Lebens auf dem Planeten als Bewahrer *allen* Lebens verpflichtet fühlten" (ebd. 33-34; Betonung im Original). Aufgabe der EthnologInnen sei es, "die Lehren und Leistungen der kleinen Kulturen in ihrer Wahrheit sichtbar zu machen und der breiten Öffentlichkeit als Alternativen für veränderte Lebensweisen vorzustellen" (ebd. 33).

Nach einer selbstreflexiven Kritik an der kolonialen Vergangenheit der eigenen Disziplin entwirft Schlesier das Bild einer "neuen Kulturanthropologie", die sich aktiv und konsequent allem Leben auf dem Planeten verpflichtet fühlt und der "natürliche Advokat derer (ist), die in der heutigen Welt - wie vordem - die machtlosesten und gefährdetsten sind: (die) Restgruppen der kleinen Kulturen, die Genozid und Ethnozid ausgeliefert sind" (ebd. 35). Notfalls müsse sich der Ethnologe als Wissenschaftler und verantwortlicher Bürger mit ganzem Einsatz an die Seite dieser Gruppen stellen. Die Verantwortung für die praktischen Folgen wissenschaftlicher Arbeit abzulehnen und passiv zu bleiben, hält er für unmoralisch (ebd. 36).

Beeinflußt durch die Diskussionen ihrer Zeit waren sich die meisten neuen AktionsethnologInnen einig, daß für eine effektive Unterstützungs- und Veränderungsarbeit die Untersuchung von Machteliten und Dominanzstrukturen, d.h. ein *studying up* (Nader 1974), unumgänglich war (z.B. Matthiasson 1974:324, Ornauer 1978:19, K.Schlesier 1980). Sie integrierten damit "eine gesamtgesellschaftliche Reflexion als konstruktives Element in den Forschungsprozeß" (Ornauer 1978:18). Ihre Befassung mit den gesellschaftlichen Rahmenbedingungen ihrer Arbeit und ihre Stellungnahme im herrschenden Machtgefüge führte also deutlich zu einer Politisierung des Konzeptes von Tax.

Auch scheuten sie selber nicht vor der Übernahme von Rollen mit einer gewissen Einflußnahme zurück, indem sie z.B. Positionen als leitende Angestellte innerhalb der indigenen Gemeinschaft, als ProjektkoordinatorInnen, VermittlerInnen und *advocates* einnahmen (z.B. Peterson 1974, 1987, Schensul 1974). Gleichzeitig aber vermieden es die EthnologInnen in weitaus größerem Maße als die WissenschaftlerInnen im Vicos- und im Fox-Projekt, in die Rollen von paternalistischen ExpertInnen zu verfallen, und überließen den Forschungssubjekten weitgehend - zumindest laut Darstellung in ihren Berichten - die Kontrolle, Leitung und Entscheidungsgewalt in allen wichtigen Fragen der gemeinsamen Arbeit.

Wesentlich deutlicher als z.B. Tax oder Holmberg formulierten sie als handlungsleitende Prinzipien ihrer Arbeit, daß Forschung und ein praktisches Engagement nur mit Einverständnis der betreffenden Menschen geschehen können, daß diese an sämtlichen Phasen des Forschungs- und Handlungsprozesses - von der Planung bis zur Publikation - beteiligt sein bzw. diesen soweit wie möglich mitbestimmen sollten und daß rein wissenschaftliche Ziele hinter den praktischen Belangen der Forschungssubjekte zurückstehen müßten. So betonte z.B. Peterson (1974:313) die strikte Unterordnung seiner Tätigkeit als Leiter des Choctaw-Planungszentrums unter die Ziele und Entscheidungen seiner indianischen AuftraggeberInnen. Die Arbeit von Efrat und Mitchell für die Hesquiat wurde durch Verträge geregelt, durch die die EthnologInnen der indigenen Gemeinde rechenschaftspflichtig und weisungsgebunden waren sowie bei Vertragsbruch Sanktionen unterlagen (Efrat/Mitchell 1974). K.Schlesier (1974:282) sprach von der "unerläßlichen Unterwerfung des Aktionsethnologen unter die Gesetze seiner Gastfreunde."

Kurz: Die neuen AktionsethnologInnen bemühten sich um eine konsequente Achtung und Anwendung des Selbstbestimmungsrechtes der Forschungssubjekte im gesamten Forschungs- und Aktionsprozeß. Mit diesem "Sprung auf die andere Seite des Flusses" (Sevilla-Casas 1978:145) machten sie die indigenen Gemeinschaften zu ihren neuen AuftraggeberInnen und wiesen damit auch Tax' Postulat, daß AktionsethnologInnen keine "Herren" haben durften, zurück. Zumindest wurde dieser Wechsel der AuftraggeberInnen und der Kontroll- und

Leitungspositionen als eine der wichtigsten Grundeinstellungen in den Berichten postuliert. Inwieweit er im täglichen Miteinander tatsächlich umgesetzt wurde, ging aus den Projektdarstellungen nicht immer eindeutig hervor. Gerade im Forschungsbereich waren in den 70er Jahren noch kaum entwickelte Ansätze zu einer wirklich partizipativen Methodologie zu finden.

Konflikte zwischen den Interessen der GeldgeberInnen und denjenigen der Forschungssubjekte wurden durchweg zugunsten der letzteren entschieden (z.B. Peterson 1974, 1987, Schensul 1974). Dabei kam einigen WissenschaftlerInnen der glückliche und keineswegs immer zu erwartende Umstand zugute, daß die jeweilige indianische Gemeinschaft über ausreichende eigene Mittel verfügte, um die Arbeit der EthnologInnen bezahlen zu können. In anderen Fällen, wo außenstehende GeldgeberInnen eine Finanzierung aktionsethnologischer Arbeit ablehnten und diese auch nicht von den Forschungssubjekten geleistet werden konnte, behielt der Ethnologe seine akademische Berufsposition und führte seine Tätigkeit für die indigene Gemeinschaft ohne Bezahlung durch (z.B. K. Schlesier 1974, Stull et al. 1987).

Die Projekte dieser Zeit zeigten ferner, daß die wissenschaftliche Ausbildung der EthnologInnen meist eine zentrale und unerläßliche Qualifikation für ihre Zusammenarbeit mit den Forschungssubjekten war (z.B. Lurie 1973:7, Peterson 1974:316, 1987:280-281, Schensul/Schensul 1978:134-53, K.Schlesier 1974: 298, Tax 1975a:514-16 u.a.). Die Sammlung, Auswertung und Präsentation von Grundlagendaten über die Lebensverhältnisse oder ein spezifisches Problem der Gemeinschaft, die Durchführung von *surveys* und *assessment studies*, die Zusammenstellung von Dokumentationen und Gutachten, die Auswertung von Projektabläufen und -ergebnissen und andere Tätigkeiten auf wissenschaftlicher Grundlage gehörten zu den wichtigsten und gefragtesten Aufgaben der EthnologInnen:

> "Our methodologies and the conceptual apparatus which we acquire as we move through graduate training may be the most important contributions we have to offer our clients. There is nothing wrong with our methodologies; it is that we have traditionally worked for the wrong masters. Understanding of the mechanics of particular programs, made available to other communities in non-technical ways, should surely assist them in manipulating the power structures and doing things on their own, with an increasingly high predictability of success. Better still, of course, would be to open up our departments and university resources to them in such a way that they can require theses research skills for themselves" (Matthiasson 1974:324).

Hier wird also bereits Anfang der 70er Jahre die Entwicklung einer partizipatorischen Forschungsperspektive gefordert, die die Forschungssubjekte nicht nur an Problemauswahl und Zieldefinition teilhaben ließ, sondern ihnen Zugang zu den Abläufen und Ressourcen des gesamten Forschungsprozesses verschaffte. Diese Forderung wurde allerdings erst in den 80er Jahren konsequenter umgesetzt (s. Kap. 4.8.). Da die genannten Aufgaben deutlich die Fähigkeiten und Kompetenzen eines einzelnen Wissenschaftlers überschritten, ergab sich aus der Projektarbeit auch die Notwendigkeit einer interdisziplinären Zusammenarbeit mit Fachkräften und SpezialistInnen der verschiedensten Berufe und Wissenschaftsfächern, d.h. eines kooperativen Forschungsansatzes.

4.5.4. Zur Rezeption der neuen Praxisansätze im Fach

Mit den Ethikdiskussionen, den programmatischen Entwürfen einer radikalen Ethnologie und den verschiedenen Ansätzen einer praktischen Zusammenarbeit zwischen EthnologInnen und indigenen Gemeinschaften begannen ab Ende der 60er Jahre und vor allem in den 70er Jahren Prinzipien wie Selbstbestimmung, Wertexplizitheit und Stellungnahme, Intervention, Partizipation und Kooperation einen - wenn auch marginalen - Platz in der ethnologischen Theorie- und Methodendiskussion einzunehmen. Dies geschah allerdings meist in Form theoretischer Reflexionen und Diskussionen über allgemeine methodische und ethische Postulate und wurde nur in geringem Umfang auch in die Praxis umgesetzt.
Selbst in diesen "kritischen" Zeiten war - wie in den späteren Jahrzehnten - in den U.S.A. wie international die Zahl derjenigen EthnologInnen, die sich tatsächlich um eine Anwendung interventionistischer und partizipatorischer Methoden und Prinzipien im Sinne einer *action, advocacy, committed* oder *radical anthropology* bemühten, vergleichsweise gering, zumindest soweit sich das aus publizierten Arbeiten ersehen läßt. Zwar orientierte sich eine ganze Reihe nachfolgender Projekte an den genannten Ansätzen (für Beispiele siehe Rubinstein 1986:276; Stull/Schensul 1987 sowie die folgenden Kapitel) und trug so zu deren Verbreitung bei. So ist z.B. K.Schlesier der Meinung, daß die Prinzipien der *action anthropology* anschließende Fachdiskussionen, Forschungen und Projekte beeinflußt und sich so "unterschwellig" in der U.S.-amerikanischen Ethnologie verbreitet haben, auch wenn man sich dabei nicht ausdrücklich auf Tax' Konzept bezog (persönliche Mitteilung, 1991).

Auch nach Bennett hat die *action anthropology*, auch wenn sie innerhalb der etablierten akademischen Ethnologie noch immer einen marginalen Platz einnimmt, zumindest die Diskussionen über die methodischen, ethischen, wissenschafts- und erkenntnistheoretischen Grundlagen des Faches entscheidend beeinflußt (Bennett 1996:24, 38-39). So setzen sich bis heute AutorInnen, die sich mit diesen Themen befassen, immer wieder mit den Ideen der *action/advocacy anthropology* auseinander (z.B. Amborn 1993d, 1994, Antweiler 1996, Johannsen 1992, Stull/Schensul 1987, Singer 1994, Warry 1992). Auch die neuesten Entwicklungen im Bereich der *community development* (s.o.) zeigen eine sehr große Annäherung an die von der *action/advocacy anthropology* vertretenen Prinzipien (vgl. Bhattacharyya 1995).

Die Hoffnung einiger AktionsethnologInnen, daß eine *action anthropology* zu einem für das gesamte Fach gültigen Forschungs- und Praxisansatz werden würde (Holmberg et al. 1958, Lurie 1973:4, Rubinstein 1991:270, K.Schlesier 1980:32-36), hat sich bislang nicht erfüllt. Lehrbücher und Abhandlungen zum Thema *applied anthropology* befassen sich im allgemeinen nur knapp, wenn überhaupt, mit dem *action anthropology*-Konzept. Eine eigene "Schule" oder "Tradition" der *action/advocacy anthropology*, die - vergleichbar etwa einer Entwicklungs- oder Medizinethnologie - auch an den Universitäten einen festen Platz im Lehrplan mit einem Bestand an Lehrmaterialien, spezifischen Ausbildungsinhalten und einer kontinuierlich weiter geführten theoretischen Diskussion einnehmen könnte, ist nicht entstanden. Projekte, Publikationen und Diskussionen finden nach wie vor sporadisch, häufig isoliert von vorangegangenen Entwicklungen und abhängig vom persönlichen Engagement einzelner EthnologInnen statt.

Die Gründe, die der Etablierung einer *action anthropology* im Fach entgegenstanden bzw. -stehen, liegen, wie Rubinstein (1986) zusammenfassend analysiert hat, im internen, wissenschaftstheoretischen und organisatorischen Bereich (vgl. auch die Kommentare zu K.Schlesier 1974): Zum einen wird kritisiert, daß der Einbezug von Werten und eine bewußte Veränderung des Forschungsgegenstandes, wie sie die AktionsethnologInnen postulieren, wissenschaftliche Ansprüche von Objektivität und Neutralität verletzen. Diese Kritik kommt von Seiten eines herkömmlichen Wissenschaftsverständnisses, das eine deutliche Trennung zwischen Theorie/Praxis, Subjekt/Objekt und Wissenschaft/Werten vornimmt. Sie griff besonders während der Entstehungszeit der *action anthropology*, als szientistische Wissenschaftsauffassungen vorherrschend waren (vgl.

Rubinstein 1986:273). Die Ablehnung eines wertexpliziten, interventionistischen Ansatzes hängt also eng mit dem herrschenden Wissenschaftskonzept einer Zeit zusammen (vgl. auch Kap. 7.2.).
Hinzu kommt die allgemein geringere Wertschätzung, die - zumindest bis vor kurzem - einer angewandten oder praktischen Ethnologie im Vergleich zur reinen Forschung bis heute entgegen gebracht wird (siehe Kap. 3.6.). So wird z.B. das Fehlen einer kohärenten Theorie bemängelt (z.B. Rappaport 1996:43) oder der ganze Ansatz wird in Diskussionen "nur" als Sozialarbeit, nicht aber als Wissenschaft eingestuft (vgl. Bennett 1996:37). Übersehen wird dabei, daß Tax und die meisten nachfolgenden AktionsethnologInnen explizit immer darauf hingewiesen haben, daß ihr Aktionsansatz nicht nur der sozialen Veränderung, sondern im gleichen Maße auch der Produktion von neuen Erkenntnissen dient. Ein Beispiel für solche durch Praxis neu gewonnenen Einsichten liefern Tax' Erkenntnisse über die Akkulturationsverweigerung der Fox, aufgrund derer er u.a. den Begriff der Akkulturation neu zu fassen vermochte (vgl. Kap. 4.4.; zu weiteren theoretischen Beiträgen einer *action/advocacy anthropology* siehe Kap. 6. und 7.).
Rubinstein (1986:275) weist darauf hin, daß Tax' persönliche Philosophie von der "freedom to make mistakes" u.a. dafür verantwortlich war, daß sich seine KollegInnen und SchülerInnen nicht um die Entwicklung eines grundlegenden Konzeptes ihres Ansatzes bemühten. Sein sog. Parsimonisches Gesetz (siehe Kap. 4.4.) verhinderte zudem eine grundsätzliche Befassung mit den ethischen, epistemologischen und methodischen Grundlagen seines Handelns. Schließlich wird der *action*-Ansatz als abhängig von der Persönlichkeit ihrer VertreterInnen (z.B. Sol Tax oder Karl Schlesier; vgl. Rubinstein 1986:274-5) und bestimmten (liberal-demokratischen) gesellschaftspolitischen Rahmenbedingungen (z.B. denen der U.S.A oder Kanada; vgl. Halpern 1975:528, Stanley 1975:522) gesehen und für nicht generalisierbar gehalten.
Ein weiterer Vorwurf kam vor allem von Seiten der radikalen EthnologInnen: Sie warfen den AktionsethnologInnen eine noch subtilere Form von Paternalismus und Manipulation vor und kritisierten, daß die WissenschaftlerInnen ihre Arbeit lediglich in sozialtechnologischer Weise zur Anpassung der betreffenden Gemeinschaft an das herrschenden Gesellschaftssystem benutzen würden (z.B. Gladwin 1972, Sevilla-Casas 1978:142-145, L.Thompson 1976; zusammenfassend für die Kritik am *action anthropology*-Ansatz s. Bennett 1996:37-39). Im

Zusammenhang mit den im nächsten Kapitel behandelten partizipatorischen Forschungsmethoden werden wir auf diese Kritik zurückkommen.

Neben den genannten Vorbehalten gegen eine *action anthropology* ist ihre geringe Rezeption auch in wissenschaftsorganisatorischen Gründen zu suchen, die aus einer Untersuchung von Rubinstein (1986:275-276) hervorgehen und sich mit meinen eigenen Erfahrungen im Wissenschaftsbetrieb decken: Ein Engagement als *action anthropologist* bietet im Vergleich zu einer akademischen Karriere weniger berufliche Perspektiven und Sicherheiten für jüngere EthnologInnen. Da es wenig bis keine AktionsethnologInnen an den Universitätsinstituten gab und gibt, die eine entsprechende Ausbildung und Betreuung leisten könnten, da die Vergaberichtlinien für Forschungsstipendien häufig nur reine Forschung vorsehen und eine *action anthropology* somit schwierig zu finanzieren ist, und da ein Aktionsansatz insgesamt im Fach teils auf erheblichen Widerstand seitens der etablierten EthnologInnen stößt, ziehen es viele jüngere EthnologInnen vor, für ihre Examensarbeiten und ersten Forschungsversuche ein konventionelleres Thema oder Betätigungsfeld zu suchen. Hinzu kommt, daß sich "praktizierende" AktionsethnologInnen aufgrund ihrer engen Beziehungen zu den Forschungssubjekten häufig eher mit diesen als mit ihren KollegInnen oder wissenschaftlichen Aufgabenstellungen identifizieren, manchmal wenig bis gar nicht in Fachkreisen publizieren oder lehren und sich dadurch von der akademischen Gemeinschaft isolieren.

So erlangte eine *action/advocacy anthropology* innerhalb universitärer Kreise nie die notwendige "kritische Masse" (ebd. 276), um als Forschungstradition oder Diskussionsthema einen festen Platz zu finden. Die grundlegende Auseinandersetzung zwischen der herkömmlichen ethnologischen Forschung und einer interventionistischen, wertexpliziten *advocacy anthropology* dreht sich dabei um die unterschiedlichen Wissenschaftskonzeptionen, die sich nicht wissenschaftsimmanent, sondern nur durch unterschiedliche Prämissen über das Wesen von Wissenschaft und die Aufgaben von WissenschaftlerInnen und damit letztlich durch Wertsetzungen begründen lassen (vgl. Kap. 2.2. und 7.2.). Der Wirkungsgrad und die Durchsetzungsfähigkeit von Wissenschaftskonzeptionen hängen aber letztlich wieder von der Verfügung über die "Definitionsmacht" ab. Im Folgenden wird ein Blick auf die Entwicklung einer kritischen bzw. engagierten Ethnologie in Lateinamerika geworfen, von wo die Diskussion um interventionistische und partizipatorische Praxisansätze ab den 70er Jahren entscheidende Impulse erhalten hat.

4.6. Angewandte und praktische Ethnologie in Lateinamerika

In den lateinamerikanischen Ländern war die Entwicklung der Ethnologie als Universitätsfach eng mit Prozessen der Staatenbildung und der Suche nach nationaler Identität sowie mit Bestrebungen zur Integration verschiedener sozialer und kultureller Bevölkerungsgruppen verknüpft. Zum besseren Verständnis der gesellschaftlichen Hintergründe der dortigen angewandten bzw. praktischen Ethnologie ist deshalb zunächst ein Exkurs auf die Geschichte des Faches und des *indigenismo* in Lateinamerika notwendig.

4.6.1. Fachentwicklung zwischen *indigenismo* und *nation-building*

Mit **Lateinamerika** wird im Folgenden der geographische Raum südlich des Rio Grande bezeichnet, ohne daß damit eine kulturelle, ökonomische oder politische Einheitlichkeit der betreffenden Länder suggeriert werden soll.[136] Die Deklaration einer gemeinsamen lateinamerikanischen Identität im 19. Jahrhundert diente vornehmlich ideologisch-politischen Zwecken; sie war eine abgeleitete oder relative Identität, die ihre Wurzeln in europäischen Traditionen suchte und sich in Gegenüberstellung zu Europa und vor allem zum protestantischen, angelsächsischen, reichen und politisch mächtigeren Nordamerika (*anglo-américa*) definierte. Die Ideologie einer *latinoamericanidad* wurde in den 70er Jahren vor allem von SozialwissenschaftlerInnen und NeoindigenistInnen[137] als Herrschaftsinstrument der nationalen Bourgeoisien und als "kontrarevolutionär" kritisiert. Stattdessen wurden indigene und afrikanische Kulturelemente als Grundlagen für die Entwicklung eigener nationaler und kontinentaler Identität(en) herangezogen. Auch den politischen Widerstandsbewegungen wurde

---

[136] Der Begriff **Lateinamerika** basiert auf der Übertragung der Dreiteilung Europas (Germanen und Angelsachsen im Norden, lateinische Nationen im Süden, slavische Völker im Osten) auf den amerikanischen Kontinent. Als gemeinsames, identitätsstiftendes Band der lateinischen Nationen galten die Sprache und die Tradition des römischen Katholizismus. Der Begriff wurde in den 60er Jahren des 19. Jahrhunderts im Rahmen französischer Expansionsbestrebungen zur Abgrenzung des Raumes südlich des Rio Grande geprägt und dann von den dortigen Ländern als Selbstbezeichnung übernommen (vgl. z.B. Erdheim 1984, Phelan 1969, verschiedene Beiträge in Franch 1990a und Meyer-Clason 1987, zusammenfassend Maihold 1986:1-8).

[137] Zum Begriff des *indigenismo* bzw. *neoindigenismo* siehe die folgenden Abschnitte dieses Kapitels.

teilweise vorgeworfen, an der Konstruktion einer nationalen und kontinentalen Einheit festzuhalten und die Multikulturalität der Staaten sowie die Selbstbestimmungsrechte der unterschiedlichen ethnischen Gruppen und indigenen Völker zu übersehen (z.B. Herbert 1982). Die Frage nach der kulturellen und politischen Identität der Staaten südlich des Rio Grande, die sich mit dem Begriff Lateinamerika stellt, ist demnach eng mit der Auseinandersetzung um die gesellschaftliche Anerkennung der indigenen Kulturen und ihrem Stellenwert im politischen Gefüge, d.h., mit der Frage nach den Beziehungen zwischen indigenen und nicht-indigenen Bevölkerungsgruppen verbunden.

Diese Beziehungen werden u.a. im Begriff *indigenismo* gefaßt. Als *indigenismo* im allgemeinsten Sinne wird hier "....una corriente de pensamiento y de ideas que se organizan y desarollan alrededor de la imagen del indio" (Favre 1976:72) bezeichnet. Er umfaßt ein weitgefächertes Feld von künstlerischen und literarischen Produkten, humanistischen und sozialen Hilfsmaßnahmen, ideologischen Konzepten und politischen Aktionsprogrammen von Nicht-IndianerInnen (den *indigenistas*) gegenüber *lo indio*.[138] In diesem weitesten Sinne begann der *indigenismo* mit der Ankunft der spanischen und portugiesischen Kolonisatoren auf dem amerikanischen Kontinent (vgl. z.B. Barre 1985, Franch 1990a, Golte 1980). Zu den *indigenistas* gehört ein breites Spektrum von WissenschaftlerInnen, SchriftstellerInnen, PolitikerInnen, KünstlerInnen, MissionarInnen, Jour-

---

[138] Die Bezeichnung *indio* ist - ebenso wie **Indianer** - ein Produkt der Kolonisierung des amerikanischen Kontinents (vgl. Morin 1988:14). Von der nicht-indianischen Bevölkerung wurde und wird der *indio* durchweg mit negativen Attributen wie "arm", "unterentwickelt", "primitiv", "passiv", "traditionsverhaftet" u.ä. verbunden. Um den pejorativen und diskriminierenden Konnationen des Begriffes zu entkommen, wurde als Sammelbezeichnung der Terminus *indígena* gewählt, von dem sich die Bezeichnungen *indigenista* und *indigenismo* ableiten. Im Zuge der politischen Bewegungen der indianischen Völker in den 70er Jahren (siehe Kap. 4.6.5.) wurde der Begriff *indio* jedoch von den indigenen AktivistInnen zunehmend wieder als eine Art Kampfbegriff zurückerobert. So heißt es im Manifest des *Movimiento Indio Pedro Vilca Apaza*: "Si indio ha sido el nombre con el que fuimos sometidos, indio será el nombre con el que nos sublevaremos" (zit. n. Barre 1985:18). Ähnlich wird in den Namen von manchen südamerikanischen indianischen Organisationen das Wort *indio* statt *indígena* verwendet (z.B. *Consejo Indio de Sur América*). Die koloniale Kategorie *indio* wird dabei bewußt benutzt, um auf den Fortbestand der kolonialen Beziehungen zwischen den indianischen Völkern und den Nachkommen der europäischen Eroberer hinzuweisen: "(...) 'Indian' is no longer a dirty word. In fact, it has gained legitimacy by the use to which it is put and the context in which it is used. The 'Indian' is now a well-known political figure in the national scenario" (Ramos 1988:215). Der Terminus *indígena/indigenous* verschleiere dagegen, nach Ansicht einiger indigener (Wort-)FührerInnen, den Zustand der Kolonisation, in der sich die indigenen Völker Amerikas bis heute befinden, und weise ihnen eine Position als soziale Minderheit zu (vgl. Barre 1985:17-19, Maihold 1986:18-32).

nalistInnen u.a. Personen, die eine pro-indianische, teils philanthropisch-humanistische, teils gesellschaftskritisch-politische, häufig auch verklärend-romantische und paternalistische Einstellung gegenüber den indianischen Gemeinschaften einnehmen.

Schon im frühen 16. Jahrhundert waren in kirchlichen, intellektuellen und anderen sozialen Kreisen in Spanien und den amerikanischen Kolonien Bewegungen zu finden, die die Rechte der IndianerInnen als freie Menschen betonten. Als bekanntester Vertreter und Begründer eines kritischen Indigenismus gilt der Dominikanerpater Bartolomé de Las Casas, dessen Einsatz für eine protektionistische Gesetzgebung zugunsten der indigenen Gemeinschaften zwar am Widerstand politischer und militärischer Kreise scheiterte, der aber den Kern für eine Position indigenistischer Politik der indigenen Selbstbestimmung legte, die Vorbild für viele nachfolgende MissionarInnen, Intellektuelle, KünstlerInnen und PolitikerInnen wurde (vgl. Barre 1985:23-33, Friede 1974, Franch 1990b, Maihold 1986:46-50, 211).[139]

Im Folgenden werden unter *indigenismo* im engeren Sinne die politischen Strategien der lateinamerikanischen Regierungen zum Umgang mit indigenen Völkern im Rahmen ihrer nationalen Staats- und Identitätsbildung gefaßt. Als *indigenista* wird eine Person bezeichnet, die sich beruflich mit den *indígenas,* den indianischen oder indigenen Völkern Südamerikas, befaßt (vgl. Maihold 1986: 19). Der staatlich gelenkte *indigenismo* entwickelte sich in den ersten zwei Jahrzehnten dieses Jahrhunderts vor allem aus zwei indigenistischen Strömungen: zum einen aus einer sich in der Literatur (z.B. den Werken von J.C. Mariátegui, Luis E. Valcárcel, Ciro Alegría, Rosario Castellanos, José María Arguedas u.a.) und in humanitären pro-indianischen Organisationen manifestierenden Bewegung, die sich auf Peru konzentrierte, und zum anderen aus einem sozialen und politischen, staatlich institutionalisierten Aktionsprogramm, das sich in Mexiko nach der Revolution von 1910 entwickelte. Bei beiden indigenistischen Strömungen spielten ethnographische Darstellungen indianischer Kulturen ebenso wie ethnologische Theorien und Konzepte von Nation, Tradition, Kultur, Volk, Entwicklung usw. eine wichtige Rolle. Teilweise besaßen die AutorInnen und

---

[139] Allerdings darf nicht übersehen werden, daß auch Las Casas - genauso wie die Jesuitenmissionare in Paraguay oder viele spätere wohlmeinende HelferInnen - die indigenen Völker durch Christianisierung, Umerziehung und Entwicklung, d.h., nach *eigenen* Maßgaben und Zielvorstellungen, "retten" wollte.

PolitikerInnen auch eine Ausbildung als EthnologInnen (vgl. Barre 1985:29-33, Bollinger 1992:130-145, Golte 1980, Krotz 1991, Maihold 1986).
Die Institutionalisierung des Faches Ethnologie als universitärer Studiengang erfolgte in den meisten Ländern erst sehr spät (etwa zwischen den späten 30er und den 70er Jahren dieses Jahrhunderts). Während die Ethnologie in einigen wenigen Staaten wie Mexico, Brasilien oder Venezuela eine relativ anerkannte gesellschaftliche Position erringen konnte, fristet sie in anderen Ländern bis heute ein akademisches Randdasein (vgl. América Indígena 1980, Grünberg 1996:146). Bis in die 50er und 60er Jahre hinein wurden empirische ethnologische Feldforschungen bei den indigenen Gemeinschaften zum großen Teil von europäischen und nordamerikanischen WissenschaftlerInnen durchgeführt (vgl. Wimmer 1995). Auch die zunächst meist innerhalb anderer Fachbereiche wie Soziologie, Geschichte u.ä. oder im Rahmen von Museen und privaten Forschungsinstituten entstehenden Lehrbereiche für Ethnologie wurden vielfach von ausländischen oder im Ausland ausgebildeten Fachkräften ins Leben gerufen und besetzt (vgl. Willems 1981).[140]
Allgemein gilt Ethnologie in Lateinamerika als Sozialwissenschaft und hat eine enge Verbindung zu soziologischen Themenstellungen, Methoden und Theorien. Besonders die ersten Generationen einheimischer EthnologInnen zeigten meist "keinerlei Respekt vor den konventionellen Schranken zwischen Kulturanthropologie und Soziologie" (ebd. 62). EthnologInnen widmen sich in den südamerikanischen Ländern ebenso der Erforschung von nicht-indigenen, bäuerlichen und städtischen Gruppen der eigenen Gesellschaft, wie sich SoziologInnen auch mit der Problematik der indigenen Bevölkerung befassen.[141] Dies ist u.a. eine Folge des spezifischen Eingebunden-Seins eines Großteils der südamerikanischen SozialwissenschaftlerInnen in die Suche nach nationalen Identitäts- und Entwicklungsmodellen, die sie die eigene Gesellschaft mit allen sozialen, kulturellen und ethnischen Gruppen als ein Ganzes betrachten läßt. Ande-

---

[140] So konnten bspw. die Veranstalter des Barbados-Symposiums (siehe Kap. 4.6.4.) noch 1971 nicht für jeden lateinamerikanischen Staat eine/n EthnologIn oder SozialwissenschaftlerIn finden, der/die über praktische Felderfahrung bei indianischen Gruppen seines/ihres Landes verfügte und "an der Zukunft dieser seiner Landsleute interessiert war" (Grünberg 1975:12).

[141] In Kolumbien wurden z.B. ab Mitte der 60er Jahre im Fachbereich Soziologie der *Universidad Nacional* unter der Leitung des Sozialwissenschaftlers Orlando Fals Borda EthnologInnen ausgebildet (Uribe 1980:290, 297). An der Entwicklung und Umsetzung des Aktionsforschungsansatzes von Fals Borda waren ebenfalls EthnologInnen beteiligt (siehe Kap. 4.7.2.).

rerseits führt die Konzentration auf die eigene Gesellschaft dazu, daß die einheimischen EthnologInnen, z.B. in Brasilien, kaum außerhalb der eigenen Staatsgrenzen Forschungen betreiben (Grünberg 1996:146).
Grob gesehen, entwickelte sich die Institutionalisierung des Faches und die gesellschaftliche Position der EthnologInnen in Südamerika im Spannungsfeld zwischen zwei widerstreitenden politischen Kräften: dem jeweiligen staatlichen Streben nach nationaler Konsolidierung und Integration der verschiedenen Bevölkerungsgruppen einerseits und dem Widerstand der indigenen Völker gegen die staatlichen Dominanz- und Assimilationsbemühungen andererseits. Diese zwei Pole steckten im wesentlichen die Forschungen und den praktischen Arbeitsbereich der EthnologInnen zwischen dem *indigenismo* und den indigenen Bewegungen ab. Daneben wurden fachspezifische theoretisch-wissenschaftliche Forschungsthemen verfolgt, die zunächst fast ausschließlich aus Europa und Nordamerika übernommen wurden. Ab den 60er Jahren versuchten viele lateinamerikanische EthnologInnen dann, sich aus ihrer engen Anbindung an die euro-amerikanische(n) Ethnologie(n) zu lösen und eigene Ansätze und Aufgabenstellungen zu entwickeln.
Ethnologisches Arbeiten in Südamerika war also auf's Engste mit gesellschaftlichen Prozessen verwoben und führte, besonders in Brasilien und Mexiko, aber z.T. auch in anderen Staaten, zu einem entsprechenden gesellschaftlichem Engagement zumindest eines Teils der EthnologInnen (América Indígena 1980, Grünberg 1994, Keller 1996, Maihold 1986, Quintanilla 1990, Ramos 1990, Rodrian 1993a, Wimmer 1995). Die Geschichte der Entwicklung einer kritischen praxisbezogenen Ethnologie in Lateinamerika muß daher im Zusammenhang mit der Geschichte des *indigenismo* sowie der Entstehung der neuen indigenen Bewegungen behandelt werden.

4.6.2. Angewandte Ethnologie in der staatlichen Indianerpolitik

Der entscheidende Schritt zur Institutionalisierung des staatlichen *indigenismo* erfolgte mit der Gründung des *Instituto Indigenista Interamericano* (I.I.I.) auf dem Ersten Interamerikanischen Indigenistenkongreß 1940 in Pátzcuaro (Mexico).¹⁴² Die anwesenden PolitikerInnen und WissenschaftlerInnen formulierten dort die Grundlagen einer Indianerpolitik, die sich explizit die Integration und Akkulturation der indigenen Völker in die Nationalgesellschaften zum Ziel setzte. Dieses integrationistische Programm wurde in den folgenden Jahrzehnten kontinentweit bestimmend für die indigenistische Politik, die auf den regelmäßig stattfindenden Indigenistenkongressen ausgearbeitet wurde (zu der indigenistischen Politik der verschiedenen Staaten vgl. Aguirre Beltrán 1975, América Indígena 1980, Barre 1985, Bonfil Batalla 1975, Dostal 1975, Franch 1990a, Krotz 1991, Maihold 1986, Schulz 1994 u.a.).

Bei der Ausformulierung dieser Politik spielten ethnologische Konzepte von Kultur, Assimilation, Akkulturation und Kulturwandel, die u.a. von der britischen *social anthropology* und der nordamerikanischen *cultural anthropology* übernommen und modifiziert wurden,¹⁴³ eine wesentliche Rolle (vgl. Barre 1985:33-41, Maihold 1986:116-61, Wimmer 1995:42-49, 52-70). In Abkehrung vom Evolutionismus, der die IndianerInnen durchweg als "Noch-nicht"-MexikanerInnen (bzw. -PeruanerInnen, -BolivianerInnen usw.) betrachtete, übernahm man ab den 40er Jahren eine überwiegend kulturrelativistische Position, die den indigenen Kulturen einerseits einen eigenen Wert zusprach und Respekt vor kulturellen Traditionen beinhaltete, die aber - im Namen von sozialer Gerechtigkeit, Chancengleichheit und nationaler Einheit - an der Notwendigkeit ihrer Integration in die Nationalgesellschaft festhielt. Diese Integration sollte durch eine Art "Kulturselektion" geschehen, bei der die "wertvollen" indigenen Kulturelemente erhalten blieben und mit den Errungenschaften der "modernen" Gesellschaft in Einklang gebracht wurden (Barre ebd., Maihold 1986:145-51).

Durch die Ausbildung indigener Führungspersönlichkeiten, der sog. *promotores indígenas*, sollten alte Strukturen aufgebrochen, neue Kommunikationswege

---

[142] Aufgrund seiner Finanzierungs- und Organisationsstrukturen unterliegt das I.I.I .zu wesentlichen Teilen wissenschaftlichen und politischen Einflüssen aus den U.S.A. (Barre 1985:38-41).

[143] Führende Indigenisten der ersten Jahre, wie z.B. Manuel Gamio, hatten u.a. bei Franz Boas ihre ethnologische Ausbildung erhalten. Boas hielt sich selber, ebenso wie später Malinoswki, eine Zeitlang in Mexico auf (vgl. Wimmer 1995:43-45). In den 40er Jahren lehrte Sol Tax an der *Escuela Nacional de Antropología e Historia*; Ralph Beals, Robert Redfield, George Foster, Alan Holmberg, John Rowe, Charles Erasmus, Richards Adams u.v.a. U.S.-amerikanische EthnologInnen lehrten und forschten in den 30er und 40er Jahren in Mexiko und anderen südamerikanischen Staaten. Stark gefördert wurde die Zusammenarbeit zwischen U.S.- und südamerikanischen WissenschaftlerInnen durch das 1943 gegründete *Institute of Social Anthropology* (Foster 1979; vgl. Maihold 1986:127, 139, Wimmer 1995:43-47).

gefunden, die Einführung neuer Techniken und Erziehungsprogramme erleichtert und so die Modernisierung und Integration der indigenen Gemeinschaften, notfalls auch gegen ihren Willen, vorangetrieben werden. Der Wandel wurde aus der Sicht staatlicher Planungsbehörden und nationaler Entwicklungsziele konzipiert; indigene Initiativen fanden nur insoweit Berücksichtigung, als sie diesen Entwicklungskonzepten nicht entgegenstanden.[144] Um sich die Mitarbeit der indigenen Gruppen zu sichern, wurden ab den 40er Jahren unter der Leitung und Kontrolle von Regierung, Kirche und Bürokratie in mehreren Staaten regelmäßig Indianerkongresse veranstaltet, die aber im wesentlichen als "bürokratische Pflichtübungen" (Münzel 1984:68) einzuschätzen sind und keine wirkliche Partizipation der IndianerInnen an der staatlichen Politik zuließen.

Zur Umsetzung des indigenistischen Integrationsprogrammes benötigte man u.a. genauere ethnologische Kenntnisse über die indigenen Kulturen. So wurde auf dem Ersten Indigenistenkongreß u.a. auch die Gründung ethnologischer Institute und die Förderung ethnologischer Forschungen beschlossen. Das oberste Ziel der nationalen Einheit verschaffte der Ethnologie damit - zumindest potentiell - eine besondere praktische Bedeutung. Die Gleichheit ethnologischer Forschungsinteressen und nationalistischer Ziele wurde dabei vorausgesetzt. Ab 1940 gehen somit nationale Interessen, ein integrationistischer Indigenismus und eine kulturrelativistische Ethnologie eine enge Verbindung ein (Maihold 1986:128-30). Die Gründung des *Instituto Nacional Indigenista* (I.N.I.) 1948 in Mexico, die Indigenistenkongresse und die kontinentweite Umsetzung einer indigenistischen Politik der Integration förderten so entscheidend die akademische Institutionalisierung des Faches, verschafften den EthnologInnen z.T. dauerhafte Beschäftigungsmöglichkeiten im Staatsdienst und sicherten ihnen eine gesellschaftliche Anerkennung ihrer wissenschaftlichen Tätigkeit.[145]

---

[144] Als Beispiel beschrieb U.Köhler (1969) ein Projekt der mexikanischen Regierung im Hochland von Chiapas/Mexiko, das weltweit das erste regionale Entwicklungsprojekt unter der Leitung von EthnologInnen darstellte (ebd. 252). An Verwaltungsaufgaben gebunden und den Vorgaben der Regierung unterstellt, gelang es den Ethnologen jedoch nicht, ihre "spezifisch ethnologischen Fähigkeiten" (d.h. hier: Durchführung von Feldforschungen und die Wahrung von Respekt, Achtung und Verständnis für indianische Belange) hinreichend praktisch anzubringen (ebd. 248-253).

[145] Es wäre aber verkehrt, die Entstehung der lateinamerikanischen Ethnologie(n) *ausschließlich* in der indigenistischen Praxis zu begründen. Sie entstand(en), wie Aguirre Beltrán (1975:29), Krotz (1991), Maihold (1986:116-126), die AutorInnen in América Indígena (1980) u.a. hervorheben, ebenso aus Interesse an der Bearbeitung theoretischer und wissenschaftlicher Forschungsfragen.

Die mexikanische Ethnologie nahm in ihrer theoretischen wie praktischen Entwicklung eine Vorreiterrolle für den gesamten lateinamerikanischen Raum ein. Wie in kaum einem anderen Staat wurde hier indigenistische Politik mit ethnologischen Konzepten verknüpft und der angewandten Ethnologie innerhalb des Faches hohe Priorität eingeräumt (vgl. Comas 1964, U.Köhler 1969):

"Gerade die explizite Übernahme der Priorität der Nation in Gestalt des indigenistischen Integrationismus hatte die angewandte Anthropologie zum Hauptinteresse des Indigenismus werden lassen" (Maihold 1986:176).

Die Aufgabe der WissenschaftlerInnen bestand im wesentlichen in der Bereitstellung von ethnographischen Daten und wissenschaftlichen Konzepten, wodurch die angewandte Ethnologie auf eine Art Sozialtechnologie reduziert und den politischen Interessen des Staates unterstellt wurde. So diente beispielsweise die 1937 gegründete mexikanische *Escuela Nacional de Antropología e Historia* vor allem dem Zweck, "die Bürokratie mit in der angewandten Anthropologie ausgebildeten Technokraten (zu) versorgen" (ebd. 135).

Allerdings schien der tatsächliche Einfluß ethnologischer Erkenntnisse auf die staatliche Indianerpolitik weitaus geringer gewesen zu sein, als diese organisatorischen Verknüpfungen vermuten lassen. So kommt Maihold (ebd. 138) zu dem Schluß, daß die ethnologische Fundierung des mexikanischen *indigenismo* in den Jahren nach 1940 immer weiter zurückging und letztlich "keine klare Bindung der Praxis an eine theoretische Anthropologie nachweisbar" war. Der Schluß liegt nahe, daß hier wie in anderen Staaten (z.B. in Brasilien, vgl. Menguet 1988:184) die Beschäftigung von EthnologInnen vor allem zur wissenschaftlichen Legitimierung der staatlichen Integrationspolitik dienen sollte. Im Unterschied zu ihren nordamerikanischen und europäischen KollegInnen, von deren funktionalistischen, strukturalistischen und kulturrelativistischen Ansätzen sie wesentlich beeinflußt wurden, waren die lateinamerikanischen EthnologInnen insgesamt weitaus stärker in Prozesse der nationalen Identitätsbildung eingebunden, befaßten sich überwiegend bis ausschließlich mit den kulturellen und sozialen Entwicklungen im eigenen Land und hielten Stellungnahme und ein Engagement in politischen Fragen für selbstverständlicher:

"(...) el ejercicio de nuestra profesión tiene que ver profundamente con el proceso social de forjar la imagen y auto-imagen de nuestros paises, y en tanto que en este proceso también interviene el Estado, estamos comprometidos con él, querámoslo o no" (América Indígena 1980:200, vgl. auch Golte 1980, Ramos 1990).

Eine angewandte oder praktische Ethnologie fand dabei - wie in der internationalen *applied anthropology* - zunächst ausschließlich in Zusammenarbeit mit gesellschaftlichen Eliten statt, d.h., die EthnologInnen arbeiteten im Auftrage von Regierung, Verwaltung und Militär, die ihren Macht- und Einflußbereich auf die indianischen Gemeinschaften ausdehnen und stabilisieren wollten. Von den WissenschaftlerInnen wurde erwartet, daß sie Informationen bereitstellten und theoretische Konzepte lieferten, mittels derer die Integration der indigenen Völker reibungsloser gestaltet und effektiver vorangebracht werden konnte (zur Entwicklung ethnologischer Konzepte von Indianität, Akkulturation, Kulturwandel usw. im Kontext der lateinamerikanischen Staatenbildung vgl. Wimmer 1995).

Während die britischen und nordamerikanischen EthnologInnen der klassischen angewandten Ethnologie eher am *empire-building* ihrer Heimatstaaten mitwirkten, beteiligten sich die südamerikanischen WissenschaftlerInnen an Prozessen der *nation-building*. Dieses hatte auch Auswirkungen auf die inhaltliche und praktische Orientierung der EthnologInnen (vgl. Ramos 1990:467, Anm.6; Rodrian 1993a, Stocking 1982:172).[146] So verweisen bspw. Keller (1996:47-51), Ramos (1990:455) u.a. auf die Entstehung der brasilianischen Wissenschaften aus der Modernismus-Bewegung der 20er Jahre, die den einheimischen Intellektuellen u.a. die Mitwirkung an der Herausbildung einer nationalen Identität zuschrieb. Dabei fiel den EthnologInnen die Aufgabe zu, die *indigenen* Elemente der brasilianischen Gesellschaft zu definieren und in Gesellschaftskonzepte zu integrieren, was zur Folge hatte, daß "the anthropologist as citizen" für Jahrzehnte eine anerkannte "nationale Figur" darstellte (Ramos ebd.).

Daß die indigenistische Integrationspolitik teilweise von einer humanistischen Einstellung und einer ernsthaften Sorge der BeamtInnen und der WissenschaftlerInnen um das Überleben und Wohlergehen der indianischen Gemeinschaften motiviert war, soll nicht bezweifelt werden. Auch gab es in Südamerika frühe Beispiele von ethnologischem Engagement, u.a. von deutschen Forschern, für die erforschten Völker (Dungs 1991, Keller 1996:38-45). Die Gestaltung des Überlebens und Wohlergehens der indigenen Gruppen wurde aber wie in Nordamerika, im britischen Empire und anderswo von außenstehenden ExpertInnen definiert. Oberstes Ziel war die Anpassung der indianischen Völker an die na-

---

[146] Stocking (1982:182) bezeichnet es insgesamt als ein Merkmal der "peripheren Ethnologien" (vgl. Kap.1.3.), daß sie in nationale Aufbauprozesse integriert bzw. mit diesen konfrontiert und deshalb besonders in ihrer Gründungsphase mit Anwendungsfragen befaßt waren.

tionalen Gesellschaften. Ein Recht auf Bewahrung kultureller "Traditionen" wurde ihnen nur insoweit zugestanden, als diese zur Folklore ohne polirischen Wirkungsgrad degradiert werden konnten..

4.6.3. *Antropología comprometida* und *antropología crítica*

Ab Ende der 60er Jahre entwickelte sich dann im Zusammenhang mit der internationalen Entstehung emanzipatorischer und gesellschaftskritischer Bewegungen eine kritische lateinamerikanische Ethnologie, die sich ihrer (versuchten) Indienstnahme durch nationale Herrschaftsgruppen mehr und mehr entgegenzustellen begann. Die Entkolonisierungsprozesse hatten international zu einem Anwachsen des ethnischen und nationalen Selbstbewußtseins der neu entstehenden Staaten und einem Ringen um die Definition ihrer politischen und kulturellen Identität geführt (z.B. Fanon 1969, Senghor 1967).
Die verheerenden Folgen des verharmlosend als Kulturkontakt bezeichneten Prozesses der politischen und ökonomischen Expansion der Nationalgesellschaften in die Lebensgebiete der indigenen Völker waren schon in den 50er Jahren von EthnologInnen dargestellt und kritisiert worden (vgl. Ramos 1990: 459-64). Dieses führte u.a. zu einer Differenzierung und Politisierung von ethnologischen Theorien über den Akkulturationsprozeß (Wimmer 1995:137-153). Der sog. Kulturkontakt wurde dabei zunehmend im Lichte von Kolonialgeschichte, ökonomischer Abhängigkeit und Ausbeutung, widersprüchlichen Interessen und asymmetrischen Machtverhältnissen zwischen indigenen und nicht-indigenen Bevölkerungsgruppen betrachtet.
Auch in den Industriestaaten wurde mehr und mehr Kritik am Umgang einiger lateinamerikanischer Regierungen mit den indigenen Völkern ihres Landes laut. 1968 wurde z.B. auf dem Internationalen Amerikanistenkongreß in Stuttgart auf Initiative des französischen Ethnologen Robert Jaulin eine Resolution verabschiedet, in der gegen die Politik der Vertreibung und der erzwungenen Akkulturation in Südamerika protestiert sowie verschiedene Regierungen des Ethnozids und Genozids an indigenen Gemeinschaften angeklagt wurden (Franch 1990b:12-13). Die Veröffentlichungen Jaulins (z.B. Jaulin 1970) förderten wesentlich die Verbreitung der Begriffe *Genozid* und *Ethnozid*, um die sich in den folgenden Jahren die Kritik am staatlichen *indigenismo* kristallisierte (z.B. Colombres 1977; vgl. Maihold 1986:180).

Wesentliche Impulse für die StudentInnen, Intellektuellen und politischen AktivistInnen in Lateinamerika kamen auch von den in den 60er und 70er Jahren in den Industriestaaten entstehenden gesellschafts- und wissenschaftskritischen Strömungen und politischen Bewegungen, die insbesondere von SozialwissenschaftlerInnen aufgegriffen und zu eigenen Theorieansätzen verarbeitet wurden (siehe Kap. 4.7.). Und wieder spielten Ereignisse in Mexiko eine entscheidende Rolle: Die gewaltsame Niederschlagung der mexikanischen StudentInnenunruhen und die allgemeine Krise des mexikanischen Staates im Jahre 1968 wird von einigen AutorInnen (z.B. Aguirre Beltrán 1984:10, Maihold 1986:164) als Datum des kontinentweiten Zusammenbruchs der herrschenden indigenistischen Ideologie gesehen.

Eine neue Generation von EthnologInnen und SozialwissenschaftlerInnen kritisierte das Fortbestehen kolonialer Ausbeutungsstrukturen unter dem Deckmantel der nationalen Integration und charakterisierte die politische Situation der indigenen Völker mit dem Begriff des *internen Kolonialismus* (Frank 1969, González Casanova 1963, Stavenhagen 1968). In dieser Formel vereinigten sich (neo-)marxistische, anti-modernisierungstheoretische und ethnologische Analyseansätze zur Beschreibung einer besonderen Form von sozialen Beziehungen innerhalb kulturell heterogener Staaten, die durch Abhängigkeit, Beherrschung und Ausbeutung charakterisiert war (zur Ideengeschichte des Begriffs vgl. Kay 1989:58-87, Wimmer 1995:120-121). Danach war Kolonialismus nicht nur *zwischen* Nationen, sondern auch *innerhalb* multi-ethnischer Nationen zu finden. Mit dem Begriff des internen Kolonialismus konnte die Position der indigenen Gruppen innerhalb der jeweiligen nationalen Gesellschaften genauer gefaßt und damit auch ein Gegenmodell zur indigenistischen Integrationspolitik entwickelt werden. Die indigenen Völker in Lateinamerika, so wurde festgestellt, waren interne Kolonien, die erst dann zur Befreiung und Selbstbestimmung gelangen konnten, wenn die gesamtgesellschaftlichen Herrschaftsbeziehungen hinterfragt und aufgelöst wurden.

Diese neue Sichtweise auf indigene Völker als kolonisierte Nationen war eine wichtige Grundlage des *nuevo indigenismo*, bei dessen Ausformulierung wiederum mexikanische EthnologInnen eine führende Rolle übernahmen (vgl. u.a. Aguirre Beltrán 1984, Franch 1990a, Maihold 1986 mit ausführlichen Literaturangaben): So war es eine Publikation mexikanischer EthnologInnen, in der die Kritik am herkömmlichen *indigenismo* ihren ersten deutlichen Ausdruck fand (Warman et al. 1970). Allerdings muß anerkannt werden, daß die offiziellen indigenistischen Institutionen, vor allem das mexikanische *Instituto Nacional Indigenista*, zugleich Nährboden und Spielraum für die Entstehung der neuen kritische Ethnologie boten. Sie verfügten über eine lange Erfahrung in der Zusammenarbeit mit EthnologInnen und SoziologInnen und waren an die Integration sozial- und kulturwissenschaftlicher Konzepte gewohnt (Barre 1985:93).

"Die kritische (mexikanische; F.S.) Anthropologie wurde zum Hebel, um die theoretische Diskussion neu zu eröffnen, die mit der Institutionalisierung einseitig zugunsten des Integrationismus entschieden worden war. Junge Anthropologen suchten nach neuen Lösungen unter expliziter Aufgabe der staatlichen Perspektive, ja, teilweise ausdrücklich gegen den staatlichen Standpunkt gerichtet. Nicht umsonst besaß man in der Formel des 'internen Kolonialismus' das entsprechende Werkzeug, um sich von der Staatsmacht distanzieren zu können. (...) Der Aufstieg der jungen Anthropologen in verantwortliche Positionen markiert deshalb auch einen so deutlichen Bruch, weil sie sich im Gegensatz zu ihren Vorgängern nicht in dem Maße mit dem aus der Revolution hervorgegangenem Regime identifizierten. Durch ihren neuen Zugang zur Realität der indianischen Ethnien kamen sie über eine Neudefinition der Rolle des Anthropologen zu einer anderen Bestimmung der Aufgaben der Anthropologie, die sich nicht mehr den Maximen des Nationalismus beugen sollte" (Maihold 1986:177).

Diese Neubestimmung der Aufgaben ihres Faches führte zu verschiedenen Entwürfe einer kritischen Ethnologie, die sich als *antropología de liberación, antropología crítica, antropología de acción, antropología de apoyo* oder *antropología comprometida* bezeichneten (Barre 1985, Bonfil Batalla 1970, 1973, 1975, Aguirre Beltrán 1975, Brües 1992, Cardoso de Oliveira 1977, Cazes 1968, Clarac 1974, Colombres 1982, Dostal 1975, Frank 1968, Golte 1980, Indianer in Lateinamerika 1982, Keller 1996, Rodrian 1993a, Serbin/Gonzales 1980, Serbin 1980, Sevilla-Casas 1978, Stavenhagen 1971, Uribe 1980:298-9, 303, Wimmer 1995:137-153).[147] Inhaltliche Anstöße kamen auch von den Diskussionen in der U.S.-amerikanischen Ethnologie - z.B. durch die Veröffentli-

---

[147] Der Begriff der engagierten Ethnologie (*antropología comprometida*) wurde von dem kolumbianischen Sozialwissenschaftler Fals Borda übernommen, der ursprünglich von einer *sociología comprometida* gesprochen hatte (siehe Kap. 4.7.2.). Der Terminus wurde zunächst vornehmlich von marxistisch orientierten EthnologInnen verwendet. Die sich auf Dependenztheorien und später das Konzept der *etnodesarollo* (siehe unten) berufenden EthnologInnen (z.B. Bonfil Batalla, Varese u.a.) verstanden sich dagegen als VertreterInnen einer *antropología crítica*. Stavenhagen bezeichnete seine Position allerdings mehrfach ebenfalls als *antropología comprometida*, obwohl er von der Argumentation eher der kritischen Ethnologie zuzurechnen ist (vgl. Wimmer 1995:137).

chung des *Social Responsibility Symposium* (s.o.) in spanischer Sprache in der Zeitschrift *América Indígena* - und den europäischen Debatten um (neo-)marxistische u.a. gesellschaftskritische Ansätze.

1971 präsentierte der mexikanische Sozialwissenschaftler Rodolfo Stavenhagen auf dem 30. Kongress der *Society for Applied Anthropology* seine Thesen zur Entkolonisierung der Sozialwissenschaften, die auch in der U.S.-amerikanischen Ethnologie erhebliche Kontroversen hervorriefen (vgl. Gearing 1972, Hessler/New 1972, Huizer 1979a:14-15, John 1972, Walsh 1972). Stavenhagen stellte radikal die Wertfreiheit sozial- und kulturwissenschaftlicher Forschungen in Frage und forderte seine KollegInnen auf, sich explizit zu politischen Positionen zu bekennen und aktive gesellschaftliche Rollen zu übernehmen. Zugleich hielt er die Abkehr von der Erforschung der "underdogs" und die Hinwendung zum Studium herrschender Gruppen und gesellschaftlicher Machtstrukturen für notwendig und stellte Überlegungen darüber an, wie die erforschten Gruppen an der Produktion und Nutzung wissenschaftlicher Erkenntnisse beteiligt werden konnten (Stavenhagen 1971).

Die verschiedenen kritischen Ansätze einer engagierten oder kritischen Ethnologie vertraten zwar unterschiedliche Standpunkte hinsichtlich der einzuschlagenden politischen Strategien zur "Befreiung der Indianer", waren sich aber in der Kritik am paternalistischen und neo-kolonialistischen Charakter des staatlichen *indigenismo* und der systemkonformen Rolle der herkömmlichen angewandten Ethnologie einig. Differenzen gab es insbesondere über die Frage, ob die *indígenas* als soziale Klasse unter das Proletariat zu subsumieren oder als kolonisierte Völker mit einer spezifischen Geschichte, Kultur und einer eigenen Identität anzusehen waren (vgl. Varese 1982a).

Diejenigen WissenschaftlerInnen der 60er und 70er Jahre, die indigenistische Perspektiven an marxistischen oder sozialistischen Theorien und Programmatiken orientierten, sahen indigene Gemeinschaften vor allem als ausgebeutete soziale Klassen (z.B. Cazes 1966, Pozas/Pozas 1971). Nach ihrer Sicht spielte bei der Beziehung zwischen IndianerInnen und Nicht-IndianerInnen die kulturelle Dimension zwar auch eine Rolle; sie wurde jedoch vor allem von Prozessen und Strukturen der kolonialen Dominanz und ökonomischen Ausbeutung beherrscht. Die Besonderheiten einer ethnisch definierten Identität und kultureller Traditionen wurden erkannt, galten aber durchweg als historisch bedingte "Überbauphänomene", die als Vehikel zur politischen Organisierung und zur Einbindung indigener Gemeinschaften in Klassenkampf-Strategien und Massenbewegungen instrumentalisiert werden konnten (vgl. Kap. 4.6.5.). Durch Proletarisierung oder *campesinozación* sollten die indigenen Gemeinschaften in das jeweilige politische System integriert und so zum Teil der angestrebten sozialistischen Gesellschaft werden (vgl. Maihold 1986:182-5).[148]

Die politische Mobilisierung der indianischen Bevölkerung über Gewerkschaften und Bauernverbände war deshalb eine wichtige Aktionsstrategie. Die indigenen Gruppen wurden zur Etablierung politischer Organisationen nach dem Vorbild von Gewerkschaften und/oder zu Koalitionen mit ihnen angeregt (vgl. für die Andenstaaten: Salomon 1982, speziell für Peru: Dietschy 1993, für Mexiko: Wimmer 1993; für Kolumbien: Bonilla 1975, 1982, Cardenas 1975, Vonäsch 1986:163-4, für Venezuela: Heinen/Kasburg 1994:21-22, Schulz 1994: 71, als Überblick: Barre 1985:33-85). Die indianischen Gemeinschaften dienten dabei, wie Keller (1996:93) es für die brasilianische Ethnologie zur Zeit der Militärdiktatur formuliert, primär "als Fokus für eine marxistische Systemkritik". Auch einige FührerInnen der neu entstehenden indigenen Organisationen übernahmen diese politischen Perspektiven, formulierten ihre Situationsanalysen, Programme und Zielsetzungen nach den Prämissen des Dialektischen Materialismus und organisierten sich nach dem Vorbild bäuerlicher Gewerkschaften (zur Auseinandersetzung zwischen "ethnischer Strategie" und "Klassenstrategie" vgl. u.a. Barre 1985: 102-153, Indianer in Lateinamerika 1982, Wimmer 1995:137-153).[149]

Gegen die Strategie der Proletarisierung oder *campesinozación* entstand in den 80er Jahren das Konzept der *etnodesarollo*, derzufolge IndianerInnen ein eigenes, ethnisch bestimmtes Bewußtsein besaßen, das außerhalb des herrschenden

---

[148] Die Betrachtung von IndianerInnen als zu integrierende soziale Kategorie teilten die marxistischen EthnologInnen mit den klassischen IndigenistInnen und VertreterInnen der angewandten Ethnologie, die die *indígenas* ebenfalls über "Entwicklung" in die ökonomischen und gesellschaftlichen Strukturen der Nationalgesellschaft einbinden wollten (Maihold 1986:25-26). So entsprach es durchaus einer staatlich geförderten Politik der nationalen Integration, wenn in Ländern mit mehrheitlich indigener Bevölkerung diese nicht als *indígenas*, sondern als *campesinos* betrachtet wurden. Die so bezeichneten Gemeinschaften waren damit keine kulturell und historisch verschiedenen, d.h., kolonisierten und zu einem Sonderstatus berechtigten Völker, sondern integrierbare gesellschaftliche Klassen (vgl. Barre 1985:44-85, Salomon 1982). Die Aberkennung eines auf historischen und kulturellen Unterschiedlichkeiten beruhenden Sonderstatus und die Erklärung indigener Personen zu "freien, gleichen BürgerInnen" wurde von vielen Regierungen als Strategie zur Integration indigener Gesellschaften angewandt (siehe Kap. 6.2.).

[149] Zur kritischen Auseinandersetzung mit dem Marxismus aus der Sicht *nordamerikanischer* indigener Intellektueller und AktivistInnen siehe Churchill (1992).

Systems in einer spezifischen Geschichte und Kultur begründet war und sie mit der Fähigkeit zu einem eigenen "zivilisatorischen Projekt" und dem Entwurf einer eigenen Zukunft ausstattete. Ein herausragender Vertreter der *etnodesarollo* und Kämpfer für indigene Selbstbestimmung war der mexikanische Ethnologe Guillermo Bonfil Batalla, der als einer der ersten Wissenschaftler den kolonialen Charakter der herkömmlichen angewandten Ethnologie kritisierte.

Bonfil Batalla zufolge öffnete sich die Chance für eine wirkliche nationale Identität erst durch die Befreiung der gesamten Gesellschaft von Dominanz- und Ausbeutungsbeziehungen. *Etnodesarollo* bedeutete für ihn, daß ein Volk seine historischen Erfahrungen, seine realen und potentiellen kulturellen Mittel und seine sozialen Möglichkeiten nutzt, um seine Zukunft in Übereinstimmung mit seinen Erwartungen, Werten und Bedürfnissen zu konstruieren. Daraus folgte für ihn eine grundlegende Veränderung und Differenzierung staatlicher Strukturen, die sich von der homogenisierenden Idee einer einheitlichen Nation, die kulturelle Uniformität verlangte, zu einer wahrhaft multikulturellen Gesellschaft entwickeln sollte (siehe z.B. Bonfil Batalla 1970, 1972, 1975, 1981, 1982b, 1987, 1990; vgl. S.Davis 1991, Nahmad Sitton 1991). Die multi-ethnische und -kulturelle Zusammensetzung der eigenen Gesellschaft galt nach diesem Ansatz nicht als Entwicklungshemmnis, das es im Namen von Fortschritt und Modernisierung zu überwinden galt, sondern als Ausgangspunkt für den Aufbau einer spezifischen nationalen Identität, die mit Stolz und Selbstbewußtsein die verschiedenen historischen, sozialen und kulturellen Facetten seiner Bevölkerung für eine eigene Entwicklungsdynamik nutzte.

Ähnlich wie Bonfil Batalla u.a. EthnologInnen an einem solchen Gegenentwurf von ethnischer und nationaler Identität für die mexikanische Gesellschaft arbeiteten, waren auch in Brasilien EthnologInnen und andere SozialwissenschaftlerInnen an der Herausbildung einer "neuen Kulturideologie" beteiligt, "welche die ethnische Mischgesellschaft zum ersten Mal in der Geschichte nicht entschuldigte, sondern sie als Konzeption feierte" (Keller 1996:68). Der Ansatz der *etnodesarollo* war für die Herausbildung einer kritischen ethnologischen Praxis von kontinentweiter Bedeutung und soll deshalb hier noch etwas ausführlicher besprochen werden.

Die wichtigste politische Strategie der *etnodesarollo* bestand darin, die autonome Entscheidungsfähigkeit eines Volkes zu stärken und zu erweitern, so daß es frei zwischen verschiedenen Alternativen wählen und diese mit den ihm zur Verfügung stehenden kulturellen Mitteln umsetzen konnte. Dadurch sollte es die Kontrolle über die Gestaltung der politischen, ökonomischen und kulturellen Grundlagen seines Lebens erlangen. Den Akkulturationsbemühungen des integrationistischen *indigenismo* wurde damit die *autogestión*, die Selbstregierung der indigenen Gemeinschaften, entgegengesetzt. Diese Strategie verlangte die Rückgewinnung der Kontrolle über zentrale Lebens- und Kulturgrundlagen wie Land und Ressourcen, eigene Erziehungsformen, politische Entscheidungsstrukturen, kollektive Produktionsweisen, symbolisch-religiöse Handlungen etc. und die Stärkung eigener Organisationsformen, mittels derer sie dem politischen Druck von außen begegnen und sich einen Platz in den nationalen Gesellschaftsstrukturen sichern konnten. Diese selbstkontrollierten sozialen und politischen Organisationen konnten überlieferte kulturelle Elemente enthalten oder an die jahrhundertelange Geschichte des indianischen Widerstandskampfes anknüpfen, mußten aber nicht notwendigerweise historischen Ursprungs sein. Sie konnten sich ebenso an Organisationsformen westlicher Art orientieren und in lokalen Zusammenschlüssen wie in regionalen, nationalen und internationalen Konföderationen ihren Ausdruck finden.

Zur Verwirklichung dieser Ziele wurde die Herausbildung einer eigenen neuen Führungsschicht in den indigenen Gemeinschaften unumgänglich, die als eine Art "organische Intellektuelle" (Bonfil Batalla 1982b:140)[150] den Prozeß der Dekolonisierung und Wiederaneignung der eigenen kulturellen Grundlagen und der Übernahme (modifizierter) fremder Kulturelemente lenken sollen. *Etnodesarollo* bedeutete danach: kulturelle Kontrolle und Selbstbestimmung über die Regeln und Elemente des gemeinschaftlichen Lebens; *autogestión*, die auch Elemente des Okzidents verarbeiten konnte; politische und soziale Partizipation am nationalen Gesellschaftssystem, u.a. durch die Herausbildung neuer indigener FührerInnen; und das Recht auf Selbstdefinition der kollektiven Identität und auf Anerkennung kultureller Differenz (vgl. auch Stavenhagen 1989).

Die Aufgabe von EthnologInnen und IndigenistInnen bestand darin, den Weg der *etnodesarollo* mit empirischen Forschungen, theoretischen Analysen und begrifflichen Konzepten zu unterstützen, ihn aber inhaltlich nicht zu beeinflussen und zu keiner Zeit anstelle der *indígenas* zu handeln (vgl. dazu insbesonde-

---

[150] Das Konzept vom "organischen Intellektuellen" geht auf den italienischen Marxisten und Philosophen Antonio Gramsci zurück, der die Fähigkeit jedes Menschen betonte, seine Lebenssituation selber auf eigene Weise intellektuell zu durchdringen und auf der Basis seines gesunden Menschenverstandes ein "organisches Wissen" über sich, seine Wünsche, Ziele usw. zu entwickeln (Gaventa 1991:127).

re die o.a. Literatur von Bonfil Batalla sowie zusammenfassend Maihold 1986: 186-201). Dabei stand die Konzeptualisierung des Begriffes **Ethnizität** im Zentrum der theoretischen Arbeiten der *antropología crítica*. Sie hoben vor allem den Widerstandscharakter einer ethnisch geprägten Identität hervor und grenzten diese gegen die kolonial geprägte, dependente **Indianität** ab (Wimmer 1995:139-141; zur *indianidad* siehe Kap. 4.6.5.).[151]

Die veränderten theoretischen und politischen Perspektiven der *antropología comprometida* und *antropología crítica* manifestierten sich auch in den Themen und Fragestellungen der empirischen ethnologischen Untersuchungen:

"Entweder sollen sie als Studien über die mestizischen Eliten und ihre politischen Institutionen den Führern der ethnischen Bewegungen strategisches Wissen zugänglich machen (...); oder als ethnohistorische Monographien das 'ethnische Bewußtsein' oder die 'ethnische Identität' der indigenen Bewegungen stärken und eine Hilfe in der Formulierung und Durchsetzung des 'ethnischen Projektes' bieten. (...) Diese historischen Arbeiten beschäftigten sich meist mit den Aufständen und Rebellionen gegen die mestizischen Unterdrücker oder auch mit den Prozessen der Reformulierung ethnischen Bewußtseins. (...) Die wenigen empirischen Arbeiten mit traditionellem zeitlichem Untersuchungsrahmen betonen den Widerstandscharakter indianischer Kultur und analysieren die Dynamik sozialen Wandels meist als Kampf zwischen Trägern des 'ethnischen' und solchen des 'nationalen' Projektes. (...) Oft entspricht dieser Kampf dem Widerstreit zwischen Kapitalismus und Antikapitalismus. (...) Das ökonomisch-soziale System der *indígenas* wird durch die Integration in den Kapitalismus zerstört; der Kampf um Selbstbestimmung und Autonomie wird so zum Kampf nicht nur gegen kulturelle Homogenisierung und nationalstaatlichen Zentralismus, sondern gegen die eigentliche Ursache dieser Bedrohungen, die kapitalistische Weltherrschaft" (Wimmer 1995:143-144).

---

[151] Hier wie später (vgl. Kap. 5. und 6.) sehen wir die eingangs (Kap. 2.4.) schon betonte politische Bedeutung von theoretischen Konzepten wie Kultur, Ethnizität, Nation oder Indigenität. Sie liegen an der Basis von Interpretationen und Sichtweisen über indigene Gesellschaften und bestimmen als solche die daraus folgenden politischen Perspektiven und Handlungen. Dabei wird deutlich, inwieweit eine theoretische Konzeptualisierung dieser Begriffe nur in Zusammenarbeit mit den davon Betroffenen und im Rahmen einer gesellschaftlichen Praxis eine tatsächliche Nähe zur sozialen Realität erhalten kann. Diese Erfahrung hatte bereits Sol Tax bei seiner Arbeit mit den Fox gemacht, die ihn Prozesse der Akkulturation gänzlich neu interpretieren ließ (vgl. Kap. 4.4.).

4.6.4. Die Barbados-Symposien

Einen Meilenstein in den Beziehungen zwischen den lateinamerikanischen EthnologInnen und indigenen Völkern stellt das Symposium einer Gruppe südamerikanischer EthnologInnen[152] auf der Karibik-Insel Barbados (1971) dar, auf dem erstmalig die verschiedenen Strategien zur Unterstützung der indianischen Völker diskutiert und die *Declaration of Barbados - For the Liberation of the Indians* verabschiedet wurden (Declaration of Barbados 1971).
In dieser Erklärung wurde u.a. das Recht der indigenen Bevölkerung auf Selbstbestimmung betont, die herkömmliche Ethnologie als Instrument kolonialer Beherrschung kritisiert und gefordert, daß die EthnologInnen sich dem Befreiungskampf der indigenen Bevölkerung zur Verfügung stellen sollten. Aufgabe der EthnologInnen wäre es, die kolonialisierten Völker mit wissenschaftlichen Daten über die dominante Gesellschaft und über ihre eigene Situation zu versorgen, systematisch alle Fälle von Genozid und Ethnozid zu denunzieren, Praktiken zu entlarven, die zur Unterdrückung und Zerstörung der Kulturen führten, und neue Konzepte und interpretative Kategorien zu entwickeln, die die in der Öffentlichkeit herrschenden Klischees über indigene Völker und die ihnen zugrunde liegenden Ideologien korrigieren halfen (ebd. 5).
Das Barbados-Symposium markierte den Beginn eines zunehmenden intellektuellen Austausches sowie einer praktischen Zusammenarbeit zwischen EthnologInnen und den neuen indigenen Bewegungen (siehe Kap. 4.6.5.). Ein weiteres Resultat war die Weiterentwicklung der theoretischen Grundlagen und Begrifflichkeit einer engagierten und kritischen ethnologischen Praxis. So wurden auf dem Symposium und in der Folgezeit u.a. das Konzept des internen Kolonialismus weiterdiskutiert, Modelle von Unterentwicklung und Abhängigkeit (z.B. von Frank 1969, 1973) zur Erklärung der politischen und ökonomischen Realität ethnischer Gruppen herangezogen, der spezifische Konfliktcharakter interkultureller Kontaktsituationen analysiert oder die Durchsetzbarkeit der sog. "ethnischen Projekte"[153] indigener Völker untersucht (Dostal 1975; vgl. Wim-

---

[152] Organisiert und koordiniert wurde das Treffen von dem österreichischen Ethnologen Georg Grünberg vom Seminar für Ethnologie der Universität Bern unter der Schirmherrschaft des *Programme to Combat Racism* und der *Commission of the Churches on International Affairs* des Weltkirchenrates. Grünberg war der einzige europäische Teilnehmer des Ersten Barbados-Symposiums.

[153] Wimmer (1995:141) beschreibt die Elemente eines ethnischen Projektes wie folgt: "Die Opposition westliche Welt - indigene Welt und eine Art umgekehrte(r) Ethnozentrismus; die

mer 1995:137-144, Wright 1988:374). Vor allem über diese theoretischen Beiträge übte das Barbados-Symposium auch Einfluß auf die Diskussionen über ethnologische Praxis bei den nordamerikanischen und europäischen EthnologInnen aus.

Sechs Jahre später traf sich erneut eine Gruppe von EthnologInnen und IndianerInnen auf Barbados, um die neueren Entwicklungen innerhalb der indigenen Bewegungen zu evaluieren und die weiteren Perspektiven politischer Handlungsstrategien zu diskutieren (Indianer in Lateinamerika 1982). Die starke Zunahme indigener politischer Bewegungen und Organisationen im Laufe der 70er Jahre (vgl. Apaza 1985, Bonfil Batalla et al. 1982, Bonfil Batalla 1982a, Grünberg 1982, Wright 1988:375-6), die sich international vor allem in der Gründung des *World Council of Indigenous Peoples* (1975) manifestierte, führte u.a. dazu, daß dieses Mal von den 34 TeilnehmerInnen 20 indigene Personen waren. So wurde aus dem geplanten Arbeitsgespräch der WissenschaftlerInnen ein "indianisches Konsultationstreffen mit Beteiligung von Ethnologen und Vertretern der Kirchen" (Indianer in Lateinamerika 1982:9). Diese Zusammenführung von *indigenistas* und IndianervertreterInnen war der besondere Verdienst der zweiten Barbados-Konferenz. Zu den zentralen Themen des Treffens gehörten weiterhin Fragen nach der kollektiven Identität und der Ideologie der sich formierenden indianischen Bewegungen und nach der organisatorischen Zusammenarbeit der verschiedenen Völker. Die Diskussionen der vorangegangenen Jahre wurden weitergeführt und vertieft. Das Abschlußdokument dieses Symposiums (Barbados II) wurde diesmal nicht von den EthnologInnen, sondern von den indigenen TeilnehmerInnen verfaßt. Es richtete sich an ihre "indianischen Brüder und Schwestern" (ebd. 266-8).

Im Dezember 1993 trafen sich zum dritten Mal EthnologInnen der Barbados-Gruppe auf der Karibik-Insel, um ein Resümee der vergangenen zwanzig Jahre engagierter Ethnologie und indigenistischer Politik zu ziehen. In dem zehnseitigen Abschlußdokument identifizierten sie die "Globalisierung des kapitalistischen Marktes" als Ursache für neue Formen der Kolonisierung, Enteignung und Verelendung indigener Gemeinschaften und betonten als eine Vorausset-

---

Betonung des westlichen Charakters der Mehrheitskultur und des Nationalstaates; der Hinweis auf die historische Kontinuität der ethnischen Gruppe; die Hervorhebung des Widerspruchs zwischen indigener und westlicher Zivilisation - die internen Klassenwidersprüche der westlichen Welt sind für die Probleme der Indigenen ohne Bedeutung; deren Lösung muß vielmehr außerhalb des Rahmens der westlichen nationalstaatlichen Kultur gesucht werden, eben in einem eigenen 'ethnischen' Projekt."

zung für die "unaufschiebbare Demokratisierung Lateinamerikas" die verstärkte Partizipation der verschiedenen Kulturen an politischen Prozessen, die Anerkennung der spezifischen Eigenarten und Rechte indigener Völker und die "Bildung pluraler und solidarischer Gesellschaften". Vehement kritisierten sie die neueren, vorwiegend mit Textkritik befaßten postmodernen Richtungen im Fach Ethnologie und forderten stattdessen "solidarische Überlegungen und Aktionen", die zur Unterstützung von kultureller und politischer Selbstbestimmung und Selbstverwaltung indigener Gemeinschaften führten (Quetzal 1994:A-B).

4.6.5. *Indianismo*, neue indigene Bewegungen und die Ethnologie

Im gleichen Zeitraum wie die kritische oder engagierte Ethnologie waren kontinentweit neue politische indigene Bewegungen und Organisationen entstanden.[154] Diese begannen, sich zunehmend gegen eine Vereinnahmung durch nicht-indigene Politikmuster abzusetzen, ihre eigenen kulturspezifischen Wege der politischen Aktion und des Widerstandes zu suchen und eigene indigene Organisationen und Netzwerke zu gründen (z.B. den *Consejo Regional de los Pueblos Indígenas de América Central/CORPI*, 1977 oder den *Consejo Indio de Sudamérica/CISA*, 1980). Sie gaben damit ihrem Bedürfnis Ausdruck, eine spezifische indigene Identität zur Grundlage ihrer politischen Bemühungen um Selbstbestimmung zu machen, die sich von einem Klassenbewußtsein unterschied, aber gleiche Existenzberechtigung und politische Durchsetzungsfähigkeit besaß (Wright 1988:377).

Während die ersten Indianerkongresse ab den 40er Jahren bis Ende der 60er Jahre zum größten Teil noch mit Unterstützung und unter der Schirmherrschaft von staatlichen, kirchlichen und universitären Einrichtungen durchgeführt wurden (vgl. Barre 1985: 102-161, Münzel 1984), hatte sich bis Ende der 70er Jahre eine zweite Generation indianischer AktivistInnen herausgebildet, die sich radikal und wortgewaltig gegen alles wandte, was sie als *occidentalocentrismo*

---

[154] Die Organisation indianischer Gemeinschaften in politischen Widerstandsbewegungen ist keine Neuerscheinung des 20. Jahrhunderts. Die indigenen Völker Lateinamerikas blicken auf eine jahrhundertelange Tradition des antikolonialen Widerstandes zurück (vgl. Barre 1985). *Neu* ist an den in den 70er Jahren entstandenen Bewegungen ihre Orientierung an europäischen Organisations- und Aktionsformen, wie z.B. Vereinsgründungen mit entsprechender Bürokratisierung, die Veranstaltung von Kongressen oder die Teilnahme an internationalen politischen Foren (vgl. Münzel 1978b, 1984).

(Barre 1985: 89) definierten. Sie war zu wesentlichen Teilen aus den staatlichen Ausbildungs-, Erziehungs- und Entwicklungsprogrammen hervorgegangen. Vehement wurde von ihnen jede nicht-indigene gesellschaftstheoretische Programmatik, gleich welcher (partei-)politischen Prägung, abgelehnt und dagegen eine authentische *indianidad* gestellt.

Dieser radikale Gegenentwurf einer eigenen (pan)indianischen Identität fand seinen Ausdruck in zahlreichen Treffen, Kongressen, Manifesten, Resolutionen und Publikationen indianischer AktivistInnen und Organisationen (z.B. Reinaga 1969, 1974, Reynaga 1972, Roel 1980; eine Sammlung von Manifesten in Bonfil Batalla 1981; vgl. auch als Überblick Bonfil Batalla 1990, Barre 1985:102-153, Maihold 1986:207-10, Morin 1988, Serbin 1980, Wright 1988: 374-5). In ihnen wurde eine *poder indígena* beschworen, die auf eine eigene Geschichte, eine eigene Kultur und einen authentischen "indianischen Sozialismus" zurückgreifen konnte. Die Conquista wurde nicht als Eroberung, sondern als Invasion bezeichnet, die die Existenz und historische Kontinuität der indianischen Kulturen nicht zerstören konnte. Die Wiederinbesitznahme der eigenen Geschichte und eine Neubewertung der alten indianischen Kulturen wurden zur unerläßlichen Voraussetzung jedes politischen Kampfes um Selbstbestimmung erklärt. Dieser *indianismo* bildete eine philosophische, politische und intellektuelle Grundlage für die politische Artikulation der indigenen Bewegungen in Lateinamerika und wurde - im Gegensatz zum *indigenismo* der Nicht-IndianerInnen - von den indigenen AktivistInnen und PolitikerInnen als ihre eigene Ideologie begriffen (Barre 1986:7-22).[155]

Die Radikalität und Aggressivität der politischen Programmatik der indianischen Bewegungen der 70er Jahre zeigte sich beispielhaft in dem Aufruf zum ersten *Congreso Indio Sudamericano*, der vom *World Council of Indigenous Peoples*, dem *Movimiento Indio Peruano* und der *Asociación Indígena de la República Argentina* getragen wurde (Hoke 1979). In diesem wurde der indianische Kampf als "totaler Krieg gegen den Okzident" und als "acción de reconquista" definiert (ebd. 7). Sämtliche modernen Produktionsformen und Technologien wurden ebenso wie Marktwirtschaft, Christentum, Demokratie und Sozialismus als Irrtümer und Unterdrückungsinstrumente des Westens angeprangert. Ihnen wurde die ethische Überlegenheit der indianischen Zivilisationen

---

[155] Auch Nicht-IndianerInnen konnten einem *indianismo* anhängen: Dieser äußert sich z.B. in der romantischen Idealisierung der historischen indianischen Kulturen (vgl. Maihold 1986:158-9).

entgegengestellt, die sich durch Disziplin, Brüderlichkeit, Respekt, Rechtschaffenheit, Genügsamkeit, ein kollektives Bewußtsein, eine naturverbundene Spiritualität und eine den kosmischen Gesetzen verhaftete Philosophie auszeichneten (ebd. 12):

> "Si comparamos los sistemas de occidente y del Tawantinsuyo, entonces sabemos que nuestros abuelos indios encontraron el camino más justo, más humano, más armonioso y creador, en lugar del estercolero en que vive y se desplaza el occidente. (...) Ahora sabemos que nuestros abuelos indios fueron sabios y grandes, filósofos y científicos, mejores en todo la línea que los venidos de extramar. Sabemos, tambien, que el modelo de su vida, el sistema de su gobierno, la fraternidad de sus relaciones, etc., no tienen paralelo y que, incluso los soviets y las comunas populares, son inferiores a los ayllus y los calpullis, porque éstos se inspiran y orientan por las leyes naturales y cósmicas" (ebd. 13).

Die AutorInnen des Aufrufes lehnten auch den Klassenkampf als politisches Instrument ab und sahen es als Ziel ihrer Bewegung, die sie mit "lauter und zorniger Stimme" (ebd. 14) zur Revolution führen wollten, ihre eigene Geschichte und Kultur wieder in Besitz zu nehmen. Sie begriffen ihren Kampf als "lucha de nacionalidades" (ebd. 15), der erst gewonnen war, wenn kein einziges Anzeichen des Westens mehr existierte: "en lo racial, en lo social, en lo político y en lo económico" (ebd.).[156] Der *Primer Congreso de Movimientos Indios de América del Sur* wird von BeobachterInnen als Sieg der IndianistInnen über die marxistisch orientierten indigenen Organisationen gewertet (Barre 1985:158). In ähnlich aggressiver Weise wie die KongreßinitiatorInnen beschwor Reinaga, einer der führenden Ideologen des *indianismo*, die *poder indio* gegen die *poder infernal* des Westens (z.B. in Reinaga 1969, 1974). Die Kritik an dem radikalen *indianismo* faßt Dietschy (1993:305) zusammen:

> "Die Konstruktion einer 'Indianität', die 'dem' Indianer jenseits aller konkreten historischen Zusammenhänge ein 'kosmisches Denken' und andere Wesensbestimmungen zuschreibt, die den okzidentalen diametral entge-

---

[156] Diese "Kriegserklärung" an alles Westliche schloß jedoch einen gewissen Pragmatismus nicht aus: Trotz aller radikal-politischer Äußerungen seiner InitiatorInnen stand der Erste Südamerikanische Indianerkongress (1980) unter der Schirmherrschaft staatlicher und wissenschaftlicher Einrichtungen (vgl. Barre 1985:158), was vermutlich auch organisatorische und finanzielle Vorteile brachte. Auf ihm wurde der *Consejo Indio de América del Sur (CISA)* gegründet, der eine zentrale koordinierende und repräsentierende Funktion für die sich explosionsartig und bald unüberschaubar vermehrenden, Hunderten von indigenen Verbänden, Zusammenschlüssen und Bewegungen übernehmen sollte.

gengesetzt wären, vergißt nicht nur die Verschiedenheit und den Wandel indianischer Identitäten in wechselnden gesellschaftlichen Realitäten. Sie setzt die - europäischen - Diskurse fort, die 'das Indianische' von vorneherein als Gegenbild konzipiert, das heißt im Rahmen von Gegensatzpaaren wie 'zivilisiert' und 'wild', 'modern' und 'archaisch' oder 'naturwidrig' und 'naturnah' definiert haben."

In ihrem Ringen um die Entwicklung eigener politischer Handlungsformen und gesellschaftlicher Gegenmodelle wurden die indigenen Gruppen wiederum von engagierten EthnologInnen argumentativ unterstützt, die die Besonderheiten indigener Kategorien, Sichtweisen und sozialer Organisationsformen hervorhoben und das Recht indigener Völker auf Selbstbestimmung und eigene Identität betonten (z.B. Bartolomé 1982, Deklaration über die ethnische Identität 1982, Indianidad.... 1988, Junqueira/ Carvalho 1984, Varese 1982b; zusammenfassend Wimmer 1995:137-153). Neben der Bereitstellung von politischen Analysen und theoretischen Konzepten propagierten die EthnologInnen außerdem eine enge Zusammenarbeit mit den neuen indigenen Organisationen und Bewegungen. Gleichzeitig übernahmen die AktivistInnen und Intellektuellen der indianischen Bewegungen und Organisationen ethnologische Konzepte. Auch bei diesem intellektuellen Austausch zwischen EthnologInnen und indigenen Völkern spielten die mexikanischen WissenschaftlerInnen sowie die TeilnehmerInnen des Barbados-Symposiums (z.B. Stavenhagen, Batalla, Chase-Sardi oder Varese) eine führende Rolle.

"Ausgehend von der Analyse des 'internen Kolonialismus' fordert die 'Antropología Crítica' also die Dekolonisierung der interethnischen Beziehungen und die 'Befreiung' der indianischen Bevölkerung. Viele ihrer intellektuellen Konzeptionen sprangen Mitte der 70er Jahre von den Reservaten der Intellektuellen auf die ethnischen Bewegungen über: Der Begriff des 'ethnischen Projektes' sowie das nationalistische Geschichtsbild, zu dessen Formierung übrigens die ethnohistorischen Arbeiten vieler Anthropologen einen wichtigen Beitrag leisteten, wurden auch zu Leitideen der intellektuellen Anführer der indianistischen Bewegungen, auch wenn sich diese z.T. vehement von den 'weißen Indianern' zu distanzieren beginnen (...) " (Wimmer 1995:145).

Die Arbeiten der *antropología comprometida* und der *antropología crítica* und die Entstehung der neuen indianischen Bewegungen ließen zusammen mit internationalen Entwicklungen (z.B. die Aktivitäten von UNO- und Nicht-Regierungs-Organisationen zu Menschenrechten und kultureller Selbstbestimmung) die Indianerpolitik der verschiedenen südamerikanischen Staaten nicht unberührt (vgl. z.B. für Peru: Dietschy 1993, für Venezuela: Heinen/Kasburg 1994:19, für Mexico: Maihold 1986:191-201; für Brasilien: Rodrian 1993a, Schröder 1993; als Überblick Barre 1985).[157] So zeichnete sich auf dem achten Indigenistenkongreß 1980 in Mérida, Mexiko, mit der Anwesenheit indigener RepräsentantInnen deutlich ein Wandel in der kontinentweiten indigenistischen Politik ab: In den Kongreßresolutionen wurden ausdrücklich Partizipation und Zusammenarbeit mit den neuen indigenen Organisationen für die zukünftige indigenistische Politik ins Programm genommen (Barre 1985:43-44). Schon drei Jahre vorher hatte das *Instituto Nacional Indigenista* den *indigenismo de participación* als seine offizielle Politik verkündet (Maihold 1986:197). Das Wirken der NeoindigenistInnen führte u.a. auch zur Revision des Artikels 4 der mexikanischen Verfassung, in dem der pluri-ethnische Charakter Mexikos und die vitale Bedeutung der indigenen Kulturen für die Nation anerkannt wurden (S.Davis 1991:412).

Die Übernahme des Vokabulars und der Forderungen der *etnodesarollistas* und der indigenen Bewegungen konnte jedoch nicht darüber hinwegtäuschen, daß auch weiterhin der staatliche *indigenismo* primär von staatspolitischen Notwendigkeiten und wirtschaftlichen Interessen bestimmt war, hinter denen die indigenen Rechte zurücktreten mußten bzw. bis heute müssen (vgl. z.B. die Darstellung der indigenistischen Politik verschiedener Staaten in América Indígena 1980; zusammenfassend Stavenhagen 1992; als Überblick Indianidad...1988, als Länderbeispiel Brasilien, vgl. August 1995:79-143):

> "(...) no hay que pensar que la recuperación de las reivindicaciones indias permita la verdadera liberación de los pueblos autóctonos. Al contrario, este discurso se adapta muy bien a los sistemas dominantes. En vez de dejar a los grupos indios en la oposición, convendra integrarlos (según otro proceso de integración) mediante la 'participación', palabre que, por lo demás, hay que reconocer que no deja de ser ambigua. Sin embargo, esas nuevas orientaciones constituyen un cambio total de política que procura tomar en consideración las reflexiones de los científicos sociales" (Barre 1985:44).

Die Zusammenarbeit zwischen EthnologInnen und indigenen Gemeinschaften konkretisierte sich neben der Kritik am *indigenismo*, den Entwurf von analytischen Konzepten und alternativen Handlungsmodellen, einer spezifischen Aus-

---

[157] Umgekehrt hat die jeweilige Indianerpolitik der südamerikanischen Staaten auch einen wesentlichen Einfluß auf die Entstehung indigener Oppositionsbewegungen ausgeübt, wie z.B. P.Schröder (1993) am Beispiel Brasilien zeigt.

richtung empirischer Forschungen sowie einem intellektuellen Austausch auch in direkter praktischer und politischer Unterstützungsarbeit. Zu den bekannteren Projekten mit indigenen Gruppen, die in den 70er Jahren von EthnologInnen durchgeführt wurden, gehören die Projekte *Pai-Tavyterã* (Grünberg 1977, Wikker 1993) und *Marandú* (Chase-Sardi/Rehnfeldt 1977, Por la Liberación del Indígena 1975, Report of Survival International 1976) in Paraguay, bei denen es um rechtlichen Beistand, Fragen der Landabsicherung, eine bessere medizinische Versorgung und Ausbildung, um Förderung der politischen Selbstorganisation und um größere wirtschaftliche Unabhängigkeit für die indigenen Gemeinschaften ging. Eine Folge des Projektes Marandú war u.a. die Gründung der *Asociación de Parcialidades Indígenas del Paraguay*. Die Projekt-MitarbeiterInnen initiierten 1974 auch das *Primer Parlamento Indio Americano del Cono Sur* in San Bernardino (Paraguay), auf dem sich das neue kontinentale indianische politische Selbstbewußtsein manifestierte (vgl. Barre 1985:153-4).

Weiterhin engagierten sich EthnologInnen[158] in verschiedenen südamerikanischen Ländern bei der Verteidigung und Sicherung der Landrechte indigener Gemeinschaften, unterstützten indigenen Widerstand gegen Entwicklungs- und Industrialisierungsgroßprojekte wie Staudammbauten, Waldrodung, Erzabbau u.ä., initiierten und trugen eine internationale Kampagne zum Schutz von Land, Leben und Rechten der Yanomami, informierten die Öffentlichkeit über den verheerenden Einfluß von Goldsuchern und Minenarbeitern in indigenen Gebieten, machten Fälle von Gewalt, Vertreibung und Ungerechtigkeiten gegen indigene Gemeinschaften publik, betrieben Lobby- und Öffentlichkeitsarbeit gegen die Assimilationspolitik der Nationalregierungen, unterstützten die Bemühungen um Selbstorganisation indigener Völker, z.B. durch Beschaffung von Geldmitteln, Technologien u.a. Ressourcen, beteiligten sich am Aufbau von Bil-

---

[158] Daß die praktische Arbeit von EthnologInnen auf Seiten indigener Gemeinschaften nicht immer ganz ungefährlich war, zeigte die Verhaftung des paraguaischen Ethnologen Miguel Chase-Sardi zusammen mit einigen Kollegen im Dezember 1975. Chase-Sardi, ebenfalls ein Teilnehmer des Ersten Barbados-Symposiums, war zu der Zeit Leiter des Marandú-Projektes. Untersuchungen der *Commission on Ethnocide and Genocide* zufolge wurden die WissenschaftlerInnen schweren Folterungen und ihre Familienangehörigen verschiedenen Repressionsmaßnahmen ausgesetzt. BeobachterInnen führten diese heftigen staatlichen Reaktionen auf den Erfolg zurück, den das Projekt Marandú bei der politischen Selbstorganisation der IndianerInnen verzeichnen konnte (Belshaw 1976). Von Einschüchterungsversuchen durch Inhaftierung, Androhung von Strafverfolgung und Ausweisung sowie bürokratischen Schikanen berichtete auch der kolumbianische Aktionsethnologe Elias Sevilla-Casas bei seiner Arbeit mit den Paéz im Caucatal/Kolumbien (Sevilla-Casas 1978:147-9).

dungs- und Gesundheitsversorgungssystemen, brachten die Forderung nach indigenen Patent- und Eigentumsrechten in die öffentliche Diskussion u.v.a.m.[159] An diesen Aktivitäten waren neben einheimischen EthnologInnen auch nordamerikanische oder europäische WissenschaftlerInnen beteiligt. Die Durchführung des 4. Russell-Tribunals 1980 in Rotterdam über die Rechte indianischer Völker (Gesellschaft für Bedrohte Völker 1982) war ebenfalls eine Folge der politischen Aktivitäten der TeilnehmerInnen der Barbados-Konferenz sowie von nordamerikanischen und europäischen AktionsethnologInnen (vgl. Hensel 1981).

Die Bemühungen von WissenschaftlerInnen, Intellektuellen und politischen AktivistInnen um *empowerment* der indigenen Völker in den südamerikanischen Staaten trugen beträchtlich zur Stärkung der indigenen Vereinigungen bei. Durch die (inter-)nationale Unterstützung und Aufmerksamkeit, die diesen Organisationen zukam und die u.a. zu Bündnissen mit nicht-indigenen Bewegungen und Institutionen (z.B. Kirchen, universitären Einrichtungen, Menschenrechts- und Umweltorganisationen) führte, bildeten sich in den 80er und 90er Jahren neue politische Strukturen, eine neue indigene Bildungselite und eine neue Generation junger indigener politischer FührerInnen heraus (siehe auch Kap.6). Für diese gilt im wesentlichen, was Heinen/Kasberg (1994:24) für Venezuela beschreiben:

"Diese kaum 30jährigen jungen Männer und Frauen wurden in staatlichen Schulen und Universitäten erzogen und denken nicht, daß sie irgendjemandem etwas schuldig sind. Sie besitzen weder die Unterwürfigkeit der ersten Führungsgeneration noch die Ressentiments der zweiten. Kontinentweit stehen sie in Verbindung mit anderen indigenen Vertretern und verfolgen dabei durchaus bewußt ihre eigene Ideologie. Jedoch zeigen sie sowohl gegenüber Innovationen als auch bei der Verteidigung ihrer Traditionen einen großen Pragmatismus."

---

[159] Für Fallbeispiele, Details und ausführliche Literaturangaben siehe z.B. Arvelo-Jimenez (1984), CCYP (1979), S.Davis (1977), S.Davis/Mathews (1976), Grünberg (1977), Heinen (1984), Heinen/Coppens (1981, 1986), Jorgensen (1984), Maybury-Lewis (1985), Narby/Davis (1983), Posey (1994), Schulz (1994), Stavenhagen (1992), Wright (1988) u.a. sowie die Zeitschriften und Publikationsreihen der Organisationen *Survival International, Cultural Survival*, der *International Work Group for Indigenous Affairs*, dem *Anthropology Resource Center*, der Gesellschaft für Bedrohte Völker, dem infoe, u.v.a. NGOs, in denen engagierte EthnologInnen ihre Arbeiten für indigene Rechte und politische Selbstbestimmung beschreiben (siehe Kap. 6).

4.6.6. Ethnologische Beiträge zur "Befreiung der Indianer"

Im Vorangegangenen wurde die Entstehung einer kritischen praktischen Ethnologie in Lateinamerika im Rahmen politischer und gesellschaftlicher Entwicklungen nachgezeichnet. Die Darstellung der verschiedenen ethnologischen und indigenistischen Konzepte zur Erfassung des "Indianertums" und seines soziokulturellen Wandels ist keineswegs vollständig (ausführlich s. Wimmer 1995). Sie interessierte im vorliegenden Zusammenhang vor allem in Hinblick darauf, wie die unterschiedlichen theoretischen Ansätze und politischen Perspektiven die Begegnung und Zusammenarbeit zwischen EthnologInnen und indigenen Gruppen bestimmten.

Der spezielle Beitrag der sich für Selbstbestimmung und eine "Befreiung der Indianer" engagierenden südamerikanischen EthnologInnen bestand vor allem in der Entwicklung von analytischen Modellen und Konzepten zur Erfassung der sozio-ökonomischen Realität der indigenen Völker sowie im Entwurf alternativer "zivilisatorischer Projekte" (Varese 1982b) bzw. von Modellen soziokulturellen Wandels. Damit lieferten sie eine Grundlage für die Kritik an der Kolonisierung der indianischen Völker und am staatlichen *indigenismo* sowie den daraus folgenden Entwicklungsprogrammen und boten alternative Konzepte für eine selbstbestimmte Entwicklung der indianischen Gemeinschaften an. Ihre wichtigsten Beiträge waren bzw. sind, um nur einige Schwerpunkte zu nennen:[160]

- kritische Analysen historischer Prozesse der Unterwerfung und Unterdrückung, die die fortgesetzte Kolonisierung der indigenen Völker, aber auch ihre historische Kontinuität aufzeigten;

- die Entwicklung entsprechender analytischer Konzepte wie das des internen Kolonialismus, die die aktuelle Situation der indianischen Gemeinschaften adäquater zu erfassen vermochten als eine kulturrelativistisch argumentierende, auf Integration abzielende Indianerpolitik;

- Untersuchungen über die Auswirkungen des staatlichen *indigenismo*, seiner Programme und Grundannahmen;

---

[160] Vgl. dazu Anaya (1992), Barre (1985), Bonfil Batalla (1972, 1981, 1982b, 1990), Bonfil Batalla et al. (1982), Cardoso de Oliveira (1977), CCPY (1983), Clarac (1974), Coppens (1981), Dostal (1975), Franch (1990a), Heinen/Coppens (1981), Indianer in Lateinamerika (1982), Indianidad (1988), Junqueira/Carvalho (1984), Stavenhagen (1992), Valencia (1984), Varese (1982a, 1982b), Warman et al. (1970).

- die Erforschung und Präsentation indianischer Konzepte von Recht, Autorität, Entwicklung, Eigentum, Landbesitz u.ä., die als Grundlagen einer die indianischen Rechte integrierenden nationalen und internationalen Gesetzgebung dienen konnten;
- die Herausarbeitung wesentlicher Merkmale von ethnischer und kultureller Identität, bei denen die eigenen Kriterien der betreffenden Kulturen zum Ausgangspunkt genommen wurden;
- die öffentliche Präsentation indigener kultureller Lebensformen als wertvolle und lebbare Alternativen zur Industriezivilisation kapitalistischer und sozialistischer Prägung;
- die argumentative Unterstützung und Legitimierung des indigenen Kampfes um Selbstbestimmung und Selbstregierung, z.B. durch den Nachweis der Notwendigkeit einer eigenen Landbasis für indianische Gemeinschaften;
- die Entwicklung selbstbestimmter Handlungsstrategien wie die der *etnodesarollo*;
- und der Entwurf entsprechender Aktionsprojekte, die Modellcharakter für eine tiefgreifende Veränderung der gesellschaftlichen Situation indigener Völker besitzen sollten

Die Entwürfe der *antropología crítica* und der *antropología comprometida* in Lateinamerika befaßten sich also vor allem mit der Herausarbeitung neuer Gesellschaftsentwürfe, die der Geschichte und den Lebensbedingungen der indigenen Völker, wichtigen Aspekten ihrer Kulturen und ihren Entwicklungsvorstellungen Rechnung trugen, die Herrschafts- und Unterwerfungsstrategien der Staaten aufzeigten, Wege zur Selbstbestimmung wiesen und die Aufgaben und Rollen von EthnologInnen in diesem Prozeß beschrieben. Die Arbeiten kreisten zu wesentlichen Teilen um Fragen nach ethnischer Identität, sozialem Wandel und politischer Emanzipation. Über Mikroanalysen hinaus waren sie häufig in übergreifende polit-ökonomische Zusammenhänge eingebettet und auf eine verändernde gesellschaftliche Praxis hin orientiert.

Viele EthnologInnen begründeten ihre wissenschaftlichen Untersuchungen mit einer expliziten ethischen und politischen Stellungnahme auf Seiten der indigenen Völker. In ihren Arbeiten befürworteten sie deren Rechte auf Kontrolle über ihr Leben und ihre Zukunft.

Die Diskussionen über den "richtigen" Weg zur Emanzipation der IndianerInnen glichen dabei teilweise eher politischen Debatten als wissenschaftlichen Diskursen. Dies traf vor allem auf die Kontroversen über "ethnische Strategien" oder "Klassenkampfstrategien" zu (vgl. Varese 1982a). So zeigt Wimmer (1995:144-152) auf, daß und inwieweit die Auseinandersetzungen zwischen den IndigenistInnen, den VertreterInnen der *antropología crítica* und den VertreterInnen der *antropología comprometida* weniger auf empirischen Befunden basierten als in Hinblick auf politische Wünschbarkeit geführt wurden. Dabei vertraten die "kritischen" EthnologInnen (z.B. Bonfil Batalla, Stavenhagen, Varese) ein radikal primordialistisches Konzept von Ethnizität (vgl. Kap. 2.4.), bei der

> "(...) der Begriff der Ethnie seine deskriptiven Qualitäten verliert und programmatischen Charakter annimmt: die Ethnie wird zum Surrogat für Gesellschaft und zum handelnden Subjekt der Geschichte. Ethnien als handelnde historische Subjekte avancieren mit beinahe eschatologischem Pathos zum Ausdruck des Wahren und Ganzen. Dadurch wird aber der Einblick in Prozesse verstellt, die erst zur Herausbildung einer kollektiven, die ganze Ethnie umfassenden sozialen Bewegung führen, denn die Existenz einer solchen wird vorausgesetzt" (ebd. 150).

Eine solche Verabsolutierung einer essentialistischen Auffassung von kollektiven, ethnisch definierten Identitäten ignoriert die soziale Realität, in der weder bei allen IndianerInnen ein kollektives Bewußtsein existiert noch dieses immer positiv bewertet wird:

> "Wird von der Existenz einer die ganze Sprachgruppe umfassenden und positiv bewerteten indianischen Identität ausgegangen, muss das Fehlen einer solchen als 'falsches Bewusstsein', als Verrat an der eigentlichen historischen Bestimmung interpretiert werden, oder ein ethnisches Bewusstsein muss um jeden Preis aus den empirischen Tatbeständen herausinterpretiert werden. (...) Nationalrevolutionär verklärt können Begriffe wie 'Ethnie' und 'ethnische Identität' wenig zur Analyse der ethnischen Dynamik beitragen, da mit ihnen soziale Prozesse final statt kausal interpretiert werden" (ebd. 151-152).

Fragen nach einer wissenschafts- und erkenntnistheoretischen Begründung ihrer Standpunkte sind bei diesen kritischen und engagierten Arbeiten so gut wie gar nicht zu finden. Auch gibt es keine eingehenderen Bemühungen um die Entwicklung partizipatorischer oder kooperativer Forschungsmethoden (siehe Kap. 4.7. und 4.8.). Die Arbeiten erfolgten meist in Anbindung an bzw. als Reflex auf eine gesellschaftliche Praxis der EthnologInnen, zunächst im Rahmen des staatlichen *indigenismo*, später dann in Zusammenarbeit mit indigenen Bewegungen.

Deutlich sind Parallelen zu den Konzepten der *action anthropology*, der *community development* u.ä., vor allem in ihren politisierten Formen der 60er Jahre und 70er Jahre, zu sehen. Eine explizite Bezugnahme auf diese Ansätze ist dabei aber eher selten (z.B. bei Cardoso de Oliveira 1977). Während Tax und andere U.S.-amerikanische AktionsethnologInnen jedoch vor allem noch eine wissenschaftliche Rechtfertigung für die Verbindung von Forschung und gesellschaftlichem Handeln, Wissenschaft und Parteinahme finden mußten, war (und ist) für die lateinamerikanischen EthnologInnen eine Auseinandersetzung mit den politischen und sozialen Entwicklungen in der *eigenen* Gesellschaft und mit einer "Ethno-Politik" weitaus selbstverständlicher als für ihre europäischen und nordamerikanischen KollegInnen (vgl. Cleary/Garrido-Pinto 1977). Diese unterschiedlichen Orientierungen waren u.a. Folge der langjährigen gesellschaftlich wie wissenschaftlich akzeptierten Verbindung von wissenschaftlicher Forschung mit gesellschaftlicher Praxis in der südamerikanischen Ethnologie.

Hinzu kamen die anti-imperialistischen Strömungen ab den 60er Jahren, aus denen die südamerikanischen WissenschaftlerInnen eigene Konzepte und Handlungsstrategien entwickelten. Daß diese von ihren FachkollegInnen in Europa und Nordamerika eher verhalten rezipiert wurden, lag zum einen an einer insgesamt geringen Beachtung der peripheren Ethnologien (Stocking 1982), zu der auch die häufige Nichtberücksichtigung nicht-englischsprachiger Publikationen gehört. Ein weiterer Grund mag der sein, daß die südamerikanischen Arbeiten sich sehr stark auf ihre nationalspezifischen Problemlagen konzentrierten und daß grundlegende methodische oder erkenntnistheoretische Reflexionen, die die Entwicklung eines allgemeinen Konzeptes einer kritisch engagierten Ethnologie ermöglicht hätten, bei ihnen kaum zu finden waren. Diese methodischen und wissenschafts- bzw. erkenntnistheoretischen Beiträge kamen vor allem von Seiten der sozialwissenschaftlichen (partizipatorischen) Aktionsforschung, mit der sich der folgende Abschnitt befaßt.

4.7. Partizipative Konzepte in Ethnologie, Nachbarwissenschaften und Entwicklungspolitik

In den 60er und 70er Jahren entwickelten sich in den Nachbarwissenschaften - vor allem der Erziehungswissenschaft, der Psychologie und der Soziologie -

eine Reihe von Forschungskonzepten, die die Beteiligung der betreffenden Menschen (Partizipation) sowie ein gesellschaftliches Handeln (Aktion) ins Zentrum ihrer Überlegungen stellten. Dabei sind besonders die (partizipatorischen) Aktionsforschungsansätze von Sozial- und KulturwissenschaftlerInnen aus der Dritten Welt von Bedeutung für die Entwicklung einer kritischen praktischen Ethnologie.

4.7.1. Die Wiederentdeckung der Aktionsforschung

Ende der 60er Jahre erwachte in Nordamerika, Europa (besonders Großbritannien und Deutschland) und Australien in verschiedenen Fächern erneut das Interesse an einer *action research* (vgl. Convergence 1981, Eichner/Schmidt 1974, Haag et al. 1972, Horn 1979, Kassam 1982, Kemmis/McTaggert 1990, König 1969, Krüger et al. 1975, Moser 1975, 1977a, 1995, Reason 1994, Simposio Mundial... 1978, Wohlrapp 1979, Zedler/Moser 1983). Der Lewinsche Ansatz wurde bei dieser Neurezeption u.a. durch die Kritische Theorie der Frankfurter Schule, insbesondere den kommunikationstheoretischen Ansatz von Habermas (Habermas 1981), zu einem diskursiven Forschungmodell erweitert, in dem wissenschaftliche Forschung und gesellschaftliche Praxis sich im emanzipatorischen Interesse zusammenfanden. Während bei Lewin noch diese Verbindung in einer modifizierten Form eines *social engineering* mündete, bemühten sich die "neuen AktionsforscherInnen" durch die Integration von Postulaten verschiedener neo-marxistischer und polit-ökonomischer Ansätze um den Schritt zu einer wirklich gesellschaftsverändernden Praxis.
Zumindest war diese ihre erklärte Absicht.
Der außerordentlich starke Druck, diesen neuen Forschungsansatz gegenüber dem konventionellen Wissenschaftsbetrieb zu rechtfertigen, führte allerdings häufig dazu, daß sich die Diskussionen um Aktionsforschung auf wissenschafts- und diskurstheoretische Argumentationen reduzierten und die eigentliche praktische Arbeit aus den Augen verloren wurde. Hinzu kam, daß ein Großteil der Aktionsforschungsprojekte im Erziehungsbereich entwickelt wurde, in dem die verbale Kommunikation, also das "Reden über" gesellschaftliche Bedingungen und Veränderungen einen größeren Stellenwert einnimmt als konkretes praktisches Handeln (Mies 1987a:8-9). Ein positives Ergebnis dieses Rechtfertigungszwanges war eine gründliche Befassung mit den erkenntnistheoretischen und methodischen Prämissen und Grundlagen einer *action re-*

search, die auch für andere Fächer fruchtbare Einsichten brachte. Allerdings berücksichtigten die westlichen sozialwissenschaftlichen Konzepte wenig bis gar nicht den interkulturellen Kontext, der bei ethnologischem Handeln und Forschen von zentraler Bedeutung ist, und orientierten ihre Argumentationen weitgehend an Begrifflichkeit und Kategorien europäischer Wissenschafts- und Denktraditionen. Sie sind für eine praktische Ethnologie deshalb nur mit Einschränkungen übertragbar und werden hier nicht ausführlicher behandelt.

4.7.2. *Investigación acción participativa*: Kritische Sozialwissenschaft in Lateinamerika

Wichtiger für die praktische Ethnologie waren bzw. sind die Aktionsforschungsansätze von Sozial- und KulturwissenschaftlerInnen aus der Dritten Welt, vor allem das in Kolumbien entwickelte Konzept einer *investigación acción participativa (IAP)*. Sie waren deshalb richtungsweisend, weil diese WissenschaftlerInnen bei ihrer Suche nach einer Verbindung von Forschung, politischer Verantwortung und sozialem Handeln immer wieder auch die Frage unterschiedlicher historischer, kultureller, politischer und ideologischer Hintergründe zwischen den Institutionen und AkteurInnen sozialen Wandels thematisierten und die daraus entstehenden Konflikte in Zusammenhang mit den Problemen ungleicher Machtverteilung und ökonomischer Ausbeutung stellten.

Auch hier soll zunächst ein Blick auf die gesamtgesellschaftlichen und wissenschaftlichen Entwicklungen geworfen werden: Ende der 50er Jahre begann sich in einigen südamerikanischen Staaten unter den Bezeichnungen *sociología comprometida, sociología crítica, sociología subversiva* oder *sociología de liberación* eine kritische Sozialwissenschaft in Abgrenzung zu den herrschenden Wissenschaftströmungen der westlichen Industrieländer herauszubilden (Fals Borda 1970). Die Tatsache, daß eine formale Unabhängigkeit nicht notwendigerweise auch eine politische und wirtschaftliche Unabhängigkeit der Länder des Südens vom reichen Norden bedeutete, war unübersehbar. In den meisten Dritte-Welt-Staaten war eine zunehmende Polarisierung zwischen Reich und Arm, eine wachsende Verelendung ganzer Bevölkerungsgruppen und die Aufrechterhaltung sozialer Ungleichheiten durch nationale Eliten und militärische Machthaber festzustellen. Zunehmende politische und wirtschaftliche Krisen ließen die ungerechten sozialen Verhältnisse immer deutlicher hervortreten und zeigten zugleich die machtvolle Einflußnahme der Vereinigten Staaten, wie z. B. beim Militärputsch in Brasilien (1963), der U.S.-Intervention in der Dominikanischen Republik (1965) oder beim Staatstreich gegen den chilenischen Präsidenten Salvador Allende (1973) (vgl. Huizer 1979a:12-13, Ornauer 1978:14-15).

Im akademischen Bereich führte vor allem die Aufdeckung des Projektes Camelot (1965) zu heftigen Diskussionen über den "intellektuellen Kolonialismus" (Fals Borda 1970) der euro-amerikanischen Wissenschaften (z.B. Horowitz 1973, Sahlins 1973). Die lateinamerikanischen WissenschaftlerInnen kritisierten an den aus Europa und den U.S.A. importierten empirisch-positivistischen und strukturfunktionalistischen Wissenschaftsparadigmen, daß sie geschichtliche Entwicklungen und die Prozesse der internationalen Machtverteilung außer Acht ließen und deshalb die komplexen sozialen, wirtschaftlichen und politischen Entwicklungen und Probleme in den südamerikanischen Ländern nicht adäquat erfassen, geschweige denn einen Beitrag zu ihrer Veränderung leisten konnten (vgl. z.B. Simposio Mundial... 1978, Ornauer 1978:14-15):

"Weder die Bezugsrahmen noch die gültigen Kategorien in den Standardparadigmen der aus Europa und den Vereinigten Staaten übernommenen Soziologie waren zufriedenstellend. Wir fanden, daß viele von ihnen auf die bestehende Realität nicht anwendbar waren, daß sie ideologisch korrumpierend waren, da sie die Interessen der herrschenden Bourgeoisie verteidigten, und daß sie zu spezialisiert oder zersplittert waren, als daß man die Gesamtheit der Phänomene, die uns täglich begegneten, hätte verstehen können (...)" (Fals Borda 1978:81).

Dagegen wurden eigene Ansätze gestellt, in die die Erfahrungen einer strukturellen (politischen, ökonomischen, kulturellen, wissenschaftlichen) Abhängigkeit der "Peripherie" von den kapitalistischen "Zentren" verarbeitet wurden. Diese sich ab Ende der 60er Jahre entwickelnden Dependenz-Theorien[161] wurden Grundlage für einen eigenen kritischen sozialwissenschaftlichen Theorieansatz in Südamerika. Ansprüche auf Wertneutralität sozialwissenschaftlicher ForscherInnen wurden als unhaltbar abgelehnt und stattdessen von den Wissen-

---

[161] Dieser Theorie-Ansatz wurde insbesondere von einer Gruppe südamerikanischer Sozialwissenschaftler vertreten, zu denen A. Quijano, Th. Dos Santos, C. Furtado, P. Gonzalez Casanova, F.H. Cardoso, R. Stavenhagen, A.G. Frank und O. Fals Borda gehörten (vgl. Cardoso/Faletto 1976, Frank 1969, 1973, Senghaas 1972, 1974).

schaftlerInnen klare Wertentscheidungen auf Seiten der armen, unterdrückten und ausgebeuteten Bevölkerungsgruppen gefordert.[162]

So beschlossen die auf dem 9. *Latin American Congress of Sociology* (1969) in Mexico vertretenen SozialwissenschaftlerInnen, "to be put at the service of basic human rights and the creation of economic, social, and political democracy" (Huizer 1979a:14). Den analytischen und theoretischen Hintergrund für die Herausbildung dieser neuen kritischen und praxisorientierten Sozialwissenschaft bildeten die Ansätze der Politischen Ökonomie, der Kritischen Theorie und anderer (neo-)marxistischer Gesellschaftsheorien (vgl. Molano 1978:xvii). Unter dem zunehmenden Einfluß marxistischer Gruppierungen an den Universitäten - nicht zuletzt ausgelöst durch Fidel Castros politischen Siegeszug auf Kuba - entstanden in verschiedenen südamerikanischen Ländern Formen einer sog. militanten Forschung (*investigación militante*), die sich, häufig in enger Anbindung an parteipolitische Arbeit, explizit als Instrument des Klassenkampfes und der Anti-Imperialismus-Bewegung verstand (Acosta et al. 1978, Bonilla et al. 1972, Molano 1978:xvi-xvii, Darcy de Oliveira/Darcy de Oliveira 1982).[163]

Die von den DependenztheoretikerInnen entfachten Bemühungen um Befreiung von herrschenden Theorien, Paradigmen und Entwicklungsmodellen westlicher Prägung und um Entwicklung eigener Ansätze zur Interpretation und Veränderung der sozialen Realität führten in den späten 60er Jahren in verschiedenen südamerikanischen Staaten unter anderem zur Bildung einer großen Zahl von Basis- und Aktionsgruppen mit BäuerInnen, ArbeiterInnen, SlumbewohnerInnen u.a. benachteiligten sozialen Gruppen. Sie wurden durch kritisch engagierte WissenschaftlerInnen und andere Intellektuelle initiiert oder begleitet, die ihr theoretisches Wissen über Abhängigkeitsstrukturen in praktische gesellschaftliche Transformationsprozesse umsetzen wollten.[164] Dies sollte mittels einer sog. Volkserziehung (*educación popular*) geschehen, die sich besonders auf die

---

[162] Ein frühes Beispiel für die konsequente Umsetzung eines radikal-politischen Engagements in eine gesellschaftliche Praxis auf Seiten der verarmten bäuerlichen und indigenen Bevölkerungsgruppen war die Arbeit des kolumbianischen Soziologen und Priesters Camillo Torres (1969). Er fiel 1966 im Guerilakampf und wurde das große Vorbild der Befreiungstheologie.

[163] Molano (1978:xvii) weist auf die gleichzeitige Entstehung einer militanten Forschung in Indonesien und Indien hin.

[164] Ein wichtiges Leitmotiv dieser sozialwissenschaftlichen Praxisansätze war die (marxistisch inspirierte) These, daß sich WissenschaftlerInnen nicht damit zufrieden geben sollten, die Welt zu verstehen, sondern daß es vor allem darauf ankam, sie zu verändern (Fals Borda 1978, 1985:129).

dialogischen Methoden zur politischen Bewußtseinsbildung und Aufklärung (*conscientización*) des brasilianischen Pädagogen Paulo Freire berief.[165] Im Zentrum der Volkserziehung stand die Erarbeitung und Aufwertung des Volkswissens (*conocimiento popular*), das als Ausgangspunkt von Bewußtseinsbildung und aktiver Veränderung ungerechter gesellschaftlicher Strukturen durch die davon betroffenen Menschen genommen wurde (vgl. Freire 1973, 1977, 1982, Schulze/Schulze 1978). Aus der ideologischen und methodischen Kritik an den herrschenden Wissenschaftsparadigmen und der Entwicklung eines eigenen Erklärungsansatzes für die gesellschaftliche Realität (Dependenz-Theorie) sowie der Suche nach einer Anwendung der wissenschaftlichen Tätigkeit für eine transformatorische gesellschaftliche Praxis, die die betroffenen Gruppen miteinbezog (Volkserziehung), entwickelte sich in den 70er Jahren die *investigación (de) acción participativa (IAP)*.[166]

Zu ihren herausragendsten VertreterInnen gehört der kolumbianische Soziologe Fals Borda (Fals Borda 1970, 1978, 1980-84, 1985; mit: Bonilla et al. 1972, mit: Brandão 1986, mit: Rahman 1991; vgl. Salas 1991). Er charakterisierte seine Arbeit als

> "(...) un proceso que combina la investigación científica y la acción política para transformar radicalmente la realidad social y económica y construir el poder popular en beneficio de los explotados. A este complejo proceso, que incluye la educación de adultos, el diagnóstica de las situaciones, el análsis crítico y la práctica come fuentes de conocimiento para ahondar en los problemas, necesidades y dimensiones de la realidad, lo hemos denominado Investigación-Acción Partcipativa, IAP. (...) Se infiere entonces que la IAP no es exclusivamente un procedimiento investigativo ni una técnica de educación de adultos ni una acción política. Presenta al vez todos estos aspectos, como tres fases no neceseriamente consecutivas que pueden combinarse en una metodología dentro de un proceso vivencial, es decir, en un procedimiento de conducta personal y colectiva que se desen-

---

[165] Auch Freires dialogische Methoden der Volkserziehung und die partizipatorischen Vorgehensweise der sozialwissenschaftlichen *investigación acción* (siehe unten) wurden von EthnologInnen aufgegriffen (z.B. Fals Borda/Brandão 1986).

[166] Neben Thesen von Marx, Engels und Lenin wurden von südamerikanischen AktionsforscherInnen auch Mao-tse Tung und besonders die Arbeiten des italienischen Philosophen und Marxisten Antonio Gramsci als geistige Grundlagen ihrer Arbeit genannt (Fals Borda 1978, Molano 1978).

vuelve durante un siclo productivo satisfactorio de vida y de trabajo" (Fals Borda 1985:125-126).[167]

Grundlage dieses Ansatzes waren eine eindeutige Stellungnahme und eine solidarische Verpflichtung der WissenschaftlerInnen gegenüber den machtlosen gesellschaftlichen Gruppen, den "powerless people". Ausgangspunkt aller Aktivitäten waren die Lebenserfahrungen und die konkreten Alltagsprobleme (Armut, Diskriminierung, Unterernährung, Krankheiten usw.) der betreffenden Menschen. Ziel der IAP war es, den "armen, unterdrückten und ausgebeuteten Klassen und Bevölkerungsgruppen und ihren authentischen Organisationen" (ebd. 126) ein verläßliches, selbst produziertes Wissen an die Hand zu geben, das sie ermächtigte, ihre gesellschaftliche Situation zu durchschauen und zu verändern. Partizipative Forschung und Aktion sollten damit die Macht des Volkes (*poder popular*) stärken, die Fals Borda definierte als:

"(...) la capacidad de los grupos de base (explotados hoy por sistemas socio-económicos) de actuar políticamente y de articular y sistematizar conocimientos (el propio y el externo), de tal manera que puedan asumir un papel protagónico en el avance de la sociedad y en la defensa de sus propios intereses de clase y de grupo" (ebd.).

Der Ansatz der IAP gründete sich in seinen frühen Entwürfen auf zwei wesentlichen Grundpfeilern: zum einen auf dem Geschichtsverständnis des Historischen Materialismus [168] und zum anderen auf der Annahme eines besonderen Zusammenhanges zwischen Wissen und Macht, welcher zur Befreiung von Unterdrückung und zur Entwicklung einer gerechteren Gesellschaft führen kann.

Während sich die IAP-Ansätze mit den Jahren aus ihrer engen Anbindung an (neo-)marxistische Theorien und Terminologien lösten und andere philosophische und gesellschaftpolitische Konzepte aufgriffen (vgl. Fals Borda/Rahman 1991), blieb die Produktion eines in den Lebenserfahrungen und Kenntnissen der betreffenden Menschen wurzelnden **Wissens** (*conocimiento, knowledge*) und dessen Nutzung für eine kollektive soziale Praxis bei allen Spielarten der

---

[167] Ähnlich wurde eine partizipatorische Forschung auf dem Gründungstreffen des *Participatory Research Network* in Toronto (1978) definiert (Vío Grossi 1981:43).

[168] Der Historische Materialismus ist die im Zusammenhang mit der PAF am häufigste artikulierte politische Position, wurde aber keineswegs von allen PAF-AktivistInnen als Grundlage ihrer Aktivitäten genommen (vgl. Conchelos/Kassam 1981:55-56, Rahman 1991a:13, Vío Grossi 1981:45-46).

partizipatorischen Aktionsforschung im Zentrum stehen. Wissen wurde als "Gebrauchsgut" oder "Ware" (*commodity*) (Hall 1979, Tandon 1981: 23), als "strategische Ressource" (Wesseler 1988:83) oder als "bedeutendes Instrument zur Ausübung von Macht und Kontrolle" (Reason 1994:328) gesehen. Seine Produktion und Nutzung unterlagen bei konventionellen Forschungsstrategien dem Kontrollmonopol der wissenschaftlichen ExpertInnen[169] und stellten u.a. *eine* Basis für gesellschaftliche Machtausübung dar.

Die VertreterInnen der IAP bemühten sich, durch Beteiligung der "normalen Leute" an Produktion, Verbreitung und Verwendung von Wissen sowie durch Einbezug und besondere Wertschätzung des *conocimiento popular* (*popular knowledge*, Volkswissen) die etablierten Machtstrukturen bei Wissensproduktion und -nutzung abzubauen und den gesamten Umgang mit Wissen zu "demokratisieren" (Tandon 1981:24). Damit sollte ein Beitrag zum "empowerment of the have-nots" (ebd. 26) geleistet werden, die ihre durch das neue Wissen erworbene Macht zum Widerstand gegen Unterdrückungs- und Ausbeutungsstrukturen und zur Verbesserung ihrer Situation nutzen konnten.

> "(...) PAR (participatory action research; F.S.) values the people's knowledge, sharpens their capacity to conduct their own research in their own interest, helps them appropriate knowledge produced by the dominant knowledge industry for their own interests and purposes, allows problems to be explored from their perspective, and, maybe most important, liberates their minds for critical reflection, questioning, and the continuous pursuit of inquiry, thus contributing to the liberation of their minds and the development of freedom and democracy" (Reason 1994:329).

Durch Bewußtmachung und Analyse der eigenen Situation, die (Wieder-)Inbesitznahme der eigenen Geschichte und des gemeinschaftlichen eigenen Wissens sowie die Erarbeitung notwendiger "externer" Kenntnisse sollten die Menschen befähigt werden, selbständig ihre Lage zu verbessern und die Gestaltung ihrer Zukunft in die eigenen Hände zu nehmen. Wichtig war, daß ihnen nicht durch außenstehende ExpertInnen oder eine intellektuelle Avantgarde ein vermeintlich "richtiges" Wissen oder Bewußtsein vermittelt wurde, sondern daß sie das Wissen selber und nach ihren eigenen Methoden und Verifikationskriterien produzierten:

---

[169] Zur Kritik der PAF-VertreterInnen an den konventionellen Forschungsmethoden vgl. Moser (1975, 1995), Tandon (1982), zusammengefaßt in Reason (1994:328-9).

"People cannot be liberated by a consciousness and knowledge other than their own, and a strategy such as the above (die Aufklärung durch außenstehende ExpertInnen; F.S.) inevitably contains seeds of newer forms of domination. Consequently, it is absolutely essential that the people develop their own endogenous consciousness-raising and knowledge generation, and that this process acquires the social power to assert vis-a-vis all elite consciousness and knowledge. (...) An immediate objective of PAR is to return to the people the legitimacy of the knowledge they are capable of producing through their own verification systems, as fully scientific, and the right to use this knowledge - including any other knowledge, but not dictated by it - as a guide in their own action" (Rahman 1991a:14-15).

Da die VertreterInnen der IAP davon ausgingn, daß Wissen an sich nicht schon Macht *war*, sondern auch zur Durchsetzung Macht *brauchte*, legten sie besonderes Schwergewicht auf die Bildung eigener Organisationsformen, sozialer Bewegungen und politischer Führungsgruppen innerhalb der betreffenden Gemeinschaften. Wie die neuen IndigenistInnen forderten auch sie die Herausbildung sog. "organischer Führerschaften" (Rahman 1991a:22), die das Wissen und die Interessen einer Gruppe adäquat vertreten und in die Praxis umsetzen konnten.

Die Entwicklung eines eigenen (organischen, endogenen, traditionellen usw.) Wissens der Gemeinschaften und seine Umsetzung in gesellschaftsveränderndes Handeln war (und ist) Hauptziel der IAP. Alle Forschungen im Rahmen der IAP sollten explizit dazu dienen, solch ein aus den Alltagserfahrungen stammendes und auf die Praxis bezogenes Wissen zu produzieren, wobei es nicht um irgendeine Praxis ging, sondern um solche, die grundlegende Strukturen der Abhängigkeit, Beherrschung und Unterdrückung zu ändern vermochte. Als langfristiges strategisches Ziel formulierten die meisten IAP-VertreterInnen die strukturelle Transformation der jeweiligen Gesellschaft und der in ihr herrschenden Machtverhältnisse (z.B. Fals Borda 1985, H.-H.Rudolph 1988, Vío Grossi 1981, Rahman/Fals Borda 1991:30, Rahman 1991a). Anvisiert wurde dabei das Ideal einer Gesellschaft, die je nachdem als "equitable", "just", "participatory" oder "self-reliant" beschrieben wurde (MacCall 1981:65-70).

Die Aufgabe der WissenschaftlerInnen bestand darin, ihre besonderen Qualifikationen im Umgang mit Wissen - nur auf diesem Gebiet konnten sie als ExpertInnen gelten - zur Verfügung zu stellen und katalysatorisch, unterstützend, beratend und vermittelnd bei der Produktion, Auswertung, Organisation und Nutzung des Wissens tätig zu sein. Ihnen kam dabei eine vermittelnde Position zu: Zum einem sollen sie das existierende ExpertInnenwissen (von WissenschaftlerInnen, BürokratInnen, PolitikerInnen, EntwicklungsplanerInnen usw.), dessen Relevanz für die Handlungsziele der Gemeinschaft duchaus gesehen wurde, in eine populäre, allgemeinverständliche Sprache übersetzen, um es allen zugänglich zu machen; zum anderen sollten sie das Volkswissen in die Sprachstile und das Vokabular der herrschenden gesellschaftlichen Gruppen und EntscheidungsträgerInnen zurückübersetzen, um Einfluß auf das ExpertInnenwissen zu nehmen (vgl. Tandon 1981:26-27). Beide Formen von Wissen sollten im Prozeß der IAP mit einander verbunden werden, um alle bestehenden kulturellen und intellektuellen Traditionen für das *empowerment* der betreffenden Menschen zu nutzen (Rahman/Fals Borda 1991:32). Die WissenschaftlerInnen wollten ihrerseits durch ihre eigene Teilnahme an Aktionen und Veränderungsprozessen neue Erfahrungen und neues, qualitativ anderes Wissen gewinnen (vgl. Fals Borda 1978, Vío Grossi 1981:47).

Um die soziale Distanz und die damit verbundenen Beziehungs- und Kommunikationsprobleme zwischen den ForscherInnen und den betreffenden Menschen zu überwinden oder zumindest zu verringern, mußten sich erstere soweit wie möglich auf die Lebenswelt der jeweiligen Gemeinschaft einlassen. Dieser Prozeß des Sich-Einlassens, der *inserción* (Rahman/Fals Borda 1991:24), sollte zu Anteilnahme und zum Mit(er)leben der Alltagsrealität der betreffenden Menschen führen. Er machte die IAP zu einem offenen Prozeß gemeinsamen Lebens und Arbeitens, einer sog. *vivencia* oder einem *proceso vivencial* (ebd. 29).

"Por la *vivencia* de una cosa intuimos su esencia, aprehendemos su realidad, sentimos, gozamos y entendemos los fenómenos cotidianos, y experimentamos nuestro propio ser en su contexto total" (Fals Borda 1985:129; Betonung im Original).

In der IAP wurden praktischen Anteilnahme, Eigenerfahrung und Forschung zu einem "Erlebnis"prozeß verknüpft, wie Fals Borda es in Anknüpfung an den spanischen Philosophen Ortega y Gasset formuliert (ebd. 125).[170] Diese spezifische Herangehensweise (*metodología vivencial*) an Forschung, Forschungssubjekte und soziale Realität mußte auch bei den ForscherInnen zu Veränderungen in der Wahrnehmung der erforschten Situation, der betroffenen Menschen und ihrer Selbst führen. Letztlich sollten sich die ForscherInnen und von außen

---

[170] Ähnlich sehen AktionsethnologInnen eine untrennbare Verbindung zwischen Wissenschaftler- und Mensch-Sein (vgl. K.Schlesier 1974:282, 1980:35, Tax 1975a:534).

kommenden AktivistInnen bemühen, sich im Verlaufe dieses Prozesses überflüssig zu machen (Fals Borda 1985:131).

Obwohl Methoden der IAP heute mehr und mehr in Entwicklungsprojekten zur Anwendung kommen (siehe Kap. 4.7.3. und 4.7.4.), handelt es sich nicht um einen entwicklungspolitischen Ansatz, sondern primär um eine auf wissenschaftlichen Methoden basierende Strategie zur Aufklärung, Bewußtseinsbildung und politischen Organisierung benachteiligter indigener u.a. Gruppen (MacCall 1981:69). Dabei spielen die Formen und Methoden zur Wissensproduktion, -aneignung und -weitergabe eine genauso entscheidende, wenn nicht entscheidendere Rolle wie das produzierte Wissen selber.

Zu den **Methoden**, mittels derer ein Wissen geschaffen wird, das als politische Gegenkraft zu herrschenden Machtverhältnissen wirksam werden kann, gehören (nach Fals Borda 1985:138-143):

1. die gemeinsame Untersuchung und systematische Aufarbeitung (durch Versammlungen, Gespräche, Arbeitsgruppen, Volkstheater, Befragungen usw.) des von der Gruppe gesammelten, überlieferten und für wichtig erachteten Wissens über ihre soziale Situation (*investigación colectiva*);

2. die kritische Aufarbeitung der eigenen Geschichte (z.B. mittels Befragung der Alten, Analyse von Sagen und überlieferten Erzählungen, Erforschung von Familienarchiven, Wiederentdeckung von Kulturheroen u.ä.) und Schaffung eines eigenen nicht-entfremdeten Geschichtsbewußtseins (*recuperación crítica de la historia*);

3. die Wiederbelebung und Förderung überlieferter kultureller Ausdrucksformen wie Musik, Tanz, Erzählungen, Ursprungsmythen, Malerei, Spiele, bestimmte Darstellungsweisen für Gefühle, Glaubensvorstellungen u.ä. zur Stärkung der Identität und des Selbstbewußtseins der Gruppe (*valoración y empleo de la cultura popular*);

4. die Rück- bzw. Weitergabe und Diskussion des neu gewonnenen Wissens auf verschiedenen Kommunikationsebenen (z.B. über Massenmedien, Theater, Musik, öffentliche Veranstaltungen, Publikationen, audio-visuelle Medien usw.) an die gesamte Gruppe und ihre Organisationen (*producción y difusión del nuevo conocimiento*).

Schlüsselbegriffe der IAP-Methoden sind entsprechend **committment, Teilnahme** und **Dialog** (Reason 1994:328). Außerdem können bei der IAP die unterschiedlichsten qualitativen und quantitativen Methoden, auch der konventionellen Sozialforschung (wie z.B. offene oder halboffene Interviews, teilnehmende Beobachtung, Surveys u.ä.), zur Anwendung kommen (Fals Borda 1985: 142). Diese werden aber in veränderte Forschungsstrukturen eingebunden, bei denen es nicht um Extraktion von Wissen durch ExpertInnen geht, sondern um die Herstellung von Rahmenbedingungen, die es den betreffenden Menschen ermöglichen, ihre eigenen Realitätsinterpretationen, Ansichten, Kenntnisse und Ziele herauszuarbeiten (Conchelos/Kassam 1981:53-54).

Eines der ersten Aktionsforschungprojekte, das die genannten Grundsätze und Methoden in die Praxis umzusetzen versuchte, war die Arbeit der *Fundación Rosca de Investigación y Acción Social* (kurz: ROSCA) mit ArbeiterInnen, bäuerlicher und indigener Bevölkerung an der Atlantikküste Kolumbiens. Die ROSCA wurde 1970 von einem kolumbianischen Forscherteam[171] gegründet und stellte 1976 ihre Arbeit wieder ein (Bonilla et al. 1972, Parra 1983).

Eine kritische Aufarbeitung dieser frühen kolumbianischen Erfahrungen mit der IAP zeigte, daß die beteiligten WissenschaftlerInnen u.a. aufgrund von Stereotypisierungen und Idealisierungen der "Volksmassen" bzw. der Verkennung menschlicher Schwächen sowie der Vielschichtigkeit und Widersprüchlichkeit der unterschiedlichen Bedürfnisse ihr Ziel, eine Volkswissenschaft (*ciencia popular*) aufzubauen, nicht erreichen konnten (Fals Borda 1978:105-108, Parra 1983). Die anschließenden Diskussionen unter südamerikanischen SozialwissenschaftlerInnen führten zu einer Vertiefung und Präzisierung des IAP-Konzeptes, in dem der Komplexität sozialer Realität(en) Rechnung getragen wurde, und das seine Realisierung in weiteren Projekten fand (z.B. Fals Borda 1985, Rahman/Fals Borda 1991). Die Grenzen des dialektischen Geschichtsmodells marxistischer Provenienz für praktische Handlungsstrategien wurden erkannt und zunehmend auch andere Erfahrungs- und Interpretationsmodelle akzeptiert. In den neueren Arbeiten der PAR-VertreterInnen haben die Zielformulierungen kaum noch etwas mit den frühen marxistischen Positionen gemein und bedienen sich teilweise eher der Sprache postmoderner Diskurse:

> "Much of our contemporary world has been constructed on the basis of hate, greed, intolerance, chauvinism, dogmatism, autism and conflict. PAR philosophy would propose to stimulate the dialectical opposites of these attitudes. If the initial subject/object binominal is to be solved in horizontal

---

[171] Die Forschergruppe bestand aus den Ethnologen Castillo Cardenas und Daniel Bonilla sowie den Soziologen Augusto Libreros und Orlando Fals Borda. ROSCA bedeutet übersetzt ungefähr "Zirkel, Kreis". Die Begründer der ROSCA verstanden darunter "(...) un grupo de cuadros científicos en el proceso revolucionario colombiano, que aportan su trabajo a las organizaciones y gremios populares para actuar dentro del mismo proceso" (Parra 1983:16).

dialogics and in 'the one subject', as claimed by PAR, this process would have to affirm the importance of 'the Other' and become heterologous. To respect differences, to hear discrete voices, to recognize the right of fellow human beings to act, live and let live, to feel the 'exotopian', as Mikhail Bakhtin (1986) would say, may turn into a strategic characteristic of our time. When we discover ourselves in others, we affirm our own personality and culture and attune ourselves to a vived cosmos. These destructive/ constructive, yin-yang and pluralistic ideals appear to be related to deep popular sentiments for security and peace with justice, in defense of multiple and cherished ways of life and for the resistance against homogenization" (Rahman/Fals Borda 1991:32-33).

In ungezählten Aktionsforschungsprojekten wurde in den letzten zwei Jahrzehnten weltweit ein großer Fundus an Methoden und Techniken entwickelt und erprobt. Diese sind in einer Vielzahl von Projektberichten festgehalten und können als Vorbilder und Anregungen für die weitere Arbeit dienen. Heute legen sich Projekte der partizipatorischen Aktionsforschung nicht mehr auf einen bestimmten Set an Methoden fest, sondern entwickeln und verwerfen fall- und situationsspezifisch immer wieder neue Techniken und Strategien. Fals Borda (1991:149) mahnt sogar:

"Imitation or replication of techniques is not recommended, not even when they have proved successful. The rules of cultural consistency make it preferable to undertake new actions every time, depending on the specific conditions and circumstances of each experience. Freedom to explore and create in these conditions is therefore another essential characteristic of participatory action-research."

4.7.3. Partizipatorische Aktionsforschung als alternatives Forschungskonzept des Südens

Eine wichtige Rolle bei der Weiterentwicklung und Verbreitung der partizipatorischen Aktionsforschung spielte das Symposium von Cartagena, Kolumbien, im Jahre 1977 (Simposio Mundial... 1978). Es brachte eine Gruppe internationaler WissenschaftlerInnen zusammen, um über die Erfahrungen, Grundlagen und Perspektiven einer kritischen aktionsorientierten Sozialwissenschaft in allen

Erdteilen zu diskutieren.[172] 1982 fand die *participatory action research* auf dem 10. Weltkongreß der Soziologie in Mexiko City ihren offiziellen Eingang in die akademische Sozialwissenschaft (Rahman/Fals Borda 1991:26). Partizipatorische Aktionsforschung etablierte sich damit in den 80er Jahren als alternatives Forschungs- und Handlungskonzept vor allem der Dritten Welt, fand aber auch in Europa, Nordamerika und Australien beträchtliche Beachtung und Anwendung. Einige AutorInnen sehen durch die PAF sogar einen Paradigmenwechsel eingeleitet (z.B. Fals Borda 1985:129, Fals Borda 1991, Moser 1975, Salas 1991:250, Tandon 1981:22), der sich in einer Neubestimmung des Verhältnisses von Forschungssubjekt und -objekt und dem Einbezug gesellschaftlicher Praxis als konstituierendes Moment des Forschungsprozesses ausdrückt.[173] Dem ist allerdings entgegenzuhalten, daß die Entstehung der Aktionsforschung nicht zu einem generellen Umbruch innerhalb der Sozialwissenschaften geführt hat, wie ihn Kuhn (1976) als Merkmal wissenschaftlicher paradigmatischer Revolutionen ansieht, und daß es bis heute kein genau ausformuliertes Konzept der Aktionsforschung gibt, das als neues wissenschaftliches Paradigma gelten könnte (vgl. Moser 1995:38-39). Stattdessen gibt es eine Vielzahl unterschiedlicher Definitionen, Auflistungen methodischer Postulate, Formulierungen ethischer Ansprüche und politisch-pragmatischer Zielsetzungen, erkenntnistheoretischer Grundlagendiskussionen und Projektdarstellungen, die weltweit auf Treffen und Konferenzen besprochen und in einer rasant wachsenden Anzahl von Handbüchern, Projektberichten, Kongreßreadern und Sammelbänden verbreitet werden (z.B. Convergence 1981, Erasmie et al. 1981, Fals Borda 1985, 1991, Fals Borda/Rahman 1991a, Hall et al. 1982, Kassam 1982, Kemmis/McTaggart 1990, Moser 1975, 1995, Rahman 1983, Vío Grossi et al. 1981, 1984).

---

[172] Da es sich primär um einen Kongress über kritische Soziologie handelte, waren die TeilnehmerInnen zum weitaus größten Teil Sozial- und ErziehungswissenschaftlerInnen. Zumindest drei Ethnologen (Gerrit Huizer, Elias Sevilla-Casas und David C. Pitt) lassen sich jedoch anhand der TeilnehmerInnenliste ausmachen. Wenn auch die Diskussionen und Ergebnisse dieses Kongresses so gut wie gar nicht innerhalb der Ethnologie rezipiert wurden, so haben die genannten ethnologischen Teilnehmer doch - ebenso wie der bei den beiden Barbados-Tagungen anwesende Grünberg - die Diskussionen über Ethik und Praxis innerhalb der nordamerikanischen und europäischen Ethnologie wesentlich mit beeinflußt (vgl. Grünberg 1977, Huizer 1973, 1976, 1979b, 1993a, 1993b, Huizer/Mannheim 1979, Pitt 1976).

[173] Auch in der Entwicklungszusammenarbeit wird die Einführung partizipativer Analyse-, Planungs- und Beratungsverfahren gelegentlich als ein neues Paradigma gehandelt (z.B. Schönhuth 1996:18).

In allen Erdteilen (siehe die Aufstellungen bei R.Chambers 1996:75-76, Rahman 1991a:18-19, außerdem Rahman/Fals Borda 1991) entwickelten Universitäten, Forschungsgruppen, kirchliche, staatliche und private Institutionen sowie Einzelpersonen Projekte und Programme, die sich ganz oder teilweise nach den Postulaten und Methoden der partizipatorischen Aktionsforschung richteten. Nicht-staatliche Organisationen (*Non-Governmental Organisations/NGOs*), Basisgruppen und *grass roots*-Bewegungen übernahmen genauso partizipative Verfahren wie Regierungseinrichtungen, Entwicklungsinstitutionen und internationale Organisationen. So fand das Konzept der Beteiligung benachteiligter Gruppen an der Erforschung und Veränderung ihrer eigenen Situation Eingang in die Internationale Arbeitsorganisation (*ILO*), die *UNESCO*, das *UN Research Institute for Social Development* (*UNRISD*), die *UN Food and Agriculture Organization* (*FAO*), die Weltbank und den Kirchlichen Entwicklungsdienst des Ökumenischen Rates der Kirchen (EADI 1987, Fals Borda 1980:202, FAO 1990, UNRISD 1979, 1983, 1985, Weltbank 1994).

Partizipative (Aktions-)Forschungsansätze kamen und kommen u.a. in Bildungs- und Entwicklungsprojekten mit Frauen, landlosen Bauern, indigenen Gemeinschaften, ethnischen Minderheiten, mit arbeitslosen Jugendlichen, IndustriearbeiterInnen, SlumbewohnerInnen oder Flüchtlingen zur Anwendung. Neben WissenschaftlerInnen der verschiedensten Fächer (besonders aus Erziehungs-, Sozial-, Politik- und Wirtschaftswissenschaft sowie aus Psychologie und Ethnologie) befassen sich auch PraktikerInnen aus Bildungsplanung, Gemeindeorganisation, Gesundheitsversorgung, Entwicklungszusammenarbeit und Verwaltung, aber auch SozialarbeiterInnen, KünstlerInnen, politische AktivistInnen, GewerkschaftsführerInnen u.a. sozial und politisch engagierte Personen mit partizipatorischen Methoden zur Untersuchung und Erfassung des spezifischen Wissens und der Bedürfnisse sowie zur Aktivierung bestimmter Bevölkerungsgruppen (Tandon 1981).

4.7.4. *Participatory rural appraisal* und *participatory learning approaches* in der Entwicklungspolitik

In der internationalen Entwicklungspolitik werden partizipative Erhebungsverfahren vor allem als *Participatory Rural Appraisal/PRA* und neuerlich als *Participatory Learning and Action/PLA* bezeichnet (Schönhuth 1996:17). Sie sind dort mittlerweile fester und unabdingbarer Bestandteil von vielen Projektplanungen (vgl. z.B. Bliss 1996, R.Chambers 1980, 1992, 1996, Forest, Trees and People Newsletter 1992, 1995, Gagel 1994, 1995, Honerla/Schröder 1995, Huizer 1993b, Kievelitz 1996, McCracken et al. 1988, Rahnema 1992, Rauch 1996, Schönhuth 1996, Schönhuth/Kievelitz 1993, 1994 mit einem umfangreichen Verzeichnis von Organisationen, Projekten, Kontaktpersonen und Literatur, Scoones/Thompson 1994, Scrimsaw/Hurtado 1987, Sülberg 1988, Thomi 1996 sowie die Zeitschrift *PLA Notes*).

PRA gilt als ein *bottom-up approach*, der einen Rollenwechsel zwischen EntwicklungsexpertInnen und den betreffenden Menschen beim Lernen und Lehren voraussetzt, an den Interessen und Bedürfnissen der lokalen Gemeinschaften ansetzt und eine Stärkung ihrer Entscheidungsfähigkeit zum Ziel hat (Schönhuth/Kievelitz 1994:13):

> "Man könnte PRA definieren als einen Weg, lokalen (städtischen und ländlichen) Gruppen zu ermöglichen, ihre Lebensbedingungen in einem gemeinsamen Prozeß zu analysieren, dessen Ergebnisse miteinander zu diskutieren und Aktivitäten mit oder ohne Hilfestellung von außen zu planen. Die externen Fachkräfte stoßen diesen Prozeß nur noch an und begleiten und unterstützen ihn in dem Maße, wie dies von den Gruppen gewünscht wird und wie es von ihrem eigenen Verhandlungsspielraum vertretbar ist. Auftretende Interessenskonflikte müssen dabei offengelegt und ausgehandelt werden" (Schönhuth 1996:15).

Deutlich bestehen hier Übereinstimmungen zu ethnologischen und sozialwissenschaftlichen Praxisansätzen wie der partizipatorischen Aktionsforschung oder der *action anthropology*, die von VertreterInnen des PRA u.a. auch als methodische Vorläufer genannt werden. Während allerdings die IAP/PAF der 70er Jahre aus einer radikalen, politisch und ökonomisch begründeten Wissenschafts- und Gesellschaftskritik entstand, emanzipatorischen Anspruch hatte und grundlegende Veränderungen herrschender Machtverhältnisse anstrebte, entstanden die partizipatorischen Ansätze in der Entwicklungspolitik der späten 80er Jahre vor allem aus dem Bemühen um größere Effizienz der entwicklungspolitischen Praxis (vgl. z.B. Bliss 1996:54, R.Chambers 1980, Gagel et al. 1994, Kievelitz 1996:37, Schönhuth/Kievelitz 1994:3-6, Thomi 1996). Entsprechend wird der Ansatz des PRA, dessen Ursprung explizit in den Ländern des Südens (R.Chambers 1996:77) gesehen wird, vielfach lediglich als ein neuer Analyse-, Planungs- und Beratungsansatz mit einem Satz einfacher Erhebungstechniken (einer sog. *tool-box*) verstanden, mittels derer man schneller und effektiver erfahren kann, was die Zielgruppe denkt und will, und sich so ihre Mitarbeit und damit auch einen größeren Projekterfolg sichern kann.

Bei dieser Verwendung erfüllen sog. partizipative Verfahren vor allem legitimierende und instrumentalisierende Funktionen zur Umsetzung eines Projektvorhabens, das von "außen" und "oben" bereits geplant ist und keine wirkliche Veränderung bestehender Machtverhältnisse anstrebt. Externe Instanzen (Behörden, Entwicklungsagenturen, RegierungsbeamtInnen) behalten letztlich die Kontrolle und die Entscheidung über die Unterstützung von Aktivitäten, die Vergabe von Geldern und den Projektverlauf in den Händen. Partizipative Verfahren werden utilitaristisch als Instrumente für Reformen und Konfliktlösungen innerhalb bestehender Gesellschafts- und Machtstrukturen sowie als Strategie zur effektiveren Durchsetzung der Ziele und Interessen machthabender gesellschaftlicher Gruppen eingesetzt und unterliegen dem Rechtfertigungsdruck gegenüber den (externen) AuftraggeberInnen. So machen kritische BeobachterInnen bislang so gut wie kein Projekt der Entwicklungszusammenarbeit aus, bei dem im *gesamten* Projektverlauf eine wirkliche Beteiligung der Bevölkerung mit dem Ziel ihres *empowerment* stattgefunden hat (Kievelitz 1996:40-41; vgl. Bliss 1996, Cornwall/Fleming 1995, Gujit/Cornwall 1995, Drubig 1995, Rahnema 1992, Rauch 1996, Schönhuth/Kievelitz 1994:24, Schönhuth 1996:31-35, Thomi 1996).

Während es z.B. für die einen explizit zur Politik eines partizipatorischen Aktionsprogrammes gehört "(...) not to include non-poor" (Huizer 1993b:75),[174] vertreten andere die Ansicht, daß Methoden der Aktionsforschung auch bei "relativ wohlhabenden Individuen und Gruppen auf der Mikro-, Meso- und Makroebene" und den "Führungskräfte(n) in Politik, Verwaltung und Wirtschaft angewandt werden können und sollen" (Schneider-Barthold et al. 1994:9, 17). Nicht Selbstorganisation, *empowerment* und Veränderung gesellschaftlicher Machtverhältnisse sind in diesen Fällen das Ziel der Bemühungen, sondern "Wirtschaftlichkeit und die Erhöhung von Effizienz und Effektivität" (ebd. 17).

4.7.5. Partizipatorische Aktionsforschung in der Industrie

Ein besonderer Bereich, innerhalb dessen die Postulate der *participatory action research* Anwendung fanden, war bzw. ist die vornehmlich von U.S.-amerika-

---

[174] Huizer bezieht sich hier auf das *People's Participation Programme (PPP)* der *FAO*.

nischen EthnologInnen und SozialwissenschaftlerInnen betriebene *organizational behavior research,* die auf die in den 40er Jahren in größerem Umfang durchgeführten Untersuchungen über "human relations in industry" zurückgeht (z.B. Greenwood et al. 1987, Whyte 1987, 1991). Die Erforschung der formellen und informellen Autoritäts-, Solidaritäts- und Kommunikationsstrukturen innerhalb der Arbeiterschaft und zwischen ArbeiterInnen und Betriebsleitung in Industrieunternehmen sollte Erkenntnisse darüber bringen, wie Mißverständnisse und Widerstände in der betriebsinternen Kommunikation beseitigt, das Arbeitsklima für alle Seiten angenehmer gestaltet und die Kooperation und Partizipation der ArbeiterInnen an der sozialen Organisation innerhalb des Betriebes gefördert werden konnten. Von einem verstärkten *participation management,* zu dessen Entwicklung u.a. EthnologInnen die notwendigen Daten liefern sollten, erhoffte man sich außerdem eine Steigerung der Produktivität des Betriebes (vgl. Whyte 1987:160-66).

Auf der Suche nach "more democratic and participatory ways of managing an industrial organization" (ebd. 183) begannen EthnologInnen ab den 70er Jahren verstärkt, aktive Rollen als BeraterInnen zu übernehmen, die ArbeiterInnen, aber z.T. auch Unternehmungsleitungen an der Erforschung der Betriebsstrukturen zu beteiligen und in gemeinsamen Forschungsteams Empfehlungen zur Verbesserung der Arbeitsbedingungen (z.B. mehr Mitsprache- und Entscheidungsrechte der ArbeiterInnen, Umstellung veralteter Produktionsformen, Reduzierung unnötiger Ausgaben, Schaffung sozialer Einrichtungen u.a.) auszuarbeiten. Die Anwendung von Strategien der *participatory action research* führten dabei in einigen Fällen zu Erkenntnissen, deren Umsetzung u.a. die Sicherung von Arbeitsplätzen, die Verbesserung des Betriebsklima und sicherere Arbeitsbedingungen ermöglichten (Greenwood et al. 1987).

Zu den wichtigsten *langfristigen* Zielen solcher Aktionsforschungsprojekte in der Industrie gehört es, die betreffenden Unternehmen national und international auf dem Wirtschaftsmarkt wettbewerbsfähiger zu machen (Whyte 1987: 181). So verwundert es nicht, daß zunehmend auch von den Firmenleitungen partizipatorische Strategien als wichtig anerkannt werden (ebd.). Mit ihrer Hilfe können innerhalb industrieller Betriebe Korrekturen an Kommunikations-, Sozial- und Entscheidungsstrukturen vorgenommen werden, ohne daß grundlegende Veränderungen in den Machtverhältnissen erfolgen müssen. Zweifellos führen dabei partizipatorische Forschungs-, Planungs- und Implementierungsverfahren zu Ergebnissen, die für alle Beteiligten Verbesserungen bringen: Die

(bzw. einige) ArbeiterInnen behalten z.B. ihren Arbeitsplatz und erringen bessere Arbeitsbedingungen; das Management verbessert die Wettbewerbsfähigkeit seines Betriebes auf dem Wirtschaftsmarkt.
Partizipationsmodelle können also auch von machthabenden Institutionen und Personenkreisen zur Sicherung ihrer Position und als Legitimationsmittel benutzt werden, "indem sie durch neue Methoden der Konsensbeschaffung - also durch Quasi-Demokratisierung - Loyalität zu erzeugen versuchen" und so den in bürgerlich-demokratischen Gesellschaftsordnungen festgeschriebenen Ansprüchen auf Freiheit, Gleichheit und Gerechtigkeit zumindest formal gerecht bleiben, während de facto weiterhin Ungleichheit herrscht (Moser 1975:163).

4.7.6. Ein Begriff - viele Richtungen: Zur kritischen Einschätzung partizipativer Methoden

Zunächst ist allen partizipativen Ansätzen gemeinsam, daß das Ziel der Forschungsarbeit die Veränderung sozialer Verhältnisse ist. Ausgangspunkte des wissenschaftlichen Engagements sind konkrete soziale Probleme. Die betreffenden Menschen werden an der Untersuchung der Probleme beteiligt, wodurch sie zu einem besseren Verständnis und größerem Bewußtsein ihrer Situation gelangen sollen. Dieses wiederum befähigt sie, notwendige Veränderungen vorzunehmen. Gemeinsam ist den PAF-Projekten auch die Überzeugung, daß soziale Veränderungen nur dann effektiv und nachhaltig wirksam sind, wenn sie von den Betroffenen gewollt und mit ihrer Beteiligung durchgeführt werden.
Darüber hinaus differieren Selbstverständnis, Kontext, Zielsetzungen, politische und philosophische Grundlagen, Strategien und praktische Vorgehensweisen der unterschiedlichen partizipativen Ansätze stark von einander. Für einige ihrer VertreterInnen stellt die PAF ein ganz neues Wissenschaftskonzept dar, für manche sogar eine Art politisches Programm. Für andere bietet sie vor allem spezifische Forschungsmethoden und wieder andere verstehen unter dem *participatory approach* lediglich besondere Analyse-, Planungs- und Beratungsverfahren.
Für diejenigen, die mit dem Konzept von "Partizipation" einen ethischen und politischen Standpunkt verbinden, bedeuten partizipatorische Verfahrensweisen häufig zugleich eine persönliche Verpflichtung gegenüber den machtlosen und benachteiligten Bevölkerungsgruppen, eine langfristige soziale Verantwortung

als WissenschaftlerIn und/oder PraktikerIn und ein aktives Handeln für grundlegende gesellschaftliche Veränderungen, kurz: Partizipation stellt für diese Personen - ähnlich wie die *action anthropology* für manche EthnologInnen - eine Art Lebensphilosophie dar, die sich auch auf den Umgang mit KollegInnen, Forschungssubjekten und anderen Mitmenschen auswirkt (z.B. Rahman/Fals Borda 1991:29, Rahman 1991a:16). In einigen Ländern weiteten sich entsprechend Projekte mit armen Bevölkerungsgruppen, die sich an Kriterien wie Selbstbestimmung, Selbstorganisation, partizipatorischer (Selbst-)Erforschung und *self-reliance* orientieren, zu sozialen, politischen und kulturellen Bewegungen aus, die weite Regionen und große Bevölkerungsanteile umfassen (Huizer 1993b:77-79, Rahman 1991a:18-19, 1991b).

Auf der anderen Seite haben sich die ursprünglich mit radikal-transformatorischen und emanzipatorischen Zielen verbundenen Positionen, Prinzipien und Postulate der frühen PAR bzw. IAP der 70er Jahre im Laufe der Zeit - wie gezeigt wurde - auch nach "oben", d.h. an die Orte gesellschaftlicher Macht, wie z.B. Regierungsinstitutionen und transnationale Unternehmen, ausgebreitet und dabei teilweise einen entscheidenden Bedeutungswandel durchgemacht. Partizipation, *committment* und *empowerment* gehören heute z..B. zum Standardvokabular jeder entwicklungspolitischen Diskussion, sind zu "Modediskursen" und "Rennern im Entwicklungsgeschäft" geworden, ohne die kein Projektantrag mehr bewilligt wird (Bliss/Neumann 1996, Gardner/Lewis 1995:103-127, Rahnema 1992, Rauch 1996, Richards 1995:13). Als politisches Konzept stellt Partizipation, d.h., die Beteiligung der "less powerless people" an Entscheidungsprozessen (vgl. Bachrach/Botwinick 1992), schon lange keine Gefahr mehr dar, sondern hat sich im Gegenteil als attraktives Schlagwort zur Beruhigung und Kontrolle sozialer Gruppen erwiesen, das zudem ökonomische und finanzielle Vorteile bringt (Rahnema 1992:117-120):

> "In its present context (...) participation has come to be `disembedded´ from the socio-cultural roots which had always kept it alive. It is now simply perceived as one of the many 'resources' needed to keep the *economy* alive. To participate is thus reduced to the act of partaking in the objectives of the economy, and the societal arrangements related to it" (ebd. 120; Betonung im Original).

Vielfach werden partizipative Methoden als Zusatzausbildung in Trainingsseminaren oder aus dem schnell angewachsenen Berg von Anleitungsbüchern gelernt und dann schematisch in der Projektplanung angewandt. Das hat zur Folge, daß es den EntwicklungsexpertInnen teilweise schwer fällt, den betreffenden Menschen die "Verfahrensregeln partizipativer Problemlösungsstrategien" verständlich zu machen (Rauch 1996:20), oder daß "die Nutzer" nicht immer bereit sind, "die Bedingungen der Hilfe zur Selbsthilfe" zu akzeptieren (Gagel 1995:17, Schönhuth 1996:29). Diese Bedingungen werden aber nach wie vor von den Auftrag- und GeldgeberInnen gestellt (vgl. die Beiträge in Bliss/Neumann 1996:13-90), denn "(i)m Rahmen einer selbstmobilisierenden Partizipation würden die Institutionen der EZ ihre Kontroll- und Lenkungsfunktion verlieren" (Thomi 1996:72).

Eine Schlußfolgerung ist, daß zur Herstellung einer emanzipatorischen wissenschaftlichen Forschungspraxis nicht die veränderten Erhebungsmethoden das Entscheidende sind, sondern die politische Stellungnahme der ForscherInnen innerhalb herrschender Machtverhältnisse, ihre ethische Verpflichtung gegenüber den Forschungssubjekten und die politische Zielsetzung ihres Engagements (ähnlich Cornwall/Fleming 1995:8-9, Gujit/Cornwall 1995:2). Ohne diese Parteinahme und Selbstverpflichtung können die Ansätze der Aktions- oder partizipatorischen Forschung den betreffenden Gemeinschaften mehr schaden als nützen, da sie durch die größere Nähe zwischen ForscherInnen und Forschungssubjekten Informationen (z.B. über Entscheidungs- und Handlungsstrukturen) hervorbringen, die in den Händen machthabender EntscheidungsträgerInnen *gegen* die Forschungssubjekte gewendet werden können. Davor, daß mehr Wissen über die Interessen und Ziele einer Gruppe auch mehr Kontrolle und Manipulation dieser Gruppe bedeuten kann, ja, daß ein Aktionsforscher ohne eine konsequente ethische Verpflichtung auf Seiten der Forschungssubjekte viel leichter zu einem "Spion" für machthabende Gruppen werden kann, als dies durch eine distanziertere Forschungsmethodologie möglich war, hat schon Schlesier (1974:298) gewarnt (ähnlich Hedican 1995:70-71).

Heutige VertreterInnen partizipatorischer Ansätze in der Entwicklungspolitik erkennen z.T. auch die Gefahr, daß Ansätze wie das *Participatory Rural Appraisal* gegen die betreffenden Menschen gerichtet werden können (z.B. Gujit/ Cornwall 1995, Schönhuth/Kievelitz 1993:31). Allerdings führt das in den wenigsten Publikationen zur Formulierung einer eindeutigen politischen Position der beteiligten ForscherInnen. Hier spielt sicherlich das Abhängigkeitsverhältnis der WissenschaftlerInnen von den auftrag- und geldgebenden Institutionen eine wichtige Rolle: Niemand beißt die Hand, die einen füttert. Schon Tax (1975a) hat vor einer Anbindung der EthnologInnen an gesellschaftlich machthabende Auftrag- und GeldgeberInnen gewarnt: Diese würden letztlich die von AktionsethnologInnen und anderen engagierten Personen angestrebten Veränderungen nicht teilen und zu kooptieren versuchen. So können die Bemühungen um *empowerment* mittels Partizipation letztlich gegenteilige Effekte haben:

> "When A considers it essential for B to be empowered, A assumes not only that B has no power - or does not have the right kind of power - but also that A has the secret formula of a power to which B has to be initiated. In the current participatory ideology, this formula is in fact, nothing but a revised version of state power, or what could be called fear-power" (Rahnema 1992:123).

Entscheidend ist, daß bei einer kurzzeitigen und mechanistischen Anwendung partizipativer Techniken u.a. der gesamtkulturelle und politische Kontext der Arbeit weitgehend unbeachtet bleibt (z.B. lokale Realitätsinterpretationen, Entscheidungs- und Kommunikationsstrukturen, Konzepte von Macht und Rationalität, bestehende soziale Ungleichheiten, lokale und globale Machtverhältnisse u.a.; vgl. Bliss 1996:56-57). Stattdessen werden auf mehr oder weniger subtile Weise externe Diskursformen, Interpretationen und Kategorien eingeführt. Dadurch können u.U. historisch gewachsene kulturelle Formen von Entscheidungsfindung, Widerstand, Welterfahrung oder Überlebensstrategien entwertet oder zumindest übergangen und die Menschen leichter in herrschende Machtstrukturen und Entwicklungsvorstellungen westlicher Prägung eingebunden werden (Rahnema 1992:123, Rauch 1996:22).

Aktionsforschungs- und partizipative Methoden sind vor dem Hintergrund dieser Kritik als "neue(r) Mythos für ausbeuterische Kolonialbeziehungen", ein "gefährliches Werkzeug zur Manipulation" (Rahnema 1992:126) oder "ein heimliches Instrument der Reproduktion des Status Quo" (Wesseler 1988:75, 81) bezeichnet worden (vgl. auch Rahman/Fals Borda 1991:28-30, Thomi 1996: 71). Die weitverbreitete Übernahme partizipatorischer Methoden in Sozial-, Erziehungs- und Entwicklungspolitik der Industriestaaten wird deshalb besonders von WissenschaftlerInnen und AktivistInnen aus der Dritten Welt als "offensive" und "colonizing" (Reason 1994:328) betrachtet.

Die beiden Richtungen partizipatorischer Aktionsforschung - die eine mit transformatorischer Zielsetzung, die andere mit instrumentalistischer Funktion - unterscheiden sich neben ihrer unterschiedlichen praktisch-politischen Ausrichtung noch in einer Reihe anderer Aspekte. Im utilitaristischen Ansatz haben diejenigen Personen den Nutzen aus dem Projekt, die die Arbeit initiieren, weil sie ein bestimmtes Problem sehen und gelöst wissen wollen. Das können politische und religiöse FührerInnen oder andere RepräsentantInnen und AktivistInnen von Minderheiten und sozialen Randgruppen, aber auch VerwaltungsbeamtInnen, PolitikerInnen oder WirtschaftsunternehmerInnen sein. Die in der Praxis gewonnenen neuen theoretischen Erkenntnisse fließen vor allem den ExpertInnen und ProjektorganisatorInnen zu. Diese gewähren gemäß obiger Überzeugung allen involvierten Personen und Parteien eine gewisse Teilnahme bei Problem- und Methodenwahl, Zieldefinition und Evaluation, behalten aber die letzte Entscheidungs- und Kontrollgewalt über die strukturellen Bedingungen der Forschungen und Aktivitäten in ihren Händen. So werden die TeilnehmerInnen zwar befähigt, informierte Entscheidungen zu treffen und innerhalb bestehender Strukturen Verbesserungen für sich zu erreichen. Sie bleiben aber in die ungleichen Machtverhältnisse, die für viele ihrer Probleme verantwortlich sind, weiterhin eingebunden.

Der transformatorische Ansatz dagegen bezieht explizit und ausschließlich Stellung auf Seiten benachteiligter Gruppen, den "powerless people", die per definitionem die vorrangigen und alleinigen NutznießerInnen der Projektarbeit sein sollen. *Sie* definieren und wählen die Probleme aus und haben die vollständige Kontrolle über den gesamten Forschungs- und Aktionsprozeß. Die von außen kommenden WissenschaftlerInnen übernehmen lediglich Rollen als KatalysatorInnen und BeraterInnen. Nicht die Produktion wissenschaftlicher Erkenntnisse, sondern ein ausdrücklich praxis- und lokalbezogenes Wissen, das Eigentum der betreffenden Gemeinschaft bleibt, ist das Ziel des wissenschaftlichen Engagements. Mittels dialogischer und partizipatorischer Methoden der Bewußtseins- und Wissensbildung sollen die benachteiligten sozialen Gruppen befähigt werden, herrschende Machtverhältnisse in Frage zu stellen und zu ihren Gunsten zu verändern. Im Zentrum dieser Aktionsforschung stehen die Produktion eines kritischen handlungsbezogenen Wissens und die Selbstorganisation der Gemeinschaft (vgl. Vandenberg/Fear 1983).

Die Einordnung partizipativ orientierter Projekte als "transformatorisch" oder "instrumentalistisch" läßt sich häufig nicht eindeutig vornehmen. So gibt es viele Zwischenstufen, wechselnde Entscheidungs- und Dominanzstrukturen, unvorhersehbare Konflikte und Konsequenzen, die in verschiedenen Phasen, unter sich wandelnden gesellschaftlichen Bedingungen und bei wechselnden TeilnehmerInnen eines PAF-Projektes auftreten können. In den meisten Fällen wird ein PAF-Engagement unterschiedliche Auswirkungen für die beteiligten Interessensgruppen haben, wobei positive Ergebnisse (z.B. die Bildung eigener Organisationsformen, ein allgemeiner Bewußtwerdungsprozeß, vermehrter Zugang zu Ressourcen u.ä.) sorgfältig gegen potentiell negative Effekte (z.B. größere Abhängigkeit von externen Ressourcen, Zunahme gruppeninterner Ungleichheiten u.a.) abgewogen werden müssen.

In manchen Fällen werden die Langzeitkonsequenzen eines PAF-Engagements zudem noch gar nicht abschätzbar sein. Ist vielleicht durch die Aktivitäten der WissenschaftlerInnen bei einigen Mitgliedern der betreffenden Gruppe, die der Arbeit der PAF-AktivistInnen zunächst eher abwartend gegenüberstanden, ein Nachdenken in Gang gesetzt oder ein Wissen produziert worden, das erst viele Jahre später beim Auftreten erneuter Probleme zur Anwendung kommt? Wird vielleicht eine gruppeneigene Organisation, die bei dem derzeitigen PAF-Projekt aufgrund interner Konflikte arbeitsunfähig bleibt, in späteren Jahren revitalisiert und leistet dann gute Dienste für politische Selbstbestimmung? PAF-Aktivitäten sind fortlaufende Prozesse ohne fixiertes Ende, deren Auswirkungen sich nicht immer unmittelbar in Erfolgen oder Mißerfolgen evaluieren lassen. Für sie gilt, was Hopper (1993:31) allgemein für das praktische Engagement von EthnologInnen feststellt: Ihre Wirkungen können vielleicht erst nach einer langen Zeitspanne gemessen werden, "(...) after the players have retired and the historians have arrived."

Die Einteilung in instrumentalistische und transformatorische Ansätze partizipatorischer Verfahrensweisen ist also stark vereinfachend. Sie soll lediglich verdeutlichen, daß eine neue Methode ohne veränderte strukturelle Forschungsbedingungen, ohne Beachtung des gesellschaftlichen Gesamtkontextes und ohne eine explizite Positionierung der WissenschaftlerInnen innerhalb bestehender Machtverhältnisse allein noch keine wesentlichen Verbesserungen für benachteiligte Bevölkerungsgruppen mit sich bringt. Zum anderen soll damit das Augenmerk auf die unterschiedlichen Ausrichtungen aktionsorientierter und partizipatorischer Forschungsstrategien einer engagierten ethnologischen Praxis gerichtet werden, wie wir sie auch bei den neuesten Entwicklungen im Bereich der praktischen Zusammenarbeit von EthnologInnen und den Forschungssubjekten finden.

Die Entstehung partizipativer Forschungs- und Handlungskonzepte in den 70er und 80er Jahren hat u.a. zu einer größeren Beachtung und Wertschätzung des sog. lokalen oder Volkswissens (vgl. Honerla/Schröder 1995) und zur Entwicklung einer Reihe neuer Methoden und Techniken geführt, mittels derer dieses

Wissen in Erkenntnisproduktion, Projektplanung, -implementierung und -evaluation integriert werden kann. Dadurch rückten auch die Beziehungsstrukturen zwischen ForscherInnen und Forschungssubjekten und die Möglichkeiten und Bedingungen ihrer Zusammenarbeit mehr und mehr ins Blickfeld methodischer und ethischer Überlegungen. Die oben erwähnte "konstruktivistische Wende" (vgl. Kap. 2.2.) in den erkenntnistheoretischen Grundlagendiskussionen hat ferner dazu beigetragen, daß Forschung zunehmend als ein kooperativer und partizipativer Prozeß verstanden wird.

4.8. Kooperative Forschungsansätze der 80er Jahre

4.8.1. Gesellschaftliche und fachliche Entwicklungen

In den 80er Jahren begannen sich einige wesentliche Veränderungen im Bereich der interventionistischen und partizipatorischen praktischen Ethnologie abzuzeichnen. Die frühen VertreterInnen einer aktionsorientierten Wissenschaft in den 40er und 50er Jahren (z.B. K.Lewin, S.Tax, L.Thompson, A.Holmberg u.a.) mußten aufgrund des herrschenden Wertfreiheitspostulates noch mit der wissenschaftlichen Rechtfertigung eines Ansatzes kämpfen, der die Verbindung von Forschung und gesellschaftlichem Handeln und eine explizite Stellungnahme der WissenschaftlerInnen vorsah. Die Teilnahme an gesellschaftlicher Praxis galt nach ihrem Verständnis sowohl der Lösung aktueller sozialer Probleme als auch der experimentellen Überprüfung theoretischer Annahmen über sozialen Wandel in einer "natürlichen Situation".

Mit der zunehmenden Beschäftigung von EthnologInnen in einer Vielzahl außerakademischer Arbeitsfelder ab Ende der 70er Jahre (vgl. Kap. 3.5.) strömten dann nach und nach neue Einsichten, theoretische Erkenntnisse und Methoden aus dieser praktischen Arbeit in das Fach zurück (z.B. Partridge/ Eddy 1987, Stull/Schensul 1987, Wulff/Fiske 1987) und belegten den Wert einer aktiven Teilnahme an gesellschaftlichen Veränderungsprozessen für die wissenschaftliche Erkenntnisproduktion immer deutlicher. Die **Praxis** wurde dadurch zunehmend als ein wichtiger Bereich wissenschaftlichen Arbeitens angesehen, auch wenn letztlich der reinen Forschung meist immer noch ein größeres Prestige zukam (s. Kap. 3.6.).

Die Frage nach den die Praxis leitenden Werten lösten die frühen AktionsethnologInnen durch den Rückzug in ein eher sozialtechnologisches Verständnis ihres Aktionsforschungsansatzes (z.B. Tax' Parsimonisches Gesetz), durch das sie dem Neutralitätspostulat weiterhin gerecht zu werden versuchten. In den ethischen und politischen Grundlagendiskussionen der 60er und 70er Jahre kam man dann jedoch zu dem Ergebnis, daß der gesamte Prozeß der Erkenntnisproduktion von Werturteilen durchzogen ist und daß die Erhebung, Auswertung, Präsentation und Nutzung von Forschungsdaten immer in einem politischen Raum stattfindet, ja, selber ein politischer Akt sein kann (z.B. Schensul et al. 1987:30). In der Folgezeit befaßten sich EthnologInnen zunehmend mit den polit-ökonomischen Bedingungen der eigenen Forschungsarbeit und begannen, sich im Rahmen herrschender Machtverhältnisse zu verorten, d.h., ihre eigene Wertposition und ihren Standort innerhalb gesellschaftlicher Strukturen bewußt zu formulieren und damit der Diskussion (und Kontrolle) anheim zu stellen. Diese gesellschaftliche Positionierung der EthnologInnen begründete sich meist in der expliziten Parteinahme für die erforschten Gruppen, einem Standpunkt, der auch in den Ethik-Codes dieser Zeit seinen Niederschlag fand.

Darüber hinaus erkannte eine Reihe der untersuchten Gemeinschaften mehr und mehr den potentiellen Nutzen wissenschaftlicher Forschung für selbstbestimmte Veränderungsprozesse. Eine zunehmende Anzahl von Projekten, bei denen wissenschaftliche Strategien und Konzepte als Grundlagen und Instrumente für Selbstorganisation und Selbstbestimmung eingesetzt wurden, unterstützte diese Überzeugung (siehe die im Vorangegangenen aufgeführte Literatur; vgl. auch Schensul et al. 1987:11).

Des weiteren war in den 60er und 70er Jahren das Recht auf Selbstbestimmung benachteiligter Gruppen zu einem wichtigen politischen Thema geworden, dem auch in wissenschaftlichen Forschungsstrategien Rechnung getragen werden mußte. In den 70er Jahren standen in den U.S.A. zudem reichlich Gelder und Programme für Entwicklungs-, Bildungs- und Reformprojekte zur Verfügung. Initiativen und Bewegungen für die Verbesserung der Situation benachteiligter Gruppen erhielten Förderung; eine Vielzahl von *advocacy*- und Selbsthilfegruppen entstanden (vgl. Bormann 1979, Schensul et al. 1987:11, Stull et al. 1987:33-34, Watahomigie/Yamamoto 1987; siehe Kap. 3.5. und 4.5.). In den 80er Jahren wurden diese zwar wieder drastisch reduziert, hatten aber bereits viele Veränderungsprozesse in Gang gesetzt.

Durch all diese Entwicklungen wurden in den 80er Jahren die Verbindung von wissenschaftlicher Forschung mit gesellschaftlicher Intervention, eine wertexplizite Parteinahme auf Seiten der Forschungssubjekte, die Einsicht in die gesellschaftlichen (polit-ökonomischen) Bedingungen der eigenen Forschungsarbeit und ein partizipativer methodischer Ansatz, der die Selbstbestimmung der Forschungssubjekte als handlungsleitendes Kriterium integrierte, fachintern zumindest soweit akzeptiert, daß sie als Bestandteile einer praxisorientierten Wissenschaftskonzeption angenommen, allerdings immer noch kritisch diskutiert und nur von wenigen praktiziert wurden. Während es um die früheren Ansätze der *action/advocacy anthropology* und um die von der *radical anthropology* der 60er und 70er Jahre debattierten Fragen ruhiger geworden war,[175] schienen die in diesen Diskussionen und Ansätzen entwickelten Prinzipien, Postulate und Verfahrensweisen in verschiedenen partizipatorischen und kooperativen Konzepten weiterzuleben, wenn auch modifiziert, politisch gemäßigter und wesentlich pragmatischer.

In den Publikationen der engagierten PraktikerInnen dieser Zeit war nun nicht mehr so ein starker Rechtfertigungsdruck, allerdings auch nicht mehr dasselbe zielgerichtete, radikal-transformatorische Engagement wie in den 70er Jahren zu spüren. Meist verwiesen die AutorInnen lediglich im Vorwort oder einem einleitenden Absatz auf ihre spezifische Wissenschaftsauffassung, bei der sie sich auf die o.a. Diskussionen und Praxisansätze (*action anthropology*, radikale Ethnologie usw.) beriefen, um dann auf die genaue Beschreibung ihrer eigentlichen Arbeit zu sprechen zu kommen (vgl. Stull/Schensul 1987).

Mehr und mehr wurde die Komplexität sozialer Probleme erkannt, die sich nicht durch einfache Schuldzuweisungen oder allgemeine Gesellschaftstheorien - z.B. marxistischer Provenienz - lösen ließen, sondern eine Vermittlung und Zusammenarbeit aller beteiligten Parteien und verschiedener SpezialistInnen sowie immer wieder neu ausgehandelte, fallspezifische Lösungen erforderten. Die "postmoderne" Betonung von Pluralität, Kontext und Relativität hatte auch innerhalb der praktisch engagierten Ethnologie zur Anerkennung einer Vielfalt an Stimmen und Realitäten geführt, die ihre je eigenen Diskurse und Problembereiche besaßen und für die nicht oder nur teilweise gemeinsame Lösungsansätze gefunden werden konnten. Vor allem aber wurde deutlich, daß es für so-

---

[175] Vgl. Berreman (1993) über die zunehmende Marktorientierung und Entpolitisierung der Ethik-Codes in der U.S.-amerikanischen Ethnologie, die er vor allem auf die Anforderungen außerakademischer ArbeitgeberInnen zurückführt.

ziale Veränderungen eines möglichst präzisen, detaillierten und umfangreichen Wissens über alle in einer Situation wirksamen Einflüsse, Ressourcen, Kräfteverhältnisse usw., der Entwicklung handlungsrelevanter Konzepte und Theorien über gesellschaftlichen Wandel sowie eines " 'juggling' of methodological requirements with the demands and constraints of the sociopolitical context of the problem in question" (Schensul et al. 1987:31) bedurfte.

Diese Einsichten führten in den 80er Jahren zur Herausbildung von Forschungsstrategien, die als *collaborative, interactive, proactive, cooperative, community-based* oder *community-centered*[176] bezeichnet wurden. Mit diesen Begriffen, von denen sich hauptsächlich der erste durchgesetzt hat, wird eine Forschung umschrieben, die sich versteht als

"(...) a dialogue between university-trained researchers and policy makers at the community, regional, national, and international levels. From this dialogue arises a more profound understanding of pressing social problems as well as greater insight into the ways these problems may be addressed. Testing such insights contributes to social welfare on the one hand and theory building on the other. At its best, this process results in the ongoing sharing of appropriate scientific information and technology in the quest for social and political equity" (Stull/Schensul 1987:4).

4.8.2. Collaborative research

Die Wurzeln der *collaborative research* werden für die Ethnologie durchweg auf die *action anthropology* von Tax zurückgeführt, von der sie wichtige Postulate übernommen hat. Hierzu gehören besonders:

1. die Verbindung von sozialer Intervention und wissenschaftlicher Erkenntnisproduktion mit dem Ziel, soziale Verbesserungen zu erreichen;

2. die enge Verknüpfung von praktischen Zielen und angewandten Methoden;

---

[176] Gelegentlich werden diese neueren Forschungsstrategien auch als *participatory* bezeichnet, womit allgemein die Teilnahme von Nicht-EthnologInnen o.ä. Personen an der Forschungsarbeit gemeint ist. Da aber, wie oben gezeigt wurde, der Begriff der Partizipation spezifischen politischen und wissenschaftskritischen Entwicklungen entstammt, wird er nicht für die im Folgenden vorgestellten Forschungskonzepte verwendet.

3. die Beteiligung der Forschungssubjekte an Zieldefinition und Methodenwahl (ebd. 7, Stull 1988:35).[177]

Die bekanntesten ethnologischen VertreterInnen der *collaborative research* sind Donald Stull, Jean und Stephen Schensul (Schensul/Schensul 1978, Schensul 1987, Schensul/Stern 1985, Stull 1988, Stull/Schensul 1987, Stull/Schultz/Cadue 1987), die die kooperative Forschung ab Anfang der 80er Jahre in den U.S.A. mehrfach zum Thema von Konferenzen der *Society for Applied Anthropology* und der *American Anthropological Association* machten (z.B. SFAA 1989, Stull/Schensul 1987:4).

Als *collaborative research* wird in der Ethnologie eine Forschungssituation beschrieben,

> "(...) when practitioners or researchers work jointly with host communities or groups. (...) Collaboration enhances the capability of the community or population to use research as a tool for self-determination and development, to advocate on its own behalf with outside agencies or institutions, and to develop its own research and practice capacities. Members of the host group may work with researchers to identify research questions, operationalize concepts, design methodologies, and collect, analyze, and utilize data (Schensul 1987:212). They may work with practitioners to formulate, design, implement, and evaluate appropriate policies and programs. (...) In short, collaboration refers to a type of relationship between anthropologists and the groups affected by their research or practice" (Stull 1988:35-40).

Collaborative anthropology stellt, so Stull (1988:39; ebenso E.Chambers 1987:321), eine "Verfeinerung" der *action anthropology* von Tax dar, indem sie sich um eine "echte Partnerschaft" und Kooperation zwischen *allen* beteiligten Parteien bemüht (vgl. die Beispiele in Stull/Schensul 1987). Während Tax noch von den AktionsethnologInnen forderte, daß sie jede Form von Machtausübung und Einflußnahme vermeiden und sich nicht an der Formulierung von allgemeinpolitischen Zielen beteiligen oder grundsätzliche Wertentscheidungen treffen sollten,[178] verlangt die *collaborative research* eine enge Identifizierung mit den Zielen und Interessen der betreffenden Gruppe, die Übernahme von Ver-

---

[177] Der Ansatz der *collaborative research* oder *co-operative inquiry* ist auch in verschiedenen anderen sozialwissenschaftlichen Fächern zu finden und wird u.a. auf die humanistische Psychologie zurückgeführt (Reason 1994:325).

[178] Daß trotz gegenteiliger Behauptungen auch beim Fox-Projekt von den EthnologInnen Macht und Einfluß ausgeübt wurden, zeigt Stucki (1967) in seiner kritischen Betrachtung des Projektes.

antwortung und gelegentlich auch einflußreichen Positionen und eine aktive Teilnahme an Planung und Entscheidungsfindung (Stull 1988:39-43):

> "By its very nature, collaboration is a partnership that requires a sharing of responsibilities, successes, and failures. Anthropologists who wish to collaborate with host communities in action oriented projects must be willing to participate in policy decisions and bear the consequences of their decisions (...). To avoid such a relationship in action research or practice is to shirk our responsibility to our hosts. To deny that we often play such roles is to be intellectually dishonest" (ebd. 43).

Wie in den anderen Praxisansätzen sind auch in der kooperativen Forschung Ausgangspunkte der Aktivitäten die alltäglichen Lebenserfahrungen der betreffenden Menschen, die gemeinsam mit den WissenschaftlerInnen Bedeutungen und Zusammenhänge von Ereignissen und ihren Handlungen untersuchen. Dabei sind die ForscherInnen bemüht, die durch sozialen Status und wissenschaftliche Methodologie erzeugte Distanz zwischen sich und ihren PartnerInnen zu verringern, indem sie soweit wie möglich Rollen und Verhaltensweisen, die Autorität oder Expertentum präsentieren bzw. symbolisieren, vermeiden. Sie wollen die Prozesse der Wissensproduktion transparent(er) machen, sie entmystifizieren und enthierarchisieren, ihr Wissen mit den Forschungssubjekten teilen und gleichzeitig gemeinsam neues Wissen produzieren. Sie bemühen sich darum, in der Kommunikation, in der Forschung und im Alltagshandeln keine Positionen "epistemologischer Überlegenheit" (Dyck/Waldram 1993b:13) zu demonstrieren. Die Forschungssubjekte werden also nicht mehr, wie häufig in den Ansätzen der 70er Jahre, als unwissende und zu emanzipierende Personen betrachtet - was eine paternalistische Haltung ihnen gegenüber impliziert - sondern als gleichberechtigte Forschungs- und HandlungspartnerInnen mit *eigenen*, aber *anderen* Formen von Wissen, Können, Erfahrung, Realitätsdeutung und Lebensgestaltung behandelt.

Während sich bei Stull der Begriff der *collaborative research* insbesondere auf die Zusammenarbeit zwischen EthnologInnen und Gastbevölkerung bezieht, wird er in der Fachliteratur, z.B. bei obiger Definition von Stull/Schensul, teilweise auch für jede andere Form der Kooperation zwischen WissenschaftlerInnen und nicht-wissenschaftlichen PartnerInnen oder gar noch allgemeiner für jede Zusammenarbeit mehrerer Personen (z.B. zwischen Ehepartnern, FachkollegInnen oder verschiedenen ExpertInnen) bei Forschung, Auswertung und Publikation verwendet (z.B. Gottlieb 1995, E.L.Kennedy 1995). Schensul (1987:

211-12) beschreibt z.B., wie seit den 60er Jahren die EthnologInnen zunehmend gelernt hätten, andere, nicht-wissenschaftlich ausgebildete, Personen an der Definition von Forschungsfragen, der Operationalisierung theoretischer Konzepte, dem Entwurf von Methodologien sowie der Erhebung, Analyse und Nutzung von Forschungsdaten im Rahmen von Sozialprogrammen und politischen Maßnahmen teilhaben zu lassen.

Diesen Bemühungen liegt, ähnlich wie bei der partizipatorischen Forschung, die Überzeugung zugrunde, daß eine Teilnahme der Betroffenen an der Erhebung und Auswertung von Forschungsdaten diese auch zu einer Beteiligung bei der praktischen Umsetzung der Forschungsergebnisse veranlaßt (Schensul et al. 1987:9). Als mögliche PartnerInnen einer kooperativen Forschung nennt Schensul:[179] :

"informal community leaders, formal community leaders (e.g. elected officials), leaders of community-based and community-run organizations (advocacy and service groups), local service and development institutions, regional public organizations, national level public ministries and development organizations, international aid and development organizations" (ebd. 213).

Mit diesem Verständnis von *collaborative research* geht er deutlich über Stulls Definition hinaus, entfernt sich aber auch um ein Beträchtliches von der *action anthropology*, wie sie Tax und andere EthnologInnen (z.B. K.Schlesier 1974, 1980) verstehen. Nach Schensuls (ebd. 214-17) weitgefaßter Definition umfaßt der Kooperationsprozeß der EthnologInnen drei verschiedene Schwerpunkte:

1. die Zusammenarbeit mit einer benachteiligten Gruppe: Ziel dieses Ansatzes ist es, die Fähigkeit der betreffenden Gruppe zu stärken, Forschung als ein Instrument zur Selbstbestimmung zu nutzen, ihre eigene Forschungsinfrastruktur zu entwickeln und selbständig externe Programme und Dienstleistungseinrichtungen im eigenen Interesse zu nutzen. Zielgruppe und Nutznießer der ethnologischen Forschung ist ausschließlich die Gruppe, deren VertreterInnen in der Anwendung von Forschungsmethoden ausgebildet werden. Sie sollen so weit wie möglich die Verwendung und Verbreitung der Daten kontrollieren.

2. die Zusammenarbeit mit außenstehenden Institutionen: Dieser Ansatz zielt darauf ab, die Bedürfnisse und Interessen der jeweiligen Gruppe in die

---

[179] Die Beiträge in dem von ihm und Stull herausgegebenen Sammelband (1987) veranschaulichen diese Bandbreite der möglichen KooperationspartnerInnen und das weite Verständnis einer kooperativen Forschung.

Programme und Arbeitsschwerpunkte regionaler und nationaler Einrichtungen einzubringen. Die EthnologInnen sorgen dafür, daß bei der Planung lokaler sozialer, wirtschaftlicher u.a. Maßnahmen die Perspektive der Gruppe berücksichtigt und umgesetzt wird. Auf diese Weise werden Macht, Geld, politische Einflußnahme und andere Ressourcen außenstehender Institutionen genutzt, um die Lebensverhältnisse der benachteiligten Gruppe zu verbessern.

3. die Vermittlung zwischen verschiedenen Gruppen: Bei diesem Ansatz geht es um die Etablierung von Beziehungen zwischen VertreterInnen der Gemeinschaft und außenstehenden Einrichtungen. Die EthnologInnen versuchen, einerseits die betreffenden Menschen mit der Anwendung und Nutzung von Forschung (zwecks Selbstbestimmung) vertraut zu machen und andererseits außenstehende Institutionen zu befähigen, effektiv mit der Gruppe zusammenzuarbeiten. Bei diesem Vorgehen wird der multisektorale Charakter von gesellschaftlichen Veränderungsprozessen anerkannt. Aufgabe der EthnologInnen ist es insbesondere, die verschiedenen Parteien dabei zu unterstützen, selber Beziehungen zueinander zu entwickeln, so daß die WissenschaftlerInnen in ihrer Rolle als VermittlerInnen überflüssig werden.

Welcher dieser drei Orientierungen der Vorzug gegeben wird, hängt im wesentlichen davon ab, welcher Art das Problem ist, an welchem Punkt des Problemlösungsprozesses man sich befindet, über welche Ressourcen, Kenntnisse und Kontakte die Gruppe bereits verfügt, wer der Auftraggeber ist, welche Motive und Ziele von den beteiligten Parteien verfolgt werden, in welcher Rolle sich die WissenschaftlerInnen selber sehen u.v.a.m.

Das Konzept einer kooperativen Forschung, wie es derzeit in der U.S.-amerikanischen Ethnologie vertreten wird, ist vor allem am Einzelfall und am Machbaren orientiert. Im Vordergrund steht die pragmatische Erreichung genau definierter, zeitlich und lokal begrenzter praktischer Ziele: z.B. die Verbesserung der Gesundheitsversorgung für Neugeborene in einem Stadtteil mit puertoricanischer Bevölkerungsmehrheit, die Entwicklung und Implementierung eines bilingualen Unterrichtsmodells in einer Schule für indianische Kinder, bessere Ausbildungsmöglichkeiten für Jugendliche aus asiatischen Einwandererfamilien u.ä. (Stull/Schensul 1987). Diese Ziele sollen mit Teilnahme und in Zusammenarbeit mit den betreffenden Menschen erreicht werden, wobei nach kultur- und sozialadäquaten, der historischen Situation entsprechenden, d.h., kontextgebundenen Strategien und Lösungen gesucht wird, die langfristig die Selbstorganisation der Gruppe und ein Ausscheiden der externen WissenschaftlerInnen aus der Projektarbeit ermöglichen.

Man bemüht sich um Informationsaustausch, Vermittlung, Kompromisse und Konfliktlösung zwischen den verschiedenen beteiligten Menschen und Interessengruppen, die die Wünsche und Bedürfnisse der betreffenden Menschen mitaufnehmen und zu einer für alle zufriedenstellenden Regelung führen sollen. Nur gelegentlich wird ein langfristiges Ziel, das auch eine grundsätzliche Veränderung gesellschaftlicher Machtverhältnisse beinhaltet oder beinhalten könnte, formuliert.[180] Insgesamt geht es vor allem darum, den Forschungsprozeß für die Gruppe transparenter und kontrollierbarer zu machen sowie ihr Zugang zu den Ressourcen akademischer Einrichtungen zu verschaffen.

4.8.3. *Community-based research* und *community-centered praxis*

Je mehr die Prozesse der Datenerhebung und Wissensproduktion in die Leitung und den "Besitz" der Gruppe übergehen, desto eher spricht man statt von *collaborative research* von **community-based research** (s. Boothroyd 1986, Guyette 1983, Hedley 1986, Lockhart/McCaskill 1986, W.Rees 1986). Guyette (1983: XV) beschreibt diese Forschungsstrategie zusammenfassend wie folgt:

> "The concept of community based research has its roots in the idea of self-determination. It is research, largely descriptive, that comes from within the community. It may include outsiders but in a cooperative and sharing relationship that is sensitive to the viewpoints of both insiders and outsiders. Community based research can be an invaluable tool in community development, as a means of documenting needs and testing solutions."

Während die (frühen) VertreterInnen der IAP/PAF um die Entwicklung und Anwendung neuer Forschungsmethoden bemüht waren, die dem Volks- oder lokalen Wissen zur Geltung verhelfen sollten, erhalten bei der kooperativen Forschung und der *community-based research* die konventionellen empirischen Forschungsmethoden (wie z.B. teilnehmende Beobachtung, verschiedene Interviewformen, *surveys*, *assessment studies* u.a.) eine wieder bedeutendere

---

[180] So formulierten z.B. Stull et al. (1987:41) den Wunsch, daß ihr Engagement für die Kansas Kickapoo zu einer nachhaltigen und selbstversorgenden Ökonomie der indigenen Gemeinschaft führen sollte.

Rolle zur Produktion nützlicher Grundlagendaten und anderer handlungsrelevanter Informationen. Sie werden nicht, wie teilweise früher, als bedeutungslos abgetan (z.B. K.Schlesier 1990:34), sondern gelten als sinnvolle Ergänzung und Erweiterung der (lokalen) Wissensproduktion sowie der Kenntnisse der beteiligten PraktikerInnen.

So bemüht man sich z.B. darum, einige Mitglieder der betreffenden Gemeinschaft in die wichtigsten ethnologischen Erhebungsmethoden einzuweisen (z.B. Guyette 1983, Watahomigie/Yamamoto 1987), ihnen Grundstrategien für ein effektives Planen wirtschaftlicher und sozialer Maßnahmen zu vermitteln (Boothroyd 1986), ihnen den Zugang zu Finanzierungsquellen und die Kontrolle über die Sozialbeziehungen, die für ein effektives *fundraising* notwendig sind, zu ermöglichen (Hedley 1986:92) oder sie bei der Einrichtung eigener wissenschaftlicher Datenbanken zu unterstützen (W.Rees 1986).

Auch wenn die Einweisung indigener u.a. Gruppen in wissenschaftliche Forschungsmethodik aufgrund sehr unterschiedlicher Ausbildungsgrade, Kompetenzen und Lebenszusammenhänge nicht immer möglich, notwendig oder sinnvoll ist, zeigen die genannten Beispiele, daß ein kooperatives wissenschaftliches Forschen durchaus machbar ist. Hier bieten auch die in der Entwicklungspolitik entstandenen partizipativen Ansätze ein Arsenal einfacher Erhebungsmethoden, das sich wiederum EthnologInnen zunutze machen können. Daneben geht es um die Entwicklung von "process models (...) that ensure equity between 'insider' and 'outsider' knowledge frames" (Lockhart/McCaskill 1986:160).

Auf wissenschaftlicher Seite werden von den VertreterInnen einer *community-based research* z.B. die Konsequenzen einer Umsetzung des "Prinzip Selbstbestimmung" für den Forschungsprozeß untersucht (Guyette 1983:XVI), die potentiellen Rollen und Aufgaben von Universitäten für die Selbstbestimmungsprozesse benachteiligter Gruppen analysiert (Conchelos et al. 1986:2-10) und Kriterien für die Etablierung einer kooperativen Forschungspartnerschaft erarbeitet (W.Rees 1986:154-55). Bei diesen Auseinandersetzungen mit den Rollen und Aufgaben von Forschung, akademischen Einrichtungen und WissenschaftlerInnen begegnen wir wieder vielen der bereits aus vorangegangenen Praxisansätzen vertrauten Kriterien:

Selbstbestimmung umzusetzen bedeutet z.B. bei der *community-based research*, daß die Forschungssubjekte die Probleme entsprechend ihren Bedürfnissen auswählen, definieren und Prioriäten im Forschungsverlauf setzen, die lokal vorhandenen personellen und materiellen Ressourcen und ihren Einsatz im

Projekt bestimmen, über die Beteiligung außenstehender ExpertInnen oder BeraterInnen entscheiden, Dauer, Umfang und Methodologie einer Forschung mitbestimmen, die Nutzung, Veröffentlichung, Weitergabe oder Zurückhaltung von Daten kontrollieren und Zugang zu sämtlichen Forschungsergebnissen haben (Guyette 1983:XVI).

Als Aufgaben der Universitäten im Rahmen indigener Selbstbestimmungsbemühungen werden u.a. benannt:

- als Forschungsinstitutionen den indigenen Gemeinschaften ein verläßliches und praxisrelevantes Wissen zur Verfügung zu stellen;
- geeignete Methodologien für eine selbstbestimmte Praxis zu entwickeln und an die Gemeinschaften zu vermitteln (z.B. Guyette 1983);
- universitätseigene Dienstleistungsangebote für indigene Personen bereit zu stellen (z.B. Beratung, Ausbildungskurse; Boothroyd 1986);
- wissenschaftliche Fachkräfte auszubilden, die für die Probleme indigener Völker sensibilisiert, in praxisorientierten Methoden ausgebildet und für ein *long-term committment* vorbereitet sind;
- eigene Forschungen der indigenen Gemeinschaften anzuregen, zu unterstützen und entsprechende gemeinschaftseigene Forschungseinrichtungen und -strukturen aufzubauen (Hedley 1986, W.Rees 1986);
- als *cultural* oder *power broker* zwischen der indigenen Gruppe und Einrichtungen der nicht-indigenen Mehrheitsbevölkerung zu vermitteln;
- die indigene Gemeinschaft über Potentiale, Nützlichkeiten und Grenzen nicht-indigener Ressourcen und Angebote (z.B. von RechtsberaterInnen, Finanzierungsinstitutionen, Sozialeinrichtungen u.a.) aufzuklären;
- und schließlich den indigenen Gruppen an der Universität mehr Raum für die Etablierung eigener Ausbildungsinhalte und -programme einzuräumen und ihnen akademische Ressourcen zugänglich zu machen, die sie für selbstbestimmte Ziele nutzen können (Conchelos et al. 1986).

Zur Herstellung einer kooperativen Forschungspartnerschaft mit indigenen Gemeinschaften werden vor allem Offenheit für die Perspektiven, Ansichten und Kritiken der indigenen PartnerInnen, Flexibilität sowie Lern- und Kooperationsbereitschaft von den WissenschaftlerInnen gefordert. Empfohlen wird ferner die Konzipierung kleiner überschau- und machbarer Projekte, die schriftliche Regelung von Aufgabenverteilungen und Zielsetzungen, die Unterstützung der PartnerInnen bei eigenen Publikationen, ihre Unterweisung in einfachen Forschungsmethoden und das Überlassen der letzten Entscheidungsbefugnis bei Meinungsverschiedenheiten (vgl. W.Rees 1986:154-155; Schensul 1973).

Als Zusammenfassung der bisherigen kritischen Praxisansätze (*community development, action anthropology, advocacy anthropology, collaborative research, participatory action research*) begreift sich die **community-centered praxis (CCP)**, unter der ihre VertreterInnen eine Forschung verstehen, die von gruppeneigenen Forschungseinrichtungen indigener und anderer Bewegungen und Bevölkerungen geleitet und kontrolliert wird (Barger/Reza 1989, Singer 1994). Die Grundprinzipien der CCP lesen sich wiederum wie ein Neuaufguß oben genannter Ansätze:

> "First, it is the needs and goals of a particular community-based group which are being served, and it is this 'target group' which has the initiative in seeking change. Second, the applied scientist takes a clear value position and an active involvement in change events. A primary value is that democratic self-determination is the most effective and constructive means of change, both for the community group concerned and for the larger society" (Barger/Reza 1989:257).

Aus der Anerkennung eines Rechtes auf Selbstbestimmung der Forschungssubjekte ergibt sich nach dem Konzept der CCP für EthnologInnen die Verantwortung, ihre Arbeit aktiv für die Verwirklichung dieses Rechtes einzusetzen. Um die zwischen WissenschaftlerInnen und den betreffenden Gruppen bestehenden Unterschiede in Wissen, Macht und Einfluß abzubauen, ist ein beständiger Dialog und Kommunikationsprozeß zwischen den EthnologInnen und möglichst vielen Mitgliedern der Gruppe notwendig. Dabei geht es vor allem um die Frage, wie die Kenntnisse und Fähigkeiten der ForscherInnen am effektivsten für die Ziele und praktischen Bedürfnisse der Gruppe genutzt werden können. Singer beschreibt CCP als reziproken Austauschprozeß von Wissen und Fertigkeiten, bei dem sich zwei getrennte, aber miteinander verwobene Realitäten und Lebenshorizonte treffen und gemeinsam zu einem besseren Verständnis der betreffenden Probleme und zum Entwurf von Handlungstheorien kommen, die zu einer gesellschaftsverändernden Praxis führen (Singer 1994:341).

4.8.4. Kontextgebunden, pragmatisch und pluralistisch: Praktische Ethnologie in der Postmoderne

Die neueren Erfahrungen mit kooperativer Forschung, *community-based research* und *CCP* zeigen deutlich, daß die Erfolge eines ethnologischen Praxisengagements nicht nur von ethnographischen Kenntnissen, fundiertem Wissen über den Gesamtkontext sowie der Anwendung der richtigen (situations-, kontext- und fallspezifischen) Forschungsstrategien und -methoden abhängen. Ebenso entscheidend ist die Herstellung einer gut funktionierenden Kommunikations- und Beziehungsstruktur zwischen allen am Forschungs- und Veränderungsprozeß beteiligten Personen und Gruppen. Mißverständnisse und divergierende Vorstellungen über kurz- und langfristige Ziele z.B., die vorab und zwischendurch nicht immer wieder genau geklärt werden, unterschiedliche Motivationen und Erwartungen an die Zusammenarbeit, Unkenntnisse und/oder Fehleinschätzungen über Reaktionen, Bedürfnisse und Sachzwänge der ForschungspartnerInnen, unterschiedliche Streß- und Konflikttoleranzen, persönliche Antipathien oder Animositäten, die u.U. aus anderen Zusammenhängen entstanden sind, nicht geklärt werden und ggbfs. zum Ausscheiden von ProjektpartnerInnen führen, Mißtrauen gegenüber den Absichten der nicht-indigenen MitarbeiterInnen u.v.a.m. können selbst Projekte zunichte machen, die im Entwurf alle Kriterien von Selbstbestimmung, Partizipation und partnerschaftlicher Zusammenarbeit erfüllen.

Ebenso entscheidend sind, wie die Erfahrungen der angewandten Ethnologie insgesamt zeigen (vgl. Kap. 3.), die Entwicklungen im gesamtgesellschaftlichen Kontext (siehe für ein australisches Beispiel Maddock 1989): Die Kürzung von Geldern, massiver Widerstand, Einflußnahme und Druck gesellschaftlicher Eliten, einschneidende Veränderungen in der politischen Landschaft des betreffenden Staates (z.B. durch Regierungswechsel) u.a.m. können den Erfolg der Aktivitäten gefährden oder gar zunichte machen (vgl. z.B. Hackenberg/Hackenberg 1987, Stull et al. 1987). Die Abhängigkeit der meisten Projekte von Aussenfinanzierungen können bei Wegfall dieser Geldquellen große Frustrationen innerhalb des Projektteams sowie zwischen den WissenschaftlerInnen und der indigenen Gemeinschaft verursachen, die nicht selten zu Faktionalismus[181] und

---

[181] Unter einer Faktion wird "a loosely ordered (and temporary) group in conflict over a particular issue" (Boissevain 1964:1276) verstanden. Als Faktionalismus wird ein "overt conflict

internen Spannungen führen, welche sich dann gegen die (nicht-indigenen) ProjektpartnerInnen richten können. In diesem Zusammenhang sind auch Vorwürfe, daß sich die ForscherInnen letztlich nur an der Gemeinschaft bereichern wollen, keine Seltenheit (vgl. Gibson 1987:116-117, Hedican 1995:48-49).[182]
Auch in den neueren kooperativen Forschungsansätzen sind also die Probleme, die durch ungleiche Machtverteilung und Einflußnahme zwischen den PartnerInnen, durch divergierende Interessen und daraus resultierende Konflikte, durch persönliche Schwächen wie Eigennutz, Konkurrenzdenken oder Kompetenzstreitigkeiten, durch den Einfluß äußerer gesellschaftlicher Machtinstanzen und durch die Abhängigkeit von Finanzierungsquellen verursacht werden, nicht zufriedenstellend gelöst. Es handelt sich dabei um grundlegende Probleme gemeinschaftlicher gesellschaftlicher Praxis, die sich weder mit methodischen "Werkzeugkisten" noch mit Ethik-Codes oder gesellschaftstheoretischen Strukturmodellen lösen lassen.

Die großen gesellschaftlichen Erklärungsmodelle früherer Jahre, die dem praktischen Engagement vieler EthnologInnen zumindest eine Richtung der einzuschlagenden Veränderungen vorgaben oder vorzugeben schienen, haben dabei ihren Geltungsanspruch als Entscheidungshilfen verloren. Es gibt keinen Konsens mehr über einheitliche Kriterien für Fortschritt, eine bessere Gesellschaft oder eine gerechtere Weltordnung, die zumindest einen Teil der engagierten EthnologInnen gemeinsam an einem Strang ziehen ließe, der die Grundfeste derzeitiger Machtverhältnisse ins Wanken bringen könnte:[183]

"Denn die Gewißheiten der 70er Jahre, wonach die Wissenschaft über Welterklärungsmodelle verfüge, die sie zur emanzipatorischen Aufklärung der Menschen prädestiniert, sind zu einem guten Teil verloren gegangen. Zum einen hat es sich gezeigt, daß die Resultate emanzipatorischer Sozialwissenschaften problematisch und zwiespältig ausfielen. (...) Zum anderen sind durch gesellschaftliche Entwicklungen wie die Herausbildung einer Informationsgesellschaft und der Zusammenbruch des realen Sozialis-

---

within a group which leads to the increasing abandonment of cooperative activities" (Siegel/Beals 1960:399) bezeichnet.

[182] Solchen Vorwürfen, in denen sich ein grundsätzliches und nach den Erfahrungen der Vergangenheit sicher z.T. berechtigtes Mißtrauen gegen jeden nicht-indigenen Außenseiter ausdrückt, begegnet man vor allem in Zeiten von Streß und Ressourcenknappheit immer wieder bei einer *advocacy* und Lobbytätigkeit mit indigenen Gruppen.

[183] In ähnlicher Weise haben die postmodernen Entwicklungen auch im Bereich der Entwicklungstheorien und -konzepte zu einem Zustand der Ratlosigkeit und zu theoretischem Stillstand geführt (vgl. Gardner/Lewis 1996:20-22).

mus neue gesellschaftliche Problemlagen entstanden, die mit den Analysemitteln der Spätkapitalismus-Analyse der siebziger Jahre kaum mehr zu erklären sind. Oft bleiben denn nur diffuse fundamentalistische Gefühlslagen und die postmoderne Bricolage einer Gleichzeitigkeit des Ungleichzeitigen übrig, während die großen historischen Erklärungsmodelle und die gesellschaftlichen Entwürfe fehlen, auf welche sich gesellschaftliches Handeln legitimatorisch abstützen möchte" (Moser 1995:16).

Die Betonung einer Pluralität von Stimmen, der Kontextgebundenheit von Erfahrungen und des potentiellen Machtcharakters kategorialer Begriffe und übergreifender Theorien von Kultur, Entwicklung und Wandel (vgl. Kap.5.) haben Skepsis und Ablehnung gegen jegliche Formen von Verallgemeinerungen gesät. Was in der praktischen Ethnologie bleibt, sind eine Vielzahl unterschiedlichster Ansätze - eher Strategien als Theorien oder kohärente methodologische Konzepte - , die sich eklektisch und fallspezifisch der bestehenden Praxisansätze und Vorgehensweisen bedienen, sie verändern oder neue entwickeln, um kontextgebundene, lokale Konfliktlösungen zu finden. Dabei kommt es zu stets wechselnden Beziehungsverhältnissen zwischen den EthnologInnen und ihren verschiedenen indigenen und nicht-indigenen Forschungs- und AktionspartnerInnen. In Publikationen über eine engagierte Ethnologie werden kaum noch Blicke in eine allgemeine gesellschaftliche Zukunft gewagt. Eher werden detailliert Wege und Strategien aufgewiesen, wie die jeweiligen praktischen und ethischen Probleme im einzelnen Kontext gehandhabt und dabei die verschiedensten Perspektiven und Zukunftsentwürfe wirksam werden können.

Mit dieser Abkehr von Allgemeingültigkeit beanspruchenden Emanzipationspostulaten früherer Konzepte einer praktischen Ethnologie wird aber zugleich auch den Forschungssubjekten und HandlungspartnerInnen in der Praxis potentiell eine größere Fähigkeit zum selbstbestimmten Handeln zugestanden:

"Problematisch ist heute aber nicht nur das Fehlen emanzipatorischer Maßstäbe, die genügend Überzeugungskraft hätten. Es stellt sich auch generell die Frage, inwieweit der emanzipatorische Anspruch, eine Praxis aufklären zu wollen, deren eigene Modelle der Welterklärung von vorneherein als defizitär erschienen, und die ihrerseits keine Chancen hatten, die Forschenden aufzuklären, nicht eine Anmaßung darstellt. Emanzipationsrichtlinien für ein Praxissystem von außen zu formulieren, ohne mit der internen Semantik dieses Systems vertraut zu sein, kann heute nicht mehr als geeignetes und legitimes Modell für die Gestaltung eines auf Emanzipation ausgerichteten Verhältnisses von Theorie und Praxis sein. Allenfalls kann Wissenschaft Erklärungsangebote formulieren, die dann vom Praxissystem in eigener Kadenz aufgenommen werden. Paradoxerweise ist gerade in der Abkehr von überzogenen emanzipatorischen Ansprüchen der Forschung ein Moment von faktisch realisierter Emanzipation und Mündigkeit zu sehen: Denn gerade dadurch wird der Praxis zugebilligt, daß sie fähig ist, für sich selbst zu sprechen und zu handeln" (Moser 1995:16-17).

So finden wir in den heutigen kooperativen und partizipativen Forschungskonzepten eine stärkere Betonung von individueller Erfahrung und Kreativität, von Selbstbestimmung und Teilnahme als in den radikal-revolutionären Konzepten der 60er und 70er Jahre. Hier liegt der Ansatz für eine ethnologische Praxis, die sich gleichermaßen in einer ethischen Verpflichtung für die Menschen, deren Lebensbedingungen verbessert werden sollen, begründet wie sie diesen auch eine größere Handlungs-, Wissens- und Entscheidungskompetenz zuspricht.

Ethnologische Forschung und Wissenschaft erhalten in diesem Rahmen eine bescheidenere Rolle im Rahmen der Anstrengungen *vieler* Kräfte, die Bedingungen menschlichen Daseins zu erklären und immer wieder neu zu gestalten, um Menschen und anderen Lebewesen auf dieser Erde Möglichkeiten zu schaffen, ihr eigenes Leben zu leben. In diesem Rahmen besitzen die heutigen Strategien einer engagierten praktischen Ethnologie zugleich systemstabilisierende wie auch emanzipatorische Aspekte: Ihre sehr allgemein gehaltenen Basiskonzepte wie Partizipation, Kooperation, Hilfe zur Selbsthilfe oder *empowerment* können, wie oben gezeigt wurde, sowohl von gesellschaftlichen Eliten kooptiert und für eigene Machtinteressen benutzt, als auch von sozialen Bewegungen, *grass-roots*-Initiativen und den *powerless people* als Instrumente für Kreativität, Selbstbestimmung und politische Kontrolle benutzt werden (vgl. Gardner/ Lewis 1996:22).

4.9. *Advocacy anthropology*

4.9.1. Zum Begriff der *advocacy*

Es war bereits festgestellt worden (vgl. Kap. 4.2.), daß EthnologInnen häufig das Bedürfnis verspüren, moralisch und praktisch Partei für diejenigen Menschen zu ergreifen, über die sie forschen. Persönliche Freundschaft, moralische Verpflichtung oder soziales Unrechtsempfinden gehören zu den treibenden Motiven dieses Bedürfnisses. Golde (1970:10) beschreibt diese Einstellung gegenüber den Forschungssubjekten als Resultat eines grundlegenden und tief in der ethnologischen Feldarbeit verwurzelten Prozesses, der dem Wunsch nach Reziprozität, Gegenseitigkeit und Rückgabe entspringt.

Zu den Gegengaben von EthnologInnen an die Forschungssubjekte gehören z.B. das Verteilen von Geschenken und Geld, das Anbieten von Transportmöglichkeiten und medizinischen Hilfeleistungen, Unterstützung im Haushalt und bei der Feldarbeit u.a.m. Auch durch die Forschungen selber sollen, so hoffen die meisten EthnologInnen, den betreffenden Menschen gute Dienste geleistet werden: z.B. durch Aufwertung und Anerkennung, Archivierung und Dokumentation kultureller Traditionen oder durch Korrektur bestehender Stereotypen und Vorurteile bei der umlebenden Bevölkerung (vgl. Harries-Jones 1985:224-226). So kann schon die Anwesenheit und Aufmerksamkeit eines Wissenschaftlers das Prestige der InformantInnen erhöhen, ihnen gegebenenfalls aus Einsamkeit helfen oder Gelegenheit bieten, ihre Probleme zu besprechen.

Die intellektuelle, moralische oder praktische Verteidigung der Rechte, der Würde und des Lebens der Forschungssubjekte, d.h. eine **advocacy,** erfolgt dabei meist nicht aufgrund theoretischer oder methodischer Überlegungen, sondern als eine spontane Reaktion, eine Art "viscerial experience" (Kutchins/ Kutchins 1978:14-15). Sie ist Ergebnis der zwischenmenschlichen Beziehungen zwischen ForscherInnen und Erforschten und wurzelt im Respekt für die betreffenden Menschen und der konkreten Erfahrung von Ungerechtigkeit.

Der Begriff und das Konzept einer *advocacy anthropology* werden gemeinhin auf die Arbeit von Stephen Schensul im Rahmen eines *Community Mental Health Program* in Chicago in den 70er Jahren zurückgeführt (Schensul 1973, 1974, Schensul/Schensul 1978). Van Willigen (1993:109-10) definiert *advocacy anthropology* bzw. *community advocacy anthropology* als

> "(...) a value-explicit process by which the anthropologist as researcher acts to augment and facilitate indigenously designed and controlled social action or development program by providing data and technical assistance in research, training, and communication to a community through its leadership. Although community advocacy is primarily a research activity the anthropologist is also involved in change producing action. The anthropologist serves not as a direct change agent but as an auxiliary to community leaders. This contrasts with the more direct involvement of anthropologists as change agents in both action anthropology and research and development anthropology. The community advocacy anthropologist does not work through an intervening agency. His or her relationship with the community is direct and intimate."

Grundlage der Kooperation zwischen dem Wissenschaftler und der betreffenden Gemeinschaft ist zum einen seine wissenschaftliche Kompetenz und zum anderen eine weitgehende Identifizierung des Ethnologen mit den zentralen politischen und ideologischen Zielen und Werten der Gruppe (ebd. 109-123).

Im Folgenden wird die Bezeichnung *advocacy anthropology* als Oberbegriff für eine ethnologische Praxis verwendet, die die wesentlichen Merkmale, Erfahrungen und Postulate vorangegangener Praxiskonzepte in sich vereint und dabei in einer Weise offen bleibt, daß sie auch für die praktische Arbeit hiesiger EthnologInnen umgesetzt werden kann. Damit wird über die in der Literatur allgemein übliche engere Verwendung des Terminus hinausgegangen. Da der Begriff *advocacy* problematisch ist und Anlaß zu vielen Mißverständnissen gibt, soll er im Folgenden zunächst ausführlicher definiert und in Zusammenhang mit ethnologischer Forschungspraxis gesetzt werden (vgl. Kap. 1).

Ein Advokat (von lat. *advocare* = herbeirufen) ist, wörtlich genommen, ein "Herbeigerufener" und bezeichnet bei uns einen "Rechtsbeistand" oder "Anwalt" (Duden 1994:43). Der englische Begriff *advocacy* hat spezielle Konnotationen, die sich kaum ins Deutsche übertragen lassen. "Anwaltschaft", "Interessenvertretung", "Fürsprache" oder "Verteidigung" kommen ihm noch am nächsten. Da diese Begriffe aber bei der *advocacy anthropology* teilweise irreführend sind, weil sie im Deutschen eine paternalistische Haltung implizieren, die von der *advocacy anthropology* gerade abgelehnt wird - wie weiter unten gezeigt wird - wird im Folgenden der englische Ausdruck vorgezogen. Der Begriff *advocacy* entstammt demnach dem Rechtsbereich, ist heute aber zur Bezeichnung diverser Formen sozialer und wissenschaftlicher Handlungsstrategien gebräuchlich.

Advocacy-Aktivitäten stehen in der Tradition der sozialen Reformbewegungen des 19. Jahrhunderts, die die Errichtung einer gerechteren Gesellschaft und die Verringerung des menschlichen Leidens anstrebten (N.Morris 1978:6). Sie sind fester Bestandteil der Arbeit verschiedener Berufssparten wie SozialarbeiterInnen, StädteplanerInnen oder GesundheitsexpertInnen und werden in den verschiedenen Arbeitsbereichen jeweils unterschiedlich definiert (vgl. die Beiträge in Harries-Jones 1991a und Weber/McCall 1978).

Die gängigste Definition von *advocacy* ist "to plead the cause of another" (Hastrup/Elsass 1990:302, Henriksen 1985:121, Schensul/Schensul 1978:122). Nach diesem Verständnis vertritt ein *advocate* die Interessen, Rechte oder Ziele eines *anderen* Menschen oder einer Gruppe innerhalb der rechtlichen und politischen Möglichkeiten bestehender gesellschaftlicher Systeme. Eine weitere Bedeutung ist "to argue for, defend, maintain, or recommend a cause or proposal" (Kutchins/Kutchins 1978:21). Danach geht es darum, einer im allgemeinen öffentlichen Interesse liegenden Angelegenheit Geltung oder Recht zu verschaffen. Kutchins/Kutchins (1978) weisen darauf hin, daß *advocacy* heutzutage genauso für arme und benachteiligte Bevölkerungsgruppen wie für gesellschaftlich privilegierte Gruppen oder staatliche Einrichtungen,[184] ebenso für sozialen Wandel und Reformen wie für soziale Konformität eingesetzt werden kann. Sie ist danach in ihrer allgemeinsten Definition keinen bestimmten politischen, praktischen oder ethischen Zielsetzungen zuzuordnen.

Bei beiden genannten Definitionen handelt es sich um eine *advocacy for* einen **Klienten,**[185] ein Individuum oder eine Gruppe, d.h., um ein *Handeln* oder *Sprechen für*. Hier liegt der Kern für verschiedene Probleme bei *advocacy*-Aktivitäten: die Gefahr einer paternalistischen Bevormundung, der Projektion eigener Wünsche und Vorstellungen in die Gruppe, der Benutzung von *advocacy*-Strategien zur Manipulation von Gruppen im Interesse der eigenen Zielvorstellungen und Bedürfnisse u.a.m. Zunächst wird zwar allgemein davon ausgegangen, daß der Anwalt den Zielen und Interessen seines Klienten wohlwollend gegenübersteht und daß er sich zumindest teilweise in dessen Denken, Fühlen und Handeln hineinversetzen kann. Auch können die Ziele seines Klienten seine eigenen Interessen berühren oder gar identisch mit ihnen sein, wodurch die Gefahr der Manipulation und Bevormundung zumindest eingeschränkt wird (Anderson 1985:46-47, Landstreet et al. 1991:28).

Andererseits wird bei obiger Definition ("... to plead the cause of another") davon ausgegangen, daß der Klient sich in der betreffenden Sache nicht selber vertreten kann, daß der **Anwalt** also auf einem bestimmten Gebiet größere Sach- und Handlungskompetenz besitzt. Die Tätigkeit eines Anwalts verstärkt so ein möglicherweise schon vorhandenes Gefühl von Inkompetenz und Minderwertigkeit und fördert Passivität. Anders formuliert: Wenn man die Rolle eines Anwalts entwirft, so erschafft man damit gleichzeitig auch einen Klienten,

---

[184] Die Wirksamkeit gezielter öffentlicher Meinungsmache durch professionelle *advocacy*-Organisationen zur Durchsetzung politischer oder sozialer Programme wird verstärkt auch von Regierungen und anderen machthabenden gesellschaftlichen Gruppen erkannt und genutzt (Harries-Jones 1991b:11).

[185] Unter einem **Klienten** wird hier am allgemeinsten Sinne der Auftraggeber oder Kunde, d.h., diejenige Person oder Gruppe verstanden, für deren Interessen die Ethnologin aktiv wird.

dem das Handeln in eigener Angelegenheit abgenommen wird. Indem der Klient seinen Anwalt mit der Wahrnehmung seiner Interessen beauftragt und ihn dafür bezahlt, kauft und kontrolliert er zwar einerseits die Beziehung zu ihm. Andererseits tritt er an den Anwalt für den spezifischen Entscheidungsfall einen Teil seiner persönlichen Handlungsautonomie ab: Denn ein *advocate* bestimmt - zumindest teilweise - den Diskurs zwischen seinem Klienten und der gegnerischen Person oder Institution. Er "beraubt" die vertretene Person oder Gruppe ihrer eigenen Formen der Selbstdarstellung, Kommunikation und Interessenvertretung gegenüber der anderen Partei (Henriksen 1985:129).

So wurde z.B. denjenigen kanadischen EthnologInnen, die sich im Zusammenhang mit den Auseinandersetzungen um das hydroelektrische James-Bay-Projekt als FürsprecherInnen und VerhandlungsführerInnen für die Cree-Gemeinschaften engagierten, u.a. vorgeworfen, die Cree in noch größere Abhängigkeit von außenstehenden BeraterInnen, ExpertInnen und VermittlerInnen gebracht zu haben als sie es vorher von der Indianerbehörde waren (Hedican 1995:55-57). EthnologInnen, die als FürsprecherInnen indigener Gruppen agieren, kann entsprechend der Vorwurf gemacht werden, letztlich koloniale Strukturen fortzusetzen, indem sie den betreffenden Menschen wichtige Entscheidungen und politisches Handeln abnehmen (Henriksen 1985:124-5). Sie können als *advocates* ferner dazu beitragen, daß die Subjekte und ReferentInnen der politischen Diskurse weiterhin auseinanderfallen, so wie es Dietschy (1993: 288) für den *indigenismo* beschrieben hat. Das bedeutet, daß die jeweiligen indigenen Gemeinschaften zwar von einer bestimmten Politik betroffen sind und auf diese auch reagieren und handeln, daß aber die Präsentation und das Vertreten ihrer Belange in der Öffentlichkeit von nicht-indigenen Personen übernommen wird.

4.9.2. *Advocacy* als *empowerment*

Die Formulierung, daß ein *advocate* indigenen u.a. Gemeinschaften bestimmte Dienstleistungen anbietet (vgl. Wright 1988:366), *kann* also zur weiteren Entmündigung der Gemeinschaften führen, wenn eine Unterteilung in eine gebende (wissende, handlungskompetente) und eine nehmende (unwissende, handlungsunfähige) Seite beibehalten wird:

"Social empowerment does not take place when those who have always been givers simply continue to give in different and bigger ways. Empowerment requires a fundamental change of relationships. However powerless, community groups are never merely empty vessels waiting to be filled with knowledge. Empowerment must be a relationship of equality, based on an understanding of reciprocal ties of different strength" (Heyworth 1991:107).

In der vorliegenden Arbeit wird eine Form von *advocacy* vertreten, die auf eben dieser veränderten Beziehung zwischen WissenschaftlerInnen und Forschungssubjekten beruht, die auf Unterstützung zur Selbstbestimmung und *self-advocacy* abzielt und nicht auf ein Handeln oder Sprechen *für* eine Gruppe,[186] die eine aktive und persönlich engagierte Teilnahme der Wissenschaftlerin am Geschehen, eine ethische und politische Stellungnahme sowie eine tatsächliche Zusammenarbeit mit den Menschen beinhaltet.

Diese Form von *advocacy* ist auf die sozial- und wissenschaftskritischen sowie politisch-emanzipatorischen Ansätze der 60er und 70er Jahre zurückzuführen, als sich die Einstellung von PolitikerInnen, VerwaltungsbeamtInnen, SozialarbeiterInnen, EntwicklungsplanerInnen und WissenschaftlerInnen gegenüber ihren Klientengruppen allmählich zu ändern begann. Die politischen Aktivitäten und Erfolge von Bürgerrechts-, Befreiungs- und *grass-roots*-Bewegungen zeigten, daß die Bevölkerungsgruppen, für die man sich engagierte, durchaus in der Lage waren, sich selbst zu organisieren, für sich selbst zu sprechen und sich selbst zu helfen. Ziel von politischem Handeln und von *advocacy*-Aktivitäten wurden nun Bemühungen um soziales *empowerment* und *community organization* benachteiligter Gemeinschaften. In den U.S.A. manifestierte sich dieser neue Ansatz sozialen und politischen Engagements z.B. in den Programmen des *War against Poverty* (Harries-Jones 1991b:7-10).

---

[186] "Handeln und Sprechen für" heißt hier, daß eine außenstehende Person für die betreffende Gruppe die wesentlichen praktischen und politischen Entscheidungen trifft und ihre Umsetzung kontrolliert. Nicht gemeint ist damit, daß - wie z.B. bei Öffentlichkeits- und Lobbyarbeit für indigene Völker - auch gruppenexterne Personen für die Interessen der betreffenden Menschen eintreten können und sogar aufgefordert sind, dieses zu tun, z.B. um durch ihren gesellschaftlichen Status als WissenschaftlerInnen dem indigenen Anliegen mehr Gewicht zu verleihen oder weil sie u.U. einen besseren Zugang zu den Medien besitzen. Für eine Gruppe zu sprechen (z.B. in Publikationen oder in politischen Gremien), kann zwar, muß aber nicht notwendigerweise Paternalismus implizieren. Von den indigenen Gemeinschaften selber werden z.T. gerade selbständig agierende FürsprecherInnen gewünscht, die über die notwendigen Kompetenzen, Sachkenntnisse und Kontakte verfügen und sie bei ihrer Arbeit unterstützen (vgl. Kap. 6.).

Bei einer *advocacy* als *empowerment* geht es um die Veränderung struktureller (politischer, sozialer, ökonomischer, rechtlicher, normativer etc.) Rahmenbedingungen, die Rassismus, Ausbeutung, Diskriminierung, Verfolgung und andere Formen der Unterdrückung ermöglichen. Sie zielt auf die Beeinflussung und Konfrontation mit herrschenden Werten, Normen, Ordnungen und Kräfteverhältnissen ab, die Ungerechtigkeiten hervorbringen, zulassen oder fördern, und will damit letztlich bestehende Machtstrukturen verändern. *Empowerment*, d.h., die zunehmende Befähigung einer Gruppe, ihr Schicksal selbstbestimmt in die Hand zu nehmen, wird dabei nicht großzügig von machthabenden Gruppen innerhalb von ihnen gesetzter Handlungsspielräume gewährt (vgl. die Diskussion um die partizipativen Verfahren), sondern erwächst aus der Gruppe aufgrund bestimmter Veränderungen ihrer Lebenssituation: z.B. durch andere und neue Informationen, verstärkten Zugang zu Ressourcen, neue Formen der Selbstorganisation u.a.m. Anstöße und Einflüsse von außen können dabei eine wichtige Rolle spielen. *Advocates* können diesen Prozeß unterstützen und begleiten, nicht aber übernehmen, lenken oder kontrollieren. Sie sind weniger Anwälte und FürsprecherInnen als KatalysatorInnen, UnterstützerInnen, BeraterInnen und *resource persons*.

Eine der wichtigsten Ressourcen von EthnologInnen ist ihr lokalspezifisches und "interkulturelles" **Wissen**. Wissen spielt für *empowerment* eine entscheidende Rolle. Es dient der Bewußtmachung der Situation, klärt Ursachen und Zusammenhänge, zeigt Alternativen, Wege und Konsequenzen auf und kann bzw. sollte schließlich zum Handeln führen. Das benötigte Wissen existiert aber nicht schon vorher in der Hand von ExpertInnen, die dann die Rolle von *advocates* übernehmen - wie es etwa bei einem Rechtsanwalt der Fall ist -, sondern wird gemeinsam mit den betreffenden Menschen kontextabhängig gewonnen. Da es dabei nicht nur um die Produktion bestimmter theoretischer Ergebnisse, sondern vor allem auch um den Prozeß selber, also das "Wie" der Wissensgewinnung geht, der in sich schon einen Weg zu mehr Selbstbestimmung und Kontrolle darstellen kann, spielen die Methoden und Techniken zur Wissensproduktion, in diesem Fall vor allem partizipatorische und kooperative Verfahren, eine entscheidende Rolle.

Advocacy ist Teil eines Prozesses "of making an alternate form of social knowledge count" (Harries-Jones 1991b:5). Sie verfolgt vom Einzelfall abhängige spezifische und sehr unterschiedliche Ziele und richtet sich an die unterschiedlichsten Personenkreise (T.Rees/Tator 1991:74-75). Zentrales Merkmal dieser *advocacy* ist, daß sie nicht *für*, sondern gemeinsam *mit* den betreffenden Subjekten durchgeführt wird: Es handelt sich um eine *advocacy with*. Diese hält sich nicht an die Möglichkeiten und Regeln bestehender rechtlicher und politischer Ordnungen, um einer Sache oder einer Gruppe zum Recht zu verhelfen, sondern strebt gerade die Veränderung dieser Ordnungssysteme an. Sie ist *confrontational*, bezieht politisch Stellung auf Seiten machtloser Gruppen und stellt u.a. auch allgemein akzeptierte, vermeintlich objektive wissenschaftliche Erkenntnisse in Frage:

> "Governments, together with dominant political élites, like to convince the public that 'objective knowledge' is on their side and that evidence to the contrary is worthless. The fiction of certainty is always attached to 'objective knowledge' as if it were authoritative and as if it could not be controverted. It is the task of the advocate to ensure that such knowledge is put to the test of alternative interpretation. The advocate has to show that the supposed 'commonly shared assumptions' or the 'irrefutable evidence of science' (Gusfield 1981:22) has in fact been constructed by social processes of selection and interpretation. In that process, political and bureaucratic interests intervene at every point. An essential part of advocacy is to make the public understand the worth of an alternative framework of argument" (ebd. 10-11).

4.9.3. Wichtigste Merkmale einer *advocacy anthropology*

Eine allgemeine *advocacy*-Haltung im Sinne einer moralischen Parteinahme für die Forschungssubjekte stellt, wie gezeigt wurde (Kap. 4.2.), eine dem Fach inhärente ethische Grundeinstellung dar (siehe auch Schensul/Schensul 1978). Van Esterik (1985) bezeichnet diese überwiegend passive und implizite Stellungnahme der WissenschaftlerInnen für benachteiligte Gruppen als **small "a" advocacy**. Sie basiert vor allem auf einer kulturrelativistischen Einstellung und der persönlichen Wertschätzung der Forschungssubjekte und ihrer Kulturen. Hierzu gehört z.B. die Entscheidung, bestimmte Informationen nicht zu veröffentlichen, da sie den Untersuchten möglicherweise Schaden zufügen könnten (ebd. 63), oder das Bemühen um eine angemessene und möglichst faire Darstellung der erforschten Menschen, die ihnen "ihre Würde, Normalität und Integrität läßt" (Armstrong 1993:11-12; vgl. z.B. die Auseinandersetzungen um die politischen Auswirkungen der Werke von Chagnon über die Yanomami: Albert/Ramos 1989, Booth 1989, Rifkin 1994).

Allerdings ist eine *advocacy*-Einstellung in der Ethnologie nicht so ausgeprägt wie in anderen Fächern. Während etwa bei MedizinerInnen, PsychologInnen oder ErnährungswissenschaftlerInnen eine praktische Hilfe für die Menschen, über die sie forschen, expliziter Bestandteil ihrer professionellen Arbeit ist (vgl. die Diskussionen in Paine 1985a, besonders die Beiträge von Harries-Jones 1985, Maybury-Lewis 1985, van Esterik 1985, außerdem Weber/McCall 1978), war und ist ein praktisches Engagement für die erforschten Gruppen bei EthnologInnen meist eher ein sporadisches und zeitlich begrenztes Nebenprodukt ihrer wissenschaftlichen Aktivitäten. Es resultiert vor allem aus ihren persönlichen Beziehungen zu den betreffenden Menschen. Solange außerdem die praktische Ethnologie durchweg als zweitrangig in Bezug zum Ideal einer reinen und nicht-eingreifenden Forschung betrachtet wird (Schensul/Schensul 1978:124, Stull 1988:37; vgl. Kap. 3.6.), schlägt sich das gelegentliche Engagement der ForscherInnen kaum in entsprechenden Wissenschaftskonzeptionen und Forschungsstrategien nieder, die den Forschungssubjekten *langfristig* mehr Kontrolle über ihr eigenes Schicksal ermöglichen.

Der *small "a" advocacy* stellt van Esterik (1985) eine sog. ***large "A" advocacy*** gegenüber. Darunter versteht sie ein stärkeres, aktives Involviert-Sein der WissenschaftlerInnen mit den Forschungssubjekten, eine explizite Parteinahme und den gezielten Einsatz ethnologischer Forschungsdaten und -methoden zur Unterstützung der Forschungssubjekte sowie die Übernahme gesellschaftlich interventionierender Rollen durch die EthnologInnen mit expliziten praktischen Zielsetzungen. Bei der *large "A" advocacy* wird das implizit vorhandene Bedürfnis der ForscherInnen nach Rückgabe und Reziprozität in den Beziehungen in den Vordergrund gestellt und zu einem wichtigen regulierenden Handlungsprinzip erhoben.

Zwischen beiden *advocacy*-Formen besteht dabei ein Kontinuum. Auf der einen Seite (der *"a"dvocay*) befinden sich alle Aktivitäten, die sich im Rahmen der rein wissenschaftlich-akademischen Zielsetzungen ethnologischer Arbeit (d.h., der Produktion und Vermittlung von Erkenntnissen in Forschung, Publikationen und Lehre) bewegen und dabei "etwas Gutes" für die Forschungssubjekte bewirken wollen: z.B. allgemein den Wert anderer Lebensweisen und die Bedeutung kultureller Diversität aufzeigen, dem konfliktfreien Zusammenleben der Menschen und Völker dienen, zum Abbau von ethnozentrischen Vorurteilen beitragen usw. Auf der anderen Seite des Kontinuums (der *"A"dvocacy*) befinden sich alle Aktivitäten, die ein eingreifendes praktisches Handeln von EthnologInnen zur Unterstützung der Rechte bestimmter Bevölkerungsgruppen umfassen: z.B. ihre aktive Teilnahme an Organisations-, Öffentlichkeits- und Lobbyarbeit, politischen Aktionen, Menschenrechtskampagnen, Rechtsprozessen usw. (vgl. Singer 1990:549).[187] Mit den sich entlang dieses Kontinuums einer *advocacy* stellenden Fragen wird jede Ethnologin und jeder Ethnologe früher oder später bei ihrer/seiner Tätigkeit konfrontiert (Hastrup/Elsass 1990:302).

Die vorliegende Arbeit befaßt sich vor allem mit der aktiven Seite des Kontinuums, d.h., einer *large "A" advocacy*, berücksichtigt aber auch Formen der *small "a" advocacy*. Diese *"A"dvocacy anthropology*[188] ist zunächst einmal eine Form praktischer Ethnologie mit allen den in Kapitel 2.5. angesprochenen Merkmalen:

Ihr liegt eine Ethik des Handelns und der Verantwortung zugrunde, die die EthnologInnen verpflichtet, ihr Wissen und ihre Forschungen zur Lösung der Gegenwartsprobleme lebender menschlicher Gemeinschaften einzusetzen. Ihre Arbeit wird nicht primär von akademischen Fragestellungen und wissenschaftlichen Standards, sondern von den praktischen Belangen und Interessen der betreffenden Menschen sowie von den Bedingungen des gesellschaftlichen Kontextes bestimmt. Eine *advocacy anthropology* ist immer Ethnologie und zugleich ausgesprochen interdisziplinär: Grundlage der Tätigkeit ist das gesamte theoretische und methodische Instrumentarium des Faches inklusive der Grundlagenforschung (vgl. z.B. Schensul/Schensul 1978). Darüber hinaus können aber auch alle zur Lösung des praktischen Problems notwendigen Techniken, Mittel und Kenntnisse anderer wissenschaftlicher Disziplinen und Arbeitsbereiche zur Anwendung kommen (Bennett 1996; vgl. Kap. 7.6.). Die *advocacy an-*

---

[187] Der Auffassung von Singer (1990:548), daß letztlich jede Ethnologie *advocacy* ist, da sie zielorientiert arbeitet und Einfluß auf menschliches Leben hat, kann nicht zugestimmt werden. Aus der Tatsache, daß jedes ethnologische Arbeiten interessengeleitet ist (s. Kap. 2.2. und 7.2.) und daß ethnologische Daten potentiell immer "angewendet" werden können, folgt zunächst die in Kap. 3. herausgearbeitete Verflechtung von theoretischer und praktischer Ethnologie. Unter *advocacy* wird hier jedoch, wie dargelegt, eine spezielle Form praktischer Ethnologie mit spezifischen Werten, Strategien, wissenschaftstheoretischen Grundlagen und einer besonderen Beziehung zu den Forschungssubjekten verstanden. *Advocacy anthropology* ist, wie weiter unten noch ausführlicher argumentiert werden wird, immer auch Ethnologie, aber alle Ethnologie als *advocacy* zu bezeichnen, verstellt den Blick auf die besonderen Bedingungen und Zielsetzungen einer kritisch-engagierten kooperativen und interventionistischen ethnologischen Praxis.

[188] Im Folgenden wird der Einfachheit halber stets von einer *advocacy anthropology* statt von einer *"A"dvocacy* oder einer *"a"dvocacy anthropology* gesprochen. Es handelt sich dabei aber überwiegend um die aktive, explizite Form einer *advocacy*.

thropology umfaßt Wissensproduktion, Wissenstransfer und Entscheidungsfindung. Hieraus resultieren Informationen (Daten, Konzepte, Theorien), politische Strategien (Empfehlungen, Verbesserungsvorschläge, Handlungsentwürfe) und Aktionen (Entscheidungen, direkte Intervention, Veränderung).
Außer den allgemeinen Merkmalen jeder praktischen Ethnologie teilt eine *advocacy anthropology* die zentralen Prämissen, Postulate, Forschungsstrategien und Erfahrungen der im Vorangegangenen diskutierten Praxisansätze. Sie wurzelt in einer Reihe gesellschaftskritischer und emanzipatorischer Philosophien, Theorien und Bewegungen, die daran glauben, daß Aufklärung, Wissen und (Selbst-)Organisation unter bestimmten Bedingungen zur Emanzipation und zu mehr Selbstbestimmung führen können. Ihr liegt die Überzeugung zugrunde, daß grundlegende und nachhaltige Veränderungen ungerechter gesellschaftlicher Strukturen nur auf Wunsch, mit Beteiligung, in Eigenverantwortung und Selbstbestimmung der davon betroffenen Menschen durchgeführt werden können. Diese Überzeugung dient als entscheidungsleitendes Prinzip, kann aber nicht in jeder Situation realisiert werden (vgl. Kap. 6.).
Gemeinsam ist den dargestellten Praxiskonzepten ferner: eine Parteinahme und Verpflichtung der WissenschaftlerInnen auf Seiten benachteiligter und machtloser Gruppen; ein Verständnis von einem engen Zusammenhang zwischen Forschung und Praxis, bei dem Erkenntnisproduktion und -nutzung, Reflexion und Handeln in einer sich gegenseitig befruchtenden, zirkularen Wechselbeziehung zueinander stehen; die Überzeugung, daß der Eigenerfahrung der ForscherInnen durch Teilnahme an gesellschaftlicher Praxis ein wichtiger Stellenwert als besonderer Quelle wissenschaftlicher Erkenntnisse zukommt; und das Bestreben nach Herstellung einer möglichst gleichberechtigten und partnerschaftlichen Zusammenarbeit mit den Forschungssubjekten, bei der ein gemeinsames kommunikatives und praktisches Handeln eine zentrale Rolle einnimmt.
Und schließlich besitzt eine *advocacy anthropology* prinzipiell eine transformatorische Orientierung, d.h., sie stellt grundlegende Machtstrukturen und Werte herrschender Gesellschaftsordnungen in Frage. Sie geht dabei von der Vorstellung einer kritischen Wissenschaft aus, die es für möglich hält, Theorien und Konzepte über soziale Realität hervorzubringen, welche katalysatorische Wirkungen zur Umgestaltung dieser sozialen Realität besitzen können (vgl. R. Thompson 1989:144). Grundlage dieser Wissenschaftsauffassung ist die schon mehrfach angesprochene Auffassung von Wissenschaft als Produkt *und* Produzentin gesellschaftlicher Realität. Eine Voraussetzung für grundlegende Verän-

derungen ist, daß dem *advocacy*-Engagement genaue Kenntnisse über die Machtverhältnisse im betreffenden Fall zugrunde liegen und daß Partizipation, Kooperation und Intervention nicht nur kooptierte Leerformeln innerhalb eines von gesellschaftlichen Eliten gewährten Handlungsspielraumes sind (vgl. Kap. 4.7.), sondern den betreffenden Gruppen tatsächlich mehr Handlungs- und Entscheidungsmöglichkeiten eröffnen.

Als **wichtigste Merkmale** dieses Konzeptes einer *advocacy anthropology* lassen sich danach festhalten:

- eine explizite, grundsätzliche und langfristige Verantwortung und Parteinahme auf Seiten benachteiligter Gruppen als Grundlage wissenschaftlicher Arbeit (*value-explicit/committed*);
- eine enge Zusammenarbeit mit möglichst vielen Mitgliedern bzw. anerkannten VertreterInnen der betreffenden Gruppen, die soweit wie möglich (und gewünscht) am Forschungs- und Handlungsprozeß teilnehmen und wichtige Entscheidungen mitbestimmen bzw. kontrollieren (*participatory/collaborative*);
- eine aktive Teilnahme der ForscherInnen an gesellschaftlichen Veränderungsprozessen, durch die herrschende Machtverhältnisse beeinflußt werden sollen (*interventionist/action-oriented/transformative*); und
- eine Unterstützung der Gruppen bei der Durchsetzung ihrer Rechte und Interessen, um ihnen zu mehr Selbstbestimmung, Selbstorganisation und Unabhängigkeit zu verhelfen (*self-advocacy/empowerment*).

Diese Merkmale einer *advocacy anthropology* müssen situations- und kontextspezifisch angepaßt werden und können nicht in jedem praktischen Fall immer alle erfüllt werden, wie in Kap. 6 am Beispiel der Kooperationsmöglichkeiten zwischen EthnologInnen und indigenen Bewegungen gezeigt werden wird. Ihre ethischen, erkenntnistheoretischen und methodischen Implikationen werden in Kap. 7 diskutiert.

4.10. Zusammenfassung: Entwicklung und Stellenwert einer *advocacy anthropology* im Fach

Durch die gesamte Geschichte der Ethnologie zieht sich nicht nur das Bemühen um eine praktische Nutzbarmachung ethnologischer Erkenntnisse (vgl. Kap. 3.), sondern auch eine mehr oder weniger explizite Parteinahme von EthnologInnen auf Seiten der Forschungssubjekte, die meist zu den marginalisierten und benachteiligten Gruppen gehör(t)en. Diese Parteinahme formte sich, wie in diesem Kapitel dargestellt wurde, im Laufe der Fachgeschichte allmählich zu bestimmten Methoden und Konzepten ethnologischer Praxis. Die behandelten Praxis-Ansätze unterscheiden sich durch verschiedene politisch-ideologische Orientierungen und die Radikalität der angestrebten Veränderungen; durch unterschiedliche Rollenverständnisse und Aufgabenstellungen der EthnologInnen, durch den Grad ihres Involviert-Seins und ihren Umgang mit Macht; durch das Ausmaß der Partizipation der Forschungssubjekte; durch die angewandten Methoden; und durch die Wahl der KooperationspartnerInnen.

Die *advocacy*-Aktivitäten früherer EthnologInnen waren nicht vorrangiges Ziel ethnologischen Arbeitens oder gar Teil eines spezifischen Wissenschaftsverständnisses, sondern eher Ausdruck der individuellen Haltungen der WissenschaftlerInnen und das Ergebnis ihrer persönlichen Kontakte zu den indigenen Gruppen sowie ihres ethnographischen Wissens. Es gab so gut wie keine Beteiligung der betreffenden Menschen an Forschung und gesellschaftlicher Aktion, kein gemeinsames Erarbeiten von Problembereichen, Handlungsstrategien und praktischen Zielen.

In den 50er Jahren bekam im Zuge der Entkolonisierungsprozesse das Thema **Selbstbestimmung** eine zunehmende Bedeutung auch für die ethnologische Forschung. Die Anerkennung eines Selbstbestimmungsrechtes der untersuchten Gruppen erforderte, daß man sich für dessen Realisierung einsetzte. Eine Folge war die Formulierung einer wertexpliziten Position auf Seiten benachteiligter Gruppen sowie ein interventionistischer Forschungsansatz, d.h., ein eingreifendes, die Untersuchungssituation veränderndes und mittels Forschung auf sozialen Wandel abzielendes Handeln. Allerdings setzten die *action anthropology* und der *research-and-development-approach* die Teilnahme der betreffenden Menschen an Forschung und Veränderung, obwohl sie teilweise konzeptionell vorgesehen war, zunächst kaum in die Praxis um. Während sich beim **Fox-Projekt** die EthnologInnen von jeglichen Machtpositionen zu distanzieren versuchten und direkt innerhalb und für die Fox-Gemeinschaft arbeiten wollten, bedienten sich die WissenschaftlerInnen beim **Vicos-Projekt** explizit bestimmter Machtpositionen, um ihre praktischen Ziele durchzusetzen, und verbanden so ihre Forschungen mit politischem Handeln.

Die 60er und 70er Jahre waren dann - speziell in den U.S.A. und einigen südamerikanischen Ländern - eine Blütezeit für theoretisch-programmatische Entwürfe einer **radikalen Ethnologie** sowie für verschiedene Praxiskonzepte einer *committed anthropology*. Hinzu kamen polit-ökonomische Ansätze, die die gesellschaftlichen Bedingungen ethnologischer Forschung aufzeigten, sie in umfassendere gesellschaftstheoretische Perspektiven einbetteten und das Thema **Macht** ins Blickfeld wissenschaftlichen Interesses rückten. Diese Konzepte waren von der "kritisch-aufklärerischen Emanzipationsrhetorik" (Moser 1995:8) ihrer Zeit geprägt, blieben jedoch weitgehend theoretische Entwürfe.

Ab Mitte der 70er Jahre wurde dann zunehmend die Beteiligung der Forschungssubjekte an den Forschungstätigkeiten als Instrument zur Selbstorganisation und Selbstbestimmung thematisiert. Ausgangspunkt des ethnologischen Engagements waren die Bedürfnisse der Gruppe. Das Eintreten für die Rechte der Forschungssubjekte und die Verbesserung ihrer Lebensumstände wurde nicht mehr als ein gelegentliches Helfen, sondern als explizites Ziel der ethnologischen Arbeit verstanden. Dies geschah nicht zuletzt aufgrund der Proteste indigener u.a. Gruppen. Sie kritisierten, daß sie auch von engagierten EthnologInnen oder politischen AktivistInnen häufig nur wieder als kolonisierte und ausgebeutete Opfer, d.h., als unmündige Objekte betrachtet wurden, denen geholfen werden mußte (vgl. Deloria 1969, 1970, Ignace et al. 1993).

Bei den Praxisansätzen dieser Zeit wurden nun ausdrücklich sowohl die Partizipation der Forschungssubjekte am Forschungs- und Handlungsprozeß als auch die Teilnahme der EthnologInnen an gesellschaftlicher Veränderung angestrebt. Dabei politisierten die **"neuen AktionsethnologInnen"** Tax' *action anthropology* u.a. durch die Formulierung allgemeiner ethischer Werte und politischer Zielsetzungen und schreckten auch nicht vor der Übernahme von einflußreicheren Positionen zurück. Wichtige methodische und theoretische Anstöße kamen von südamerikanischen KollegInnen, deren Arbeiten sehr stark in Prozesse nationaler Identitätsbildung und indigenistischer Politik eingebunden waren. Ab den späten 60er Jahren entwickelten sie verschiedene Konzepte einer *antropología comprometida* bzw. *antropología crítica* und lieferten mit Konzepten und Theorien über Abhängigkeit, internen Kolonialismus, *etnodesarollo* und Multikulturalität wichtige theoretische Beiträge zur Analyse der politischen und ökonomischen Realität indigener Völker. Ihre Arbeiten beeinflußten auch die neuen indigenen Bewegungen, den staatlichen *indigenismo* sowie die internationalen Diskussionen über Strategien zur "Befreiung der indianischen Völker".

Ab den 80er Jahren wurden die Methoden in der praktisch engagierten Ethnologie zunehmend partizipativ und kooperativ. Methodische Grundlagen und wissenschaftheoretische Begründungen hierzu lieferte u.a. der zu wesentlichen Teilen in Ländern des Südens entwickelte Ansatz der **partizipatorischen Aktionsforschung (PAF/IAP)**, der vor allem die Machtstrukturen bei der Wissensproduktion abbauen wollte. Die benachteiligten Gruppen sollten mittels partizipatorischer Methoden ein eigenes (Volks-, lokales) Wissen produzieren, das ihnen zur Entwicklung selbstbestimmter Formen von Widerstand, Organisation und Kontrolle über ihr Leben verhalf und so ein Instrument zur grundlegenden Transformation oppressiver gesellschaftlicher Strukturen sein konnte. Partizipative Vorgehensweisen fanden ab Ende der 80er Jahre zunehmend Eingang in staatliche Entwicklungsprojekte und die Programme internationaler Institutionen. Sie gingen dabei von ihrer ursprünglich radikal-transformatorischen Orientierung zu einer mehr sozialtechnologisch-instrumentellen Funktion über, durch die sie u.a. zur effektiveren Durchsetzung und Legitimierung der Ziele und Interessen gesellschaftlicher Eliten eingesetzt werden konnten bzw. eingesetzt wurden.

Die neueren Ansätze der kooperativen Forschung, der *community-based research* und der *community-centered praxis* betonen heute mehr das Zusammenspiel und die Vermittlung zwischen den verschiedenen, an einer sozialen Situation beteiligten Interessengruppen und ihren Perspektiven, Handlungsstrategien und Zielen. Diese Ansätze sind vor allem auf die Lösung lokalspezifischer Probleme ausgerichtet und fördern durch ihre kulturrelativistischen und am Einzelfall ausgerichteten Herangehensweisen die Diversität von kulturspezifischen Lösungsmustern und Entwicklungen. Dabei kommen konventionelle empirische Forschungsmethoden genauso zum Einsatz wie partizipative und kooperative Strategien.

In der *advocacy anthropology* schließlich, wie sie hier im umfassenden Sinne als Oberbegriff verstanden wird, vereinigen sich die wichtigsten Postulate und Strategien der genannten Praxisansätze zu einer praktischen Ethnologie, die eine explizite Parteinahme auf Seiten von und eine enge Zusammenarbeit mit benachteiligten Gruppen fordert. Ihr Ziel ist es, zusammen mit den betreffenden Gruppen, d.h., mittels einer partizipatorischen und kooperativen Wissensproduktion und -anwendung an der Lösung einzelner praktischer Probleme zu arbeiten. Ihr handlungsleitender Wert ist das Recht auf Selbstbestimmung. Dabei partizipieren sowohl die ForscherInnen am "Praxissystem" wie Mitglieder der Gruppe am "Forschungssystem" (vgl. Moser 1995), wobei den Unterschieden zwischen Alltagspraxis und wissenschaftlicher Forschung durchaus Rechnung getragen wird. Diese *advocacy anthropology* beruht auf den Erfahrungen engagierter ethnologischer Praxis der vorangegangenen Jahrzehnte, derer sie sich je nach Fall, Problemlage, Zielsetzung, beteiligten PartnerInnen, Ressourcen und Zeitrahmen flexibel bedient. Im Vergleich zu den oft überhöht formulierten Ansprüchen früherer Praxiskonzepte sieht sie sich in einer bescheideneren Rolle im Zusammenspiel verschiedener sozialer Kräfte, die emanzipatorische und kritisch-humanistische Zielsetzungen verfolgen.

Die heutige Verbreitung interventionistischer, partizipativer und kooperativer Ansätze und ihr Stellenwert innerhalb der Ethnologie lassen sich anhand der bearbeiteten Literatur nur in allgemeinen Tendenzen einschätzen. Auch wenn die Beschäftigung von EthnologInnen in außerakademischen Arbeitsfeldern in den letzten zwei Jahrzehnten insgesamt stark zugenommen hat, ist die praktische Anwendung der hier beschriebenen kritischen Praxiskonzepte oder eine Diskussion über ihre methodischen und wissenschaftstheoretischen Grundlagen eher ein Randthema im etablierten ethnologischen Wissenschaftsbetrieb geblieben. Eine theoretische und praktische Weiterentwicklung wertexpliziter und interventionistischer Forschungsstrategien findet in neuerer Zeit kaum statt. In aktuellen ethnologischen Publikationen und Fachorganen sind dementsprechend Diskussionsbeiträge oder Projektberichte über einen *action/advocacy approach* eher rar. Zumindest in Westeuropa und den U.S.A., auf die sich die herangezogene Literatur hauptsächlich bezieht, scheinen nur wenige EthnologInnen mit einer praktischen Ethnologie im Sinne einer *advocacy anthropology* beschäftigt zu sein.

Eine Auseinandersetzung mit partizipativen und interventionistischen Verfahren findet vor allem außerhalb des Faches und z.T. außerhalb der Universität (z.B. in der Entwicklungs- und Bildungspolitik) statt. Diese Diskussionen haben allerdings in einigen Ländern dazu geführt, daß eine Kooperation mit den Forschungssubjekten und die Beachtung ihres Rechtes auf Selbstbestimmung bei Planung und Durchführung von Forschungsprojekten sowie ihre Partizipation an Wissensproduktion und -verarbeitung allgemein als selbstverständliche Bestandteile von Forschungsprogrammen betrachtet werden. So ist es z.B. in Kanada, nach Ansicht einiger FachvertreterInnen, seit den 70er Jahren zu einer Bedingung ethnologischer Feldforschungen geworden, daß ForscherInnen den betreffenden Gemeinschaften als Gegengabe für eine Forschungserlaubnis in irgendeiner Form politische, ökonomische oder soziale Unterstützung zukommen lassen. Auch die Regelung der Zusammenarbeit mit indigenen Gemeinschaftem durch schriftliche Verträge ist dort nicht ungewöhnlich (z.B. Efrat/Mitchell 1974; vgl. Hedican 1995 sowie die Beiträge in Dyck/Waldram 1993a). Ohne kooperative Forschungsstrategien lassen sich in vielen kanadischen indigenen Gemeinschaften keine ethnologischen Forschungen mehr durchführen (Cruikshank 1993:134).

Rahman und Fals Borda (1991) schätzen die große Verbreitung partizipatorischer Vorgehensweisen und ihre Bedeutung vorsichtig optimistisch ein. Einerseits sehen sie in deren Übernahme durch machthabende Instanzen eine Vereinnahmung, ja, schon eine Art "Verrat" an den ursprünglichen politischen und philosophischen Grundlagen der partizipatorischen Aktionsforschung (ebd. 28-29). Andererseits deuten sie diese aber als Hinweis auf die globale Bedeutung solcher Prinzipien wie Selbstbestimmung, Zusammenarbeit und Gerechtigkeit und verweisen auf die wichtige Funktion, die die partizipatorische Aktionsforschung anbetrachts gegenwärtiger sozialer und politischer Konflikte spielen kann (ebd. 30-34).

Innerhalb der Ethnologie in westlichen Ländern kommen die größten Widerstände gegen den *advocacy/action*-Ansatz von denjenigen FachvertreterInnen, die das Postulat von Objektivität und Neutralität wissenschaftlicher Arbeit betonen und durch Engagement auf Seiten der Forschungssubjekte das wissenschaftliche Image und Prestige ihres Faches gefährdet sehen (Landstreet et al. 1991:28). In anderen Ländern wie z.B. in Südamerika scheint dagegen eine sich für praktisch-politische Ziele einsetzende Wissenschaft insgesamt selbstverständlicher zu sein. Allerdings läßt sich auch in diesem Fall schwer einschätzen, in welchem Umfang EthnologInnen in Südamerika tatsächlich praktisch zur Unterstützung indigener Gemeinschaften und anderer Bevölkerungsgruppen engagiert sind. Ein Grund dafür ist u.a., daß die in praktischen Arbeitszusammenhängen engagierten EthnologInnen häufig nicht über ihre Arbeit publizieren können (aus Zeitmangel und anderen Interessensprioritäten) oder wollen (um die Betroffenen und das Projekt nicht zu gefährden). Ihrem Engagement wird dabei weniger durch ihre FachkollegInnen oder wissenschaftliche Objektivitätsansprüche als durch gesellschaftliche Machtverhältnisse Grenzen gesetzt. Besonders in Staaten mit autoritären Regierungsformen müssen EthnologInnen,[189] die sich auf Seiten machtloser Gruppen engagieren, weniger um ihren

---

[189] Vgl. dazu Fälle von Inhaftierung, Folter, Ausweisung und Ermordung von engagierten EthnologInnen wie z.B. Chase-Sardi in Paraguay (Belshaw 1976, Report of Survival Interna-

wissenschaftlichen Ruf als vielmehr um Wohlergehen und Leben - ihrer selbst und das ihrer PartnerInnen - fürchten (Grünberg 1987, schriftl. Mitteilung).

Im deutschsprachigen Raum ist die *action anthropology* zunächst in den 70er und 80er Jahren insbesondere durch Publikationen und Vorträge des Aktionsethnologen Karl H. Schlesier bekannt geworden (K.Schlesier 1974, 1976, 1977, 1980, 1985, 1988, 1990; vgl. Biegert 1979, Hensel 1981). Auslöser für die hiesigen Diskussionen waren u.a. Schlesiers Gastprofessur an der Universität Münster im Sommer 1978, die anschließende Teilnahme einer Gruppe von Ethnologie-StudentInnen aus Münster und Hamburg (Stephan Dömpke, Renate Schukies, Dirk Stähler und d. V.) an der *action anthropology* mit den Südlichen Cheyenne in Oklahoma 1978-79 (Seithel 1990a) und die folgenden Diskussionen auf den studentischen "Ethno-Treffs" und in universitären Arbeitsgruppen (vgl. die Dokumentationen der Ethno-Treffs 1980, 1981, 1982 sowie Trickster 1980). Die anderen oben beschriebenen Praxis-Ansätze wurden sehr wenig rezipiert und meist unter dem Oberbegriff *action anthropology* subsumiert. Neuere Termini, wie *collaborative research* oder partizipatorische Forschung konnten sich bislang nicht durchsetzen. 1987 fand der erste - und bisher einzige - Workshop über *action anthropology* auf der DGV-Tagung in Köln statt (zur Rezeption der *action anthropology* in der deutschsprachigen Ethnologie vgl. auch Seithel 1989a, 1990c:47-48; zu einer Kritik an Schlesiers Ansatz vgl. Münzel 1980 und Szalay 1977). Eine Befassung mit aktionsethnologischen Ansätzen in Lehre, Forschung und Publikationen ist bis heute selten geblieben (Ausnahmen sind z.B. Amborn 1993d, 1994, Antweiler 1996, Seithel 1990a, 1990c, 1994, Stüben 1988a).

Einen Versuch einer praktischen Umsetzung von Postulaten der Aktionsforschung in der eigenen Gesellschaft stellt das vom Soziologischen Institut der Universität Gießen Ende der 70er Jahre begonnene "Projekt Tsiganologie" dar, an dem u.a. auch EthnologInnen beteiligt waren (Gerth et al. 1978, Münzel/Streck 1981, Zülch 1982), das aber keinen Initialcharakter für weitere ähnliche Arbeiten besaß. Postulate der Aktionsforschung wurden teilweise auch von der soziologischen und - am Rande - der ethnologischen Frauenforschung aufgegriffen. Besonders die Gruppe der "Bielefelder Soziologinnen" (Maria Mies, Claudia von Werlhof, Veronika Bennholdt-Thompson u.a.) verband Themen der Ethnologie und Soziologie, der Frauenbewegung, Politischen Ökonomie

---

tional 1976), David Webster in Südafrika (Scheper-Hughes 1995:415) oder Myrna Mack Chang in Guatemala (Science 1992:1851).

und Aktionsforschung zu einem neuen Forschungsansatz in der Frauenforschung (z.B. Mies 1987a, 1987b, von Werlhof 1987, von Werlhof et al. 1983), der auch in der ethnologischen Frauenforschung Beachtung fand (vgl. Hauser-Schäublin 1991).

Einige TeilnehmerInnen an den Diskussionen über ethnologische Praxis wurden Mitglieder in den Anfang der 90er Jahre gegründeten DGV-Arbeitsgruppen über "Ethik" (Amborn 1993a, Drubig/Herrmann/Jendral/Larenz 1996) und "Entwicklungsethnologie" (siehe oben). Andere EthnologInnen und EthnologiestudentInnen, die um eine politische Relevanz ihrer wissenschaftlichen Arbeit bemüht waren oder nach Perspektiven für eine kritische ethnologische Praxis suchten, wurden MitarbeiterInnen bei verschiedenen, von EthnologInnen gegründeten oder von ihnen mitgetragenen Organisationen und Vereinen.[190] Im Umfeld dieser Organisationen wurde und wird der Einsatz von EthnologInnen im Sinne einer *action/advocacy anthropology* zumindest thematisiert (z.B. Antweiler 1992, 1996, IFAK/infoe 1993, infoe 1989, Muth/Seithel 1994, K. Schlesier 1988, 1990, Seithel 1998, Stüben 1988c).[191] Die Auseinandersetzungen um eine kritische, politisch Stellung beziehende ethnologische Praxis werden jedoch überwiegend in studentischen und außeruniversitären Gruppen geführt und finden kaum Niederschlag in universitäter Forschung und Lehre.

Im weiteren Verlauf der Arbeit soll nun herausgearbeitet werden, in welcher Weise eine *advocacy anthropology* von EthnologInnen im Rahmen einer Zusammenarbeit mit den neuen indigenen Bewegungen realisiert werden kann. Dabei werden auch Handlungsfelder für hiesige EthnologInnen aufgezeigt. Zu-

---

[190] Hierzu zählen zum einen Gruppen, die vor allem praxisbezogene ethnologische Forschungen in Projekte und Öffentlichkeitsarbeit umsetzen (wollen), wie das 1987 gegründete Institut für Ökologie und Angewandte Ethnologie (infoe), das sich 1991 in Institut für Ökologie und *Aktions*-Ethnologie umbenannte (zur Programmatik des infoe vgl. infoe 1989, K.Schlesier 1990, Seithel 1998, Stüben 1988a, 1988b, 1988c, 1988d), das Institut für Angewandte Kulturforschung (IFAK) in Göttingen oder das Institut für Soziale und Kulturelle Arbeit (ISKA) in Nürnberg. Zum anderen handelt es sich um Organisationen, die in erster Linie praktische Menschenrechts-, Lobby- und Solidaritätsarbeit leisten wollen, wie die Gesellschaft für Bedrohte Völker und andere NGOs aus der Dritte-Welt-Bewegung. Einen Überblick über die Arbeitsweisen und Möglichkeiten der Mitwirkung von EthnologInnen in internationalen Organisationen zur Unterstützung ethnischer Minderheiten bis Anfang der 80er Jahre gibt Wentzel (1984).

[191] Versuche zur Systematisierung der verschiedenen Diskussionsstränge über eine praktische Ethnologie liefern u.a. Antweiler (1986, 1987, 1990, 1996, 1998), Bruck (1987, 1989) und Kievelitz (1988:243-249).

vor muß jedoch auf die Problematik der Generalisierungen eingegangen werden:

Der Entwurf allgemeiner Handlungsstrategien, wie er in Kapitel 6. vorgenommen wird, benötigt generalisierende, vom Einzelfall abstrahierende Annahmen über die AktionspartnerInnen, in diesem Fall indigene Gemeinschaften und ihre Organisationen. Die Aussagekraft allgemeiner Aussagen über kollektive kulturelle und ethnische Merkmale ist seit der sog. postmodernen Wende in der Ethnologie in den vergangenen rund 20 Jahren immer wieder in Frage gestellt worden. So wird kritisiert, daß kategoriale Merkmalszuweisungen Homogenität und Kohärenz von abgrenzbaren "Einheiten" suggerieren, wo fließende Übergänge, Vielfalt, Wandel, wechselnde Zugehörigkeiten und Widersprüche herrschen, daß durch sie erst "die Fremden" als "kollektive Andere" konstruiert und ausgegrenzt werden, daß sie für Machtinteressen instrumentalisiert werden (können) und daß sie den polit-ökonomischen Charakter von Gruppenkonflikten durch Ethnisierung bzw. Kulturalisierung verschleiern (z.B. Abu-Lughod 1991, Dracklé 1995, Kaschuba 1995b, Schiffauer 1995a, 1997 u.a.).

Diese Kritik am (potentiell) autoritären Charakter und an den politischen Implikationen kollektiver Charakterisierungen von Menschen muß angesichts aktueller Ausgrenzungsdiskurse über fremde Kulturen und dem vielerorts aufblühenden nationalistischen, rassistischen und "ethnisch" verbrämten gewaltsamen Konflikten sicherlich ernst genommen werden. Um sich jedoch auch praktisch mit realer Macht auseinandersetzen zu können, wie es eine *advocacy anthropology* anstrebt, bedarf es entscheidungsleitender Prinzipien und Handlungsstrategien, die immer auch Verallgemeinerungen enthalten. Ohne sie sind Verständigung und gemeinsames Handeln von EthnologInnen und anderen AkteurInnen nicht möglich. Die Dekonstruktion aller Konzepte kollektiver Gemeinsamkeiten bzw. Andersartigkeit ist auch deshalb wenig ratsam, weil sie für die heutigen politischen Bewegungen indigener Völker zentrale handlungsmotivierende Argumentationsfiguren darstellen. Statt also generische Begriffe und Konzepte von Kultur oder Ethnizität ganz abzuschaffen, scheint es sinnvoller, sie für die Selbstbestimmungsbemühungen indigener o.a. Gemeinschaften zu instrumentalisieren, dabei aber immer ihren konstruierten und veränderlichen Charakter und ihre möglichen politischen Implikationen im Auge zu behalten.

5. GENERALISIERUNGEN:
ÜBER DIE INSTRUMENTALISIERUNG KOLLEKTIVER DIFFERENZ

Jede Sprache klassifiziert Wahrnehmungen und Personen. Sie unterwirft damit die Unbegrenztheit der menschlichen Erfahrungsmöglichkeiten und das Chaos der Sinneseindrücke bestimmten Aufteilungen, Ordnungen und Abgrenzungen, durch die einige Dinge hervorgehoben, differenziert oder zusammengefaßt und andere ausgegrenzt, unterdrückt oder gar "undenkbar" bzw. "unaussprechbar" werden (S.Tyler 1991). Barthes sah sich aufgrund der "zwanghaften und oppressiven Macht" sprachlicher Klassifikationen sogar veranlaßt, vom "faschistischen" Charakter der Sprache zu reden (Barthes 1980:19). In der wissenschaftlichen Erkenntnissuche wird diese Kategorisierung und Verallgemeinerung von Beobachtetem und Erlebtem mittels spezifischer "Werkzeuge" (Methoden, Begriffe, Konzepte, Theorien) lediglich wesentlich weiter vorangetrieben als im Alltag.

Ebenso ist es ein elementarer Vorgang sozialer Beziehungen, Menschen nach vermeintlich *typischen* Eigenschaften (Hautfarbe, Sprache, Produktionsweise, sozialem Status u.ä.) zu kategorisieren (vgl. Schütz 1932/1974). Die stereotypisierende Erfassung der Mitmenschen als "homogene, iterierbare Idealtypen" ermöglicht eine Strukturierung von komplexen und unüberschaubaren Verhältnissen durch Differenzierung sozialer Beziehungen in **Ihr-Beziehungen** (kategoriale Beziehungen) und **Du-Beziehungen** (personale Beziehungen) (Streck 1992:100). Sie ist zur Bewältigung sozialer Interaktionen genauso unumgänglich wie die "universale Disposition zu einer Wir/Nicht-Wir-Unterscheidung" (Ganzer 1990:3).

Das Spannungsfeld zwischen personalen und kategorialen Beziehungen, zwischen dem Einmaligen und dem Allgemeinen einer Begegnung erfahren EthnologInnen nicht nur als methodische Herausforderung, sondern nicht selten auch als persönliches Dilemma. Denn die Verknüpfung von Teilnahme und Beobachtung, die seit Malinowski zur zentralen Feldforschungsmethode des Faches gehört, stellt höchst widersprüchliche Anforderungen an die ForscherInnen. Einerseits soll eine persönliche Beziehung und Nähe zu den erforschten Menschen den Zugang zu Erkenntnissen über ihre kollektive Lebensform ermöglichen. Das subjektive Involviertsein des Wissenschaftlers wird dabei als Basis für generalisier- und objektivierbares Wissen angesehen. Andererseits wird erwartet, daß er den Gewährspersonen eine allzu enge personale Du-Beziehung verweigert, damit letztere nicht ihre Eigenschaften als typische, kategoriale VertreterInnen der untersuchten Gruppe verlieren.

Die Beobachtung und Reflexion über fremde Lebensweisen erfordert also sowohl Nähe als auch Distanz, d.h., die Aufrechterhaltung einer Wir-/Nicht-Wir-Unterscheidung (Streck 1992:100). Diese als eine Art *double bind* erfahrene Spannungssituation wird in der theoretischen und textlichen Verarbeitung der Forschungserfahrung herkömmlicherweise durch das (zumindest teilweise) Ausschalten der subjektiven Momente des eigenen Erlebens sowie des individuellen Mensch-Seins der Erforschten aufgelöst. Das Einmalige wird objektiviert und generalisierbar gemacht (vgl. Drubig 1994a:227-41, Fuchs/Berg 1993: 24-43). Ohne diese Abstraktion vom Einmaligen können keine ethnologischen Aussagen über Kultur/Kulturen oder - wie im Folgenden - über indigene Völker getroffen werden, die über den Einzelfall hinaus Gültigkeit besitzen.

Die Kritik an der Abspaltung des Individuell-Subjektiven in ethnologischen Texten hat in den vergangenen zwei Jahrzehnten zu einer Reihe neuer, sog. bekennender oder experimenteller ethnologischer Schreibstile geführt. In selbstreflexiver und dialogischer Form versuchen sie, den diskursiven Prozeß der Feldforschung nachzuzeichnen und die Individualität und Einmaligkeit des Forschenden wie der Erforschten sichtbar werden zu lassen (z.B. Crapanzano 1983, Dumont 1978, Dwyer 1982, Favret-Saada 1978, Rabinow 1977, Shostak 1981, u.a.; vgl. auch Clifford 1988a, 1988c, Clifford/Marcus 1986, Geertz 1990, Marcus/Cushman 1982, Tedlock 1985, 1993).[192]

Die Auseinandersetzung mit der Beziehung zwischen dem Singularen und dem Universalen, die seit jeher im Zentrum der erkenntnistheoretischen Grundlagendebatten über die Möglichkeiten und Bedingungen eines methodisch kontrollierten Fremdverstehens steht (vgl. z.B. Drubig 1994a, Duerr 1981, Kippenberg/Luchesi 1978, Koepping 1984, 1993, Münzel 1993, Schmied-Kowarzik 1993, Stagl 1993; siehe auch Kap. 2.3.), führte u.a. zur Frage, wer bei kultur- und sozialwissenschaftlicher Forschung über wen kraft welcher Autorität zu sprechen berechtigt ist. Ethnologische Repräsentationsmodi sind, wie die Darstellungsformen anderer Wissenschaften auch, nicht neutral oder politisch

---

[192] Allerdings finden wir ähnliche Bemühungen teilweise auch schon in früheren ethnographischen Werken, z.B. von Radin, Leiris, Rappaport, Evans-Pritchard, Fortune oder Bateson, so daß man sich fragen kann, wo eigentlich die Grenzen zwischen konventionellen und experimentellen Ethnographien liegen (vgl. Pool 1991:325).

"unschuldig". Sie sind, wie in Kap. 2.2. festgestellt wurde, "durchdrungen von Lebenspraxis" und eingebettet in einen spezifischen Interaktionszusammenhang zwischen denjenigen, die erforschen, beschreiben und interpretieren, und denjenigen, die erforscht, beschrieben und interpretiert werden. Dieser gemeinsame Handlungszusammenhang wird in der ethnologischen Forschung u.a. von Strukturen politischer und ökonomischer Herrschaft und Abhängigkeit bzw. Unterdrückung durchzogen. Diese Einsichten haben in den letzten knapp zwei Jahrzehnten zu umfangreichen Diskussionen über die sich in ethnographischen Forschungen und Darstellungen widerspiegelnden gesellschaftlichen Machtverhältnisse geführt (z.B. Abu-Lughod 1991, Clifford 1988c, Clifford/Marcus 1986, Knauft 1994, Kuper 1994, Marcus/Fisher 1986, Rabinow 1993:183-187, Rosaldo 1989, Said 1979, 1993, S.Tyler 1991, Wolf 1986, 1994; vgl. zusammenfassend Berg/Fuchs 1993).

Eine der schärfsten KritikerInnen ethnologischer Generalisierungen ist Abu-Lughod. Nach ihrer Auffassung sind Verallgemeinerungen über "die" Kultur einer Gruppe Teil des gesellschaftlichen Herrschaftsapparates, finden innerhalb eines professionellen und autoritativen Diskurses stattfinden und bedienen sich einer "Sprache der Macht". Sie lassen gruppeninterne Widersprüche und Konflikte verschwinden, konstituieren kollektive Differenzen zwischen Gruppen mit und fördern "the fiction of essentially different and discrete others who can be separated from some sort of equally essential self" (Abu-Lughod 1991).[193] Den Begriff Kultur möchte die Autorin ganz abgeschafft wissen, denn: "Culture is the essential tool for making other" (ebd. 143).

Der Vorwurf des sog. *othering* wird auch von anderen EthnologInnen gegen den Begriff Kultur erhoben (Fabian 1983, 1993). Wallerstein betrachtet Kultur gar als ein "ideologisches Schlachtfeld des modernen Weltsystems" (Wallerstein 1990), und Ovesen (1994:88) hält die derzeitige Popularität ethnologischer Kulturkonzepte für einen Pyrrhus-Sieg des Faches:

---

[193] Die Kritik bezieht sich vor allem auf "holistische" Konzeptionen von Kulturen als deutlich abgrenzbare und integrierte Ganzheiten, wie sie besonders in den 30er bis 50er Jahren von einem Großteil der EthnologInnen vertreten wurden (vgl. die Überblicke in Drechsel 1984, Keesing 1974, Kievelitz 1988:194-7, Kroeber/Kluckhohn 1963, Ortner 1984, Renner 1983). Während einige EthnologInnen sich schon früh gegen die Vorstellung von Kultur als einer einzigartigen "Monade sui generis" wandten (Wolf 1994:5), findet man selbst in neueren ethnologischen Einführungs- und Lehrbüchern noch solch ein "organisches" Kulturverständnis (z.B. Harris 1989:20-21, Peoples/Bailey 1991:17-18, Rosman/Rubel 1992:312).

"It is about time that anthropologists learnt the lessons of 'race', 'tribe', and 'ethnicity', viz., that even when employing technical or analytical terms in our common discourse we can never be politically totally innocent, and that our discourse is likely to have repercussions out there in the Present. We have helped to create 'cultures' just as we earlier helped to create races, tribes, and ethnicities, and since there is always a semantic materialism at work (Ardener 1982), such entities do not remain figments of our imagination but gradually take on a concrete appearance in the real world" (ebd. 88-89).

Zwei Aspekte des Begriffs Kultur werden also deutlich: Erstens seine Nutzung als Interpretament zur Erklärung sozialer Unterschiede und zweitens seine Instrumentalisierung und Indienstnahme für politisch-ideologische und ökonomische Interessen (vgl. Kaschuba 1995b):

" 'Kultur' als Praxis der Wahrnehmung und Bearbeitung von 'Wirklichkeit' ist in hohem Maße über gesellschaftliche Diskurse organisiert. Deren Leitbegriffe sind kodiert in Bildern, Texten und Metaphern, die der gesellschaftlichen Verortung in der Geschichte, der gesellschaftlichen Selbstbeobachtung und der sozialen Selbstvergewisserung dienen sollen. Das heißt: Es geht dabei vorrangig um strategische Argumentationen, um die Definition von Werten, Symbolen, Bedeutungen, die dann ihrerseits zur Legitimation sozialen und politischen Handelns benutzt werden" (ebd. 21).

Besonders der letztgenannte Aspekt kultureller Merkmalszuweisungen - ihre Instrumentalisierung zum Erwerb, zur Ausübung und zur Festigung von Macht - gewinnt im Zusammenhang mit indigenen Völkern besondere Bedeutung. Kollektive Kategorisierungen geschehen, wie schon angedeutet, u.a. im Rahmen von Kooperation und Konkurrenz, Herrschaft und Abhängigkeit, Machtkonflikten und Ressourcenkompetition zwischen und innerhalb von Gruppen (siehe z.B. die Beiträge in EPK 4/93, Fillitz et al. 1993 u.a.). Gruppenzugehörigkeiten regeln dabei u.a. den Zugang zu Land, Rechten, Ressourcen und gesellschaftlichen Positionen.

Ein bekanntes Beispiel ist die koloniale Ethnogenese in der ersten Hälfte des 20. Jahrhunderts in Afrika. Dort traten zahlreiche Stämme[194] erst als Produkte

---

[194] Auf die Problematik des Begriffes **Stamm** kann hier nicht ausführlicher eingegangen werden. Er wird mit unterschiedlichen Bedeutungen benutzt (vgl. Helm 1968) und aufgrund seiner häufigen Assoziierung mit einer niedrigeren Evolutionsstufe und der damit verbundenen abwertenden und diskriminierenden Konnotationen (vgl. Chilungu 1976, Fried 1975) heute meist abgelehnt. An dieser Stelle werden Stämme lediglich als eine bestimmte Form sozialer und politischer Organisation verstanden, die im Gegensatz zu **Staaten** als zentralisierten, in-

der kolonialen Eroberung und Konstrukte des abendländischen Denkens in Existenz. Die VertreterInnen der Kolonialstaaten (PolitikerInnen, BeamtInnen, Militär usw.) benötigten eindeutige politische Grenzen zum Aufbau ihrer Einflußbereiche und identifizierbare politische AnsprechpartnerInnen, mit denen sie verhandeln und zusammenarbeiten, denen sie Geschenke und Ämter verleihen und die sie zur Verantwortung ziehen konnten. Dieses war mit den vielschichtigen, sich ständig verändernden Gruppen mit wechselnden Identitäten, Zugehörigkeiten und Loyalitäten, die sie vielerorts vorfanden, nur schwer möglich (Ferguson/Whitehead 1992b:13-14). In diesem Zusammenhang erhielt die Afrika-Forschung einen besonderen kolonialpraktischen Wert (z.B. während der deutschen Kolonialeuphorie am Anfang und in den 40er Jahren des 20. Jahrhunderts; siehe Kap. 3 und Meyer-Bahlburg/Wolf 1986), da sie eine (vermeintliche) Ordnung in die verwirrende sprachliche, ethnische und kulturelle Vielfalt Afrikas brachte und so wissenschaftliche Grundlagen für die Formulierung einer *divide-et-impera*-Herrschaftsstrategie lieferte.

Das *tribe building* war ein Mittel, um die "anarchischen" sozialen und politischen Strukturen der unterworfenen Gruppen mit den staatlichen politischen und bürokratischen Apparaten der Kolonialmächte in den Griff zu bekommen und Kontrolle über Autoritäts-, Herrschafts- und Arbeitsstrukturen zu gewinnen. Allerdings sind nicht alle Stämme lediglich Produkte des europäischen Kolonialismus, wie einige Autoren (z.B. Fried 1975) behaupten. Dieser ist nur der neueste, heute aber bedeutendste Fall staatlicher Expansion in nicht-staatliche Gesellschaftsformen (vgl. Ferguson/Whitehead 1992b:13).[195] Auch

---

stitutionalisierten und autoritativen Systemen politischer Herrschaft steht. Ein Stamm wird hier nach Haas (1990:172) definiert als "(...) a bounded network of communities united by social and political ties and generally sharing the same language, ideology, and material culture. The communities in a tribe are economically autonomous and there is no centralized political hierarchy." Der Unterschied zu einer **Ethnie** besteht im wesentlichen darin, daß bei dieser vor allem kulturelle Aspekte Bedeutung erlangen (siehe Kap. 2.4.), während das Konzept von Stamm sich vor allem auf die politische Organisationsform bezieht. Das bedeutet allerdings nicht, wie schon oben ausgeführt wurde, daß eine sich vor allem ethnisch definierende Gruppe nicht ausgesprochen politischen Charakter besitzen kann (vgl. Ferguson/Whitehead 1992b:15 sowie für eine ausführliche Diskussion über die Beziehung Stamm-Staat Ferguson/Whitehead 1992a).

[195] Schon lange vor der europäischen Expansion gab es Eingriffe staatlicher in nicht-staatliche Gesellschaftsformen, z.b. beim Römischen Reich (Mattingly 1992), in Asien (Gunawardana 1992) oder bei den Azteken (Hassig 1992), die zur Herausbildung von tribalen u.ä. politischen Organisationsformen geführt haben. Auch ist die Entstehung von Stämmen nur *eine* mögliche Reaktion der betreffenden Gruppen auf den Kontakt mit Staaten. Andere können z.B. die Herausbildung von Gruppennetzwerken und Allianzen, die Entstehung autonomer Dörfer, die

sollte nicht übersehen werden, daß es bereits in vorkolonialer (wie in heutiger) Zeit tatsächliche kollektive ethnische und kulturelle Unterschiede innerhalb von Regionen und Staaten gab (und gibt), die gruppenkonstituierend wirk(t)en. Die Tribalisierungspolitik der Kolonialmächte bemächtigte sich dieser kollektiven Merkmale lediglich für ihre Eigeninteressen, verstärkte und politisierte sie (vgl. Ferguson/Whitehead 1992a, Melber 1985, Otieno 1993, Ranger/Hobsbawm 1987, Ranger 1993, Schott 1988, Schiel 1985, Vail 1989, div. Beiträge in Waldmann/Elwert 1989).

Ein weiteres Beispiel für die Instrumentalisierung kollektiver kultureller Merkmale und Differenzen für ökonomische und politische Interessen ist die heutige **Ethnisierung** gewaltsamer Konflikte zwischen und innerhalb von Staaten, bei denen es im wesentlichen um Macht- und Verteilungskämpfe geht. Das ehemalige Jugoslawien, Tschetschenien, Ruanda oder Kurdistan sind Beispiele. Zur Legitimierung begangener Gewaltakte werden, unter Rückgriff auf Ereignisse in der Geschichte und vermeintliche kulturelle, sprachliche und/oder religiöse "Traditionen", gezielt ethnisch gezeichnete Selbst- und Feindbilder konstruiert und damit die tatsächlichen polit-ökonomischen Machtinteressen verschleiert (vgl. Huffschmid 1995, Kaschuba 1995b:26-27).[196]

Und schließlich finden wir auch in Europa, z.B. in Deutschland, eine **Kulturalisierung**, d.h., die Rückführung wahrnehmbarer Unterschiede zwischen Individuen und sozialen Gruppen auf einen (vermeintlich) unterschiedlichen kulturellen Hintergrund (Draclé 1995, Hannerz 1995, Kaschuba 1995b, Schiffauer 1995a, 1997). Hier dient eine Argumentation mit ethnischen oder kulturellen Differenzen zur Ausgrenzung von Menschen aus anderen Ländern (vgl. z.B. Bukow/Llaryora 1993). Dabei ist die Vorstellung von Kultur "as a compact, bo-

---

Entwicklung neuer Familienverbände o.ä. sein (vgl. Ferguson/Whitehead 1992b:13, Whitehead 1992).

[196] Kollektive Gewalt gegen die Angehörigen anderer Ethnien oder Kulturen wird in den öffentlichen Medien nicht selten mit soziobiologischen Argumenten "erklärt": Der Mensch sei von Natur aus ein "Herdentier", das zu geradezu blinder Identifizierung mit der eigenen sozialen oder ethnischen Gruppe und zur Abgrenzung gegenüber anderen Gruppen neige und im Konfliktfall mit Feindseligkeit und Gewalt reagiere (vgl. Ferguson/Whitehead 1992b:27-28). Aufgrund ihrer historischen und empirischen Forschungen über Krieg und Gewalt in staatlichen wie nicht-staatlichen Gesellschaften kommen dieselben Autoren jedoch zu der Ansicht: "(...) it would be an extremely rare occurence for members of any tribe to attack members of another simply because they are different, appart from any other source of conflict. (...) 'Tribal loyalty' can indeed be fierce, with appropriate reinforcement, but it can be evanescent or nonexistent in other situations. Any idea that an innate sense of tribalism inclines people toward collective violence is sheer fantasy" (Ferguson/Whitehead 1992a:28).

unded, localized, and historically rooted set of traditions and values transmitted through the generations" (Stolcke 1995:4) insbesondere in der Argumentation von politischen Gruppen zu finden, die mit ihrem "kulturellen Fundamentalismus" eine vermeintliche Inkommensurabilität verschiedener Kulturen begründen und diese zur Grundlage ihrer Anti-Einwanderungs-Argumentation nehmen (ebd.; vgl. Schiffauer 1995b). Dieser politisch-ökonomisch begründete, instrumentelle Charakter von kollektiven Selbst- und Fremdzuweisungen findet im öffentlichen Alltagsdiskurs über andere Kulturen meist geringere Beachtung.

Auch für indigene Völker hatte und hat eine Festlegung auf bestimmte kulturelle Merkmale und Traditionen teilweise schwerwiegende existentielle Folgen. So erhalten sie meist nur dann Zugang zu Land, Ressourcen und (Sonder-)Rechten, wenn sie offiziell als *indians*, *aborigines* oder allgemein als *indigenous* anerkannt werden. Diese Anerkennung müssen indigene Gemeinschaften häufig vor Gericht erkämpfen, wo sie die Existenz und Kontinuität ihrer kulturellen und ethnischen Identität unter Beweis zu stellen haben (siehe das Beispiel der Lumbee: Blu 1980, Sider 1993; der Mashpee: Clifford 1988b:277-346 oder den "Gove Case": Maddock 1989:157-158, Paine 1985a:174-198, vgl. Beals 1985).

Entscheidend für den Verlauf der Gerichtsprozesse sind die den Verhandlungen zugrunde liegenden Konzepte von Kultur und Ethnizität - und zwar sowohl auf Seite der indigenen KlägerInnen wie der StaatsvertreterInnen. Gerade ethnologische Konzeptionen von Kulturen als organische, integrierte Ganzheiten haben dabei eine bis heute anhaltende, ungewöhnlich große Verbreitung und Popularität gefunden. Aufgrund des dadurch auf nicht-indigener Seite häufig vorherrschenden statischen Bildes von "traditioneller" indigener Kultur und Ethnizität, das S.Weaver als "hydraulic view of ethnicity" (1985b:146) bezeichnet, verlieren manche indianischen Gemeinschaften ihre Prozesse um Anerkennung als Indigene und um Land- u.a. Rechte. So bewerten die RichterInnen und Geschworenen z.B. das Fehlen von äußeren, von *ihnen* als traditionell definierten Symbolen als Verlust kultureller Traditionen und verweigern der indigenen Gruppe die Anerkennung einer spezifischen, von der nationalen Mehrheitsbevölkerung unterscheidbaren kollektiven Identität.

In diesen Verhandlungen werden fast immer auch EthnologInnen als Kultur-ExpertInnen herangezogen, um mit ethnographischen Informationen, aber auch mithilfe von Konzepten über Kultur, Ethnizität, Identität, Volk, Tradition usw. Kriterien und Nachweise für die Kontinuität der kulturellen und ethnischen Identität der betreffenden Gruppe zu liefern. Beim Lesen der Gerichtsprotokolle (z.B. Clifford 1988b:277-346, Paine 1985a:174-198) gewinnt man stellenweise den Eindruck, daß hier eine ganze Disziplin mitsamt ihrem methodischen und theoretischen Instrumentarium im Kreuzverhör steht. Die sehr offen gehaltenen ethnologischen Definitionen und Konzepte können dabei den Fragen der nach sozialen Gesetzmäßigkeiten suchenden RichterInnen, AnwältInnen und Geschworenen häufig nicht standhalten und werden z.T. als für juristisch unhaltbar befunden. Maddock (1989:157-58) fragt im Zusammenhang mit dem australischen *Gove Land Rights Case* sarkastisch, ob nicht letztlich die EthnologInnen den Prozeß für die indigenen KlägerInnen verloren hätten.

Beispiele für die Hypostasierung vermeintlicher kultureller Merkmale finden wir ebenso im Umfeld der zahlreichen Unterstützungs- und Lobbygruppen für indigene Völker. In den Diskursen engagierter IndianerunterstützerInnen kursieren z.B. häufig Projektionen und Phantasien von einer Art "Modell-Indianer", die mit den real lebenden Menschen oft gar nicht viel gemeinsam haben. Um in den Genuß von Geldern, Unterstützung und *publicity* zu kommen, müssen sich die wirklichen Menschen an diesen Entwurf des "hyperrealen Indianers" (Ramos 1994) anpassen. Dabei gelingt es ihnen teilweise recht gut, sich der Fiktionen ihres nicht-indigenen Gegenübers zu bemächtigen und diese für die eigenen Interessen zu nutzen.[197]

Besonders in Ländern, wo im Namen nationaler Interessen die Existenz kulturell unterschiedlicher Bevölkerungsgruppen und indigener Völker geleugnet und ihnen so die Inanspruchnahme von nationalen Sonderrechten oder ihr Schutz unter internationaler Gesetzgebung verwehrt werden - was z.B. besonders in einigen afrikanischen und asiatischen Staaten der Fall ist - gehört es zur Überlebensstrategie indigener Gemeinschaften, auf ihre kollektive kulturelle Andersartigkeit und ihre "Traditionen" zu pochen. Bei der Konstruktion ihres

---

[197] Ein weiteres Beispiel, wie kulturell definierte Fremdbilder benutzt werden, um Respektlosigkeit oder Gewalt gegen Angehörige anderer Völker zu legitimieren, liefern die Auseinandersetzungen um die Produktion des Filmes "Fitzcarraldo" des deutschen Filmemachers Werner Herzog im Jahre 1979. Herzog, dem vorgeworfen wurde, die Rechte und Würde der peruanischen Aguarunas mißachtet zu haben und ihrem Widerstand gegen eine Mitwirkung in seinem Film mit Bestechungsgeldern und polizeilicher Gewalt begegnet zu sein, rechtfertigte die massiven Eingriffe seines Filmteams in die indianischen Gemeinschaften mit dem Argument, daß die Aguarunas "kein Stamm unberührter Eingeborener" mehr seien: "Alle ohne Ausnahme erschienen in ihrer Versammlung mit modernen langen Hosen und Hemden, einige sogar mit T-Shirts, auf denen John Travolta und Disco-Fever gedruckt war. Das ist natürlich eine traurige Wahrheit" (Gesellschaft für bedrohte Völker 1979:65; vgl. zu dem Konflikt auch Schäfer 1982).

Anders-Seins übernehmen sie teilweise externe, z.B. von Missionaren, WissenschaftlerInnen oder MenschenrechtlerInnen entworfene (vermeintliche) kulturelle Differenzen zur kollektiven Identitätsbildung und Untermauerung politischer Positionen und Forderungen. So erschaffen sie sich in Reaktion auf ihre historische Situation und ihre sozialen Bedürfnisse und in Abgrenzung zu einem von ihnen selber als anders definierten und nun dichotomisierten nichtindigenen "Feind" neu (vgl. Albert 1993, M.Brown 1993, Conklin/Graham 1995, Gow 1993).[198]

Die Zeiten eines Evans-Pritchard, der im Vorwort zu "Witchcraft, Oracles, and Magic Among the Azande" noch schreiben konnte, daß die Azande sein Werk niemals gedruckt zu Gesicht bekommen werden (1937:viii), sind vorbei. Mehr und mehr besteht heute ein Austausch zwischen ethnologischen und indigenen Wahrnehmungen, Wissen und Konzeptionen über Kultur, Traditionen und Identität. Handler (1989:18) berichtet von der Zunahme ethnologischer Feldforschungsanekdoten über indigene InformantInnen, die das Gespräch mit dem Forscher unterbrechen, um ältere Ethnographien zur Beantwortung der Fragen des Ethnologen zu Rate zu ziehen (ähnlich O'Connor 1989). Eigene Feldforschungserfahrungen bei den Kariña in Venezuela und den Südlichen Cheyenne in Oklahoma bestätigen dieses Rekurrieren auf ethnologische Quellen bei der Rekonstruktion von "Stammestraditionen" und einer ethnischen Identität.[199]

Der ethnologische Diskurs wird mehr und mehr zum festen Bestandteil der Eigenkonzeptionen von Identität und Kultur indigener Gruppen. Während diese Tatsache für EthnologInnen zum einen bedeutet, daß ihre Arbeiten nun, wie so oft gewünscht (vgl. Kap. 4.2.), auch für die Forschungssubjekte einen Wert

---

[198] So entsprechen die von heutigen VertreterInnen indigener Gemeinschaften als für sie "typisch" hervorgehobenen Eigenschaften (siehe Kap. 6.) z.T. den in früheren ethnologischen Arbeiten zusammengestellten Kriterien für sog. tribale oder kleine Gesellschaften (siehe z.B. die *primitive societies* von Diamond 1968 oder R.Redfield 1953; vgl. Bodley 1976:14-16, 214-227, 1988:214; siehe auch die Merkmalsliste bei Kohl 1993:29-91).

[199] In dem einen Fall (1985) konnte beobachtet werden, wie eine Kariña-Dorfgemeinschaft bei einer Zeremonie, die die Trauerzeit der Familienangehörigen eines Verstorbenen beenden sollte, ihre Handlungen immer wieder unterbrach, um sich mit den anwesenden Ethnologen über den "traditionellen" Fortgang der Feierlichkeiten zu beraten. Gleichzeitig wurde die gesamte Feier von Ethnologen und Kariña auf Video festgehalten, um sie bei zukünftigen Zeremonien zu Rate ziehen zu können. In dem anderen Fall (1996) wurde während des *Oxheheom* (dem sog. *Sun Dance*) der Südlichen Cheyenne eine frühe Publikation des Ethnologen G.A. Dorsey (1905) konsultiert, um die Körperbemalungen der fastenden Tänzer "richtig" zu gestalten.

haben, ist sie andererseits Ausdruck für die zunehmende weltweite Beherrschung kultureller Diskurse durch die westliche Wissenschaft:

> "To put it bluntly: the rest of the world has been persuaded, or forced, to re-imagine itself in the language of Western social sciences. Not only have we re-invented 'the other' as discrete cultures (Wagner 1975), we have made it difficult for them not to do so as well. They must speak the language that power understands" (Handler 1989:18).

Eine Vermischung, Neuschaffung und gegenseitige Beeinflussung ethnologischer und indigener Definitionen und Wahrnehmungen ist heutzutage unvermeidbar. Hier liegt aber auch der Ansatzpunkt für Zusammenarbeit, Teilnahme und gegenseitiges Lernen: EthnologInnen sind nicht mehr außenstehende BeobachterInnen und ErforscherInnen indigener Gemeinschaft, sondern werden zu *resource persons* indigener Bewegungen (vgl. Kap. 6. und 7.).

Die Instrumentalisierung von Gruppenzugehörigkeit für politische und ökonomische Zwecke ist dabei nicht nur eine Strategie heutiger MachthaberInnen. Schon in präkolonialer Zeit wurden mittels kategorialer Benennungen Grenzen zwischen ethnischen Gruppen gezogen und damit auch soziale und politische Hierarchien festgeschrieben (Whitehead 1992:133). Und auch die anti-kolonialistischen Befreiungsbewegungen und die neuen Regierungen der nach dem Zweiten Weltkrieg entstehenden Nationalstaaten nutzten ethnisch-tribale Abgrenzungen und Zuordnungen als Machtinstrumente zur Durchsetzung ihrer politischen Interessen. Für viele der Betroffenen erwiesen sich die von den europäischen Kolonialherren oder einheimischen Eliten konstruierten und oktroyierten "Stammestraditionen" und -zugehörigkeiten zudem als wirksame Handlungseinheiten gegen die fremdbestimmte Herrschaft und als vorteilhafte Instrumente "im Kampf um Pfründe und Einfluß" (Streck 1992:98). So korrespondierte z.B. das Interesse der Kolonialherren in Afrika an einer *divide et impera*-Politik teilweise mit individuellen Interessen von Personen oder gesellschaftlichen Gruppen innerhalb der Kolonien, die die Bildung ethnisch-tribaler Identitäten förderten, um sich dadurch selber Zugang zu Land, Ressourcen, Rechten und Machtpositionen zu verschaffen. Die durch Fremdinteressen teilweise erst konstruierten Ethnien und Stämme wurden auf diese Weise zu einer Realität, so daß heute die Existenz ethnisch-kulturell definierter Zugehörigkeiten, Unterschiede und Interessen innerhalb afrikanischer Nationalstaaten auch von kritischen BeobachterInnen als Realität akzeptiert wird (vgl. Melber 1985:148-56; ähnliche Prozesse beschreibt Whitehead 1992 für Südamerika).

Die "epistemologische Abhängigkeit" indigener Gemeinschaften (West 1995) von Definitionen, Begriffen und Konzepten nicht-indigener Instanzen zur Erlangung von rechtlicher Anerkennung, politischer Selbstbestimmung und wirtschaftlicher Entwicklung gibt den theoretischen Arbeiten von EthnologInnen, die als Kultur-ExpertInnen konsultiert werden, also ein besonderes politisches Gewicht. Das Bemühen, die Einzigartigkeit und den besonderen Wert der untersuchten singulären Kulturen aufzuzeigen, das einerseits den besonderen humanisierenden Effekt des Faches Ethnologie ausmacht, hat andererseits den betreffenden Gemeinschaften teilweise mehr Schaden als Nutzen gebracht. Als "Produkte ethnologischer Imagination" wurden sie, z.B. mittels des ethnographischen Präsens in Monographien, geradezu in Zeit und Raum eingesperrt (Appadurai 1988). Obwohl EthnologInnen zweifellos nicht ursächlich für die oben genannten Folgen ihrer theoretischen Konzepte verantwortlich gemacht werden können,[200] haben sie durch ihre Arbeiten Argumente dazu geliefert und mit ihrer wissenschaftlichen Autorität die beschriebenen Macht- und Ausgrenzungsprozesse unterstützt.

So wird denn auch von indigener Seite Kritik an einem statischen Kulturbegriff angemeldet, der ihnen eine vermeintlich traditionelle Lebensweise vorschreibt und ihnen keinen Raum für eigene Entwicklungen läßt (Ignace et al. 1993, Mohawk 1985:165). Indigene SprecherInnenInnen betonen zwar einerseits ihre kulturelle Einzig- und Andersartigkeit, fordern aber auch das Recht, sich jederzeit wandeln zu können. Der in Kanada lebende Indigene George Speck sagt es in einem Interview unverblümt:

"Anthropologists and lawyers that present Indian people purely in terms of traditional ways of life are setting us up for a kick in the ass" (in: Ignace et al. 1993:177).

Und die Kwakiutl Renee Taylor fügt in demselben Gespräch hinzu:

---

[200] Diese These zu vertreten, hieße, den praktischen Wirkungsgrad von ethnologischen Arbeiten zu überschätzen. Ausgrenzung und Diskriminierung von "Anderen" finden - genauso wie Kolonisierung oder Ethnozid - auch ohne EthnologInnen statt. Gleichzeitig besitzt die Ethnologie gerade auch Argumente *gegen* Ausgrenzung (Rassismus, Kolonialismus, Ethnozid usw.), die sie nutzen kann. Es steht, wie schon in Kap. 3.2. angemerkt wurde, in der Entscheidung der EthnologInnen, ob sie eine bestimmte Ideologie oder Politik argumentativ unterstützen oder kritisch analysieren und ggbfs. Gegenargumente liefern (wollen).

"All these little check lists of what makes an Indian an Indian totally miss the core values that people still share; it misses the reality of kinship ties; it misses the choices that people make. I define myself in terms of being a Kwakiutl. It doesn't matter wether I'm here in Vancouver, or Paris, or New Mexico, or if I happen to be in my community. It's not a romantic notion. It's simply the way that I view the world" (ebd.).

Die Kritik am potentiell autoritären und instrumentellen Charakter kategorialer Merkmalszuweisungen und kultureller Verallgemeinerungen ist also nicht nur berechtigt, sondern innerhalb des wissenschaftlichen wie des öffentlichen Diskurses über andere Kulturen sogar notwendig.

Eine Schlußfolgerung, die daraus heute vor allem diejenigen EthnologInnen ziehen, deren Arbeiten als postmodern bezeichnet werden, ist, daß sich EthnologInnen gänzlich einer verallgemeinernden Beschreibung und Theoriebildung sowie interkultureller Vergleiche enthalten und sich stattdessen nur der genauen Beobachtung von Einzelsituationen und einzelnen Menschen widmen sollten, die soweit wie möglich in deren eigenen sprachlichen Konzepten dargestellt werden.[201] Eine derart extreme Relativierung und Kontextualisierung der Bedingungen und Möglichkeiten ethnologischer Erkenntnisse macht aber jede allgemeinere und vergleichende Darstellung menschlicher Lebensformen "unaussprechlich" (S.Tyler 1991). Sie führt zu einem "Alles geht"- bzw. "Nichts geht"-Denken (Amborn 1994:20) und leugnet letztlich, daß die Ethnologie eine Instanz wissenschaftlicher Erkenntnis- und Übersetzungsmöglichkeit sein kann.

Eine generelle Absage an Aussagen mit allgemeinerem Geltungsanspruch oder der Rückzug in zynischen Pessimismus lassen keinen Entwurf von Handlungsstrategien und -perspektiven zu. Konzepte für ein eingreifendes, aktives gesellschaftliches Handeln der EthnologInnen werden entsprechend in den primär mit Text, Sprache und Darstellung befaßten Diskussionen über die Macht ethnographischer Präsentationen im allgemeinen nicht thematisiert. Ihre quietistische Haltung und ihr Schweigen in tagespolitischen Fragen hat den Textualisten und rhetorischen Dekonstrukteuren den Vorwurf des nur mit reflexiver Selbstreferentialität befaßten, amoralischen und verantwortungslosen Nicht-Engagiert-Seins eingebracht (siehe Berg/Fuchs 1993:89, Koepping 1993:107, 109, Kohl

---

[201] Diese Ansicht, die in neueren Debatten gelegentlich geäußert wird (z.B. von Abu Lughod 1991), wurde früher bereits im Zusammenhang mit kulturrelativistischen Positionen und dem sog. *emic approach* in der Ethnologie diskutiert.

1993:415-6, Kuper 1994:532, Nadig 1997:76-78; vgl. die Kommentare zu Starn 1994).

Engagement, Intervention und Praxis gründen sich letztlich in der Hoffnung, eine soziale Situation (eine bestimmte Politik, gesellschaftliche Verhälntisse o.ä.) nicht nur erkennen, sondern auch verändern und verbessern zu können. Wo Maßstäbe und Kriterien für eine solche Hoffnung fehlen, bleiben bestenfalls Ästhetizismus und Hedonismus, sonst aber Zynismus, Pessimismus und Hoffnungslosigkeit. Angesichts der realen, weltweit ablaufenden Prozesse von Gewalt, Unterdrückung und Zerstörung mag das Theoretisieren über die "Macht der Repräsentationen" für die ethnologischen Forschungssubjekten eher in letztere Kategorie fallen:

> "(...) it is hard to see how a 'critical consciousness' prepared only to listen to cacophonous voices without the responsibility to work through a global political agenda (...) is not an essentially cynical kind of idealism" (G.Smith 1994:33).

Das "Projekt" einer postmodernen Ethnologie scheint dem einer *advocacy anthropology* geradezu unvereinbar gegenüberzustehen. Einer der entscheidendsten Punkte ist dabei wohl, daß Praxis und Intervention explizite Wertsetzungen, Parteinahme und Entscheidungen verlangen, für die postmoderne AutorInnen mit ihrer Präferenz für unbegrenzte Pluralität, Beliebigkeit und Bricolage keine Grundlagen (mehr) finden können (z.B. Hastrup/Elsass 1990; vgl. Kap. 7.2.). Infolgedessen lehnen die meisten von ihnen eine gesellschaftliche Praxis, d.h., jede Form angewandter und praktischer Ethnologie einschließlich einer *action* oder *advocacy anthropology* ab (vgl. Singer 1994:338-339). Im Zusammenhang mit der ethischen Positionierung einer *advocacy anthropology* wird weiter unten noch ausführlicher auf diesen Punkt eingegangen, der wieder an den Ausgangspunkt dieser Arbeit (das wissenschaftliche und fachliche Selbstverständnis) zurückführt. An dieser Stelle kommt es erst einmal darauf an, einige Gedanken der postmodernen Arbeiten über den Zusammenhang von ethnographischer Präsentation und Machtverhältnissen in die praktisch engagierte Ethnologie einzubringen und dort nutzbar zu machen.

Das Bemühen um relativierte, selbstreflexive und kontextualisierte Repräsentationsformen besitzt durchaus eine auch praktisch nutzbare politische und emanzipatorische Dimension. Man will Formen der Machtausübung, Aneignung und Unterdrückung im Prozess der Erkenntnisproduktion entlarven, die Mystifzierung von Machtstrukturen durch Terminologie, Konzepte und Darstellungsstile aufdecken, die Einbindung ethnologischer Arbeit in Dominanzstrukturen analysieren, Wissens- und Interpretationsmonopole durchbrechen und eine neue gleichberechtigtere und dialogische Beziehung zwischen Forschenden und Forschungssubjekten herstellen. Man will den *native voices* Gehör verschaffen und betrachtet die Forschungssubjekte als KoproduzentInnen von Erkenntnissen und Texten. Die postmodernen AutorInnen fordern eine radikale kritische Selbstreflexion des Faches in Hinblick auf ihre epistemologischen, methodischen und theoretischen Grundlagen und liefern mit ihrer Betonung des Konstruiert-Seins allen Wissens eine neue Basis für ethische Entscheidungen und Verantwortlichkeiten, wie sie Schiffauer im obigen Zitat formuliert (siehe: Kap. 2.2.; vgl. Berg/Fuchs 1993, Johannsen 1992). So verweisen sie u.a. auf die konstruierten Aspekte kollektiver Identitäten und deren potentielle Instrumentalisierung für Machtinteressen.

Entsprechend ist die Dekonstruktion essentialistischer Konzepte über Stamm, Ethnie und Kultur und die Entwicklung und Verbreitung einer neuen Begrifflichkeit eine wichtige Aufgabe mit praktisch-politischer Bedeutung für EthnologInnen. So weist z.B. Robins (1996) explizit darauf hin, daß die Diskussionen über den Machtcharakter kategorialer Begriffe wie Stamm, Ethnie usw. in der südafrikanischen Ethnologie in den 80er Jahren eine radikale politische Kritik am Apartheid-System darstellten und einen nicht unwesentlichen Einfluß auf die Argumentation der schwarzen Befreiungsbewegungen hatte. In Anbetracht aktueller "kulturalistischer" Ausgrenzungsdiskurse und eines sich stärker formierenden Rassismus und Nationalismus auch in der bundesdeutschen Gesellschaft scheint es nicht genug, daß sich die Wissenschaft mit moralischer Entrüstung oder zynischer Abgeklärtheit zufrieden gibt. Sie muß neue Denkhorizonte und Argumentationsfiguren in die öffentliche Diskussion bringen, neues Wissen schaffen, mit dessen Hilfe Interpretationsrahmen verschoben und veränderte Blickwinkel eingenommen, neue Wege des Denkens und Handelns, d.h., der Neuschaffung der sozialen Realität eingeschlagen werden können.

Nach dem Zusammenbruch der großen Welterklärungsmodelle und gesellschaftstheoretischen Zukunftsentwürfe der 60er und 70er Jahre, die von Hoffnungen auf eine bessere und gerechtere Weltordnung motiviert waren, offenbar aber allzu dogmatisch und idealistisch die Vielfalt des Lebens in verordnete Schemata pressen wollten - dabei soll keinesfalls ihr Wert als Analysemittel der (spät)kapitalistischen Gesellschaft geschmälert werden - war das Mißtrauen und die Kritik an jeder Form von verordneter Identität und zentralgesteuerter Zukunftsentwicklung berechtigt und notwendig. Die postmodernen Arbeiten lehren uns u.a., daß sich

> "(...) 'Fortschritt' (...) nicht mehr naiv ausbuchstabieren (läßt). Identitätszuschreibungen werden komplexer und komplizierter, weil sich soziale und geschlechtliche, ethnische und nationale Bestimmungslinien in neuen, interdependenten Kodierungen vereinigen. *Eine* Geschichte gibt es nicht mehr, vielmehr gewöhnen wir uns mühsam an unterschiedlich gedeutete, an 'plural' und 'tentativ' verfaßte Geschichtsbilder" (Kaschuba 1995b:14; Betonung im Original).

Wenn EthnologInnen aber weder "in die völkerkundliche Jurte zurückkehren", noch sich einem "zynischen Kulturpessimismus hingeben" wollen, der "genußvoll apokalyptische Untergangsszenarien ausmalt" (ebd. 15), wenn sie also der Überzeugung sind, daß sich immerhin der Versuch lohnt, mit ihrer Arbeit die Welt zu einem besseren Platz zum Leben zu machen, dann scheint eine grundsätzliche Absage an generische Begriffe und generalisierende Aussagen oder die Dekonstruktion aller kollektiven Identitäten wenig sinnvoll. Gefordert ist vielmehr ein bewußter und differenzierter Umgang mit ethnologischer Begrifflichkeit, bei dem ihre kulturelle und historische Kontextgebundenheit, ihre mögliche Instrumentalisierung für politische u.a. Interessen und deren praktische Folgen, wie sie oben beispielhaft dargestellt wurden, mitreflektiert werden. Die DekonstrukteurInnen und KontextualistInnen haben für diese kritische Selbstreflexion wichtige Arbeiten geleistet (vgl. auch Johannsens Entwurf einer postmodernen angewandten Ethnologie; Johannsen 1992).

Die Übersetzungs-, Vermittlungs- und Lobbyaufgaben einer *advocacy anthropology* können aber ohne Vergleiche, ohne die Annahme einer Verständigungsmöglichkeit, ohne Transfer von Bedeutungsinhalten in andere Sinnzusammenhänge und Begriffssysteme, ohne Verallgemeinerungen und Stellungnahmen nicht erfüllt werden. Wie sollte z.B. politische Lobby- und Öffentlichkeitsarbeit betrieben werden, wenn die Menschen, um die es geht, nicht auch als besondere Kategorie benannt werden können? Wie sollen Aussagen über Grundlagen, Prinzipien und Handlungsstrategien einer *advocacy anthropology* formuliert und dem Konzept damit über den Einzelfall hinaus ein Geltungsanspruch verliehen werden, ohne daß gewisse Generalisierungen und damit letztlich auch Stereotypisierungen über die KooperationspartnerInnen der EthnologInnen vorgenommen werden? Durch einen veränderten Diskurs allein, durch bloße Vermeidung oder Ersetzung von generalisierenden Begriffen über Differenz (Rasse durch Kultur, Kultur durch Diskurs usw.) kann die tatsächlich stattfindende politische, ökonomische und soziale Ausgrenzung von "Anderen" nicht aus der Welt geschafft werden.

Ein kritisches Bewußtsein und das Bemühen um eine politisch korrekte Terminologie schaffen nicht schon per se gerechtere Kommunikations- und Handlungsstrukturen.[202] Die Menschen, mit denen sich EthnologInnen befassen, erfahren nicht selten täglich am eigenen Leib ganz reale Situationen von sozialer Ungerechtigkeit, Unterdrückung, Gewalt und Zerstörung. Gegen diese konkreten Auswirkungen der Machtausübung, in die auch EthnologInnen eingebunden sind, wollen *action/advocacy anthropologists* etwas setzen. Dazu gehört eben auch, die Formulierung genereller Aussagen, Schlußfolgerungen und Perspektiven zu wagen. Zu einem ähnlichen Schluß kommt auch Knauft (1994) bei seiner Befassung mit der postmodernen Ethnologie:

"Ethnography needs to be critical and self-aware of the relation between power and representation. If reflexive concern take over the entire project, however, we are left spinning our wheels; we shed the light of analysis almost exclusively on texts and on ourselves rather than on the people we study with. Epistemological relativism (which is often commendable) should not devolve into ontological relativism, in which existence itself becomes relative and attempts at systematic analysis become meaningless. The world is certainly nominal, but it is also social and material, Foucault notwithstanding. Granting a relativity of perspective should not deter us from trying to understand the external world as clearly as we can. To do otherwise, to paraphrase Bateson (1972:455), is not only to mistake the map for the territory but to preclude the possibility of map-making altogether" (ebd. 121-122).

Auch läßt sich die Existenz und soziale Wirklichkeit von sich ethnisch-kulturell definierenden Gruppen nicht bestreiten. Diese werden hier jedoch nicht als unveränderbar gegebene Einheiten, sondern als wandelbare Produkte historischer

---

[202] Das Bemühen um ein ethisch und politisch korrektes Verhalten entspringt dabei nicht immer einer idealistischen Einstellung, sondern kann auch dem individuellen Bedürfnis des Wissenschaftlers nach politischer "Unschuld" entgegenkommen, d.h., ihrem Wunsch, nicht kolonialistisch (oder imperialistisch, rassistisch, ethnozentristisch usw.) zu handeln (vgl. als Beispiel Harrison 1993). Dieses Streben nach Unschuld beschreibt Steele (1988:47-48) als "(...) a feeling of essential goodness in relation to others and, therefore, superiority to others. (...) In this sense, *innocence is power* (...) - 'seeing for innocence' - a form of seeing that has more to do with one's hidden need for innocence (and power) than with the person or group one is looking at (...).'Seeing for innocence' is (...) (the) use of others as a means to our own goodness and superiority" (Betonung im Original).

Entwicklungen und langer Anpassungs- und Austauschprozesse sowie als Vehikel unterschiedlicher gesellschaftlicher Interessen gesehen (ähnlich Wolf 1994; vgl. Kap. 2.5.).

Ethnisch und kulturell definierte kollektive Identitäten erfüllen darüber hinaus wichtige soziale, psychologische und symbolische Funktionen: Sie verschaffen den Gruppenmitgliedern u.a. eine Basis für kollektives Handeln, ermöglichen ihnen die eigene "Verortung" innerhalb unüberschaubarer nationaler und internationaler Strukturen und stellen eine Gegenkraft dar zu Anonymisierungs-, Marginalisierungs- und Individualisierungstendenzen der Modernisierung und Industrialisierung. So wird die eigene kulturelle Andersartigkeit von indigenen Gemeinschaften zu einem Zeitpunkt thematisiert, wo sich in vielen Bereichen (z.B. der Warenproduktion und -konsumption) eine Einebnung kultureller Diversität abzeichnet. Zusammen mit den heutigen Globalisierungs- und Homogenisierungstendenzen scheinen also gleichzeitig das Bewußtsein und das Bedürfnis nach einer eigenen (abgrenzbaren) kulturellen Andersartigkeit und Identität zu wachsen (vgl. Paine 1985a:59-60). Hierbei spielen vor allem auch das Bewußtsein, die Eigenidentifikation und das Festhalten an bzw. die Produktion von einem spezifischen "anderen" Wertesystem eine wichtige Rolle (vgl. Ignace et al. 1993).

Es erstaunt nicht, daß bei diesen Prozessen ethnischer Identitätsumbildung und -neuformung auch wieder ethnologische Konzepte ihren Einfluß zeigen (vgl. auch obige Ausführungen über die südamerikanischen indigenen Bewegungen; Kap. 4.6.) :

"Following the integration of so-called traditional people into nation-states, symbolic universes merge in many respects. People become more similar in terms of practices and representations; an increasing part of their learnt capabilities for communication, their taken-for-granted structures of relevance, become shared. Simultaneously, modernity and individualism enable agents to reflect upon and objectify their way of life as *a culture* or as *a tradition*, and they become *a people* with an abstract sense of community and a presumed shared history. (...) It is at this point that *culture is made into a noun*, and traditionalist ideology is remarkably similar to widespread anthropological definitions of culture, such as the influential Geertzian perspective of culture as a 'more or less' coherent symbolic system (eg. Geertz 1973a). Like some anthropological theories of ethnicity, such ideologies are *primordialists* in that they stress continuity with the past as a *raison-d'etre* for the unity of the ethnic group" (Eriksen 1992:8-9; Betonung im Original).

Während einerseits für die Formulierung ethnologischer Erkenntnisse oder praktischer Handlungsstrategien gewisse Generalisierungen unvermeidbar sind, können und sollten andererseits im Einzelfall soweit wie möglich Kategorisierungen vermieden bzw. nur dann verwendet werden, wenn sie zum Verständnis des Kontextes notwendig sein. Das fängt bei der Benennung einer Gruppe an: Anstelle des generischen Begriffs "Indianer" sind z.B. die selbst gewählte oder bevorzugte Eigenbezeichnung der Gruppe oder der betreffende Eigenname der Person - soweit bekannt - vorzuziehen. Ebenso müssen allgemeine Aussagen über indigene Völker oder die Prinzipien einer praktischen Ethnologie im Einzelfall modifiziert, relativiert und gegebenenfalls aufgegeben werden. Denn so notwendig allgemeine Handlungsperspektiven, globale Analysen und generelle Einsichten auch sind: Die Unterschiedlichkeit und Einmaligkeit von Situationen, Menschen und Kulturen dürfen dabei nicht zugunsten der Einhaltung genereller Handlungsmaximen übergangen werden.

Das Problem der Entmenschlichung von individuellen Personen durch die Konstruktion eines "generalisierten Anderen" oder "abstrakten Gesamtbetroffenen" (vgl. Koepping 1993:119-120, Münzel 1980) und die Frage nach der Beziehung zwischen dem Kulturspezifischen und dem Allgemein-Menschlichen, dem Einzelnen und dem Universellen, dem Selbst (dem Eigenen) und dem Anderen (dem Fremden) stellt sich in der *advocacy anthropology* genauso wie bei anderer praktischer oder akademischer Ethnologie. Ihre Benatwortung wirkt sich auf den erkenntnistheoretischen, methodischen, ethischen und politischen Bereich aus. Hier wird zum einen davon ausgegangen, daß, wie Koepping (1993:128) ausführt, das Universal-Menschliche nur im Einzelnen begründet werden kann, weil es sonst inauthentisch und zum Slogan wird. Zum anderen wird eine Wechselbeziehung zwischen dem Einzelnen und dem Universellen angenommen, die das Universelle über das Einzelne erkennen und darauf allgemeine Handlungsperspektiven aufbauen läßt.

Gemeinsamkeiten, Ähnlichkeiten und Differenzen existieren zwischen Individuen, gleich welcher Gruppenzugehörigkeit, sowie *innerhalb* und *zwischen* Gruppen. Mit der Kritik, daß mit Begriffen wie Kultur die kollektive Andersartigkeit einer Gruppe erst konstruiert und festgeschrieben wird, dürfen nicht gleichzeitig tatsächlich bestehende Unterschiedliche negiert werden. Umgekehrt müssen Feststellungen über kollektive Differenzen offen bleiben für die Wahrnehmung gruppeninterner Variationen, fließender Übergänge zwischen Gruppen und übergreifender Gemeinsamkeiten. Gleich-Sein, Ähnlich-Sein und Anders-Sein gehören zum menschlichen Dasein in seinen unendlichen Ausdrucksmöglichkeiten. Eine verordnete Gleichheit bzw. die Nicht-Anerkennung ihres Anders-Seins versagt Menschen ebenso die Möglichkeit zur Selbstbestimmung, d.h., zur Anerkennung ihres So-Seins, wie eine von außen oktroyierte Andersartigkeit.

Das Recht auf individuelles und kollektives Anderssein (und damit Selbst-Sein) wird auch in internationalen Dokumenten wie der UNESCO-Deklaration über Rassen und Rassenvorurteile von 1978 festgehalten (ähnlich auch im Aktionsprogramm der *UN World Conference to Combat Racism and Racial Discrimination* von 1978; Alfredsson 1982:119):

> "(2) Alle Individuen und Gruppen haben das Recht, anders zu sein, sich als anders zu betrachten und als solche betrachtet zu werden. Der Unterschied in der Lebensweise und das Recht, anders zu sein, dürfen jedoch unter keinen Umständen als Vorwand für Rassenvorurteile dienen; sie dürfen weder rechtlich noch tatsächlich irgendeine diskriminierende Behandlung rechtfertigen (...)" (zit. n. Cobo 1982:82).

All diese Überlegungen verweisen auf die Notwendigkeit, Menschen und Gruppen die Wahl ihrer Identität und ihres So-Seins selbst bestimmen zu lassen. Begriffe wie Kultur, Identität, indigenes Volk u.ä. können dazu konzeptionelle Bezugsrahmen schaffen, die es erlauben, Gemeinsamkeiten und Unterschiede gleichermaßen zu erfassen (wie oben geschehen), ohne dabei in einen "paranoiden Nominalismus"[203] zu verfallen (Crapanzano 1993:93).

---

[203] Im Kontext von Crapanzanos Ausführungen scheint er darunter eine Art "Wortklauberei" oder "verbale Haarspalterei" zu verstehen.

6. PRAXIS:
ADVOCACY ANTHROPOLOGY UND INDIGENE VÖLKER

6.1. Einleitung

In diesem Kapitel werden Handlungsfelder einer *advocacy anthropology* herausgearbeitet, innerhalb derer international bereits eine Reihe von EthnologInnen aktiv sind. Sie bieten auch EthnologInnen in Deutschland Möglichkeiten, aktiv zu werden. Die praktischen Einsatzbereiche einer solchen *advocacy anthropology* werden, wie eingangs erläutert, am Beispiel der spezifischen Problematik **indigener Völker** aufgezeigt.

Im ersten Abschnitt wird geklärt, welche Gruppen mit dem Begriff indigene Völker bezeichnet werden und welches Selbstverständnis, welche Ziele und welche Forderungen damit verbunden sind. Besonders das Beharren auf indigenen (Sonder-)Rechten, das im Zentrum indigener Politik steht, bietet eine Vielzahl von Ansatzpunkten für ethnologische Forschung und Praxis (Kap. 6.2.). Anschließend wird gezeigt, welche politischen und wirtschaftlichen Zusammenhänge zwischen der Bundesrepublik Deutschland und indigenen Völkern ein *advocacy*-Engagement von hier aus möglich und sinnvoll machen und welche ersten Ansätze dazu bereits bestehen (Kap. 6.3.). Hieraus ergeben sich verschiedene Forschungs- und Arbeitsfelder für eine *advocacy anthropology*, die hier nur beispielhaft und im Überblick angesprochen werden (Kap. 6.4.). Eine detaillierte Betrachtung praktischer Einzelbeispiele muß, da sie eine genaue fallspezifische Analyse der jeweiligen AkteurInnen und politischen Hintergründe, der Rechtslage und der zur Verfügung stehenden Ressourcen erfordert, einer anderen Arbeit überlassen werden.

Schließlich wirft eine *advocacy anthropology* - besonders, wenn sie auf die Veränderung der eigenen Gesellschaft abzielt und räumlich weit entfernt vom "Ort des Geschehens", d.h., dem Alltagsleben der indigenen Gemeinschaften, durchgeführt wird - eine Reihe von praktischen Problemen sowie Fragen nach Repräsentativität, Kontrolle und Handlungsberechtigung auf, die im folgenden Abschnitt (Kap. 6.5.) behandelt werden. Abschließend werden die politischen Rahmenbedingungen und institutionellen Voraussetzungen einer *advocacy anthropology* untersucht und dabei auch die besonderen Bedingungen hiesiger EthnologInnen berücksichtigt (Kap. 6.6.). Dieser Entwurf einer *advocacy an-*

thropology bedarf der Umsetzung und Erprobung sowie ggf. einiger Korrekturen durch praktische Erfahrungen hiesiger EthnologInnen.

6.2. Indigene Völker

> "On the day it becomes clear to their leaders that the differences between the world's aboriginal peoples are essentially less than their similarities on account of their historical fate in a world of conquerors and conquered ... these people will become a political force."
>
> Helge Kleivan (1973:176)[204]

6.2.1. Wer sind indigene Völker?

Der Begriff indigene Völker faßt eine unüberschaubare Vielfalt höchst unterschiedlicher Lebensweisen, Erfahrungen und Realitäten von vielen Millionen Menschen kategorisch zusammen. Allgemeine Aussagen über indigene Völker bedürfen deshalb der Relativierung und Kontextualisierung durch den Einzelfall. Für den Terminus gilt im wesentlichen dieselbe Problematik wie für andere generalisierende Begriffe (vgl. Kap. 5). Die dänische Menschenrechtsorganisation IWGIA mahnt entsprechend:

> "(...) we should be aware of those interests which appeal for the right to define another people's destiny or status. A definition does not hang on just one word, but on power and possibilities. Labels are not innocent. Enforced definitions can have violent consequences, and indigenous peoples have constantly seen their future lost through distorted or politically loaded definitions. Terms such as minority, inhabitant, population, scheduled tribe, displaced person, etc. are seldom appreciated by indigenous peoples themselves" (IWGIA 1994:3).

Der Zusammenschluß Tausender von Gemeinschaften und Bevölkerungsgruppen als **indigene Völker** mit einem spezifischen Selbstverständnis und gemeinsamen Forderungen gegenüber den "Nicht-Indigenen" ist Ergebnis geschichtlicher Entwicklungen, zu denen als wichtigste die von Europa ausgehenden kolonialistischen und imperialistischen Macht- und Unterwerfungsprozesse gehö-

---

[204] Kleivan in Hinblick auf die Erste Welteingeborenenkonferenz in Port Albani, B.C., Kanada, 1975; zit. n. einer Übersetzung von Paine (1985b:49).

ren.²⁰⁵ Die als indigen bezeichneten Gesellschaften sind aber keineswegs nur imaginierte Konstrukte, sondern real in der Geschichte existierende Menschengruppen mit spezifischen Kulturen von teilweise großer historischer Tiefe. Wie andere Gruppen konstituieren sie sich zu wesentlichen Teilen durch Eigen- und Fremdwahrnehmung, durch gruppeninterne und -externe Interessen sowie durch individuelles und kollektives Handeln. Indigene Völker bzw. ihre Organisationen und politischen FührerInnen agieren innerhalb regionaler, nationaler und globaler politischer Szenarien und gesellschaftlicher Räume und werden dort auch von anderen Instanzen als KooperationspartnerInnen und politische AkteurInnen akzeptiert, deren Handlungen genauso Einfluß nehmen und Spuren hinterlassen wie die anderer politischer und sozialer Gruppen.

Der Begriff, der etymologisch auf das lateinische *indigena* zurückgeht und "einheimisch", "eingeboren" oder "inländisch" bedeutet (Der kleine Stowasser 1968:262), beinhaltet einen ursprünglich aus europäischer Sicht konstatierten Gegensatz zwischen den Kulturen, Traditionen und Weltansichten der zugewanderten EuropäerInnen (*advenae*) und denen der Bevölkerungsgruppen in den Kolonien (Siebert 1997:78). Er ist ebenso wie die Begriffe Indianer und Indio (siehe Kap. 3. und 4.) ein Produkt der Kolonialgeschichte. Ihm hafteten, wie z.B. dem deutschen Wort "Eingeborene", deshalb zunächst auch überwiegend abwertende und negative Konnotationen wie "primitiv", "unterentwickelt", "unzivilisiert" usw. an (vgl. Kuppe 1986:11).

Ab den 70er Jahren begann ein Teil der auch als "Stammesvölker", "UreinwohnerInnen", "Vierte Welt",²⁰⁶ "ethnische Minderheiten", "tribale" oder "traditio-

---

²⁰⁵ Wenn hier die Herausbildung indigener Völker als generische und politische Kategorie vor allem als eine Reaktion auf den europäischen Kolonialismus und Imperialismus dargestellt wird, soll ihnen damit keineswegs ihre eigene (präkoloniale) Geschichte abgesprochen werden. Zweifellos besaßen alle Gesellschaften bereits eine lange Geschichte voller Transformationen, Kontakte und Interaktionen, als die europäischen Eroberer als neue und machtvolle Akteure in die jeweilige lokale Geschichte eintraten (Ferguson/Whitehead 1992b:6, vgl. Wolf 1986). Auch soll nicht die Tatsache übersehen werden, daß in allen Kontinenten Eroberungen und Unterwerfungen indigener Bevölkerungsgruppen ebenfalls durch andere "indigene" Herrschaftsgruppen stattgefunden haben (vgl. Kap.5.).

²⁰⁶ Der Begriff **Vierte Welt** wird - im Unterschied zu den anderen aufgeführten Begriffen - von indigenen Völkern als Bezeichnung für ihre Situation ebenfalls weitgehend akzeptiert und im wesentlichen synonym zu "indigene Völker" benutzt (vgl. Dyck 1985b, Graburn 1981, Paine 1985b). Der Terminus wurde vor allem von indigenen Organisationen und AktivistInnen sowie ihren nicht-indigenen UnterstützerInnen popularisiert und umfaßt "those native peoples whose lands and cultures have been engulfed by the nations of the First, Second, and Third Worlds" (Graburn 1981:67). Zentrale Merkmale der Vierten Welt sind ihr Eingeschlossen-Sein (*encapsulation*) innerhalb einer anderen Kultur und Gesellschaft, ihre politische und

nelle Gesellschaften" bezeichneten Bevölkerungsgruppen sich des Begriffs als Eigenbezeichnung zu bemächtigen und ihn als "politischen Kampfbegriff" (Kressing 1994a:14) zu nutzen.[207] Er findet mittlerweile bei internationalen Organisationen und in völkerrechtlichen u.a. Dokumenten Anerkennung und Verwendung (siehe z.B. Barsh 1986, Law and Anthropology 1990, Morse 1991). Da er mit bestimmten politischen Forderungen, Sonderrechten und Statusregelungen verknüpft ist, müssen zumindest einige verbindliche Kriterien zur Identifizierung von indigenen Völkern gefunden werden. Die politischen und völkerrechtlichen Implikationen jeder Definition haben u.a. zu umfangreichen und jahrelangen Auseinandersetzungen innerhalb der *UN Working Group on Indigenous Populations* (UNWGIP)[208] geführt, die bis heute noch nicht entschieden sind (vgl. Burger 1994, Dreher 1995, Kuppe 1994, Siebert 1997).

---

wirtschaftliche Marginalisierung, ihre Opposition gegen herrschende Werte und Machtstrukturen durch Betonung und Entgegensetzung eigener kultureller Werte und Symbole und vor allem ihr eigenes Bewußtsein über ihren Status als Vierte Welt (Paine 1985b:50-52). Eine weitere besonders von den indigenen Völkern des nordamerikanischen Kontinents gebrauchte Eigenbezeichnung ist *First Nations*.

[207] Die führende und wortgewaltige Rolle von nord- und südamerikanischen IndianerführerInnen in der weltweiten politischen Mobilisierung indigener Völker und die internationale Bedeutung von Spanisch und Englisch als Verkehrssprachen haben vermutlich wesentlich zur allgemeinen Verbreitung und Übernahme der Begriffe indigen, *indigenous* und *indígena* durch andere Gruppen beigetragen. In französischsprachigen UNO-Texten werden sie dagegen meist mit *autochthon* übersetzt (Siebert 1997:78). Nach Siebert (ebd.) erscheint "indigen" als offizielle Selbstbezeichnung der betreffenden Völker zum ersten Mal bei der Gründung des *World Council of Indigenous Peoples* (WCIP). Der WCIP war die erste weltweite Organisation indigener Völker. Er wurde 1975 im Rahmen einer internationalen Konferenz indigener Völker in Kopenhagen gegründet. Die KonferenzteilnehmerInnen vertraten indianische Völker aus Nord-, Mittel- und Südamerika, *Saami* aus den skandinavischen Ländern, australische *Aborigine*-Völker, *Maori* aus Neuseeland und *Inuit* aus Kanada und Grönland. Der Gründung des Weltrates waren jahrelange Kontakte und Aktivitäten zwischen verschiedenen indigenen Völkern und ihren Organisationen vorausgegangen. Bei den Vorbereitungen erhielten die indigenen AktivistInnen finanzielle und logistische Unterstützung aus kirchlichen und intellektuellen Kreisen, u.a. besonders von dem dänischen Ethnologen Helge Kleivan. Der Weltrat will weltweit den Informationsaustausch und die Zusammenarbeit zwischen indigenen Völkern verbessern, neue Konzepte für eine Selbstbestimmung und eine selbstdefinierte Entwicklung erarbeiten, die Anliegen der indigenen Völker in die Öffentlichkeit tragen und ihren politischen und rechtlichen Forderungen zur Anerkennung verhelfen (vgl. Sanders 1977). 1995 gehörten dem WCIP, der einen Beraterstatus im ECOSOC (s.unten) innehat, indigene Organisationen aus über 20 Staaten an (WCIP 1995).

[208] Die *UN Working Group on Indigenous Populations (UNWGIP)* wurde 1982 auf Beschluß des *Economic and Social Council (ECOSOC)* der UNO ins Leben gerufen. Er entstand durch den politischen Druck, den jahrelange politische Aktivitäten indigener Völker (globale Konferenzen, Gründungen nationaler und internationaler Organisationen u.a.) auf die UNO ausübten. Die Arbeitsgruppe ist der *Subcommission on Prevention of Discrimination and Protection*

Das oben bereits formulierte Recht auf eine selbst gewählte Eigenbezeichnung und selbst definierte Identität gehört dabei zu den zentralen Forderungen indigener Bewegungen. So erklärte der *World Council auf Indigenous Peoples (WCIP)* 1977, "... that the right to define what is an indigenous person (must) be reserved for the indigenous peoples themselves. Under no circumstances should we let artificial definitions (...) tell us who we are" (zit. n. Bodley 1982:212). Der WCIP lieferte folgende Begriffsklärung:

"The World Council of Indigenous Peoples declares that indigenous peoples are such population groups as we are, who from old age time have inhabited the lands where we live, who are aware of having a character of our own, with social traditions and means of expression that are linked to the country inherited from our ancestors, with a language of our own, and having certain essential and unique characteristics which confer upon us the strong conviction of belonging to a people, who have an identity in ourselves and should be thus regarded by others" (WCIP-Informationsblatt, zit. n. Heinz 1988:11).

Im 17-seitigen Abschlußdokument der Weltkonferenz indigener Völker in Kari Oca anläßlich der UN-Konferenz über Umwelt und Entwicklung im Mai 1992 in Brasilien wurde erklärt, daß der Begriff indigene Völker zwar explizit verwendet und in allen internationalen Foren eingeführt, aber nicht näher bestimmt werden sollte (Kari Oca Declaration 1992:4).

Die international am häufigsten benutzte Definition von *nicht-indigener* Seite stammt von der Übereinkunft 169 der Internationalen Arbeitsorganisation (ILO) über "Eingeborene und in Stämmen lebende Völker in unabhängigen Ländern" von 1989, kurz ILO 169 genannt (ILO 1989). Eine zweite, vor allem innerhalb der UN-Gremien benutzte Arbeitsdefinition wurde 1986 vom UN-Sonderberichterstatter José Martínez Cobo in seinem Bericht über die Diskriminierung von indigenen Völkern vorgeschlagen (Cobo 1982). Zur Unterscheidung von

---

of Minorities untergeordnet, deren Mitglieder das fünfköpfige Sachverständigen-Gremium der UNWGIP wählen. Ihre Aufgaben sind die Untersuchung der Auswirkungen politischer und wirtschaftlicher Entwicklungen auf indigene Völker sowie die Entwicklung internationaler Standards zum Schutz indigener Rechte; über die UNO und indigene Völker vgl. Alfredsson (1989), Burger (1994), Dreher (1995), Eide (1985), Kuppe (1994), Sieber (1997), Søftestad (1993), Cultural Survival (1993), Sverre (1985), Zinser (1994); über die internationalen Diskussionen über indigene Rechte allgemein, auch aus indigener Sicht vgl. u.a. Ahenakew (1985), Barsh (1986), Boldt/Long (1985a), Brøsted et al. (1985), Dyck (1985a), Heinz (1988), Law and Anthropology (1990), G.Morris (1986), Sanders (1985b), Stavenhagen (1990b,

anderen gesellschaftlichen Gruppen lassen sich aus den Definitionen folgende zentrale Kriterien herausarbeiten, die indigene Völker im wesentlichen als im Konflikt mit staatstragenden Bevölkerungsgruppen stehend charakterisieren (vgl. dazu Burger 1994:65, Colchester et al. 1993:55, Dreher 1995:7-14, Kressing 1994a:14, Kuppe 1986:9-11, Siebert 1997:80, Søftestad 1988:164, 1993: 334):

1. **Vor-Existenz** (*pre-existence*): besagt, daß eine indigene Gruppe von einer Bevölkerung abstammt, die schon vor Ankunft späterer, meist europäischer ZuwandererInnen in einer Region oder einem Erdteil ansässig war. Sie stellt somit die "Urbevölkerung" dar.[209] Aufgrund dieser (tatsächlichen oder vermeintlichen) historischen Kontinuität mit früheren Bevölkerungsgruppen fühlt sich eine indigene Gruppe durch das Bewußtsein einer gemeinsamen Geschichte verbunden.

2. **Nicht-Dominanz** (*non-dominance*): beschreibt die politische, wirtschaftliche, rechtliche und soziale Diskriminierung und Marginalisierung der Gruppe, d.h., ihre Nicht-Teilhabe an politischer Macht und Einflußnahme. Indigene Völker befinden sich demnach immer im Status von Minderheiten (siehe Kap. 2.4.). Dieses Kriterium bezieht sich auf die Gruppe als Gesamtheit und schließt nicht aus, daß einzelne indigene Individuen gesellschaftlich privilegierte Positionen oder politischen Einfluß erringen können.

3. **Kulturelle Verschiedenheit** (*cultural difference*): verweist auf den Umstand, daß sich eine indigene Gruppe durch Sprache, Weltbild, Familienstruktur, Kleidung, Wirtschaftsform, Lebensweise u.a. kulturelle Manifestationen von der Mehrheitsbevölkerung oder herrschenden Bevölkerung unterscheidet. Diese Andersartigkeit trachten indigene Völker meist als Gruppe zu erhalten und zu überliefern.

4. **Selbst-Identifikation** (*self-identification*): umschreibt das Wir-Gefühl der Gruppe als indigen, das u.a. im Bewußtsein der gemeinsamen Geschichte und

---

1992), Stavenhagen/Iturralde (1990), Swepston (1989), van der Vlist (1994), Wilmsen (1989) sowie die umfangreiche Literaturliste bei Downing/Kushner (1988a:155-169) u.a.

[209] Kressing weist anhand verschiedener Beispiele zu Recht darauf hin, daß sich solch ein "nationales Erstgeburtsrecht" nur relativ, nicht aber als absoluter Zustand definieren läßt. Als Definitionskriterium ist es sinnvoll nur bei fest abgrenzbaren Gruppen oder der Bevölkerung ganzer Kontinente anzuwenden, die in ihrer Gesamtheit der europäischen Kolonisierung ausgesetzt waren. Über frühere Wanderungs-, Eroberungs- und Vermischungsprozesse, die schon lange vor der europäischen Kolonisation in allen Erdteilen stattgefunden haben, sagt es nichts aus (Kressing 1994a:12-13).

Abstammung, der kulturellen Andersartigkeit und der gemeinsamen Erfahrung von Verfolgung und Unterdrückung wurzelt. Die Eigenidentifizierung als indigen und deren Anerkennung durch andere Indigene ist für die meisten indigenen Gruppen und ihre Organisationen das wichtigste Definitionskriterium (vgl. IWGIA 1994:2).

Im Gründungsjahr (1982) der *UN Working Group on Indigenous Populations* (UNWGIP) nahmen lediglich etwa dreißig indigene Personen aus Nord- und Südamerika, Australien und Skandinavien an der Jahressitzung teil. In den ersten Jahren entschieden sich die Mitglieder der UNWGIP zunächst bewußt gegen eine formale Definition des Begriffs indigene Völker. Auch die Mehrzahl der indigenen TeilnehmerInnen an den jährlichen Treffen lehnte aus Angst vor einer Einschränkung ihrer Rechte eine formale Definition durch internationale oder staatliche Gremien als "koloniale Praxis" ab (vgl. Siebert 1997:84). Mit der zunehmenden politischen Mobilisierung indigener Organisationen weitete sich der Kreis derjenigen Gruppen, die die Bezeichnung indigen für sich in Anspruch nahmen, dann rasch aus. 1996 waren bereits rund 700 indigene RepräsentantInnen vom Nord-, Mittel und Südamerika sowie aus Nordeuropa, Asien, Afrika, dem Pazifikraum und den GUS-Staaten bei der UNWGIP-Sitzung vertreten (UN DOC E/CN.4/Sub.2/1996/21:5-7).

Obwohl viele Regierungen, besonders aus Afrika und Asien, die Existenz indigener Völker in ihren Staatsgrenzen leugnen und diese Haltung auch gegenüber der UNWGIP zum Ausdruck bringen, vertritt die Mehrheit der Arbeitsgruppenmitglieder die Ansicht, daß der Indigenen-Begriff global anwendbar sei, und bemüht sich, die UNWGIP durch die o.a. sehr weit gefaßten Cobo-Kriterien für möglichst viele Gruppen offen zu halten (Siebert 1997:86-87). Als entscheidendes Kriterium gilt ihnen vor allem die Eigenidentifikation der TeilnehmerInnen als Indigene und ihre Anerkennung durch andere indigene Gruppen. Wenn eine Gruppe beansprucht, ein indigenes Volk zu sein und von anderen indigenen Völkern als solches anerkannt wird, wird sie auch von der UNWGIP entsprechend akzeptiert (vgl. Burger 1994:65-66). Nach diesem Prinzip verfährt die UNO auch gegenüber Staaten.

Die große Zunahme der teilnehmenden Gruppen und Organisationen in der UNWGIP läßt die Vagheit des Indigenen-Begriffs allerdings zunehmend als "zweischneidiges Schwert" erscheinen. Einerseits schützt sie die betreffenden Gruppen vor einer Einschränkung ihrer Rechte und dem kontrollierenden Zugriff der Staatsregierungen; andererseits macht sie den Kreis der indigenen Völker fast jeder beliebigen Gruppe zugänglich. So traten 1995 auf der Arbeitsgruppen-Sitzung erstmals auch Buren aus Südafrika als "Indigene" auf. Ihre Teilnahme rief heftigste Proteste anderer UNWGIP-TeilnehmerInnen hervor und ließ nun teilweise auch von indigener Seite die Forderung nach einer engeren Definition des Indigenen-Begriffs laut werden (Siebert 1997:80-84, Siebert/Selmeci 1995). Die überwiegende Mehrheit der indigenen VertreterInnen hält jedoch trotz des "Burenvorfalls" weiterhin die oben genannten Cobo-Kriterien für ausreichend. Ihre Angst vor einer möglichen Ausgrenzung durch eine formale Definition ist größer als die vor "unliebsamen Eindringlingen" (Siebert 1997:84).

Verschiedenen Schätzungen zufolge leben weltweit zwischen 250 und 600 Millionen Menschen, die nach diesen Kriterien als indigen zu bezeichnen wären und sich in 5-6000 unterschiedliche Kulturen - definiert auf der Basis der verschiedenen Sprachen - unterteilen. Je nachdem, welche Zahlen man als Grundlage nimmt, bewohnen diese indigenen Gruppen zwischen 10% und 30% der Landoberfläche der Erde und machen 4-15% der Weltbevölkerung aus. Seit dem Zweiten Weltkrieg ist die indigene Bevölkerungszahl weltweit gestiegen (Burger 1994:66, Zinser 1994:16). Indigene Völker bewohnen sämtliche Klimazonen der Erde, industrialisierte und städtische Gebiete genauso wie ländliche Regionen. Ihre Gruppengröße reicht von wenigen Hundert Personen bis zu mehreren Millionen; sie machen in einigen Staaten weniger als 1% der Gesamtbevölkerung aus und stellen in anderen die Bevölkerungsmehrheit. Sie leben unter höchst unterschiedlichen sozialen, politischen und ökonomischen Bedingungen und verfügen über vielfältige historische und kulturelle Erfahrungs- und Traditionszusammenhänge.

Ihre Lebensbedingungen und ihr Überleben sind u.a. abhängig von ihrer Gruppengröße, den ökologischen Gegebenheiten ihres Lebensraumes, vom Grad ihrer Integration in den nationalen und internationalen Wirtschaftsmarkt und ihren Verflechtungen mit politischen Ereignissen (z.B. Kriegen), von ihrer geographischen Lage und der Häufigkeit von Außenkontakten, von Art und Intensität der Aktivitäten von Missionaren, von der Verfügung über natürliche Ressourcen, von der jeweils herrschenden nationalen Gesellschaftsideologie (z.B. Sozialismus, Liberalismus, u.ä.), der Staatsreligion und der daraus folgenden Sprachen-, Kulturen- und Minderheitenpolitik des Nationalstaates, von ihrer Verteilung über verschiedene Staaten, von Konflikten und/oder Allianzen mit anderen indigenen und nicht-indigenen Gruppen, von Umsiedlungs- bzw. Fluchtbewegungen u.v.a.m. Auf diese Außeneinflüsse haben sie jeweils wieder höchst unterschiedliche Reaktionen entwickelt.[210]

Zu den indigenen Völkern wurden beim Aufkommen des Begriffs in den 70er Jahren zunächst in erster Linie die Urbevölkerungen von Nord-, Mittel- und Südamerika, von Australien, Neuseeland und dem Pazifikraum vor der Einwanderung der europäischen SiedlerInnen gezählt. Mit der Globalisierung des Begriffs durch die Aktivitäten von indigenen Organisationen, nicht-staatlichen Organisationen (NGOs) und der UNWGIP begannen immer mehr ethnische Gruppen aus Afrika und Asien, sich ebenfalls als indigen zu bezeichnen oder von anderen als indigen betrachtet zu werden (siehe oben): z.B. die auf Hokkaido, Sachalin und den Kurilen lebenden Ainu, die verschiedenen Bodo-Völker und die Chittagong-Bergvölker in Bangladesh, Gruppen von Waldvölkern wie die Dayak in Malaysia und Indonesien, die Papua-Völker auf Neuguinea, die rund 250 verschiedenen Adivasi-Völker in Indien, die Lumad-, Igorot- und Aeta-Völker auf den Philippinen, die sibirischen Jäger-, Fischer- und Sammlervölker, die Khoi-San-Völker im südlichen Afrika, nomadisierende oder halbseßhafte Gruppen in Zentralafrika oder Nomadenvölker wie die Turkana, die Maasai oder die Tuareg u.a.[211]

Nimmt man allein das Kriterium der Vor-Existenz, dann ist der Begriff für den afrikanischen und asiatischen Kontinent unbrauchbar oder zumindest sehr pro-

---

[210] Über die weltweit unterschiedlichen geschichtlichen Entwicklungen, Kulturen und aktuellen Situationen indigener Gemeinschaften vgl. die Beispiele in ASW (1993), Bodley (1977, 1983, 1988), Boldt/Long (1985a), Brøsted et al. (1985), Burger (1991), Dostal (1975), Dyck (1985a), Dyck/Waldram (1993a), Gerber (1986, 1993), Gesellschaft für Bedrohte Völker (1982, 1992), Grieb et al. (1991), Heinz (1988), ICIHI (1988), Indianer in Lateinamerika (1982), IWGIA (1994), Jarnuszak/Kressing (1994), Journal of International Affairs (1982), Leacock/Lee (1982), Muth/Seithel (1994), Nietschmann (1987), Urban/Sherzer (1991), van der Vlist (1994), Whitehead/Ferguson (1992a), Zinser (1994), Zülch (1975) u.a. sowie in den oben aufgeführten Zeitschriften. Für einen Vergleich zwischen den Auswirkungen verschiedener Minoritätenpolitik auf indigene Völker am Beispiel der ehem. UdSSR und U.S.A. siehe Svensson (1982).

[211] Zu einer ausführlicheren Diskussion über die Definitionsprobleme in diesen u.a. Fällen vgl. Dreher (1995:7-14), Heinz (1991), ICIHI (1987:3-13), Kressing (1994a), Siebert 1997, Søftestad (1988); für den afrikanischen Kontinent: Murumbi (1994), Otieno (1993), Selmeci (1995), Veber et al. (1993); für weitere Auflistungen indigener Völker vgl. Burger (1991), IWGIA (1994), Cultural Survival (1993), Colchester et al. (1993:57-58), Zinser (1994), diverse Informationsblätter der UNO zum Internationalen Jahr und zur Dekade der indigenen Völker sowie die Publikationen von Organisationen wie IWGIA, *Cultural Survival, Survival International*, der Gesellschaft für bedrohte Völker oder dem infoe, die regelmäßig über die Situation indigener Völker berichten (siehe unten).

blematisch: Dort gehört die gesamte Bevölkerung - mit Ausnahme später zugewanderter oder umgesiedelter Gruppen - zur ursprünglichen Bevölkerung ihres Landes, die staatstragenden und machthabenden "indigenen" Eliten genauso wie diskriminierte und verfolgte "indigene" Bevölkerungsgruppen. Mit dieser Begründung wird die Anwendung des Indigenen-Begriffs auf die eigene nationale Situation deshalb auch von vielen afrikanischen und asiatischen Regierungen abgelehnt und zu einem "typisch westlichen Problem" der ehemaligen europäischen Siedlerkolonien erklärt (vgl. Siebert 1997:84-86).[212]

Das Kriterium der kulturellen Andersartigkeit wirft ebenfalls Probleme auf, da diese in vielen Fällen vor allem an der anderen Wirtschaftsweise einer Gruppe festgemacht wird. Bei zu einseitiger Ausrichtung auf dieses Definitionsmerkmal besteht wiederum Gefahr einer weiteren Marginalisierung der betreffenden Völker (Colchester et al. 1993:56). Wesentlich ist in diesen und anderen Fällen, die Bezeichnung indigene Völker vor allem als politischen und instrumentellen Begriff zur Erlangung von Selbstbestimmung zu verstehen sowie die Kriterien der politisch-sozialen Marginalität und insbesondere der Eigenidentifikation anzulegen.

Trotz ihrer großen Unterschiedlichkeit verweisen die VertreterInnen indigener Völker in ihren Reden, Erklärungen und Veröffentlichungen durchweg auf kulturelle Gemeinsamkeiten und ähnliche historische Erfahrungen, stellen gleich- oder ähnlich lautende politische Forderungen und entwickeln teilweise gemeinsame Zukunftsperspektiven. Das von ihnen beschworene Zusammengehörigkeitsgefühl baut sich dabei im wesentlichen auf drei Komponenten auf, die in etwa mit den Kriterien der *cultural difference, pre-existence* und *non-dominance* korrespondieren:

1. auf **Gemeinsamkeiten** ihrer sozialen und politischen Strukturen, ökonomischen Organisationsformen und kulturellen Ausdrucksweisen;
2. auf **historische Erfahrungen** einer Kolonisierung durch machtvollere Gruppen; und

---

[212] Doch auch in anderen Erdteilen wehren sich Regierungschefs gegen den Indigenen-Begriff. Dabei mutet es geradezu zynisch an, wenn PolitikerInnen, in deren Staatsgrenzen nachweislich Menschenrechtsverletzungen an indigenen Völkern begangen werden, mit dem Verweis auf die ursprüngliche Bedeutung des Begriffes und im Namen von der Gleichberechtigung aller Menschen für die Abschaffung der Bezeichnung plädieren. So wurde bspw. vom venezolanischen Präsidenten im Wahlkampf 1984 der Slogan ausgegeben: "Wir werden das Wort 'indigen' aus dem Wörterbuch Venezuelas streichen. Wir sind (nämlich) alle 'indigen' " (nach Kuppe 1986:21).

3. auf **aktuelle Erfahrungen** einer fortgesetzten sozialen und politischen Marginalisierung, Diskriminierung und Unterdrückung.

Im Folgenden soll in Stichworten erläutert werden, wie sich diese (tatsächlichen oder angenommenen) Gemeinsamkeiten indigener Völker in Eigen- und Fremddarstellungen ausnehmen:[213]

Als **gemeinsame kulturelle Merkmale** indigener Völker werden u.a. genannt:
- eine geringe Gruppengröße und Bevölkerungsdichte
- kollektive und kooperative Verfügungs- und Eigentumsrechte über Land und andere natürliche Ressourcen
- eine besonders enge, über die wirtschaftlich-materielle Bedeutung hinausgehende, religiös-geistig bestimmte Beziehung zu einer geographischen Region und zur natürlichen Mitwelt
- eine große Abhängigkeit von den häufig schwierigen ökologischen Gegebenheiten ihres Lebensgebietes
- auf Subsistenz beruhende, kulturell eingebettete und umweltangepaßte, selbstgenügsame (*self-sufficient*) Wirtschaftsformen, die einer übermäßigen Ausbeutung der natürlichen Ressourcen vorbeugen
- keine institutionalisierte Teilung in gesellschaftliche Klassen, lokal organisierte, segmentäre Sozialstrukturen
- keine institutionalisierte politische Zentralinstanz, stattdessen lokal begrenzte Autoritäten, die durch die Gemeinschaft kontrolliert werden
- ein auf Reziprozität, Solidarität, Gemeinschaft, Gruppeninteressen und kollektives Überleben ausgerichtetes Wertesystem

---

[213] Die folgenden Merkmalslisten wurden aus Manifesten, Dokumenten, Resolutionen und Publikationen indigener Organisationen bzw. einzelner indigener AutorInnen, aus den Materialien von internationalen Institutionen und NGOs sowie aus den Arbeiten engagierter Einzelpersonen herausgefiltert. Zu den indigenen Dokumenten gehören z.B. die *Kari Oca Declaration* (1992), die *Indigenous Peoples Earth Charter* (1992), die *Charter of the Indigenous-Tribal Peoples of the Tropical Forests* von Penang (1992), die *Iquitos Declaration* (1990), die Stellungnahme von Vertretern indigener Völker anläßlich der europäischen Kampagne zur Anerkennung der Menschenrechte indigener Völker (1991), der Entwurf einer Agenda zur Entwicklung des Amazonasgebietes von der COICA (o.J.) und die *Declaration of Principles* des WCIP (1977). Weitere indigene Dokumente und Statements sind in Perodika wie *Cultural Survival, Survival for the People, Akwesasne Notes, América Indígena, Pogrom, infoemagazin, IWGIA Newsletter, IWGIA Yearbook* oder *Indigenous Affairs* und in den Dokumenten der UNWGIP nachzulesen; vgl. auch die in diesem Kapitel bereits aufgeführte Literatur; außerdem Bonfil Batalla (1981, 1990), Beauclerk/Narby (1988), Blum/Geiger (1991), Bodley (1988:212-215), Cultural Survival (1993), Declarations of Barbados I. und II. (1971/1982), Ferguson/Whitehead (1992a) und Goodland (1982:5).

- keine eigene Schriftsprache, orale Traditionen
- Nicht- oder Teilmonetarisierung; geringe bzw. keine vollständige Integration in das nationale und internationale Wirtschaftssystem.

Bei den Auflistungen solcher Merkmale wird meist betont, daß sie zur Charakterisierung indigener Völker zutreffen *können*, aber keineswegs immer alle vorgefunden werden *müssen*. Auch sind diese Merkmalslisten problematisch: Je mehr Präsizierungen des Begriffes vorgenommen werden, desto mehr Ausnahmen können gefunden und desto mehr Gruppen können von dem Begriff indigene Völker ausgeschlossen werden (vgl. Burger 1994:65; s. oben). Dieser Umstand hatte die VerfasserInnen der *Kari Oca Declaration*. zu der schon oben erwähnten Forderung veranlaßt, daß "(...) the use of the term 'indigenous peoples' must be without qualifications" (Kari Oca Declaration 1992:4).

Ein zweites mit dem Begriff indigen verbundenes Identifizierungsmerkmal sind **gemeinsame historische Erfahrungen der Kolonisierung.** Diese Erfahrungen lassen sich mit Begriffen wie **Genozid** (physischer Völkermord), **Ethnozid** (kultureller Völkermord) und **Ökozid** (Zerstörung der natürlichen Lebensgrundlagen) umschreiben. Hierzu zählen u.a.:

- die Verdrängung, gewaltsame Vertreibung oder zwangsweise Umsiedlung aus den von ihnen bewohnten Gebieten
- die Folterung, Schändung und Ermordung eines Teils ihrer Gruppenmitglieder und die traumatische Erfahrung der Vernichtung benachbarter Gruppen
- die drastische Dezimierung bzw. Auslöschung ganzer Völker durch neue Krankheiten und Seuchen
- die Zerstörung oder starke Reduzierung ihrer natürlichen Überlebensgrundlagen, gravierende ökologische und kulturelle Veränderungen durch die Einführung neuer Nutzpflanzen und -tiere
- ein Verbot bisher praktizierter Wirtschaftsweisen und Oktroyierung neuer Produktionsformen, erzwungene Seßhaftmachung nomadischer Gruppen
- die Demütigung und Absetzung bisheriger Autoritäten, der Zusammenbruch bestehender politischer Entscheidungssysteme und die Unterwerfung unter neue Herrschaftsformen
- die Auflösung oder der Zusammenbruch bestehender Familienverbände, soziale Zerrüttung, z.B. durch die Wegnahme der Kinder oder Zwangsarbeit; psychische bzw. physische Erniedrigung durch Sklaverei, Vergewaltigung, Zwangsprostitution u.ä.

- Abwertung bzw. Verbot bestehender Glaubens- und Wertvorstellungen und religiöser Praktiken durch Missionierung
- das Verbot und die Sanktionierung des Gebrauches der eigenen Sprache, der Ausübung kultureller Praktiken und Erziehungsformen, dadurch bedingte Entstehung von Minderwertigkeitsgefühlen und Desorientierung u.a.m.

Diese Folgen der historischen Erfahrung einer Kolonisierung nahmen in den verschiedenen Ländern sehr unterschiedliche Formen an (vgl. die o.a. Literatur).[214] Auch waren keineswegs alle der sich heute als indigen bezeichnenden Gruppen diesen Prozessen gleichermaßen unterworfen. Ebenso wenig sind sie ausschließlich als passive Opfer von Gewalt und "Verführung" zu verstehen (vgl. Turner 1979). Sie gestalteten vielmehr die "Kontakt"situationen durch ihre individuellen und kollektiven Handlungen und Reaktionen mit.

Als Reaktionsmöglichkeiten auf die KolonisatorInnen standen ihnen Widerstand, Zusammenarbeit oder Flucht zur Auswahl. Je nach Art der historischen Situation und abhängig von kulturellen, politischen und sozialen Positionen, Interessen und Hintergründen der beteiligten Akteure und Gruppen reagierten die indigenen Gemeinschaften höchst unterschiedlich, wählten Kampf oder Kooperation oder beides. Die ambivalente Haltung gegenüber den InvasorInnen, deren Angebote an materiellen Gütern und politischer Macht zugleich begehrenswert wie bedrohlich erschienen, resultierte wiederum in Spaltungen und Neuformierungen der indigenen Gruppen (vgl. Whitehead/Ferguson 1992b:17). Diese haben die Fremdeinflüsse durch sehr unterschiedliche Widerstands- und Aneignungsformen rezipiert und modifiziert, teilweise in bestehende soziale Strukturen und in ihr kulturelles Wissen integriert und neue Überlebens- und Handlungsformen entwickelt.

Nach Darstellung der VertreterInnen der heutigen indigenen Bewegungen gehört die "Kolonialismuserfahrung" trotz aller historischen Unterschiede zu den wichtigsten gemeinsamen Merkmalen zur Legitimierung ihres Status als indi-

---

[214] Grob gesehen, verlief die europäische Expansion in vier Phasen: Dem indirekten Kontakt, in dem oft schon einige der oben beschriebenen Auswirkungen spürbar waren (z.B. Krankheiten, neue Handelsgüter usw.), folgten der direkte Kontakt, dann die "Einkapselung" (*encapsulation*) und schließlich die Einverleibung (*incorporation*) der indigenen Gesellschaften (Ferguson/Whitehead 1992b:7; vgl. auch Bodley 1983). Viele indigene Völker sind der Meinung, daß sie dieser letzten Phase, der gänzlich Einverleibung in die Nationalstaaten, bislang erfolgreich widerstanden haben.

gene Völker.[215] Dabei erweitern besonders asiatische und afrikanische Gruppen ihr Verständnis von Kolonialismus um die Vorstellungen eines *internen* Kolonialismus (vgl. Kap. 4.6.3.) oder sogar eines *indigenen* Kolonialismus. Mit letzterem bezeichnen sie ihre Unterdrückung durch "verwestlichte indigene Eliten" (Siebert 1997:87). Durch diese Ausweitung des Begriffs können auch solche indigenen Völker und Gruppen, die in offiziellen Darstellungen nicht als kolonisiert gelten, völkerrechtliche Instrumente zur Entkolonisierung und Selbstbestimmung für sich in Anspruch nehmen (ebd.).

Die dritte gemeinsame Identitätsgrundlage indigener Völker bilden die **aktuellen Erfahrungen,** daß die formale Entkolonisierung der Nationalstaaten, in denen sie leben, keine wesentliche Verbesserung ihrer Situation gebracht hat. Im Zuge der heutigen Ausweitung des Weltmarktes findet in immer rasanterem Tempo ein Zugriff der nationalen und internationalen Machteliten auf das Land, die natürlichen Ressourcen, die Arbeitskraft, die Kulturen und das Wissen indigener Gemeinschaften statt. Dadurch erfolgt eine fortgesetzte, der Kolonisierung vergleichbare, aber teilweise subtilere Marginalisierung, Diskriminierung, Ausbeutung und Unterdrückung vieler indigener Gemeinschaften. Im Einzelnen erfahren sie z.B.:

- staatliche Umsiedlungsprogramme, die sowohl Massen neuer SiedlerInnen auf indigene Territorien bringen als auch die indigene Bevölkerung in andere Regionen transportieren
- die Nicht-Anerkennung fundamentaler Menschenrechte; politische Verfolgung; soziale und religiöse Diskriminierung
- Landraub und ökologische Zerstörungen durch Großprojekte für Energiegewinnung, industrielle Entwicklung, Agrobusiness, Tourismus- und Freizeitanlagen, Ressourcenabbau u.ä.; damit verbunden eine großflächige Erschliessung ihrer Lebensgebiete durch Straßenbau, Flughäfen, Hafenanlagen und andere infrastrukturelle Maßnahmen
- Gesundheitsgefährdungen bzw. -schädigungen durch Mangelernährung oder/ und Einführung von degenerierten Nahrungsmitteln, Alkohol und Drogen; pharmazeutische und medizinische Testversuche, Industriemüll und giftige Abfallstoffe bei Ressourcenabbau und -verarbeitung

---

[215] Vgl. Strecks Ausführungen (1992) über die Entstehung kollektiver Identität durch das gemeinsame Erleiden einer traumatischen Erfahrung.

- die entschädigungslose Ausbeutung ihres Wissens und eine übermäßige Ausbeutung der lokalen Flora und Fauna durch Pharma- und Agrarkonzerne
- die Einführung neuer Technologien und Güter und als Folge fundamentale ökonomische, kulturelle und soziale Veränderungen; die Schaffung neuer Abhängigkeiten
- die Militarisierung ganzer Regionen durch Atombombentests, Kriege, Zwangsrekrutierung, die Einrichtung militärischer Übungsplätze und Stützpunkte usw.
- die Einführung neuer formaler Bildungssysteme gekoppelt mit einer Mißachtung und Zerstörung indigener Sprachen, Erziehungsformen und kultureller Ausdrucksweisen u.v.a.m.

Auch bei dieser stichwortartigen Auflistung gilt, was oben bereits erläutert wurde: Alle genannten Vorgänge haben in den jeweiligen lokalen Zusammenhängen höchst unterschiedliche Formen und Auswirkungen angenommen; auch müssen nicht alle tatsächlich von indigenen Gruppen erfahren worden sein. Es sind aber reale Bedrohungen, mit denen weltweit indigene Völker in der einen oder anderen Weise konfrontiert sind und die als *gemeinsame* Bedrohungen empfunden werden. So gehören die indigenen Völker und Gemeinschaften heute zu den benachteiligtesten, ärmsten und diskriminiertesten Gruppen der Erde (vgl. Beispiele und Zahlenbelege in Burger 1987, 1994, Cultural Survival 1993, Grieb et al. 1991, ICIHI 1988, Muth/Seithel 1994, Zinser 1994 sowie in den o.a. Publikationen von Menschenrechtsorganisationen).[216]

Es kann hier nicht der Frage nachgegangen werden, inwieweit die von indigenen AktivistInnen und PolitikerInnen beschworenen Gemeinsamkeiten historisch nachweisbar oder "wahr" sind. Für den vorliegenden Zusammenhang reicht es, festzustellen, daß die Mehrheit der indigenen Völker zumindest einige dieser Erfahrungen und Charakterista teilt und daß sich daraus ein Zusammengehörigkeitsgefühl entwickelt hat, das eine wesentliche Basis und Motivation

---

[216] Auch hier muß wieder einschränkend darauf verwiesen werden, daß diese Feststellung nur grundsätzlich und für die Mehrheit der indigenen Völker gilt. Eine Reihe von indigenen Gemeinschaften hat es durchaus geschafft, sich durch Landrechtsprozesse, effektive politische Organisation und/oder den Aufbau eigener Wirtschaftsunternehmungen eine gesicherte gesellschaftliche Position und einen relativen Wohlstand zu verschaffen. So haben sich einige indianische Gemeinschaften in Nord- und Südamerika durch Spielkasinos, Touristikunternehmen, den Verkauf von natürlichen Ressourcen oder die Verpachtung ihres Landes für militärische Übungszwecke und Giftmülldeponien z.T. beträchtliche Einnahmequellen erworben, die ihren Lebensstandard über den ihrer nicht-indigenen NachbarInnen erheben (vgl. Kalwa 1995, Tenbrock 1995 u.a.).

für ihr gemeinsames politisches Handeln darstellt. Seine Stärkung ist deshalb ein wichtiger Bestandteil indigener Politik. Die Förderung des Zusammengehörigkeitsgefühls dient u.a. der Festigung ihrer politischen Bewegung, der Mobilisierung politischer Unterstützung aus den eigenen Gemeinschaften, der Abgrenzung gegenüber Nicht-Indigenen und der Begründung von Sonderrechten.[217] Ähnlich wie in den frühen Phasen des *indianismo* (siehe Kap. 4.6.5.) ist in den Selbstdarstellungen mancher indigener Organisationen auch heute eine dualistische Vorstellung von zwei sich gegenseitig ausschließenden Denk- und Lebensweisen zu finden: auf der einen Seite die lebenszerstörende, materialistische, profitorientierte und seelenlose westliche Welt, zu der in Gegenüberstellung ein Idealbild der eigenen gerechten, umweltbewahrenden, klassenlosen und ganzheitlichen indigenen Kultur gezeichnet wird. Die Formulierung einer oppositionellen indigenen Identität, die häufig erst in der Auseinandersetzung mit Außenreizen gebildet wird - z.B. beim Ringen um staatliche Dienstleistungen oder um Gelder, im Widerstand gegen ein Entwicklungsprojekt oder bei einem Landrechtsstreit (als Beispiele siehe Asch 1982, O'Connor 1989) - dient u.a. der Bewußtmachung und Auflösung der "kolonialistischen Okkupation des Bewußtseins" (Fanon 1980, Memmi 1980). Sie entsteht vor allem in der ersten Widerstandsphase gegen diskriminierende und ausbeuterische Verhältnisse.

Bei zunehmender Erfahrung im Umgang mit den Angeboten der nicht-indigenen Gesellschaft und deren vermehrter Nutzung für eigene Interessen erfolgt häufig eine Vermischung und Übernahme verschiedener Ansichten und Verhaltensweisen, die zu einer weniger starken Abgrenzung führen. Die Rezeption und Integration von Außeneinflüssen durch indigene Kulturen ist keine Neuer-

---

[217] In Anlehnung an Evers/Schiels (1988) könnte man indigene Völker auch als konterstrategische Gruppen bezeichnen. Als **strategische Gruppen** bezeichnen die AutorInnen dabei einen Zusammenschluß und ein gemeinsames strategisches, d.h., planmäßiges und zielgerichtetes politisches Handeln von Personen zwecks Erhaltung oder Erweiterung ihrer gemeinsamen Aneignungschancen. Solche Gruppen entstehen häufig dann, wenn sich neue Appropriationschancen eröffnen. Angeeignet werden sollen dabei überwiegend materielle Güter und Elemente zur Verbesserung des eigenen sozio-ökonomischen Status, dann aber auch Macht, Prestige, Wissen oder religiöse Ziele. Strategische Gruppen entstehen hauptsächlich innerhalb bestimmter Berufsgruppen und sozialer Klassen (z.B. Militär, AkademikerInnen, bäuerlicher Bevölkerung) und können zur verstärkten Klassenbildung führen (ebd. 10). **Konterstrategische Gruppen** beziehen ihre Identität dagegen primär aus ethnischen, regionalen oder kulturellen Merkmalen. Es sind Gruppen, "(...) die Gegenstrategien gegen den Zugriff strategischer Gruppen entwickeln, die sich den Appropriationsstrategien zu entziehen versuchen und die dadurch auch strategisch handeln, indem sie die gesellschaftliche Entwicklung in ihrem Sinne zu beeinflussen versuchen" (ebd. 13).

scheinung der heutigen Zeit. Politische Strukturen, Entscheidungsbefugnisse und Führerschaften haben sich innerhalb indigener Gemeinschaften auch in der Vergangenheit gewandelt (vgl. z.B. Ferguson/Whitehead 1992a, Whitehead 1993). Wie alle Menschen haben auch sie nach pragmatischen Antworten auf sich verändernde äußere Lebensumstände gesucht, die ihnen ein (Über-)Leben gemäß den eigenen Vorstellungen ermöglichten. Dabei waren oftmals Umorientierungen von Wertesystemen und Realitätsinterpretationen unumgänglich, welche wiederum zu neuen Sicht- und Verhaltensweisen führten: unbekannte Krankheiten verlangten nach neuen Heilmethoden; veränderte Wirtschaftsbedingungen erforderten eine Anpassung traditioneller Produktionsweisen und Produktionsmittel, und neue Bedürfnisse führten zu neuen Wegen der Befriedigung.

Heute werden aktuelle Diskurse der Mehrheitsgesellschaft genauso aufgegriffen und integriert wie eigene "kulturelle Traditionen" bewahrt, verändert oder erneuert werden. Die Vor- und Nachteile der modernen Industriekulturen werden erkannt und genutzt; die eigene Situation und Identität werden differenzierter und komplexer gesehen. Es wird meist keine Rückkehr zu vergangenen Zeiten mehr angestrebt, sondern eine zukunftsorientierte selbstbestimmte Entwicklung gewünscht.

6.2.2. Die neuen indigenen Bewegungen

Seit Ende der 60er Jahre haben indigene Völker weltweit Tausende neuer Zusammenschlüsse und Organisationen gebildet.[218] Sie arbeiten sowohl lokal wie

---

[218] In Kap. 4. wurde bereits darauf hingewiesen, daß die Bildung von politischen Widerstandsbewegungen, Organisationen und Allianzen durch indigene Völker keine Neuerscheinung der heutigen Zeit ist, sondern schon in früheren Jahrhunderten stattgefunden hat. Hier interessieren jedoch ausschließlich die seit Ende der 60er Jahre entstandenen neuen indigenen Bewegungen, die sich in Organisationsformen und Strategien stark an europäischen Vorbildern ausrichten. Zu den bekanntesten überregional und teilweise international arbeitenden Organisationen gehören neben dem *World Council of Indigenous People (WCIP)* der *Consejo Indio de Sudamerica (CISA)*, der *Consejo Regional Indígena del Cauca (CRIC)*, die *Coordinadora des las Organizaciones Indígenas de la Cuenca Amazonica (COICA)*, die *União dos Nações Indígenas (UNI)*, die *National Indian Brotherhood*, der *International Indian Treaty Council (IITC)*, die *Inuit Circumpolar Conference (ICC)*, die *Assembly of First Nations (AFN)*, die *Cordillera Peoples Alliance (CPA)*, der *Indian Council of Indigenous and Tribal Peoples (ICITP)*, die *National Organization of Aboriginal and Islander Legal Services (NAILS)*, der *Nordic Saami Council* u.v.a.m. (vgl. Apaza 1985, Bonfil Batalla 1982a, Burger

überregional und international. Dabei bedienen sie sich teilweise der modernsten Kommunikationstechnologien, mit deren Hilfe weltweit Nachrichten ausgetauscht, gemeinsame Aktionen vorbereitet und politische Strategien entwickelt werden. Manche Organisationen verfügen daneben über eigene juristische Beratungsorganisationen und aufwendige Planungs- und Verwaltungsapparate. Andere sind vor allem basis- und regionalorientiert und besitzen einen eher geringen Organisationsgrad. VertreterInnen indigener Organisationen und Gruppen begeben sich zunehmend auf weltweite Kampagnen- und Lobbytouren, machen ihre Anliegen in den Medien publik und werden bei internationalen Organisationen wie der UNO, der Weltbank oder dem Europaparlament vorstellig. Dabei bilden sie auch mit nicht-indigenen Organisationen zeitweilige oder dauerhafte Koalitionen und Zusammenschlüsse. Viele arbeiten innerhalb eines internationalen, computergestützten Netzwerkes von Menschenrechts-, Umwelt- und Dritte-Welt-Organisationen, über die sie Gelder, Informationen, Beratung, Material und Unterstützung erhalten.

Die nicht-indigenen UnterstützerInnen, unter ihnen manche EthnologInnen, werden heute meist selbstverständlich als BündnispartnerInnen im Kampf um indigene Rechte und Selbstbestimmung angesehen. Die Beteiligung von AussenseiterInnen (z.B. WissenschaftlerInnen) an ihren politischen Bemühungen wird dabei teilweise ausgesprochen gesucht, um ihre Kontakte und ihr Wissen zu nutzen. Es sind eher die Regierungen der jeweiligen Nationalstaaten, die die Intervention ausländischer WissenschaftlerInnen und anderer UnterstützerInnen indigener Belange ablehnen. So werden internationale Proteste gegen Menschenrechtsverletzungen an indigenen Völker häufig von den Staatsregierungen mit dem Hinweis auf eine unangemessene und unerwünschte Einmischung in innere Staatsangelegenheiten zurückgewiesen und von westlichen Industrienationen aus diplomatischen und ökonomischen Interessen übergangen. Anfang der 90er Jahre reagierten z.B. die malaysische und die brasilianische Regierung ausgesprochen empfindlich auf Proteste westeuropäischer und nordamerikanischer UmweltschützerInnen und MenschenrechtlerInnen gegen Regenwaldabholzung und die Vertreibung von Waldvölkern in ihren Staatsgrenzen. Ihre Argumente glichen denen aus der Zeit aggressiver europäischer Kolonialexpansion: Technisch-industrieller Fortschritt wurde als Wohltat für die Menschheit dargestellt, der die Unterordnung von "Minderheiten"interessen unter nationale

---

1991:178, Wentzel 1984, Zinser 1994:31-37; siehe die o.a. Literatur und die genannten Zeitschriften).

Belange verlangte (vgl. IFAK/infoe 1993 sowie div. Beiträge im infoemagazin 2/91, 1/92, 2/92).

Zu den wichtigsten international aktiven NGOs, deren Engagement und Sachkompetenz in indigenen Fragen mittlerweile auch in nationalen und internationalen Gremien anerkannt und genutzt werden (vgl. Zinser 1994:41-44), gehören die dänische *International Working Group on Indigenous Affairs (IWGIA)*, die britische Organisation *Survival International (SI)*, die U.S.-amerikanische Organisation *Cultural Survival (CS)* und die deutsche Gesellschaft für Bedrohte Völker (GfbV). Alle vier Organisationen wurden von EthnologInnen (mit-)gegründet und zählen zahlreiche EthnologInnen zu ihren MitarbeiterInnen. Sie verstehen sich als ausgesprochene *advocacy*- und Lobby-Organisationen für indigene Völker, die sich auch an der Entwicklung nationaler und internationaler Strategien und Standards zum Schutz indigener Rechte beteiligen (z.B. IWGIA 1994).

Daneben existiert eine unüberschaubare Vielzahl von kleineren Organisationen und Gruppen, die aktive Unterstützungsarbeit für einzelne indigene Völker und ihre Organisationen betreiben und z.T. ebenfalls EthnologInnen in ihren Reihen haben. Auch sie beteiligen sich an den Diskussionen über die Verankerung indigener Rechte in nationaler und internationaler Politik (z.B. Colchester et al. 1993, van der Vlist 1994). Ebenso befassen sich international arbeitende Organisationen wie die UNESCO, WHO, FAO, *International Labor Organization* (ILO), Weltbank oder das Europaparlament sowie einzelne europäische Regierungen oder Gemeinden mit Fragen zur Situation und zu den Rechten indigener Völker und haben entsprechende Resolutionen, Dokumente und Handlungsrichtlinien ausgearbeitet bzw. von NGOs ausarbeiten lassen (z.B. BMZ 1996a, Danish Ministry for Foreign Affairs 1994, EAIP 1995, Europäisches Parlament 1994, 1995, GTZ 1993).

Die internationale Unterstützung durch NGOs und die Arbeit in internationalen Gremien spielen beim Aufbau, bei der Konsolidierung und der politischen Arbeit indigener Organisationen eine wichtige Rolle. Der Einfluß europäischer und nordamerikanischer Organisationen, Intellektueller, JournalistInnen und politischer Aktivistinnen auf indigene Völker hat beträchtliche Veränderungen in den sozialen und politischen Bewegungen indigener Gruppen hervorgerufen. Er schafft, da keineswegs alle indigenen Organisationen gleichermaßen über die notwendigen Außenkontakte und den Zugang zu Ressourcen, Technologien und

Reisegeldern verfügen, innerhalb der indigenen Bewegungen neue Ungleichheiten und Hierarchien.

Zu den Veränderungen gehören, um nur einige Stichworte zu geben, die Entstehung neuer Führungskräfte und Machtstrukturen, die Erosion traditioneller Autoritäts- und Entscheidungsprozesse sowie Sozialbeziehungen, eine steigende Abhängigkeit von externen Geldquellen und einer Unterstützung aus dem Ausland, eine Verbürokratisierung politischer Arbeit, die Herausbildung materieller und sozialer Ungleichheiten, die Einführung moderner Kommunikations- u.a. Technologien, neue politische und soziale Aktions- und Organisationsformen, neue interethnische Zusammenschlüsse, aber auch neue Polaritäten und Gegnerschaften, die Entwicklung neuer Mythen, Geschichtsinterpretationen und Stereotypisierungen, eine Neubildung von Sozialbewußtsein, Identität und Diskursweisen u.a.m. (vgl. dazu Albert 1993, M.Brown 1991, 1993, Chaumuil 1990, Conklin/Graham 1995, Gow 1993, Kolig 1994, Münzel 1984, 1985, Ramos 1988, 1994, Schröder 1993, Suhrbier 1991, Survival International 1993, Turner 1979, 1988).

So bilden besonders die indigenen VertreterInnen aus Nordamerika, Neuseeland und Australien in der UNWGIP eine Art neue indigene Elite, die ihren Status u.a. ihrem Sprachvorteil, ihren z.T. sehr guten juristischen Kenntnissen und einer langjährigen Erfahrung in politischer Arbeit verdanken. Ihnen gegenüber stehen indigene Gruppen aus Afrika, Asien und der ehem. Sowjetunion, die kaum Erfahrungen mit der Arbeit innerhalb internationaler Organisationen besitzen, über wenig bis keine Kenntnisse über ihre Rechtsgrundlagen verfügen und die notwendigen Kommunikations- und Sprachcodes nur ungenügend beherrschen. So können sie ihre Forderungen nicht so wirkungsvoll präsentieren wie z.B. nordamerikanische Indigene und bleiben bei der UNWGIP eher im Hintergrund (vgl. Siebert 1997:78-79).

Die Zielsetzungen, Strategien, Arbeitsweisen und Forderungen der indigenen Bewegungen und Organisationen sind genauso vielfältig und unterschiedlich wie es die Kulturen, Geschichten und Lebenssituationen der indigenen Völker sind. An dieser Stelle können lediglich einige wichtige gemeinsame Aspekte indigener Bewegungen angesprochen werden:

Im Zentrum aller indigenen Bewegungen stehen Forderungen nach Selbstbestimmung und nach Anerkennung sog. indigener Rechte. Diese sollen nicht nur das physische und kulturelle (Über-)Leben der betreffenden Gruppen sichern, sondern besitzen auch vielschichtige Symbolwirkung und dienen als vereinigende und eine gemeinsame Identität stiftende Kraft (vgl. S.Weaver 1985a:140-1). Der wichtigste Anspruch, der allen indigenen Forderungen nach Selbstbestimmung zugrunde liegt, ist der, als eigenständige Völker oder Nationen anerkannt zu werden, die sich im Zustand der Kolonisierung befinden (vgl. Nietschmann 1987, Siebert 1997:81, 87; siehe oben). Während die Merkmale indigener Völker in weiten Teilen denen von als ethnische Minderheiten bezeichneten Gruppen ähneln (vgl. Heckmann 1992:54-56, 59-73), lehnt ein Großteil von ihnen eine Bezeichnung als (ethnische) Minderheit als Ausdruck einer Unterwerfung unter die Politik des jeweiligen Nationalstaates ab (Colchester 1993:39, Dyck 1985c:238).[219]

Dagegen bringt die Anerkennung als Volk oder Nation[220] für sie wichtige politische und rechtliche Implikationen im internationalen Völkerrrecht mit sich (vgl. z.B. Kuppe 1994, Siebert 1997). Solange z.B. ihre Probleme und ihr Status als interne Angelegenheiten eines Staates angesehen und der Minderheitenpolitik der jeweiligen Nationalregierung überlassen werden, kann diese internationale Proteste gegen Menschenrechtsverletzungen bei indigenen Völkern als unangemessene Einmischung in innerstaatliche Angelegenheiten zurückweisen. Als "indigene Völker" erwerben sich die betreffenden Gruppen zumindest innerhalb der UNO einen größeren rechtlichen Spielraum.

---

[219] Dieses gilt jedoch nicht für alle indigenen Völker, wie Kuppe (1990:21; Anm. 38) anmerkt. Er verweist auf das Beispiel der nordeuropäischen Saami, die sich vielfach selber als "indigene Minderheit" bezeichnen.

[220] Im soziologischen Sinne stellt **Volk** eine politisch-staatsrechtliche Kategorie moderner Großkollektive mit Gemeinsamkeiten in Kultur, Sprache und Geschichte sowie einem Zusammengehörigkeitsbewußtsein dar (Heckmann 1992:47-51). Von einer **Nation** wird als einer historischen Entwicklungsstufe moderner Gesamtgesellschaften dann gesprochen, wenn sich ein Volk politisch-verbandlich in der Form eines Nationalstaates organisiert (ebd. 51-54). Volk und Nation stehen in enger Verbindung, sind aber nicht identisch. So kann eine Nation z.B. auch aus mehreren Völkern gebildet sein; umgekehrt wird in der Literatur ein Volk ohne staatliche Organisation nicht als Nation bezeichnet. Ethnische Gruppen oder ethnische Minderheiten dagegen entstehen im Zuge des vereinheitlichenden Prozesses der Nationenbildung als "Teilbevölkerungen von staatlich verfaßten Gesamtgesellschaften" (ebd. 38, 54-56). Das Drängen indigener Völker, als Nationen oder Völker anerkannt zu werden, begründet sich demnach nicht in einer (wissenschaftlich) präzisen Definition oder ihrem realen politischen Status, sondern ist eher als politisches Programm und Ringen um gleichberechtigte Anerkennung im Verband anderer Völker und Nationen zu verstehen. Sie werden in diesem Anliegen auch von EthnologInnen unterstützt. So schlagen bspw. Boldt/Long (1985c:344-345) vor, indigene Völker als Nationen ohne eigenen Staat, aber mit Recht auf politische Selbstregierung zu behandeln.

Die UNO verfügt außer mit der UNWGIP über "kein anderes Forum, das sich mit Forderungen auf Selbstbestimmung und Autonomie beschäftigt, auch nicht im Rahmen der UNO-Minderheitenpolitik, die weit entfernt ist von der Behandlung von Forderungen nach Kollektivrechten" (Siebert 1997:83). Nur als Völker bzw. Nationen können indigene Völker ein kollektives Recht auf kulturelle und politische Selbstbestimmung in Anspruch nehmen und einen Schutz unter der internationalen Gesetzgebung fordern (vgl. Sanders 1985b). Zur Anerkennung des Selbstbestimmungsrechtes gehört für die indigenen Völker insbesondere auch das Recht auf Achtung und Wahrung ihrer kollektiven kulturellen Unterschiedlichkeit (Burger 1994:74-75, Paine 1985a:117-8).

Die indigene Forderung nach Anerkennung als eigenständige Völker mit politischem Selbstbestimmungsrecht stößt bei den jeweiligen Nationalregierungen auf große Widerstände, da sie dahinter Sezessionsbestrebungen vermuten und die Integration ihrer Staaten in Gefahr sehen (vgl. Kuppe 1994, Zinser 1994: 23). So begegnen sie indigenen Selbstbestimmungsbemühungen in vielen Fällen mit Unterdrückung oder Waffengewalt (vgl. Nietschmann 1987). Zwar haben seit dem Zweiten Weltkrieg indigene Bewegungen auch zur Entstehung unabhängiger Staaten (z.B. Vanuatu, Kiribati, Salomon-Inseln) geführt (Ryser 1985:315), doch vielen indigenen Völkern geht es nicht um Separation, sondern um größtmögliche Autonomie und politische Selbstregierung *innerhalb* bestehender Staatengebilde (vgl. Asch 1989, Beauclerk/Narby 1988:10-11, Dreher 1995:29-37, Dyck 1985b, ICIHI 1988:31-40, IWGIA:1994:4, Zinser 1994:23). Die meisten indigenen Völker und Gemeinschaften akzeptieren, daß sie BürgerInnen eines größeren Nationalstaates sind und streben statt Sezession eher eine Art "strukturelle Einquartierung" (*structural accomodation*) in den Nationalstaat an, die Paine als *nesting* bezeichnet (1985b:50-54).

Neben dem zentralen Anspruch auf Anerkennung als eigenständige und kulturell unterschiedliche Völker und auf politische und kulturelle Selbstbestimmung erheben indigene Völker eine ganze Reihe **gemeinsamer Forderungen**, zu denen u.a. gehören:[221]

- das Recht auf Leben, gesicherte Existenz und physische Unversehrtheit, d.h., Schutz vor Diskriminierung, Verfolgung, Gewalt, Genozid usw., wie es in verschiedenen Rechtswerken bereits festgeschrieben ist

---

[221] Vgl. dazu die oben angegebene Literatur.

- das Recht auf eigene gemeinschaftliche Entwicklung gemäß ihren Vorstellungen
- das Recht auf Wahrung, Weitergabe und Selbstbestimmung einer eigenen kulturellen, sprachlichen und religiösen Identität; hierzu gehört u.a. der Schutz heiliger Stätten, die Rückgabe kulturellen Eigentums, die Anerkennung geistiger Eigentumsrechte, das Recht auf Ausübung eigener religiöser und kultureller Praktiken (einschließlich überlieferter Heilmethoden) und die Benutzung und Förderung der eigenen Sprachen
- das Recht auf (Aus-)Bildung, Erziehung und Information, wozu die Bildung und Kontrolle eigener Erziehungs- und Bildungssysteme sowie die Förderung bilingualer und -kultureller Unterrichts- und Ausbildungsprogramme gehört
- das Recht, alle sie betreffenden, von außen kommenden Maßnahmen, Programme und Institutionen (z.B. im Gesundheits-, Wohnungs- und Arbeitsbereich) angemessen kontrollieren zu können; hierzu gehört auch, daß die Durchführung von Entwicklungsmaßnahmen nur nach Konsultation, Aufklärung und informierter Zustimmung (*informed consent*) sowie unter Kontrolle und Beteiligung der betroffenen indigenen Gruppen erfolgen soll
- die Anerkennung ihrer traditionellen Rechtssysteme und deren Verankerung in nationaler und internationaler Gesetzgebung, hierzu gehört insbesondere das Recht auf kollektiven Besitz sowie auf kollektive Nutzung und Kontrolle ihrer Territorien; das Recht auf Ausübung ihrer eigenen Formen von Land- und Ressourcennutzung und auf eigene Wirtschaftsweisen, das Recht auf Selbstverwaltung in allen internen Angelegenheiten, und das Recht auf Aufrechterhaltung von Kontakten zwischen indigenen Gemeinschaften über politische Grenzen hinweg
- die Erfüllung bereits bestehender Verträge und Gesetzeswerke durch die Nationalregierungen
- eine Entschädigung für die Zerstörung ihrer natürlichen Lebensgrundlagen bzw. Maßnahmen zu deren Wiederherstellung (z.B. Wiederaufforstung) und zu ihrem Schutz; Rückgabe widerrechtlich durch nicht-indigene Personen angeeigneter Gebiete u.a.m.

Jede dieser Forderungen hat lokal angepaßte Varianten und wird je nach politischer Ausrichtung der Organisation und der VerfasserInnen unterschiedlich radikal formuliert. Bei der Durchsetzung ihrer Forderungen können sich indigene

Völker auf einige bereits bestehende internationale Dokumente berufen.[222] Ausserdem können sie gegenüber verschiedenen UN-Organen und internationalen Einrichtungen (z.B. dem Internationalen Gerichtshof, der UN-Menschenrechtskommission, dem Wirtschafts- und Sozialrat der UNO) direkt ihre Klagen gegen Menschenrechtsverletzungen oder Diskriminierung vorbringen. Eine Mitgliedschaft in den Vereinten Nationen wird ihnen bislang versagt, wohl aber besitzt eine Reihe indigener Organisationen Beobachterstatus beim Wirtschafts- und Sozialrat der UNO (vgl. Siebert 1997: 78).

6.2.3. Indigene Rechtsansprüche zwischen Autonomie, Partizipation und symbolischer Präsentation

In den indigenen Rechtsansprüchen kondensiert sich die eigentliche Bedeutung der politischen Mobilisierung indigener Völker. Hier finden wir auch die wichtigsten Ansatzpunkte für eine *advocacy anthropology* für hiesige EthnologInnen (vgl. den folgenden Abschnitt). So handelt es sich bei der Sicherung indigener Rechte nicht um eine rein juristische Frage, sondern um einen umfassenden politischen Anspruch auf Selbstbestimmung, eigene Ressourcen und Teilhabe an politischer Macht:

"Aboriginal rights are a broad but fundamental political claim by aboriginal peoples against the state for recognition of their unique ethnicity and for resources flowing from this recognition. Advocates of aboriginal rights seek to alter the power relationship between aboriginal peoples and the governments (...). To sum up, 'aboriginal rights' is a complex, emotionally charged, multivalent symbol that represents native demands for recognition as a unique cultural group; that is, as aboriginal people. On the basis of

---

[222] Hierzu gehören u.a.: die *Convention 169* der *International Labour Organization* (1989), die *Universal Declaration of Human Rights* (1948), die *International Human Rights Convenants (Convenant on Civil and Political Rights; Convenant on Economic, Social and Cultural Rights;* 1966/1976), die *Convention on the Prevention and Punishment of the Crime of Genocide* (1948/1951), die *International Convention on the Suppression and Punishment of the Crime of Apartheid* (1975), die *International Convention on the Elimination of all Forms of Racial Discrimination* (1966), die UNESCO-Erklärung zu Ethnozid und ethnischer Entwicklung (1981), die UN-Erklärung der Rechte der Angehörigen ethnischer, rassischer und religiöser Minderheiten (1992), der Entwurf einer Erklärung indigener Rechte von der UNWGIP (1993), die UN-Erklärungen zum Internationalen Jahr der Indigenen Völker (1993) und zur Dekade der Indigenen Völker (1994) sowie das Kapitel 26 der in Rio 1992 verabschiedeten Agenda 21 (vgl. Alfredsson 1982, Wohlgemut 1986; siehe Kap. 6.3).

this uniqueness, they demand special resources from the state. (...) Moreover, they believe their cultural idioms can survive only in the context of a special relationship with the state" (S.Weaver 1985a:140-1).

Im Zuge der Nationalstaatenbildung wurde vor allem in diesem Jahrhundert immer wieder versucht, indigene Völker als (formal) gleichberechtigte BürgerInnen in die jeweiligen Staaten zu integrieren. Dieses sollte u.a. durch die Abschaffung kollektiver Sonderrechte, die Betonung der individuellen Freiheit und die Förderung des Indivdualbesitzes gefördert werden.[223] Durch den Verlust ihres Sonderstatus aber wurden die indigenen Gruppen jeglichen Schutzes vor Diskriminierung und Unterdrückung beraubt, verloren z.T. ihre territoriale Basis und erhielten einen Platz am untersten Ende der sozialen Pyramide (vgl. als Beispiel Menguet 1988:187). Liberale Regierungen - wie z.B. die kanadische - beriefen sich bei diesen Integrationsbemühungen u.a. auf die Allgemeine Erklärung der Menschenrechte, derzufolge alle Menschen gleich sind, Sonderrechte Ungleichheiten schaffen und Menschenrechtsverletzungen darstellen.

Ironischerweise führte also das Beharren auf Gleichheit vor dem Gesetz zu ausgesprochener Ungleichheit (Paine 1985b:61). So schützen z.B. die allgemeinen Menschenrechte das Individuum gegenüber der Willkür des Staates, vernichten aber die Kollektivrechte indigener Gemeinschaften auf politische Selbstbestimmung. Gerade der Anspruch auf Gruppen- oder Kollektivrechte wird aber von indigenen Gemeinschaften gegenüber dem Individualrecht moderner Rechtssysteme in den Vordergrund gestellt. Die Etablierung von Kollektivrechten ist für indigene Völker besonders im Zusammenhang mit der Nutzung na-

---

[223] Dies geschah durch spezielle Gesetzeserlässe wie z.B. durch das sog. *White Paper* (1969) in Kanada, das vorsah, alle indigenen Reservate, indigenen Sonderrechte sowie das Department für Indianische Angelegenheiten aufzulösen (Dyck/Waldram 1993b); oder durch den zu denselben Zwecken erlassenen *Dawes Act* (1887) in den U.S.A., die Verleihung der U.S.-amerikanischen Staatsbürgerschaft an indigene Personen (1924) und die sog. Terminationspolitik in den Jahren 1934-53 (Peyer 1986; siehe Kap. 3.4.2.). In Peru wurde im Namen von Gleichheit und Freiheit unmittelbar nach der Unabhängigkeitserklärung die Kategorie "indio" im Gesetz abgeschafft; sie blieb dieses für gut hundert Jahre (Dietschy 1993:285-6). In Brasilien sollten Mitte der 70er Jahre im Rahmen des sog. "Emanzipationsprojektes" (1974-78) die IndianerInnen per Gesetz zu gleichen BürgerInnen gemacht werden, was aber erfolgreich durch eine internationale Kampagne verhindert werden konnte. An dieser Kampagne waren neben den indianischen Gemeinschaften auch Menschenrechtsorganisationen, kirchliche Gruppen, EthnologInnen und andere Intellektuelle beteiligt (August 1995:127-34, P. Schröder 1993:23-27, Wright 1988:378-9). Auch in Mexiko wurde nach der Unabhängigkeit in der ersten Hälfte des 19. Jahrhunderts den indianischen Gemeinschaften durch verschiedene Gesetze ihr Sonderstatus genommen (Maihold 1986:58-61).

türlicher Ressourcen von großer Bedeutung und berührt ökonomische Rechte. Entsprechend fordern indigene Völker die Anerkennung eines rechtlichen und politischen Sonderstatus:

> "(...) (T)hereby, to promote and protect their claims for special status and rights within national societies, they must seek simultaneously to make themselves both like and unlike the national societies they deal with. On one level they must constantly demonstrate fundamental cultural differences between themselves and members of the majority population; on another they must transcend the cultural plane in order to negotiate and assert a complementarity of status between themselves and governments. In short, a continuing aspect of aboriginal peoples' dealing with national governments involves a striving for recognition of a unique constitutional status and treatment within societies that have been determined to maintain only a single category of citizenship" (Dyck 1985c:238).

Indigene Bestrebungen nach Selbstbestimmung geraten dabei in Konflikt mit denjenigen nach politischer Partizipation: Einerseits möchten indigene Gemeinschaften dieselben nationalen und internationalen Rechte und Dienstleistungen wie alle BürgerInnen für sich in Anspruch nehmen; andererseits pochen sie als eigenständige Nationen auf ihre kollektive Andersartigkeit und auf einen Sonderstatus mit größtmöglicher Autonomie. Sie wollen weder in die Mehrheitsbevölkerung integriert noch von ihr diskriminiert werden, weder vollständig eingeschlossen noch gänzlich ausgeschlossen sein.

Diese Grundsatzfragen - Kollektivrechte vs. Individualrechte, politische Selbstbestimmung vs. Partizipation - sind Ursache zahlreicher Konflikte nicht nur zwischen Staaten und ihren indigenen Bevölkerungsgruppen, sondern auch zwischen den indigenen Gemeinschaften bzw. ihren Organisationen (Søftestad 1993:346-7). Die staatlichen Reaktionen reichen von völliger Leugnung der Existenz indigener Kulturen (s.oben) bis hin zur offiziellen Anerkennung ihres Sonderstatus mit gesetzlich festgelegten Möglichkeiten zur politischen Mitsprache und Selbstbestimmung (wie z.B. durch den *Constitution Act* 1982 in Kanada; Boldt/Long 1985b:11). Das Dilemma indigener Gemeinschaften zwischen Strategien der Selbstbestimmung und der Teilhabe zeigt sich u.a. besonders im Rahmen von bürokratischen Verfahren und juristischen Prozessen, wo sie die Identifikation und Anerkennung ihres Anders-Seins, d.h., ihrer kulturellen Identität, den Interpretations- und Argumentationsfiguren, juristischen Auffassungen und sozialen Kategorien der Mehrheitsbevölkerung überlassen müssen (z.B.

Blu 1980, Clifford 1988b, Maddock 1989:157-158, Paine 1985a:174-198, Sider 1993; s. Kap. 5).

Indigene Rechtsansprüche stellen eine grundlegende Herausforderung bestehender sozialer, politischer und ökonomischer Strukturen dar. Da sie sich im Zusammenhang mit kulturellen und sozialen Veränderungen ebenfalls wandeln, sind sie nicht durch endgültige Definitionen und juristische Regelungen oder über einzeln genau festlegbare Konzepte realisierbar (Boldt/Long 1985b:10, Ryser 1985). So werden beispielsweise auch von indigener Seite alte Verträge nachträglich umgedeutet (S.Weaver 1985a:147). Besonders von indigenen VertreterInnen wird daher die Ansicht vertreten, daß es keinen singulären Weg zur Umsetzung ihrer Rechtsforderungen gibt:

> "The way to achieve protection of aboriginal rights is not to identify and define them. Such a process will result in limiting rights, not protecting them. International standards will soon make it clear, if they do not already do so, that Canada has no jurisdiction to interfere with any right that the peoples of the First Nationms enjoyed before Europeans arrived in Canada and that the peoples of the First Nations have not expressly and voluntarily delegated or surrendered to the crown. That, in essence, is what aborignal rights are all about. Is any further 'identification and definition' necessary?" (Ahenakew 1985:29-30, vgl. dazu die Beiträge von indianischen, Inuit und Metis PolitikerInnen in Boldt/Long 1985a).

Trotz oben genannter Organisationen, Gesetzeswerke und sonstiger Dokumente, die den Umfang der Bemühungen der vergangenen rund 25 Jahre um nationale und internationale Aufmerksamkeit und Anerkennung für die Rechte indigener Völker zeigen, verfügen indigene Völker letztlich über wenig rechtliche und politische Handhabe zur effektiven Durchsetzung und Sicherung ihrer Rechte. Zum einen werden bestehende Rechte und Vereinbarungen nicht eingehalten, zum anderen sind diese selbst ungenügend, da sie wichtigen kulturellen Werten und Organisationsformen indigener Gemeinschaften nicht Rechnung tragen. Zwar ist die Behandlung indigener Völker in den meisten Fällen nicht nur der Willkür des jeweiligen Staates überlassen, sondern fällt auch unter die internationale Gesetzgebung. Dennoch wird ihnen in vielen Staaten durch die Nicht-Anerkennung des Indigenen-Begriffs dieser Schutz durch besondere Rechte oder internationale Klagen verweigert. Auch behält sich der Staat häufig das Zugriffsrecht auf die sich auf indigenen Territorien befindlichen Ressourcen vor (vgl. Arvelo-Jimenez 1982, Gerber 1993:46).

Allen Deklarationen und Bemühungen zum Trotz sind schwere Menschenrechtsverletzungen an indigenen Gruppen deshalb bis heute keine Seltenheit (vgl. Grieb et al. 1991, Heinz 1994). Aufgrund des massiven Widerstands gesellschaftlich machthabender Gruppen und in Ermangelung effektiver politischer und rechtlicher Instrumente sind indigene Gruppen vor allem auf den guten Willen, ein humanitäres Verantwortungsgefühl und die Anerkennung der moralischen Berechtigung ihrer Forderungen durch die EntscheidungträgerInnen der Mehrheitsgesellschaft angewiesen (vgl. Manuel/Posluns 1974:5-6, Paine 1985b:52).[224] Nur indem sie ihre Machtlosigkeit durch öffentliche Demonstrationen der ethischen Berechtigung ihrer Forderungen "in eine moralische Kraft" (Paine 1985b:52) verwandeln - z.B. durch die Inszenierung sog. "Ethno-Dramas" (Paine 1985c) - können sie sich möglicherweise die Unterstützung einer breiten Öffentlichkeit sichern. Zur Betonung ihrer Andersartigkeit und um ihren politischen Forderungen auch äußerlich Ausdruck zu verleihen, benötigen sie vor allem die Präsentation geeigneter kultureller Symbole (z.B. Kleidung, Musik, Schmuck, o.ä.), die Verwendung sprachlicher Symbole wie z.B. ihrer Eigennamen oder das Beharren auf Bezeichnungen wie Nationen und Völker:

"What is intended here by leaders of Fourth World peoples is nothing less than recodification of whole cultures: Native (autochthonous) codifications are to replace colonial or non-native codifications" (Paine 1985b:56; vgl. auch ders. 1985c).

Eine symbolische und kulturell kodifizierte Präsentation indigener Forderungen kann vielerlei Formen annehmen: die Besetzung von kulturell und historisch bedeutsamen Plätzen, öffentliche Protestmärsche und Gedenkritte; das Aufbauen einer traditionellen Wohnstatt (Zelt, Hütte o.ä.) vor einem Regierungs- oder Wirtschaftssitz, Hungerstreiks, Blockaden von Transportwegen u.v.a.m. Bei diesen Aktionen wird durch "traditionelle" Kleidung, Schmuck, Gesänge, Tänze oder das öffentliche Abhalten von Zeremonien besonders die kulturelle Andersartigkeit demonstriert, wobei die indigenen AktivistInnen gelegentlich auch auf nicht-indigene Stereotypisierungen zurückgreifen und diese verstärken (vgl. die Beispiele in Biegert 1976, Bolz 1993, Paine 1985c, Wißmann 1993 sowie in den o.a. Zeitschriften von NGOs und Lobbygruppen).

---

[224] So basiert z.B. die rechtliche Stellung der U.S.-amerikanischen IndianerInnen im wesentlichen auf "zwei vage formulierten Klauseln in der amerikanischen Verfassung und einer von der U.S.Regierung sich *selbst auferlegten 'moralischen' Verpflichtung"* (Peyer 1986:103; Betonung durch F.S.).

Die Notwendigkeit, ihren politischen Forderungen durch symbolische Präsentation und moralische Argumente eine öffentliche Unterstützung zu sichern und ihnen damit eine politische Durchschlagkraft zu verleihen, birgt somit das Problem von Stereotypisierung und idealistischer Projektion in sich: Exotische Symbole und Handlungen müssen eingängig sein; sie müssen komplizierte historische, kulturelle und politische Sachverhalte stark vereinfachen, "konsumierbar" machen. Dieses erleichtert das Emporkommen sog. "Plastikmedizinmänner" (Schweidlenka 1990) und fördert den kommerziellen Ausverkauf kultureller Symbole und Kenntnisse. Außerdem nutzen sie sich schnell ab, so daß immer die Gefahr besteht, daß sich die Öffentlichkeit gelangweilt abwendet, noch bevor das "Ethno-Drama" seine angestrebte Wirkung entfalten konnte (Paine 1985b:59).

Zudem kollidieren, wie oben schon angedeutet, moralisch begründete indigene Ansprüche häufig mit Kriterien der Nützlichkeit, Effektivität und rationalen Entscheidungsfindung, die politische und wirtschaftliche EntscheidungsträgerInnen unter Berufung auf wissenschaftliche Forschungsergebnisse und technologische Notwendigkeiten für sich in Anspruch nehmen (Harries-Jones 1991b: 9). Mit dem Hinweis auf die Rationalität dieser Argumente werden historische und rechtliche Ansprüche indigener Gemeinschaften - z.B. auf großflächige Siedlungsgebiete - oder ihr Widerstand gegen den Abbau von Ressourcen auf ihrem Land als im Interesse der Allgemeinheit nicht vertretbar zurückgewiesen.

Da sich aus Wissenschaft und Technologie keine rational begründbaren Kriterien für moralische Ansprüche auf Menschenrechte, Selbstbestimmung usw. ableiten lassen, bleibt häufig nur der Weg in die Gerichte, wo diese moralischen Angelegenheiten wieder auf formal-juristischer Basis ausgehandelt werden müssen (s.o.). Dabei sind indigene Völker aber wiederum vom öffentlichen Meinungsklima, den Argumentationsfiguren des herrschenden Diskurses über Fremdkulturen und adäquaten rechtlichen, politischen und kulturellen Konzepten, z.B. über Gerechtigkeit, Entwicklung, Selbstbestimmung oder Lebensqualität, abhängig. In diesem Zusammenhang wiederum erhalten ethnologische Kenntnisse, Konzepte und Theorien einen besonderen praktischen Wert.

6.3. Die Bundesrepublik Deutschland und indigene Völker

Zusammenhänge zwischen dem Lebensstandard von Industrienationen wie der BRD und den Problemen indigener Völker sind über die globalen polit-ökonomischen Verflechtungen schnell hergestellt. Von der Kolonialzeit an, in der die Überseekolonien von den europäischen Kolonialmächten primär als Arbeitskräfte- und Ressourcen-Reservoirs ausgebeutet wurden (vgl. z.B. Collins/Lappé 1980:99-109, Galeano 1981), bis zur heutigen weltweiten Expansion des kapitalistischen Weltmarktes wurde und wird ein Großteil der in den industriellen Zentren verbrauchten Rohstoffe, Energieträger, Nahrungs- und Genußmittel auf Landflächen an- bzw. abgebaut, die die lokale (indigene) Bevölkerung zu ihrer Existenzsicherung und Ernährung benötigt. Gebrauchs- und Luxusgüter werden in den (Billiglohn-)Ländern des Südens unter häufig menschenunwürdigen und gesundheitsgefährdenden Bedingungen von einheimischen Arbeitskräften produziert; das Land, die Dörfer und die Kulturen indigener Völker dienen erholungsbedürftigen und zivilisationsmüden Menschen der Industriegesellschaften zur Entspannung und Befriedigung ihrer Abenteuerlust. Zunehmend wird deutlich, daß die Konsumptions- und Produktionsprozesse der industrialisierten Gesellschaften, die u.a. zu einem stetig steigenden Verbrauch an fossilen Brennstoffen und anderen natürlichen Rohstoffen führen, schwerwiegende ökologische und soziale Probleme in anderen Kontinenten, aber auch bei ihnen selber verursachen.

Bekanntere Beispiele für diese Zusammenhänge sind z.B.: die Abholzung tropischer und borealer Wälder für die industrielle Holz- und Papierindustrie mit ihren gravierenden lokalen sozialen, ökonomischen und ökologischen Folgen sowie ihren (schon eingetretenen oder prognostizierten) globalen klimatischen Auswirkungen; die gesundheits- und lebensbedrohenden Folgen des nuklearen Brennstoffkreislaufes durch Abbau, Verarbeitung, Testung, Nutzung und Endsorgung von Uran; die weltweite Gefährdung von Bevölkerungsgruppen durch Pestizidproduktion und -nutzung; die z.T. schwerwiegenden Kontaminationen von Umwelt und lokalen Bevölkerungen durch Bergbaugroßprojekte, die der Versorgung der industriellen Zentren mit Rohstoffen dienen, in denen die Weiterverarbeitung der Bodenschätze z.T. ebenfalls umweltschädigende Folgen hat; oder die Vernichtung landwirtschaftlicher Nutz- und Nahrungsareale durch die Anlage von Monokulturplantagen mit exportbestimmten *cash crops*.

In einem Großteil dieser Fälle sind auch oder überwiegend indigene Völker von den sozialen, ökonomischen und ökologischen Auswirkungen von Ressourcenraubbau, Agroindustrie, Energiewirtschaft und Entwicklungsgroßprojekten betroffen. Zusätzlich haben Bevölkerungsproteste in den Industrienationen gegen umwelt- und sozialschädliche Technologien und Produktionsformen teilweise eine Verschiebung der Probleme zu Lasten der Bevölkerungen anderer Kontinente nach sich gezogen: Hiesiger, den VerbraucherInnenwünschen entsprechend als recyclebar deklarierter Plastikmüll wird auf Südsee-Inseln deponiert, gesundheitsgefährdende Produktionen der Industrie werden in Ländern mit geringeren Umweltauflagen ausgelagert, die steigende Nachfrage nach Kosmetik- und Luxusartikeln aus "natürlichen" Rohstoffen zieht die Anlage von Monokulturen z.B. in Regenwaldgebieten nach sich; das Verbot von militärischen Tiefflugübungen in der bevölkerungsreichen BRD führt dazu, daß die deutsche Luftwaffe nun ihre Tiefflüge über dem Territorium der kanadische Innu probt u.a.m.. Beispiele wie der Bau eines gewaltigen Teleskopkomplexes auf der Gipfelregion des Mount Graham in Arizona (U.S.A.), der für San Carlos Apache eine besondere religiöse Bedeutung besitzt, oder das *Human Genome Diversity Project*, das die Erforschung (und Patentierung) menschlicher Gene - insbesondere kleiner indigener Gruppen - zum Ziel hat, zeigen darüber hinaus, daß in vielen Fällen immer noch technischer Fortschritt und wissenschaftliche Erkenntnissuche über die Rechte indigener Völker gestellt werden (vgl. Jarnuszak 1992, 1993, Kressing 1994b).[225]

Seit Ende der 80er Jahre wird von Teilen der internationalen Umweltschutz- und Menschenrechtsbewegung vermehrt auf schädigende Folgen bestimmter technisch-industrieller Entwicklungen aufmerksam gemacht, die indigene Völker und die Bevölkerungen in den Industrienationen gleichermaßen treffen, und eine Zusammenarbeit mit indigenen Organisationen angestrebt.[226] Etwa im

---

[225] Zu den genannten und weiteren Beispielen und Zusammenhängen zwischen technologisch-industrieller Entwicklung und der Zerstörung indigener Lebensräume vgl. z.B. Bodley (1983), Davis (1977), Euler (1989), Gesellschaft für Bedrohte Völker (1982), Grieb et al. (1991), Hensel (1987), Jarnuszak/Kressing (1994), Maderspacher/Stüben (1984), Muth/Seithel (1994), Stüben (1985, 1986), Stüben/Thurn (1991), die infoe-Studien sowie die Beiträge im infoemagazin.

[226] Versuche, die als gemeinsam empfundenen Bedrohungen auch gemeinsam zu thematisieren und anzugehen, sind z. B. das 1992 in Salzburg durchgeführte *World Uranium Hearing* (WUH 1994) oder das "Klimabündnis der europäischen Gemeinden mit den Völkern der Regenwälder", dem mittlerweile mehrere hundert europäische Städte und Gemeinden beigetreten sind (vgl. Rodrian 1993b).

gleichen Zeitraum haben indigene Organisationen und AktivistInnen verstärkt begonnen, ihren Einfluß durch Lobbytouren oder durch Gründungen eigener Interessensvertretungen in Europa[227] direkt in den europäischen Staaten geltend zu machen. So lehnen sie heute häufig die angebotene "Hilfe" von westlichen NGOs als paternalistisch ab und fordern stattdessen die westeuropäischen UnterstützerInnen zu einem stärkeren Engagement in ihren eigenen Gesellschaften auf, durch das die Ursachen vieler indigener Probleme an ihren Wurzeln angegangen werden sollen. Eine der zentralen Botschaften, die in den Reden und Gesprächen mit indigenen VertreterInnen immer wieder anklingt, könnte etwa folgendermaßen formuliert werden:

"Wenn Ihr nur kommt, um uns zu helfen, dann könnt Ihr gleich wieder gehen. Wir brauchen weder Euer Mitleid noch Eure Wohltätigkeit. Zuallererst müßt Ihr Euch selber helfen, mit Euren Problemen klarzukommen. Aber wenn Ihr wirklich etwas tun wollt, um unsere Lage zu verbessern, dann verändert Eure eigene Gesellschaft. Verändert die Lebensgewohnheiten Eurer Mitmenschen; verändert ihre Einstellung zum Konsum und zur Nutzung von natürlichen Rohstoffen und Energieträgern; verändert ihre Ignoranz und ihren Hochmut gegenüber Lebensstilen anderer Kulturen. Und nehmt Einfluß auf Eure Politiker; schaut ihnen auf die Finger bei der Verwendung Eurer Steuergelder; laßt es nicht zu, daß sie mit ihrer Wirtschafts- und Entwicklungspolitik unser Land, unser Dasein und unser Leben zerstören. Wenn Ihr dieses Ziel habt, dann können wir gerne zusammenarbeiten."

Was hier also u.a. von Seiten indigener VertreterInnen gefordert wird, sind neue Konzepte über Gesellschafts- und Wirtschaftsordnungen, neue Wertsetzungen in Ethik und Politik und neue Interpretationsrahmen und Perspektiven von "Entwicklung", "Wohlstand" und "Fortschritt", die die Grundlagen der Produktions- und Konsumptionsprozesse in den Industriegesellschaften tiefgreifend verändern können (vgl. dazu die Aussagen indigener AutorInnen wie z.B. Deloria 1970, Hau de no sau nee 1978, Ignace et al. 1993, Mohawk 1985, Moody 1988 u.a.).

---

[227] Hierzu gehört z.B. der *Indigenous Council in the Netherlands (ICN),* eine Art "Exilorganisation" für indigene Personen in Europa (Rathgeber 1996). Rundreisen von indigenen Gruppen durch Europa, mit denen sie auf ihre Probleme aufmerksam machen wollen, werden schon seit den 70er Jahren, vor allem von nordamerikanischen IndianerInnen, regelmäßig veranstaltet. In den 90er Jahren haben die Formen und Strukturen der internationalen indigenen Protest- und Lobbyarbeit bereits einen hohen Grad an Organisation und politischer Kompetenz erreicht, den sie u.a. den Aktivitäten westeuropäischer NGOs und ihren eigenen, teilweise langjährigen Erfahrungen mit politischer Arbeit verdanken.

In welcher Weise indigene Völker zur Sicherung ihrer Rechte und zur Durchsetzung ihrer Selbstbestimmung von den in politischen und rechtlichen Diskursen herrschenden Definitionen, Konzepten, Werten und Argumentationsfiguren abhängig sind, ist im Vorangegangenen aufgezeigt worden. Hier bieten sich Ansatzpunkte für *advocacy anthropologists*, die mit ihrem Wissen über indigene Gesellschaften neuen Konzepten und Perspektiven zur Wirksamkeit verhelfen können. Dabei sollen bestehende Handlungsrahmen in dem Sinne verschoben werden, daß indigene Gemeinschaften mehr Raum und Handhabe zur Gestaltung ihres eigenen Leben erhalten. Ziel jeder *advocacy anthropology* ist letztlich immer die *self-advocacy* der betroffenen Gruppen.

Da aufgrund globaler polit-ökonomischer Verflechtungen viele Probleme indigener Völker ihren Ursprung in den Industrienationen haben, sind hiesige EthnologInnen u.a. aufgefordert, verändernd in der eigenen Gesellschaft tätig zu werden. Dabei geht es nicht vorrangig um Entwicklungen und Veränderungen bei den indigenen Gemeinschaften, obwohl auch diese stattfinden müssen, sondern vor allem um Transformationen innerhalb der eigenen Gesellschaft. Daß die indigenen Gruppen in vielen Fällen dringendst einer Verbesserung ihrer existentiellen Lebensgrundlagen (Ernährung, Wohnmöglichkeiten, Gesundheitsversorgung, Ausbildung usw.) bedürfen, d.h., statt neuer Konzepte vor allem Essen, Geld oder Medikamente brauchen, wird damit keineswegs bestritten, ist hier aber nicht das Thema. Die (bescheidenen) Möglichkeiten von hiesigen EthnologInnen, im Sinne einer *advocacy anthropology* einen Beitrag zur Verbesserung der Lebensbedingungen indigener Völker zu liefern, werden hier vor allem im Bereich der (kooperativen und partizipatorischen) Produktion von Erkenntnissen, Konzepten, Argumentationen und Interpretationen gesehen, die in Handlungsperspektiven und Politik umgesetzt werden können. Im Folgenden werden einige Beispiele für Arbeitsbereiche einer solchen *advocacy anthropology* skizziert.

6.4. Handlungsbereiche für *advocacy anthropologists*

Die **Arbeitsfelder** einer *advocacy anthropology*, innerhalb derer auch hiesige EthnologInnen tätig werden können, lassen sich in drei eng miteinander zusammenhängende Aufgabenbereiche aufteilen:

1. eine Unterstützung der internationalen Bemühungen zur Sicherung indigener Rechte
2. eine Aufklärungs-, Supervisions- und Beratungstätigkeit für NGOs; und
3. die Beratung und Unterstützung indigener Organisationen bzw. ihrer VertreterInnen, z.B. bei ihren Aufenthalten in Deutschland bzw. Westeuropa.

6.4.1. Sicherung indigener Rechte

Die Wirksamkeit der internationalen Bemühungen zur Sicherung der Rechte indigener Völker hängt zu wesentlichen Teilen von der Ratifikation und Unterstützung der bestehenden Dokumente durch möglichst viele Regierungen ab. Eines der wichtigsten dieser Dokumente ist die 1989 von der Internationalen Arbeitsorganisation (ILO) verabschiedete *Convention No. 169 on Indigenous and Tribal Peoples*. Sie stellt derzeit das umfassendste internationale rechtliche Instrument zum Schutz indigener Völker dar. Die Konvention erkennt die Rechte indigener Gruppen auf Mitbestimmung und Bewahrung ihrer kulturellen Identität an, gesteht ihnen Beteiligung an der Nutzung der natürlichen Ressourcen zu und definiert Ziele, Prioritäten und Mindeststandards für Regierungen im Umgang mit indigenen Gemeinschaften. Als einziges völkerrechtliches Abkommen schreibt sie explizit das Recht indigener Völker auf Selbstbestimmung und Kontrolle über ihre ökonomischen, sozialen und kulturellen Entwicklungen und auf Konsultation und Teilnahme an Planung, Implementierung und Evaluation von Entwicklungsmaßnahmen fest (Department of Labour and Employment/DLE 1995).

Die Konvention kann von allen Mitgliedstaaten der ILO unterzeichnet werden, unabhängig davon, ob in ihren Staatsgrenzen indigene Bevölkerungen leben oder nicht. Eine Ratifikation ist jedoch erst durch wenige Länder erfolgt. Die Bundesregierung hat, trotz wiederholter Lobbybemühungen von NGOs und indigenen Organisationen, die Unterzeichnung bislang mit dem Hinweis abgelehnt, daß für sie kein Handlungsbedarf bestehe, weil auf ihrem Staatsgebiet keine indigenen Völker lebten (Seithel 1993:36). Dabei weist die ILO ausdrücklich darauf hin, daß die Unterzeichnung der Konvention 169 ein Akt der Solidarität gegenüber indigenen Völkern darstellt, Signalwirkung für andere Staaten besitzen kann und zudem - und das ist wohl der wichtigste Punkt - Richtlinien für die Entwicklungs- und Wirtschaftspolitik der unterzeichnenden

Staaten liefert, bei denen Mitsprache und Selbstbestimmung indigener Gemeinschaften berücksichtigt werden (DLE 1995:27).

Ebenfalls von großer Bedeutung für die internationale Festschreibung indigener Rechte ist der 1993 von der UNWGIP nach über zehnjähriger Arbeit vorgelegte Entwurf einer **Allgemeinen Deklaration über die Rechte indigener Völker** (UN DOC E/CN.4/SUB 2./1994/2/Add.1), an dessen Ausarbeitung die indigenen TeilnehmerInnen der Arbeitsgruppe den wesentlichsten Anteil hatten (Burger 1994, Dreher 1995:55-69, Kuppe 1994). In diese Erklärung, die zwar teilweise als immer noch zu schwach und unzureichend kritisiert worden ist (vgl. ebd.), wurden oben genannte Forderungen indigener Völker weitgehend eingearbeitet und Möglichkeiten zu ihrer praktischen Umsetzung bestimmt. Als wichtigsten Punkt enthält die Deklaration die zentrale Forderung indigener Gruppen nach politischer Selbstbestimmung (vgl. Kuppe 1994). Bei dem Dokument handelt es sich zwar nur um den *Entwurf* einer Deklaration, die auch nach Absegnung durch die zuständigen UN-Gremien noch keine völkerrechtlich verbindliche Wirkung besitzt. Sie stellt aber meist einen ersten Schritt zur Entwicklung einer Konvention dar, die dann die unterzeichnenden Staaten zur Einhaltung verpflichtet (ebd. 101, Siebert 1997:89).[228] Auch in diesem Fall ist deshalb eine Unterstützung der Deklaration durch möglichst viele UN-Mitgliedstaaten und ihre Teilnahme bei der Verbesserung, Verabschiedung und Umsetzung der Erklärung von großer Bedeutung.

Schließlich sei noch die **Agenda 21** genannt, die 1992 auf der UN-Konferenz über Umwelt und Entwicklung (UNCED) in Rio de Janeiro als Handlungsplan für das 21. Jahrhundert verabschiedet wurde. In ihrem Kapitel 26, betitelt: "Recognizing and strengthening the role of indigenous people and their communities" (UN DOC A/CONF.151/4), werden Regierungen, Wirtschafts- und

---

[228] Im August 1994 nahm die *UN Subcommission on the Prevention of Discrimination and Protection of Minorities* den Entwurf an und leitete ihn an die übergeordnete UN-Menschenrechtskommission weiter. Diese beschloß im März 1995 auf Initiative der RegierungsvertreterInnen aus Australien, Kanada, Finnland, Dänemark, Neuseeland und Norwegen und mit Unterstützung der Kommissionsmitglieder aus Bolivien, Armenien, den U.S.A., Schweden, Chile und Mexiko die Einrichtung einer neuen Arbeitsgruppe, die auf der Grundlage des vorgelegten Entwurfes innerhalb der laufenden UN-Dekade der indigenen Völker eine **neue** Deklaration erarbeiten sollte. Dabei wurde nicht nur die langjährige Arbeit der UNWGIP mit einem Schlag zunichte gemacht, sondern auch die Partizipation indigener Gruppen am Beratungsverfahren deutlich erschwert (Seiller 1995, Siebert 1995). Diese können nun frühestens in etwa zehn bis zwölf Jahren ab diesen Zeitpunkt mit einer neuen Deklaration für ihre Rechte rechnen.

Finanzunternehmen sowie NGOs aller Länder aufgefordert, eine Politik zum *empowerment* indigener Völker zu entwickeln und ihre aktive Teilnahme an der Formulierung und Implementierung von Maßnahmen zum Ressourcenmanagement und zu wirtschaftlicher Entwicklung zu stärken. Die Umsetzung des Kapitels 26 der Agenda 21 in nationale und lokale Aktionsprogramme von Staaten, Gemeinden und Städten bietet zahlreiche Handlungsbereiche, innerhalb derer sich EthnologInnen für die Berücksichtigung indigener Belange einsetzen können.

Auch internationale Finanzorganisationen wie die Weltbank, die *Inter-American Development Bank*, die *Asian Development Bank* und der *Fondo Indígena* haben sich in Strategiepapieren und anderen Dokumenten mit indigenen Rechten befaßt (vgl. EAIP 1995:iv). All diese Dokumente liefern wichtige Grundlagen, um im Rahmen staatlicher Auslands-, Wirtschafts- und Entwicklungspolitik, z.B. auch der europäischen Staaten, indigene Rechte festzuschreiben. Die von der UNO im Dezember 1994 ausgerufene "Internationale Dekade der Indigenen Völker" bietet darüber hinaus besondere Ansatzpunkte und Aufgabenstellungen für PolitikerInnen, aber auch WissenschaftlerInnen und andere engagierte Personen, um sich aktiv für die Entwicklung rechtlicher und politischer Standards zum Schutz indigener Gesellschaften einzusetzen.

Ethnologische *advocacy*-Bemühungen können z.B. darauf abzielen, den Forderungen indigener Völker speziell bei der Bundesregierung Gehör und Umsetzung zu verschaffen. So wurde z.B. zum Auftakt der "Internationalen Dekade" 1994 in Berlin von indigenen RepräsentantInnen ein Katalog von Erwartungen speziell an die deutsche Regierung zusammengestellt, der als Orientierung für eine *advocacy anthropology* dienen kann. Beispielsweise wurde an die Bundesregierung die Forderung gerichtet, "daß sie (inter-)nationale Standards für eine Partnerschaft mit indigenen Völkern in der Entwicklungs- und Wirtschaftspolitik verwirklicht" (Abschlußerklärung 1994). Ferner solle die Bundesregierung "ihre Außen-, Wirtschafts- und Entwicklungspolitik auf die wachsende Bedeutung indigener Völker abstimmen und sich aktiv am Standardsetting zum Schutz der indigenen Lebensformen und ihrer Lebensgrundlagen beteiligen" (ebd.).

Neben der Aufforderung, die UN-Erklärung über indigene Rechte sowie die ILO-Konvention 169 zu unterzeichnen und zu implementieren sowie die Teilnahme indigener RepräsentantInnen in bundesdeutschen und internationalen

Gremien zu fördern und finanziell zu unterstützen, sollte die Bundesregierung, so die Erklärung weiter,

> "- indigene Organisationen und Institutionen als Projektpartner für Entwicklungs- und humanitäre Hilfe heranziehen;
> - die entwicklungspolitische Zusammenarbeit mit einem institutionalisierten Prüfauftrag versehen, der für Projekte gilt, die indigene Völker und ihren Lebensraum direkt oder indirekt betreffen;
> - im Auswärtigen Amt und im BMZ Abteilungen für die Belange indigener Völker einrichten. (...)
> - Recherchen und Studien über die Lebensbedingungen indigener Völker fördern, die im Konsens mit den indigenen Völkern und unter Wahrung ihrer Interessen vereinbart werden. Die Resultate derartiger Forschungen sind ihnen zugänglich zu machen" (ebd.).

Von indigener Seite werden hier kulturwissenschaftlichen Forschungen und ethnologischem Fachwissen nicht nur eine besondere Bedeutung für ihre Belange zuerkannt, sondern sie werden auch explizit eingefordert. EthnologInnen, die sich zusammen mit indigenen VertreterInnen und ihren Organisationen für die gesetzliche Festschreibung indigener Rechte einsetzen, eröffnet sich damit - auf ausdrücklichen Wunsch von indigener Seite - zugleich ein eigenes neues Arbeitsfeld.

Während Forderungen wie die nach einem eigenem Büro für indigene Angelegenheiten oder nach speziellen Prüfverfahren für Entwicklungsprojekte noch der Umsetzung im Rahmen bundesdeutscher politischer und wirtschaftlicher Institutionen bedürfen, fanden andere bereits ihren Niederschlag in offiziellen Dokumenten. So erkennt z.B. die Europäische Kommission - nicht zuletzt aufgrund jahrelanger Lobbyarbeit indigener Organisationen und europäischer NGOs - die wichtige Rolle indigener Völker im Bereich von Ressourcenmanagement und nachhaltiger Entwicklung in verschiedenen offiziellen Statements und Dokumenten an und finanzierte u.a. ein zweijähriges Forschungsprojekt über " 'Indigenous Peoples Participation in European Union Development Policies". Ziel des Projektes, mit deren Durchführung die *European Alliance with Indigenous Peoples (EAIP)* beauftragt wurde,[229] war es

---

[229] Die EAIP wurde 1991 von fünf europäischen Menschenrechtsorganisationen mit dem Ziel gegründet, Lobbyarbeit für indigene Völker im Rahmen europäischer Politik-Institutionen durchzuführen und als "go-between" die Kooperation zwischen indigenen Organisationen und europäischen PartnerInnen zu fördern. Ihr Brüsseler Büro sorgt für enge Kontakte zu PolitikerInnen und MitarbeiterInnen des Europaparlaments, der Europäischen Kommission und des

"(...) 'to assist in the integration of the issue of indigenous peoples in the EU development policies and practices'. This was to be done through: providing a general understanding of the issue of indigenous peoples within the EU; supporting effective communication between the EU and indigenous peoples; and formulating proposals for an improvement of the EU policy towards indigenous peoples" (EAIP 1995:ii; Betonung im Original).

Ergebnis der Untersuchung ist eine Studie über die Politik der europäischen Staaten gegenüber indigenen Völkern sowie über Möglichkeiten, indigene Rechte in der europäischen Außenhandels- und Entwicklungspolitik zu verankern und indigenen Gemeinschaften mehr Teilnahme und Mitspracherechte bei der Formulierung und Implementierung von Programmen der europäischen Staatengemeinschaft einzuräumen. Während indigene Völker bis vor kurzem so gut wie keine Beachtung oder auch nur Erwähnung in der Politik der Europäischen Gemeinschaft fanden, haben in den letzten Jahren, u.a. ausgelöst durch die Verabschiedung der Agenda 21 sowie die Lobby- und Öffentlichkeitsarbeit von NGOs, verschiedene Länder - unter ihnen Österreich, Belgien, Dänemark, die Niederlande und Großbritannien - Strategie- oder Diskussionspapiere verfaßt (z.B. Danish Ministry for Foreign Affairs 1994; vgl. EAIP 1995:iv), in denen Richtlinien für die Integration indigener Belange in die jeweilige Außenhandels- und Entwicklungspolitik entworfen werden.

Auch für die Bundesrepublik Deutschland wurde im Vorfeld der UN-Konferenz über Umwelt und Entwicklung und im Auftrage des Bundesministeriums für Wirtschaftliche Zusammenarbeit (BMZ) von NGOs ein sog. Statusbericht über "Indigene Völker und Wald" erarbeitet, der Empfehlungen und Perspektiven für eine bundesdeutsche "Indigenen-Politik" im Bereich der Tropenwaldpolitik enthält (Colchester et al. 1993). An der Ausarbeitung des Berichts waren auch EthnologInnen beteiligt. Vorausgegangen waren langjährige Konsultationen zwischen deutschen NGOs, dem Bundesministerium für wirtschaftliche Zusammenarbeit und dem Pilotvorhaben Umwelt- und Ressourcenschutz der Gesellschaft für Technische Zusammenarbeit (GTZ) (vgl. Kirschbaum 1992a, 1992b).

Ministerrates (EAIP o.J.). In ihrem *Newsletter* informiert sie regelmäßig über die europäische Politik gegenüber indigenen Völkern. Um indigenen Organisationen und RepräsentantInnen den Zugang zu und die Zusammenarbeit mit europäischen politischen Instanzen zu erleichtern, veröffentlichte die EAIP ein Handbuch als Führer durch europäische Institutionen (Mendez/Trio 1994). Dies entspricht ganz dem Ansatz der *advocacy anthropology*, indigenen Völkern vor allem Zugang zu den Ressourcen der herrschenden Gesellschaft(en) zu verschaffen.

Nach Ansicht des Auftraggebers waren allerdings die kritischen NGO-Positionen, die im wesentlichen auf indigenen Forderungen aufbauten, mit denen des BMZ "selbstverständlich (...) nicht deckungsgleich" und "die Aussagen zu wenig auf die operationellen Bedürfnisse des BMZ ausgerichtet" (BMZ 1996a: o.S.). Das Dokument der NGOs wurde als zu akademisch, zu lang und nicht ausreichend handlungsorientiert abgelehnt (GTZ, Vermerk vom 5. Juni 1992). Nach einigen Auseinandersetzungen und Meinungsbildungsprozessen innerhalb der NGOs bezüglich Art und Intensität ihrer Kooperation mit dem BMZ folgten weitere überarbeitete Fassungen des Papiers und erneute Gespräche. Die sich u.a. auf aktionsethnologische Postulate beziehenden EthnologInnen lehnten eine Anpassung der indigenen Forderungen an die Handlungsvorgaben der staatlichen Entwicklungspolitik zum großen Teil als "Verwässerung" und "Opportunismus" ab. Andere Fachleute aus dem NGO-Bereich übernahmen die Formulierung neuer Entwürfe. Ergebnis war schließlich ein sehr viel gemäßigteres Positionspapier des BMZ zur "Förderung von Waldvölkern im Rahmen des Tropenwaldprogramms" (BMZ 1996a) und ein Arbeitspapier über ein "Sektorübergreifendes Konzept zur Entwicklungszusammenarbeit mit indianischen Bevölkerungsgruppen in Lateinamerika" (BMZ 1996b).

Trotz aller Kritik stellen diese Papiere einen gewissen Erfolg der NGO-Arbeit dar und verweisen auf die Möglichkeiten einer auch auf ethnologischem Wissen basierenden Lobbyarbeit: So schreibt das Positionspapier u.a. den Respekt und "Schutz der traditionellen Lebensweisen von indigenen Waldvölkern" sowie eine "verbindliche Einbeziehung der Betroffenen in den Entscheidungsprozeß" fest, hält die "Prüfung, ggf. Modifizierung, u.U. sogar die Verhinderung von vorgeschlagenen Vorhaben, wenn elementare Lebensinteressen von Waldvölkern verletzt werden," für wichtig und erkennt die Bedeutung eines Einsatzes von "praktischem, ethnologischem und soziologischem Sachverstand" (BMZ 1996a:o.S.). Ferner wird die gezielte Förderung von Maßnahmen und Projekten zur Überlebenssicherung von Waldvölkern und die Unterstützung ihrer Selbstorganisation und Zusammenarbeit mit NGOs empfohlen (ebd.).

Das Papier läßt dagegen vollkommen eine Auseinandersetzung mit den Auswirkungen bisheriger bundesdeutscher Entwicklungs-, Außenwirtschafts- und Energiepolitik auf indigene Völker, d.h., eine Anerkennung der Mitverantwortung der Bundesregierung an den aktuellen Problemen indigener Gemeinschaften vermissen. Ferner fehlen Empfehlungen für Maßnahmen zur Einleitung von Reformen innerhalb der eigenen (deutschen) Gesellschaft, die den "Wechselbeziehungen zwischen extremer Ressourcenübernutzung bei uns und der Zerstörung bzw. gravierenden Schädigung der erneuerbaren Ressourcen der Dritten Welt" (Colchester et al. 1993:50) Rechnung tragen. Die erarbeiteten Papiere stellen deshalb nur einen ersten Ausgangspunkt für die noch zu leistende Arbeit zum Schutz indigener Rechte dar.

An den genannten und anderen nationalen und internationalen Diskussionen über die gesetzliche Sicherung indigener Rechte können auch deutsche EthnologInnen teilnehmen und ihr Wissen über die Besonderheiten indigener Gesellschaften einbringen. Eine ihrer Aufgaben kann dabei in der Relativierung herrschender, häufig als universell angesehener Rechtsstandards, Werte und Normen bestehen. Sie können ferner den Weg für neue Argumente und Sichtweisen bereiten, die den indigenen Kulturen angemessener sind. EthnologInnen können außerdem in Zusammenarbeit mit indigenen VertreterInnen unterschiedliche indigene Konzepte von Nation, Souveränität, Recht, Selbstbestimmung, Gemeinbesitz oder Landnutzung erklären und in die ExpertInnensprache übersetzen helfen. Eine solche Tätigkeit wird bereits von EthnologInnen in anderen Staaten ausgeübt (vgl. Boldt/Long 1985c, Ortiz 1985, Stavenhagen 1992, Tennant 1985). Ein besonderes Thema stellen dabei die spezifischen Beziehungen indigener Völker zum Land und zu den natürlichen Ressourcen dar, die wiederum an kulturspezifische Glaubensvorstellungen, Weltbilder und Konzepte über Lebenskreisläufe und über die menschliche physische und spirituelle Existenz gebunden sind.

EthnologInnen können ferner die einer bestimmten Politik zugrunde liegenden theoretischen Annahmen und Handlungskonzepte und ihre Folgen für indigene Völker analysieren und an der Entwicklung von Alternativen und Gegenmodellen mitwirken (vgl. Pelto/Schensul 1987:507). So wie ehedem Franz Boas u.a. U.S.-amerikanische EthnologInnen dem biologisch argumentierenden Rassismus ihrer Zeit eine kulturrelativistische und -deterministische Perspektive entgegengestellt haben, kann heute von ethnologischer Seite z.B. westliches Entwicklungs- und Fortschrittsdenken in Frage gestellt, die Überlebens-, Wandlungs- und Innovationsfähigkeit indigener Gesellschaft betont, die Bedeutung indigenen Wissens für ein nachhaltiges Ressourcenmanagement aufgezeigt und in Zusammenhang mit der Frage nach intellektuellen Eigentums- und Patentrechten gesetzt (vgl. Brush 1993, Posey 1992, 1994) oder auf die politischen Implikationen einer Kulturalisierung bzw. Ethnisierung ökonomischer Konflikte (siehe Kap. 5) aufmerksam gemacht werden. Bei der Erarbeitung von Ge-

genentwürfen zu herrschenden Entwicklungsansätzen können EthnologInnen ihr Wissen über vorhandene kulturelle Ressourcen indigener Völker einbringen und zum Ausgangspunkt von Entwicklungskonzepten machen, die auf Partizipation, Selbstbestimmung und *empowerment* (im o.a. kritisch-transformatorischen Sinne) abzielen (vgl. Wright 1988:380).

Desweiteren können EthnologInnen dafür sorgen, daß indigene Belange und Interessen auf die Tagesordnungen relevanter (inter-)nationaler Institutionen und Gremien gesetzt werden, und zwar nicht nur am Rande als interessante "Exotika", sondern in ihrer eigentlichen politischen Bedeutung. Mit dem Einbringen indigener Perspektiven können EthnologInnen zumindest ein gewisses Gleichgewicht in das heutige "Stimmengewirr" politischer Diskurse bringen. Durch einen kontinuierlichen Kommunikations- und Informationsaustausch mit PolitikerInnen, gelegentliche Anfragen im Bundestag u.ä. Lobbyaktivitäten kann der Versuch unternommen werden, schrittweise ein politisches Klima zu schaffen, innerhalb dessen die Wahrung indigener Rechte kein exotisches Thema für Pressekonferenzen mit Vorzeige-IndianerInnen in "traditioneller" Kleidung ist, sondern als politische Angelegenheit ernst genommen wird.

Auch unter PolitikerInnen gibt es engagierte und motivierte Personen, die bereit und willens sind, sich für Menschenrechte, humanitäre Fragen oder die Rechte indigener Völker einzusetzen. Arbeitsüberlastung, Zeit- und Handlungsdruck ermöglichen ihnen häufig jedoch nicht eine Aneignung des notwendigen Sachwissens. Unkenntnisse oder stereotype Vorstellungen von Indigenen als "edle Wilde" oder "primitive Exoten" können aber, wenn sie als Ausgangspunkte von Politik genommen werden, trotz aller guten Absichten den indigenen Gemeinschaften mehr schaden als nützen. In diesem Fall sind externe Fachleute und SpezialistInnen gefragt, die den PolitikerInnen und WirtschaftsplanerInnen mit möglichst knapper, präziser und fundierter Information Argumentations- und Entscheidungshilfen (z.B. für oder gegen ein Entwicklungsprojekt, eine Entschließung u.ä.) liefern.

Regierungen, Entwicklungsinstitutionen und selbst Wirtschaftsunternehmen haben in neuerer Zeit zunehmend die Sachkompetenz von NGOs entdeckt und ihnen eine immer größere Bedeutung als BeraterInnen und InformationslieferantInnen zugeschrieben (vgl. Gardner/Lewis 1996:107-110). So wird heute z.B. im Bereich Entwicklungspolitik die Bedeutung indigener oder lokaler Wissensformen für die Entwicklungspraxis erkannt und nach Methoden zu ihrer Erfassung und Integration in den Entwicklungsprozeß gesucht (für die BRD siehe:

Honerla/Schröder 1995; international: Banuri/Apffel 1993a, Brokensha et al. 1980, Brush 1993, Warren et al. 1989, Weltbank 1991). Dabei wenden sich EntwicklungsplanerInnen und PolitikerInnen zunehmend an fachlich kompetente ExpertInnen aus den NGOs. Erfahrungsgemäß stehen in der BRD für Anfragen über indigene Völker aber kaum ethnologisch ausgebildete Fachleute zur Verfügung, die in der Lage sind, auf Anfrage eines Politikers in kurzer Zeit knappe und präzise Informationspakete über indigene Völker (z.B. für eine Fragestunde im Bundestag, eine Pressemitteilung oder zur Beurteilung eines Projektes) zusammenzustellen oder als BeraterInnen für politische Ausschüsse zu fungieren. Auf der anderen Seite benötigen auch NGOs schnelle und fachlich kompetente Einschätzungen und Interpretationen über die Reaktionen und Vorhaben der Regierung, aus denen sich Ansatzpunkte für ihre weitere Arbeit ergeben. Auch bei dieser (sachbezogenen) Vermittlung zwischen Regierungsinstitutionen und NGOs können EthnologInnen mitwirken.

Politisches Lobbying für die Rechte indigener Völker (vgl. Domnick 1994) erfordert, wie aus der obigen Darstellung der indigenen Problematik deutlich geworden sein sollte, ein profundes Sachwissen über juristische und politische Zusammenhänge und über kulturelle Hintergründe, das sowohl kontinuierliche Forschungen als auch praktische Erfahrungen in der Zusammenarbeit mit Menschen aus anderen Kulturen notwendig macht. Sie bietet ein weites Forschungs- und praktisches Betätigungsfeld gerade auch für EthnologInnen, die durch Feldforschungen "dort" und durch praktisches Engagement "hier" Erfahrungen und Sachkompetenzen über politische und soziale Prozesse in einer oder mehreren indigenen Kulturen sowie in der eigenen Gesellschaft gewonnen haben.

6.4.2. Beratung von Nichtregierungsorganisationen

Neben der offiziellen Regierungspolitik bietet die Arbeit der verschiedenen NGOs, die mit Themen wie Dritte Welt, indigene Völker, Entwicklungspolitik, Menschenrechte u.ä. befaßt sind, ein weiteres wichtiges Betätigungsfeld für EthnologInnen.[230] Bei den NGO-MitarbeiterInnen handelt es sich häufig um hochmotivierte Personen, die ihr soziales und politisches Engagement für indigene Völker häufig noch neben ihren sonstigen beruflichen, familiären oder an-

---

[230] Die folgenden Bemerkungen beziehen sich speziell auf Erfahrungen mit NGOs in der BRD. Sie sollen nicht generell die Kompetenz von NGO-MitarbeiterInnen in Frage stellen.

derweitigen Verpflichtungen leisten. Dadurch können sie sich oftmals nicht das notwendige Sachwissen erarbeiten, um z.B. Lobbyarbeit für indigene Rechte zu betreiben. Teilweise herrscht auch und gerade in der "UnterstützerInnenszene" eine Vielzahl von Klischeevorstellungen und Stereotypisierungen über indigene Völker, die vom edlen Wilden über den Ökoheiligen bis zum revolutionären Subjekt oder ausgebeutetem Opfer reichen und den betreffenden Gruppen ebensowenig Möglichkeiten für eine selbstbestimmte Entwicklung und die Anerkennung ihres So-Seins lassen wie frühere Abqualifizierungen als primitive, unterentwickelte oder unzivilisierte Menschen (z.B. IFAK/infoe 1993, infoe 1993, Larenz 1992, Münzel 1985, Schierle 1993; international: Conklin/ Graham 1995, Ramos 1994, Turner 1979 u.a.).
So wehren sich indigene Gruppen z.B. zunehmend gegen eine "besserwisserische Parteilichkeit, die ihnen mit der Analyse der Unterdrückung zugleich eine marginalisierte und kolonisierte Persönlichkeit zuschreibt, die befreit und verändert werden muß" (Schmitz 1993:616). Sie wollen keine Ratschläge oder Belehrungen westlicher Intellektueller, die ihnen das "richtige" Bewußtsein beibringen oder die "richtige" politische Strategie erklären wollen, sondern sie benötigen PartnerInnen, MitarbeiterInnen und BeraterInnen (vgl. Ignace et al. 1993). Während indigene Völker seit der UNCED und der Verabschiedung der Agenda 21 auch hierzulande zunehmend als Sonderthema im Rahmen von Tagungen, Publikationen und Projekten im staatlichen wie nicht-staatlichen Bereich erscheinen -, nicht zuletzt aus Gründen von Finanzierungsrichtlinien - herrschen gleichzeitig insgesamt eher sachliche Unkenntnisse über ihre rechtliche, politische und kulturelle Situation vor.
Hinzu kommt, daß es MitarbeiterInnen hiesiger NGOs, die sich erst in neuerer Zeit dem Thema indigene Völker zuwenden, teilweise an persönlicher Anschauung vor Ort und an Erfahrungen mit Angehörigen anderer Kulturen fehlt. Ohne Sachkenntnisse und Praxiserfahrung kann aber ein Engagement zu einem eher schädlichen als nützlichen Aktivismus mit paternalistischen Zügen führen (vgl. die Diskussion über "Öko-Imperialismus", IFAK/infoe 1993). Selbstverständlich gibt es im NGO-Bereich auch zahlreiche Personen mit langjährigen Auslandserfahrungen und großer "interkulturellen Kompetenz". Häufig können sie eine effektivere und kompetentere Unterstützungsarbeit für indigene Völker leisten als Personen mit ethnologischer Ausbildung. Denn ausgebildete EthnologInnen, die neben fachlichem Wissen und Feldforschungserfahrungen zudem noch Sachkenntnisse im Bereich indigener Politik sowie über die Verhältnisse

und Machtstrukturen in der eigenen Gesellschaft besitzen, waren und sind nach wie vor (leider) selten hierzulande zu treffen.
Es soll hier also nicht die (naive) Auffassung vertreten werden, daß jemand schon deshalb besonders für eine interkulturelle Vermittlungstätigkeit geeignet ist, weil er oder sie ein Ethnologie-Studium absolviert hat:

> "(...), when we (die EthnologInnen; F.S.) lay special uncritical claim to the role of 'cultural broker', we dismiss both the fact that large numbers of people are successfully playing such roles without anthropological training, and that many persons with an anthropological background are clearly unsuited to such roles" (E.Chambers 1979:536).

Vielmehr geht es darum, daß hiesige EthnologInnen den Bereich der NGO-Arbeit auch als Forschungs- und Arbeitsfeld für sich in Betracht ziehen. Aufgrund ihrer theoretischen Kenntnisse und praktischen Erfahrungen bringen sie teilweise gute Voraussetzungen für diese Tätigkeit mit. So können sie u.a. zur Entwicklung und Evaluierung von Handlungsstrategien der NGOs und zur kritischen Auseinandersetzung mit deren Begrifflichkeit und Konzepten beitragen (als Beispiele: IFAK/infoe 1993, Casimir 1993, infoe 1993, KULA 1993, Larenz 1992, Münzel 1985).
Ein Untersuchungsthema wäre z.B. die Frage, in welcher Weise Theorien und Konzepte, die auf Emanzipation und Selbstbestimmung abzielen, ebenfalls zur Mythenbildung und Stereotypisierung und damit zu Stigmatisierungs- und Ausgrenzungsprozessen von indigenen Völkern beitragen, indem sie diese als arme, ausgebeutete, unterdrückte usw. Gesellschaftsgruppen charakterisieren. Die politischen und sozialen Kategorien kritischer GesellschaftstheoretikerInnen wurden und werden z.T. genauso von indigenen Völkern aufgegriffen und zur Identitätsbildung und Selbstdarstellung herangezogen wie ehemals Kategorien kolonialer Denkart (vgl. Kap. 4.). So kann eine oft wiederholte Kritik auch zur Entstehung des kritisierten Zustandes beitragen (vgl. z.B. Starn 1994; ähnlich Schmitz 1993:617). Das hat u.a. dazu geführt, daß auch auf indigener Seite Klischeevorstellungen und Mythen über sich selber wie über ihre deutschen oder westeuropäischen PartnerInnen produziert und perpetuiert werden. EthnologInnen können diesen Klischees und ihrer Entstehung nachspüren, ihre politischen Funktionen untersuchen und zur Diskussion stellen.
Sie können ferner die Kommunikationsstrukturen und Kooperationsformen zwischen indigenen und deutschen bzw. europäischen Organisationen analysieren und die Auswirkungen von *advocacy*-Aktivitäten auf die Organisation und

die politische Arbeit indigener Völker untersuchen (L.M.Cohen 1989:312-3). Hierzu gehören z.B.: die Herausbildung einer neuen indigenen Elite in Anpassung an die Erwartungen und Anforderungen der UnterstützerInnengruppen (Conkling/Graham 1995, Ramos 1994); die Schaffung neuer Abhängigkeiten indigener Völker durch die Geldvergabe-, Abrechnungs- und Evaluationsmodalitäten westlicher NGOs; oder die Funktionalisierung "indigener" Themen für die Eigeninteressen der UnterstützerInnen (z.B. zur Finanzierung der eigenen Organisation, Befriedigung von Profilierungswünschen usw.).

6.4.3. Zusammenarbeit mit indigenen Organisationen

Wie andere Verbände benötigen auch indigene Organisationen eine kritische Auswertung und Dokumentation laufender Aktivitäten, Projekte und Kooperationsstrukturen hinsichtlich ihrer Effektivität und ihrer Folgen sowie der Rollenerwartungen, Funktionen und Interessen der verschiedenen PartnerInnen. Eine solche begleitende Evaluation laufender Prozesse kommt allen beteiligten Parteien zugute.

> "As Fourth World political opposition accelerates, one demand put upon anthropologists is to evaluate these experiences so that others - indigenous peoples, administrators, politicians, and social scientists - will be informed about the consequences and effectiveness of the strategies of opposition and resistance" (Feit 1985:27.

Indigene Organisationen brauchen ferner für ihre Arbeit in Europa Übersetzungen und Selbstdarstellungen, Positionspapiere, Gesprächsprotokolle, Zwischenauswertungen, Dokumentationen und Analysen ihrer Aktivitäten. Auch hierbei können EthnologInnen begleitende nützliche Arbeiten durchführen, wie sie z.B. in den U.S.A. schon seit längerem von WissenschaftlerInnen für indigene Organisationen geleistet werden (F.G.Cohen 1976, Peterson 1974, 1987, Schensul 1973, 1974, Talbert 1974 u.a.). Ferner können WissenschaftlerInnen die indigenen PartnerInnen mit Wissen über die nationale, z.B. die bundesdeutsche Gesellschaft, versorgen (z.B. über Aufbau und Funktionsweise relevanter Institutionen, den Ablauf politischer Entscheidungsprozesse, u.ä.; vgl. Huizer 1993a, als Beispiel Mendez/Trio 1994) und ihnen bei der Vermittlung von Kontakten, der Beschaffung finanzieller und logistischer Mittel oder der Organisation von Pressekonferenzen und öffentlichen Auftritten behilflich sein (van Willigen

1991:140-1). Denn für eine effektive *self-advocacy* benötigen indigene RepräsentantInnen, die sich vorübergehend z.B. in der Bundesrepublik Deutschland aufhalten, zum einen präzise Informationen über hiesige gesellschaftliche Strukturen und Diskurse, zum anderen kompetente Kontaktpersonen, VermittlerInnen und ÜbersetzerInnen und zum dritten entsprechende Ressourcen:

> "Nur Ethnologen, die in der Lage sind, Vertretern anderer Kulturen die Machtverhältnisse in der eigenen Kultur darzulegen, haben ethnologische Kompetenz und emanzipatorische Wirkungsmöglichkeiten, die verbunden mit Bestrebungen in der Dritten Welt Anlaß zu Hoffnung auf eine positive Veränderung geben können" (Amborn 1993b:11).

Eine wichtige Aufgabe von EthnologInnen ist es dabei, dafür zu sorgen, daß ihre indigenen PartnerInnen ihre eigenen Kommunikationsstile, Begrifflichkeiten und Darstellungsformen in hiesige politische und öffentliche Diskurse einbringen können, die zum größten Teil von den "terms of reference" der herrschenden gesellschaftlichen Gruppen bestimmt und damit kontrolliert werden. Indem indigene Gruppen die Diskurse soweit wie möglich nach eigenen Regeln führen und dabei notfalls auch "Spielregeln verletzen", indem sie ihre Unterschiedlichkeit demonstrieren und ihre Interessen in der von ihnen gewählten Weise vertreten, anstatt sich von herrschenden Stereotypen, westlichen Diskussionsformen oder politischen Konzepten vereinnahmen zu lassen, werden sie weniger berechen- und kontrollierbar (Henriksen 1985).

Über die allgemeine Arbeit zur grundsätzlichen Sicherung indigener Rechte hinaus können auch im Einzelfall das Wissen, die Vermittlung und die Perspektiven eines Ethnologen oder einer Ethnologin für eine indigene Gruppe wichtig sein. Die oben erwähnten Fälle des *Mount Graham International Observatory* oder des *Human Genome Diversity Project*, an denen maßgeblich auch deutsche WissenschaftlerInnen, Institutionen und Gelder beteiligt sind, sind Beispiele dieser Art: Die BetreiberInnen und/oder BefürworterInnen dieser (und ähnlicher) Projekte verfügen meist über eine starke Lobby, umfangreiche Ressourcen und einen großen gesellschaftlichen Einfluß, um die Öffentlichkeit von der Notwendigkeit ihrer Vorhaben zu überzeugen und Gegenargumente zu entkräften. Die betreffenden indigenen Gemeinschaften haben es dagegen viel schwerer, ihrem Standpunkt Gehör und Anerkennung zu verschaffen. Es fehlt ihnen häufig an entsprechenden Ressourcen und Beziehungen, um eine vergleichbare Lobbyarbeit zu betreiben.

Zu den Aufgaben von EthnologInnen kann es in solchen Fällen gehören, ihren gesellschaftlichen Status als WissenschaftlerInnen zu nutzen, um ein Gleichgewicht im öffentlichen Diskurs zu schaffen: Persönliche Vorsprachen bei PolitikerInnen und ProjektbetreiberInnen, öffentliche Stellungnahmen, eine Korrespondenz mit verantwortlichen Stellen und manchmal allein die Unterschrift unter einem Protestschreiben können Türen und Möglichkeiten für indigene VertreterInnen öffnen, um ihre Argumente und Sichtweisen an den entscheidungsrelevanten Stellen einzubringen. Ein sowohl mit der indigenen als auch der eigenen Gesellschaft vertrauter Ethnologe kann als Mittelsperson dienen oder Mißverständnissen vorbeugen bzw. diese beseitigen helfen, Vorurteile auf beiden Seiten abbauen und die Kommunikation zwischen allen beteiligten Parteien fördern. Notwendig sind hierfür wiederum gute Kenntnisse über politische Kompetenz- und Entscheidungsbefugnisse, um einen unnötigen Zeit- und Energieaufwand an der falschen Stelle zu vermeiden (vgl. Domnick 1994).

6.4.4. Rollen und Aufgaben für EthnologInnen

Die **Rollen** oder **Positionen**, die EthnologInnen im Rahmen von offizieller Regierungspolitik und NGO-Arbeit sowie in Zusammenarbeit mit indigenen Bewegungen übernehmen können, sind vielfältig und variieren nach Fall, Anforderungen und ihrem Engagement. Sie unterscheiden sich nicht wesentlich von denen, die allgemein in der praktischen Ethnologie bzw. *policy science* üblich sind (vgl. E.Chambers 1985:28-33, Hedican 1995: 45-77, van Willigen 1993:3-5, 158-169).
Zunächst und vor allem sind ihre Positionen die von VermittlerInnen (*mediator, go-between, power broker*), kulturellen ÜbersetzerInnen (*cultural broker*), BeraterInnen (*consultant, assistant, supervisor*), ForscherInnen (*policy researcher*), FürsprecherInnen oder LobbyistInnen (*ombudsman, advocate*), Informations- und MittelbeschafferInnen (*resource person*), UnterstützerInnen (*facilitator, katalysator*), DokumentarInnen und MultiplikatorInnen indigener Belange. Im Rahmen von Regierungspolitik, entwicklungspolitischen Programmen und bei der Erarbeitung allgemeiner Rechts- und Handlungsstandards können sie zusätzlich zu einer Forschungs-, Vermittlungs- und Lobbytätigkeit auch Aufgaben als GutachterInnen (*expert witness*), EvaluatorInnen und PlanerInnen, Aus-

bilderInnen sowie EinschätzerInnen von Bedürfnissen und Projektauswirkungen (*needs/impact assessor*) übernehmen.

Diese Rollen umfassen unterschiedliche Aufgabenstellungen und Verantwortungsbereiche sowie verschiedene Formen und Grade des Involviert-Seins und richten sich an die unterschiedlichsten Zielgruppen und GesprächspartnerInnen (indigene VertreterInnen, PolitikerInnen, NGO-MitarbeiterInnen, die Medien, die allgemeine Öffentlichkeit usw.). Sie reichen von der relativ neutralen Position eines Mediators oder *brokers,* der vor allem die beteiligten Parteien ins Gespräch miteinander bringen will, bis zur ausdrücklichen Anwaltschaft für eine bestimmte politische Positon oder eine indigene Gruppe (für eine Diskussion der verschiedenen Rollen und ihren Implikationen für eine *advocacy anthropology* siehe Hedican 1995: 57-64). Dabei bleibt es letztlich den Interessen, den Zielen, dem Gewissen und dem Temperament der Wissenschaftlerin überlassen, wieweit ihr Engagement gehen soll (ebd. 58).

Zu den **Aufgaben** von EthnologInnen als *advocacy anthropologists* gehört es u.a., ihr Wissen über indigene Völker relevanten Einrichtungen und Personen sowie der allgemeinen Öffentlichkeit zugänglich zu machen und dadurch Entscheidungen zugunsten der betreffenden Gruppen zu beeinflussen (Marx in Paine 1985a:37, Anderson ebd.: 79). Die Vermittlung von Kenntnissen über indigene Völker ist jedoch, auch wenn sie notwendig ist und in guter Absicht geschieht, eine sehr vorsichtig zu handhabende Aufgabe, bei der die schon angesprochene Gefahr der politischen Instrumentalisierung von Wissen für Machtinteressen nicht aus den Augen verloren werden darf:

"If, for example, the anthropologist is seen as a success in presenting the case of an indigenous minority to the larger powers, then it probably also means that these powers will be in a more favorable position to understand the goals and aspirations of the minority's interests. This is a mixed blessing because increased knowledge also lays open the possibility of increased manipulation and control" (Hedican 1995:71).

Einflußreiche und machthabende Personen und Instanzen sollten deshalb nur insoweit in die Zusammenarbeit mit indigenen Gruppen einbezogen werden, als dadurch nicht wesentliche Strategien von ihnen kooptiert, neue hierarchische Strukturen geschaffen und bestehende ungleiche Machtverhältnisse aufrecht erhalten werden. Eine gleichberechtigte Kooperation kann es in der politisch-praktischen Arbeit nur zwischen PartnerInnen mit gleich starken Machtpositionen, Ressourcen, Entscheidungs- und Handlungspotentialen geben:

"However if there is a fundamental difference between the opportunities of two persons or two groups, equal treatment will normally maintain the difference or possibly even enlarge them. (...) If the gap between two persons or groups should diminish, a positive discrimination will very often be necessary for protection of the weak party" (Petersen 1982:233).

Die Aufgaben von EthnologInnen bei einer *advocacy anthropology* mit indigenen Völkern lassen sich im wesentlichen als *empowerment, consciousness-raising* und *collective self-analysis* umschreiben. Sie basieren sowohl auf fundierter ethnologischer Ausbildung und Forschungserfahrungen mit indigenen Völkern als auch auf einem *studying up* innerhalb der eigenen Gesellschaft sowie praktischen Erfahrungen mit Öffentlichkeits- und Lobbyarbeit. Neben ihren theoretischen und praktischen Sachkenntnissen, ihrer Feldforschungserfahrung und ihrer speziellen Perspektive können ihnen auch ihr gesellschaftlicher Status als WissenschaftlerInnen sowie ihre Kommunikationsfähigkeit nützlich sein, um den Argumentationen indigener VertreterInnen Gewicht zu verleihen und ein öffentliches Klima zu schaffen, innerhalb dessen eine bestimmte Politik oder Maßnahme zugunsten indigener Völker durchsetzbar ist. Durch Darstellungen in allgemein verständlicher populärer Sprache (z.B. in Massenmedien, Ausstellungen, Unterrichtsmaterialien, allgemeinen Vortragsreihen u.ä.) können indigene Lebensformen der Öffentlichkeit als lebbare und akzeptable Gegenmodelle nahe gebracht und Zusammenhänge zwischen ihrem Schicksal und dem der Bevölkerungen in den Industrienationen aufgezeigt werden (z.B. Jarnuszak/Kressing 1994, Muth/Seithel 1994) :

"(...) through its understanding of ethnic processes, anthropology has the potential for being one of the most important of all humanistic studies, for it has at its disposal the knowledge and methods to show alternative values of human living and organization of the environment, and to make these operable as models of a 'concrete utopia' " (Wright 1988:377).

Dabei geht es vor allem darum, den indigenen Kulturen eine "historische Gleichzeitigkeit" zuzugestehen, d.h. aufzuzeigen, daß und inwiefern ihre Gesellschaften an heutigen ökonomischen und politischen Prozessen teilnehmen und keine "contemporary ancestors" sind (Asch 1982:369) sind. Es sollte versucht werden, eine sachlich und fachlich fundierte Argumentation gegen den öffentlich vielfach vorherrschenden Glauben an die angebliche Unvermeidlichkeit des Aussterbens indigener Kulturen aufzubauen. Mittels einer "Ethnologisierung des westlichen Diskurses" (vgl. z.B. Antweiler 1994a, 1997a, Rabinow

1993:168, Rappaport 1993:297) sollte eine intellektuelle Atmosphäre und ein öffentliches Bewußtsein geschaffen werden, innerhalb dessen die (Über-)lebensentwürfe und Zukunftsvisionen indigener Völker als gleichwertig zu westlichen Entwicklungsvorstellungen akzeptiert und der Wert kultureller Vielfalt dokumentiert werden können (vgl. Asch 1982, Burger 1991, Maybury-Lewis 1985). Diese "indigenen" Sichtweisen können von EthnologInnen in sämtliche Arbeitsbereiche hineingetragen werden, wo indigene Belange berührt werden, d.h. z.B. in die Bereiche Umweltschutzbereich, Menschenrechte, Entwicklungspolitik, Völkerrecht und benachbarte Forschungsgebiete.

Diese eher klassische Zielsetzung einer angewandten Ethnologie, die auch von deutschen EthnologInnen bereits früher verfolgt wurde (siehe Kap.3.), erhält auf der Grundlage einer *advocacy anthropology* einen veränderten Bezugs- und Arbeitsrahmen: Es wird nicht lediglich versucht, durch eine möglichst sensible und angemessene Darstellung indigener Gesellschaften allgemein Toleranz für fremde Lebensformen zu wecken und Stereotypen abzubauen, d.h., einen akademisch-intellektuellen Bildungsauftrag zu erfüllen. Die im Rahmen einer *advocacy anthropology* erarbeiteten ethnologischen Darstellungen sind vielmehr in konkrete Zielsetzungen eingebunden, welche in Zusammenarbeit mit indigenen Organisationen und anderen NGOs entwickelt werden. Mit Hilfe ihrer ethnologischen Einsichten können die WissenschaftlerInnen Materialien und Argumente liefern, die diese praktischen Zielsetzungen unterstützen.

So können sie z.B. an einem Einzelfall wie dem Teleskopprojekt auf Mount Graham Struktur, Bedeutung und Wirkungsweise spezifischer indigener Konzepte von "Religiösität" und "Heiligkeit" erklären und so Argumente für den Schutz des Berges vor weiterer Bebauung liefern. Oder sie können durch Darstellung der ökologischen und ökonomischen Bedeutung von indigenem Wissen und Ressourcenmanagement sowohl PolitikerInnen wie der Öffentlichkeit aufzeigen, warum die Rechte indigener Völker durch die Ratizifizierung von Dokumenten wie der ILO-Konvention 169 oder der Deklaration der UNWGIP gesichert werden müssen. Diese und ähnliche Aufgaben erfordern kontinuierliche ethnologische Forschungen. Ziel dieser ethnologischen Arbeit, an der soweit wie möglich (siehe unten) die indigenen Gemeinschaften beteiligt werden sollen, ist die Schaffung von Denk- und Interpretationsrahmen, innerhalb derer die indigenen Gesellschaften selbstbestimmt ihre eigenen Zukunftsperspektiven formulieren können (Asch 1982). In ähnlicher Weise wird auch von indigener Seite die Aufgabe von EthnologInnen definiert:

"We hope to be recognized as a people with collective rights, with a history, a language, and a culture that are just as rich and as valuable as those of any other people. When we go forward and stand up for what we feel is an injustice that needs to be corrected (...) we want Non-Indians to understand that we are not necessarily attacking them, that we are not aliens or monsters that are out to throw them back into the river or ocean. We are just looking to have our rights recognized and to have the wrongs that have been done to us rectified. We want them to know and understand who we are, that we are human beings just like anyone else (...). We proclaim ourselves to be a nation of people, known as the Sushwap. I guess it would be only fair and just for anthropologists not to interpret that, or to try to play that down, but to pass that information on. And how and why we perceive ourselves that way. That we have our own laws, our own customs, our own political systems that have to be understood, recognized and respected. (...)

I would see them playing more of an assistant's role rather than a leadership role in working within Native communities or within non-Native communities. Many Native communities are loosing a lot in the way of culture and anthropologists could play a very positive role in preserving what little there is and piecing it all together. (...)

(Anthropologists can help us) rebuild our nations, redefine our values that have become intertwined with colonial values, decolonize our minds to have an understanding of what our Native values are. Getting back to the basics. (...) On the outside, anthropologists could play a very valuable role in teaching non-Native people that native people have a very valuable contribution to make to world culture and can play a valuable role in the world stage, wether it's political, cultural, or economic" (Ignace et al. 1993:171-73).

Im Laufe der vorangegangenen Ausführungen war mehrfach betont worden, daß an den Aktivitäten von *advocacy anthropologists* **soweit wie möglich** die betreffenden indigenen Gruppen beteiligt werden sollen. Dieses Postulat wirft - besonders im Zusammenhang mit einer *advocacy anthropology*, die von der Bundesrepublik Deutschland oder von Europa aus betrieben wird -, Fragen nach den Kontrollmöglichkeiten und der Repräsentativität indigener VertreterInnen sowie nach der Handlungslegitimation von EthnologInnen auf. Diesen Fragen wird im folgenden Abschnitt nachgegangen.

6.5. Fragen und Probleme der Praxis einer *advocacy anthropology*

6.5.1. Repräsentativität: Zur Wahl der KooperationspartnerInnen

Bei ihren Bemühungen um politische, kulturelle und wirtschaftliche Selbstbestimmung betreten indigene Völker heute zum Teil völlig neue Aktionsbereiche und stehen Aufgaben gegenüber, für die sie in ihrer Geschichte und ihren Kulturen keine angemessenen Lösungen und Handlungsanweisungen finden können (vgl. z.B. Kolig 1994, Wilmsen 1989; siehe auch Kap. 4). Bei der Entwicklung neuer Handlungsstrategien in Kooperation mit gruppenexternen Personen - z.B. mit EthnologInnen als *advocates* - müssen auch neue Antworten auf Fragen nach Kontrolle, Repräsentativität, Entscheidungs- und Machtbefugnissen gefunden werden.

Indigene Personen, die den Kampf um Selbstbestimmung ihrer Gemeinschaften vor allem in den Konferenzsälen internationaler Organisationen und den Vorhallen multinationaler Konzerne austragen, die von einer Menschenrechtskonferenz zum nächsten Fernsehauftritt eilen, die mithilfe modernster Kommunikationstechnologien ständig in den globalen Informationsaustausch über indigene Politik und Belange eingebunden sind, die die Paragraphen des Völkerrechts besser kennen als ihre eigene Mythologie und mehr Zeit in Hotelzimmern und Flugzeugen als in ihren Heimatdörfern verbringen, werfen nicht nur für den außenstehenden Beobachter, sondern auch innerhalb ihrer eigenen Reihen die Frage nach ihrer Legitimität als indigene RepräsentantInnen oder FührerInnen auf.

So hört man von einigen indigenen Gruppen Klagen, daß ihre politischen VertreterInnen sich in Washington, Genf oder Rio ein gutes Leben machen, große Geldsummen scheffeln und nichts für ihre Leute zu Hause täten (vgl. M.Brown 1993:318). Dies mag im Einzelfall zutreffen; Neid und Mißtrauen gegenüber den Erfolgen Einzelner spielen bei diesen Vorwürfen aber auch eine Rolle. Die neuen, meist jüngeren und "interkulturell kompetenten" AktivistInnen und PolitikerInnen arbeiten allerdings häufig mit hohem Arbeits- und Zeitaufwand und leisten, indem sie z.B. auf die Ausarbeitung internationaler Rechtsnormen zum Schutz indigener Rechte hinwirken, langfristig sehr viel Nützliches für ihre Heimatgemeinschaften. Ihr Dilemma ist, daß sie Politik außerhalb der lokalen Gemeinschaften betreiben (z.B. bei der UNO, der Weltbank oder dem Europaparlament), daß sie aber "zu Hause" häufig nur insoweit Anerkennung finden, als ihre Aktivitäten auch unmittelbar lokal bemerkbare

Auswirkungen haben. Dieses ist aber häufig nicht der Fall. Ihre Arbeit entzieht sich zudem den Kontroll- und Sanktionsmechanismen traditioneller Autoritäten wie den Familienoberhäuptern oder den PriesterInnen. Die wichtigen Entscheidungen auf politischer Ebene werden anderswo gefällt.

Ein Kariña aus Venezuela, der im Rahmen einer UNO-Konferenz zur Abfassung einer Deklaration indigener Rechte innerhalb weniger Tage über komplizierte Sachverhalte wie Kollektivrechte oder Begriffsdefinitionen abstimmen muß, mag ein grundsätzliches Mandat seiner Gemeinschaft oder Organisation besitzen. Er muß aber bei seiner Arbeit schnell und selbständig Entscheidungen über Fragen treffen, die langfristig eventuell existentielle Auswirkungen für die Mitglieder seiner Familie, seines Dorfes oder seiner Nation haben können. Dabei ist eine Absprache mit den Ältesten und lokalen politischen und religiösen Autoritäten aus zeitlichen und organisatorischen Gründen meist nicht möglich, wird aber vielleicht auch von den jüngeren indigenen AktivistInnen nicht immer gesucht. Manche Handlungsbereiche überschreiten zudem den Erfahrungsradius der traditionellen EntscheidungsträgerInnen, die aus finanziellen, familiären, religiösen o.a. Gründen nicht im politischen Bereich aktiv werden und sich kein angemessenes Bild über die Bedingungen und Notwendigkeiten, z.B. von politischer Lobby-, Kampagnen- oder Öffentlichkeitsarbeit, machen können.

Um unter den Bedingungen der heutigen Welt indigene Politik zu betreiben, bedarf es spezifischer Kenntnisse und Erfahrungen. Schamanistisches Wissen, traditionelle Heilkunst, überlieferte kulturelle Kenntnisse oder praktische lokalbezogene Erfahrungen verlieren dabei ihre Bedeutung als Quellen sozialer Macht und Autorität und werden durch die Fähigkeiten, mit moderner Technologie umzugehen, Konferenzpapiere zu verfassen, Anträge zu schreiben und mit Wirtschaftsfachleuten und PolitikerInnen zu verhandeln, ersetzt. Neue Kompetenzen wie Fremdsprachen- oder Computerkenntnisse erhalten einen hohen praktischen Wert und werden zum weitaus größten Teil von jüngeren Leuten erworben, die damit (z.B. in der Rolle von ProjektkoordinatorInnen) die herkömmlichen Autoritäten verdrängen. So bilden sich durch die indigenen Bewegungen und ihre UnterstützerInnen neue indigene Eliten und Führungsschichten mit spezifischen Handlungs- und Wissenskompetenzen heraus, die teilweise mit den alltagspraktischen Fragen und Entscheidungsbereichen, innerhalb derer die traditionellen Autoritäten wirken, nicht mehr viel Berührung haben. In Anpassung an die Finanzierungs- und Evaluationskriterien westlicher Förderinstitutionen sowie an die von nicht-indigenen Personen entworfenen Stereotypen und

Klischeevorstellungen (vgl. Kap. 4.6. und 6.2.) werden kollektive Identitäten de- und rekonstruiert (vgl. M.Brown 1993, Conklin/Graham 1995, Hendricks 1988, Paine 1985a:58-59, Ramos 1994, P.Schröder 1993:174-183).
Allerdings sind nicht alle heutigen indigenen AktivistInnen und PolitikerInnen auf internationaler Ebene tätig: Viele von ihnen leben, arbeiten und engagieren sich auf lokaler und regionaler Ebene und sind somit viel stärker der Kontrolle durch ihre Gemeinschaften unterworfen. Auch beteiligen sich manche der älteren politischen und religiösen Autoritäten an internationalen Aktivitäten und Reisen, oder die Gemeinschaften bemühen sich, durch ständige Berichterstattung, Treffen, Gemeinschaftsprojekte und eine engere Einbindung der jüngeren AktivistInnen in Familien- und Gruppenstrukturen möglichst viele Mitglieder der Gemeinschaft in den Prozeß politischer Neuorganisation und selbstbestimmter Entwicklung zu integrieren. Auch zeigt sich, daß manche indigene Organisation nur dann effektiv arbeitet, wenn sie an traditionelle Konzepte von Autorität, Macht, Entscheidungsbefugnis und Sanktionierung anknüpft (z.B. Davis-Stephens 1997, Hendricks 1988, K.Schlesier 1974, 1980).
Die Frage der Repräsentativität und Handlungsberechtigung indigener VertreterInnen ist eines der zentralsten Probleme indigener Politik. So hängt der Erfolg indigener Bewegungen entscheidend davon ab, inwieweit ihre AktivistInnen und WortführerInnen als RepräsentantInnen ihrer Gemeinschaften anerkannt werden, und zwar sowohl von diesen selber als auch von nicht-indigenen PolitikerInnen, VerwalrungsbeamtInnen oder internationalen Organisationen. Es ist ein von Regierungen häufig benutztes Mittel zur Schwächung indigener Bewegungen, die Vertretungsberechtigung ihrer RepräsentantInnen in Zweifel zu ziehen bzw. die Gründung von Gegenorganisationen mit opportunen VertreterInnen zu fördern, die eher mit den staatlichen Interessen konform gehen. Diese politische Strategie kann deshalb wirksam sein, weil die indigenen Völker und Organisationen selber untereinander in verschiedene Interessengruppen und Faktionen zerspalten sind, unterschiedliche politische Zielsetzungen verfolgen auch individuelle Konkurrenz- und Profilierungskämpfe austragen.
Betrachtet man eine indigene Person als SprecherIn oder RepräsentantIn "ihres" Volkes oder "ihrer" Organisation, dann liegt diesem Denken wieder eine Vorstellung von Kulturen oder Gemeinschaften als homogene Einheiten zugrunde. Jedes Sprechen, das beansprucht, mehr als nur die eigene Ansicht zu präsentieren, *kann* letztlich eine Bevormundung Anderer oder die Mißachtung nicht vertretener Interessen beinhalten.

" 'Speaking for' someone presupposes that one knows who he is. The idea of natives as speaking with one voice, their culture having been reduced to the lowest common denominator, no longer passes for truth. Our 'objects' are active subjects speaking with as many voices as we. Furthermore, what informants speak is not 'cultural truths' but situational responses to the presence of the anthropologist (Clifford 1986b:107)" (Hastrup/Elsass 1990:304).

Wir stoßen hier wieder auf die in Kap. 5 schon angesprochene Problematik, daß mit Generalisierungen und Präsentationen immer eine Ansicht gegen eine andere unterstützt, d.h., potentiell Macht ausgeübt wird. Es war aber auch festgestellt worden, daß sich dieses Problem bei gesellschaftlicher Praxis nie gänzlich vermeiden läßt (zum Problem der Repräsentativität siehe auch Beckett 1985, Dyck 1985c, Feit 1985, Sanders 1985a, Sansom 1985b, R.Ch.Smith 1984, S.Weaver 1985a).

Mit wem aber arbeiten *advocacy anthropologists* in diesem äußerst komplexen Gefüge von alten und neuen indigenen Repräsentations-, Autoritäts- und Entscheidungsstrukturen zusammen? Von wem erhalten sie ihre Berechtigung zur Teilnahme und Intervention, wenn sie die Postulate der *advocacy anthropology* ernst nehmen? Wer ist legitimiert, im Namen einer indigenen Gemeinschaft Entscheidungen über politische Aktionen, Teilhabe an Forschungsprojekten oder andere Kooperationen zu treffen? Wer entscheidet über die Verwendung der Daten oder wird KoautorIn? Sind z.B. die OrganisatorInnen von Kampagnen und Protestaktionen repräsentativ für die indigenen Gruppen, auf deren Probleme sie aufmerksam machen wollen?[231]

Diese und andere für eine *advocacy anthropology* äußerst wichtigen Fragen sind kompliziert und lassen sich nicht grundsätzlich entscheiden. Wie bei jeder praktischen Ethnologie muß auch bei der *advocacy anthropology* genau der Einzelfall betrachtet und die Entscheidung zur Zusammenarbeit und Intervention auf die Grundlage möglichst präziser Informationen gestellt werden. Bei die-

---

[231] Ein Beispiel liefert die Ethnologin Fay Cohen, die 1972 den *Trail of Broken Treaties* begleiten und dokumentieren wollte. Mit diesem Protestmarsch nordamerikanischer indigener Gruppen sollte die Öffentlichkeit auf das Unrecht aufmerksam gemacht werden, unter dem indigene Völker historisch und aktuell litten. Sie entschied sich schließlich gegen eine Teilnahme und Dokumentation: Die Frage der Legitimation bzw. Erlaubnis für ihre Teilnahme ließ sich für sie nicht befriedigend klären. Außerdem befürchtete sie, ihre Unterlagen könnten selbst bei Nicht-Veröffentlichung zu politischen Zwecken mißbraucht werden bzw. sie könnte selber in Schwierigkeiten kommen. Mahnende Beispiel war für sie ein Professors, der verhaftet wurde, weil er die Preisgabe der Namen von ForschungsinformantInnen verweigert hatte, die in einen politischen Skandal verwickelt waren (F.Cohen 1976:91).

ser Entscheidung werden auch die Werte, das Weltbild und die persönlichen wie wissenschaftlichen Interessen und Ziele der EthnologInnen wirksam. Manche *action/advocacy anthropologists* richten sich vor allem nach den Entscheidungen, Zielen und Wertvorstellungen der traditionellen Autoritäten (z.B. der Ältesten, PriesterInnen, Clanoberhäupter; vgl. Davis-Stephens 1997, K.H.Schlesier 1974, 1980, 1990, Stüben 1988b:103-105); andere arbeiten überwiegend mit den neuen politischen FührerInnen und Organisationen zusammen.

Bei kleinen Gruppen mit hohem Bekanntheitsgrad der Mitglieder oder bei Gemeinschaften, in denen die EntscheidungsträgerInnen und Autoritäten durch Wissen, spirituelle Erfahrungen und/oder Gruppenkonsens kulturell legitimiert sind, ist die Frage nach einer Repräsentation leichter zu beantworten (vgl. Davis-Stephens 1997). Auch bei Gemeinschaften mit offiziell gewählten Entscheidungsgremien ist die Vertretungsberechtigung manchmal eindeutiger entscheidbar, bedarf aber trotzdem genauerer Betrachtung: Das Beispiel vieler offiziell gewählter Stammesräte in den U.S.A. zeigt u.a., daß sie häufig nur Schachfiguren im politischen Machtspiel der verschiedensten nicht-indigenen Interessen darstellen oder daß sie ihre Position gegen die Interessen ihrer Gemeinschaft nutzen. So häufen sich Klagen indianischer Gemeinden gegen ihre Stammesräte wegen Veruntreuung von Geldern, Korruption, unrechtmäßigem Landverkauf, Mißbrauch von Positionen für Privatinteressen u.a. In den U.S.A. ist es sogar eher die Regel, daß sich die *tribal councils* einer starken Opposition aus den Reihen derjenigen Gemeinschaften, die sie politisch vertreten sollen, gegenübersehen und von dieser nicht als legitime RepräsentantInnen anerkannt werden (vgl. Ignace et al. 1993:182).[232] Aufgrund ihrer Position, ihrer Kontakte und ihrer Verfügung über Ressourcen sind es aber teilweise gerade diese von den nationalen Regierungen gestützten indigenen WortführerInnen, die auf Pressekonferenzen und Lobbytouren im Ausland ihre Ansichten vortragen und von den UnterstützerInnen in Unkenntnis der lokalen Hintergründe und politischen Verhältnisse als *native spokespersons* akzeptiert werden.

Die Frage nach den KooperationspartnerInnen oder nach der Handlungslegitimation von EthnologInnen muß sich andererseits nicht unbedingt immer als Problem erweisen: So lassen sich Aufgabenbereiche, Zielsetzungen, Kooperati-

---

[232] Der wohldokumentierte Fall der Besetzung von *Wounded Knee* ist eines der bekanntesten Beispiele für die bis zu gewaltsamen Auseinandersetzungen führenden Konflikte zwischen indianischen Gemeinschaften und ihren offiziellen Stammesräten (siehe Burnette/Koster 1974).

onspartnerInnen und Entscheidungsbefugnisse der WissenschaftlerInnen z.B. vertraglich festlegen (z.B. Efrat/Mitchell 1974). Oder die EthnologInnen schließen sich bereits bestehenden Kampagnen, Aktionsnetzwerken und NGOs an, die sich ihre Handlungslegitimation in langjähriger Zusammenarbeit mit indigenen Bewegungen erworben haben (siehe unten).

Noch einmal muß betont werden: Je mehr Kenntnisse die Ethnologin über den kulturellen Hintergrund und die politischen und sozialen Verhältnisse der betreffenden Gemeinschaft (vor Ort) hat, je besser sie die Machtstrukturen innerhalb und außerhalb der Gruppe durchschaut, je genauer sie sich ihrer eigenen Werte und Zielsetzungen bewußt ist, je klarer und eindeutiger sie Absprachen über ihre Aufgabenstellung trifft und je kritischer und unbestechlicher sie ihre Zusammenarbeit mit den indigenen VertreterInnen gestaltet, desto größer ist die Chance, daß sie ihre Arbeit effektiv im Rahmen einer praktischen Zielsetzung einsetzen kann, ohne sich allzu sehr zum Spielball der unterschiedlichen politischen Interessen machen zu lassen.

6.5.2. Handlungsberechtigung und Kontrolle

Eine *advocacy anthropology* mit indigenen Völkern, die überwiegend vom Ausland aus betrieben wird, wirft zusätzlich besondere Fragen nach Repräsentativität, Kontrolle und Entscheidungsbefugnissen auf. Die räumliche Entfernung der EthnologInnen zur politischen und alltäglichen Praxis und Lebenssituation indigener Völker begrenzt ihre Möglichkeiten von Eigenerfahrung, Anteilnahme und konkreter Anschauung (den *proceso vivencial*; s. Kap. 4.7.2.). Wenn EthnologInnen sich für die Sicherung der Rechte indigener Völker engagieren wollen, sollten sie deshalb immer wieder nach Möglichkeiten suchen, sich auch "vor Ort" aufhalten zu können. Eigenerfahrungen und persönliche Begegnungen sind, wie immer wieder betont werden muß, eine notwendige Voraussetzung eines *advocacy*-Engagements. Denn, wie Koepping (1993:126) feststellt, auch engagierte EthnologInnen können

> "(...) nicht für die gesamte Menschheit sprechen, wir sind nicht Spezialisten für die Menschlichkeit, wir sind nicht einmal Spezialisten für alle unterdrückten Völker der Welt. Wir sind nur dort authentisch, wo wir Anderes erfahren haben, erlebt haben: in der Forschungssituation mit einer bestimmten Ethnie, Subgruppe, Klassen-Kultur oder wie auch immer begrenzbar; es ist durch die Teilnahme, die idealerweise zur Teilhabe am

Spezifischen führen sollte, daß wir authentische Menschlichkeit, Toleranz und Reziprozität, aber auch Grausamkeit, Vereinsamung, Entfremdung erfahren.

Trotz aller Vorbehalte gegen die oft als zentral herausgestellte Feldforschung, steht jedoch oder fällt die Authentizität des Ethnographen mit der Erfahrungsebene, die eben nicht ein Text ist, sondern ein sozialer Prozeß des gegenseitigen Lernens, ein unabdingbarer Prozeß, aus dem alleine durch Praxisbezug eine neue Theorie und eine kontext-immanente wie universalistische Moral wachsen können, denn das Essentiell-Menschliche oder Unmenschliche *in mir und anderen* kann nur in der interaktiven Begegnung zu Tage treten" (Betonung im Original).

Die durch Feldforschung und Eigenerfahrungen gewonnenen Informationen und Einsichten der *advocacy anthropologists* dienen ihnen aber nicht primär zur Abfassung eines Textes oder zum Entwurf von "Entwicklungs"projekten bei der indigenen Gruppe, sondern werden auf die eigene Gesellschaft zurückgewendet und zu deren Veränderung genutzt (vgl. K.Schlesier 1988:89). Dadurch entgehen die EthnologInnen einem ethischen und politischen Dilemma, das sich bei einem Praxisengagement in anderen Gesellschaften stellt: der Frage nach der Legitimation des Eingreifens in fremde Lebenszusammenhänge. Als StaatsbürgerInnen sind sie berechtigt, wenn nicht sogar ausdrücklich aufgefordert, an der Gestaltung der politischen und gesellschaftlichen Verhältnisse in der eigenen Gesellschaft mitzuwirken und Strukturen, die als ungerecht, oppressiv oder diskriminierend erkannt werden, zu verändern.

Für eine solche "Repatriierung" ethnologischer Erkenntnisse, die, wie die *advocacy anthropology*, ein praktisches *reframing of issues* anstrebt, ist die Erfahrung der Dialektik zwischen dem "Eigenen" und dem "Fremden" unerläßlich (vgl. Koepping 1993:111-112, 116-117). Diese Erfahrung kann und sollte einerseits vor Ort, aber andererseits auch dann gesammelt werden, wenn sich die indigenen HandlungspartnerInnen zu "uns" begeben, um ihre Belange selber zu vertreten. Es gehört zu Konzepten wie Gleichberechtigung und Partnerschaft sogar ausdrücklich dazu, daß "die Anderen" ebenso Chancen zur Begegnung, Fremderfahrung und Selbstvertretung haben wie die ForscherInnen. Entsprechend besteht eine der Hauptaufgaben für engagierte EthnologInnen darin, ihre indigenen PartnerInnen bei der Etablierung von finanziellen, logistischen und strukturellen Bedingungen für eine *self-advocacy* zu unterstützen.

Die räumliche Entfernung zum Alltag und Leben der indigenen PartnerInnen begrenzt ebenfalls den unmittelbaren Kommunikationsfluß mit den EthnologInnen. Folglich sind nicht in allen Fällen, wo ein schneller Handlungsbedarf besteht, Kontrollen und Absprachen möglich. Im Vorangegangenen ist mehrfach die enge Beziehung und Kommunikation zwischen ForscherInnen und Forschungssubjekten als wichtige Voraussetzung für eine *advocacy anthropology* genannt worden. Es wurde betont, daß die betreffenden Menschen an der Untersuchung ihrer Situation partizipieren, die Ziele mitbestimmen, die wesentlichen Entscheidungen selber treffen sowie eine weitgehende Kontrolle über die Arbeit der WissenschaftlerInnen und über die Weiterverwendung der Daten haben sollen. Wie können solche Postulate bei einem *advocacy*-Engagement z.B. von der Bundesrepublik Deutschland aus umgesetzt werden?

Zunächst muß festgestellt werden, daß nicht immer und überall jeder Arbeitsschritt der Zustimmung durch die indigenen PartnerInnen bedarf, sondern daß von den WissenschaftlerInnen auch ein selbständiges Handeln erwartet wird (siehe unten), vorausgesetzt, diese machen ihre Arbeit transparent, stellen sie - soweit wie möglich - zur Überprüfung zur Verfügung und sind insgesamt in den Kommunikations-, Informations- und Erfahrungsaustausch mit ihren indigenen PartnerInnen eingebunden (vgl. Kap. 7.4.). Darüber hinaus ermöglichen die modernen Kommunikationstechnologien, über die auch viele indigene Organisationen verfügen, in vielen Fällen relativ schnelle Absprachen und Koordinationen. Die Arbeit einiger hiesiger NGOs beweist, daß eine Abstimmung von Aktivitäten auf diesem Wege möglich, wenn auch nicht unproblematisch ist.

Es ist deshalb meist sinnvoll, eine *advocay*-Aktivitäten nicht "im Alleingang" durchzuführen, sondern sie mit der Arbeit von NGOs und Netzwerken zu verknüpfen (siehe Kap. 6.4.). Manche von ihnen haben in z.T. langjähriger Zusammenarbeit mit indigenen Gruppen, Organisationen und PolitikerInnen einen Fundus an Erfahrungen und Kenntnissen erworben und ein Vertrauens- oder zumindest Arbeitsverhältnis mit ihren indigenen PartnerInnen aufgebaut, durch welches die Entscheidungs- und Handlungsstrukturen zumindest teilweise geregelt sind. Die Legitimation zum selbständigen Handeln, z.B. im Lobbybereich, beruht auf den Kenntnissen von MitarbeiterInnen der betreffenden NGO über indigene Standpunkte, Strategien und Forderungen, über die internationale Rechtslage und Politik, auf ihren Erfahrungen mit Lobby- und Öffentlichkeitsarbeit, auf ihren persönlichen Kontakten sowie einem Vertrauensvorschub von indigener Seite, die - z.B. bei Lobbyarbeit in Europa - auf die Unterstützung durch europäische PartnerInnen angewiesen ist.

Diese Kenntnisse, Erfahrungen und Kontakte können bei zahlreichen Gelegenheiten erworben bzw. aufgefrischt werden: durch regelmäßige Aufenthalte in den indigenen Gemeinschaften, durch Gespräche mit indigenen RepräsentantInnen bei ihrer Anwesenheit in Europa, durch Teilnahme an internationalen Treffen und Konferenzen (z.B. der jährlichen Sitzung der UNWGIP), durch Erfahrungsaustausch mit anderen NGOs, durch Teilnahme am umfangreichen, computergestützten globalen Informationsaustausch zwischen indigenen und nicht-indigenen Organisationen und durch Studium der Materialien von indigenen Gruppen und Organisationen, die mittlerweile eine ganze Reihe von Publikationen über ihre Situation, Probleme, Rechte und Interessen veröffentlicht, Forderungskataloge aufgestellt und Richtlinien für die Zusammenarbeit mit nicht-indigenen PartnerInnen erarbeitet haben (siehe Kap. 6.2.).

Auch die Tatsache, daß EthnologInnen in der Bundesrepublik Deutschland häufig nur in Kontakt zu solchen "organisierten" indigenen Personen treten, die als WortführerInnen und AktivistInnen erst aus der Zusammenarbeit mit westlichen UnterstützerInnengruppen hervorgegangen sind, stellt ein besonderes Problem dar, das die bereits angesprochenen Fragen nach der Repräsentativität der indigenen Gesprächs- und HandlungspartnerInnen berührt. Sie hat aber auch zur Folge, daß die EthnologInnen auf Personen treffen, die weder informiert noch motiviert werden müssen, sondern die im Gegenteil oftmals über mehr Erfahrungen und Kenntnisse im Bereich indigener Politik verfügen als sie selber. Das Bestreben nach einem möglichst gleichberechtigten Erfahrungs- und Informationsaustausch und einem gemeinsamen Lernen erhält so eine solide Ausgangsbasis.

Sicher wirft diese Form der eher mittelbaren Zusammenarbeit mit indigenen Gemeinschaften und Organisationen eine ganze Reihe weiterer Probleme auf, die hier nicht im Einzelnen diskutiert werden können. Sie erfordern eine ständige begleitende Reflexion und Evaluation ethnologischer *advocacy*-Praxis, um zu verhindern, daß die Arbeit sich verselbständigt und nur noch den Zielen und Interessen hiesiger UnterstützerInnen ohne Verankerung in indigener Politik dient. Auch ein genau einzuhaltender Kanon von Verhaltensrichtlinien zur Regelung von Entscheidungskompetenzen, Mitbestimmung, Kontrolle und Handlungsberechtigungen, wie er teilweise für die *action anthropology* der 70er und frühen 80er Jahre aufgestellt wurde (vgl. Seithel 1990a, 1990c), läßt sich nach den heutigen Erfahrungen für eine ethnologische Praxis nicht erarbeiten. Zu vielfältig und unterschiedlich sind die Arbeitsbedingungen, Problemlagen und Zielsetzungen.

Hierzu zählen beispielweise die unterschiedlichen Erfahrungen einer indigenen Gemeinschaft im Umgang mit nicht-indigenen Instanzen, ihr Grad an Selbstorganisation, ihre Verfügung über Ressourcen und Außenkontakte, ihre eigenen Erfahrungen mit wissenschaftlicher Forschung oder die Dringlichkeit ihrer Probleme. Diese und andere Faktoren bestimmen z.B., ob die Ethnologin von der Gemeinschaft explizit zur Mitarbeit aufgefordert wird oder selber die Initiative ergreifen muß, ob ihr klar umrissene Aufgaben zugeteilt werden oder ob sie eher in einen Prozeß allgemeiner Aufklärung, Mobilisierung und Organisierung involviert ist, ob einige der Gruppenmitglieder aktiv an der Forschung teilnehmen, Methoden und Zielsetzungen mitbestimmen und KoautorInnen der Ergebnisberichte werden oder ob die Gruppe erst ein gemeinsames Problem- und Handlungsbewußtsein entwickeln und die Bedeutung von Wissensproduktion mittels Forschung entdecken muß, ob grundlegende Fragen des Überlebens gelöst werden müssen oder ob es um komplizierte Rechtsfragen geht. Je nach Fall werden Konzepte, Methoden und Vorgehensweisen obiger Ansätze benutzt und gegebenenfalls modifiziert werden müssen.

So hat z.B., um nur eine Frage aufzugreifen, K. Schlesiers Formulierung, daß Aktionsethnologie nur auf "Einladung" der betreffenden Gruppe möglich ist (Biegert/Schlesier 1979:19; vgl. auch Seithel 1990c:57), zu manchen hitzigen Auseinandersetzungen über die Erfüllbarkeit dieses Postulats geführt. Während Schlesier diese Forderung für AktionsethnologInnen aufgrund seiner spezifischen Erfahrungen mit den Südlichen Cheyenne (K.Schlesier 1974, 1980, 1988) formuliert hat, kann der Kontakt zu einer Gruppe auch über andere, höchst unterschiedliche Wege erfolgen. Häufig haben EthnologInnen bereits längere konventionelle Feldforschungen durchgeführt und dabei persönliche Beziehungen geknüpft, bevor sie aufgefordert werden, zu politischen Fragen Stellung zu nehmen, sich an Aktionen zu beteiligen oder selber initiativ zu werden. Möglich ist auch, daß die Initiative von der Forscherin ausgeht, die aufgrund ihrer Kenntnisse der Situation oder vergleichbarer Erfahrungen eine Aktion vorschlägt und zur Diskussion stellt.

Aufgrund des raschen Anwachsens indigener politischer Bewegungen entwickelt sich in den letzten Jahren eine Zusammenarbeit zwischen EthnologInnen und indigenen Gemeinschaften nicht mehr nur auf der Basis persönlicher Beziehungen, sondern auch über die verschiedenen Informations- und Kontaktnetzwerke, über die sich indigene Gruppen mit gezielten Bitten um Unterstützung und klar umrissenen Aufgabenstellungen allgemein an NGOs, WissenschaftlerInnen und UnterstützerInnen richten. So treffen bspw. bei den europäischen NGOs, die mit indigenen Völkern arbeiten, wöchentlich und manchmal täglich Briefe, Faxe und Anrufe von indigenen Organisationen mit der Bitte um Unterstützung ein. Dabei kann es sich um die Vermittlung von Kontakten, eine Anfrage um Projektförderung, um Mithilfe bei der Organisation einer Kampagne oder Lobbytour, um Recherche- und Materialnachfragen oder um eine Bitte um Intervention in dringenden Notfällen handeln. Gelegentlich werden auch WissenschaftlerInnen gesucht, die sich vor Ort ein Bild der Situation machen und notwendige Forschungen durchführen.

In anderen Fällen ist das existentielle Überleben einer Gemeinschaft derart gefährdet, daß sie nicht selber um Unterstützung bitten oder politische Aktionen planen kann. Oder ihre Organisationsstrukturen, Ressourcen, politischen Erfahrungen und Kontakte reichen nicht aus, um in der internationalen politischen Arena aktiv zu werden. In diesen Fällen kann oder muß die Initiative für praktische Hilfe, Kampagnen- oder Lobbyarbeit und die dafür notwendige Forschung von außen kommen (Maybury-Lewis 1985). So gilt zwar grundsätzlich, daß Entscheidungen darüber, ob und in welcher Weise gehandelt wird und inwieweit der/die EthnologIn beteiligt sein soll, der betreffenden Gruppe überlassen bleiben müssen. Dennoch werden in Fällen, in denen es um das unmittelbare Überleben von Menschen geht, denen Mittel und Möglichkeiten zur Selbsthilfe fehlen, auch AußenseiterInnen ohne "Einladung" eingreifen können und müssen.

In anderen Fällen wird ein selbständiges Handeln der EthnologInnen von der Gruppe sogar ausdrücklich gewünscht. Schließlich hat man die WissenschaftlerInnen aufgrund ihres speziellen Wissens und Könnens zur Mitarbeit aufgefordert, schließlich sind sie die ExpertInnen für Forschung, Analyse und Dokumentation. Deshalb erwartet man auch, daß sie im Rahmen ihrer Kompetenzen selbständig handeln und Entscheidungen treffen - gelegentlich selbständiger, als es den um Selbstbestimmung, Gleichberechtigung und Partizipation bemühten WissenschaftlerInnen recht sein mag (ein Beispiel liefert Waldram 1993; siehe Kap. 7.4.).

Dabei wird die Frage der "Erlaubnis" von manchen indigenen Nationen weniger streng gehandhabt als von den teilweise in ethischen und politischen Fragen hochsensibilisierten WissenschaftlerInnen. So stellt die Kwakiutl-Ethnologin Renee Taylor fest:

"That acute sensitivity or self-consciousness on the part of anthropology is what is certain to ensure its demise. (...) At some point it seems to me that as an anthropologist you write to the band council because you are assuming they are the most relevant part of the whole picture anyway and you tell them you'd like to do this. There are certain large portions of the community that aren't always represented on council and may be interested in this. I think anthropologists have to take it upon themselves where they have an invitation and where they have some credibility. If people don't respect an anthropologist as a person, that person won't ever get any information that's worth a hang. But if anthropologists made a conscious decision that they were going to reflect and to record what was happening, describe the community in ethnographic terms, or focus in on particular problems, well if they are waiting for permission to come, it is never going to come in that way. There's some point where people just start doing it. You may say that's a contradiction in terms, because you might say how dare anthropologists, that's what the resentment has been about for so many years. They just went into the community, wrote what they wanted, had no responsibility to the community, and left. The difference in the model that I am describing is that they are responsible to the community. They are responsible in terms of feedback, they're responsible in terms of wether their agreement is with the council or wether it is with a particular group. They are so many groups in any one community. (...) In terms of local dynamics of how people relate to each other, there are all kind of legitimate groups within the community - (...). If people understood that an anthropological study was to look at a particular concern of specific Indian people, then that group would be the constituency that would be recording the responsibility" (in: Ignace et al. 1993:187-8).

Da das Handeln indigener Gruppen und ihrer FührerInnen genauso von Egoismus, Machtwillen, Konkurrenzdenken, Desinteresse, Angst oder Opportunismus bestimmt sein kann wie alles menschliche Handeln, sind die Entscheidungen indigener VertreterInnen nicht unangreifbar. Um ihre Stellung im Rahmen widerstreitender Meinungen und Ziele zu finden, sich nicht zum Spielball fremder Interessen machen zu lassen, ihren eigenen Wertsetzungen treu zu bleiben und eine gute ethnologische Arbeit leisten zu können, die auch allgemeinen ethischen und wissenschaftlichen Standards standhält (siehe Kap. 7), helfen den *advocacy anthropologists* - neben Fach- und Sachkenntnissen - vor allem allgemeine Eigenschaften wie kritische Distanz und Reflexion, gute Selbstkenntnis, Gesprächsbereitschaft, Konfliktfähigkeit und Bescheidenheit. Die ethischen

Fragen und politischen Konflikte, die sich aus ihrer Arbeit ergeben können, sind Ausdruck der pluralistischen Werteordnung der heutigen Zeit und lassen sich nicht generell klären. Dies betrifft nicht nur die *advocacy anthropology*, sondern jedes praktische ethnologische Handeln. Wer aktiv wird, wer in soziale Zusammenhänge eingreift und verändert, bezieht Stellung und wird damit auch angreifbar. Dieses Dilemma kann unter Umständen auch in der "reinen" Forschung auftreten, wie die Ethik-Diskussionen zeigen (vgl. Bennet 1996:33).
Wieweit die Entscheidungs- und Handlungskompetenz der externen WissenschaftlerInnen geht und welche Gruppenmitglieder den Aktionsradius der EthnologInnen definieren, wem letztere, wenn überhaupt, weisungsgebunden und rechenschaftspflichtig sind und wer die Autorität und Legitimation besitzt, spezifische Gruppeninteressen zu vertreten - all dieses sind Fragen, die nur kontext-, situations- und problemabhängig beantwortet werden können. Es ist deshalb wichtig, daß möglichst viele *advocacy anthropologists* über ihre Erfahrungen berichten, die Probleme möglichst genau beschreiben und die Grundlagen ihrer Entscheidungen offenlegen. Sie können damit anderen EthnologInnen in ähnlichen Konfliktsituationen Entscheidungshilfen liefern. Dann wird es auch möglich sein, allgemeinere Prinzipien und Kriterien zur Entscheidung über Legitimität, Repräsentativität, Entscheidungsbefugnisse oder Mitbestimmung bei ethnologischer Praxis herauszuarbeiten und ethische Entscheidungshilfen wie methodische Anweisungen für weitere *advocacy*-Aktivitäten zu gewinnen (vgl. dazu die Berichte in Dyck 1985a, Dyck/Waldram 1993a, Harries-Jones 1991a, Hedican 1995, Paine 1985a, Stull/Schensul 1985 u.a.).
Solche allgemeinen Verhaltensregeln können wichtig als entscheidungs- und handlungsleitende Kriterien sein, müssen aber ebenso jederzeit wieder umgestoßen werden (können). Sie entlasten die ForscherInnen nicht von persönlichen Verantwortlichkeiten gegenüber denjenigen Menschen, mit denen sie praktisch zusammenarbeiten, sowie von Entscheidungen, die letzten Endes ihrem Wissen und Gewissen überantwortet werden. Was sich in einem Fall als richtig und erfolgreich erweist, kann unter anderen Umständen unrealistisch oder ineffektiv sein. Es kann weder ein kontextunabhängiges, für alle Probleme und sozialen Gruppen gültiges Praxiskonzept geben noch ist es erstrebenswert, ein solches zu entwickeln. Eine praktische Ethnologie wie die *advocacy anthropology* wird durch Dialog, Reflexivität, Relativierung, Flexibilität, Innovation und Kreativität, d.h., durch das Einmalige und Besondere einer Situation bestimmt und verlangt nach immer wieder neuen Einzellösungen (vgl.

Kap. 7). In letzter Instanz ist ein *advocacy anthropologist* immer wieder auf sein eigenes Verantwortungsgefühl und Gewissen zurückgeworfen. Eine sichere Kontrolle seiner politischen Aktivitäten durch seine indigenen PartnerInnen kann es auch dann nicht geben, wenn er sich beständig vor Ort befindet. Ein gewisses Vertrauen ist die Voraussetzung der Kooperation.

6.5.3. Einflußmöglichkeiten in Politik und Gesellschaft

Politik (*policy*) wird von E.Chambers (1979:38) definiert als "(...) those intentions which can be associated with deliberate action in any sphere of human activity." Dazu gehören ebenso die Gesetze, Programme und Beschlüsse von Regierungsgremien und staatlichen EntscheidungsträgerInnen, also alle "von oben" verordneten und kontrollierten Maßnahmen und Anordnungen, wie die Aktivitäten von Verwaltungen, Kirchen, privaten Organisationen und Verbänden, Bürgerinitiativen, sozialen Bewegungen, Medien u.ä., die Einfluß auf eine lokale, regionale, nationale oder internationale Sozialgemeinschaft nehmen (wollen). Durch Mitarbeit in sozialen Bewegungen, Gremien und Gruppen aller Art kann jede/r BürgerIn auf der politischen Bühne agieren, z.B. durch einen Beitrag zur Meinungs- und Bewußtseinsbildung, durch aktive Lobbyarbeit, durch die Organisation von Widerstand gegen ein Sozialprogramm u.a. In diesem Sinne kann jede/r ein *policy-maker* sein (vgl. Weeks/Schensul 1993:50).

Politik wird demnach als ein komplexer Prozeß von Wahrnehmungen, Interessen, Motivationen, Entscheidungen und Handlungen der verschiedensten AkteurInnen verstanden, bei dem jeder Beschluß "von oben" (den eigentlichen PolitikerInnen) bei seiner Umsetzung durch verschiedene legislative und bürokratische Instanzen etliche Änderungen erfährt und schließlich bestimmte Reaktionen "von unten" (der allgemeinen Bevölkerung oder der Zielgruppe) hervorruft, welche wiederum zur Revidierung bestehender Programme sowie zu neuen Entscheidungen und Anordnungen führt (vgl. Pelto/Schensul 1987:506-509). Bei diesem zyklischen Prozeß kommt dem Input der Implementierungsinstitutionen (z.B. Verwaltungen, Behörden usw.) und der Bevölkerung bzw. der Zielgruppe eine ebenso wichtige Rolle bei der Gestaltung von Politik zu wie den Anordnungen und Zielsetzungen der machthabenden EntscheidungsträgerInnen. Grundlage aller politischen Entscheidungen sind

"(...) sets of ideas or guidelines for action to be followed by governmental institutions, private organizations, or other public bodies and the individuals within them. They express values or philosophical assumptions about broad social and cultural conditions and are intended to suggest solutions to social problems" (ebd. 1987:507).

An diesen einer Politik zugrunde liegenden ethischen Werten, philosophischen Grundannahmen und sozialen Theorien kann z.B. eine sozial- und kulturwissenschaftliche Forschung und Praxis ansetzen, die Einfluß zugunsten indigener Belange nehmen will. Die Komplexität politischer Prozesse bietet dabei den WissenschaftlerInnen, die ihre Arbeit praktisch einsetzen wollen, nicht nur die klassische Rolle von "adviser(s) to the king" (Mills 1959:179-181), also die von BeraterInnen für staaliche Instanzen, sondern ermöglicht ihnen auch, an den verschiedensten Stellen und bei den unterschiedlichsten Gruppen in den *policy*-Prozeß einzugreifen: Als Angestellte am Museum oder der Universität ist dieses ebenso möglich wie als unabhängige Forschungsgruppe oder als MitarbeiterIn in NGOs oder Sozialeinrichtungen. Kenntnisse des *policy-making process*, Kommunikationsfähigkeit, Forschungserfahrungen und Wissen über die allgemeine Problematik indigener Angelegenheiten sowie der fallspezifischen Hintergründe und Zusammenhänge sind notwendige Grundlagen eines solchen politischen Engagements. Zumindest die drei letztgenannten Anforderungen könn(t)en im Rahmen der fachlichen ethnologischen Ausbildung erworben werden. In diesen Sachkenntnissen (vgl. Kap. 2.3.) und den Eigenerfahrungen mit "fremder" Alltagspraxis liegt die besondere Stärke von EthnologInnen gegenüber anderen Fachleuten.

Daß EthnologInnen (und andere KulturwissenschaftlerInnen) überhaupt eine Chance haben, politische Entscheidungsprozesse zu beeinflussen, liegt daran, daß Wissenschaft heute z.T. die früher von der Religion ausgeübte Funktion zur Absicherung von Politik übernommen hat (vgl. Deloria 1980). In vielen Fällen sind PolitikerInnen auf die Unterstützung und Legitimierung ihrer Entscheidungen durch die Wissenschaft angewiesen. Ob bei der Einführung neuer Schulmodelle, bei Entscheidungen über die Endlagerung radioaktiver Abfallstoffe oder bei der Verabschiedung von Klimaschutzmaßnahmen - immer werden zur Unterstützung politischer Entschlüsse wissenschaftliche Expertisen und Untersuchungen herangezogen. Zudem sind in Staaten mit demokratisch-liberalen Verfassungen viele politische und soziale Einrichtungen auf die Mitarbeit und Partizipation der BürgerInnen angewiesen, um Verantwortung abgeben, Programme durchführen und ihr Handeln legitimieren zu können. Dieses gilt z.B.

auch für Regierungen im Umgang mit indigenen Völkern, Minderheiten oder Menschenrechten (vgl. S.Weaver 1985a; siehe die Beispiele in Dyck 1985a). Außerdem können die Ergebnisse wissenschaftlicher Forschungsarbeit meist nicht offen unterdrückt werden, weil das den nach außen vertretenen ideologischen Ansprüchen einer sich als demokratisch definierenden Gesellschaft widerspricht und sie angreifbar macht.[233]

Aber auch in Staaten mit demokratischen Verfassungen können wissenschaftliche Erkenntnisse nicht immer ungehinderte Wirkung entfalten. So sind die Entscheidungsträgerlnnen meist nur an solchen wissenschaftlichen Ergebnissen interessiert, die ihre eigenen Ansichten, parteipolitischen Ziele und Interessen unterstützen. Aus der Komplexität der in einem Forschungsbericht dargestellten Sachverhalte und Zusammenhänge werden gewünschte Informationen und Aussagen selektiert und zu einer Argumentation aufgebaut, die der Durchsetzung der eigenen Interessen dient, d.h., Forschungsergebnisse werden in politische Machtstrategien eingebaut (vgl. Watson-Verran/White 1993:68-69). Wird in einem wissenschaftlichen Gutachten keine ausreichende Legitimationsgrundlage für politisches Handeln gefunden, so greifen PolitikerInnen auf passende Argumente anderer politischer oder fachlicher Diskurse zurück oder vergeben eine weitere wissenschaftliche Auftragsarbeit. Da auch WissenschaftlerInnen meist eine Zusammenarbeit mit ihren Auftrag- und GeldgeberInnen oder ihre berufliche Position nicht gefährden wollen oder können, greifen politische Diskurse und Machtkonflikte mittelbar oder unmittelbar in die wissenschaftliche Erkenntnisproduktion ein.

Nicht-staatliche Organisationen und Interessengruppen nutzen (häufig implizit) Strategien des "knowledge investment" als politische Instrumente sowohl zur Erreichung ihrer Ziele als auch zur Selbsterhaltung. Dabei wird notfalls auch unerwünschtes Wissen abgewehrt oder mit Gegenargumenten neutralisiert, um den Kern der organisatorischen Aktivitäten nicht in Frage stellen zu müssen.

---

[233] In Staaten mit anderen politischen Ideologien und autoritären Regimes dagegen wird auf die wissenschaftliche Legitimierung politischer Maßnahmen meist weniger Gewicht gelegt. Hier werden andere ideologische Komponenten wie nationales Wohlergehen, ökonomische Sachzwänge oder die (vermeintliche) Bedrohung durch den westlichen Imperialismus zur Rechtfertigung von Menschenrechtsverletzungen und einer Unterdrückung von Minderheiten herangezogen (vgl. Ong 1995). Dadurch, daß eine *advocacy anthropology* unter solchen politischen Regimes schwierig bis undurchführbar wird, verliert ihr Konzept aber nicht seine grundsätzliche Bedeutung. Sie verfügt allerdings über unterschiedliche Handlungsspielräume und -bedingungen, die ein Engagement u.U. lebensgefährlich machen.

Wir finden solche Strategien z.B. auch bei NGOs, die Unterstützungsarbeit für indigene Völker leisten (wollen). So schaffen sich manche aufgrund von Projektionen und Wunschvorstellungen, aber auch aufgrund von Profilierungsbestrebungen und Finanzierungsnotwendigkeiten ihren eigenen Gegenstand - z.B. den ökologisch oder sozial "guten" Indianer oder das arme, unterdrückte indigene Volk - um den herum sie ihre politischen, bürokratischen und praktischen Aktivitäten strukturieren und an dem sie auch bei offensichtlich gegenteiligen Tatsachen festhalten (vgl. Conklin/Graham 1995, Ramos 1994).

Art und Struktur der "Politik-Mache" sowie der Status von Wissenschaft in bürgerlich-demokratischen Gesellschaften bieten EthnologInnen also verschiedene Ansatzpunkte und Handlungsspielräume zur Intervention, Einflußnahme und *advocacy*, setzen sie zugleich aber auch direkten oder subtilen Vereinnahmungs-, Manipulations- und Kontrollstrategien machthabender Gruppen aus. Hier kommt WissenschaftlerInnen bei der Zur-Verfügung-Stellung von Forschungsergebnissen und theoretischen Konzepten sowie in der Beratung eine besondere Aufgabe und Verantwortung gegenüber den Forschungssubjekten zu. Ebenso muß der Verwertungszusammenhang und die politische Dimension ihrer Arbeit analysiert und eingeschätzt werden (vgl. Weeks/Schensul 1993:51).

Methodisch einwandfrei durchgeführte und präsentierte Forschung reicht allein nicht aus, um Politik zu beeinflussen und soziale Mißstände zu beseitigen. Politik basiert letztlich auf Entscheidungen, die sich nicht primär nach wissenschaftlichen Kriterien richten. Wenn der Wissenschaftler Einfluß auf Politik nehmen will, verlangt dieses von ihm ebenfalls eine Stellungnahme im Umgang mit seinen Forschungsergebnissen:

> "For many applied anthropologists, the idea of working in public policy suggests little more than the possibility of doing some research, preferably interested research. (...) Applied anthropologists seem to be persisting in the idea that good research, properly utilized, will alone lead to good policy. In this sense John Wesley Powell is alive and well. But policy making is *judgement*, and its relation to research is necessarily partial. (...) This is not to say that more and better research is not an important part of applied anthropology's future. It should continue as the basis of our work. But our regard for the uses of social science research remain bound to a pattern whereby most of us continue to shy away from assuming responsibility for truly integrating our work in arenas of public decision making" (E.Chambers 1979:537-8).

Nicht berührt ist davon die Notwendigkeit einer methodisch möglichst exakt durchgeführten Forschung, wie es auch von Chambers im obigen Zitat betont wird. Bei Entscheidungen über die Auswahl von Forschungsthemen, über leitende Fragen und Methoden sowie über Schlußfolgerungen aus den Forschungsergebnissen müssen allerdings sowohl die Kontexte der Wissensnutzung als auch die darin operierenden AkteurInnen mit ihren Einflußmöglichkeiten, Entscheidungsbefugnissen und Interessen berücksichtigt werden. So waren gerade die Unkenntnis und Naivität vieler *applied anthropologists* über Arbeitsweisen, Sachzwänge und Entscheidungsstrukturen von BeamtInnen und PolitikerInnen als Ursache für die geringe Effektivität einer Reihe von Projekten der angewandten Ethnologie erkannt worden (vgl. Kap. 3.).

Um mit ethnologischer Forschung Einfluß auf die "Indigenen-Politik" staatlicher und nicht-staatlicher Einrichtungen nehmen zu können, muß z.B. bekannt sein, welche Gremien und Organe über indigene Belange entscheiden, wer welche Entscheidungen mit welcher Reichweite trifft, welche Instanzen an ihrer Umsetzung beteiligt sind, welcher Zeit- und Finanzrahmen für ein Projekt oder die Entwicklung von Handlungsstandards gesetzt sind, welche Interessengruppen welche politischen Positionen vertreten u.a.m.. Aus der Beantwortung dieser u. ä. Fragen ergeben sich die Handlungsmöglichkeiten indigener PolitikerInnen und ihrer nicht-indigenen PartnerInnen. Dabei müssen auch die den indigenen Gruppen zur Verfügung stehenden oder benötigten Ressourcen sowie ihre unterschiedlichen Interessen, Ziele und Handlungspotentiale bekannt sein.

Um Zuständigkeiten, Verantwortungsbereiche und Mandate der verschiedenen Verwaltungsebenen und Interessengruppen kennenzulernen, formelle und informelle Gesetzmäßigkeiten bei Entscheidungsfindungsprozessen zu durchschauen sowie den "Schlüssel" zum Zugang zu den verschiedenen Instanzen und Personen zu finden, müssen sich die WissenschaftlerInnen unmittelbar in die Welt der politischen und bürokratischen Entscheidungs- und Planungsprozesse hineinbegeben, müssen *studying up* betreiben und eigene praktische Erfahrungen mit Machtstrukturen und politischen Prozessen sammeln:

"If we want to be more fully represented in the body politic, we have to be willing to become a part of that culture. When we do, we will be called upon and consulted because of our experience in policy setting, not because we are anthropologists. But in that process, anthropology will have gained a wider voice" (Hess 1993:48; ähnlich Angrosino/Whiteford 1987, E.Chambers 1985, Weeks/Schensul 1993:50-53).

6.5.4. Institutionalisierung und Finanzierung

Es ist unerläßlich, daß *advocacy anthropologists* selber ein gewisses Machtpotential bzw. einen Zugang zu den Ressourcen und Kanälen von politischer Macht erwerben, über die sie ihr Wissen in politische Prozesse eingeben und so ihre Erkenntnisse in politisches Handeln umsetzen können. Da EthnologInnen aber selten an machtausübenden und entscheidungsrelevanten Stellen sitzen, müssen sie Instrumente, Wege und Mittelspersonen suchen, die ihre Erkenntnisse und Argumente - bzw. die ihrer indigenen PartnerInnen - in die Lobbyhallen und Sitzungssäle der EntscheidungsträgerInnen tragen.

Für hiesige EthnologInnen bietet sich z.B. eine Mitarbeit in NGOs an, die sich mit indigenen Angelegenheiten befassen, d.h., in Organisationen aus dem Dritte-Welt-, Menschenrechts- und Umweltschutzbereich, außerdem staatliche und nicht-staatliche entwicklungspolitische Einrichtungen oder Regierungsorgane aus den Ressorts Menschenrechte, Ressourcen- oder Klimaschutz. Dabei ist Tax' Warnung, daß AktionsethnologInnen sich möglichst von einer Verbündung mit machthabenden Gruppen und Personen fernhalten sollten, weiterhin durchaus ernst zu nehmen: Zu häufig nehmen Geld- und AuftraggeberInnen, wie die Geschichte der praktischen Ethnologie vielfach zeigt, direkten Einfluß auf die Arbeit von EthnologInnen. Ihre Interessen können - besonders im Konfliktfall - den Interessen und Intentionen der Forschungssubjekte massiv entgegenstehen und diese kooptieren. So verweisen z.B. Diskussionen um partizipative Verfahren in der Entwicklungszusammenarbeit immer wieder darauf, daß die Abhängigkeit von mächtigen GeldgeberInnen den Erfolg eines Engagements gefährden oder zumindest schmälern kann (z.B. Schönhuth/Kievelitz 1994:26; vgl. Kap. 4.7.4.).

Eine Konsequenz wäre, sich als *advocacy anthropologist* so unabhängig wie möglich von Fremdfinanzierungen zu machen. Da eine Bezahlung von EthnologInnen durch die Forschungssubjekte wohl eher die Ausnahme ist und bleiben wird, bleibt den WissenschaftlerInnen, die nicht bei machthabenden Institutionen angestellt werden oder sein wollen, nur der Weg über Stiftungsgelder, eine Mitarbeit in NGOs oder die Ausübung ihres Engagements im Rahmen einer akademischen Position bzw. einer Anstellung bei Museen o.ä. Im ersten Fall können die Antrags- und Evaluationsmodalitäten ebenfalls beschränkenden Einfluß auf die ethnologische Arbeit nehmen. Das macht ein gezieltes Einwirken auf die Regeln und Richtlinien von Förderinstitutionen erforderlich, so daß auch *advocacy*-Aktivitäten und andere Formen engagierter ethnologischer Praxis finanzielle Unterstützung finden (vgl. K.Schlesier 1974:282, Seithel 1990a:329-333).

NGOs verfügen häufig nur über geringe Ressourcen, so daß bei ihnen vielfach nur wenig bezahlte Arbeitsplätze zur Verfügung stehen, die sich EthnologInnen zudem noch mit anderen BewerberInnen teilen müssen. Von den WissenschaftlerInnen wie von anderen MitarbeiterInnen wird daher häufig viel ehrenamtliches Engagement, ein hoher Zeiteinsatz und die Beteiligung an vielfältigen Planungs-, Verwaltungs- und Organisationsaufgaben erwartet. Zusammen mit der Tatsache, daß NGOs häufig Forschungen keinen hohen Stellenwert einräumen, daß sie vielfach nicht über ausreichende Mittel für eine aufwendige Forschungs-, Lobby- und Öffentlichkeitsarbeit verfügen, daß zudem ihre politische Arbeit ebenfalls von unterschiedlichen Interessen sowie von Profilierungswünschen, Kompetenzstreitigkeiten und Konkurrenzstreben beeinflußt wird, sind auch bei NGO-Arbeit der ethnologischen Tätigkeit einige Grenzen gesetzt.

Die Verbindung einer Universitäts- oder Museumsposition mit einem *advocacy*-Engagement verlangt von den WissenschaftlerInnen u.U. einen zusätzlichen Zeit- und Arbeitsaufwand neben ihren sonstigen beruflichen Verpflichtungen. Sie ist aber durchaus möglich, wie z.B. die Arbeiten von K.Schlesier (1974), Peterson (1987) und einigen MuseumsethnologInnen (z.B. Ames 1986a) zeigen. Das bedeutet nicht, daß UniversitätsprofessorInnen neben ihren umfangreichen akademischen Verpflichtungen zusätzlich noch in NGOs tätig sein müssen, um eine *advocacy anthropology* zu praktizieren. Es ist vielmehr möglich und notwendig, daß sie im Rahmen der ihnen zur Verfügung stehenden Zeit, Ressourcen und Tätigkeiten bei ihrer gesamten Arbeit Schwerpunkte und Prioritäten setzen, die einer *advocacy anthropology* entsprechen. Diese verlangt keineswegs den Ausstieg aus dem akademischen Betrieb. Sie bedeutet vielmehr eine spezifische Orientierung ethnologischen Arbeitens, bei der u.a. die Bedürfnisse und Belange der Forschungssubjekte zum Ausgangspunkt genommen oder zumindest berücksichtigt werden. Daraus ergeben sich andere Fragen, Forschungsthemen, -methoden und -programme, eigene Präsentationsformen, neue ForschungspartnerInnen, veränderte Nutzungskontexte und neue Ausbildungsinhalte als bei konventioneller Forschung und Lehre. Diese veränderten, *advocacy*-orientierten Forschungsansätze und -bedingungen können auch im Rahmen einer akademisch institutionalisierten Ethnologie ihren Platz finden. Die Aktivitäten einiger nord- und südamerikanischer *action* und *advocacy anthro-*

pologists liefern Beispiele dafür (z.B. Ramos 1990, Rodrian 1993a, K.Schlesier 1974, 1980, 1990; vgl. die Literatur in Kap. 4).

Eine *advocacy anthropology*, die vor allem im Rahmen akademischer Arbeit betrieben wird, läuft allerdings Gefahr, sich allzu sehr vom Alltag praktischer Politik zu entfernen und sich in der Produktion umständlicher theoretischer Abhandlungen oder unrealistischer Handlungsvorschläge zu erschöpfen, die nicht an den Anforderungen und Interessen von PolitikerInnen und anderen PraktikerInnen anknüpfen (vgl. Pelto/Schensul 1987:509-511; vgl. die Beispiele in Kap. 3). Eine Anbindung und (zumindest gelegentliche) Teilnahme der ForscherInnen am *policy-making process* ist deshalb ebenso wichtig wie die Suche nach eigenen Ressourcen und Möglichkeiten zur effektiven Umsetzung ihres Wissens. Weeks und Schensul schlagen in diesem Zusammenhang vor, sog. *policy clusters* zu bilden:

> "The policy cluster is an *ad hoc* group that comes 'into existence to work on or advocate for issues of public concern..... The policy cluster is a focus of power in the policy process and varies in its degree of influence as well as its involvement in action' (...) with the composition and scope of its membership and the skill of its facilitator" (Weeks/Schensul 1993:52).

Zu diesen *policy clusters* zählen sie z.B. "programs, consortia, action research networks, and other similar activities that involve community residents and the organizations that represent them in research, action, and policy debate" (ebd.; vgl. Schensul 1985). Eine ähnliche Ansicht vertreten auch Partridge und Eddy (1987:44-55), nach deren Meinung EthnologInnen ohne "politically viable levers of action" keinen entscheidenden politischen Einfluß nehmen können. Zwecks Arbeitsteilung und größerer Effektivität empfiehlt sich eine Mitarbeit in interdisziplinären Teams, in die ethnologische Kenntnisse indigener Kategorien, Denk- und Lebensmodelle hineingetragen werden (Wright 1988:384).

Die Frage nach dem institutionellen Rahmen einer *advocacy anthropology* kann also nicht generell beantwortet werden. Sie muß von Fall zu Fall, unter Abwägung möglicher Konsequenzen und Auswirkungen auf die praktische Arbeit und die ForschungspartnerInnen, aber auch der Interessen und Bedürfnisse der EthnologInnen entschieden werden. Die Tatsache, daß es schwieriger sein kann, für eine interventionistische ethnologische Praxis Forschungsgelder bewilligt zu bekommen, spricht nicht gegen das Konzept einer *advocacy anthropology*, sondern gegen die Vergabekriterien von Stiftungen und Förderinstitutionen.

Nicht die von (potentiellen) Geld- und AuftraggeberInnen zur Verfügung gestellten Mittel und die von ihnen bestimmten Vergabekriterien sollten, wenn möglich, die ethnologische Praxis definieren, sondern die Notwendigkeit, zur Lösung eines Problems, z.B. der Sicherung indigener Rechte, beizutragen. Dazu gehört auch die Schaffung entsprechender Rahmenbedingungen, die solch ein Engagement ermöglichen. Schließlich wird ein Arzt - ohne daß bei dieser Analogie indigene Völker als PatientInnen verstanden werden sollen -, der zu einem Schwerkranken gerufen wird, diesem aus ethischen Gründen kaum eine Behandlung verweigern können, selbst wenn die Bezahlung in Frage gestellt ist. Grundlage einer *advocacy anthropology* ist genau diese ethische Verpflichtung zum Handeln, solange eine Möglichkeit gesehen wird, mit dem fachlichen Wissen und Können als EthnologInnen zur Beseitigung von Leid und Unrecht beizutragen.

6.6. Zusammenfassung

Der Begriff **indigene Völker** wird seit den 70er Jahren von denjenigen Gruppen als Eigenbezeichnung bevorzugt, die auch als Vierte Welt, UreinwohnerInnen oder Stammesvölker bezeichnet werden. Er ist vor allem als politischer Kampfbegriff zu verstehen. Die sich indigen nennenden (oder so bezeichneten) Gruppen wurden u.a. durch historische Macht- und Unterwerfungsprozesse geformt und konstituier(t)en sich durch Eigen- und Fremdwahrnehmung sowie durch gruppeninterne und -externe Interessen. Sie werden heute zunehmend als AkteurInnen auf der internationalen politischen Bühne akzeptiert. Eine Definition des Begriffs hat wesentliche politische und völkerrechtliche Implikationen. Die Mehrheit der indigenen PolitikerInnen vertritt die Ansicht, daß nur indigene Völker selber das Recht haben, den Terminus zu definieren.

Als **Hauptmerkmale** indigener Völker gelten nach der weithin akzeptierten sog. Cobo-Definition ihre *pre-existence*, *non-dominance*, *cultural difference* und *self-identification*. Trotz aller historischen und kulturellen Unterschiedlichkeiten beschwören indigene Völker bzw. ihre WortführerInnen ein Zusammengehörigkeitsgefühl, das sich auf (angenommene oder reale) Gemeinsamkeiten in ihren Kulturen, ihrer Geschichte und ihrer Gegenwartssituation beruft. Ihre Probleme sind vor allem ein Resultat ihres Eingebunden-Seins (*encapsulation*) in Nationalstaaten sowie in globale politische, ökonomische, technologische und kommunikative Strukturen. "Eingebunden-Sein" bedeutet für sie nicht notwendigerweise auch, Zugang zu den Leistungen und Angeboten dieser Strukturen zu haben, sondern führt viel häufiger zur gesellschaftlichen Ausgrenzung und zum ungleichen Zugang zu Ressourcen und Rechten.

Aus ihrem Selbstverständnis als eigenständige Nationen, die sich im Zustand der Kolonisierung befinden, leiten indigene Völker verschiedene **gemeinsame Forderungen** und Ansprüche sowohl nach gleichberechtigter **Partizipation** als auch nach einem **Sonderstatus** und nach Sonderrechten innerhalb der nationalen und internationalen Gesetzessysteme ab. Aufgrund der Unzulänglichkeit bestehender rechtlicher Instrumente sind sie dabei sowohl auf die öffentliche Anerkennung der **moralischen Berechtigung** ihrer Forderungen und die Demonstration ihres Anders- und Besonders-Seins angewiesen wie auch vom politischen Meinungsklima, von den Argumentationsfiguren öffentlicher Diskurse über Fremdkulturen und von herrschenden Konzepten über Recht, Volk, Selbstbestimmung u.ä. abhängig. Hier setzen u.a. die Arbeitsfelder von *advocacy anthropologists* an.

Die Bundesregierung übt über ihr außenwirtschaftliches und entwicklungspolitisches Engagement und als bedeutende Initiatorin und Geldgeberin von Entwicklungsprogrammen wesentlichen Einfluß auf die Lebensbedingungen vieler indigener Gemeinschaften aus und trägt damit auch Verantwortung für deren Schicksal und Zukunft. Aus diesen **Zusammenhängen** ergeben sich auch für hiesige EthnologInnen, die nicht primär "vor Ort" arbeiten wollen oder können, verschiedene **Ansatzpunkte** für eine *advocacy anthropology* mit indigenen Gruppen. Dabei geht es hauptsächlich um Veränderungen innerhalb der eigenen Gesellschaft und nicht um eine "Entwicklung" der indigenen Völker.

Die **Aufgabenfelder hiesiger** *advocacy anthropologists* erstrecken sich insbesondere auf:
1. Mitwirkung an den Bemühungen zur Sicherung indigener Rechte;
2. Aufklärungs-, Supervisions- und Beratungstätigkeiten für NGOs; und
3. die Beratung und Unterstützung indigener Organisationen und Gruppen

Eine wichtige Grundlage für diese Tätigkeiten liefern verschiedene **internationale Dokumente** und Abkommen wie z.B. die ILO-Konvention 169, die Agenda 21 oder der Entwurf einer Erklärung indigener Rechte der UNWGIP. Die genannten Arbeitsbereiche sind Entwürfe möglicher Betätigungsfelder, innerhalb derer bereits international EthnologInnen tätig sind bzw. waren.

Ihre **Rollen** entsprechen im wesentlichen denen anderer praktisch tätiger EthnologInnen; ihre **Aufgaben** bestehen u.a. aus Forschung, Evaluation, Dokumentation, Vermittlung, Übersetzung, Beratung und logistischer wie allgemeiner Unterstützungstätigkeit. Sie zielen auf **Aufklärung** und *empowerment*. Hierzu gehört die Produktion praktisch relevanten Wissens in Kooperation mit indigenen Personen sowie die Versorgung indigener Organisationen bzw. ihrer VertreterInnen mit relevanten Informationen, Kontakten und Ressourcen. Eine weitere Aufgabe der EthnologInnen besteht darin, ihre Kenntnisse transformierend auf die **eigene** Gesellschaft zurückzuwenden. Dazu gehören u.a. Korrekturen herrschender Stereotypen über indigene Völker, die Schaffung eines öffentlichen Klimas, innerhalb dessen indigene Belange, Lebensformen und Zukunftsentwürfe als gleichberechtigte Themen in der politischen Arena akzeptiert werden sowie die Herstellung von Rahmenbedingungen für eine *self-advocacy* von indigenen Völkern. Diese Aufgaben werden auch von indigener Seite von EthnologInnen eingefordert.

In der Praxis der *advocacy anthropology* stellen sich Fragen nach **Repräsentativität**, **Kontrolle** und **Handlungsbefugnis**. Für eine erfolgreiche Politik der Selbstbestimmung müssen sich indigene Gruppen heute neues Wissen und neue Fähigkeiten aneignen sowie Aufgaben bewältigen, für die sie in ihrer Geschichte und Kultur keine geeigneten Anweisungen finden. Gefördert durch ihre nicht-indigenen UnterstützerInnen bilden sich dadurch neue indigene Eliten mit spezifischen Wissens- und Handlungskompetenzen heraus, die sich z. T. der Kontrolle herkömmlicher kultureller Autoritäts- und Entscheidungsstrukturen entziehen. Ideologische und politische Differenzen, Konkurrenz-, Macht- und Profilierungskämpfe und das Ringen um Ressourcen de- und rekonstruieren indigene Gruppen. Mit wem *advocacy anthropologists* in diesen komplexen Repräsentations-, Entscheidungs- und Autoritätsstrukturen zusammenarbeiten, hängt vom Einzelfall sowie ihren Zielen und Werten ab. Unerläßliche Grundlage für ihre Entscheidung ist ein möglichst genaues Wissen über die politischen, sozialen und kulturellen Hintergründe und Zusammenhänge eines Falles.

Die **räumliche Distanz** und Nicht-Teilhabe am Alltag der indigenen PartnerInnen wirft bei einer *advocacy anthropology*, die von Europa aus betrieben wird, zusätzliche Fragen und Probleme auf, die eine kontinuierliche Reflexion und Evaluation des *advocacy*-Prozesses sowie eine verantwortungsvolle Selbstverpflichtung der EthnologInnen notwendig machen. Eine Zusammenarbeit mit indigenen Organisationen kann z.T. über bestehende Kommunikationsnetzwerke koordiniert werden, bedarf aber auch der **persönlichen Begegnung** zwischen den indigenen und nicht-indigenen PartnerInnen.

Ein allgemeingültiger Kanon **ethischer Richtlinien** und Handlungsanleitungen läßt sich für die *advocacy anthropology* nicht aufstellen. Möglichst ausführliche Projektbeschreibungen können Entscheidungshilfen und Lösungshinweise für Konfliktsituationen liefern, welche aber stets auf den spezifischen Kontext abgestimmt werden müssen.

Ethnologisches Wissen kann u.a. deshalb zur **Beeinflussung von Politik** eingesetzt werden, weil Regierungen in Gesellschaften mit liberal-demokratischen Verfassungen ihre Entscheidungen durch Wissenschaft und Bevölkerungsbeteiligung legitimieren müssen. Den Möglichkeiten ethnologischen Handelns werden allerdings durch gesellschaftliche Bedingungen und Machtinteressen Grenzen gesetzt, deren Veränderung außerhalb des unmittelbaren Einflußbereiches von EthnologInnen liegt. Eine effektive *advocacy anthropology* setzt gute Kenntnisse über politische Strukturen und praktische Erfahrungen mit dem *policy-making process* und mit *knowledge investment*-Strategien voraus. Ein Ansatzpunkt für EthnologInnen ist z.B. die Untersuchung und Beeinflussung der einer Politik zugrunde liegenden Annahmen, Werte und Konzepte.

Wichtig ist außerdem die Schaffung von **Organisationsstrukturen**, die Entwicklung von Strategien und die Herstellung von Beziehungen, mittels derer ihr Wissen an die relevanten EntscheidungsträgerInnen transportiert werden kann. Hierzu ist z.B. die Einbindung der ethnologischen Praxis in bereits bestehende Informations- und Aktionsnetzwerke (*policy clusters*) notwendig.

Wünschenswert ist ferner, daß sich *advocacy anthropologists* so unabhängig wie möglich von der Einflußnahme externer Auftrag- und GeldgeberInnen machen. Das stellt sie vor die schwierige Frage nach der **Finanzierung** ihrer Aktivitäten und ihres Lebensunterhalts. Hierzu bieten sich u.a. Stiftungsgelder, eine Mitarbeit in NGOs oder die Verbindung von akademischen Berufspositionen mit einer *advocacy*-Orientierung an. Innerhalb welchem institutionellen Rahmen die EthnologInnen letztlich arbeiten, hängt von den zur Verfügung stehenden Möglichkeiten und von den existentiellen Notwendigkeiten, aber auch der Abwägung möglicher Konsequenzen und Auswirkungen auf die praktische Arbeit und die ForschungspartnerInnen ab.

7. SYNTHESE:
ETHISCHE, THEORETISCHE UND METHODISCHE GRUNDLAGEN EINER *ADVOCACY ANTHROPOLOGY*

7.1. Einleitung

> "Anthropology should be practiced with a dose of passion."
> A.R.Ramos (1990:452).

Mit dem Terminus *advocacy anthropology* wird im Sinne vorangegangener Ausführungen eine bestimmte Herangehensweise an die Produktion und Nutzung ethnologischen Wissens und ein besonderes Verständnis von den Aufgaben und Zielen wissenschaftlicher Aktivitäten umschrieben. In diesem abschließenden Kapitel geht es darum, die spezifische Begründung einer *advocacy anthropology* in einem wertexpliziten Wissenschaftskonzept vorzunehmen, ihre zentralen theoretischen Grundannahmen herauszuarbeiten, noch einmal genauer das Besondere eines kooperativen Forschungsprozesses zu beleuchten, Hinweise auf Methoden und Kenntnisse zu geben, die für eine *advocacy anthropology* benötigt werden, und Anregungen für weiterführende Forschungsfragen zu liefern.

Die Wertposition der *advocacy anthropology* basiert im wesentlichen auf der Anerkennung des Rechtes jedes Individuums und jeder Gemeinschaft auf physische Existenz, Selbstbestimmung und eigene Identität. Darüber hinaus folgen die EthnologInnen einer situativen Ethik, derzufolge die Werte und Ziele eines Engagements in der Einzelsituation neu bestimmt bzw. mit den Beteiligten ausgehandelt werden (Kap. 7.2.).

Im Kern des theoretischen Konzeptes einer *advocacy anthropology* stehen Kommunikation, Partizipation und Aktion sowie eine dialektische Sichtweise auf Realität. In einem zyklischen und dialogischen Prozeß einer *reflection-in-action* wird ein Erfahrungswissen gesammelt, das zum gemeinsamen Handeln und zur Veränderung einer sozialen Situation führen soll (Kap. 7.3.).

Insbesondere bemüht sich die *advocacy anthropology* um die Herstellung einer kooperativen und partnerschaftlichen Beziehung zwischen allen am Forschungsprozeß Beteiligten, bei der ForscherInnen wie Forschungssubjekte mit ihrem besonderen Erfahrungshorizont und ihren Strategien der Wissensproduktion zu einem möglichst umfassenden gemeinsamen Verständnis der sozialen Realität beitragen (Kap. 7.4.).

In der *advocacy anthropology* kann das gesamte theoretische und methodische Instrumentarium des Faches zur Anwendung kommen. Darüber hinaus gibt es einige für ethnologische *advocacy*-Aktivitäten besonders nützliche und notwendige Kenntnisse und Fähigkeiten, die z.T. bereits in der Ausbildung erworben werden können (Kap. 7.5.).

Der hier vorgestellte "Grundriß" einer *advocacy anthropology* ist eine Art idealtypischer **Entwurf**, der durch die Praxis und den Einzelfall Konkretisierung und Relativierung erfahren muß. Das Postulat von gleichberechtigten Beziehung zwischen den ForschungspartnerInnen ist beispielsweise genauso als handlungsleitendes Ideal oder Regulativ zu verstehen wie die in Ethik-Codes aufgestellten Regeln oder die methodischen Anleitungen wissenschaftlicher Handbücher für eine "objektive" wissenschaftliche Forschung. In der komplexen und widersprüchlichen Handlungsrealität lassen sich ideelle Konstrukte wie "Gleichberechtigung" oder "Herrschaftsfreiheit" ebensowenig immer verwirklichen wie Forderungen nach Neutralität und Objektivität. Ähnlich wie in der Geometrie Kreise, Dreiecke und Trapeze abstrakte Denkmodelle darstellen, die in der Wirklichkeit kaum in perfekter Form vorkommen, aber dennoch den Entwurf von Bauplänen und die Konstruktion von funktionstüchtigen Gebäuden zulassen, existieren diese Konzepte in Reinform nur in unserem Denken und müssen in der sozialen Wirklichkeit immer modifiziert werden.

Dies gilt es mitzubedenken, wenn die folgende Darstellung der Grundprinzipien einer *advocacy anthropology* teilweise überhöhte und möglicherweise unerfüllbare Anforderungen an EthnologInnen zu stellen scheint. Van Willigen, der sich ausführlich mit partizipatorischen und interventionistischen Forschungsstrategien befaßt hat, schreibt dazu:

> "In thinking about this process (der action/advocacy anthropology; F.S.) it is possible to be either too cynical or too naive. Think pragmatically - the process is workable" (1993:9).

7.2. Zur Begründung einer wertexpliziten Wissenschaft

> "Scham ist es, die den Gelehrten darin
> hindert, das Gefühl zu zeigen, das er
> in seine Wissenschaft hineinlegt...."
> A. van Gennep

7.2.1. Ist *advocacy anthropology* Wissenschaft?

Jede empirische sozial- oder kulturwissenschaftliche Forschung stellt, wie eingangs dargestellt wurde, eine Intervention in bestehende soziale Situationen sowie (im weitesten Sinne) eine Einflußnahme auf die Forschungssubjekte dar (vgl. Kap. 2.2.). Kein Eingriff in das Leben anderer Menschen läßt sich letztlich aber mit rein wissenschaftlichen Kriterien, sondern nur mit Wertsetzungen begründen. Rechtfertigt man Forschungen z.B. mit der Suche nach Erkenntnissen oder Wahrheit, so ist das ein *a priori* gesetzter Wert, der im Rahmen der historischen Entwicklung westlicher Wissenschaft kontextbedingt, aber nicht objektiv begründbar ist. Wenn aber schon reine Forschung immer auch Wertsetzung und Einflußnahme bedeutet, dann gilt das erst recht für eine angewandte oder praktische Forschung:

> "(...) (A)pplied anthropology is at root a value-oriented endeavor. (...). To engage in practice requires purpose, and purpose requires guidance from values" (Bennett 1996:28).

Wenn Forschung einen praktischen Beitrag zur Lösung sozialer Probleme leisten will, dabei aber gleichzeitig um Neutralität bemüht ist, steht sie vor einem Dilemma, das viele herkömmlich arbeitende *applied anthropologists* erfahren haben: Sie kann einerseits Mittel (Daten, Erkenntnisse, Konzepte, Methoden) für gesellschaftlichen Wandel liefern, kann aber - ohne Wertsetzungen und Stellungnahme - keine Ziele definieren, zu denen ihre Mittel führen sollen (vgl. Kap. 3). Ein Weg aus diesem Dilemma ist die Gründung einer Wissenschaft auf einem Praxiskonzept, das sowohl die untrennbare Verknüpfung von Handeln und Erkennen als auch von Wirklichkeitswahrnehmung und Wertentscheidungen anerkennt (ähnlich Gardner/Lewis 1996:133).

Entscheidungen für oder gegen eine praktische Nutzung wissenschaftlicher Kenntnisse, für oder gegen eine *advocacy*-Haltung hängen demnach von dem jeweiligen fachlichen Selbstverständnis und der Wissenschaftsauffassung der

ForscherInnen ab (Amborn 1993c:17-18, Hornbacher 1993:39, vgl. die Diskussionen bei D'Andrade 1995, Scheper-Hughes 1995). Die Klärung und Offenlegung des Erkenntnisinteresses des Wissenschaftlers und seines Verständnisses von den Zielen und Aufgaben von Wissenschaft sind deshalb wichtige Bestandteile wissenschaftlicher Arbeit. Wie eingangs dargelegt, lieget dieser Arbeit ein Wissenschaftsverständnis zugrunde, demzufolge Wissenschaft von Lebenspraxis durchdrungen ist, sich wissenschaftliche Erkenntnisproduktion und -nutzung nicht voneinander trennen lassen und "Ethnologie betreiben" immer auch heißt, sich im Rahmen von politischen Konstellationen und Machtverhältnissen zu verorten. Danach verlangt jede wissenschaftliche Tätigkeit auch wertende Entscheidungen, z.B. über die Konzeption des Faches im sozialen und politischen Kontext, über Techniken zur Wissensgewinnung und über die Verwendung dieses Wissens (Amborn 1993a, 1994, Koepping 1993, Scheper-Hughes 1995; siehe Kap. 2.2.).

Eine Ethnologie, die sich für oder gegen eingreifendes Handeln, Stellungnahme und *advocacy* entscheidet, bleibt nach diesem Verständnis immer Ethnologie; die Entscheidung ist Teil der wissenschaftlichen Arbeit. Sie begründet sich nicht primär durch ein Theorie- oder Methodendefizit, sondern durch eine grundlegende ethische und politische (im o.a. Sinne) **Wertposition** des Wissenschaftlers. Dabei erfolgt sie das erste Mal häufig nicht geplant, sondern ergibt sich aus den Erfahrungen und zwischenmenschlichen Beziehungen einer Forschungssituation: Ausgelöst durch persönliche Betroffenheit, Empörung über Unrecht oder auf Drängen der Forschungssubjekte entsteht der Wunsch bzw. die Notwendigkeit, etwas zu tun, Stellung zu nehmen und aktiv einzugreifen (z.B. Gallin 1959, Hastrup-Elsass 1990, Ramos 1990:19, Rubinstein 1986:271, Scheper-Hughes 1995, K.Schlesier 1974, Tax 1975a, van Esterik 1985:73-5; vgl. Kap. 4.2.).

Aufgrund der moralischen Begründung einer *advocacy* halten einige FachvertreterInnen diese für inkompatibel mit Ethnologie **als Wissenschaft**:

"A preliminary conclusion of our discussion is that advocacy, as such, is incompatible with anthropology as a distinct kind of scholarship. To be advocates anthropologists have to step outside their profession, because no 'cause' can be legitimated in anthropological terms. Ethnographic knowledge may provide an important background for individual advocacy for a particular people, but the rationale for advocacy is never ethnographic; it remains moral in the broadest sense of this term. Even anthropologists have moral responsibilities, however, and discussion of the relationship between anthropology and advocacy is badly needed" (Hastrup/Elsass 1990:301).[234]

Es fragt sich, von welcher "distinct kind of scholarship" die AutorInnen hier ausgehen. Aufgrund ihrer "postmodernen Perspektive" (ebd. 302) finden sie "keine wissenschaftlichen Standards" (ebd. 389) zur Rechtfertigung einer aktiven Unterstützung eines von ihren indigenen ForschungspartnerInnen initiierten Selbsthilfeprojektes. Zur Begründung ihrer indifferenten Haltung rekurrieren sie auf ihr Verständnis von Kultur. Kultur wird für sie ausschließlich im Denken und Handeln von Menschen in einem bestimmten Kontext ausgehandelt. EthnologInnen befassen sich als WissenschaftlerInnen mit diesem "kulturellen" Kontext und den verschiedenen darin enthaltenen Stimmen, Sichtweisen und Zukunftsentwürfen (ebd. 306). Es ist ihre Aufgabe, "andere Kulturen zu repräsentieren" und "ein allgemeines Verständnis für menschliche Dinge zu schaffen". Diese wissenschaftliche Zielsetzung läßt sich nach Ansicht von Hastrup und Elsass nicht direkt in Praxis umsetzen (ebd. 389). Denn *advocacy* und jede andere Form praktischer Ethnologie verlangt ja gerade den Einsatz für *eine* bestimmte Sichtweise und für einzelne Interessen innerhalb eines Gesamtkontextes. Sie kann für die AutorInnen nur eine Folge ethnologischer Arbeit, nicht aber selber Ethnologie sein (ebd. 307). Sie erkennen zwar an, daß "auch EthnologInnen moralische Verantwortungen haben" (ebd. 301), daß ethnologisches Wissen den Hintergrund für ein praktisches Engagement liefern kann und daß EthnologInnen in manchen Fällen zu einer *advocacy* geradezu verpflichtet sind, sind aber der Meinung, daß

> "(...) anthropology as such possesses no key to particular strategies of advocacy. As human beings and as carriers of our own particular cultural standards we may feel something to be right or wrong, but we can hardly back it by *anthropological* argument" (ebd. 389, Betonung im Original).

---

[234] Eine ähnliche Ansicht wurde über vierzig Jahre früher auch von Tax und anderen EthnologInnen vertreten: "A scientific observer or reasoner, merely as such, is not an advisor to practice. His part is only to show that certain consequences follow from certain causes, and that to obtain certain ends, certain means are the most effectual. Whether the ends themselves are such as ought to be pursued, and if so, in what cases and to what great length, it is no part of his business as a cultivator of science to decide, and science alone will never qualify him for the decision" (Tax 1945, in: Gearing et al. 1960:16). Im Laufe seiner Beziehungen zu den Fox änderte sich dann allerdings Tax' Wissenschaftsauffassung zu einem wertexpliziten und interventionistischem Forschungskonzept.

Ihre Ablehnung jeder interventionierenden Praxis als EthnologInnen ist eine Folge ihrer (postmodernen) Einstellung, die u.a. von einer gewissen Desillusionierung und Resignation hinsichtlich der Möglichkeiten sozialer Veränderungen und Verbesserungen gekennzeichnet ist und die Dekonstruktion bzw. eine gewisse Beliebigkeit von Ideen, Handlungskonzepte eingeschlossen, propagiert (vgl. Singer 1994:339).

Damit werden wir wieder auf die grundlegende Frage nach der jeweiligen Auffassung über die ethnologische Aufgabenstellung zurückverwiesen. Diese läßt sich mit rein wissenschaftlichen Argumenten nicht entscheiden (vgl. auch Hedican 1995:64-68). So wird die Frage, ob eine *advocacy* mit Ethnologie als wissenschaftlicher Disziplin vereinbar ist, im Fach sehr unterschiedlich beantwortet. Während z.B. Heinen mit Bezug auf Rubinstein (1987) und Hastrup undElsass (1990) schreibt:

"Though it is hard to refute Rubinstein's statement that 'learning and helping through advocacy *is* anthropology,' I have to agree with the present authors' (preliminary) conclusion (p. 301) that 'advocacy, as such, is incompatible with anthropology as a distinct kind of scholarship" (Heinen 1990:388)

stellt Ervin (1990:26) in Antwort auf dieselben AutorInnen fest:

"(...) no one has the authority to say that anthropology cannot have as one of its domains a professional anthropological advocacy or that advocacy is not compatible with anthropology."

Im Unterschied zu dem von Hastrup und Elsass vertretenen "postmodernen Pessimismus" bezüglich der Möglichkeiten einer Intervention liegt einer *advocacy anthropology* eine gewisse Hoffnung und ein (gedämpfter) Optimismus darüber zugrunde, daß sich eine wissenschaftliche Praxis konzipieren und realisieren läßt, die zumindest nicht "Teil des Problems, sondern Teil der Lösung ist" (K.Schlesier 1980:35). Im Kern dieser ethischen Position steht die Auffassung, daß WissenschaftlerInnen Verantwortung für die Folgen ihres Tuns und die Verwendung ihrer Forschungsergebnisse tragen, daß ihre Loyalität den unterdrückten und benachteiligten Gruppen gelten und daß ihre Arbeit auch einen praktischen Nutzen für die Forschungssubjekte besitzen sollte.

Das Verständnis von der Ethik ethnologischer Arbeit begrenzt sich bei einer *advocacy anthropology* nicht nur auf Fragen nach der Zustimmung der Forschungssubjekte, dem Schutz ihrer Privatsphäre oder der Rückgabe von Forschungsergebnissen, sondern erstreckt sich auch auf den größeren Rahmen der politischen und ökonomischen Dimensionen ihrer Tätigkeit, auf Fragen nach Menschenrechtsverletzungen, ungleichen Machtbeziehungen und Situationen von Ausbeutung, Unterdrückung und Verfolgung, unter denen die Forschungssubjekte leben und leiden (vgl. Bourgois 1990). Die EthnologInnen folgen dem Wunsch, wie Starn (1994:14), es ausdrückt, "(...) to ground scholarship in (...) the desire to make real effects in the world." Sie wollen ein Wissen schaffen, das sowohl in der Art und Weise seiner Produktion wie in seinen Ergebnissen denjenigen Menschen, über die es Aussagen macht, nützlich sein kann, um größere Kontrolle und Selbstbestimmung über ihr Leben zu gewinnen. Dabei vertreten a*dvocacy anthropologists* die Ansicht, daß sie die Verantwortung für die praktische Nutzung ihrer Erkenntnisse nicht an die sog. PraktikerInnen abgeben können, sondern daß sie sie in eigenes Handeln umsetzen müssen.

Die entscheidungsleitenden Werte ihres Handelns müssen dabei letztlich immer *a priori* gesetzt werden (vgl. Amborn 1993c:23, Koepping 1993:113). So gibt es z.B. keine empirische Beweisbarkeit dafür, daß z.B. der Wert Selbstbestimmung allgemeingültig und *per se* moralisch gut ist:

"We of the western world speak of 'self-determination' in regards to native peoples. We laude demonstrations of what *we* consider to be manifestations of this attitude and strive to create environments in which it can further develop. We willingly allow ourselves to function as vehicles for ideas and influences which we consider to be beneficial in this change process, which will result in 'self-determination' on the part of the native groups with which we associate. We need, however, to recognize both the ethnocentric origins and focus of our ideas and actions as well as the fact that there is conflict in all cases of social change. We must anticipate this conflict because our actions frequently place our associates in untenable positions vis-a-vis their own communities" (Munson 1983:2; Betonung im Original).

7.2.2. Universalistische *und* oder *versus* relativistische Perspektive

Eine *advocacy anthropology* wird zwar meist durch persönliche Betroffenheit ausgelöst und beruht zu wesentlichen Teilen auf individuellen Wertsetzungen und einem Verantwortungsgefühl, das vor allem dem Gewissen des/der EthnologIn verpflichtet ist (vgl. Schlesier 1980:35). Aber sie ist keine rein individuelle Betätigung, sondern rekurriert auch auf allgemeine Werte. So kann ein ethisch begründetes Verhalten, das gesellschaftlich transformatorisch wirken will, nicht nur individuellen und subjektiven Kriterien zur Gewissensberuhigung folgen, sondern muß auch die jeweiligen Machtverhältnisse und Moralsysteme in Betracht ziehen, die eine soziale Situation bestimmen. Das heißt, für eine soziale Intervention müssen neben einer individuellen Wertposition auch allgemeinere Kriterien zur Beurteilung von Problemsituationen und Sachverhalten entwickelt werden. Eine handlungsbestimmende Moral bezieht sich einerseits immer auf andere Personen und Beziehungsverhältnisse, ist also überindividuell, und ist andererseits in ihrer Realisierung immer an individuelle Menschen gebunden. Auch gibt es eine ahistorische Moral, sondern diese ist immer Produkt einer bestimmten geschichtlich gewordenen Situation, an deren Kontext sie gebunden ist (vgl. Drubig et al. 1996a:1-2, 1995:o.S.).

Wie jede praktische Ethnologie wirft damit auch die *advocacy anthropology* die seit Franz Boas im Fach diskutierte Frage nach der Vereinbarkeit allgemeinmenschlicher Werte und Normen mit einer Toleranz für das Einmalige und Unterschiedliche auf (vgl. Koepping 1993). Die fachlichen Auseinandersetzungen zwischen einer universalistischen und einer relativistischen Perspektive wurden zum ersten Mal besonders ausführlich in den 40er Jahren im Zusammenhang mit den internationalen Debatten über allgemeine Menschenrechte geführt (siehe AAA 1947, Lévi-Strauss 1952, Mead 1950, Metraux 1951; vgl. Schirmer et al. 1988), wobei sich besonders die U.S.-amerikanischen EthnologInnen mit der Verbindung von Relativismus und praktischem Handeln schwer taten.

In den ethnologischen Diskussionen dieser Zeit kristallisierten sich vor allem zwei scheinbar unvereinbare Standpunkte heraus: zum einen ein extremer Relativismus, der keinerlei Möglichkeiten für die Erarbeitung kulturübergreifender moralischer Standards und Werturteile (und damit für eine engagierte Praxis) sah, und vor allem eine Reaktion auf die vorangegangene Epoche des Evolutionismus darstellte (siehe Kap. 3.4.; vgl. Renteln 1988a:56-58); zum anderen ein Kontextualismus oder kontextualisierter Universalismus, demzufolge Werte und Normen zwar aus ihrem kulturellen Kontext heraus verstanden werden mußten, der aber - nach Analyse des Kontextes - dennoch Werturteile zulassen wollte (Barnett 1988).

Das *Statement on Human Rights* der *American Anthropological Association* (AAA 1947), im wesentlichen ausgearbeitet von dem Kulturrelativisten Melville Herskovits (zu Herskovits' Position vgl. auch ders. 1976), reflektierte diese beiden widersprüchlichen Positionen: Einerseits wies es die Idee einer Erklärung allgemeiner Menschenrechte, die auf westlich-europäischen Konzepten wie Demokratie und Individualismus beruhten, zurück; andererseits formulierte es die Möglichkeit der eingreifenden Stellungnahme in Fällen, wo Regierungen ihren BürgerInnen oder Teilen von ihnen das Recht auf Teilhabe am sozialen System verweigerten oder diesen offen Gewalt antaten. Letztere Klausel, die nicht von Herskovits stammte und Anlaß zu vielen Diskussionen gab (z.B. Barnett 1948, Renteln 1988a:66-68, Steward 1948) bezog sich insbesondere auf die Erfahrungen mit dem nationalsozialistischen Regime in Deutschland (vgl. Washburn 1987:940).

Die im Fach jahrzehntelang vorherrschende kulturrelativistische Einstellung hat insgesamt eine eingehendere Befassung von EthnologInnen mit der Frage allgemeiner Menschenrechte und mit Strategien ihrer Realisierung behindert (vgl. Clay 1988, R.Cohen 1989, Messer 1993:221, 223). Erst ab den 70er Jahren ging ein Teil der internationalen EthnologInnenschaft, bedingt durch die gesellschaftspolitischen Ereignisse (s.oben), von einem extrem relativistischen zu einem "abgeschwächten" relativistischen (z.B. Donelly 1984)[235] oder einem kontextualisierten Standpunkt über (z.B. Geertz 1984; vgl. Messer 1993:235-241, Washburn 1987:940-42).[236] Der Kulturrelativismus wurde dabei vielfach als eine besondere Form ethnozentrischer Moral kritisiert, da sein zentraler Wert - Toleranz für alle kulturellen Ausdrucksformen - ausgesprochen europäisch bzw. U.S.-amerikanisch sei (Renteln 1988a:62-63). Renteln zeigt dagegen auf, daß es beim ethischen und kulturellen Relativismus im wesentlichen

---

[235] "*Weak* cultural relativism holds that culture may be an *important* source of the validity of a moral right or rule. In other words, there is a weak presumption of universality, but the relativity of human nature, communities, and rights serves as a check on potential excesses of universalism. At its furthest extreme, just short of radical universalism, weak cultural relativism would recognize a comprehensive set of *prima facie* universal human rights and allow only relatively rare and strictly limited local variations and exceptions" (Donnelly 1984:401; Betonung im Original).

[236] Vgl. dazu z.B. die Diskussionen über allgemeine bzw. kulturspezifische Menschenrechte bei An-Na'im (1992), An-Na'im/Deng (1990), Berting et al. (1990), R.Cohen (1989), Donelly (1984), Downing/Kushner (1988a) Messer (1993), Ong (1995), Renteln (1988a, 1988b, 1990) und Scheper-Hughes (1995). Interessant ist in diesem Zusammenhang der partizipatorische Ansatz, den Paul (1990) vorstellt: Er sucht nach Möglichkeiten einer Beteiligung möglichst vieler Bevölkerungsgruppen an der Entwicklung allgemeiner Menschenrechtsstandards, die in Bezug zu kulturspezifischen Werten, Normen und Rechten gesetzt werden können: "It (der partizipatorische Ansatz zur Entwicklung von Menschenrechten; F.S.) is (...) premised on the assumption that universal rights can come into meaningful existence only when they are seen to be related to the protection and advancement of important interests, and when they are asserted and exercised through participatory structures that express widely shared, deeply felt popular concerns and values" (ebd. 214).

um eine Theorie über die Enkulturation von Werten und Normen und die Entstehung von Ethnozentrismus geht und daß die Verknüpfung der Relativismus-Theorie mit dem westlichen Wert der Toleranz nicht zwingend ist (ebd.):

"If (...) the theory in itself neither demands tolerance nor objectivity, then it must follow that it does not force its adherents to forswear moral criticism. Relativists, like everyone else, are ethnocentric (which is why the theory was so confused with tolerance!) and remain true to their own convictions" (ebd. 63).

Die KontextualistInnen erkennen einerseits ebenfalls die Partikularität aller Kulturen an, deren spezifischen Rechte-, Werte- und Normensysteme in ihrem jeweiligen historischen und kulturellen Kontext erforscht, interpretiert und erklärt werden müssen; andererseits fordern sie aber auch statt einer kritiklosen Toleranz für alles menschliche Handeln Stellungnahme und Intervention in solchen Fällen, in denen Menschen offensichtlich unterdrückt, verfolgt, gefoltert oder auf andere Weise um die Möglichkeit einer sicheren und menschenwürdigen Existenz gebracht werden. Auch die Möglichkeit der Entdeckung **allgemeiner, kulturübergreifender Prinzipien von Moralität**, sog. Basisnormen, die die Entwicklung globaler Menschenrechte ermöglichen und mit dem Prinzip des Relativismus vereinbar sind, wird von einer Reihe von AutorInnen in Betracht gezogen (vgl. Drubig et al. 1996a: 5-6, Renteln 1988a, 1988b, 1990). In diesen Basisnormen (z.B. Gerechtigkeit), von denen angenommen wird, daß sie von der gesamten Menschheit geteilt werden, drückt sich u.a. "das Gutseinwollen einer Gesellschaft aus" (Drubig et al. 1995:o.S.). Zur Feststellung dieser Basisnormen bedarf es einer gründlichen kulturvergleichenden empirischen Erforschung von Werten und Normen.

Ein Beispiel dafür liefert Renteln (1990), der nach eingehenden empirischen Forschungen über das Prinzip der Retribution zu dem Schluß kommt, daß alle Gesellschaften Prinzipien haben, die mutwillige, d.h., ohne Notwendigkeit und ohne vorangegangenes Unrecht ausgeübte Gewalt und Tötung ihrer Mitglieder begrenzen (ebd. 135). Der wissenschaftliche Nachweis der weltweiten Existenz dieses Prinzips könnte u.a., so Renteln, die Grundlage für eine generelle Verurteilung von Genozid bilden (ebd. 88-140). Das bedeutet, daß z.B. Kindestötung oder Blutrache im kulturellen Kontext verstanden und akzeptiert werden können oder gar werden müssen, nicht aber die Folterung von politisch Andersdenkenden oder ein Massaker an wehrlosen DorfbewohnerInnen (ebd. 136). Nach Renteln schließen sich also Universalismus und Relativismus nicht generell aus, sondern bedürfen der Fundierung durch umfassende empirische Forschungen über moralische Universalien und ihre kulturellen Variationen (ebd. 138; ebenso Renteln 1988a). Extreme RelativistInnen würden dagegen, so eine weitere Kritik, diese Variabilität von Werten und Normen mit Relativität verwechseln und das invariable Moment einer allgemeinen *conditio humana* übersehen (Drubig et al. 1996a: o.S.).

Andere allgemeine Werte und Normen, die von EthnologInnen als Grundlage für Stellungnahme und handelndes Eingreifen formuliert werden und auch für die *advocacy anthropology* von grundlegender Bedeutung sind, sind z.B.: die Erhaltung kultureller Diversität, die eine Grundlage des Kulturrelativismus darstellt; das Recht aller menschlichen Gemeinschaften auf Sicherung, Selbstbestimmung und Reproduktion ihrer physischen Existenz samt aller dazugehörigen Bedürfnisse; das Recht auf eine eigene selbstgewählte Lebensweise; eine Maximierung von individueller und kollektiver Freiheit und Glück nach eigenen Vorstellungen; der Abbau von Machtausübung; ein allgemeines *well-being;* und der Ausbau von Möglichkeiten und Fähigkeiten, mit der Realität in selbstbestimmter Art und Weise umzugehen (Donelly 1984:414-19, Doughty 1988: 47-48, Downing/Kushner 1988b:7-8, Drubig 1994b:10-12, Kushner 1988:36-39, Messer 1993:227-235 u.a.).

In Bezug auf indigene Völker lassen sich nach Søftestad (1991:376) zwei weitere allgemein geteilte Rechte erkennen: das (ökonomische) Recht auf ein eigenes Territorium und das (politische) Recht auf Selbstbestimmung. Ferner genannt wird ein Recht auf kollektive kulturelle bzw. ethnische Identität (Stavenhagen 1990a). Dieser Rechtsanspruch ist allerdings nicht unumstritten, da er zum einen eine gewisse Statik und Homogenität von Kulturen impliziert (siehe Kap. 5.) und zum anderen zur Rechtfertigung von Gewalt und Unterdrückung genutzt werden kann (vgl. Burgers 1990).

Eine Anerkennung der genannten Rechte[237] verpflichtet auch zu ihrer Realisierung. Dazu gehört u.a. ein aktives Eintreten gegen jede Form von "Ismen" wie z.B. gegen Ethno- und Eurozentrismus, Rassismus, Imperialismus oder Anthropozentrismus samt der daraus resultierenden Gewalt, Verfolgung, Unterdrückung, Diskriminierung, Folter und Armut.

---

[237] EthnologInnen zögern meist, von allgemeinen Rechten zu sprechen, da ihnen Annahmen von universellen Wertmaßstäben zugrunde liegen. Stattdessen ist in der ethnologischen Literatur eher von Normen, kulturellen Praktiken, Moralsystemen, moralischen Kodices, Glaubensvorstellungen u.ä. die Rede (Downing/Kushner 1988a:126).

7.2.3. Wertsetzungen einer *advocacy anthropology*

Die als *advocates* tätigen EthnologInnen gehen neben einer ethischen Wertsetzung von der interessengeleiteten Natur jeglicher Erkenntnissuche und der Interessengebundenheit jedes Wissens aus. Sie sehen es als ihre Aufgabe als WissenschaftlerInnen, sich nicht durch eine möglichst wertneutrale Haltung von ihren eigenen Interessen und Motiven zu entfremden oder zu distanzieren, sondern diese im Gegenteil im Handlungskontext immer weiter aufzudecken und in weitere soziale und politische Zusammenhänge zu stellen (Harries-Jones 1991b: 15-16; Spencer 1991). Ihr erkenntnisleitendes Interesse ist in Anlehnung an die von Habermas (1968a, 1968b:146-68) vorgenommene Dreiteilung der Wissenschaften im weitesten Sinne als emanzipatorisches zu bezeichnen: Unter **Emanzipation** wird hier die Befreiuung von Individuen und Gruppen aus Zuständen der Abhängigkeit und Zwängen verstanden, die ihre Chance auf Überleben und Kontrolle über ihr Leben beeinträchtigen. Handlungen, die auf Emanzipation abzielen, wollen Ausbeutung, Ungerechtigkeit und Unterdrückung abschaffen oder zumindest reduzieren. Jeder dieser Begriffe beinhaltet ein breites Spektrum unterschiedlicher Definitionen, die hier nicht diskutiert werden können. Dabei wird im wesentlichen Giddens' (1991:210-14) allgemeiner Verwendung dieser Begriffe gefolgt.
Ausbeutung bedeutet danach, daß eine Gruppe (bestimmt durch Geschlecht, soziale Klasse, Alter, Religion, ethnische Zugehörigkeit u.ä.) unberechtigterweise Ressourcen und Güter monopolisiert, zu denen sie der ausgebeuteten Gruppe den Zugang verwehrt. **Ungerechtigkeit** bedeutet ungleiche Möglichkeiten des Zuganges zu Quellen der Bedürfnisbefriedigung, materiellen Existenzsicherung und Identitätsbildung. **Unterdrückung** ist Ergebnis ungleicher Machtverteilung, durch die eine Gruppe die Lebensmöglichkeiten einer anderen begrenzt. Emanzipation strebt nach Gerechtigkeit, Gleichberechtigung, Teilnahme und Selbstbestimmung. Sie folgt den führenden Prinzipien von Autonomie, Freiheit und Verantwortlichkeit. Freiheit und Verantwortung stehen in einem unauflösbaren Zusammenhang: Die Freiheit einer Person oder Gruppe setzt verantwortliches Handeln gegenüber anderen und die Anerkennung kollektiver Verpflichtungen voraus.
Diese Werte und Ziele stehen deutlich in der europäischen geistesgeschichtlichen Tradition von **Aufklärung** und **Humanismus**. Eine solche Bezugnahme oder Positionierung ist unvermeidlich. Schließlich sind auch EthnologInnen

Produkte und ProduzentInnen, KritikerInnen und TrägerInnen ihrer eigenen Geschichte und Kultur und können nur aufgrund dieses Teil-Seins, dieser spezifischen kulturellen Identität agieren. Auch bewegen sie sich primär im Rahmen der Diskurse ihrer eigenen (hier spezielle der westlichen, europäischen) Gesellschaften, zu denen sie Wissen und Veränderungen beitragen wollen. Sie können sich nicht oder nur teilweise - u.a. durch kritische Reflexion und Erfahrungen anderer Seinsweisen - aus ihrem eigenen kulturellen und sozialen Denk- und Lebenszusammenhängen lösen. Die grundlegenden Werte ihres praktischen Handelns werden immer im Rahmen ihrer historischen, sozialen, kulturellen und individuellen Erfahrungs- und Lebenshintergründe formuliert werden müssen (ähnlich Abu-Lughod 1993:36).

Eine speziellere Festlegung von Werten, Interessen und Zielen einer *advocacy anthropology* für den Einzelfall ist problematisch und wenig sinnvoll. Während einerseits in der Praxis auf gewisse übergreifende Werte rekurriert werden muß, deren Universalität entweder durch empirische Forschung belegt werden kann oder die dem spezifischen Lebenshintergrund der EthnologInnen entstammen, werden konkrete Wertsetzungen und Einzelziele eines Engagements erst gemeinsam mit der Gruppe im kommunikativen und praktischen Handeln bestimmt. *Advocacy anthropologists* folgen also wie andere praktisch tätige EthnologInnen einer **situativen Ethik** (Koepping 1993). Der situationale Ansatz (*situational approach;* Norris 1993) besagt, daß sich die für eine spezielle Praxis gültigen moralischen Werte nicht vorab und generell festlegen lassen, sondern nur in der jeweiligen Situation durch Diskussion, Verständigung, Reflexion und gemeinsame Aktion aushandeln lassen. Das bedeutet, "SituationalistInnen" erkennen die Einmaligkeit und Besonderheit jeder Situation an:

> "Der Ethnologe muß sich mit der Idee kultureller Spezifität und dem Glauben an die Einmaligkeit kollektiver Gebilde und damit mit der Vielseitigkeit moralischer Sprachen zufrieden geben, und kann das Universal-Menschliche nur im Einzelnen begründen. (...) Ethnologische Moral kann nur durch die *universale Einmaligkeit* begründet werden" (Koepping 1993: 128; Betonung im Original).

Die eine Praxis im Einzelfall regelnden Werte, Interessen und Zielsetzungen sind demnach kontext- und kulturabhängig. Sie werden gemeinschaftlich und intersubjektiv geschaffen und existieren nur als Produkte und im Zusammenhang mit dieser bestimmten geschichtlich gewordenen sozialen und politischen Situation. Eine situative Ethik führt aber nicht zu moralischer Beliebigkeit, sondern durch Kennenlernen und Vergleich unterschiedlicher Lebensformen sowie durch Distanzierung und Entfremdung von den eigenen Werten und Lebenszusammenhängen zu einem "abgeschwächten ethischen Relativismus" (ebd. 125; siehe oben). Dabei bleiben einige wenige zentrale Werte wie die oben genannten (z.B. Emanzipation) bestehen (ähnlich Ong 1995), die die Entscheidungen der EthnologInnen im Einzelfall leiten.

Fachdiskussionen über Werte, die Formulierung von Ethik-Codes und Darstellungen von einzelnen ethischen Kofliktsituationen (und ihren möglichen Lösungen) können bei spezifischen ethischen Fragen entscheidungs- und handlungsleitend sein, aber sie entlasten den/die WissenschaftlerIn nicht davon, in jeder Situation erneut sein/ihr Gewissen zu befragen und flexibel nach individuellen und fallspezifischen Lösungen zu suchen.[238] Dabei müssen u.U. auch die ethischen Standards der eigenen Disziplin zugunsten von ethischen Regeln der Forschungssubjekte oder zu ihrem Schutz aufgegeben werden (vgl. Amborn 1994: 199, Armstrong 1993, J.Fletcher 1966:17, Norris 1993:127-33, Punch 1986).

Die einem Praxisengagement zugrunde liegende Werteposition besteht also aus einer komplizierten Wechselbeziehung zwischen subjektiven Wertsetzungen und generellen Wertestandards, wobei sich das persönliche Gewissen, allgemeine (überindividuelle), aber kontextbedingte Handlungsnormen und eine wissenschaftliche Analyse dieses Kontextes gegenseitig informieren und als wechselseitige Regulative wirken, um zu möglichst praxisnahen Einsichten und Entscheidungen zu kommen.

Die einer *advocacy anthropology* zugrunde liegende Geisteshaltung ließe sich, wenn man sie benennen will, am ehesten als die eines **kritischen** oder **radikalen Humanismus** umschreiben (zum kritischen Humanismus vgl. Ritter 1974:

---

[238] Vgl. dazu Bemerkungen von AktionsethnologInnen (z.B. K.Schlesier 1980:35, Tax 1965:255), daß jede/r EthnologIn letztlich seinem/ihrem eigenen Gewissen verantwortlich ist. Ähnlich die für die Rechte der Yanomamö engagierte brasilianische Ethnologin Alcida R. Ramos: "Wir handeln so, weil wir uns als Akteure eines komplizierten politischen Prozesses sehen, weil wir glauben, daß unser angesammeltes Wissen für mehr nützlich sein muß, als nur für die Wissenschaft, und weil wir nicht gut schlafen werden, wenn wir es angesichts solcher Tragödien wie die der Yanomamö unterlassen zu handeln" (Ramos 1990:19, zit. nach der Übersetzung von Rodrian 1993a:108). Siehe auch Bennett (1996:33): "In the last analysis, as with so many ethical issues in a plural cultural framework, it is 'up to the individual'. The disquisitions on the ethics of intervention in applied anthropology literature boil down to this: that the individual practitioner must decide wether he really ought to do the work and how best to do it to minimize harm."

1225-30).[239] Damit soll eine moralische Grundposition umschrieben werden, die inhaltlich nicht auf ein vorgegebenes Wesen des Menschen, eine spezielle Menschlichkeit, eine festgelegte sittliche Einstellung oder ein bestimmtes gesellschaftliches System fixiert ist, sondern sich vor allem durch die Ablehnung von Gewalt, Terror, Unterdrückung u.ä. bestimmt. Ein kritischer Humanismus ist ein der Zeit und Geschichte unterworfenes, erst noch zu realisierendes Projekt, das zu einer permanenten (Neu-)Definition, Reflexion und Realisierung von den Wesens**möglichkeiten** der Menschen, des Mensch-Seins und der menschlichen Beziehungen auffordert. Er basiert auf der Freiheit, Eigenverantwortung, Entscheidungsfähigkeit, Moralität und praktisch-politischen Handlung der einzelnen Menschen bzw. einer Gruppe und ist im menschlichen Bewußtsein und Gewissen verankert.

Durch handelndes Eingreifen von Menschen in die Geschichte soll ein "Mehr" an Gerechtigkeit und Humanität erreicht werden, wobei die Definition dieses "Mehr" historisch bedingt ist und das Wesen von Humanität ständig neu definiert und neu ausgehandelt werden muß. Mehr Menschlichkeit entsteht entsprechend nicht durch die Konstruktion eines bestimmten gesellschaftlichen Systems, sondern "auf den Trümmern jedes Systems" (Sartre 1968:34).

Nach Knauft (1994:120-124), der als Grundlage ethnologischen Arbeitens ebenfalls einen kritischen Humanismus ausmacht, verfolgt dieser im wesentlichen zwei Ziele: zum einen **die Dokumentation und Aufwertung kultureller Vielfalt** und zum anderen **die Analyse und Enthüllung sozialer Ungleichheit und Beherrschung**. Beide gehören seit jeher zu den zentralen Aufgabenstellungen des Faches Ethnologie. Beide erfordern sorgfältige Untersuchungen sowohl über die Vielfalt menschlicher Ausdrucksformen, Erfahrungen und Handlungen als auch über allgemeine und spezifische Strukturen von Dominanz und Widerstand. Sie implizieren gegensätzliche, aber einander ergänzende Perspektiven: Die Erforschung und besondere Wertschätzung kultureller Diversität kann im Extremfall zu einem kulturrelativistischen Standpunkt führen, der sämtliche kulturelle Äußerungen einschließlich Folter, Gewalt oder Unterdrückung als gleichwertig nebeneinander stellt; die Befassung mit sozialer Un-

---

[239] Vgl. dazu auch Abu-Lughod (1991), die nach einer Absage an alle Verallgemeinerungen über menschliche Lebensformen zu dem Schluß kommt, daß EthnologInnen bei ihrer Arbeit einem "taktischen Humanismus" folgen sollten, da es für sie keine andere Sprache gibt, die als vergleichbare moralische Instanz die Gleichheit der Menschen vertritt (ebd. 157-160; ebenso Knauft 1994).

gleichheit und Machtausübung kann dazu verleiten, kulturelle Äußerungen lediglich als ideologische Verbrämung von überall herrschenden Dominanzstrukturen zu verstehen:

> "Working from opposed perspectives, the delineation of cultural richness and the exposure of social inequality cannot be made logically consistent or justified on objective ground; they work from divergent points of prior assumption. We should openly admit this antinomy. Taking a dialectic rather than a rationalist position, however, each goal becomes a check and balance on the other in alternative moments of analysis. They are not fused, but parts of a dialectic that drives forward a critical humanism in anthropology. As reciprocal moments of analysis, the valorization of cultural diversity and then exposition of social inequality invigorate and challenge each other to new levels of sophistication and understanding (...)" (ebd. 124).

Welchen ethischen Standpunkt *advocacy anthropologists* auch einnehmen mögen: Sie werden immer auf den Antagonismus von Universalismus und Relativismus zurückverwiesen werden, für den es in der Praxis keine grundsätzliche Lösung gibt und der nur durch ein Aushalten der Spannung und Dialektik zwischen dem (angenommenen) Universell-Menschlichen und dem (empirisch erfahrbaren) Spezifisch-Einmaligen für die ethnologische Forschung und Praxis fruchtbar gemacht werden kann (vgl. Koepping 1993).

7.3. Erkenntnis- und wissenschaftstheoretische Grundzüge

7.3.1. Forschung als dialektischer, partizipativer und kommunikativer Prozeß

Ausgangspunkt einer partizipativen interventionistischen Forschung ist die Feststellung, daß es keinen **außenstehenden** Beobachtungspunkt gibt, von dem aus EthnologInnen als neutrale BetrachterInnen ein Geschehen objektiv und ohne eigene Beteiligung erkennen können (Kap. 2.2.). Sie sind vielmehr auf verschiedenen Ebenen in das jeweilige Geschehen einbezogen: So binden überregionale und globale Verflechtungen und Austauschprozesse die ForscherInnen und die Forschungssubjekte in übergreifende Strukturen ein. Historische Entwicklungen (z.B. der europäische Kolonialismus) und aktuelle gesellschaftliche Verhältnisse (z.B. internationale Wirtschaftsverflechtungen, Migrationsbewegungen u.a.) reproduzieren Machtverhältnisse auch in der Begegnungssituation, schaffen asymmetrische Verhältnisse (z.B. durch den unterschiedlichen Zugang zu Ressourcen) und beeinflussen die Beziehungen zwischen Individuen, die sich niemals zuvor begegnet sind. Ein internationaler Fluß von Bildern, Informationen und Gütern kreiert bei allen Beteiligten Rollen(erwartungen), Vorurteile, Assoziationen und Vorstellungen vom Gegenüber.

Aufgrund dieser globalen historischen, polit-ökonomischen und kommunikativen Verflechtungen sind alle an einer Forschungssituation Beteiligten in einen komplexen Bezug zueinander gesetzt, dessen Modalitäten außerhalb ihrer individuellen Gestaltungsmöglichkeiten liegen. Der Forschungsakt stellt dadurch nicht nur eine einmalige Begegnungssituation zwischen Individuen dar, sondern bedeutet immer auch eine Auseinandersetzung zwischen verschiedenen Wertesystemen, Sinnbezügen, sozialen Kontexten und lokalen, nationalen und internationalen Machtbeziehungen. Das Verständnis dieses "part-to-whole"-Charakters kulturwissenschaftlicher Forschung ist fundamental für den Ansatz der *advocacy anthropology* (Harries-Jones 1991b, G.Morgan 1991).

Darüber hinaus stellt die kulturwissenschaftliche Untersuchungssituation selber einen kommunikativen, interaktiven Akt dar (Koepping 1984, 1993, Moser 1975:79), der alle am Forschungsprozeß Beteiligten miteinbezieht. Der Forscher ist immer auch Teil der erforschten Situation und beeinflußt diese (siehe z.B. die Beiträge in Hobbs/May 1993). In der "reflexiven Welt sozialer Handlungen" (Giddens 1995:276) sind die Forschungssubjekte ebenso an der Erkenntnisproduktion beteiligt wie die ForscherInnen (vgl. Kap. 2.2.):

> "A reflexive universe of social action, simply put, is one where nobody is outside. Everyone, more or less throughout the world, has to filter and react to many sources of incoming information about their life circumstances. Such information is not simply part of the 'external world'; in their reaction to, and usages of, information social agents construct, reconstruct und deconstruct the action environments which such information sought to describe or interpret in the first place. In a reflexive world we are all knowledge-producers (....)" (ebd.).

Wirklichkeit entsteht und verändert sich durch eine dialektische Wechselbeziehung zwischen konkreten, physisch wahrnehmbaren Tatsachen und individuellen bzw. kollektiven Bewußtseins- und Wahrnehmungsprozessen. Sie ist Ergebnis einer kontinuierlichen Kommunikation zwischen dem (individuellen und kollektiven) Denken, Fühlen und Bewußtsein der Menschen einerseits und der Außenwelt andererseits. Dinge und Ereignisse existieren genauso außerhalb der menschlichen Wahrnehmung wie sie von dieser geschaffen werden. Sie sind gleichermaßen unabhängig und abhängig von den Menschen, die mit ihnen zu tun haben. Wirklichkeit wird durch das Bewußtsein und die empirischen Erfahrungen, die Gedanken und (lebens-)praktischen Handlungen gemeinsam von den an einer Situation beteiligten Individuen und Gemeinschaften konstruiert und dekonstruiert.

Nach dieser dialektischen Auffassung besteht Realität also in der unauflösbaren Verbindung von **Objektivität** und **Subjektivität**, d.h., in einer Vermittlung von **Innenwelt** und **Außenwelt** (Freire 1982:30, Koepping 1984:234, Reason 1994: 332). Sie wird aber nicht nur als Diskurs begriffen, sondern auch als konkret-sinnlich erfahrbare Tatsache, bei der polit-ökonomische Machtverhältnisse eine wichtige Rolle spielen. So gehört zu den wichtigsten Fragen aller partizipativen und kooperativen Ansätze die nach den politischen und gesellschaftlichen Bedingungen der Erkenntnisproduktion: Wer verfügt über welches Wissen und wer hat entsprechend die Macht, Realität zu definieren und zu kontrollieren (Bodley 1996:42, Reason 1994:325)?

Eine sozial- und kulturwissenschaftliche Forschung, die davon ausgeht, daß Wirklichkeit und Wissen auf einer Dialektik zwischen physischer Erfahrung und subjektivem Bewußtsein basieren sowie zum Teil sozial konstruiert und reflexiv sind, stellt Kommunikation, Partizipation und Aktion ins Zentrum ihrer erkenntnistheoretischen und methodologischen Überlegungen:

Kommunikation bedeutet zum einen, daß sich die Beteiligten gegenseitig über die Motive, Interessen, Ziele, Wege und Bedingungen ihrer Zusammenarbeit verständigen und diese in einem steten Reflexionsprozeß immer wieder, soweit möglich und notwendig, zur Diskussion stellen. Sie bedeutet darüber hinaus, daß die Forschungsergebnisse als Produkt gemeinsamen Interagierens, Argumentierens und Aushandelns verstanden werden, deren Wahrheitsgehalt "sich nicht allein meßtechnisch mit dem Verweis auf operative Regeln begründen" lassen, wie etwa im instrumentalistischen Wissenschaftskonzept empirisch-analytischer Forschung, sondern stets "zurückgebunden an eine argumentative Überprüfung" sind (Moser 1995:42-44). **Partizipation** heißt sowohl Teilnahme der Forschungssubjekte an der Erkenntnisproduktion als auch Teilnahme der Forschenden am untersuchten Geschehen und am Handeln. **Aktion** heißt hier gestaltendes, d.h., eingreifendes und veränderndes Handeln in einer sozialen Situation zur Lösung eines lebenspraktischen Problems. Das praktische Handeln steht dabei in ständiger Wechselwirkung mit dem (distanzierten) Reflektieren über das Problem (vgl. auch Kap. 7.4.).

Alle drei Elemente sind unerläßliche, nicht aufeinander reduzierbare Grundpfeiler einer *advocacy anthropology*. Wird lediglich "das argumentierende Bemühen um Absicherung und Begründung von Handlungsorientierungen" als wichtigste Instanz einer Aktionsforschung gesehen (Moser 1977b:11), so wird der unauflösbare Zusammenhang von **Aktion** und **Reflexion** übersehen und die wissenschaftliche Tätigkeit wieder auf das (sichere) Terrain der theoretischen Überlegungen zurückverwiesen, ohne daß sie einen Beitrag zu gesellschaftsverändernden Handlungen leistet (vgl. Mies 1987a:8-9). Wird die praktische Aktion als wichtigste Aufgabe von WissenschaftlerInnen in den Vordergrund gestellt, so wird der spezifische wissenschaftliche Auftrag zur Reflexion und Erkenntnisproduktion ignoriert. Wissenschaft kann dann für die Handelnden keinen besonderen Beitrag leisten, den diese nicht auch selber erfüllen könnten. Nur in der Anerkennung und Wechselbeziehung zwischen den jeweiligen Besonderheiten wissenschaftlicher Forschung und gesellschaftlicher Praxis kann ein fruchtbares Verhältnis zwischen Reflexion und Aktion hergestellt werden:

> "Während Praxis unter dauerndem Handlungsdruck steht, kann wissenschaftliche Forschung Sachverhalte handlungsentlastet und aus einer distanzierten Perspektive untersuchen. Externe Beobachtung kann so mithelfen, die eigene Praxis mit fremden Augen zu sehen und daraus Schlüsse zu ziehen. Umgekehrt aber kann die Praxis den Blick der Wissenschaft immer wieder auf das hic et nunc gesellschaftlicher Aufgabenstellungen lenken und darf erwarten und kann es gegebenfalls einklagen, daß Wissenschaft anschlußfähiges Wissen produziert, das für Praxisverhältnisse Bedeutung hat.
> Dabei ist allerdings das Moment der Distanz zu bewahren, d.h. zu akzeptieren, daß das Wissenschaftssystem die Probleme der Praxis aus seiner eigenen Sicht aufnehmen wird. Diese dürfen sich von der oft durch unmittelbaren Handlungsdruck bestimmten Perspektive der Praxis wesentlich unterscheiden. Während der Forscher z.B. Aussagen anstrebt, denen eine verallgemeinerungsfähige Gültigkeit zukommt, wird der Praktiker (...) eine auf die Beurteilung eines individuellen Falles ausgerichtetete Perspektive verfolgen (...). In diesem Sinne wird das Verhältnis der beiden Systeme immer ein konflikthaftes bleiben; (...)" (Moser 1995:14-15).

Bindeglied zwischen den Systemen der Praxis und der wissenschaftlichen Forschung ist die **wechselseitige Partizipation** (der Forschenden an der Praxis, der Forschungssubjekte an der Reflexion). So wie die Gruppe durch Partizipation an der Forschung den Prozeß wissenschaftlicher Erkenntnisproduktion und -nutzung besser verstehen und für sich zu nutzen lernt, so kommen die ForscherInnen durch die Teilnahme am alltäglichen und politischen Handeln der Gruppe[240] zu einem besseren Verständnis der dem Handeln zugrunde liegenden und es beschränkenden Annahmen, Bedingungen und Voraussetzungen.

"In der Interaktion erschließt sich den Beteiligten gegenseitiges Verstehen: Intersubjektive Verständigung ist an Handlungen orientiert. Die Handlungen beziehen ihre Rechtfertigung aus der im Diskurs gewonnenen Begründung der Praxis, und an der Praxis orientiert sich der Gegenstand des Diskurses. Mit dem angestrebten kommunikativen Handeln eröffnen sich Teilbereiche gemeinsamer Sinnbezüge, die ihre Wurzeln freilich in unterschiedlichen Traditionszusammenhängen haben. Der Wahrheitsgehalt des hierin Verstandenen ist mit Sicherheit höher einzuschätzen als jener, den eine monologische empirische Ethnologie zu erzielen vermag" (Amborn 1993d:149).

Durch gemeinsames Handeln, wechselseitige Partizipation am Wissenschafts- und Praxissystem und einen dialogischen Austausch wird ein gemeinsames Verständnis einer Situation, eine "world of betweenness" (Tedlock 1983:323-4) zwischen allen an der Forschung beteiligten Subjekten geschaffen. Dieses gemeinsam erreichte Verständnis bringt ein neues kooperativ erarbeitetes Wissen hervor, bei dessen Anwendung immer auch die Ziele der Anderen berücksichtigt werden müssen. Die durch gemeinsame Praxis geschaffenen Sinnbezüge bilden, wie Amborn (1993d:149) es ausdrückt, einen neuen "Ort" der Verständigung im Überschneidungsbereich von ansonsten getrennten Erfahrungszusammenhängen. So schaffen sich WissenschaftlerInnen und ihre PartnerInnen "einen eigenen Traditionszusammenhang (in der Zeit und für die Zeit der Zusammenarbeit)" (ebd.).

Es wird also davon ausgegangen, daß das Zusammenwirken verschiedener Perspektiven (*insider/outsider*, theoretisch-distanzierte Reflexion/alltäglich gelebte sinnliche Erfahrung) und unterschiedlicher, verschiedenen Erfahrungszusammenhängen entstammender Herangehensweisen an ein Problem ein vollständigeres Bild der sozialen Realität ergibt, als wenn diese lediglich aus der Warte eines um Neutralität bemühten außenstehenden wissenschaftlichen Beobachters betrachtet wird (vgl. auch Kap. 7.4.). Ein möglichst vollständiges gemeinsames Verständnis des betreffenden Problems ist eine notwendige Voraussetzung einer erfolgreichen Kooperation zwischen EthnologInnen und indigenen Gruppen

---

[240] Bei einer *advocacy anthropology* in der Bundesrepublik Deutschland bedeutet das z.B. die oben angesprochene Teilnahme von EthnologInnen an den politischen Aktivitäten zur Sicherung indigener Rechte.

(vgl. Maybury-Lewis 1985). Deutlich zeigt sich hier eine Nähe partizipativer und kooperativer Methoden zu hermeneutischen Verfahren (vgl. Amborn 1993d, Koepping 1984). Dabei muß aber die "Praxisblindheit der Hermeneutik" (Habermeyer 1996:177) durch das Moment gemeinsamen gesellschaftlichen Handelns behoben werden:

> "Wenn sie (die Ethnologie; F.S.) auf dem eingeschlagenen Weg hermeneutischen Verstehens weitergehen will, dann muß sie ihre virtuelle Teilnahme in reale Teilnahme verändern, d. h. sie wird politisch" (ebd. 145).[241]

Advocacy anthropology als Konzept einer Wissenschaft, die gemeinsames (politisches) Handeln und die dafür notwendige (zeitweilige, problembezogene) Verständigung zwischen den HandlungspartnerInnen in den Mittelpunkt ihrer Bemühungen stellt, kann aufgrund ihrer Praxiserfahrungen und der Beteiligung der Forschungssubjekte an der Erkenntnisproduktion somit auch einen wichtigen Beitrag zur Diskussion über die erkenntnistheoretischen Grundlagen ethnologischen Wissens leisten. Auch hier stehen noch viele Forschungsfragen zur Bearbeitung offen.

Die Partizipation der Gruppe an der Erkenntnisproduktion soll u.a. zur Abgabe von Macht seitens der WissenschaftlerInnen führen. Dadurch sollen neue Beziehungsstrukturen hergestellt und ein Wissen produziert werden, das diese veränderten Machtverhältnisse sowohl herbeiführt als auch sichert. Zum Abbau von Macht im Forschungsprozeß gehören z.B. das Zugänglich-Machen von akademischen Ressourcen, die Einweisung in wissenschaftliche Methodologien, die Weiterverteilung von Fördergeldern u.a. Strategien und Vorgehensweisen,

---

[241] Die Einführung des "Praxis-Moments" als erkenntnistheoretische Kategorie in eine Hermeneutik als Theorie des Verstehens erfolgte vor allem durch eine Auseinandersetzung mit der Theorie des kommunikativen Handelns von Habermas (1981; vgl. Amborn 1993d, Habermeyer 1996). Bei der Nutzbarmachung von Habermas' Ansatz für die ethnologische Erkenntnisgewinnung kommt der **gemeinsamen** Praxis von EthnologInnen und Forschungssubjekten ein zentraler Stellenwert zu: "Der Dialog (...) konstituiert sich bei ihm (Habermas; F.S.) über die praktischen Fragen der gemeinsamen Lebenswelt der Kommunikationspartner - die gemeinsame erkenntnistheoretische Basis ist dabei fraglos vorausgesetzt. Genau das ist jedoch in der Ethnologie nicht der Fall. Die partielle Verschmelzung der Horizonte der Lebenswelt ist in der Ethnologie über Kommunikation allein nicht erreichbar. Die virtuelle Teilnahme muß bei einer Übertragung der Theorie des kommunikativen Handelns auf die Ethnologie in eine reale gemeinsame Praxis transferiert werden. Vom Gelingen dieser gemeinsamen Praxis hängt es ab, ob dem Verstehen in der Ethnologie in Form des kommunikativen Handelns eine tragfähige erkenntnistheoretische Basis zukommt" (Habermeyer 1996:177).

wie sie besonders bei der *community-based research* und der *community-centered praxis* erprobt werden (Kap. 4.8.3.).

Bei einer *advocacy anthropology* wechseln die EthnologInnen zwischen Phasen engagierten Beteiligt-Seins und distanzierter Reflexion. Aktion, Wissensproduktion und soziale Veränderung bewegen sich in einem zirkularen und reflexiven Prozeß:

"Advocacy (...) thrives on reflexive circularities. Advocacy helps to develop the consciousness of social groups, and as a result of raised consciousness, empowers them to act on their own behalf. This is a key to achieving critical reframing of issues and constructing knowledge congruent with new contexts of action" (Harries-Jones 1991b:17).

Advocacy anthropology versteht sich somit als ein ständiger Prozeß einer *reflection-in-action*, der auf einer "Epistemologie der Praxis" beruht (G.Morgan 1991).

"The implication of this epistemology of action is that the primary outcome of all these forms of inquiry is a change in the lived experience of those involved in the inquiry. Participants are empowered to define their world in the service of what they see as worthwhile interests, and as a consequence they change their world in significant ways, through action - building a road to their village, developing a new form of holistic medical practice - and through experience - developing a sense of empowerment and competence" (Reason 1994:333).

7.3.2. Formen und Validität partizipativ gewonnenen Wissens

Ein **Wissen** über Wirklichkeit wird demnach gemeinsam von allen beteiligten AkteurInnen in einem ständigen kommunikativen Austauschprozeß durch und für Praxis produziert, reflektiert und neu ausgehandelt. Nach Reason (1994:326-7) sind bei partizipativen und interventionistischen Forschungsstrategien verschiedene Formen von Wissen notwendig: ein ***propositional knowledge***, welches sich in Theorien und Aussagen über einen Gegenstand oder ein Thema ausdrückt; ein ***practical knowledge***, welches Kenntnisse, Kompetenzen und Fähigkeiten darüber beinhaltet, wie man in einer Situation handelt; und ein ***experiental knowledge***, welches aus der persönlichen, alle Sinne miteinschließenden Erfahrung einer Situation resultiert.

Wissenschaftliche Aussagen über Menschen (*propositional knowledge*) müssen sowohl im Erfahrungswissen wie im praktischen Wissen von ForscherInnen und Forschungssubjekten wurzeln (ebd. 326).[242] Das durch Teilnahme und gemeinsames Handeln gewonnene *experiental knowledge* speist sich zu wesentlichen Teilen aus dem Fühlen, Miterleben, Erfahren und intuitiven Verstehen einer Situation oder eines Problems durch den Forscher aufgrund seiner Teilnahme am Geschehen (ebd. 333). In verschiedenen Arbeiten beschreiben ForscherInnen die eigenen **Gefühle** als wichtige Quelle von Erkenntnissen sowie als ethisches und theoretisches Regulativ für ihre Entscheidungen (vgl. z.B. die Beiträge in Hobbs/May 1993, besonders: May und Roseneil; siehe auch Kap. 1.1.). Auch das **Eigeninteresse** der Forschungssubjekte an der Produktion brauchbarer Daten für die Praxis, das bei partizipativen Methoden zu erwarten ist, ist ein wichtiges treibendes Moment bei der Wissensproduktion.

Das Einbeziehen von Werten, Gefühlen und Interessen als konstituierende Elemente des Forschungsprozesses bedeutet nicht, daß für Spekulation, Beliebig-

---

[242] Eine besondere weiterführende Forschungsaufgabe, die hier nicht geleistet werden kann, ist eine Untersuchung der Besonderheiten, Bedingungen und Qualitäten des für eine *advocacy anthropology* benötigten **Wissens**. Dabei kann eine Zusammenarbeit mit den Forschungssubjekten, denen das Wissen zugute kommen soll, entscheidende Anregungen und Einsichten liefern. So finden wir bei indigenen Völkern z.B. Konzepte eines Wissens, das (objektives) Denken und (subjektives) Fühlen vereint und gerade deshalb als Quelle gesellschaftlicher Macht betrachtet wird. Bei den Shuar (Ecuador) haben bspw. die Worte für "Herz" und "Denken" dieselbe linguistische Wurzel (Hendricks 1988). Wissen setzt sich bei ihnen aus "(...) knowing, feeling, experiencing, and truth" (ebd. 220) zusammen. **Lernen** findet im Kopf statt, **Denken** im Herzen. Gedanken werden, nach Vorstellung der Shuar, mit dem Blut durch den ganzen Körper transportiert. Denken bezeichnet nicht nur einen mentalen Vorgang, sondern äußert sich auch im richtigen sozialen Verhalten. Das Gehirn ist der Sitz von technologischem oder praktischem Wissen, wie es z.B. in der Schule gelehrt wird; im Herz dagegen ruhen Ideen, Gefühle, Absichten und das in Träumen und Visionen erworbene Wissen. Um gesellschaftliche Macht zu erlangen, bedarf es sowohl des Gehirns wie des Herzens, d.h., eines technologischen wie eines symbolischen Wissens (ebd. 220-21). Weitere Argumente zur Begründung einer dialogischen und partizipativen Wissensproduktion liefern Banuri/Apffel Marglin (1993b), die die Unterschiede zwischen "modernen" und "nicht-modernen" bzw. "lokalen" Wissenssystemen untersuchen. Als Kennzeichen der modernen Wissenssysteme nennen sie: Nicht-Eingebettet-Sein, Universalität, Individualismus, Mobilität und eine Subjekt-Objekt-Dichotomie. Im Unterschied dazu machen sie für lokale Wissenssysteme Eingebettet-Sein, Kontextualität, eine Einheit von Subjekt und Objekt, Nicht-Mobilität und ein Verantwortungsbewußtsein für das Lokale aus. Sie betonen die Legitimität und Bedeutung pluralistischer Realitätsdefinitionen für den Abbau von Macht und die Infragestellung der Imperative der modernen Technologie. Sie plädieren für die Entwicklung eines neuen Verständnisses von Wissenschaft, die sie als dialogisch, wertexplizit, partizipativ und eingebettet in soziale und kulturelle Kontexte charakterisieren (ebd.).

keit und Unüberprüfbarkeit die Tore geöffnet werden. *Action/advocacy anthropologists* müssen genauso um Genauigkeit, Gültigkeit und Wahrheit bemüht sein wie andere WissenschaftlerInnen. Dies gilt besonders deshalb, weil die praktischen Konsequenzen ihrer Forschungsergebnisse, wenn sie als Grundlagen für Handlung und Veränderung genommen werden, für die Betroffenen von existentieller Bedeutung sein können. So bringt der Einsatz **engagierter Subjektivität** bei einer wertexpliziten, kooperativen und interventionistischen Methodik Probleme mit sich, derer sich ihre VertreterInnen durchaus bewußt sind:

" (...) the method (kooperative Forschung; F.S.) is open to all ways in which human beings fool themselves and each other in their perceptions of the world, through faulty epistemology, cultural bias, character defense, political partisanship, spiritual impoverishment, and so on. In particular, co-operative inquiry is threatened by unaware projection and consensus collusion" (Reason 1994:327).

Durch die Bewußtmachung und Auseinandersetzung mit den eigenen und - im Dialog mit den ForschungspartnerInnen - den fremden Gefühlen, Werten und Interessen sollen diese möglichen Folgen subjektiver Einflüsse auf die Erkenntnisproduktion besser verstanden und in eine kritische gemeinschaftliche Subjektivität überführt werden:

"The validity of this encounter with experience (...) rests on the high-quality, critical, self-aware, discriminating, and informed judgments of the co-researchers, which may be called 'critical subjectivity' (...). (...) Critical subjectivity means that we do not suppress our primary subjective experience, that we accept that our knowing is from a perspective; it also means that we are *aware of* that perspective and of its bias, and we *articulate* it in our communications. Critical subjectivity involves a self-reflexive attention to the ground on which one is standing (...). This notion of critical subjectivity means that there will be many versions of 'reality' to which people may hold with a self-reflexive passion" (ebd; Betonung im Original).

Durch Teilnahme an der Praxis, eine kritische und reflexive Subjektivität und ein kollektives kommunikatives Aushandeln der grundlegenden Werte, Ziele und Interessen der gemeinsamen Arbeit kann, so die Ansicht von VertreterInnen partizipativer und wertexpliziter Forschungsansätze, ein präziseres und u.U. praktisch nützlicheres Wissen produziert werden als durch Generalisierungen, die sich von Engagement, Partizipation und Stellungnahme distanzieren und auf der Grundlage von Daten erfolgen, die durch herkömmliche empirische Forschungsmethoden erhoben wurden (Rappaport 1993:297). Eine Forschung, die eine zirkulare und reflexive Wechselbeziehung zwischen ForscherInnen und Forschungssubjekten, zwischen Teilnahme und Distanz, zwischen Aktion und Reflexion zu ihrer Grundlage macht, eröffnet der konventionellen empirischen Sozialforschung damit neue Perspektiven (Harries-Jones 1991b:16-17), deren Untersuchung eine weitere wichtige Forschungsaufgabe zur Weiterentwicklung der theoretischen und methodischen Grundlagen einer engagierten ethnologischen Praxis darstellt.

Die **Güte** und **Validität** der in partizipativer Forschung gewonnenen Erkenntnisse bemißt sich also nicht an Forschungsregeln, die außerhalb von Zeit, Raum und Kontext lokalisiert sind und Allgemeingültigkeit beanspruchen, sondern beruht im wesentlichen auf einer diskursiven Verständigung aller am Forschungsprozeß Beteiligten über Argumente, Aussagen und Deutungen sowie auf ihrer Nützlichkeit und Effektivität für die gewünschte Praxis.

> "Betrachtet man (...) soziale Realität als einen dauernd vor sich gehenden Konstruktionsprozeß, an dem alle Gesellschaftsmitglieder in größerem oder kleinerem Maße mitwirken, dann kann man nicht damit rechnen, daß es überhaupt eine Forschungsmethode gibt, 'die es gestattet, völlig unzweideutige, längerfristig gültige, unwiderlegbare, zweifelsfrei wahre Aussagen über Elemente und Relationen der sozialen Realität zu machen' (Klöckeis-Stangl 1980:363).
> Unter konstruktivistischer Perspektive ist darüber hinaus der Anspruch, die Angemessenheit von Theorien auf eine davon unabhängige Realität zu überprüfen, generell problematisch, da jeder Versuch eines Zugriffs auf Realität geprägt ist von der jeweils dahinter stehenden theoretischen Konstruktion von 'Realität'. Jedenfalls dürfte es sich kaum als hoffnungsvoll erweisen, die damit verbundenen Schwierigkeiten allein über technische Meßverfahren zu lösen. Vielmehr wird es darum gehen müssen, Gütekriterien von Forschung auf ein Fundament zu stellen, das auf der Basis einer diskursiven Überprüfung von Argumenten operiert" (Moser 1995:116).

Durch die Explizitheit des eigenen Standpunktes, von dem aus Probleme beleuchtet werden, durch Offenheit und Kommunikation zwischen WissenschaftlerInnen und Subjekten und durch einen kontinuierlichen Austausch von Ideen, Interpretationen, Bedürfnissen, Interessen und Beobachtungen soll der Grad der Überprüfbarkeit und des Wahrheitsgehaltes der Erkenntnisse erhöht werden. Wenn Diskurs und Austausch als zentrale Prinzipien die Forschungen und Handlungen von EthnologInnen in der *advocacy anthropology* strukturieren und nicht einfaches "Reden über..." bedeuten sollen, dann ist es notwendig, zumindest einige Kriterien aufzustellen, anhand derer sich die Güte ihrer Erkenntnisse festmachen läßt.

Auch hier lohnt sich ein Blick auf nachbarwissenschaftliche Methodendiskussionen. Für die sozial- und erziehungswissenschaftliche Aktions- bzw. Praxisforschung[243] im deutschsprachigen Raum hat vor allem Heinz Moser (1995) wichtige theoretische und methodische Beiträge geleistet. Er hat folgende **Gütekriterien** für die Praxisforschung herausgearbeitet:

1. Transparenz: Offenlegung von Funktionen, Zielen und Methoden der Forschung, damit diese für alle Beteiligten nachvollziehbar wird;

2. Stimmigkeit: Vereinbarkeit von Zielen und Methoden, wobei die Forschungsfragen die Auswahl der Methoden bestimmen und nicht umgekehrt;

3. Adäquatheit: Wiedergabe einer einzelnen Perspektive bezüglich eines Gegenstandes oder Sachverhaltes in einer Weise, daß sich die betreffende(n) Person(en) darin wiedererkennen kann (können); Darstellung von verschiedenen Perspektiven, die einen Gegenstand oder Sachverhalt betreffen;

4. Intersubjektivität: Überprüfung eines Forschungsergebnisses durch andere ProjektmitarbeiterInnen und unbeteiligte Mitglieder der *scientific community*;

5. Anschlußfähigkeit: Einsetzbarkeit der Ergebnisse im Rahmen weiterer wissenschaftlicher und lebenspraktischer Aktivitäten (ebd. 118-23).[244]

Diese Kriterien sind, wenn auch nicht immer explizit, auf der einen oder anderen Weise auch schon bei den oben vorgestellten ethnologischen Ansätzen einer engagierten Praxis erwähnt worden. So fordern z.B. die meisten VertreterInnen der behandelten Praxiskonzepte ebenfalls eine Offenlegung (Transparenz) der Motive, Interessen und Ziele aller Beteiligten sowie die Erklärung wissenschaftlicher Forschungsgrundlagen. Die Verknüpfung von Methoden und Zielen (Stimmigkeit) hatten bereits die TeilnehmerInnen des Fox-Projektes für die *action anthropology* herausgearbeitet. Auch die Überprüfbarkeit der Forschungsergebnisse durch die Forschungssubjekte sowie durch andere Projekt-

---

[243] Der Begriff der Praxisforschung beginnt in den letzten Jahren, z.T. den Begriff Aktionsforschung abzulösen. Teilweise wird ihr auch die Aktionsforschung als ein Unterbereich zugeordnet. In der Praxisforschung geht es darum, "Anschluß- und Kooperationsmöglichkeiten" zwischen wissenschaftlicher Forschung und gesellschaftlicher Praxis herzustellen, ohne "eine direkte Transformation von wissenschaftlichen Ergebnissen in Handlungsanleitungen oder -orientierungen zu postulieren" (Moser 1995:14).

[244] Die Bedeutung von Mosers theoretischen und methodischen Überlegungen, besonders von seinem Diskursmodell, für eine kritische praktische Ethnologie diskutiert Amborn (1993d).

mitarbeiterInnen (Intersubjektivität) und die Berücksichtigung der vielfältigen Perspektiven der betreffenden Menschen, die sich in den Darstellungen wiedererkennen müssen (Adäquatheit), wird in vielen der genannten Arbeiten gefordert. Und schließlich wird als ein wichtiges Kriterium für die Validität partizipativer Forschung die Brauchbarkeit ihrer Ergebnisse für die Praxis (Anschlußfähigkeit) genannt (vgl. Kap. 4.4.-4.9.).

Es scheint also möglich, die von Moser herausgearbeiteten Gütekriterien auch auf die ethnologische Praxis im Rahmen einer *action/advocacy anthropology* - mit Modifikationen - zu übertragen und dieser so eine methodische Absicherung zu geben, die Willkür und Spekulationen vorbeugt. Auch hier bietet sich Raum für verschiedene weiterführende Untersuchungen zur Verfeinerung der Methoden einer *advocacy anthropology*. Grundsätzlich muß dabei jedoch immer bedacht werden, daß Potentiale wie Grenzen einer kooperativen und interventionistischen Forschung nicht allein durch methodische Standards und die Haltbarkeit ihrer erkenntnistheoretischen Grundannahmen bestimmt werden. Sie hängen vielmehr zu wesentlichen Teilen von der Stellung der Wissenschaft als gesellschaftlicher Institution und von der Eigendefinition der WissenschaftlerInnen durch Wertsetzungen ab.

7.4. Kooperation und Partizipation im Forschungsprozeß: Zur Beziehung zwischen ForscherInnen und Forschungssubjekten

7.4.1. Eine dialogische und kooperative Forschungsstruktur

Eine *advocacy anthropology* bemüht sich um die Herstellung einer kooperativen und dialogischen Beziehung zwischen ForscherInnen und Forschungssubjekten, die oft auch als partnerschaftlich bezeichnet wird. Hierzu gehört z.B., daß sich die EthnologInnen nicht als außenstehende ExpertInnen verstehen und als solche auftreten, sondern daß sie sich für die Fragen, Kommentare und Sichtweisen der betreffenden Menschen öffnen und diese zu verstehen versuchen, daß sie ein genuines Interesse an den Problemen der Menschen besitzen und dieses auch bekunden, daß sie die Probleme entsprechend der Perspektiven, Interpretationen und Ausdrucksformen der Forschungssubjekte zu formulieren versuchen, ohne schon vorab Antworten bereit zu halten, und daß sie Personen, die eine andere Sichtweise und Meinung vertreten, nicht als "GegnerInnen" ihres Engagements betrachten (vgl. Maxwell 1993:108-114, Parker/Langley

1993). Neugierde und Wißbegier, Offenheit für Unerwartetes, die Fähigkeit zum Zuhören, Lernen und zur Revision eigener Ansichten sind wesentliche Bestandteile dieser Forschungspraxis, die an die klassische, hermeneutisch orientierte ethnologische Feldforschung anknüpft (vgl. Kap. 7.3.1.).

Eine partizipative und kooperative Forschung strebt ein sich in ständigem Austausch befindendes Miteinander-Sein, Aufeinander-Eingehen und Gemeinsam-Sich-Entwickeln an (Maxwell 1993:111-112). Eine grundlegende Voraussetzung für das Einlassen auf andere Perspektiven, Erfahrungen und Interpretationen ist die Fähigkeit, die bei diesem Prozeß auftretenden Veränderungen der eigenen Sichtweise sowie eine gegenseitige Kritik zuzulassen:

"Sobald wir aber die Aktoren mit dieser Fähigkeit ausstatten, verlieren wir als Beobachter unsere privilegierte Stellung gegenüber dem Objektbereich (...). Sobald wir den Aktoren dieselbe Beurteilungskompetenz zu schreiben, die wir als Interpreten ihrer Äußerungen in Anspruch nehmen, berauben wir uns einer bis dahin methodologisch gesicherten Immunität (...). Damit setzen wir unsere Deutung grundsätzlich derselben Kritik aus, der kommunikativ Handelnde ihre Interpretationen gegenseitig aussetzen müssen" (Habermas 1981:173-4).

Ein solche Beziehung zwischen ForscherInnen und Forschungssubjekten führt nicht zu einer vollständigen Reversibilität der Rollen von ForscherInnen und Subjekten. Die am Forschungsprozeß beteiligten Personen sollen nicht möglichst gleiche Sichtweisen, Motivationen, Zielsetzungen, Empfindungen und Interpretationen entwickeln, d.h., die EthnologInnen sollen keineswegs vollständig die Ideologie, Realitätsinterpretationen oder Lebensform der betreffenden Gruppe teilen noch sollen Gruppenmitglieder zu EthnologInnen ausgebildet werden. Im Einzelfall kann es zwar zu einer weitgehenden gegenseitigen oder einseitigen Annäherung und Identifizierung der verschiedenen Perspektiven und Deutungen kommen. Generell wird aber ein komplettes Eintauchen, ein *going native,* weder angestrebt noch für sinnvoll gehalten. Werte, Ziele und Interessen aller Beteiligten müssen zwar kompatibel, nicht aber identisch sein.

Kooperative Forschung bedeutet demnach also keine Verschmelzung von erkennendem "Subjekt" und erkanntem "Objekt":

"(...) (A)uch im Aktionsforschungsprozeß (muß) der Wissenschaftler im Erkenntnisakt sich sein Gegenüber zum Objekt machen (...), wenn es überhaupt so etwas wie Erkenntnis geben soll. Denn sonst bliebe nichts anderes übrig als eine unio mystica, ein Sich-Eins-Fühlen mit der Welt, was dann aber nicht mehr Wissenschaft wäre. Subjektivierung der Wissenschaft heißt denn auch nicht deren Aufhebung ins Mystische, sondern im allgemeinen Verständnis viel eher 'Kommunikativierung' der Wissenschaft. (...) Das kommunikative Handeln bestreitet zwar durchaus nicht, daß ich in der Wahrnehmung oder im Erkenntnisakt den anderen zu meinem Gegenstand mache. Mein Handeln jedoch nimmt diesen anderen dennoch nicht nur als Gegenstand an, sondern als mir entgegengesetztes Subjekt, das selbst von Interpretationen der Situation, in der wir beide sind, ausgeht und ebenso wie ich sein Handeln darauf abstimmt. Ich kann mich ihm gegenüber nicht als vollständig kontrollierend verhalten, sondern muß auf seine Handlungsintentionen eingehen" (Moser 1975:138).

Eine Verringerung der Distanz zu den Forschungssubjekten bedeutet demzufolge nicht die Vernachlässigung von Bemühungen um möglichst genaue und überprüfbare Erkenntnisse (siehe Kap. 7.3.2.). Kritikfähigkeit, Reflexion und Außenbetrachtung spielen nach wie vor auch und gerade in der *advocacy anthropology* eine wichtige Rolle. Sie müssen genauso wie Nähe, Teilnahme und Gemeinsamkeit gewahrt bleiben, damit die EthnologInnen ihre VermittlerInnenrolle wahrnehmen und für die Gruppe von Nutzen sein können (Maybury-Lewis 1985:146-8). Verständnis und Verständigung sollen gerade durch die Dialektik zwischen Teilnahme und Distanz, Vertrautheit und Differenz, Engagement und Reflexion erreicht werden (Koepping 1984, 1993; als Beispiele siehe Starn 1994, Scheper-Hughes 1992, K.Schlesier 1974, 1980).

Durch Teilnahme, Nähe und Miterleben können EthnologInnen die Realitätssichten anderer Menschen von innen kennenlernen und erfahren; als Außenstehende können sie die für die "insider" häufig selbstverständlichen und deshalb verborgenen oder nicht wahrgenommenen inneren Strukturen und zugrunde liegenden Muster, die Vorurteile, Einflüsse und Annahmen herausfiltern, die das Alltagsverhalten regeln und die für die AkteurInnen nur den "Status eines Hintergrundgeräusches" (Hopper 1993:21) haben, das nicht mehr wahrgenommen wird.

Nicht jede Phase des Forschungsprozesses muß deshalb notwendigerweise in kooperativer und partizipativer Weise gestaltet werden. Es können auch Phasen distanzierter, objektivierender Datenerhebung durch WissenschaftlerInnen (z.B. ein *survey*) notwendig, sinnvoll und berechtigt sein, um dem Diskurs zwischen ForscherInnen und Subjekten überhaupt erst eine Grundlage zu geben. Ein gewisses selbständiges Arbeiten wird zudem von den ForscherInnen erwartet. Schließlich sind die Forschungssubjekte häufig vollkommen mit ihrer Existenzsicherung und ihrem Alltagsleben beschäftigt und haben weder Zeit noch

Lust, sich zusätzlich auch noch Forschungsarbeiten widmen zu müssen.[245] Voraussetzung ist dabei jedoch, daß sich die nicht-partizipative Datenerhebung durch außenstehende WissenschaftlerInnen nicht verselbständigt und diese zu überlegen, die Wissensproduktion monopolisierenden und kontrollierenden ExpertInnen macht. Voraussetzung ist ferner, daß der Forschungs- und Handlungsprozeß als Ganzes interaktiv, kooperativ und partizipatorisch angelegt ist, d.h., daß z.B. die erhobenen Daten den betreffenden Menschen zur Überprüfung überlassen werden und daß die Interpretationen der Ergebnisse sowie ihre Verwendungsmöglichkeiten im Diskurs ausgehandelt werden. Kurz: Die in nicht-partizipativer Datenerhebung gewonnenen Forschungsergebnisse müssen den Diskussionen, Uminterpretationen und Ergänzungen der Betroffenen ausgesetzt werden und in einer Weise formuliert sein, daß sie diese Korrekturen zulassen (Moser 1975:138-9).

So haben wir z.B. bei unseren Aufenthalten bei den Südlichen Cheyenne (vgl. Seithel 1990a; s. unten) gelegentlich auch ohne ihre Beteiligung Papiere verfaßt oder Interviews und Untersuchungen durchgeführt. Die Ergebnisse und die vorbereiteten, aber auch die bereits publizierten Arbeiten (z.B. kleinere Zeitschriftenartikel) wurden zur Durchsicht und Diskussion an diejenigen Cheyenne zurückgegeben, auf die sich der Text bezog und/oder die an einer Beurteilung und Diskussion interessiert waren.

Auch Schlesier hat seine wissenschaftlichen Arbeiten teilweise in alleiniger Forschung verfaßt. Ein Beispiel ist der von ihm herausgegebene Sammelband über die prähistorische Geschichte der Plains-Indianer, dessen Beiträge u.a. Fragen nach Identität, ethnischer Kontinuität und historischer Tiefe heute lebender indigener Völker Nordamerikas nachspüren (K.Schlesier 1994). Seinen eigenen Aussagen zufolge habe bereits VertreterInnen der darin beschriebenen indigenen Völker begonnen, sein ausgesprochen wissenschaftlich orientiertes Werk für die Klärung von Landrechtsfragen u.ä. zu konsultieren (1996, persönl. Mitteilung). Seine Arbeit ist zudem ein Beispiel dafür, daß auch in den hier beschriebenen ethnologischen Praxiskonzepten sorgfältiger wissenschaftlicher Forschung und Dokumentation eine bedeutende oder gar die entscheidende Rolle zukommt. Dieses zeigt sich besonders im Rahmen indigener Landrechts-

---

[245] So berichten z.B. engagierte kanadische MuseumsethnologInnen, die ihre Arbeit in Kooperation mit indigenen Gemeinschaften durchzuführen bemüht sind, von der Schwierigkeit, indianische MitarbeiterInnen oder BeraterInnen zu finden. Viele der indigenen Gemeinschaften sind nicht an Museumsarbeit interessiert, weil ihnen diese Art der Präsentation ihrer Kultur fremd ist (Ames 1988a, 1988b, Trigger 1988).

prozesse, bei denen die indigenen KlägerInnen ihre Rechtsansprüche durch detaillierte ethnographische und historische Daten belegen müssen (vgl. Hedican 1995:73, Maybury-Lewis 1985:139-140).

Eine intellektuelle Arbeitsteilung im Forschungsprozeß ist für eine effektive praktische Arbeit also weiterhin notwendig. Diskursive ethnologische Verständigung und wissenschaftliche Erkenntnisproduktion können weder mit dem Alltagswissen der Praxis oder dem *native knowledge* gleichgesetzt noch kann das eine durch das andere ersetzt werden. Jeder Wissensdiskurs besitzt eigene Regeln, Rahmenbedingungen und Zielsetzungen. So strebt ethnologisches Wissen, auch wenn es historisch situiert und gesellschaftlich vermittelt ist, in Reflexion auf diese Kontextgebundenheit nach generelleren Aussagen, Vergleichen und Perspektiven, welche die lokale indigene Sichtweise transzendieren. Der sog. *native point of view* ist - abgesehen davon, daß es ihn als homogene, singuläre Aussage weder gibt noch geben kann - eben genau das: **ein** bestimmter, kulturell und historisch vermittelter Standpunkt bzw. ein Kanon verschiedener Stimmen, die nur "Teilwahrheiten" (Clifford 1986a) verbreiten und wie alle Aussagen über Realität kontextualisiert werden müssen (Hastrup 1993).

Einerseits helfen die theoretischen Kenntnisse und kognitiven "Landkarten" des Wissenschaftlers, die aus seiner ethnologischen Ausbildung und seiner Verankerung im wissenschaftlichen Diskurs (Literaturkenntnisse, theoretische Reflexionen und Fachdiskussionen, Forschungen usw.) sowie seinem persönlichen sozialen und kulturellen Hintergrund resultieren, Ereignisse und Handlungen in einer Weise zu beleuchten, wie es den weitgehend ohne Distanz zu ihrer Alltagspraxis lebenden Subjekten häufig nicht möglich ist. Dadurch können als selbstverständlich hingenommene Verhaltensweisen hinterfragt, nicht erkannte Zusammenhänge erklärt und problematisiert, Sichtweisen relativiert und darauf aufbauend neue Perspektiven entwickelt werden. Andererseits können die Einsichten und Interpretationen der WissenschaftlerInnen aufgrund ihres Mangels an Alltags- und Handlungswissen unzulänglich sein: Handlungsmöglichkeiten und -hindernisse werden nicht gesehen, Widerstände werden falsch eingeschätzt oder Verhaltensweisen werden nicht richtig gedeutet. Hier sind die ForscherInnen zur Korrektur ihrer Sichtweisen und Handlungsentwürfe wiederum auf die Erfahrungen, Kenntnisse und Innenansichten der betreffenden Menschen angewiesen. Die Unterschiede zwischen Wissenschaft und Praxis (vgl. Moser 1995; siehe oben) werden bei dieser Forschungspraxis also erkannt und für das Erkennen und Verändern einer sozialen Situation genutzt.

Beiden Seiten - den EthnologInnen mit ihrem wissenschaftlichen Erkenntnisbestreben und den Nicht-WissenschaftlerInnen mit ihren sinnlich erlebten Alltagserfahrungen - wird eine gleichwertige, aber unterschiedliche Sachkompetenz zugebilligt, die auf verschiedenen Erfahrungshorizonten beruht. Beide Seiten machen einander soweit wie möglich ihre spezifischen Erfahrungen und Interpretationen zugänglich. Dabei bemühen sich alle beteiligten Personen, die verschiedenen Perspektiven nebst den darin enthaltenen Kenntnissen, Gedanken, Interpretationen, Einstellungen und Entscheidungen im ständigen Austausch und Dialog einander anzunähern. Dabei integriert jeder aus seiner besonderen Sicht die Realität, erfaßt einen Teil des Problems, trägt zum Entwurf von Handlungsstrategien bei, evaluiert Handlungsabläufe und trägt so zu einem gemeinsamen, vollständigeren Verständnis der Situation bei, das Handeln ermöglicht.

Wie solch ein Austausch in der Praxis aussehen kann, zeigt das Beispiel unserer Arbeit bei den Südlichen Cheyenne (*Tsistsistas*):[246] Bei unseren dortigen Aufenthalten haben wir viele Tage und Nächte in Gesprächen mit Priestern und anderen traditionellen Cheyenne-Autoritäten (und ihren Familien) verbracht, bei denen einzelne politische, rechtliche, ethnologische und historische Fragen hin und her gewendet wurden. So gaben sie uns z.B. einen Zeitungsartikel aus der Lokalpresse zu lesen, der die Entwicklung der verschiedenen Phasen der U.S.-amerikanischen Indianerpolitik beschrieb und dabei die politischen Folgen der Einrichtung von gewählten Stammesräten für die traditionellen Entscheidungsstrukturen der Cheyenne hervorhob. Die Fragen der Cheyenne lauteten z.B.: Was hielten wir aus unserer Kenntnis der Literatur von den Darstellungen des Autors? War die rechtliche Stellung des *Cheyenne Business Committee*, so die Frage an die anwesende Rechtsethnologin, korrekt dargestellt? Welche Folgen

---

[246] Ich habe mich insgesamt dreimal bei den Südlichen Cheyenne in Oklahoma (U.S.A.) aufgehalten. Das erste Mal 1978/79 während meines Studiums, um dort *action anthropology* zu lernen und zu betreiben. Zu unserem studentischen Team gehörten außerdem die deutschen EthnologiestudentInnen Stephan Dömpke, Renate Schukies und Dirk Stähler sowie die U.S.-amerikanischen *anthropology*-StudentInnen Linda Davis und Bryce Stephens. Mit meiner Familie besuchte ich später (1993, 1996) noch zweimal für kurze Zeit die Familie des *Tsistsistas*-Pfeilhüters. Bei einem der Besuche nahmen wir auch als Zuschauer an den Sommerzeremonien (*Oxheheom* und Pfeilerneuerungszeremonie) teil (Davis-Stephens 1997, Schukies 1993, Seithel 1990a, Seithel/Stähler 1993, Stähler 1984; s. auch Wißmann 1993). Das "wir" bezieht sich im folgenden Text im wesentlichen auf unser Team von deutschen StudentInnen aus den Jahren 1978/79.

brachte das heute für die Handlungsmöglichkeiten der traditionellen Autoritätspersonen mit sich? Wie interpretierten wir diesen oder jenen Satz?

In den langen Gesprächen, die oftmals an mehreren Tagen hintereinander wieder aufgegriffen wurden, äußerte jede/r seine/ihre Meinung dazu: Cheyenne wie Nicht-Cheyenne, EthnologInnen und Nicht-EthnologInnen, Männer und Frauen, Alte und Junge. Die Fragen wurden von den verschiedensten Seiten beleuchtet, und es wurde nach Möglichkeiten gesucht, um der traditionellen Priesterschaft wieder zu mehr Anerkennung und finanzieller Unterstützung durch Regierungseinrichtungen sowie zu einer stärkeren Position innerhalb der eigenen Gemeinschaft zu verhelfen. Andere besprochene Probleme betrafen Landrechtsfragen, die Interpretation historischer Ereignisse oder die Einführung neuer Elemente und Verhaltensweisen in die religiösen Zeremonien und das Repertoire überlieferter Handlungsregeln der Cheyenne-Kultur. Gemeinsam wurden Statements für die Öffentlichkeit oder zur Untermauerung rechtlicher Ansprüche formuliert. Sorgfältig suchten wir nach passenden Ausdrücken, rangen um Formulierungen, bemühten uns um ein gemeinsames Verständnis des Problems. Wir wurden um Informationen aus der ethnologischen Literatur und um persönliche Stellungnahmen gebeten; einige Cheyenne setzten ihre Darstellungen und Meinungen dagegen, und die Diskussionen gingen weiter - manchmal wochen- und monatelang.

Alle Beteiligten konnten dabei ihre Sichtweisen überprüfen, reinterpretieren und gegebenenfalls neuformulieren. Manche der beteiligten Cheyenne hatten eine akademische Ausbildung und waren vertraut mit Fachtermini und Spezialwissen. Eine solche Ausgangssituation für eine diskursive Verständigung ist nicht bei allen indigenen Gruppen vorauszusetzen, wird aber zunehmend selbstverständlicher. Andere DiskussionsteilnehmerInnen argumentierten vor allem auf der Grundlage ihrer Perspektiven und Erfahrungen als Cheyenne und brachten dadurch für uns unbeachtete und unbekannte Details und Sichtweisen ein. Das Gespräch wurde so jeweils von verschiedenen Verständnis- und Informationsebenen begonnen; solange sich die akademisch und juristisch gebildeten GesprächsteilnehmerInnen nicht einer zu fachspezifischen Terminologie bedienten, waren Diskussionen und kommunikative Annäherung an das Problem oder die Frage zwischen allen Beteiligten möglich.

In manchen Momenten verstummten die Gespräche; einige TeilnehmerInnen lehnten sich zurück und meinten, sie müßten unsere Beiträge überdenken, denn so hätten sie das Problem noch nicht betrachtet. Uns erging es ähnlich. Oftmals blieben Fragen ungelöst; das stellte uns vor neue Recherche- und Forschungsaufgaben. Frühe ethnographische Arbeiten und Reiseberichte mußten in Archiven aufgespürt, Gesetzestexte studiert und interpretiert oder die genaue Bedeutung bestimmter rechtlicher oder politischer Termini geklärt werden. Ethnologische Arbeiten wurden konsultiert und mit dem überlieferten Wissen der Älteren verglichen. Manchmal mußte das Gesagte einfach ruhen und allmählich in das bisherige Wissen der GesprächsteilnehmerInnen integriert werden, bevor ein erneutes Gespräch zustande kam.

Die Tatsache, daß wir keine U.S.-amerikanischen BürgerInnen und des amerikanischen Englisch nicht völlig fehlerfrei mächtig waren, erwies sich dabei - trotz der Informations- und Sprachnachteile, die dieses mit sich brachte - gelegentlich auch als Vorteil: So erklärte uns der Cheyenne-Pfeilhüter (vgl. Schukies 1993, Seithel 1990a), daß ausländische StudentInnen und EthnologInnen durchweg sorgfältiger mit Formulierungen umgingen, durch die Verwendung von Wörterbüchern oftmals eine präzisere Begrifflichkeit benutzten und die subtilen Diskriminierungs- und Akkulturationspraktiken der U.S.-amerikanischen Regierungspolitik gelegentlich schneller aufspüren konnten als viele U.S.-amerikanische StudentInnen. Deren Vertrautheit mit Sprache und Gesellschaftssystem ließ sie dagegen oft schneller zu Urteilen kommen, die nach seiner Ansicht durch "Blindheit" gegenüber der eigenen Gesellschaft begrenzt waren und die Komplexität ihrer alltäglich erfahrenen Konflikte und Probleme nicht adäquat erfaßten.[247]

Bei unserer Arbeit erwies sich also das Zusammenspiel verschiedener Wissensebenen, Perspektiven und Informationsquellen als sehr fruchtbar. Es schuf in wechselseitiger Einflußnahme neue Interpretationen und Einsichten und erweiterte damit auch den Bezugsrahmen für Handlungsmöglichkeiten. Wir waren dabei InformantInnen und Lernende zugleich.

Nicht immer kann allerdings das Bemühen um die Herstellung einer nicht-hierarchischen, partnerschaftlichen Beziehung gelingen. Unterschiede in Wissen, Können und Einsatzbereitschaft bestehen zweifellos immer zwischen ProjektpartnerInnen; der bessere Zugang zu Informationen, Ressourcen und Kontakten kann - auch ungewollt - zu größerem Einfluß der WissenschaftlerInnen führen.

---

[247] Die Südlichen Cheyenne haben aufgrund der jahrzehntelangen Zusammenarbeit mit dem aus Deutschland stammenden Aktionsethnologen Karl H. Schlesier, der verschiedene deutsche EthnologiestudentInnen zu ihnen gebracht hat, speziell Erfahrungen mit deutschen EthnologInnen bzw. StudentInnen gesammelt (vgl. K.Schlesier 1974, 1980, 1990).

Ihnen stehen oftmals wirksamere argumentative und rhetorische Mittel, persönliche Beziehungen und materielle Ressourcen zur Verfügung. Nicht selten sind letztlich sie es, die - z.B. durch informelle Gespräche und Kontakte mit Gruppenmitgliedern - den entscheidenden Anstoß für die Entwicklung eines Projektes oder einer Aktion geben. Autorität und Einflußnahme können sie außerdem durch Monopolisierung von Außendarstellungen der Gruppe und des Projektes, durch Formulierung der internen Projektprogrammatik und Handlungsstrategien, durch Kanalisierung von Ressourcen und Außenkontakten, durch von der Gemeinschaft nicht kontrollierbare Entscheidungen u.a.m. aufbauen.

Diese potentiellen Quellen zur Manipulierung der betreffenden Gruppe für persönliche, politische und ideologische Ziele können aber auch von Mitgliedern der Gruppe selbst, z.B. von politischen AktivistInnen oder leitenden Personen in den Stammesvertretungen, genutzt werden. Persönlicher Ehrgeiz, Karrierestreben und Selbstdarstellungswünsche Einzelner können ungleiche Kommunikationsstrukturen entstehen lassen und ruhigere oder unsichere Personen an den Rand drängen; Ignoranz, Ungeduld oder Besserwisserei können in Bevormundung und unabgesprochenem Handeln münden. Begrenzte Zeit, Sachzwänge und bestimmte Handlungsbedingungen können gelegentlich ein stellvertretendes Handeln oder Sprechen **für** die Interessen indiger Völker erfordern, z.B., wenn eine zeitraubende Absprache nicht möglich ist oder die betreffende Gruppe der Forscherin die alleinige Entscheidungs- und Handlungskompetenz zuschreibt und selber inaktiv bleibt (vgl. Waldram 1993 und Kap. 6.5.). Auch teilen die indigenen PartnerInnen keineswegs immer die Ideale der ForscherInnen von Gleichberechtigung, Demokratie und Gemeinsamkeit, sondern sind manches Mal eher am Ausbau ihres persönlichen Informationsvorsprunges und des damit verbundenen Wissens- und Machtvorteils interessiert.

Möglicherweise ist in jedem sozialem Engagement, wie z.B. Crapanzano (1993: 393) zu bedenken gibt, durch die unterschiedliche Zuteilung von Kompetenz und Macht eine gewisse Hierarchie oder Asymmetrie in den Beziehungen strukturell unvermeidbar. Da auch nicht alle Beiträge gleich gewichtig in Inhalt und Wirkungsradius sein können, sondern den verschiedenen sozialen Rollen, den unterschiedlichen Kenntnissen, Kompetenzen und Eigenschaften der betreffenden Personen entsprechen, ist das Problem potentieller Unterschiede in Einflußnahme und Machtausübung allein durch Anspruchsformulierungen nicht lösbar. Es wird in den Projektberichten deshalb immer wieder thematisiert und in der praktischen Arbeit auf unterschiedliche Weise angegangen. So wird z.B. bereitwillig zugegeben, daß Projekte keineswegs immer einer ganzen Gruppe zugute kommen, sondern häufig nur "some of the people, to some extent, some of the time" (Stull/Schensul 1987:8; vgl. Kap. 4.8.).

7.4.2. Verständigung über Interessen, Ziele und Handlungswirklichkeit

Voraussetzung jedes ethnologischen Praxisengagements ist der Wille und das Bedürfnis der Gruppe bzw. von einigen Teilen von ihr, zu handeln und ihre Situation zu verändern. Andernfalls lassen sich keine sinnvollen und effektiven Aktionen durchführen. Die Arbeit der *advocacy anthropologists* muß an diesem Veränderungswillen der betreffenden Menschen und den von ihnen definierten Bedürfnissen und Zielen ansetzen. Sie muß außerdem kompatibel mit den sozialen und kulturellen Rahmenbedingungen ihrer Lebenssituation sein. Nur auf der Grundlage einer um Offenheit und Ehrlichkeit bemühten Verständigung können Voraussetzungen für ein gemeinsames Handeln gefunden und Gefühle der Gemeinsamkeit, der Solidarität und Kooperationsbereitschaft entwickelt werden. Der Wille oder Wunsch zur Zusammenarbeit kann dabei durchaus auf *unterschiedlichen* Bedürfnissen und Interessen der beteiligten PartnerInnen basieren (Maxwell 1993:113).

In der Essenz oder der praktischen Konsequenz müssen die angestrebten Ziele und die ihnen zugrunde liegenden Werte der Gruppe aber mit denen der ForscherInnen übereinstimmen oder zumindest vereinbar sein. So ist bereits erörtert worden, daß durch Offenlegung und Erklärung der Werte und Interessen aller Beteiligten diese der gemeinsamen Diskussion, Reflexion und Relativierung ausgesetzt und in ihrer Wirkungsweise und Einflußnahme durchschau- und kontrollierbarer gemacht werden müssen. Eine dialogische Vorgehensweise sollte idealerweise also auch einen moralischen Dialog über die Zielsetzungen des gemeinsamen Handelns umfassen - soweit dieses in einer fremden Gesellschaft möglich ist.

Im besten Fall handeln die EthnologInnen weder altruistisch noch paternalistisch, sondern bilden auf der Grundlage einer gemeinsamen (bereits vorhandenen oder ausgehandelten) Zielsetzung eine Art **Interessengemeinschaft** mit der indigenen Gruppe (K.Schlesier 1980, Stüben 1988c, 1988d). Die Kooperation basiert dabei nicht allein auf der - eher unsicheren - Basis von Solidarität oder Nächstenliebe, sondern vor allem auf wissenschaftlich fundierten Erkenntnissen (vgl. Kap. 7.5.) sowie der Einsicht, daß die kulturelle und politische Selbstbestimmung indigener Gemeinschaften heute eine zunehmende Notwendigkeit zum Erhalt kultureller Diversität darstellt (Barnett 1988).

Gemeinsame Ziele von ForscherInnen und Forschungssubjekten können z.B. die Verhinderung eines industriellen Entwicklungsgroßprojektes, die Demarkierung indigener Territorien oder die Erarbeitung einer Deklaration indigener Rechte sein (vgl. auch Kap. 6.). Während die einen beim Widerstand gegen massiven Ressourcenabbau vielleicht eine kulturell bedeutsame Stätte oder ihre Landbasis schützen wollen, denken die anderen an die Zerstörung des Ökosystems oder die Verletzung von Menschenrechten. Die Sicherung ihrer Landbasis ist für die einen eine existentielle Überlebensfrage, für die anderen geht es um Prinzipien wie Gerechtigkeit, Selbstbestimmung oder den Erhalt kultureller Vielfalt. Die Motive und Interessen, die zu Parteinahme, Kooperation und gemeinsamer Aktion führen, können also höchst unterschiedlichen Lebenszusammenhängen und Wertsetzungen entstammen. Die unmittelbar existentielle Bedrohung vieler indigener Gemeinschaften, denen meist keine solche Rückzugsmöglichkeiten offen stehen wie den WissenschaftlerInnen, gehört zu den gravierendsten Unterschieden. Beide Seiten sind sich aber bezüglich eines praktischen Zieles einig: Das Entwicklungsgroßprojekt soll verhindert, ein Stück Land soll rechtlich einer indigenen Gemeinschaft zugesprochen, ein Gesundheitszentrum soll aufgebaut werden u.ä. Durch gemeinschaftliches kommunikatives und praktisches Handeln entsteht so ein gemeinsamer Sinnbezug und eine gewisse Interessen- und Zielgleichheit. Eine wichtige Voraussetzung für eine partnerschaftliche und effektive Zusammenarbeit ist die "Angleichung des Informationsniveaus (...) durch gemeinsame Praxis" und gemeinsames Forschen (Amborn 1993d:147).

Da die gemeinsame Praxis vor allem für die Forschungssubjekte gravierende Folgen haben kann, werden die Interpretationen der sozialen Realität und die daraus folgenden Entscheidungen über praktisches Handeln in Fällen, in denen keine Einigung erreicht werden kann, den Mitgliedern der Gruppe überlassen. Das bedeutet z.B., daß in der praktischen Zusammenarbeit und nach ausführlicher Darlegung der verschiedenen Standpunkte, Wissensebenen und Zielsetzungen letztlich die Ansichten und (Wirklichkeits-)Erklärungen der betreffenden Menschen einschließlich der daraus folgenden Verhaltensregeln und Handlungsentscheidungen akzeptiert werden müssen, auch wenn sie nicht (herrschenden) wissenschaftlichen Erkenntnissen entsprechen oder für Außenstehende nicht oder schwer verständlich sind. Die ForscherInnen müssen dann entscheiden, ob sie die Zusammenarbeit fortsetzen oder aufgeben.

Der Anspruch der *advocacy anthropology* auf Emanzipation (siehe oben) setzt also voraus, daß EthnologInnen und die Mitglieder der Gruppe durch gemeinsames kommunikatives und praktisches Handeln zumindest zeitweise zu einer (problembezogenen) Verständigung gelangen, die gleichzeitig Unterschiede in Wahrnehmungen und Interpretationen zuläßt:

> "Diese Verständigung beinhaltet das Moment von Gleichberechtigung ebenso wie das Moment von Aufklärung über die eigene Gesellschaft. Nicht mehr enthalten in diesem Anspruch auf Verständigung ist das Ansinnen, andere, fremde Kulturen mit den Mitteln einer objektiven Wissenschaft holistisch erfassen zu können. Diese Form interkultureller Verständigung beinhaltet somit das Paradoxon, eine Verständigung zu ermöglichen, aber dabei das Gegenüber in seiner Fremdheit bestehen zu lassen. Gleichberechtigung und Toleranz erweisen sich so, jenseits einer wissenschaftlichen Vereinnahmungsabsicht, als Grundlage und Ziel einer kritischen Ethnologie. Das bedeutet, daß kommunikatives Handeln mit allen damit verbundenen Anforderungen die Grundlage sein muß, die das praktische Handeln des Ethnologen anleitet, wenn er das Gespräch mit Menschen aus anderen Kulturen sucht" (Habermeyer 1996:175-176).

Die handlungsleitenden Annahmen der Forschungssubjekte über die Wirklichkeit sind dabei keine unveränderbar feststehenden "Gesetze", sondern können in der Auseinandersetzung mit außenstehenden Personen (z.B. EthnologInnen) umformuliert und durch gemeinsames Handeln veränderten Bedingungen und neuen praktischen Zielsetzungen angepaßt werden. Die Teilnahme und Beiträge der EthnologInnen werden also bei der betroffenen Gruppe immer einen gewissen Einfluß haben, werden ihre Spuren hinterlassen, auch wenn ihre Empfehlungen oder Einsichten keinen unmittelbar erkennbaren Einfluß auf die Entscheidungen und Handlungen der Subjekte nehmen.

7.5. Methoden, Kenntnisse und Fähigkeiten

7.5.1. Wissenschaft als Grundlage

Eine *advocacy anthropology* in der oben umrissenen Form stellt ausgesprochen hohe fachliche und persönliche Anforderungen an den/die EthnologIn. Im Folgenden sollen einige notwendige und/oder nützliche Kenntnisse und Fähigkeiten sowie Untersuchungsbereiche für ein *advocacy*-Engagement zusammengestellt werden. Sie müssen (und können) keineswegs alle von einer einzelnen Person erworben oder ausgeführt werden, sondern sind als Hinweis auf die Bedeutung einer fundierten wissenschaftlichen Grundlage und einer interdisziplinären Zusammenarbeit für eine *advocacy anthropology* gedacht.

Die Frage, was bei einer angewandten Ethnologie eigentlich "angewandt" wird (Angrosino 1976a), läßt sich nicht allgemein beantworten. Zu unterschiedlich sind die einzelnen Situationen. Dasselbe gilt für die *advocacy anthropology*. *Advocacy anthropologists* sind zunächst und vor allem WissenschaftlerInnen, die sich um präzise und valide Daten, Analysen und Erklärungen bemühen (vgl. K.Schlesier 1974:298, 1980:34, Tax in Gearing et al. 1960:415; vgl. Kap. 7.3.). Zu ihren wichtigsten Aufgaben zählt nach wie vor die Forschung (vgl. die Überblicke bei van Willigen 1993; als Beispiele Asch 1982, Feit 1982 sowie die Beiträge in Dyck/Waldram 1993a, Hedican 1995, Stull/Schensul 1987). Durch Forschungen soll politisches Handeln "kontextualisiert" werden (van Willigen 1993:80). Diese Verankerung der praktischen Arbeit in der Forschung und in wissenschaftlichen Erkenntnissen unterscheidet die hier vorgestellten Praxisansätze von reiner Politik oder bloßer Propaganda. *Advocacy anthropologists* müssen deshalb über eine fundierte Ausbildung in den Methoden, Theorien und Kenntnissen ihres Faches verfügen. So wird in vielen Berichten hervorgehoben, daß es gerade die wissenschaftlichen Fertigkeiten waren, aufgrund derer die EthnologInnen für die jeweiligen Gruppen nützlich sein konnten (z.B. Medicine 1987, Peterson 1987; Pelto/Schensul 1987; K.H.Schlesier 1974 u.a.).

Wie in der angewandten und praktischen Ethnologie (vgl. Kap. 2.5.) können dabei auch in der *advocacy anthropology* je nach den anfallenden Arbeiten, dem zu lösenden Problem und den beteiligten PartnerInnen alle Methoden, Theorien, Kenntnisse und Arbeitsweisen zur Anwendung kommen, die der Ethnologie **und anderen** Wissenschaften zur Verfügung stehen. *Advocacy anthropologists* bedienen sich der jeweiligen Forschungsmethoden, Konzepte und Kenntnisse allerdings im Rahmen anderer Zusammenhänge (*settings*), mit veränderten Zielsetzungen und überwiegend anderen ForschungspartnerInnen, AuftraggeberInnen und NutzerInnen ihres Wissens als die reine oder herkömmliche angewandte Forschung. Die Prinzipien der *advocacy anthropology* bestimmen dabei die Gesamtausrichtung (hinsichtlich Fragestellung, Methoden, Zielsetzung, AuftraggeberInnen/NutzerInnen usw.) der ethnologischen For-

schungsaktivitäten und werden, ähnlich wie die Grundsätze der verschiedenen Ethik-Codes, insbesondere im Konfliktfall wirksam.
Grundlegend ist dafür eine Neudefinition des Beziehungsverhältnisses zwischen AuftraggeberInnen, ForscherInnen und NutzerInnen der Forschung. Zu dieser Neudefinition zählen besonders: die explizite Einnahme eines ethischen Wertestandpunktes; ein Wechsel der AuftraggeberInnen, durch den sich die ForscherInnen auf Seiten benachteiligter Gruppen "positionieren"; die Orientierung der Forschungsthemen an den Bedürfnissen und Interessen der Gruppe; eine weitestmögliche Beteiligung und Kontrolle des Forschungsprozesses durch die/ einige Gruppenmitglieder; die Rückgabe der Forschungsergebnisse an die Gruppe, eine gemeinsame Absprache ihrer Verwendung sowie ihre gezielte Nutzung für praktische Ziele der Gruppe. Aus diesen veränderten Rahmenbedingungen wissenschaftlicher Forschung, die unter Umständen spürbar in die Arbeit der EthnologInnen eingreifen und die Umstellung oder Aufgabe von Forschungsplänen erfordern können, ergeben sich andere Fragen und Problemstellungen, andere Methoden, theoretische Konzepte und Darstellungsformen als bei konventioneller empirischer Forschung.
Darüber hinaus sind einige praktisch tätige EthnologInnen zu dem Schluß gekommen, "(...) that contemporary cultural anthropological theory contains little of value for interventionists" (Bennett 1996:48). Das bedeutet, daß *advocacy anthropologists* einen Großteil des benötigten Wissens und methodischen Instrumentariums in der Forschungs- und Praxissituation erst erschaffen müssen. Sie leisten damit wichtige theoretische und methodische fachliche Beiträge, die unter den Umständen rein akademischer Forschung nicht gewonnen werden können.[248]
Unerläßlich für eine Praxis ist ein detailliertes Verständnis des weiteren gesellschaftlichen Kontextes des Handelns. Ethnologische Tätigkeit findet immer in einem gesellschaftspolitischen Gesamtzusammenhang statt, der kontrollierend und begrenzend in die Arbeit der EthnologInnen und ihrer lokalen PartnerInnen eingreift (vgl. Kap. 3). EthnologInnen haben, wie die Geschichte der angewandten Ethnologie unter anderem zeigt, keine oder nur sehr begrenzte Macht, diese Verhältnisse zugunsten indigener oder anderer Gemeinschaften dauerhaft zu verändern. Trotz allem ethnologischen Engagements geht es den indigenen Völkern heute insgesamt nicht besser. Auch können solche Wissenschaftskonzepte,

---

[248] Diese Feststellung trifft auch für andere praktische Ethnologie zu (siehe Eddy/Partridge 1987:57-58, 235-36, Hill-Burnett 1987, Whyte 1987u.a.; vgl. Kap. 2.5. und 3.6.).

die eine Trennung zwischen wissenschaftlicher Forschung und gesellschaftlicher Praxis aufheben und eine gleichberechtigte Subjekt-Subjekt-Beziehung herstellen wollen, nicht selbstverständlich einer gesellschaftsverändernden Strategie zugerechnet werden (vgl. Kap. 4).

Durch ihre Behandlung als Subjekte eines Forschungsprozesses werden die betreffenden Menschen nicht auch gleichzeitig befähigt, selbstbestimmt ihre Lebensumstände zu kontrollieren und zu handhaben. Das zu glauben, hieße, die Möglichkeiten einer *advocacy anthropology* zu überschätzen und damit von unrealistischen Handlungsbedingungen und Zielsetzungen auszugehen. Statt sich resigniert über die Fruchtlosigkeit praktischer Bemühungen in den Elfenbeinturm reiner Wissenschaft zurückzuziehen, scheint es vielmehr notwendig, den übergreifenden gesamtgesellschaftlichen Rahmen des ethnologischen Engagements beim Entwurf von Handlungszielen und -strategien stärker, als dies bislang meist geschehen ist, miteinzubeziehen und neben kurzfristigen pragmatischen Zielen auch weiterführende langfristige und auf grundlegende Veränderungen abzielende Perspektiven zu entwerfen. So unterstreicht Moser (1975: 163-164)

> "(...) die Notwendigkeit, einen bloßen Pragmatismus zu überwinden, der sich damit begnügt, demokratisierende Maßnahmen auf bloßer Verfahrensebene zu definieren. Erst die inhaltliche Reflexion auf den Gesamtzusammenhang der Gesellschaft, in welchem eine Handlungsorientierung ihren Sinn bekommt, vermag solche Scheinlegitimation zu durchbrechen."

Diese Einbettung der ethnologischen Praxis in die lokale und globale politische Ökonomie fehlte z.B. bei fast allen Arbeiten der klassischen *applied anthropology* in der Kolonialzeit, wodurch ihre Effektivität zur Verbesserung der Lebensbedingungen der erforschten Menschen äußerst gering war. Auch kooperative und andere interventionistische Verfahren laufen Gefahr, wie oben gezeigt wurde, emanzipatorische Ziele wie Partizipation oder Selbstbestimmung auf rein methodisch-instrumenteller Ebene umzusetzen, ohne den gesamten Kontext von Dominanzstrukturen und Widerstandspotentialen in Analysen und Aktionen miteinzubeziehen (vgl. Kap. 4.7.).

So gehören zu den Forschungsaufgaben einer *advocacy anthropology* z.B. Analysen globaler Macht- und Wirtschaftsprozesse und ihrer Folgen für indigene Gesellschaften oder Verflechtungs- und Kontextanalysen, die sich mit Prozessen der Spätmoderne befassen, Verknüpfungen von "Tradition" und "Moderne" aufzeigen und Synthesen von lokalen und globalen Vorgängen untersuchen (vgl. Breidenbach/Zukrigl 1995, Nadig 1997). Dabei müssen im Sinne eines *studying up* (Nader 1974) auch machthabende Gruppen, Eliten und Individuen, kurz: "the Big Boys who run the show" (Bodley 1996:42), in die für ein *advocacy*-Engagement notwendige Forschung miteinbezogen werden (Huizer 1993a; vgl. Starn 1994:23). Anders ausgedrückt: Einer Parteinahme für eine bestimmte Gruppe müssen zunächst fundierte Analysen über übergreifende Machtverhältnisse und polit-ökonomische Zusammenhänge vorausgehen, die die Einbindung und Position der betreffenden Gruppe in lokale und globale Dominanzstrukturen erkennen lassen. Zur Entwicklung von Handlungsstrategien muß dann ein möglichst genaues lokal- und fallbezogenes Wissen über Ursachen und Zusammenhänge sozialer Ungerechtigkeiten, über kulturelle und historische Hintergründe, über die beteiligten Personen und Institutionen, über die zur Verfügung stehenden Ressourcen sowie über Handlungsalternativen und ihre möglichen Konsequenzen erworben werden.

Eine Verbindung von Lokalanalysen mit Makroperspektiven sowie von einzelfallspezifischen Lösungsstrategien mit langfristigen Handlungskonzepten ist ein wesentlicher Bestandteil der theoretischen Forschungsarbeit von *advocacy anthropologists*. Die besondere Stärke ethnologischer Herangehensweise liegt darin, das Einzelne und Lokalspezifische nicht aus den Augen zu verlieren und Aussagen über globale(re) Zusammenhänge stets am Einzelfall zu überprüfen (vgl. Koepping 1993). So können u.a. Stereotypisierungen vermieden werden, die dann entstehen, wenn soziale Phänomene und Probleme nur zur Illustration von Makrotheorien herangezogen werden (Armstrong 1993:4). Die Entscheidung für ein *advocacy*-Engagement auf Seiten einer bestimmten Gruppe ist zwar ethisch begründet; die Kriterien für diese Entscheidung und die *advocacy*-Handlungen selber basieren aber auf fundierten wissenschaftlichen Kenntnissen und Analysen (vgl. Maybury-Lewis 1985:134, mehrfach in den Diskussionen in Paine 1985a, bsdrs.: 18, 218, Rappaport 1993:297, K.Schlesier 1974, 1980, 1990, van Esterik 1985):

"It (advocacy; F.S.) requires the ability to suspend judgement while analyzing societies very unlike our own. It also requires the ability to study our own society (or other 'modern industrial societies') with a detachment similar to that we strive for in studying the exotic. It requires the ability to analyze national policies, developmental ideologies and the working of bureaucracies with a detachment that enables us to see beyond their familiar obfuscation and self-deceptions. It then requires the advocate to combine these analyses dialectically in order to understand and eventually influence the complex processes which effect underprivileged ethnic groups" (Maybury-Lewis 1985:147).

7.5.2. Erarbeitung neuer Konzepte und Theorien

Eine wichtige Grundlage einer *advocacy anthropology* ist die kritische (Neu-) Konzeptualisierung von zentralen ethnologischen Begriffen wie Kultur, Identität, Ethnizität, Akkulturation oder kultureller Wandel. Diese spielen eine essentielle Rolle bei der Formulierung indigener Politik und bestimmen die Ausrichtung indigener wie nicht-indigener Handlungsstrategien (vgl. Barre 1985:166-68, 182-88, Bonfil Batalla 1981, 1990). Am Beispiel des Einflusses ethnologischer Konzepte auf den lateinamerikanischen *indigenismo* und die neuen indigenen Bewegungen wurde gezeigt, welche Auswirkungen (popularisierte) ethnologische Sichtweisen von Kultur(en) auf politische und soziale Programme oder auf juristische Entscheidungen und damit auf die betreffenden Menschen haben können. So bieten die neue indigenen Bewegungen und ihre *identity politics* ein ergiebiges ethnologisches Forschungsfeld darüber, wie "kulturelle" Argumentationen in politische Praxis gegossen werden. In Anbetracht der teilweise harten Kritik indigener WortführerInnen an ethnologischen Konzepten und Theorien (vgl. Moody 1988) werden EthnologInnen dabei auch die Rolle des eigenen Faches überdenken und neue theoretische Ansätze entwickeln müssen:

> "Now, there is no longer any excuse for NOT taking the discomforting expressions of indigenous natives seriously. Anthropology, as a discipline, though slowly to recognize the importance of nationalist or dissenting movements and settlements within indigenous communities, is in the best position to bring such issues to the world's attention. We *do* have the necessary backgrounds and methodological tools to make sense out of 'culture as politics'. To do so at the service of the communities themselves (Leiris 1950) and *NOT* at the service of the regimes oppressing and exterminating them (...) is the challenge that Anthropology now faces" (Clemmer 1992: 58; Betonung im Original).

Für die praktische Nutzung ethnologischer Kenntnisse, ob nun als *advocacy*, *applied* oder *development anthropology*, existiert keine einheitliche Theorie von Kultur, kultureller Praxis oder Kulturwandel. Implizit arbeiten aber die praktisch tätigen EthnologInnen immer mit einem bestimmten Kulturverständnis.[249] Im konkreten Handlungsfall muß sich der Ethnologe z.B. fragen, mit welchem Konzept von Kultur er arbeitet, welche politischen Implikationen dieses für die Praxis besitzt und über welches Verständnis von Kultur die betreffende Gruppe, soweit dieses überhaupt artikuliert werden kann, verfügt. Dabei müssen in Zusammenarbeit mit den ForschungspartnerInnen und in kontinuierlicher Auseinandersetzung mit den Anforderungen und Zielen der Praxis, aber auch in Rückgriff auf die im Fach bestehenden Ansätze, adäquate theoretische Konzepte entwickelt und ein pragmatischer Umgang mit Begriffen praktiziert werden.

Aufgabe von EthnologInnen wäre es z.B., auf die Grenzen und den potentiellen Mißbrauch einer politischen Argumentation mit ethnischer und kultureller Andersartigkeit hinzuweisen oder die politischen Implikationen von Konzepten über Kultur, Ethnie, Volk, Identität usw. aufzuzeigen (siehe z.B. Antweiler 1994a).[250] Während akademische Diskurse über die Abschaffung des Begriffes Kultur für die politische Arbeit indigener Gemeinschaften problematisch sind, da diese gerade mit dem Konzept der kulturellen Differenz ihren Anspruch auf Sonderrechte begründen (siehe Kap. 6.2.), so bedeutet das nicht, daß eine kritische Befassung mit dem Kultur-Begriff für die Praxis einer *advocacy anthropology* keine Bedeutung hat: Diese kann im Gegenteil in Phasen der Reflexion nützliche Anregungen zum Nachdenken über die Grundlagen des gesellschaftlichen Handelns und über die verwendeten Argumentations- und Handlungsstrategien liefern.

Hieraus ergibt sich eine wechselseitige Befruchtung zwischen fachlicher Theoriediskussion und praktischem Handeln, an der die indigenen Gemeinschaften bzw. einige ihrer Mitglieder einen wesentlichen Anteil haben (können). Zu

---

[249] So setzen die PraktikerInnen bei ihrer Projektarbeit je nach ihrem theoretischen Ansatz und ihrer politischen Perspektive unterschiedliche Schwerpunkte: Die einen drängen z.B. vor allem auf Sicherung materieller Grundbedürfnisse durch Förderung markt- oder subsistenzorientierter Produktionsweisen, andere setzen primär auf Aufklärung, Ausbildung und Bewußtseinsarbeit zur Stärkung von Selbstbewußtsein, Identität und kreativem Widerstandswillen, während dritte vielleicht Selbstorganisation und deren rechtliche Absicherung als wichtigstes Mittel zum Überleben und zur Selbstbestimmung der betreffenden Gruppe ansehen. Je nachdem, welche Kulturtheorie und -konzeption zum Tragen kommt, wird Kultur dabei z.B. als adaptatives System, als mentales Phänomen oder als Kommunikationssystem begriffen (vgl. die Beiträge in Wulff/Fiske 1987).

[250] In den letzten Jahren zeigt sich auch in der Öffentlichkeit einiges Interesse an der Auseinandersetzung mit diesen Begriffen, ein Interesse, das z.T. auch von EthnologInnen in den Medien aufgegriffen wird (z.B. Göktürk 1995, Huffschmid 1995, Kaschuba 1995c oder Schiffauer 1995a).

glauben, daß die indigenen PartnerInnen den wissenschaftlichen Argumentationen intellektuell, theoretisch und inhaltlich nicht zu folgen vermögen und keine eigenen Positionen dazu entwickeln können, wäre vermessen. Voraussetzung ist allerdings, wie im Umgang mit jedem nicht-wissenschaftlich gebildeten Gesprächspartner, daß ein allzu spezieller Fachjargon vermieden wird. Eine Diskussion über theoretische Konzepte zwischen WissenschaftlerInnen und der betreffenden Gruppe kann, eingebunden in gemeinschaftliche Praxis, dazu führen, daß beide Seiten ihre theoretischen Grundannahmen und impliziten Konzepte überprüfen und präzisieren.

Ein weiteres lohnendes ethnologisches Forschungsfeld im Rahmen einer *advocacy anthropology* ist die Untersuchung der einer bestimmten Politik zugrunde liegenden Gesellschaftstheorie(n) und der daraus entspringenden Wertsetzungen, z.B. bei Konzepten von Gerechtigkeit. EthnologInnen können u.a. untersuchen, welche Werte innerhalb einer bestimmten Politik gegenüber indigenen Völkern wirksam werden. Sie können Werthierarchien und -präferenzen herausarbeiten und deren praktische Folgen bei ihrer Implementierung analysieren. Dabei gewinnen sie Erkenntnisse über kausale Zusammenhänge zwischen sozialen Theorien, Wertsetzungen, politischer Praxis und den Möglichkeiten sozialer Verbesserungen. Auf der Grundlage dieser Einsichten können sie - z.B. beim Erkennen negativer Konsequenzen - gemeinsam mit den Forschungssubjekten an der Entwicklung und Verbreitung alternativer Gesellschaftstheorien und Werte mitwirken (vgl. R.Cohen 1987).

Die von der *advocacy anthropology* angestrebten Veränderungen folgen dabei keiner speziellen Agenda für Gesellschafts- oder Kulturwandel. Im Einzelfall können dem ethnologischen Engagement zwar Vorstellungen von Gerechtigkeit zugrunde liegen.[251] Der wesentliche Beitrag von EthnologInnen liegt aber weniger in der Entwicklung einer allgemeinen, speziell "ethnologischen" Theorie von einem gerechteren Gesellschafts- und Wirtschaftssystem, sondern vielmehr in der Relativierung und Kontextualisierung bestehender Sichtweisen, theoretischer Annahmen und Konzepte:

> "While there is a sense in which applied anthropology is about 'changing the world', it is unlikely that the anthropologist will have a better idea of how to change it than anyone else, but he or she may bring a certain kind

---

[251] Hinweise auf solche Vorstellungen liefern u.a. die Beiträge in Weber/McCall (1978) und Stull/Schensul (1978); siehe auch Giddens (1991).

of perspective to the problem, one which involves, and seeks to represent, the outlooks and views of all those involved" (Gardner/Lewis 1996:133).

Hier wiederum schließt sich die Entwicklung geeigneter Theorien über den Zusammenhang zwischen Wissen und Praxis[252] (z.B. Partridge 1987, Schensul 1985) als ein weiteres Forschungsfeld an. So weist z.B. die neuere Praxisforschung (Moser 1995) darauf hin, daß Wissenschaft und Praxis als getrennte Systeme mit je eigenen Sinnbezügen und Handlungskriterien verstanden werden müssen, die nur punktuell Berührungs- und Vermittlungsmöglichkeiten besitzen, und daß nicht mehr von der Möglichkeit einer direkten Übertragung von Forschungsergebnissen auf die Praxis ausgegangen werden kann (ebd. 14; siehe oben). Untersuchungen über den Zusammenhang zwischen wissenschaftlicher Forschung und ihrer Umsetzung in eine gesellschaftliche Praxis könnten z.B. der Frage nachgehen, in welcher Weise sich im Rahmen ethnologischer Frage- und Aufgabenstellungen Anschluß- und Kooperationsmöglichkeiten zwischen dem Wissenschafts- und dem Praxissystem herstellen lassen und welche Art von Wissen dafür benötigt wird (siehe Kap. 7.3.)

7.5.3. Methodenpluralität und Interdisziplinarität

Die im Vorangegangenen angeführten Untersuchungsbereiche sind nur einige, teilweise in anderen Kapiteln dieser Arbeit näher erläuterte Beispiele für die Bedeutung von ethnologischen Forschungen und für die Weiterentwicklung ethnologischen Fachwissens im Rahmen einer *advocacy anthropology* (vgl. auch Antweiler 1992). Im Einzelfall wird zudem der Rückgriff auf vorhandenes Fachwissen aus verschiedenen ethnologischen Teilgebieten, z.B. aus der Ethno-

---

[252] Der Verweis auf eine benötigte **Theorie der Praxis** bezieht sich *nicht* auf die ab den späten 70er Jahren entstandenen sog. Praxis-Theorien (z.B. Bourdieu 1976; vgl. Ortner 1984). Diese befassen sich vor allem mit den Beziehungen zwischen individuellen menschlichen Handlungen und ihrem Anteil an der Erschaffung, Reproduktion und Veränderung sozialer Systeme, d.h., mit dem Zusammenhang zwischen Handlung und Struktur. Diese praxeologischen Ansätze liefern keine Konzepte oder Theorien für eine interventionistische praktische Ethnologie wie die *advocacy anthropology*. So weist z.B. Schmied-Kowarzik (1993:89-90) in seiner Auseinandersetzung mit Bourdieus Theorie der Praxis darauf hin, daß dieser durch den Verzicht auf den Marxschen Begriff der gesellschaftlichen Praxis die geschichtliche Dimension einer Praxis-Theorie aus den Augen verliert und damit auch die Probleme nicht anspricht, die durch polit-ökonomische Konflikte - z.B. im Rahmen von Kolonisierung und Industrialisierung - entstehen.

medizin, Ethnobotanik, Wirtschaftsethnologie oder Religionsethnologie, notwendig sein.

Advocacy anthropologists beschränken sich aber nicht auf das Instrumentarium ihres Faches, sondern nutzen dieses in einer eklektischen Mischung von Methoden, Konzepten und Techniken aus anderen Disziplinen (vgl. Partridge 1987, van Willigen/Dewalt 1985; für Beispiele siehe die o.a. Literatur). Hierzu gehören je nach Fall und Problem z.B. Kenntnisse aus den Politik-, Rechts- und Wirtschaftswissenschaften, aus Agrar- und Forstwissenschaften, aus Medizin, Ökologie u.a.m. Aus der Erziehungsforschung, Sozialarbeit und Psychologie können Methoden und Techniken zur Beratung, Aufklärung und Konfliktlösung übernommen werden, z.B. das *non-directive counselling* oder Methoden der *concientización* (vgl. Maxwell 1993). Auch praktische Qualifikationen im Bereich von Management, Verwaltung und Organisation sind nützlich oder erforderlich. Da es einer einzelnen Person kaum möglich ist, sich alle notwendigen Kenntnisse und Techniken für eine effektive Praxis anzueignen, ist die Zusammenarbeit und Arbeitsteilung mit anderen SpezialistInnen und Fachleuten und die Bildung sog. *advocacy*-Teams unerläßlich. Wie die *applied anthropology* verlangt die *advocacy anthropology* also ein ausgesprochen *interdisziplinäres* Arbeiten, bei dem Fächergrenzen flexibel überschritten werden können (vgl. Bennet 1996):

> "It really does not matter where practitioners get their ideas, however, since the goal is not to produce general theory but to solve problems and whatever works works" (ebd. 28).

Im Laufe ihrer *advocacy*-Tätigkeiten werden EthnologInnen deshalb auch "fachfremde" Tätigkeiten durchführen (müssen) oder Arbeiten übernehmen, die genauso von Nicht-EthnologInnen geleistet werden (können). Für eine *advocacy anthropology* ist nicht die Frage entscheidend, ob eine Tätigkeit spezifisch ethnologisch ist und ausschließlich nur von EthnologInnen geleistet werden kann, sondern ob diese sie *auch* ausführen können. Das spricht nicht dagegen, die entsprechenden Arbeiten als sinnvolles und wichtiges Aufgabenfeld für EthnologInnen zu betrachten. Es gibt kein genau umrissenes Berufsbild für EthnologInnen, das vorschreibt, was ein/e EthnologIn macht und bei welcher Tätigkeit er/sie aufhört, EthnologIn zu sein (vgl. Seithel 1990b). Schließlich teilen sie sich bereits verschiedene Arbeitsgebiete (z.B. in der Entwicklungspolitik) mit anderen Fachleuten, ohne daß sie dadurch ihre berufliche Identität als EthnologIn aufgeben müssen (vgl. Fischer 1988a). Sie können sich bemühen, durch ihre spezifischen Erfahrungen, Herangehensweisen und theoretischen Ansätze (vgl. Kap. 2.3. u. 2.4.) eine besondere Perspektive in die praktische Arbeit hineinzutragen.[253]

Allerdings warnt E.Chambers (1979:536) die EthnologInnen vor einer überhöhten Selbsteinschätzung:

> "Thus far, anthropology's view of its usefulness has been framed primarily in opposition to the rest of the world. In nearly everything we do we seem first to need to discover why it is anthropology. The most 'proper' role of the anthropologist continues to be that of an empirically based researcher, and we caution students against involvement that might compromise the professional standing of this kind of research. (...) The notion that we are the interpreters of cultures, the holists, and the masters of qualitative research and comparative method is simply no longer true. (...) Most of the basic ideas that typified anthropology as a somewhat radical profession thirty years ago are now widely accepted and practiced by nonanthropologists."

Im wesentlichen wird bei *advocacy*-Aktivitäten, wie in ethnologischer Forschung allgemein, mit qualitativen Verfahren gearbeitet: Hierzu zählen u.a. informelle Gespräche und teilnehmende Beobachtung, verschiedene Befragungstechniken und Interviewformen, das Erwerben einer "Innensicht" durch Miterleben und Eigenerfahrung, die Aufzeichnung von Informationen in Tagebuch- und Feldnotizen, Beobachtungs- und Gesprächsprotokollen sowie Sekundäranalysen von Dokumenten und anderen Materialien.

Qualitativen Methoden wird vor allem deshalb der Vorzug gegeben, weil sich mit ihrer Hilfe besser der spezifische Situationskontext erfassen, ein unvorhergesehenes Ereignis flexibler aufnehmen und für den Forschungsprozeß fruchtbar machen und die Annäherung an die emische Perspektive der Betreffenden eher ermöglichen lassen als mittels quantitativer Erhebungsmethoden.[254] Qualitative Forschungsmethoden erlauben damit eine größere Nähe zu den Forschungssubjekten sowie zum speziellen Untersuchungsbereich, weshalb sie

---

[253] Ebenso sehen Gardner/Lewis (1996:152) den spezifischen Beitrag von EthnologInnen zur Entwicklungspolitik nicht im methodologischen Bereich, sondern vor allem in ihrer Sichtweise der Dinge, ihrem " 'way of seeing' rather than a specific set of skills or a tool-kit".

[254] So kommt z.B. eine Untersuchung über die Genauigkeit und den Wahrheitsgehalt von InformantInnenaussagen in Fragebogenumfragen zu dem Schluß, daß "on average, about half of what informants report is probably incorrect in some way" (Bernard et al. 1984:503).

auch eher die Chance bieten, praxisadäquate Handlungskonzepte und -strategien zu entwickeln (vgl. Moser 1995:98-102).
Darüber hinaus können *impact* und *needs assessment*-Strategien gebraucht werden sowie verschiedene Planungs- und Evaluationstechniken zum Einsatz kommen (z.B. im Rahmen von Projektplanung und -auswertung). Auch wird quantitativen Methoden keine grundsätzliche Absage erteilt: So können z.B. demographische *surveys* wichtige Grundlagendaten liefern und damit dem Handeln erst eine Basis geben (für den Einsatz der verschiedenen Methoden im Rahmen von *advocacy*-Strategien vgl. Dyck/Waldram 1993a, Feit 1982, Fettermann 1993b, Grünberg 1977, Harries-Jones 1991a, Hedican 1995, Peterson 1987, Salisbury 1976, Usher 1993, Waldram 1993 sowie die Beiträge in Eddy/Partridge 1987, besonders Teil II, und in Stull/Schensul 1987; siehe auch Kap. 4).
Von zentraler Bedeutung sind ferner partizipative und kooperative Forschungsverfahren, wie sie z.B. in der Entwicklungszusammenarbeit und im Bildungsbereich entwickelt und angewendet werden (vgl. Kap. 4.7. und 4.8.) sowie die Methoden der sozialwissenschaftlichen Aktions- und Praxisforschung (z.B. Moser 1977a, 1977b, 1995). Durch flexiblen Einsatz herkömmlicher empirischer und neuer partizipatorischer Forschungsmethoden und -strategien und ihre jeweils fallspezifische Anpassung an die konkreten Anforderungen einer Problemsituation können *advocacy anthropologists* zur Weiterentwicklung einer praxisadäquateren Methodologie beitragen (vgl. Fals Borda 1985, Fals Borda/Rahman 1991).

7.5.4. Strategischer Umgang mit Forschungsdaten

Für eine effektive *advocacy anthropology* ist es nicht nur wichtig, wie Daten und Erkenntnisse gewonnen und genutzt, sondern auch wie sie aufgearbeitet und präsentiert werden. Informationen, die Veränderungen bewirken sollen, müssen auf die jeweiligen Realitäten und Sprachen ihrer "EmpfängerInnen" abgestimmt sein, um diese zum Handeln mobilisieren zu können (vgl. Harries-Jones 1993b:26). Zu diesen EmpfängerInnen gehören je nach Zielsetzung sowohl die AuftraggeberInnen und potentiellen NutzerInnen ethnologischer Forschung (z.B. indigene Organisationen) als auch PolitikerInnen, BeamtInnen, JuristInnen, FachkollegInnen oder die allgemeine Öffentlichkeit. Jede/r AdressatIn kann u.U. einen anderen Sprachstil, eine unterschiedliche Schwerpunktsetzung und ein verschiedenes Abstraktionsniveau erfordern. Um überhaupt gehört und verstanden zu werden, müssen die ForscherInnen ihre Darstellungsweise am Vorwissen, an möglichen Vorurteilen, den Erwartungen und den Zielen der EmpfängerInnen orientieren, deren Positionen verstehen und zum Ausgangspunkt ihrer Überlegungen nehmen (Fettermann 1993b, Maxwell 1993:107 sowie alle Aufsätze in Fettermann 1993a). Unter Umständen können hierbei auch Strategien des *social marketing* nützliche Dienste leisten (van Willigen 1993:139-53):

> "Sensitivity to their multiple realities and to the different languages they speak and understand is requisite if the ethnographer is to successfully navigate the rapids of fieldwork and reporting. (...) Thus, an effective ethnographer is an effective communicator. The presentation of research findings, within scientific and moral boundaries, can assume infinitely varied forms depending on the particular audience and the ethnographer's specific purpose for communicating information. The ethnographer must not only write well, but must know and address the listeners in their own tongues" (Fetterman 1993a:3-4).

Da die Massenmedien eine wichtige Rolle bei der Herausbildung öffentlicher Meinungen und politischer Stimmungen spielen, können und sollten sie auch für *advocacy*-Ziele genutzt werden, so z.B., um indigene Belange und Entwicklungsmodelle als akzeptiertes Thema auf die politische Agenda zu setzen. Um seinem Wissen an der richtigen Stelle Gehör zu verschaffen, muß der *advocacy anthropologist* also nicht nur ein guter Rhetoriker und sprachkompetenter Vermittler, sondern im günstigsten Fall auch noch eine Art Medienexperte sein.

Obwohl sich EthnologInnen in ihren Forschungen u.a. mit individuellen und kollektiven Unterschieden in der Wahrnehmung, Interpretation und sprachlichen Erfassung von Realität auseinandersetzen, wurden diese bei der Präsentation ihrer Ergebnisse in der Vergangenheit häufig übersehen, wodurch zahlreiche Forschungsberichte wirkungslos blieben (siehe Kap. 3.). Nicht selten beherrschen EthnologInnen zudem, soweit sie sich nicht gänzlich an akademischen Schreibgewohnheiten orientieren, die Sprache der Forschungssubjekte besser als die der PolitikerInnen oder BürokratInnen. Forschungsergebnisse aber, die nicht richtig vermittelt werden, können unter Umständen eher schädliche als nützliche Folgen für die Forschungssubjekte haben.

Wissen ist, wie schon festgestellt wurde, eine Ware bzw. ein Instrument, das ebenso für Aufklärung und *empowerment* eingesetzt wie für Machtzwecke manipuliert, genutzt und mißbraucht werden kann. Aus dem zur Verfügung stehenden Wissen suchen sich Interessengruppen diejenigen Aussagen heraus, die ihre eigenen Argumentationen und Ziele stützen. Teils werden Aussagen aus ihrem Zusammenhang gerissen und in neue Kontexte gestellt, teils werden wissenschaftlich überholte Theorien beibehalten, wenn sie bestimmte Interessen unterstützen, teils werden Forschungsergebnisse ganz unter Verschluß gehalten. Auch ethnologische Kenntnisse und Theorien werden in dieser Weise in politische Machtstrategien eingebaut (siehe oben; vgl. als Beispiele Hopper 1993:28-30, Myers 1988 sowie die Beiträge in Wilmsen 1989). Dabei können sie unvorhergesehene bzw. unvorhersehbare und unbeabsichtigte praktisch-politische Konsequenzen nach sich ziehen.

So hat bspw. die auch von EthnologInnen unterstützte und wohl intentionierte Forderung nach einer Gleichberechtigung indigener Völker in der Vergangenheit in manchen Staaten zu einer Integrations-, Assimilations- und Terminationspolitik geführt (vgl. Kap. 4.), die indigene Gemeinschaften vielfach zu entmündigten Sozialfällen degradiert hat. In anderen Fällen haben kulturwissenschaftliche Studien, die die Erfindungsgabe, Anpassungsfähigkeit und Initiativkraft benachteiligter Bevölkerungsgruppen bei der Organisation ihres täglichen Überlebens aufzeigten, dazu geführt, daß staatliche Hilfeleistungen mit dem Argument eingestellt wurden, daß die Betroffenen sich am besten selber zu helfen verständen. Die AutorInnen der Forschungsberichte hatten dagegen beabsichtigt, die Forschungssubjekte aus der Rolle von passiven und hilflosen Opfern herauszuheben und ihnen mehr menschliche Würde zu verleihen (Hopper 1993). Eine angemessene Präsentation und Vermittlung ethnologischer Erkenntnisse, bei der potentielle Machtinteressen und Nutzungsmöglichkeiten mitbedacht werden, ist also eine wichtige Verpflichtung für *advocacy anthropologists* gegenüber ihren Forschungssubjekten:

> "A non-statement, like a non-decision, is both a statement and an act with grave implications - for ourselves and for the people we work with day to day. Rhetoricians learn to master many languages to communicate their thoughts more effectively. Such precision and mastery are susceptible to abuse, but can remain tools of integrity and truth so long as they are guided by honesty, compassion, and good science. (...).
> We are complex beings operating in a complex world. We deliver good news and bad. The worst news can be made to sound like the best, and the best news like no news at all. Ethnographers have the power and the obligations to shape their informations in ways meaningful to their many audiences, both inside and outside the ethnographic tribe. They must pursue this difficult task under the guidance of their individual consciences, their

professional ethics, and their social obligations" (Fettermann 1993b:10-11).

Die Abstimmung der Präsentation von Forschungsergebnissen und ethnologischen Erkenntnissen auf Realität, Standpunkt und Sprache der PraktikerInnen bedeutet jedoch nicht, daß Wissen manipuliert oder an bestimmte politische Interessen angepaßt werden muß. Gefordert ist vielmehr ein strategischer Umgang mit Wissen (vgl. Fettermann 1993b:4-5, Hastrup/Elsass 1990:307-308, Petersen 1982:234, Spradley/McCurdy 1980:339). Dabei gilt es z.B., den richtigen Zeitpunkt für eine Veröffentlichung zu finden, die potentiellen Konsequenzen einer Publikation zu berücksichtigen, notfalls Informationen zurückzuhalten sowie geeignete und effektive Verbreitungs- und Multiplikationskanäle zu finden, kurz: in der Präsentation dieselben analytischen Differenzierungen vorzunehmen wie in der Forschung.

Wird z.B. von Seiten der PraktikerInnen das Expertenwissen einer Ethnologin erbeten, um (vermeintliche) Objektivität und Rationalität in eine politische Diskussion zu bringen, so kann dieses Wissen so vermittelt werden, daß dadurch Einfluß auf die einer bestimmten Politik zugrunde liegenden Werte genommen wird. Unter Umständen können bestimmte Kommunikationsstile, die einen Sachverhalt in dramatisierender und emotional ansprechender, vielleicht auch übertriebener und vereinfachender Weise darstellen, wirksamer sein als der Sprachmodus des akademischen Diskurses (van Esterik 1985:72).

"The author may assume the voice of different speakers, may appear omniscient or transparent. The author can expand or contract through narrative pace. Use of concrete metaphors, rich similes, parallelism, irony, and many other devices on a larger plane convey the true feel, taste, and smell of a moment" (Fettermann 1993b:8).[255]

Maxwell schlägt in diesem Zusammenhang vor, die wissenschaftliche "Diskutiermentalität" zu zügeln, Fachjargon und un- bzw. mißverständliche Ausdrücke zu vermeiden und keinen "ideologischen Exhibitionismus" zu betreiben (1993: 106-107). Unter letzterem versteht er eine Rede- und Schreibweise, die von dem Bedürfnis angetrieben ist, Fehler zu denunzieren, politische Positionen zu benennen, (vermeintlich) falsche Ansichten anzugreifen und (vermeintliche)

---

[255] Fettermann (1993a) liefert verschiedene Beispiele für eine mögliche Präsentation wissenschaftlicher Erkenntnisse, bei denen Metaphern, Fabeln, Zitate berühmter Schriftsteller, Romanfiguren und andere Sprachelemente verwendet werden.

Wahrheiten aufzuzeigen, was die GesprächspartnerInnen als Überheblichkeit, Demonstration von Überlegenheit und möglicherweise einen Angriff auf ihre abweichende Ansicht auslegen können. Eine bewußte und sensible, an der Realität der Gesprächs- und HandlungspartnerInnen orientierte Kommunikation, Aufmerksamkeit für die Bedürfnisse, Motive, Gefühle und Interessen der GesprächsteilnehmerInnen und ein entsprechendes *rapport-building* sind demnach wichtige Elemente für eine effektive *advocacy anthropology*.

7.5.5. Ausbildungsinhalte

Aus dem Vorangegangenen ergeben sich Hinweise auf die speziell für eine *advocacy anthropology* benötigte ethnologische **Ausbildung**, die hier abschließend nur knapp zusammengefaßt werden sollen: Zunächst und vor allem gehört dazu eine fundierte Vermittlung ethnologischer Methoden, Theorien, Konzepte und Sachkenntnisse. Die Ausbildung sollte dabei, wie auch von indigener Seite gefordert wird (z.B. Ignace et al. 1993:181, Mohawk 1985), möglichst auf aktuelle und praxisrelevante Themen ausgerichtet sein, wie sie am Beispiel indigener Völker aufgezeigt wurden. Ferner ist eine eingehendere Befassung mit Politik und Ethik ethnologischen Arbeitens sowie Geschichte, Grundlagen und verschiedenen Konzepten einer angewandten/praktischen Ethnologie notwendig (vgl. Bliss 1985a). Es liegt dabei in der besonderen Verantwortung der Lehrenden, die Bearbeitung dieser Themen im Rahmen von Lehrveranstaltungen, studentischen Arbeiten und Examensarbeiten zu fördern, selber entsprechende Forschungen durchzuführen und/oder externe Fachkräfte und PraktikerInnen in die Lehre einzubinden.

Methodisch sollten angehende *advocacy anthropologists* nicht nur den Umgang mit den herkömmlichen empirischen Feldforschungsmethoden lernen, sondern besonders auch in die Anwendung partizipativer und kooperativer Verfahren eingeführt werden. Ggf. müssen auch dazu SpezialistInnen aus anderen Fachgebieten herangezogen bzw. die Studierenden zur Teilnahme an entsprechenden fachexternen Veranstaltungen angeregt werden. Eine weitere wichtige Ausbildungsaufgabe ist die Einübung eines kritischen Umganges mit Autorität, Macht und Führerschaft (vgl. Kap. 6.5.). Zwar strebt die *advocacy anthropology* als Ideal eine möglichst gleichberechtigte und herrschaftsfreie Beziehung zwischen allen beteiligten Personen an, doch ist - wie schon gezeigt wurde - eine Beeinflussung oder Machtausübung durch externe ForscherInnen nicht immer zu vermeiden (vgl. Kap. 7.4.). Das Gelingen einer guten und wirksamen Zusammenarbeit zwischen EthnologInnen und Forschungssubjekten hängt, wie alle menschliche Kommunikation und Interaktion, u.a. von den Persönlichkeiten, den Schwächen und Stärken sowie der Selbstkenntnis der beteiligten Individuen ab. *Advocacy anthropology* erfordert keine besseren EthnologInnen (oder Menschen), kann u.U. aber hohe fachliche und persönliche Anforderungen an den einzelnen Wissenschaftler stellen.

Zur Bewältigung dieser Anforderungen, die sich aus der Anwendung partizipativer und wertexpliziter Strategien ergeben, stehen eine Reihe von Trainingsmethoden zur Verfügung, die Selbstwahrnehmung, Kommunikations- und Kritikfähigkeit sowie den Abbau von autoritären Verhaltensweisen fördern. Ferner wurde eine Reihe von Verfahren entwickelt, um unbewußte Projektionen, Ängste und Vermeidungsstrategien in der konkreten Forschungssituation und in der Praxis aufzudecken und zu bearbeiten (vgl. z.B. Reason 1994:335). Trotzdem wird es nicht immer möglich sein, diese ganz zu überwinden. Ziel des Trainings ist es, unreflektierte Gefühle, Interessen und Motivationen der ForscherInnen in eine bewußte "kritische Subjektivität" zu überführen (ebd.; siehe Kap. 7.3.1.) und sie damit für die ProjektpartnerInnen zu vertrauens- und glaubwürdigen Personen zu machen:

> "(...) the credibility and trustworthiness of your views and arguments are inseparable from your credibility and trustworthiness as a person. Thus, it is important to be aware of how you are perceived by the people you are working with" (Maxwell 1993:106).

Wichtig für eine spätere Praxis ist es auch, daß die Studierenden während des Studiums möglichst viele praktische Erfahrungen sammeln: z.B. durch Berufspraktika oder Mitarbeit bei nicht-staatlichen oder staatlichen Organisationen aus den Bereichen Menschenrechte, indigene Völker oder Entwicklungszusammenarbeit, durch Teilnahme an nationalen und internationalen Treffen, Workshops und Konferenzen über relevante Themen, durch Kontakte und Informationsaustausch mit PraktikerInnen oder durch Auslandsaufenthalte.

Je nach Fall, Problem und praktischer Spezialisierung werden EthnologInnen für eine *advocacy* sich darüber hinaus Grundkenntnisse anderer Fachgebiete erwerben müssen. Dieses kann bereits während des Studiums u.a. durch eine entsprechende Wahl von Nebenfächern, den Besuch interdisziplinärer Veranstaltungen und/oder den Erwerb von **Zusatzqualifikationen** geschehen. Auch hierbei kann das Lehrpersonal beratende und vermittelnde Funktionen übernehmen. Auch die Einübung rhetorischer, stilistischer und publizistischer Techniken, Darstellungsweisen und Kommunikationsfähigkeiten, die ein wichtiger Bestandteil einer effektiven ethnologischen Praxis sind, können bereits im Studium im Rahmen von Referaten und schriftlichen Arbeiten geschehen.

Alle genannten Lehrinhalte sind im Rahmen der (begrenzten) Ausbildungsmöglichkeiten an hiesigen Ethnologie-Instituten sowie an anderen Ausbildungseinrichtungen zu verwirklichen. Einige Modellprojekte (z.B. zu Berufspraktika) und Ansätze zur thematischen Orientierung auf aktuelle Themen existieren bereits (vgl. Kap. 3.5.). Weitere Forderungen an eine ethnologische Ausbildung wurden im Zusammenhang mit der *community-based research* (Kap. 4.8.3.) genannt: Danach wird von den ethnologischen Instituten u.a. erwartet, daß sie wissenschaftliche Fachkräfte ausbilden, die für die Probleme indigener Völker sensibilisiert, in praxisorientierten Methoden ausgebildet und auf ein *long-term committment* vorbereitet sind. Das bedeutet, daß die ethische Grundhaltung einer *advocacy anthropology*, zu der Kooperationsbereitschaft, Toleranz und Verantwortung, ein wechselseitiges Lernen und eine Offenheit gegenüber neuen Themen gehören, auch auf die Ausbildung des ethnologischen Nachwuches übertragen werden sollte (vgl. Paine 1985a:216-17).

7.6. Zusammenfassung

Advocacy anthropology ist ein besonderer Ansatz ethnologischer Forschung, Lehre und Praxis, der sich vor allem in einem wertexpliziten Wissenschaftsverständnis begründet. Im Kern der **Wertposition** der *advocacy anthropology* steht die Auffassung, daß EthnologInnen den Forschungssubjekten gegenüber für die Folgen ihres Tuns verantwortlich sind und daß ihre Arbeit auch für diese einen praktischen Nutzen besitzen sollte. Ihre Parteinahme für benachteiligte Gruppen begründet sich sowohl in einem Gefühl individueller Verpflichtung als auch in allgemeinen Wertkriterien zur Analyse und Einschätzung von Dominanz- und Unterdrückungsverhältnissen.

Allgemeine Werte (Basisnormen) können durch empirische Forschung ermittelt werden. Sie schließen die Achtung vor dem Einmaligen und Kulturspezifischen nicht aus. Als allgemeine handlungsleitende Werte der *advocacy anthropology* gelten insbesondere die Verwirklichung von Selbstbestimmung, Emanzipation und die Erhaltung kultureller Diversität. Im Einzelfall folgen *advocacy anthropologists* einer kontextgebundenen situativen Ethik. Die ethische Grundhaltung einer *advocacy anthropology* läßt sich als ein Kritischer oder Radikaler Humanismus umschreiben, der sowohl auf die Wertschätzung kultureller Vielfalt und Unterschiedlichkeit als auch auf die Enthüllung und Reduzierung von Beherrschung und Unterdrückung abzielt.

Advocacy anthropology verfügt über einen **eigenen erkenntnistheoretischen und methodischen wissenschaftlichen Diskurs.** Ausgangspunkt ist die Auffassung, daß eine wissenschaftliche Forschungssituation immer einen kommunikativen, interaktiven Akt darstellt, in den der Forscher als konstituierendes Element integriert ist. Die soziale Wirklichkeit basiert dabei auf einer Dialektik zwischen subjektivem Bewußtsein und physisch-sinnlicher Erfahrung. Ein Wissen über Wirklichkeit wird teilweise sozial konstruiert und ist kontextgebunden. Die drei Grundpfeiler der *advocacy anthropology*, von denen keiner auf die anderen reduziert werden kann, sind Kommunikation, Partizipation und Aktion. Bindeglied zwischen den teilweise divergierenden Systemen der Praxis und der wissenschaftlichen Forschung ist die **Partizipation,** und zwar sowohl der Forschenden an der Praxis, als auch der Forschungssubjekte an der Wissensproduktion. Das für ein *advocacy*-Engagement benötigte **Wissen** setzt sich aus propositionalem Wissen (Aussagen, Theorien), praktischem Wissen (Kompetenzen, Fähigkeiten) und Erfahrungswissen (subjektives Erlebt-Haben, intuitives Verstehen) zusammen. Es wird in einem Prozeß abwechselnder Reflexion und Aktion durch und für Praxis geschaffen. Durch Bewußtmachung, Offenlegung und Reflexion der Gefühle, Motive und Interessen der Beteiligten soll sowohl eine kritische Subjektivität und eine Kompatibilität von Interessen und Zielen erreicht als auch der Grad der Überprüfbarkeit und des Wahrheitsgehaltes der gewonnenen Erkenntnisse erhöht werden.

Die Güte und Validität der Erkenntnisse beruht auf einer diskursiven Verständigung aller am Forschungs- und Handlungsprozeß Beteiligten über Argumente, Aussagen und Deutungen und mißt sich an ihrer Nützlichkeit und Effektivität für die gewünschte Praxis. Als **Gütekriterien** für eine auf Praxis ausgerichtete Forschung werden Transparenz, Stimmigkeit, Adäquatheit, Intersubjektivität und Anschlußfähigkeit vorgeschlagen. Durch gemeinschaftliches kommunikatives und praktisches Handeln entsteht ein gemeinsamer Sinnbezug und ein neuer "Ort" der Verständigung im Überschneidungsbereich von ansonsten getrennten Erfahrungs- und Traditionshintergründen.

Ziel und Grundlage des gemeinsamen Handelns ist die Herstellung einer **kooperativen und partnerschaftlichen Beziehung** zwischen allen am Forschungsprozeß Beteiligten. Diese führt nicht zu einer Reversibilität der Rollen von ForscherInnen und Subjekten. Vielmehr behalten beide Seiten ihre besonderen Formen der Realitätswahrnehmung und Erkenntnisproduktion bei, mit deren Hilfe sie aus ihrer besonderen Sicht einen Ausschnitt der sozialen Realität untersuchen und interpretieren, Handlungsstrategien entwerfen und evaluieren, um so zusammen zu einem gemeinsamen, vollständigeren Verständnis der Situation zu gelangen, welches Handeln ermöglicht. Gerade das Zusammenspiel der unterschiedlichen, verschiedenen Erfahrungshorizonten entstammenden Herangehensweisen und Perspektiven soll in der *advocacy anthropology* für die Wissensproduktion und Praxis fruchtbar gemacht werden. *Advocacy anthropology* knüpft damit an hermeneutische Feldforschungsverfahren an, die um das Moment gemeinsamer gesellschaftlicher Praxis erweitert werden.

Kooperative und partizipatorische Forschung bedeutet auch im erkenntnistheoretischen Sinne keine Verschmelzung von erkennendem Subjekt und seinem Objekt. Außenbetrachtung und Distanz spielen in der *advocacy anthropology* eine ebenso wichtige Rolle wie Teilnahme und Nähe. Durch die Dialektik von Teilnahme und Distanz, Vertrautheit und Differenz, Engagement und Reflexion sollen Verständnis und Verständigung erreicht werden.

Der Forschungsprozeß soll als Ganzes partizipatorisch und kooperativ angelegt sein, d.h., der Beteiligung, kritischen Überprüfung und Kontrolle durch die Forschungssubjekte offenstehen, kann aber auch aus Phasen herkömmlicher (distanzierter) empirischer Datenerhebung bestehen, mit denen erst einmal Grundlagen für eine gemeinsame Kommunikation geschaffen werden. Es sind gerade die wissenschaftlichen Forschungskompetenzen und ihre Fähigkeit zur Reflexion, aufgrund derer EthnologInnen besondere Dienste für indigene Gemeinschaften leisten können. Unterschiede in Kompetenzen, Wissen, Einfluß und Persönlichkeit können trotz aller Bemühungen dennoch zur Entstehung hierarchischer Beziehungen und zu ungleicher Machtverteilung führen. Diese Möglichkeit besteht bei jedem sozialen Engagement.

Eine *advocay anthropology* basiert auf wissenschaftlichen Einsichten und Vorgehensweisen sowie einer Kontextualisierung des politischen Handelns mittels Forschung. Sie greift dabei auf den gesamten Fundus an ethnologischen **Methoden**, **Kenntnissen** und **Fähigkeiten** zurück. Eine wichtige Grundlage ist die Untersuchung des gesellschaftlichen Kontextes ihrer Wissensanwendung, d.h., auch die Erforschung von Dominanzstrukturen und herrschenden Gruppen innerhalb der eigenen Gesellschaft (*studying up*).

Advocacy anthropology setzt ferner voraus, daß die (angehenden) EthnologInnen ihr Studium auf entsprechende relevante **Themen** ausrichten (können): neben regionalspezifischem ethnographischen Wissen, Kenntnissen aus ethnologischen Teilbereichen, Erfahrungen im Umgang mit (überwiegend qualitativen) Forschungsmethoden sowie Feldforschungserfahrungen gehören im Einzelnen z.B. Theorien über Kultur, Ethnizität und Kulturwandel, polit-ökonomische Makrotheorien, Theorien über das Zusammenwirken von Wissen, Werten, Praxis und Politik, Kontext- und Verflechtungsanalysen, partizipative und kooperative Forschungsverfahren sowie verschiedene Evaluations- und *assessment*-Methoden dazu.

Notwendig ist vor allem interdisziplinäres Arbeiten in ***advocacy*-Teams** und ggf. die Aneignung von Grundkenntnissen aus anderen Wissenschafts- und Berufssparten. Nützlich sind auch Kenntnisse in Kommunikations-, Beratungs- und Vermittlungstechniken, Strategien der Bewußtseinsbildung und Erwachsenenbildung, publizistische und rhetorische Fähigkeiten oder Organisations-, Verwaltungs- und Managementqualifikationen.

Notwendig ist ferner ein **strategischer Umgang mit Wissen**, bei dem Standpunkt, Vorwissen und Hintergrund der EmpfängerInnen, Nutzungsmöglichkeiten, Machtinteressen und eigene Zielsetzungen sorgfältig abgewogen und bei der Präsentation von Forschungsergebnissen mitbedacht werden. Die genannten Grundkenntnisse können zum Teil im Rahmen der Möglichkeiten der institutionalisierten deutschen Ethnologie gefördert und zum Teil durch außerfachliche **Zusatz- oder Ergänzungsausbildungen** gewonnen werden.

Dabei sollte die **ethische Grundhaltung** einer *advocacy anthropology*, zu der u.a. Kooperationsbereitschaft, gegenseitiges Lernen, Offenheit und Flexibilität gegenüber neuen Perspektiven gehören, auch auf die Ausbildung des ethnologischen Nachwuches übertragen werden.

8. SCHLUSSWORT

> "We want to operate without illusions but without becoming disillusioned."
> Antonio Gramsci[256]

Die Verflechtung von wissenschaftlicher Erkenntnisproduktion mit dem jeweiligen gesellschaftlichen Kontext erfordert von WissenschaftlerInnen, daß sie ihre Arbeit innerhalb des politischen Raumes definieren, in dessem Rahmen sie sich bewegen. Sie hat u.a. zur Folge, daß EthnologInnen die "Praxisrelevanz" ihrer Erkenntnisse nur in Hinblick auf diejenigen gesellschaftlichen Verhältnisse bestimmen können, auf die sie einwirken wollen. Ihren realen Einwirkungs- und Veränderungsmöglichkeiten werden wiederum durch eben diese gesellschaftlichen Verhältnisse Bedingungen und Grenzen gesetzt. Ihr fachliches Selbstverständnis und ihre wissenschaftlichen Konzepte, Theorien und Methoden, die die gesellschaftlichen "Außenverhältnisse" ebenso reflektieren wie mitkonstituieren, setzen ihren Handlungsmöglichkeiten und ihrer praktischen Wirkungskraft ebenfalls Grenzen.

So haben in der Vergangenheit ethnologische Forschungsarbeiten häufig viel geringere Auswirkungen in der Praxis gehabt, als die WissenschaftlerInnen es gehofft oder beabsichtigt hatten. Indigenen Gemeinschaften geht es, ungeachtet aller Bemühungen von ethnologischer und anderer Seite, hinsichtlich der Sicherung ihrer (Über-)Lebensmöglichkeiten heute z.gr.T. eher schlechter als besser. Die (Über-)Macht politischer und ökonomischer Interessen gegenüber ethischen und moralischen Werten und Zielen sollte EthnologInnen allerdings nicht zur Resignation oder einem Rückzug ins "ästhetische Exil" veranlassen, wohl aber zu einer größeren Bescheidenheit hinsichtlich ihrer Möglichkeiten, die "inhumane Verfaßtheit dieser Welt" zu ändern (Habermeyer 1996:182).

Die besondere fachliche Kompetenz von EthnologInnen, durch die ihre Tätigkeit eine praktische gesellschaftliche Wirkungskraft entfalten kann bzw. könnte, liegt im Bereich der Produktion, Überprüfung und Vermittlung von Wissen über Kultur(en). Diskussionen über die Gestaltung einer sog. "multikulturellen" Gesellschaft, über die Ethnisierung politischer Konflikte oder über eine Ausgrenzungspolitik gegenüber "den Fremden" zeigen z.B., welche politischen Implikationen Konzepte über Kultur und kulturellen Wandel, über Tradition und Mo-

---

[256] Zitiert nach Starn (1994:14)

derne oder über ethnische und kulturelle Identität im Rahmen heutiger Globalisierungs-, Vernetzungs- und Mischungsprozesse besitzen können. EthnologInnen können in diesem Zusammenhang u.U. wichtige praktische Erfahrungen und theoretische Einsichten zur Korrektur herrschender Diskurse über andere Kulturen bieten.

Die speziell ethnologische Perspektive gründet sich u.a. auf regional- und lokalspezifischen Kenntnissen und Erfahrungen, durch die Relativierungen und Kontextualisierungen von in der Öffentlichkeit als selbstverständlich und allgemeingültig angenommenen Vorstellungen und Konzepten über Kultur bzw. Kulturen vorgenommen werden können. Auf diese Weise können veränderte Bezugsrahmen z.B. für rechtliche Entscheidungen, politische Handlungsstandards oder Entwicklungskriterien geschaffen, herrschende Werte und Meinungen in Frage gestellt und gängige Argumentationsmuster durchbrochen werden. Eine wichtige Voraussetzung für die Umsetzung ethnologischen Wissens in ein wirksames Engagement z.B. für Emanzipation, Selbstbestimmung und Gerechtigkeit ist, daß die dafür eingesetzten Kenntnisse, Konzepte und Interpretationen der beschriebenen sozialen Realität möglichst nahe kommen und ihr möglichst angemessen sind. Außerdem müssen diese Einsichten an entscheidungsrelevanter Stelle in den *policy process* eingebracht werden.

Eine Chance, eine größere Realitätsnähe der Erkenntnisse und eine stärkere praktische Einflußnahme auf gesellschaftliche Prozesse zu erreichen, besteht, wie im Vorangegangenen argumentiert wurde, zum einen in der Partizipation der betroffenen Menschen an der Produktion von Erkenntnissen, Interpretationen und Perspektiven und zum anderen in einer Teilnahme der EthnologInnen an politischen Prozessen und gesellschaftlichem Handeln. Grundlage einer partizipativen Wissensproduktion ist u.a. ein (begrenztes) konstruktivistisches Verständnis von Erkenntnisproduktion. Die kooperative, d.h. gemeinsam mit den Forschungssubjekten vorgenommene Teilhabe an politischer Praxis verschafft wesentliche Einsichten in die Beschaffenheit sozialer Realität und in das Funktionieren von Machtstrukturen und ist damit sowohl ein wichtiger und notwendiger Bestandteil des wissenschaftlichen Erkenntnisprozesses als auch die Grundlage, auf der Ansatzpunkte für ein praktisches Handeln gefunden werden können.

Dieses ist der in dieser Arbeit entwickelte Ansatz einer *advocacy anthropology*. Diese stellt weder reine Lobby- und Öffentlichkeitsarbeit noch lediglich eine neue Forschungsmethode dar, sondern bedeutet eine spezifische Orientierung von ethnologischer Forschung und Praxis. Sie begründet sich in einem wertexpliziten Wissenschaftsverständnis, verfügt über einen eigenen erkenntnistheoretischen Diskurs und bedient sich u.a. spezifischer Methoden. *Advocacy anthropologists* folgen keiner speziellen politischen Agenda für gesellschaftlichen Wandel, zielen aber durch einen besonderen Umgang mit Wissensproduktion und -nutzung auf eine Umverteilung von Macht und handeln damit politisch. Im Kern dieses Ansatzes stehen die Auffassungen, daß Menschen durch kollektives Handeln ihre Lebensbedingungen verändern können und daß dabei Wissen eine aufklärende, handlungsleitende und gesellschaftsverändernde Macht besitzen kann, daß es aber auch der Macht bedarf, wenn es zu gesellschaftlichen Veränderungen führen soll.

Die moralische Begründung und die praktische Handlungsorientierung der *advocacy anthropology* folgen aus den Einsichten, daß zum einen Ethik vom Prozeß der Wissensfindung nicht zu trennen ist und daß zum anderen wissenschaftliches Arbeiten immer eine Verortung in einem politischen Gesamtkontext sowie gesellschaftliches Handeln bedeutet. Damit soll nicht gesagt sein, daß in der *advocacy anthropology* "die Suche nach Gerechtigkeit und die Suche nach Erkenntnis" (vgl. Melhuus 1993) in einem neuen Forschungsparadigma zusammenfallen. Welche Probleme und "Blindheit" für die soziale Realität der Forschungssubjekte sich aus der Vermischung von wissenschaftlicher Analyse und politischer Programmatik ergeben, ist im Verlaufe dieser Arbeit anhand verschiedener Beispiele aus der Kolonialethnologie, der lateinamerikanischen *antropología comprometida* und *antropología crítica* sowie der partizipatorischen Aktionsforschung angesprochen worden.

Eine *advocacy anthropology* wird nicht von explizit formulierten Theorien und Ideen über eine zukünftige gerechtere Gesellschaftsordnung geleitet, denen sie ihre Erkenntnisproduktion unterordnet. Vielmehr ist es ihr Anliegen, methodische und erkenntnistheoretische Instrumente sowie praktische Ansatzpunkte zu finden, mit deren Hilfe sie ihre Suche nach Erkenntnissen mit der Verwirklichung von Werten wie Selbstbestimmung, Emanzipation, Partizipation und Gerechtigkeit verbinden kann, *ohne* dabei das eine auf das andere zu reduzieren (vgl. ebd.). Ihre handlungsleitenden Prinzipien sind zugleich auch ihre Ziele, wobei allerdings das bereits von Tax (in Gearing et al. 1960:381; siehe Kap. 4.4.1.) erkannte Problem entstehen kann, daß sich Ziele und Methoden widersprechen: Das kann z.B. dann der Fall sein, wenn Ziele wie Gerechtigkeit oder Selbstbestimmung mit "ungerechten" oder "nicht-selbstbestimmten" Mitteln erreicht werden sollen. *Advocacy anthropologists* befassen sich in Hinblick auf eine größere Verwirklichung von Selbstbestimmung und Emanzipation mit diesem schwierigen Verhältnis von Methoden, Werten, praktischen Zielen und Erkenntnisproduktion. Sie wollen dabei unter anderem Raum schaffen für *vielfältige* Vorstellungen von einer "besseren Welt", an deren Realisierung die betroffenen Menschen selber beteiligt sind.

Bei der Umsetzung dieser Aufgabe ergibt sich für EthnologInnen u.a. eine Reihe neuer Forschungsaufgaben, durch die die *advocacy anthropology* wichtige erkenntnistheoretische und methodische Beiträge zum Fach leisten kann. Zukünftige Forschungsaufgaben für *advocacy anthropologists* sind z.B.: empirische Untersuchungen über die Universalität bzw. Relativität zentraler Werte wie Emanzipation, Selbstbestimmung oder Gerechtigkeit; eine genauere Befassung mit den erkenntnistheoretischen Grundlagen und Grenzen einer kooperativen und partizipativen Erkenntnisproduktion; Forschungen über Merkmale, Qualität und Reichweite des für eine *advocacy anthropology* benötigten Wissens; die Erprobung, Verfeinerung und Neuentwicklung partizipativer Forschungs- und Praxismethoden speziell für die Ethnologie; Untersuchungen über das Verhältnis und Zusammenwirken von Werten, wissenschaftlicher Erkenntnisproduktion und Praxis oder die Erarbeitung neuer theoretischer Konzepte (z.B. über Kultur oder Ethnizität) als handlungsleitende Regulative.

Inwieweit sich aus den Ergebnissen dieser und anderer Forschungen für die Ethnologie ein neues Wissenschaftsparadigma entwickeln läßt, bleibt abzuwarten. Festzustellen ist allerdings, daß sich *advocacy anthropologists* bei ihrem Bemühen um die Entwicklung einer kooperativen und wertexpliziten wissenschaftlichen Forschung und Praxis mit VertreterInnen anderer wissenschaftlicher Disziplinen treffen. So zeichnen sich in den letzten Jahren in verschiedenen Fächern erste Konzeptualisierungen eines neuen Wissenschaftsverständnisses ab, welches je nach Ansatz als dialogisch, wertexplizit, partizipativ, pluralistisch, relativistisch oder kontextualistisch charakterisiert wird (vgl. Banuri/ Apffel Marglin 1993a, Reason 1994). Bleibt zu hoffen, daß EthnologInnen sich nicht nur innerhalb der Grenzen ihres Fachgebietes mit Fragen nach Partizipation und Kooperation mit ihren ForschungspartnerInnen auseinandersetzen, sondern daß sie die Aufforderung zum interdisziplinären Arbeiten ernst nehmen und ihre ganz spezifischen Perspektiven und Erfahrungen in diese gesamtwissenschaftlichen Entwicklungen und Diskussionen einbringen.

9. Literatur:

Abkürzungen für Zeitschriften:
AA = American Anthropologist
AE = American Ethnologist
AI = América Indígena
AIQ = American Indian Quarterly
ARA = Annual Review of Anthropology
CA = Current Anthropology
E+Z = Entwicklung und Zusammenarbeit
EE = Entwicklungsethnologie
HO = Human Organization
ZfE = Zeitschrift für Ethnologie

AAA (American Anthropological Association). 1920. Council Meeting, December 30, 4:45 p.m. In: AA, Vol. 22 (1), S.93-94
- - - - 1947. Statement on Human Rights Submitted to the Commission on Human Rights, United Nations. In: AA, Vol. 49 (4), S.539-43
- - - - 1970. Principles of Professional Responsibility. In: AAA-Newsletter, No. 11, S.14-16
- - - - 1982. Getting a Job Outside Academy. Washington, D.C.: AAA
- - - - 1986. Beginner's Guide to Federal Careers for Anthropologists. Washingt., D.C.: AAA
- - - - 1989. Proposed Draft Revision of the Principles of Professional Responsibility. In: AAA-Newsletter, No. 30 (8), S.22-23
Ablon, Joan. 1979. The American Indian Chicago Conference. In: R. Hinshaw (Ed.), a.a.O., S.445-456
ABS (Arbeitsgemeinschaft Bielefelder Soziologen). 1973. Alltagswissen, Interaktion und gesellschaftliche Wirklichkeit. Hamburg: rowohlt
Abschlußerklärung. 1994. Auftaktveranstaltung zur "Internationalen Dekade der indigenen Völker", 9.-10. Dezember. Berlin
Abu-Lughod, Lila. 1991. Writing against Culture. In: R.G.Fox (Ed.), a.a.O., S.137-162
- - - - 1993. Writing Women's World: Bedouin Stories. Berkeley: Univ. of California Press
Acosta, Maruja, Roberto Briceño & Rigoberto Lanz. 1978. Thesen zur militanten Forschung. In: H.Moser/H.Ornauer (Hg.), a.a.O., S.193-197
Adam, Leonhard & Hermann Trimborn (Hg.). 1958. (3. Auflg.). Lehrbuch der Völkerkunde. Stuttgart: F. Enke Publ.
Adrian, Hannelore. 1975. Ethnologische Fragen der Entwicklungspolitik. Gbeniki - die ethnologische Erforschung eines Barib-Dorfes als Grundlage für Planung und Aufbau eines Projektes der Entwicklungshilfe in Nord-Dahomey. Meisenheim/Glan: A.Hain
- - - - 1984. Überlegungen zur ethnologischen Mitwirkung im Bereich personeller Entwicklungshilfe. In: ZfE, H. 109, S.107-123
AGEE (Arbeitsgemeinschaft für Entwicklungsethnologie). 1996. Was sollen, wollen und können Ethnologen zu Entwicklungsproblemen beitragen? In: F.Bliss/S.Neumann (Hg.), a.a.O., S.283-288
Aguirre Beltrán, Gonzalo. 1975. El Indigenismo y la Antropología Comprometida. In: Anales de Antropología, No.12, S.11-45
- - - -1984. La Polémica Indigenista en México en los Años Setenta. In: Annuario Indigenista, Vol. XLIV, S.7-28
Ahenakew, David. 1985. Aboriginal Title and Aboriginal Rights:The Impossible and Unnecessary Task of Identification and Definition.In: M.Boldt/A.J.Long (Eds.),a.a.O.,S.24-30
Ahmed, Akbar S. & Cris N. Share. 1995. The Future of Anthropology: Its Relevance to the Contemporary World. London/Atlanta Highlands: Athlone
Akwesasne. 1978. Indianische Texte aus dem Widerstand. München: Trikont

Albert, Bruce. 1993. L'Or Cannibale et la Chute du Ciel. Une Critique Chamanique de l'Economie Politique de la Nature. In: L'Homme 126-128, No. 33 (2-4), S.349-378
- - - - & Alcida R. Ramos. 1989. Yanomami Indians and Anthropological Ethics. In: Science, Vol. 244, S.632
Alfredsson, Gudmundur. 1982. International Law, International Organizations, and Indigenous Peoples. In: Journal of International Affairs, No. 36 (1), S.113-124
- - - - 1989. The United Nations and the Right of Indigenous Peoples. In: CA, Vol. 39 (2), S.255-259
Amborn, Hermann (Hg.). 1993a. Unbequeme Ethik. Überlegungen zu einer verantwortlichen Ethnologie. Berlin: Reimer
- - - - 1993b. Einführung. In: ders., a.a.O., S.7-12
- - - - 1993c. Die Rückkehr der Ethik in die deutsche Ethnologie. In: ders., a.a.O., S.13-25
- - - - 1993d. Handlungsfähiger Diskurs: Reflexionen zur Aktionsforschung. In: W.Schmied-Kowarzik/J.Stagl (Hg.), a.a.O., S.129-150
- - - - 1994. Ethik in der Ethnologie. Die Verantwortung der Wissenschaft. In: H.Muth/F.Seithel (Hg.), a.a.O., S.193-211
América Indígena. 1980. La Antropología en América Latina y el Caribe. Vol.XL, S.199-205
Ames, Michael M. 1986a. Museums, the Public and Anthropology: A Study of the Anthropology of Anthropology. Vancouver: University of British Columbia Press
- - - - 1986b. How Anthropologists Stereotype Other People. In: ders., a.a.O., S.37-47
- - - - 1986c. How Anthropologists Help to Fabricate the Cultures They Study. In: ders., a.a.O., S.48-58
An-Na'im, A. Ahmed. 1992. Human Rights in Cross-Cultural Perspectives. A Quest for Consensus. Philadelphia: University of Pennsylvania Press
- - - - & Francis M. Deng (Eds.). 1990. Human Rights in Africa: Cross-Cultural Perspectives. Washington, D.C.: Brookings Institution
Anaya, S. James. 1992. Normas de Derechos Indígenas en la Ley Internacional Contemporánea. In: AI, Vol. LII, No. 1-2, Jan.-Jun., S.9-62
Anderson, David. 1985. Social Work and Anthropology. In: R.Paine (Ed.), a.a.O., S.45-58
Angrosino, Michael V. (Ed.). 1976a. Do Applied Anthropologists Apply Anthropology? Proceedings of the Southern Anthropological Society. Athens: Univ. of Georgia Press
- - - - 1976b. The Evolution of the New Applied Anthropology. In: ders. (Ed.), a.a.O., S.1-9
- - - - & Gilbert Kushner. 1978. Internship and Practicum Experience as Modalities for the Training of the Applied Anthropologist. In: William T. Vickers & Glenn R. Howze (Eds.), Social Science for Development. Tuskogee/Alabama: Center for Rural Development, Tuskogee Institute, S.18-34
- - - - & Linda M. Whiteford. 1987. Service, Delivery, Advocacy, and the Policy Cycle. In: E. M.Eddy/W.L.Partridge (Eds.), a.a.O., S.482-504
Anthropology and the American Indian. 1973. A Report of the Symposium on Anthropology and the American Indian at the Meeting of the AAA, San Diego, Calif., November 20, 1970. San Francisco: The Indian Historian Press
Antweiler, Christoph. 1986. Ethnologie als Praxis. Vorüberlegungen zu einer Ethnologie als praxisorientierter Forschung für ethnische Gruppen. In: ZfE, H. 11 (2), S.157-191
- - - - 1987. Entwicklungsethnologie und die Suche nach alternativen Wegen der Unterstützung Betroffener. In: ders. et al. (Hg.), a.a.O., S.41-55
- - - - 1990. Entwicklungsethnologie: Kritik, Antikritik, Selbstkritik. Ein systematischer Überblick zur deutschsprachigen Diskussion. In: M.Schönhuth (Hg.), a.a.O., S.89-109
- - - - 1992. Über das bloße Lamento hinaus. Über den Nutzen der Ethnologie für eine Menschenrechts- und Naturschutzarbeit. In: infoemagazin, 1/92, S.33-35

- - - - 1993. Für eine gesellschaftlich engagierte Ethnologie im vereinten Deutschland. Am Beispiel des Hochschulstudiums. Vortrag, DGV-Tagung, Leipzig: unveröfftl. Ms.
- - - - 1994a. Eigenbilder, Fremdbilder, Naturbilder. Anthropologischer Überblick und Auswahlbibliographie zur kognitiven Dimension interkulturellen Umganges. In: Anthropos 89, S.137-168
- - - - 1994b. Für ein praxisorientiertes Ethnologiestudium in Deutschland....aber gegen eine "lean education". Der Entwurf der Arbeitsgemeinschaft Entwicklungsethnologie (AGEE) e.V. In: EE , H. 1, Jg. 3, S.90-103
- - - - 1996. Engagierte Ethnologie in Deutschland - Neuralgische Punkte der aktuellen Diskussion. In: F.Bliss/ S.Neumann (Hg.), a.a.O., S.215-235
- - - - 1997a. Für eine Ethnologie als gesellschaftlich relevanter Kulturanthropologie. Ein Entwurf. Vortrag, AG Entwicklungsethnologie, DGV-Tagung, Oktober. Frankfurt.
- - - - 1997b. Richtungen praktischer und praxisorientierter Ethnologie. Eine Systematisierung. Vortrag, DGV-Tagung, Oktober. Frankfurt.
- - - - 1998. Ethnologie als gesellschaftlich relevante Humanwissenschaft. Eine Systematisierung praxisorientierter Richtungen und eine Position. In. ZfE, Bd. 123, H. 2, S. 215-255
- - - - & Thomas Bargatzky, Frank Bliss u.a. (Hg.). 1987. Ethnologische Beiträge zur Entwicklungspolitik I. Beiträge zur Kulturkunde 7. Bonn: Politischer Arbeitskreis Schulen
Apaza, Julio Tumiri. 1985. The Indians are the Revolution. In: J.Brøsted et al. (Hg.), a.a.O., S.67-76
Appadurai, Arjun. 1988. Putting Hierarchy in Its Place. In: Cultural Anthropology, No. 3, S.36-49
- - - - 1990. Disjuncture and Difference in Global Cultural Economy. In: Public Culture, Vol. 2 (2), S.1-24
- - - - 1991. Global Ethnoscapes: Notes and Queries for a Transnational Anthropology. In: R. Fox (Hg.), a.a.O., S.191-210
Apthrope, Raymond. 1984. Zur gegenwärtigen britischen Diskussion über die angewandte Anthropologie. In: E.W.Müller et al. (Hg.), a.a.O., S.403-413
Arbeitsgruppe Studenten. 1992. Student/innen in der DGV. Der Versuch einer Standortbestimmung. Thesenpapier. In: Mitteilungen der DGV, Nr. 21, S.23-23
Ardener, Edwin. 1982. Social Anthropology, Language, and Reality. In: D.Parkin (Ed.). Semantic Anthropology. London: Academic Press, S.1-14
Arhem, Kaj. 1985. Anthropology in Action. A Tanzanian Experience. In: H.O.Skar (Ed.). Anthropological Contributions to Planned Change and Development. Gothenburg Studies in Social Anthropology No. 8. Göteborg: Acta Universitatis Gothoburgensis, S.69-101
Armstrong, Gary. 1993. Like that Desmond Morris? In: D.Hobbs/T.May (Eds.), a.a.O., S.3-43
Arvelo-Jimenez, Nelly. 1982. The Political Struggle of the Guayana Region's Indigenous Peoples. In: Journal of International Affairs, Vol. 36 (1), S.43-54
- - - - 1984. The Politics of Cultural Survival in Venezuela: Beyond Indigenismo. In: M. Schmink/C.H.Wood (Eds.), Frontier Expansion in Amazonia. Gainesville:Univ. of Florida Press, S.105-126
Asad, Talal (Ed.). 1973. Anthropology and the Colonial Encounter. Atlantic Highlands/ London: Humanities Press/Ithaca Press
- - - - 1979. Anthropology and the Analysis of Ideology. In: Man, No. 14, S.607-627
Asch, Michael I. 1982. Dene Self-Determination and the Study of Hunter-Gatherers in the Modern World. In: E.Leacock/E.B.Lee (Eds.), a.a.O., S.347-371
- - - - 1983. Native Research and Public Forum: Implications for Ethnological Theory. In: F.Manning (Ed.), Consciousness and Inquiry: Ethnology and Canadian Realities. Ottawa: National Museums of Canada , S.201-214

- - - - 1989. To Negotiate into Confederation: Canadian Aboriginal Views on their Political Rights. In: E.D.Wilmsen (Ed.), a.a.O., S.118-137
ASTA. 1969. Das permanente Kolonialinstitut: 50 Jahre Hamburger Universität. Trittau: Scherbarth
ASW (Aktionsgemeinschaft Solidarische Welt) (Hg.). 1993. Indigene Völker. Sonderheft. Berlin: ASW
August, Sabine. 1995. Die Indianer im Spiegel der brasilianischen Gesellschaft. Frankfurt a.M.: IKO-Verlag für Interkulturelle Kommunikation
Bachrach, Peter & Aryeh Botwinick (Hg.). 1992. Power and Empowerment: A Radical Theory of Participatory Democracy. Philadelphia: Temple University Press
Banuri, Tarique & Frederique Apffel Marglin (Eds.). 1993a. Who Will Save the Forests? Knowledge, Power, and Environmental Destruction. London: Zed Books.
- - - - 1993b. A Systems-of-Knowledge Analysis of Deforestation, Participation, and Management. In: dies. (Eds.), a.a.O., S. 1-23
Bargatzky, Thomas. 1985. Einführung in die Ethnologie: Eine Kultur- und Sozialanthropologie. Hamburg: H. Buske
- - - - 1993. Politik, die "Arbeit der Götter". In: Th.Schweizer et al. (Hg.), a.a.O., S.263-283
Barger, W.K. & Ernesto Reza. 1989. Policy and Community-Action Research: The Farm Labor Movement in California. In: J.van Willigen et al. (Eds.), a.a.O., S.89-121
Barnett, Clifford R. 1988. Is There a Scientific Basis in Anthropology for the Ethics of Human Rights? In: Th.E.Downing/G.Kushner, a.a.O., S.21-26
Barnett, Holmer G. 1942. Applied Anthropology in 1860. In: Applied Anthropology, Vol. 1, S.19-32
- - - - 1948. On Science and Human Rights. In: AA, Vol. 50 (2), S.352-355
- - - - 1956. Anthropology in Administration. New York: Harper and Row
Barre, Marie-Chantal. 1985. (2. Auflg.). Ideologías Indigenistas y Movimientos Indios. México: Siglo Veintiuno
Barsh, Russell Lawrence. 1986. Indigenous Peoples: An Emerging Subject of International Law. In: The American Journal of International Law, Vol. 80 (2), April, S.369-385
- - - - 1991a. Progressive Era Bureaucrats and the Unity of Twentieth-Century Indian Policy. In: AIQ, Vol. XV (1), Winter, S.1-17
- - - - 1991b. Are We Stuck in the Slime of History? In: AIQ, Vol. XV (1), Winter, S.59-64
Barth, Frederik (Ed.). 1969. Ethnic Groups and Boundaries. The Social Organization of Culture Difference. Bergen/ Oslo: Universitetsforlaget
Barthel, Thomas. 1960. Kritische Gedanken zur Behandlung der Völkerkunde in den Empfehlungen des Wissenschaftsrates. In: ZfE, H. 85 (2), S.271-275
Barthes, Roland. 1980. (2. Auflg.). Leçon/Lektion. Antrittsvorlesung im College de France. Frankfurt a.M.: Suhrkamp
Bartolomé, Miguel Alberto. 1982. Ethnisches Bewußtsein und indianische Selbstbestimmung. In: Indianer in Lateinamerika, a.a.O., S.43-52
Bastian, Adolf. 1889. Einiges aus Samoa und anderen Inseln der Südsee. Mit ethnographischen Anmerkungen zur Colonialgeschichte. Berlin: Dümmler
- - - - 1893-94. Controversen in der Ethnologie, Bd. I-IV. Berlin: Weidmann
- - - - 1899. Zur heutigen Sachlage der Ethnologie in nationaler und sozialer Bedeutung. Berlin: Reimer
Bastide, Roger. 1973. Applied Anthropology. New York: Harper & Row
Baumann, Herrmann. 1962. Grundeinsichten der Ethnologie in die neuen afrikanischen Entwicklungen. In: ZfE, H.87 (2), S.250-263
Beals, Ralph L. 1962. Acculturation. In: S.Tax (Ed.), Anthropology Today, Selections. Chicago: Chicago University Press, S.375-395

- - - - 1969. Politics of Social Research. An Inquiry into the Ethics and Responsibilities of Social Scientists. Chicago: Aldine
- - - - 1985. The Anthropologist as Expert Witness. Illustrations from the California Indian Land Claims Case. In: J. Sutton (Ed.), a.a.O., S.139-155
Beauclerk, John & Jeremy Narby (with Jane Towsend). 1988. Indigenous Peoples. A Fieldguide for Development. Development Guidelines No. 2. Oxford: Oxfam
Beckett, Jeremy. 1985. "Knowing How to Talk to White People": Torres Strait Islanders and the Politics of Representation. In: N.Dyck (Ed.), 1985a, a.a.O., S.95-112
Belshaw, Cyril. 1976. A Call for Help: Miguel Chase Sardi Imprisoned in Paraguay. In: CA, Vol. 17 (3), S.541-541
Benedict, Ruth. 1934. Patterns of Culture. Boston: Houghton Mifflin
- - - - 1946. The Chrysanthenum and the Sword. Boston: Houghton Mifflin
Bennett, John W. 1976. Anticipation, Adaptation, and the Concept of Culture. In: Science, No. 192, S.847-853
- - - - 1996. Applied and Action Anthropology. Ideological and Conceptual Aspects. In: CA, Vol. 36, Supplement, Febr., S.23-53
Berg, Eberhard & Martin Fuchs (Hg.). 1993. Kultur, soziale Praxis, Text. Die Krise der ethnographischen Repräsentation. Frankfurt a.M.: Suhrkamp
Berg, Eberhard, Jutta Lauth & Andreas Wimmer (Hg.). 1991. Ethnologie im Widerstreit. München: Trickster
Berger, Thomas. 1977. Northern Frontier, Northern Homeland. The Report of the Mackenzie Valley Pipeline Inquiry. (Berger Report, Vol. 1). Ottawa: Minist. of Supply & Services
Bernal, John Desmond. 1970. Wissenschaft, 4 Bde. Reinbek: rowohlt
Bernard, H. Russell, Peter Killworth, David Kronenfeld & Lee Sailer. 1984. On the Validity of Retrospective Data. The Problem of Informant Accuracy.In: ARA, Vol.13, S.495-517
Bernatzik, Hugo Adolf (Hg.). 1939. Die große Völkerkunde, Bd.1. Leipzig: Bibliogr. Institut
- - - - & Emmy Bernatzik. 1974. Historische Entwicklung und Zielsetzung der Völkerkunde. In: H.Bernatzik (Hg.), Die neue große Völkerkunde (unveränderter Nachdruck von 1939). Einsiedeln: Verlag Olde Hansen, S.1-11
Berreman, Gerald D. 1968. Is Anthropology Alive? Social Responsibility in Social Anthropology. In: CA, Vol. 9 (5), S.391-396
- - - - 1969. Academic Colonialism. Not So Innocent Abroad.In:The Nation, 10.Nov., S.505-8
- - - - 1971. Ethics, Responsibility, and the Funding of Asian Research. In: Journal of Asian Studies, Vol.30 (2), S.390-399
- - - - 1974. "Bringing It All Back Home": Malaise in Anthropology. In: D.Hymes (Ed.), a.a.O., S.83-98
- - - - 1993. Ethics and Realpolitik in the American Anthropological Association, 1919-1991. In: H.Amborn (Ed.), a.a.O., S.101-123
Berting, J., P.R.Baehr, C.Burgers, B. Flinterman, R.de Klerk, R.Kroes, C.A.van Minnen & K. van der Wal (Eds.). 1990. Human Rights in a Pluralistic World. Individuals and Collectivities. Westport, Conn.: Meckler
Bhattacharyya, Jnanabrata. 1995. Solidarity and Agency: Rethinking Community Development. In: HO, Vol. 54 (1), S.60-69
Biegert, Klaus. 1976. Seit 200 Jahren ohne Verfassung. 1976:Indianer im Widerstand. Reinbek: rowohlt
- - - - & Karl H. Schlesier. 1979. Was ist Action Anthropology? Ein Gespräch. In: Berliner Hefte, Nr. 12, S.15-25
Biolsi, Thomas. 1991. "Indian Self-Government" as a Technique of Domination. In: AIQ, Vol. XV (1), Winter, S.23-28

Blanchard, David. 1979. Beyond Empathy: The Emergence of an Action Anthropology in the Life and Career of Sol Tax. In: R.Hinshaw (Ed.), a.a.O., S.419-443

Bliss, Frank. 1983. Ethnologiestudium - Ein Weg zur Entwicklungstätigkeit? In: E+Z, H. 8-9, S.31

- - - - 1985a. Völkerkunde und Entwicklungspolitik in der Bundesrepublik Deutschland. In: Anthropos, Vol.80, S.617-641

- - - - 1985b. Ethnologie und Entwicklungshilfe - Ein nicht begonnener Dialog. In: F.Bliss/ W. Erlenbach (Hg.), a.a.O., S.9-19

- - - - (Hg.). 1986. Sozio-kulturelle Faktoren der Entwicklungszusammenarbeit und der Beitrag der Ethnologie. Beiträge zur Kulturkunde 4. Bonn: Politisch. Arbeitskreis Schulen

- - - - 1987. Tagung der Theodor-Heuss-Akademie in Zusammenarbeit mit der AGEE in der DGV vom 12-14.5.1986 in Gummersbach. In: Ch.Antweiler et al. (Hg.), a.a.O., S.9-20

- - - - 1988. The Cultural Dimension in West German Development Policy and the Contribution of Ethnology. In: CA, Vol.29 (1), S.101-121

- - - - 1996. Ethik in der Entwicklungsethnologie. In: F.Bliss/S.Neumann (Hg.), a.a.O., S.236-258

- - - - & Walter Erlenbach (Hg.). 1985. Ethnologie, Entwicklung und der sozio-kulturelle Kontext. Beiträge zur Kulturkunde, Bd. 2. Bonn: Politischer Arbeitskreis Schulen

- - - - & Uwe Kievelitz. 1988. Praxis ohne Illusionen. Entwicklungsethnologie in der BRD. In: Trickster, Nr. 16, S.146-152

- - - - & Stefan Neumann (Hg.). 1996. Ethnologische Beiträge zur Entwicklungspolitik III. Beiträge zur Kulturkunde - Bd. 16. Bonn: Politischer Arbeitskreis Schulen

- - - - & Michael Schönhuth (Hg.). 1990. Ethnologische Beiträge zur Entwicklungspolitik II. Blätter zur Kulturkunde 14. Bonn: Politischer Arbeitskreis Schulen

Blu, Karen. 1980. The Lumbee Problem: The Making of an American Indian People. Cambridge: Cambridge University Press

Blum, Heike & Daniel Geiger. 1991. Entrechtet, verdrängt, vergessen. Gemeinsamkeiten, Probleme und Bedrohungen indigener Völker. In: H.Grieb et al (Hg.), a.a.O., S.13-37

BMZ (Bundesministerium für wirtschaftliche Zusammenarbeit). 1996a. Förderung von Waldvölkern im Rahmen des Tropenwaldprogrammes. Entwicklungspolitische Bewertung und Perspektiven. BMZ-Aktuell 062, Januar. Bonn: BMZ

- - - - 1996b. Sektorübergreifendes Konzept zur Entwicklungszusammenarbeit mit indianischen Bevölkerungsgruppen in Lateinamerika. Entwurf. Ref. 133, März. Bonn: BMZ

Boas, Franz. 1919. Correspondence: "Scientists as Spies". In: The Nation, No. 109, S.729. Nachdruck in: Th. Weaver (Ed.), a.a.O.: S.51-52

- - - - 1928. Anthropology and Modern Life. New York: Norton

- - - - 1940. Race, Language and Culture. New York: MacMillan

- - - - 1966. Changes in Bodily Form of Descendants of Immigrants. In: ders. (Ed.), Race, Language, and Culture. (orig. 1910), New York/London: The Macmillan Company, S.66-75

Bodley, John H. 1976. Anthropology and Contemporary Human Problems. Menlo Park, CA: Cummings Publ. Co.

- - - - 1977. Alternative to Ethnocide: Human Zoos, Living Museums, and Real People. In: E.Sevilla-Casas (Ed.), a.a.O., S.31-50

- - - - 1982. (2. Auflg.). Victims of Progress. Menlo Park, CA: Cummings Publ. Co.

- - - - 1983. Der Weg der Zerstörung. Stammesvölker und die industrielle Zivilisation. München: Trickster

- - - - 1988. Tribal Peoples and Development Issues: A Global Overview. Mountain View, CA: Mayfield

- - - - 1996. Comment to Bennett. In: CA, Vol. 36, Supplement, S.41-42

Boissevain, Jeremy. 1964. Factions, Parties, and Politics in a Maltese Village. In: AA, Vol. 66 (6), S.1275-1287

Boldt, Menno & J. Anthony Long (Eds.) in Association with Leroy Little Bear. 1985a. The Quest for Justice: Aboriginal Peoples and Aboriginal Rights. Toronto: University of Toronto Press

- - - - 1985b. Introduction. In: M.Boldt/A.Long (Eds.), a.a.O., S.3-4

- - - - 1985c. Tribal Traditions and European Western Political Ideologies: The Dilemma of Canada's Native Indians. In: M.Boldt/A.Long (Eds.), a.a.O., S.333-346

Bollig, Michael & Christoph Brumann. 1998. Ethnologen im Beruf: Eine Untersuchung des Kölner Instituts für Völkerkunde. In: ZfE, Bd. 123, H.2, S.257-277

Bollinger, Armin. 1992. Indios, Indios, Indios......Gesammelte Schriften zum Wirken der Indios, zur Verfolgung der Indianer, zum Problem der indianischen Identität. Chur: Verlag Rüegger AG

Bolz, Peter. 1993. Der Ritt nach Wounded Knee. Die Lakota hundert Jahre nach dem Massaker. In: P.Gerber (Hg.), a.a.O., S.69-84

Bonfil Batalla, Guillermo. 1970. Del Indigenismo de la Revolución a la Antropología Crítica. In: A.Warman et al. (Eds.), a.a.O., S.39-65

- - - - 1972. El Concepto de Indio en América: Una Categoría de la Situación Colonial. In: Anales de Antropología, Vol. IX, S.139-144

- - - - 1973. Conservative Thought in Applied Anthropology: A Critique. In: Th.Weaver (Ed.), a.a.O., S.126-130 (zuerst 1966)

- - - - 1975. Der Indianer und die koloniale Situation: Kontext der Eingeborenenpolitik in Lateinamerika. In: W.Dostal (Hg.), a.a.O., S.19-28

- - - - -(Ed.). 1981. Utopía y Revolución: El Pensamiento Político Contemporánea de los Indios en América Latina. México, D.F.: Ed. Nueva Imagen

- - - - 1982a. Die neuen indianischen Organisationen. In: Indianer in Lateinamerika, a.a.O., S.17-30

- - - - 1982b. El Etnodesarollo: Sus Premisas Jurídicas, Políticas y de Organización. In: ders. et al. (Eds.), 1982, a.a.O., S.131-145

- - - - 1987. México Profundo: Una Civilización Negada. México: SEP

- - - - 1990. Acculturación e Indigenismo: La Repuesta India. In: J.A.Franch (Ed.), a.a.O., S.189-209

- - - - et al. 1982. América Latina: Etnodesarollo y Etnocidio. San José: Ediciones de Flacso

Bonilla, Victor Daniel. 1975. Die Vernichtung der kolumbianischen Eingeborenengruppen. In: W.Dostal (Hg.), a.a.O., S.71-94

- - - - 1982. Welche Politik suchen die Indianer? In: Indianer in Lateinamerika,a.a.O.,S.64-88

- - - -, Gonzalo Castillo, Orlando Fals Borda & Augusto Libreros. 1972. Causa Popular - Ciencia Popular. Una Metodología del Conocimiento a Través de la Acción. Bogotá: ROSCA

Booth, William. 1989. Warfare over Yanomami Indians. In: Science, 3. März, Vol. 243, S.1138-1140

Boothroyd, Peter. 1986. Enhancing Local Planning Skills for Native Self-Reliance: the UBC Experience. In: The Canadian Journal of Native Studies, Vol. VI (1), S.13-42

Borman, Leonhard D. 1979. Action Anthropology and the Self-Help/Mutual-Aid Movement. In: R.Hinshaw (Ed.), a.a.O., S.487-512

Bourdieu, Pierre. 1976. Entwurf einer Theorie der Praxis auf der ethnologischen Grundlage der kabylischen Gesellschaft. Frankfurt a.M.: Suhrkamp (orig. frz. 1972)

Bourgois, Philippe. 1990. Confronting Anthropological Ethics: Ethnographic Lessons from Central America. In: Journal of Peace Research, Vol. 27 (1), S.43-54

Boxberger, Daniel K. 1991. Individualism or Tribalism? The "Dialectic" of Indian Policy. In: AIQ, Vol. XV (1), Winter, S.29-31
Bräuer, Helmut. 1990. Arbeitsfeld Entwicklungszusammenarbeit. Eine kritische Untersuchung der deutschen Entwicklungszusammenarbeit aus entwicklungsethnologischer Sicht. Emsdetten: A.Gehling Verlag
Braukämper, Ulrich. 1979. Ethnology in West-Germany Today. In: Royal Anthropological Institute News, No. 33, S.6-8
Breidenbach, Joana & Ina Zukrigl. 1995. Ethnologische Perspektiven auf die Beziehungen zwischen globaler und lokaler Ebene. In: ZfE, H. 120, S.15-30
Brinton, Daniel G. 1896. The Aims of Anthropology. In: Proceedings of the American Association for the Advancement of Science, No. 44, S.1-17
Brisbois, Gaston. 1983. Kultur und Entwicklung. Zur Diskussion der soziokulturellen Rahmenbedingungen der Entwicklungszusammenarbeit. DSE-Themendienst der Zentralen Dokumentation, Nr. 1. Bonn: DSE
Brizinski, Peggy Martin. 1993. The Summer Meddler: The Image of the Anthropogist as Tool for Indigenous Formulations of Culture. In:N.Dyck/J.B.Waldram (Eds.),a.a.O., S.146-65
Brokensha, David. 1966. Applied Anthropology in English-Speaking Africa. Lexington, Kentucky: Society for Applied Anthropology
- - - -, D.Michael Warren & Oswald Werner (Eds.). 1980. Indigenous Knowledge Systems and Development. Washington, D.C.: University Press of America
Brøsted, Jens, Jens Dahl, Andrew Gray, H. Christian Gulløv, Georg Henriksen, J. Brøchner Jørgensen & Inge Kleivan (Eds.). 1985. Native Power. The Quest for Autonomy and Nationhood of Indigenous Peoples. Oslo u.a.: Universitetsforlaget
Brown, Dee. 1972. Begrabt mein Herz an der Biegung des Flusses. München: Knaur (orig. engl. 1970)
Brown, Michael F. 1991. Beyond Resistance: A Comparative Study of Utopian Renewal in Amazonia. In: Ethnohistory 38 (4), S.388-413
- - - - 1993. Facing the State, Facing the World: Amazonia's Native Leaders and the New Politics of Identity. In: Homme XXXIII (126-128), No. 4-12, S.307-326
Brown, Richard. 1973. Anthropology and Colonial Rule: Godfrey Wilson and the Rhodes-Livingstone Institute, Northern Rhodesia. In: T.Asad (Ed.), a.a.O., S.173-197
Bruck, Andreas. 1987. Verantwortbare Pragmatische Ethnologie (VPE). Grundlagen einer handlungsorientierten Forschungstheorie. Vortrag, DGV-Tagung, Köln, Oktober; Ms.
- - - - 1989. "Keinesfalls Schaden zufügen....": Ethische Probleme, Lösungen und Erfordernisse. Vortrag, DGV-Tagung, Oktober. Marburg: unveröfftl. Ms.
- - - - 1990. Theorien statt Schulen. Ein Vorschlag zur Systematisierung der Forschungstheorien in den Kulturwissenschaften. In: Anthropos, Nr. 85, S.45-54
Brües, Stefan. 1992. Die "applied anthropology" und die "action anthropology" in Lateinamerika. Münster: unveröfftl. M.A.-Arbeit
Brush, Stephen B. 1993. Indigenous Knowledge of Biological Resources and Intellectual Property Rights - The Role of Anthropology. In: AA, Vol. 95 (3), S.653-671
Buijtenhuis, Robert. 1979. How Can Revolutionary Anthropology Be Practiced? In: G.Huizer/B.Mannheim (Eds.), a.a.O., S.291-295
Bukow, Wolf-Dietrich & Roberto Llaryora. 1993. Mitbürger aus der Fremde. Soziogenese ethnischer Minoritäten. Opladen: Westdeutscher Verlag
Bundt, Christian, Gertrud Heiland, Hartmut Lang, Rudolf Mathias, Sabine Poppe, Günther Schlee & Sabine Stemmler. 1979. Wo ist "vorn"? Sinn und Unsinn entwicklungspolitischen Eingreifens bei ostafrikanischen Hirtennomaden. In: Sociologus 29 (1), S.21-29
Burger, Julian. 1987. Report from the Frontier: The State of the World's Indigenous Peoples. London: Zed Books

- - - - 1991. Die Wächter der Erde. Vom Leben sterbender Völker. Reinbek: rowohlt
- - - - 1994. Indigene Völker: Über Rechtslage und Internationale Aktivitäten im UNO-Jahr der indigenen Völker - und danach. In: H.Muth/F.Seithel (Hg.), a.a.O., S.63-81 Hamburg: infoe
Burgers, Herman J. 1990. Introduction Item: The Right to Cultural Identity. In: J.Berting et al. (Eds.), a.a.O., S.251-253
Burnette, Roberts & John Koster. 1974. The Road to Wounded Knee. N.Y.: Bantam Books
Byer, Doris. 1995. Zum Problem eindeutiger Klassifikation. Diskursanalytische Perspektiven der Forschungen über Völkerkunde und Nationalsozialismus. In: Th.Hauschild (Hg.), a.a.O., S.62-84
Byron, Reginald F. 1992. Ethnography and Biography: On the Understanding of Culture. In: Ethnos, No. 3-4, S.169-182
Cahn, Edgar S. & David W. Hearne (Eds.). 1969. Our Brother's Keeper. The Indian in White America. New York u.a.: New American Library
Cardenas, Gonzales Castillo. 1975. Der Kampf des Indianers um seine Befreiung. In: W. Dostal (Hg.), a.a.O., S.95-125
Cardoso de Oliveira, Roberto. 1977. Posibilidad de una Antropología de Acción entre los Túkúna. In: AI, Vol. 37 (1), S.145-169
Cardoso, Fernando H. & Enzo Faletto. 1976. Abhängigkeit und Entwicklung in Lateinamerika. Frankfurt a.M.: Suhrkamp (zuerst 1969)
CARGO. 1996. Schwerpunkt: Ethnologie und Entwicklung. In: Heft Nr. 21, S.3-36
Casimir, Michael J. 1993. Mitwelt oder Umwelt? Kulturökologie im Spannungsfeld zwischen Romantik und Wissenschaft. In: infoemagazin, H. 1/93, S.22-26
Caulfield, Mina Davis. 1974. Culture and Imperialism: Proposing a New Dialectic. In: D. Hymes (Ed.), a.a.O., S.182-212
- - - - 1979. Participant Observation or Partisan Participation? In: G.Huizer/B.Mannheim (Eds.), a.a.O., S.309-318
Cazes, Daniel. 1966. Indigenismo en México: Pasado y Presente. In: Historia y Sociedad, No. 5, S.66-84
- - - - 1968. Comment. In: CA, Vol. 9 (5), S.408-410
CCPY (Comité para la Creación de la Reserva Indigena Yanomami). 1983. Los Yanomami Venezolanos. Propuesta para la Creación de la Reserva Indígena Yanomami. Caracas: Fundación la Salle
CCYP (Comitee for the Creation of the Yanomami Park). 1979. Yanomami Indian Park: Proposal and Justification. In: A.R.Ramos/K.I.Taylor. The Yanoama in Brasil. ARC/IWGIA/SI Document 37. Kopenhagen: IWGIA, S.99-170
Cernea, Michael M. 1987. The Production of a Social Methodology. In: E.M.Eddy/ W. Partridge (Eds.), a.a.O., S.237-262
Chambers, Erve. 1977. Anthropologists in Non-Academic Employment. In: AAA-Newsletter, Vol. 18 (6), S.14-17
- - - - 1979. The Burden of Profession: Applied Anthropology at the Crossroads. In: Reviews in Anthropology, Vol. 6 (4), S.523-540
- - - - 1985. Applied Anthropology: A Practical Guide. Englewood Cliffs, N.J.: Prentice Hall
- - - - 1987. Anticipations and Ironies: Applied Anthropology in the Post-Vietnam Era. In: ARA, Vol. 16, S.309-337
Chambers, Robert. 1980. Rapid Rural Appraisal. Rationale and Repertoire. IDS Discussion Paper No. 155. IDS: University of Sussex
- - - - 1992. Participatory Rural Appraisals: Past, Present and Future. In: Forests, Trees, and Peoples Newsletter, No. 15/16, Febr., S.4-9

- - - - 1996. Relaxed and Participatory Appraisal. Notes on Practical Approaches and Methods. In: F.Bliss/S.Neumann (Hg.), a.a.O., S.74-90
Chapple, Eliot D. 1953. Applied Anthropology in Industry. In: A.L.Kroeber (Ed.), Anthropology Today, An Encyclopedic Inventory. Chicago: Univ. of Chicago Press, S.819-831
Charter of the Indigenous Tribal Peoples of the Tropical Forests. 1992. Penang/Malaysia
Chase-Sardi, Miguel & Marilyn Rehnfeldt. 1977. Project Marandú. In: American Indian Journal of the Institute for the Development of Indian Law, Vol. 3 (7), S.9-14
Chaumuil, Jean-Pierre. 1990. "Les Nouveaux Chefs...": Practique Politique et Organisations Indigènes en Amazonie Péruvienne. In: Problème d'Amérique Latine, No.96, S.93-113
Chein, Isidor, Stuart W. Cook & John Harding. 1990. The Field of Action Research. In: S. Kemmis/R.McTaggart (Eds.), a.a.O., S.57-62 (orig.1946)
Chilungu, Simeon W. 1976. Issues in the Ethics of Research Methods: An Interpretation of the Anglo-American Perspective. In: CA, Vol. 17 (3), S.457-467
- - - - 1984. Alternative Ethnologie aus der Dritten Welt. In: E.W.Müller et al. (Hg.), a.a.O., S.314-338
Choldin, Harvey M. 1969. The Development Project as Natural Experiment: The Comilla Pakistan Projects. In: Economic Development and Cultural Change, Nr. 17, S.483-500
Churchill, Ward (Ed.). 1992. Das indigene Amerika und die marxistische Tradition. Eine kontroverse Debatte über Kultur, Industrialismus und Ethnozentrismus. Bremen: Agipa-Press. (orig. engl. 1983)
Clarac N., Gerald. 1974. Indigenismo de Dominación o Indigenismo de Liberación. In: AI, Vol. 34 (1), S.161-169
Clay, Jason. 1988. Anthropologists and Human Rights - Activists by Default? In: Th.E.Downing/G.Kushner (Eds.), 1988a, a.a.O., S.115-120
Cleary, Edward & German Carrido-Pinto. 1977. Applied Social Science, Teaching, and Political Action. In: HO, Vol. 36 (3), Fall, S.268-271
Clemmer, Richard O. 1992. Voice, Vengeance, Rule, and Morals. In: Reviews in Anthropology, Vol. 21 (1), S.49-64
Clifford, James. 1986a. Introduction: Partial Truths. In: J.Clifford/E.E.Marcus (Eds.), a.a.O., S. 1-26
- - - - 1986b. On Ethnographic Allegory. In: J.Clifford/G.E.Marcus (Eds.), a.a.O., S.98-121
- - - - 1988a. The Predicament of Culture. Twentieth-Century Ethnography, Literature and Art. Cambridge, Mass: Harvard Univers. Press
- - - - 1988b. Identity in Mashpee. In: ders., Chap. 12 , S.277-346
- - - - 1988c. Über ethnographische Autorität. In: Trickster, Nr. 16, S.4-35 (orig. engl. 1983)
- - - - & George E. Marcus (Eds.). 1986. Writing Culture. The Poetics and Politics of Ethnography. Berkeley: Univers. of California Press
Clifton, James A. (Ed.). 1970a. Applied Anthropology. Readings in the Uses of the Science of Man. Boston: Houghton Mifflin
- - - - 1970b. Introduction. In: ders. (Ed.), 1970a, a.a.O., S.VIII-XVIII
Cobo, J .R. Martínez. 1982. Study of the Problem of Discrimination Against Indigenous Peoples. UN DOC E/CN.4/Sub.2/1986/87, Add.4. Genf: UNO
Cochrane, Glyn. 1971. Development Anthropology. New York: Oxford University Press
- - - - 1974. Was kann die Anthropologie zur Entwicklung beitragen? In: Finanzierung und Entwicklung, Nr. 11, Juni, S.20-23
Cohen, Fay G. 1976. The American Indian Movement and the Anthropologist. Issues and Implications on Consent. In: M.A.Rynkiewich/J.P.Spradley (Eds.), a.a.O., S.81-94
Cohen, Lucy M. 1989. Trends in Applied Anthropology and Public Policy. Concluding Remarks. In: J.van Willigen et al. (Eds.), a.a.O., S.306-315

Cohen, Ronald. 1978. Ethnicity: Problem and Focus in Anthropology. In: ARA, Vol. 7, S.379-403
- - - - 1987. Policy and Social Theory in Anthropology. In: E.M.Eddy/W.Partridge (Eds.), a.a.O., S.140-158
- - - - 1989. Human Rights and Cultural Relativism. The Need for a New Approach. In: AA, Vol. 91 (4), S.1014-1017
Colchester, Marcus. 1993. Peoples Searching for a Future. In: Indigenous Affairs, No. 3/93, July-Sept., S.38-40
- - - - , Stephan Kirschbaum, Heffa Schücking & Jürgen Wolters (Hg.) für die deutsche Regenwälderkampagne und das Forest People's Programme des World Rainforest Movement. 1993. Indigene Völker und Wald. Ein Statusbericht. Empfehlungen und Perspektiven für die bundesdeutsche Politik. Bielefeld: Eigenverlag
Collins, Joseph & Frances Moore Lappé. 1980. Vom Mythos des Hungers. Frankf./M.:Fischer
Colombres, Adolfo. 1977. Hacia la Autogestión Indígena. In: S.Nahmad Sitton et al. (Hg.), 7 Ensayos sobre Indigenismo. México, S.29-49
- - - - 1982. La Hora del Bárbaro: Bases para una Antropología de Apoyo. México: Premia Editores
Comas, Juan. 1964. La Antropología Social Aplicada en México. Serie Antropología Social I. México, D.F.: Instituto Indigenista Interamericano
Conchelos, Greg & Yusuf Kassam. 1981. A Brief Review of Critical Opinions and Responses on Issues Facing Participatory Research. In: Convergence, Vol. XIV (3), S.52-63
Conchelos, Greg, Donald McCaskill & John Milloy. 1986. Introduction to the Special Issue on "Universities and Self-Determination". In: The Canadian Journal of Native Studies, Vol. 6 (1), S.1-11
Condominas, Georges. 1957. We Have Eaten the Forest: The Story of a Montagnard Village in the Central Highlands of Vietnam. New York: Hill & Wang
Conklin, Beth & Laura R. Graham. 1995. The Shifting Middle Ground: Amazon Indians and Eco-Politics. In: AA, Vol. 97 (4), S.695-710
Convergence. 1981. Schwerpunkt: Participatory Research. Developments and Issues. In: Vol. XIV (3), S.5-73
Coppens, Walter . 1981. Premisas de Antropología Aplicada e Indigenismo. In: ders., Del Canalete al Motor Fuera de Borda. Monografía No. 28, S.147-159 Caracas: Fundación la Salle
Cornwall, Andrea & Sue Fleming. 1995. Context and Complexity. Anthropological Reflections on PRA. In: PLA Notes 24, Oct., S.8-12
Crapanzano, Vincent. 1983. Tuhami: Portrait eines Marokkaners. Stuttgart: Klett-Cotta (orig. engl. 1980)
- - - - 1993. Book Review: R.G. Fox (Ed.), Recapturing Anthropology. Working in the Present. In: Ethnos, Vol. 58 (3-4), S.392-394
Cruikshank, Julie. 1993. The Politics of Ethnography in the Canadian North. In: N.Dyck/ J.Waldram (Eds.), a.a.O., S.133-145
Cultural Survival. 1993. State of the Peoples: A Global Human Rights Report on Societies in Danger. Boston: Beacon Press
Cushing, Frank H. 1897. The Need of Studying the Indian in Order to Teach Him. In: 28th Annual Report of the Board of Indian Commissioners. Washington, D.C., S.109-115
- - - - 1983. Ein weißer Indianer: Mein Leben mit den Zuni. (Hrgb. v. Holger Kalweit). Olten
D'Andrade, Roy. 1995. Moral Modells in Anthropology. In: CA, Vol. 36 (3), S.399-408
Danish Ministry for Foreign Affairs. 1994. Strategy for Danish Support to Indigenous Peoples. Kopenhagen

Darcy de Oliveira, Rosisca & Miguel Darcy de Oliveira. 1982. The Militant Observer: A Sociological Alternative. In: B.Hall et al. (Eds.), a.a.O., S.41-60
Davidson, Judith R. 1987. The Delivery of Rural Reproductive Medicine. In: R.Wulff/ S.J. Fiske (Eds.), a.a.O., S.262-272
Davis, Shelton. 1977. Victims of the Miracle. New York: Cambridge Unversity Press
- - - - 1979. The Social Responsibility of Anthropological Science in the Context of Contemporary Brazil. In: G.Huizer/B.Mannhcim (Eds.), a.a.O., S.215-225
- - - - 1991. Guillermo Bonfil Batalla y el Movimiento Indio Latinoamericano. In: AI, Vol. LI (2-3), S.401-410
- - - - & Robert O. Matthews. 1976. The Geological Imperative: Anthropology and Development in the Amazon Basin of South America. Cambridge, Mass: ARC
Davis-Stephens, Linda. 1997. Cheyenne Action Archeology. In: C.Embers et al. (Eds.), Research Frontiers in Anthropology. Just-In-Time-Anthropology-Series. Englewood Cliffs, N.J.: Simon & Schuster Publ. Co., S.73-114
Declaration of Barbados I. 1971. Kopenhagen: IWGIA, Document No. 1
Deklaration über die ethnische Identität und die Befreiung der Indianer. 1982. In: Indianer in Lateinamerika, a.a.O., S.264-265
Deklaration von Barbados II. 1982. In: Indianer in Lateinamerika, a.a.O., S.266-268
Deloria, Vine, Jr. 1969. Custer Died For Your Sins. New York: Avon Books
- - - - 1970. We Talk, You Listen. New York: Dell
- - - - 1980. Our New Research Society: Some Warnings to Social Scientists. In: Social Problems, Vol. 27 (3), S.265-271
- - - - 1991. Federal Policy and the Perennial Question. In: AIQ, Vol. XV (1), S.19-21
Department of Labor and Employment (DLE), International Labor Organization. 1995. A Guide to ILO Convention No. 169 on Indigenous and Tribal Peoples.Training Workshop on Convention 169 and Related Issues. 12.-13. May. Manila: Workshop-Material
Der kleine Stowasser. 1968. Lateinisch-Deutsches Schulwörterbuch. Münch.: G.Freytag Verl.
Dettmar, Erika. 1989. Rassismus, Vorurteile, Kommunikation. Begegnungen in Hamburg. Berlin: Reimer
- - - - 1990. Interkulturelle Begegnungen: Voraussetzungen und Wege für Ethnologen. In: ZfE, H.115, S.139-157
- - - - 1997. Interessengemeinschaft Berufsperspektiven in der Ethnologie. In: Mitteilungen der DGV, Nr. 26, März, S.4-5
Diamond, Stanley. 1964. A Revolutionary Discipline. In: CA, Vol.5 (5), S.432-436
- - - - 1968. The Search for the Primitive. In: A.Montagu (Hg.), The Concept of the Primitive. New York: Free Press, S.96-147
- - - - 1974. Anthropology in Question. In: D.Hymes (Ed.), a.a.O, S.401-429
- - - - (Ed.). 1980. Anthropology: Ancestors and Heirs. The Hague/Paris: Mouton Publ.
Diesing, Paul. 1960. A Method of Social Problem Solving. In: F.Gearing et al. (Hg.), a.a.O., S.182-197
Dietschy, Beat. 1993. Das Indigenismus-Problem: Diskurse über den Indianer in Peru. In: P.Gerber (Hg.), a.a.O., S.285-310
Dobyns, Henry F. 1987. Taking the Witness Stand. In: E.M.Eddy/W.L.Partridge (Eds.), a.a.O., S.366-380
- - - -, Paul L. Doughty & Harold D. Lasswell. 1971. Peasants, Power, and Applied Social Change: Vicos as a Mo-del. Beverly Hills, CA: Sage
Domnick, Renate. 1994. Eine Lobby für indigene Völker. In: H.Muth/F.Seithel (Hg.), a.a.O., S.159-174

Dömpke, Stephan. 1995. Analyse von Konzepten zur Partizipation der indigenen Bevölkerung in Biosphärenreservaten auf der Basis auswertbarer Dokumente. Berlin: Im Auftrag der LUSO Consult, Hamburg, und des Naturschutzbundes Deutschland
Donnelly, Jack. 1984. Cultural Relativism and Universal Human Rights. In: Human Rights Quarterly, Vol. 6 (4), S.400-419
Dorsey, George. 1905. The Cheyenne I. Ceremonial Organization. Chicago: Field Columbian Museum Publication 99, Anthropological Series 9, No. 1
Dostal, Walter (Hg.). 1975. Die Situation der Indios in Südamerika. Grundlagen der interethnischen Konflikte der nicht-andinen Indianer. 3 Bde. Wuppertal: Peter Hammer
Doughty, Paul L. 1987a. Vicos: Sucess, Rejection amd Rediscovery of a Classic Program. In: E.M.Eddy/W.L.Partridge (Eds.), a.a.O., S.433-459
- - - - 1987b. Against All Odds: Collaboration and Development at Vicos. In: D.D.Stull/ J.J. Schensul (Eds.), a.a.O., S.129-157
- - - - 1988. Crossroads for Anthropology: Human Rights in Latin America. In: Th.E.Downing/G.Kushner (Eds.), a.a.O., S.43-71
Downing, Theodore E. & Gilbert Kushner (Eds.). 1988a. Human Rights and Anthropology. Cultural Survival Report, No. 24. Cambridge, Mass: Cultural Survival
- - - - 1988b. Introduction. In:Th.Downing/G.Kushner (Eds.), a.a.O., S.1-8
Dracklé, Dorle. 1991. Im Dschungel der Diskurse. In: Politische Psychologie Aktuell, Nr. 10 (4), S.206-225
- - - - 1995. Ethnologie - Eine exotische Modewissenschaft von der fremden Kultur. In: S. Fetthauer et al. (Hg.), Die Standortpresse. Kulturwissenschaften in der Standortdiskussion. Hamburg: von Bockel Verlag, S.53-60
Drake, H. Max. 1988. Commentary: Being a Bureaucrat: Is it the Same as Being an Anthropologist? In: K.J.Hansen (Ed.), a.a.O., S.40-50
Drechsel, Paul. 1984. Vorschläge zur Konstruktion einer "Kulturtheorie" und was man unter einer "Kulturinterpretation" verstehen könnte.In:E.W.Müller et al. (Hg.),a.a.O.,S.44-84
Dreher, Katja. 1995. Die Arbeitsgruppe Indigene Völker bei der UNO: Partnerschaft oder Konfrontation? Münchner ethnolog. Abhandlg., Bd. 16. München: Akademie Verlag
Drubig, Roland. 1994a. Geschichte, Tod, Politik. Der ethnographische Vorstoß in die Fremde. Göttinger kulturwissenschaftliche Schriften, Bd. 5. Hamburg/Münster: LIT-Verlag
- - - - 1994b. Für eine Neubestimmung der Rolle der westlichen Sozialwissenschaftler in der "Dritten Welt". In: EE, H.1, 3. Jg., S.35-15
- - - - 1995. Eine verhängnisvoll Affäre. Das Partizipationskonzept und die Nähe zum Staat. In: Blätter des IZ3W, Nr. 208, Sept., S.41-43
- - - - & Henning Herrmann. 1993. Die soziobiologische Weltanschauung als Auslöser für eine neue Ethikdiskussion in den Menschenwissenschaften. In: H.Amborn (Hg.), a.a.O., S.51-62
- - - -, Holger Jendral & Antonius Larenz. 1995. Diskussionspapier zur Revision unseres bisherigen Ethik-Entwurfs. Göttingen: Manuskript
- - -, Henning Herrmann & Holger Jendral. 1996. Grundlegung einer Ethnologie der Ethiken. Götting.: Manuskript.
- - - -, Henning Herrmann, Holger Jendral & Antonius Larenz. 1996. Für die Entwicklung eines Ethik-Curriculums in der Ethnologie. In: Mitteilg. d. DGV, Nr 25, März, S.53-58
DSE (Deutsche Stiftung für Internationale Entwicklung). 1983. Kultur und Entwicklung. Fachgespräch in der DSE am 7.12.83. Bonn: DSE
- - - - & Zentrum für Kultur Forschung. 1982. Kultur und Entwicklung. Ergebnis eines Expertengesprächs in Bonn am 23. u. 24. Nov. Bonn: DSE-Zentralstelle 2
Duala M'Bedy, Munasu. 1977. Xenologie. Die Wissenschaft vom Fremden und die Verdrängung der Humanität in der Anthropologie. Freiburg u.a.: Alber

Duden. 1994. Das Große Fremdwörterbuch. Bearbeitet von Günther Drosdowski und der Dudenredaktion. Mannheim u.a.: Dudenverlag

Duerr, Hans-Peter (Hg.). 1981. Der Wissenschaftler und das Irrationale. 2 Bde., Frankf. a.M.: Syndikat

Dumont, Jean-Paul. 1978. The Headman and I. Austin: University of Texas Press

Dungs, Günther Friedrich. 1991. Die Feldforschungen von Unckel Nimuendaju und ihre theoretisch-methodischen Grundlagen. Bonn: Mundus, Reihe Ethnologic, Bd. 43

Dyck, Noel (Ed.). 1985a. Indigenous Peoples and the Nation-State: "Fourth World" Politics in Canada, Australia and Norway. St. Johns, Neufundland: Institute of Social and Economic Research

- - - - 1985b. Aboriginal Peoples and the Nation-States: An Introduction to the Analytical Issues. In: ders. (Ed.), a.a.O., S.1-26

- - - - 1985c. Representation and the Fourth World: A Concluding Statement. In: ders. (Ed.), a.a.O., S.236-259

- - - - 1993. "Telling It Like It Is": Some Dilemmas of Fourth World Ethnography and Advocacy. In: ders. & J.B.Waldram (Eds.), a.a.O., S.192-212

- - - - & James B. Waldram (Eds.). 1993a. Anthropology, Public Policy and Native Peoples in Canada. Montreal: McGill-Queen's University Press

- - - - & James B. Waldram. 1993b. Anthropology, Public Policy and Native Peoples: An Introduction to the Issues. In: N.Dyck/J.B.Waldram (Eds.), a.a.O., S.3-38

Dywer, Kevin. 1982. Moroccan Dialogues: Anthropology in Question. Baltimore: The John Hopkins University Press

EADI (European Association of Development Research and Training Institutes). 1987. Participatory Action Research, Bulletin 1.87. Tilburg

Eddy, Elizabeth M. & William L. Partridge (Eds.). 1987. (2. Auflg.). Applied Anthropology in America. New York: Columbia University Press

Efrat, Barbara & Marjorie Mitchell. 1974. The Indian and the Social Scientist: Contemporary Contractual Agreements on the Pacific Northwest Coast. In: HO 33 (4), S.405-407

Ehl, Sibylle. 1995. Ein Afrikaner erobert die Mainmetropole. Leo Frobenius in Frankfurt (1924-1938). In: Th.Hauschild (Hg.), a.a.O., S.121-140

Eide, Asbjörn. 1985. Indigenous Populations and Human Rights: The United Nations Efforts at Mid-Way. In: J.Brøsted et al. (Eds.), a.a.O, S.196-213

Elwert, Georg. 1989. Nationalismus, Ethnizität und Nativismus. Über die Bildung von Wir-Gruppen. In: P.Waldmann/ G.Elwert (Hg.), a.a.O., S.21-60

Endruweit, Günter (Hg.). 1993. Moderne Theorien in der Soziologie. Ein Lehrbuch. Stuttgart: Ferdinand Enke Verlag

EPK (Entwicklungspolitische Korrespondenz). 1993. Schwerpunkt: Ethnizität. Nr. 4/93

Erasmie, T., J. de Vries & F. Dubell. 1981. Research for the People - Research by the People. Amersfort: Netherlands Study and Development Centre for Adult Education

Erdheim, Mario. 1984. Zur Problematik einer lateinamerikanischen Identität. In: Th.Ginsburg/ M.Ostheider (Hg.), a.a.O., S.85-95

Eriksen, Thomas Hylland. 1992. Multiple Traditions and the Questions of Cultural Integration. In: Ethnos 57 (I-II), S.5-30

Erlenbach, Walter. 1985. Verantwortung und Arbeitsbereiche der Ethnologie. In: F.Bliss/ W. Erlenbach (Hg.), a.a.O., S.21-37

Ervin, A.M. 1990. Some Reflections on Anthropological Advocacy. In: Proactive - Society of Applied Anthropology in Canada, Vol. 9 (2), S.24-27

Ethnographische Fragesammlung zur Erforschung des sozialen Lebens der Völker außerhalb des modernen europäisch-amerikanischen Kulturkreises. 1906. Hg. von der Internationalen Vereinigung für Vergleichende Rechtswissenschaft und Volkswirtschaftslehre in

Berlin und in derem Auftrage entworfen von S.R. Steinmetz. Bearbeitet und erweitert von R. Thurnwald. Berlin: R.von Decker's Verlag
Ethnos. 1982. Thema: The Shaping of National Anthropologies. Sonderband, No. 1-2.
Euler, Claus (Hg.). 1989. "Eingeborene" - ausgebucht. Ökologische Zerstörung durch Tourismus. Ökozid Bd. 5. Giessen: Focus Verlag
Europäisches Parlament. 1994. Entschließung zu den für einen wirksamen Schutz der eingeborenen Völker notwendigen internationalen Maßnahmen. In: A3-0059/94, 9.Februar
- - - - 1995. Entschließung zum Internationalen Jahrzehnt der eingeborenen Völker der Welt. In: b4-0062, 0067 und 0104/95, 19. Januar,
European Alliance with Indigenous Peoples. 1995. Indigenous Peoples Participation in European Union Development Policies. Written by Wendel Trio. Brüssel: EAIP
- - - - o.J., Informationsblatt. Brüssel: EAIP
Evans-Pritchard, Edward E. 1937. Witchcraft, Oracles, and Magic among the Azande. Oxford: Oxford University Press
- - - - 1940. The Nuer. Oxford: Oxford University Press
- - - - 1946. Applied Anthropology. In: Africa, Bd. 16, S.92-98
- - - - 1956. (2. Auflg.). Social Anthropology. New York/London: Cohen and West
Evers, Hans-Dieter & Tilman Schiel. 1988. Strategische Gruppen - Vergleichende Studien zu Staat, Bürokratie und Klassenbildung in der Dritten Welt. Berlin: Reimer
Eyben, Rosalind. 1997. The Social Development Approach and Its Contribution to Sustainable Poverty Reduction and Social Justice. Stockholm: Seminar with Ministry of Foreign Affairs and SIDA, 24.6.1997; Vortragsmanuskript
Fabian, Johannes. 1983. Time and the Other: How Anthropology Makes Its Object. New York: Columbia University Press
- - - - 1993. Präsenz und Repräsentation. Die Anderen und das anthropologische Schreiben. In: E.Berg/M.Fuchs (Hg.), a.a.O., S.335-364
Fahim, Hussein (Ed.). 1982. Indigenous Anthropology in Non-Western Countries. Proceedings of a Burg Wartenstein Symposium. Durham, NC: Carolina Academic Press
Fals Borda, Orlando. 1970. Ciencia Propia y Colonialismo Intelectual. Bogotá: Carlos Valencia Editores
- - - - 1978. Über das Problem, wie man Realität erforscht, um sie zu verändern. In: H.Moser/H.Ornauer (Hg.), a.a.O., S.78-112
- - - - 1980. Die Bedeutung der Sozialwissenschaft und die praktische Produktion von Wissen in der Dritten Welt. Die Herausforderung der Aktionsforschung. In: Österreichische Zeitschrift für Politikwissenschaft, H.2, S.201-215
- - - - 1980-1984. Historia Doble de la Costa. 3 Bde. Bogotá: Carlos Valencia Editores
- - - - 1985. Conocimiento Popular. Lecciones con Campesinos de Nicaragua, México, Colombia. Bogotá: Punta de Lanza
- - - - 1991. Remaking Knowledge. In: ders./A.Rahman (Eds.), a.a.O., S.146-164
- - - - & Carlo Rodrigues Brandão. 1986. Investigación Participativa. Instituto del Hombre. Bogotá: Ediciones de la Banda Oriental
- - - - & M. Anisur Rahman (Eds.). 1991. Action and Knowledge: Breaking the Monopoly with Participatory Action Research. New York: The Apex Press
Fanon, Frantz. 1969. Die Verdammten dieser Erde. Reinbek: rowohlt
- - - - 1980. Schwarze Haut, weiße Masken. Frankfurt a.M.: Syndikat
FAO (Food and Agriculture Organization of the United Nations). 1990. The Community's Toolbox. The Idea, Methods, and Tools for Participatory Assessment, Monitoring, and Evaluation in Community Forestry. Rome: FAO
Faris, James. 1973. Pax Britannica and the Sudan: S.F.Nadel.In:T.Asad (Ed.), a.a.O.,S.153-72

Favre, Henri. 1976. El Indigenismo Mexicano: Crisis y Reformulación. In: Trimestre Político, Vol. 2, S.207-222
Favret-Saada, Jeanne. 1978. Die Wörter, der Zauber, der Tod. Frankfurt a.M.: Suhrkamp
Feit, Harvey A. 1982. The Future of Hunters Within Nation-States: Anthropology and the James Bay Cree. In: E.Leacock/R.B.Lee (Eds.), a.a.O., S.373-411
- - - - 1985. Legitimation and Autonomy in James Bay Cree Responses to Hydro Electric Development. In: N.Dyck (Ed.), a.a.O., S.27-66
Ferguson, R. Brian & Neil L. Whitehead (Eds.). 1992a. War in the Tribal Zone: Expanding States and Indigenous Warfare. Santa Fe: School of American Research Press
- - - - 1992b. The Violent Edge of Empire. In: dies. (Eds.), a.a.O., S.1-30
Fetterman, David M. (Ed.). 1993a. Speaking the Language of Power: Communication, Collaboration, and Advocacy (Translating Ethnography into Action). London: Falauer Press
- - - - 1993b. Words as the Commodity of Discourse: Influencing Power. In: ders. (Ed.), a.a.O., S.1-18
Feuchtwang, Stephan. 1973. The Colonial Formation of British Social Anthropology. In: T. Asad (Ed.), a.a.O., S.71-100
Feyerabend, Paul. 1976. Wider den Methodenzwang. Frankfurt a.M.: Syndikat
- - - - 1979. Erkenntnis für freie Menschen. Frankfurt a. M.: Suhrkamp
Fillitz, Thomas, André Gingrich & Gabriele Rasuly-Paleczek (Hg.). 1993. Kultur, Identität und Macht. Ethnologische Beiträge zu einem Dialog der Kulturen der Welt. Frankfurt: IKO-Verlag für Interkulturelle Kommunikation
Firth, Raymond. 1944. The Future of Anthropology. In: Man, No. 44, S.19-22
- - - - 1960. Recent Trends in British Social Anthropology. In: A.F.Wallace (Ed.), a.a.O., S. 37-42
- - - - 1981. Engagement and Detachment: Reflections on Applying Social Anthropology to Social Affairs. In: HO, Vol.40, S.193-201
Fischer, Hans. 1970. "Völkerkunde", "Ethnographie", "Ethnologie" - kritische Kontrolle der frühesten Belege. In: ZfE, H.95, S.169-182
- - - - 1971. Argumente zur Wissenschaftsgeschichte. In: ZfE, H.96, S.3-15
- - - - 1981. Die Hamburger Südsee-Expedition. Über Ethnographie und Kolonialismus. Frankfurt a.M.: Syndikat
- - - - (Hg.). 1988a. Wege zum Beruf. Möglichkeiten für Kultur- und Sozialwissenschaftler. Berlin: Reimer
- - - - 1988b. Einleitung. In: ders. (Hg.), a.a.O., S.7-22
- - - - 1989. Ethnologie als Allerweltswissenschaft. In: ZfE, H.114, S.27-37
- - - - 1990. Völkerkunde im Nationalsozialismus: Aspekte der Anpassung, Affinität und Behauptung einer wissenschaftlichen Disziplin. Hamburger Beiträge zur Wissenschaftsgeschichte, Nr. 7. Berlin/Hamburg: Reimer
- - - - (Hg.). 1992a. (2. überarb. Auflg.). Ethnologie. Eine Einführung. Berlin: Reimer
- - - - 1992b. Was ist Ethnologie? In: ders. (Hg.), 1992a, a.a.O., S.3-22
- - - - 1992c. Feldforschung. In: ders. (Hg.), 1992a, a.a.O., S.79-99
Fletcher, J. 1966. Situation Ethics. London: SCM Press
Fletcher, W. & Francis La Flesche. 1911. The Omaha Tribe. 27th Annual Report, Bureau of American Ethnology. Washington, D.C.: BAE
Fluehr-Cobban, Carolyn (Ed.). 1991a. Ethics and the Profession of Anthropology. Dialogue for a New Era. Philadelphia: University of Pennsylvania Press
- - - - 1991b. Introduction. In: C.Fluehr-Cobban. (Ed.), a.a.O., S.3-11
- - - - 1991c. Ethics and Professionalism: A Review of Issues and Principles within Anthropology. In: C.Fluehr-Cobban (Ed.), a.a.O., S.13-35

Forde, E. Daryll. 1953. Applied Anthropology in Government: British Africa. In: A.L.Kroeber (Ed.), a.a.O., S.841-865
Forests, Trees, and People Newsletter. 1992. February, No. 15/16.
- - - - 1995. April, No. 26/27.
Foster, George. 1969. Applied Anthropology. Boston: Little Brown
- - - - 1979. The Institute of Social Anthropology. In: W.Goldschmidt (Ed.),a.a.O.,S.205-216
Foucault, Michel. 1977a. Der Wille zum Wissen: Sexualität und Wahrheit I. Ffm: Suhrkamp
- - - - 1977b. Überwachen und Strafen. Frankfurt a.M.: Suhrkamp
Fox, Richard G. (Ed.). 1991. Recapturing Anthropology. Working in the Present. Santa Fe: School of American Research Press
Franch, José Alcina (Ed.). 1990a. Indianismo e Indigenismo en América. Madrid: Alianza Editorial
- - - - 1990b. Introducción. In:ders. (Ed.), a.a.O., S.11-17
Frank, André Gunder. 1968. Comment to the Social Responsibility Symposium. In: CA, Vol. 9 (5), S.413
- - - - 1969. (2. Auflg.). Capitalism and Underdevelopment in Latin America: Historical Studies of Chile and Brazil. New York: Monthly Review Press
- - - - 1973. América Latina: Subdesarollo y Revolución. México: Ediciones Era
Freire, Paulo. 1973. (2. Auflg.). Pädagogik der Unterdrückten. Reinbek: rowohlt
- - - - 1977. (2. Auflg.). Erziehung als Praxis der Freiheit. Reinbek: rowohlt
- - - - 1982. Creating Alternative Research Methods: Learning to Do it by Doing it. In: B.Hall et al. (Eds.), a.a.O., S.29-37
Fried, Morton H. 1975. The Notion of Tribe. Menlo Park, CA: Cummings Publ.
Friede, Juan. 1974. Bartolomé de las Casas, Precursor del Anticolonialismo: Su Lucha y Su Derrota. México: Siglo Veintiuno
Friedl, John. 1980. (2. Auflg.). The Human Portrait. Introduction to Cultural Anthropology. Englewood Cliffs: Prentice Hall
Friedrichs, Jürgen. 1973. Methoden der empirischen Sozialforschung. Reinbek: rowohlt
Frisch, Jack A. 1971. "Action" Anthropology, "Scientific" Anthropology, and American Indians. In: New University Thought, Vol. 7 (3), Spring, S.12-15
Frobenius, Leo. 1897/98. Der westafrikanische Kulturkreis. In: Petermanns Mitteilungen, Nr. 43, S.225-336, 262-267 sowie 1898, Nr.44:193-204, 265-71
- - - - 1899. Völkerkunde und Kolonialpolitik. In: Deut. Kolonialzeitg., 16. Jg., Nr. 36, S.331
Fuchs, Martin & Eberhard Berg. 1993. Phänomenologie der Differenz. Reflexionsstufen ethnographischer Repräsentation. In: E.Berg/M.Fuchs (Hg.), a.a.O., S.11-108
Gagel, Dieter (Hg.). 1994. Aktionsforschung und Kleingewerbeförderung: Methoden partizipativer Projektplanung und -durchführung in der EZ. Köln: Weltforum
- - - - 1995. Aktionsforschung. Methoden partizipativer Projektplanung und -durchführung in der Entwicklungszusammenarbeit. Aktualisierte Zusammenfassung verschied. Artikel 1990-1995. Heidelberg: Eigenverlag
Galeano, Eduardo. 1981. Die offenen Adern Lateinamerikas. Die Geschichte eines Kontinents von der Entdeckung bis zur Gegenwart. Wuppertal: Hammer Verlag
Gallin, Bernard. 1973. A Case for Intervention in the Field. In: Th.Weaver (Ed.), a.a.O., S.33-39 (orig. 1959)
Ganzer, Bruno. 1990. Zur Bestimmung des Begriffs der ethnischen Gruppe. In: Sociologus 40 (1), S.3-18
Garbarino, Merwyn S. 1977. Sociocultural Theory in Anthropology. A Short History. N.Y.: Holt, Rinehart & Winston
Gardner, Kathy & David Lewis. 1996. Anthropology, Development and the Post-Modern Challenge. London/Chicago: Pluto Press

Garfinkel, Harold. 1973. Das Alltagswissen über soziale und innerhalb sozialer Strukturen. In: ABS, a.a.O., S.189-262
Gaventa, John. 1991. Toward a Knowledge Democracy: Viewpoints on Participatory Research in North America. In: O.Fals Borda/M.A.Rahman (Eds.), a.a.O., S.121-131
Gearing, Fred. 1960. Culture Contact, Free Choice, and Progress. In: ders. et al. (Eds.), a.a.O., S.408-415, Exhibit 93
- - - - 1972. Comment. In: HO, Vol. 31 (4), S.455-456
- - - -, Lisa Peattie & Ralph McC. Netting (Eds.). 1960. Documentary History of the Fox-Project 1948-1959. Chicago: Chicago University Press
Gedicks, Al. 1979. Research from Within and Below: Reversing the Machinery. In: G.Huizer/B.Mannheim (Eds.), a.a.O., S.461-478
Geertz, Clifford. 1973. The Interpretation of Cultures. Selected Essays. N.Y.: Basic Books
- - - - 1983. Dichte Beschreibung. Beiträge zum Verstehen kultureller Systeme. Frankfurt a.M.: Syndikat
- - - - 1984. Anti-Anti-Relativism. In: AA, Vol. 86 (2), S.263-278
- - - - 1990. Die künstlichen Wilden. Der Anthropologe als Schriftsteller. München: Hanser (orig. engl. 1988)
Gerber, Peter R. (Hg.). 1986. Vom Recht, Indianer zu sein: Menschenrechte und Landrechte der Indianer beider Amerikas. Ethnologische Schriften Zürich 4. Zürich: Völkerkundemuseum der Univers. Zürich
- - - - (Hg.). 1993. 500 Jahre danach. Zur heutigen Lage der indigenen Völker beider Amerikas. Zürich: Verlag Rüegger AG
Gerholm, Thomas & Ulf Hannerz. 1982. Introduction: The Shaping of National Anthropologies. In: Ethnos, Vol. 47 (I-II), S.5-35
Gerth, Edith, Reimer Gronemeyer, Mark Münzel & Bernhard Streck. 1978. Projekt Tsiganologie - Erste Zwischenbilanz. Arbeitsgruppe Urbanisierungsprozesse. Diskussionspapier. Giessen
Gesellschaft für Bedrohte Völker. 1979. Der Fall Herzog. In: Vierte Welt Aktuell, Nr. 12, Sonderdruck, Göttingen
- - - - 1982. Der Völkermord geht weiter. Indianer vor dem IV. Russell-Tribunal. Reinbek: rowohlt
- - - - 1992. Unsere Zukunft ist Eure Zukunft: Indianer heute. Eine Bestandsaufnahme. Hamburg/Zürich: Luchterhand
Gibson, Margaret A. 1987. Collaborative Educational Ethnography: Problems and Profits. In: D.Stull/J.Schensul (Eds.), a.a.O., S.99-125
Giddens, Anthony. 1991. Modernity and Self-Identity. Self and Society in the Late Modern Age. Cambridge: Polity Press
- - - - 1995. Epilogue. Notes on the Future of Anthropology. In: A.S.Ahmed/C.N.Share (Eds.), a.a.O., S.272-277
Ginsburg, Theo & Monika Ostheider (Hg.). 1984. Lateinamerika vor der Entscheidung. Ein Kontinent sucht seinen Weg. Frankfurt a.M.: Suhrkamp
Girtler, Roland. 1979. Kulturanthropologie. Entwicklungslinien, Paradigmata, Methoden. München: dtv
Gjessing, Gutorm. 1968. The Social Responsibility of the Social Scientist. In: CA, Vol. 9 (5), S.397-402
Gladwin, Thomas. 1972. Comment. In: HO, Vol. 31 (4), S.452-453
Göktürk, Deniz. 1995. Verstöße gegen das Reinheitsgebot? In: taz, 4. April, S.18
Golde, Peggy. 1970. Women in the Field. Chicago: Aldine
Goldschmidt, Walter. 1977. Anthropology and the Coming Crisis. In: AA 79 (2), S.293-308

- - - - (Ed.). 1979a. The Uses of Anthropology. A Special Publication of the AAA. Washington, D.C.: AAA
- - - - 1979b. On the Interdependence Between Utility and Theory. In: ders., a.a.O., S.1-13
Golte, Jürgen. 1980. Latin America: The Anthropology of Conquest. In: S.Diamond (Ed.), a.a.O., S.379-393
González Casanova, Pablo. 1963. Sociedad Plural, Colonialismo Interno y Desarollo. In: AI, Vol. 6 (3), Jul.-Sept., S.15-32
Goodenough, Ward H. 1963. Cooperation in Change: An Anthropological Approach to Community Development. New York: Russell Sage Foundation
Goodland, Robert. 1982. Economic Development and Tribal Peoples: Human Ecological Considerations. Washington, D.C.: The World Bank
Gorer, Geoffrey. 1943. Themes in Japanese Culture. In: Transactions of the New York Academy of Science, Series II, Vol. 5, S.106-124
Gothsch, Manfred. 1983. Die deutsche Völkerkunde und ihr Verhältnis zum Kolonialismus. Ein Beitrag zur kolonialideologischen und kolonialpraktischen Bedeutung der deutschen Völkerkunde von 1870-1975. Baden-Baden: Nomos Verlag
Gottlieb, Anna. 1995. Beyond the Lonely Anthropologist: Collaboration in Research and Writing. In: AA, Vol. 97 (1), S.21-26
Gough, Kathleen. 1968a. New Proposals for Anthropologists. In: CA, Vol. 9 (5), S.403-435
- - - - 1968b. Anthropology and Imperialism. In: Monthly Review Press 19 (11), S.12-21
- - - - 1973. World Revolution and the Science of Man. In: Th.Weaver (Ed.), a.a.O., S.156-165 (zuerst 1968)
Gouldner, Alvin W. 1970. The Coming Crisis in Western Sociology. New York: Basic Books
Gow, Peter. 1993. Gringos and Wild Indians. Images of History in Western Amazonian Cultures. In: L'Homme (126-128), avr.-dec., Vol. XXXIII (2-4), S.327-347
Graburn, N.H.H. 1981. "1,2,3,4....Anthropologists and the Fourth World". In: Culture, Vol. 1 (1), S.66-70
Greenwood, Davydd J., Peter Lazes & William Foote Whyte. 1987. Participatory Action Research for Science and Society. Vortragsmanuskript
Greve, Reinhard. 1995. Tibetforschung im SS-Ahnenerbe. In: Th.Hauschild (Hg.), a.a.O., S.168-199
Grieb, Holger, Barbara Herrmanns & Elisabeth Strohscheidt-Funken (Hg.). 1991. Wer ihr Land nimmt, zerstört ihr Leben. Menschenrechtsverletzungen an Ureinwohnern. Hamburg: Wayabash
Grillo, Ralph. 1985. Applied Anthropology in the 1980s: Retrospect and Prospect. In: ders. & A.Rew (Eds.), a.a.O., S.1-36
- - - - & Alan Rew (Eds.). 1985. Social Anthropology and Development Policy. ASA Monographs 23. London/New York: Tavistock Publ.
Grünberg, Georg. 1975. Einführung. In: W.Dostal (Hg.), a.a.O., S.11-15
- - - - 1977. Praktische Ethnologie und rurale Entwicklung in Lateinamerika: Das "Projekt Pai-Tavyterã" in Paraguay. Wien: Institut für Internationale Zusammenarbeit, Heft 2
- - - - 1982. Einführung. In: Indianer in Lateinamerika, a.a.O., S.7-15
- - - - 1996. Interview von D.Keller, 23.12. 1994. In: D.Keller, a.a.O., S.141-148
GTZ (Deutsche Gesellschaft für Technische Zusammenarbeit). 1992. Vermerk betr.: Studie "Indigene Völker und Wald". Bonn, 2.Juni: Internes Papier
- - - - 1993. Pilotvorhaben Umwelt und Ressourcenschutz. Förderung indigener Völker im Rahmen des Tropenwaldprogrammes: Entwicklungspolitische Bewertung und Perspektiven. Positionspapier, erarbeitet v. Jürgen Wolters, Bielefeld. Bonn
Guijt, Irene & Andrea Cornwall. 1995. Editorial: Critical Reflections on the Practice of PRA. In: PLA Notes, No. 24, Oct., S.2-7

Gunawardana, R.A.L.H. 1992. Conquest and Resistance: Pre-State and State Expansion in Early Sri Lankan History. In: R.B.Ferguson/N.L.Whitehead (Eds.), a.a.O., S.61-82

Guyette, Susan. 1983. Community-Based Research. A Handbook for Native Americans. Los Angeles: UCLA, American Indian Studies Center

Haag, Fritz, Helga Krüger, Wiltrud Schwärzel & Johannes Wildt. 1972. Aktionsforschung. Forschungsstrategien, Forschungsfelder und Forschungspläne. München: Juventa

Haas, Jonathan. 1990. Warfare and Tribalization in the Prehistoric. In: ders. (Ed.), The Anthropology of War. Cambridge: Cambridge Univers. Press, S.171-189

Habermas, Jürgen. 1968a. Erkenntnis und Interesse. Frankfurt a.M.: Suhrkamp

- - - -1968b. Technik und Wissenschaft als Ideologie. Frankfurt a.M.: Suhrkamp

- - - -1971. Theorie und Praxis. Neuwied/Berlin: Luchterhand

- - - - 1981. Theorie des kommunikativen Handelns, 2 Bde. Frankfurt a.M.: Suhrkamp

Habermeyer, Wolfgang. 1996. Schreiben über fremde Lebenswelten. Das postmoderne Ethos einer kommunikativ handelnden Ethnologie. Wissenschaft und Forschung 12. Köln: Neuer ISP-Verlag

Hackenberg, Robert A. & Beverly H. Hackenberg. 1987. Saving the City: Unversity Research, Political Action, and the Squatter Problem in Davao City, Philippines. In: D.Stull/ J. Schensul (Eds.), a.a.O., S.179-208

Hall, Budd L. 1979. Knowledge as a Commodity and Participatory Research. In: Prospects, Vol. 9 (4), S.393-408

- - - -, A. Gillette & Rajesh Tandon. 1982. Creating Knowledge: A Monopoly? New Delhi: Soc. for Participatory Research in Asia

Halpern, Joel. 1975. Comment to the Panajachel Symposium. In: CA, Vol. 16 (4), S.527-528

Hamburgisches Kolonialinstitut. 1909. Bericht über das erste Studienjahr. Erstattet von Prof. Dr. G. Thilenius und dem Geh. Regierungsrat Dr. Stuhlmann. Hamburg

- - - - 1912. Reden von Prof. Dr. K. Rathgen und Prof. Dr. O. Franke bei der Feier der Übergabe des Vorsitzes im Professorenrat und Bericht über das 4. Studienjahr. Erstattet von Prof. Dr. K. Rathgen und dem Geheimen Regierungsrat Dr. Stuhlmann. Hamburg: Lütcke & Wulff

- - - - 1913. Bericht über das 5. Studienjahr. Erstattet v. Prof. Dr. O. Franke. Bericht über die Entwicklung der Zentralstelle. Erstattet vom Geh. Regierungsrat Dr. Stuhlmann. Hamburg: Lütcke & Wulff

- - - - 1914. Bericht über das 6. Studienjahr. Erstattet von Prof. Dr. O. Franke. Bericht über die Entwicklung der Zentralstelle. Erstattet vom Geh. Regierumgsrat Dr. Stuhlmann. Hamburg: Lütcke & Wulff

- - - - 1915. Bericht über das WS 1914/1915 und das SS 1915. Erstattet von Prof. Dr. H. Winkler. Bericht über die Entwicklung der Zentralstelle. Erstatt vom Geh. Regierungsrat Dr. Stuhlmann. Bericht über die Nachrichten-stelle des Hamburgischen Kolonialinstituts. Erstattet von Prof. Dr.G. Thilenius. Hamburg: In Kommission bei Otto Meißner Verlag

Handler, Richard. 1989. Ethnicity in the Museum. In: S.E.Keefe (Ed.), 1989a, a.a.O., S.18-26

Hannerz, Ulf. 1992. Cultural Complexity: Studies in the Social Organization of Meaning. New York: Columbia University Press

- - - - 1993. When Culture is Everywhere: Reflections on a Favorite Concept. In: Ethnos, Vol. 58 (1-2), S.95-111

- - - - 1995. "Kultur" in einer vernetzten Welt. Zur Revision eines ethnologischen Begriffs. In: W.Kaschuba (Hg.), a.a.O., S.64-84

Hanson, Karen J. (Ed.). 1988a. Mainstreaming Anthropology: Experiences in Government Employment. Washington, D.C.: NAPA Bulletin No. 5

- - - - 1988b. Anthropology and Policy in Social Services Administration. In: K.Hanson (Ed.), a.a.O., S.28-39
Harms, Volker. 1972. Projektstudium in der Ethnologie. In: ZfE, Bd. 97 (2), S.161-183
Harries-Jones, Peter. 1985. From Cultural Translator to Advocate: Changing Circles of Interpretation. In: R.Paine (Ed.), a.a.O., S.224-248
- - - - (Ed.). 1991a. Making Knowledge Count: Advocacy and Social Science. Montreal u.a.: McGill-Queen's University Press
- - - - 1991b. Introduction: Making Knowledge Count. In: ders. (Ed.), 1991a, a.a.O., S.3-19
Harris, Marvin. 1968. The Rise of Anthropological Theory: A History of Theories of Culture. New York: Thomas Crowell Co.
- - - - 1989. Kulturanthropologie. Ein Lehrbuch. Frankfurt a.M./New York: Campus
Harrison, Julia. 1993. Completing a Circle: The Spirit Sings. In: N.Dyck/J.B.Waldram (Eds.), a.a.O., S.334-357
Hassig, Ross. 1992. Aztec and Spanish Conquest in Mesoamerica. In: R.B.Ferguson/ N.L. Whitehead (Eds.), a.a.O., S.83-102
Hastrup, Kirsten. 1993. The Native Voice and the Anthropological Vision. In: Social Anthropology 1 (2), S.173-186
- - - - & Peter Elsass. 1990. Anthropological Advocacy: A Contradiction in Terms? In: CA, Vol. 31 (3), S.301-311
Hau de no sau nee. 1978. A Basic Call to Consciousness. The Hau de no sau nee Adress to the Western World. Roose-veltown: Akwesasne Notes
Hauschild, Thomas (Hg.). 1995a. Lebenslust und Fremdenfurcht. Ethnologie im Dritten Reich. Frankfurt a.M.: Suhrkamp
- - - - 1995b. Vorwort. In: ders., (Hg.), a.a.O., S.7-11
- - - - 1995c. "Dem lebendigen Geist." Warum die Geschichte der Völkerkunde im "Dritten Reich" auch für Nicht-Ethnologen von Interesse sein kann.In:ders. (Hg.),a.a.O.,S.13-61
- - - - & Heide Nixdorff (Hg.). 1982. Europäische Ethnologie. Berlin: Reimer
Hauser-Schäublin, Brigitta (Hg.). 1991. Frauenforschung in der Ethnologie. Berlin: Reimer
Heckmann, Friedrich. 1992. Ethnische Minderheiten. Volk und Nation: Soziologie interethnischer Beziehungen. Stutt-gart: Enke
Hedburg, Donna. 1976. Nowah'wus, Bear Butte. Sacred Mountain of the Cheyennes. Wichita: Wichita State University: unveröfftl. M.A.-Arbeit
Hedican, Edward J. 1995. Applied Anthropology in Canada: Understanding Aboriginal Issues. Toronto u.a.: Toronto University Press
Hedley, M.J. 1986. Community-Based Research: The Dilemma of Contract. In: The Canadian Journal of Native Studies, Vol. 6 (2), S.91-103
Heine-Geldern, Robert. 1959. Internationales Komitee für dringende anthropologische und ethnologische Forschung. In: ZfE, H. 84, S.303
- - - - 1960. Recent Developments in Ethnological Theory.In:A.F.Wallace (Ed.),a.a.O.,S.49-53
- - - - 1964. One hundred Years of Ethnological Theory in German Speaking Countries. In: CA, Vol. 5 (5), S.407-418
Heinen, H. Dieter. 1984. Der Beitrag der angewandten Ethnologie zu Entwicklungsprojekten in Venezuela: Das Beispiel der Warao, Pemon und Ye'kuana/Sanema. In: ZfE, H. 109 (1), S.79-105
- - - - 1990. Comment to Hastrup/Elsass. In: CA, Vol. 31 (4), S.388
- - - - & Carola Kasburg. 1994. Die Lage der indigenen Bevölkerung in Venezuela zum 500. Jahrestag der Reise des Kolumbus. In: J.Schulz (Hg.), a.a.O., S.7-29
- - - - & Walter Coppens. 1981. Las Empresas Indígenas en Venezuela. In: AI, Vol. 41 (4), S.573-602

- - - - & Walter Coppens. 1986. Indian Affairs. In: J.D.Martz/D.J.Myers (Eds.), Venezuela: The Democratic Experience. New York: Praeger Publ., S.364-383
Heiner, Maja (Hg.). 1988. Praxisforschung in der sozialen Arbeit. Freiburg: Lambertus
Heinz, Wolfgang S. 1988. Indigenous Populations, Ethnic Minorities and Human Rights. Berlin: Quorum
- - - -1991. Minderheiten und Indigene Völker. In: H.Grieb et al. (Hg.), a.a.O., S.1-12
- - - -1994. Menschenrechtsverletzungen an indigenen Völkern. In: H.Muth/F.Seithel (Hg.), a.a.O., S.25-36
Held, Jan G. 1953. Applied Anthropology in Government: The Netherlands. In: A.L.Kroeber (Ed.), Anthropology Today. Chicago: Chicago University Press, S.866-879
Helland, Johan. 1985. Development Agencies and Anthropology. In: R.Paine (Ed.), a.a.O., S.28-30
Helm, June (Ed.). 1968. Essays on the Problem of Tribe. Seattle: Proceedings of the 1967 Spring Meeting of the American Ethnological Society
- - - - (Ed.). 1985. Social Context of American Ethnology 1840-1984. Washingt., D.C.: AAA
Hendricks, Janet Wall. 1988. Power and Knowledge: Discourse and Ideological Transformation among the Shuar. In: AE, Vol. 15, S.216-238
Henriksen, Georg. 1985. Anthropologists as Advocates: Promoters of Pluralism or Makers of Clients? In: R.Paine (Ed.), a.a.O., S.119-129
Hensel, Gerd. 1981. Das IV. Russell-Tribunal. Ein wichtiger Teil der Völkerkunde. Ein Gespräch mit Karl Schlesier. In: Ethnologische Absichten, Nr. 7, S.8-13
- - - - 1987. "Strahlende Opfer". Amerikas Uranindustrie, Indianer und weltweiter Überlebenskampf. Ökozidextra, Giessen: Focus
Herbert, Jean Loup. 1982. Der Begriff Lateinamerika: Eine gegenrevolutionäre Theorie. In: Indianer in Lateinamerika, a.a.O., S.112-116
Herbon, Dieter. 1987. Sozio-ökonomische Wirkungen von Entwicklungsmaßnahmen. In: ZfE, H. 112 (1), S.71-84
Herder-Lexikon. 1981. "Ethnologie". Freiburg i.Br.: Herder
Herskovits, Melville. 1936. Applied Anthropology and the American Anthropologist. In: Science, 6. March, Vol. LXXXIII, S.215-222
- - - - 1976. Ethnologischer Relativismus und Menschenrechte. In: D.Birnbacher/N.Hoechster (Eds.), Texte zur Ethik. München, S.36-51
Hertzberg, Hazel Whitman. 1988. Indian Rights Movement, 1887-1973. In: W.E.Washburn (Ed.), a.a.O., S.305-323
Hess, G. Alfred, Jr. 1993. Testing on the Hill: Using Ethnographic Data to Shape Public Policy. In: D.M.Fetterman (Ed.), 1993a, a.a.O., S.38-49
Hessler, Richard M. & Peter Kong-Ming New. 1972. Toward a Research Commune? In: HO, Vol. 31, S.449-451
Hessler, Richard M., Peter Kong-Ming New & Jude Thomas May. 1980. Conflict, Consensus and Exchange. In: Social Problems, Vol. 27 (3), S.320-329
Heyworth, Elspeth. 1991. "Town"/"Gown" and Community Relations: Case Studies in Social Empowerment. In: P.Harries-Jones (Ed.), a.a.O., S.100-118
Hicks, George L. & Mark J. Handler. 1987. Ethnicity, Public Policy and Anthropologists. In: E.M.Eddy/W.L.Partridge (Eds.), a.a.O., S.398-432
Hildebrandt, Hans-Jürgen. 1990. Rekonstruktionen - Zur Theorie und Geschichte der Ethnologie. Göttingen: Edition Re
Hill (Ed.), Jonathan D. 1988. Rethinking History and Myth. Indigenous South American Perspectives on the Past. Urbana: Univers. of Illinois Press
Hill, Carole E. (Ed.). 1985. Training Manual in Medical Anthropology. Special Publication of the AAA and the SfAA, No. 18. Washington, D.C.: AAA

- - - -1988. Critical Core Curriculum Issues. In: R.T.Trotter II (Ed.), a.a.O., S.37-46
Hill-Burnett, Jacquetta. 1987. Developing Anthropological Knowledge through Application. In: E.M.Eddy/ W.L.Partridge (Eds.), a.a.O., S.123-139
Hinshaw, Robert. (Ed.). 1979. Currents in Anthropology. Essays in Honor of Sol Tax. The Hague: Mouton
- - - -1980. Anthropology, Administration, and Public Policy. In: ARA, Vol. 9, S.497-522
- - - - & Philip Young. 1979. Action Anthropology in College Administration. In: R.Hinshaw (Ed.), a.a.O., S.513-545
Hinsley, Curtis M., Jr. 1979. Anthropology as Science and Politics: The Dilemmas of the Bureau of American Ethnology, 1879-1904. In: W.Goldschmidt (Ed.), a.a.O., S.15-32
Hippel, Eduard F. (=Uwe Simson). 1986. Ethnologen in die Entwicklungspolitik? In: E+Z, Nr. 27/4, S.17-18
Hirschberg, Walter (Hg.). 1965. Wörterbuch der Völkerkunde. Stuttgart: Alfred Kröner
- - - - (Hg.). 1988. (2. Auflg.). Neues Wörterbuch der Völkerkunde. Berlin: Reimer
Hlady, Walter M. 1969. The Cumberland House Fur Project: The First Two Years. In: Western Canadian Journal of Anthropology, Vol. 1 (1), S.124-139
Hobbs, Dick & Tim May (Eds.). 1993. Interpreting the Field Account of Ethnography. Oxford: Clarendon Press
Hoben, Allan. 1982. Anthropologists and Development. In: ARA, Vol. II, S.349-375
Hog, Michael. 1990. Ethnologie und Öffentlichkeit. Europäische Hochschulschriften Reihe Nr. 19. Frankfurt a.M.: Peter Lang
Hoke, Guillermo C.. 1979. Teoría y Práctica de la Indianidad. In: Cuadernos Indio 1, Lima
Holmberg, Allan R. 1955. Participant Intervention in the Field. In: HO, Vol. 14 (1), S.23-26
- - - - 1970a. The Research and Development Approach to the Study of Change. In: J.Clifton (Ed.), a.a.O., S.83-93 (zuerst 1958)
- - - - 1970b. The Changing Values and Institutions of Vicos in the Context of National Development. In: J.Clifton (Ed.), a.a.O., S.94-105
- - - -, Lisa Peattie, Sol Tax & Robert Redfield. 1958. Values in Action. A Symposium. In: HO, Vol. 17 (1), S.2-26
Honerla, Susan & Peter Schröder (Hg.). 1995. Lokales Wissen und Entwicklung. Zur Relevanz kulturspezifischen Wissens für Entwicklungsprozesse. Saarbrücken: Verlag für Entwicklungspolitik
Hopper, Kim. 1993. On Keeping an Edge: Translating Ethnographic Findings and Putting Them to Use. NYC's Homeless Policy. In: D.M.Fetterman (Ed.), a.a.O., S.19-37
Horkheimer, Max & Theodor W. Adorno. 1947. Dialektik der Aufklärung. Philosophische Fragmente. Amsterdam: Querido Verlag
Horn, Klaus (Hg.). 1979. Aktionsforschung - Balanceakt ohne Netz? Frankfurt a.M.: Syndikat
Hornbacher, Annette. 1993. Von der Freiheit eines Ethnologen. Überlegungen zu einer Ethik des Grenzgangs. In: H.Amborn (Hg.), a.a.O., S.39-49
Horowitz, Irving Louis. 1973. The Life and Death of Project Camelot. In: Th.Weaver (Ed.), a.a.O., S.138-152
Howard, Michael C. & Patrick C. McKim (Eds.). 1983. Contemporary Cultural Anthropology. Boston/Toronto: Little, Brown & Co.
Huffschmid, Anne. 1995. Im ethnischen Käfig. In: taz, Mittwoch, 16.August, S.2
Huizer, Gerrit. 1973. The A-Social Role of Social Scientists in Underdeveloped Countries: Some Ethical Considerations. In: Sociologus, Vol. 23 (2), S.165-177
- - - - 1976. The Strategy of Peasant Mobilization. In: D.Pitt (Ed.), a.a.O., S.221-254
- - - - 1979a. Anthropology and Politics: From Naiveté Toward Liberation? In: G.Huizer/ B. Mannheim (Eds.), a.a.O., S.3-41

- - - - 1979b. Research-Through-Action: Some Practical Experiences with Peasant Organization. In: G.Huizer/B.Mannheim (Eds.), a.a.O., S.395-420
- - - - 1993a. Wither Anthropology and "Development" in the Year 2000? In: H.Amborn (Hg.), a.a.O., S.63-88
- - - - 1993b. Development Anthropology in Global Perspective. In: EE, 2. Jg., H.1, S.66-82
- - - - & Bruce Mannheim (Eds.). 1979. The Politics of Anthropology. From Colonialism and Sexism Towards a View from Below. Paris/The Hague: Mouton Publ.
Huschke-Rhein, Rolf. 1993. (3. Auflg.). Systemisch-Ökologische Pädagogik, Bd. II. Köln: Rhein-Verlag
Hymes, Dell (Ed.). 1974a. (4. Auflg.). Reinventing Anthropology. New York: Vintage Books
- - - - 1974b. The Use of Anthropology: Critical, Political, Personal.In:ders., (ed.),a.a.O.,S.3-79
ICIHI (Independent Commission on International Humanitarian Issues), UNO. 1988. Indigenous Peoples: A Global Quest for Justice. London: Zed
IFAK (Institut für angewandte Kulturforschung)/infoe (Institut für Ökologie und Aktionsethnologie). 1993. Globaler Umweltschutz. Letzte Rettung oder Ökoimperialismus? Denkmodelle und Handlungsansätze einer politischen Menschenrechts- und Umweltschutzarbeit. Ein Reader zur Entwicklungspolitik, Umweltschutz und Menschenrechten. Göttinger Kulturwissenschaftliche Schriften, Bd. 4, Münster/Hamburg: Lit Verlag
Ignace, Roy, George Speck & Renee Taylor. 1993. Some Native Perspectives on Anthropology and Public Policy. In: N.Dyck/J.B.Waldram (Eds.), a.a.O., S.166-191
ILO (International Labor Organization). 1989. Convention 169 on Indigenous and Tribal Peoples. Genf: ILO
Indianer in Lateinamerika. 1982. Neues Bewußtsein und Strategien der Befreiung. Wuppertal/Gelnhausen: Hammer
Indianidad, Etnocidio e Indigenismo en América Latina. 1988. México: Instituto Indigenista Interamericano/ Centre d'Etudes Mexicaines et Centreamericaines
infoe (Institut für Ökologie und Aktionsethnologie) (Hg.). 1989. Action Anthropology und Ethno-Ökologie. infoe-Studie 1. Mönchengladbach: infoe
- - - - (Hg.). 1993. "Öko-Heilige" - Indigene Völker als Naturschützer? Eine Lesemappe. Hamburg: infoe
infoemagazin. Zeitschrift für Ökologie und "Vierte Welt". Köln/Hamburg: infoe
Ingold, Tim. 1993. The Art of Translation in a Continuous World. In: G.Pálsson (Ed.), Beyond Boundaries: Understanding, Translation and Anthropological Discourse. Oxford: Berg, S.210-230
IWGIA (International Work Group for Indigenous Affairs). 1994. The Indigenous World 1993-94. Kopenhagen: IWGIA
Jackson, H. Merrill. 1971. Anthropologist-Community Collaboration. In: New University Thought, Vol. 7 (3), Spring, S.30-35
Jacobeit, Wolfgang. 1986. Dreißig Jahre Ethnographie an der Humboldt-Universität zu Berlin 1952-1982. In: Ethnographisch-Archäologische Zeitschrift, Nr. 27, S.13-26
Jacobs, Sue-Ellen. 1974. Action and Advocacy Anthropology. In: HO, Vol. 33 (2), S.209-215
Jahrbuch des Museums für Völkerkunde zu Leipzig. 1972. Ethnographische Arbeitstagung zum 100. Geburtstag W.I.Lenins (April 1970), Bd. 32.
James, Wendy. 1973. The Anthropologist as Reluctant Imperialist. In: T.Asad (Ed.), a.a.O., S.43-63
Janata, Alfred. 1974. Bedeutung der Ethnologie bei der Planung und Durchführung von Beratungsprogrammen. In: Entwicklung und ländlicher Raum, Nr. 8 (4), S.16-18
Jarnuszak, Martina. 1992. Noch umstritten: Teleskope auf Heiligem Berg der Apache. In: infoemagazin 1/92, S.36

- - - - 1993. Mount Graham: Ernste Konsequenzen des Teleskopprojektes. In: infoemagazin 2/93, S.31
- - - - & Frank Kressing (Hg.). 1994. Zusammenhänge - Ureinwohner und Industrienationen. infoe-Studie 9. Hamburg: infoe
Jaulin, Robert. 1970. La Paix Blanche. Paris: Seuil
Jeffreys, M.D.W. 1956. Some Rules of Directed Culture Change under Roman Catholicism. In: AA, Vol. 58 (4), S.721-731
Jenks, Albert E. 1921a. The Relation of Anthropology to Americanization. In: Scientific Monthly, Vol. 12, S.240-245
- - - - 1921b. The Practical Value of Anthropology to Our Nation. In: Science, Vol. LIII, No. 1363 (18. Febr.), S.147-156
Jensen, Jürgen. 1981. Die gemeinsame Tagung der Deutschen Gesellschaft für Völkerkunde, der Österreichischen Ethnologischen Gesellschaft und der Anthropologischen Gesellschaft in Wien, 5.-8. Okt., in Münster/Westfalen. Ein Bericht. In: Sociologus 31 (2), S.185-189
- - - - 1983. Der Ethnologe als Sachverständiger vor Gericht. In:Sociologus 33 (1), S.93-96
- - - - 1995. Der Gegenstand der Ethnologie und die Befassung mit komplexen Gesellschaften. Eine notwendige Klärung und ihre wissenschaftlichen Vorgaben.In: ZfE 120 (1), S.1-14
Johannsen, Agneta. 1992. Applied Anthropology and Postmodernist Ethnography. In: HO, Vol. 51 (1), S.71-81
John, Vera P. 1972. Learning at Rough Rock. In: HO, Vol. 31 (4), S.447-449
Jones, Delmos. 1971. Social Responsibility and the Belief in Basic Research. An Example of Thailand. In: CA, Vol. 12 (3), S.347-350
Jorgensen, Joseph G. 1973. On Ethics and Anthropology. In: Th.Weaver (Ed.), a.a.O., S.19-26
- - - - (Ed.). 1984. Native Americans and Energy Development II. Boston/Forestville: ARC & 7th Generation Fund
- - - - & Eric Wolf. 1970. Anthropology on the Warpath in Thailand. In: New York Review of Books, 19. Nov., S.26-35
Joseph, Alice, Rosamond B. Spicer & Jane Chesky. 1949. The Desert People: A Study of the Papago Indians. Chicago: Chicago University Press
Josephy, Alvin M., Jr. 1971. Red Power: The Indians' Fight for Freedom. N.Y.: McGraw-Hill
Josselin de Jong, Patrick Edward de. 1960. Cultural Anthropology in the Netherlands. In: Higher Education and Research in the Netherlands, No. 4, S.3-16
- - - - 1980. The Netherlands: Structuralism before Lévi-Strauss. In: S. Diamond (Ed.), a.a.O., S.243-257
Journal of International Affairs. 1982. Schwerpunkt: The Human Rights of Indigenous Peoples. In: Vol. 36 (1), S.1-148
Junqueira, Carmen & Edgard de A. Carvalho (Eds.). 1984. Los Indios y la Antropología en América Latina. Buenos Aires: Búsqueda/Yuchan
Kahrmann, Christiane. 1996. Kultur steht hoch im Kurs. In: E + Z, Jg. 37, Nr. 4, S.108-110
Kalwa, Jürgen. 1995. Die Millionen der Indianer. In: Zeitmagazin Nr. 45, 3. Nov., S.49-57
Kari Oca Declaration and Indigenous Peoples Earth Chapter. 1992. World Conference of Indigenous Peoples on Territory, Environment and Development. Kari Oca, Brasilien, 25.-30. Mai 1992. In: IWGIA-Newsletter, No. 4, Oct.-Dec., S.57-61
Kaschuba, Wolfgang (Hg.). 1995a. Kulturen - Identitäten - Diskurse: Perspektiven europäischer Ethnologie. Zeithorizonte Bd. 1. Berlin: Akademie Verlag
- - - - 1995b. Kulturalismus: Vom Verschwinden des Sozialen im gesellschaftlichen Diskurs. In: ders. (Hg.), a.a.O., S.1-30
- - - - 1995c. Blick auf die Kulturvielfalt. In: taz, 4. April, S.19

Kassam, Y.O. 1982. Participatory Research: An Emerging Alternative Methodology in Social Science research. Dar es Salam: Black Star Agencies

Kay, Cristobál. 1989. Latin American Theories of Development and Underdevelopment. London: Routledge

Keefe, Susan Emily (Ed.). 1989a. Negotiating Ethnicity: The Impact of Anthropological Theory and Practice. NAPA-Bulletin 8. Washington, D.C.: AAA

- - - - 1989b. Introduction. In: S.E.Keefe (Ed.), a.a.O., S.1-8

Keesing, Roger M. 1974. Theories of Cultures. In: ARA, Vol. 3, S.73-97

- - - - & Felix M. Keesing. 1971. New Perspectives in Cultural Anthropology. New York u.a.: Holt, Rinehart & Winston

Keller, Daniel. 1996. Tupi or not Tupi. Ethnologie in und aus Brasilien. Bern: unveröfftl. Lizentiatsarbeit

Kelly, Lawrence C. 1985. Why Applied Anthropology Developed When It Did: A Commentary on People, Money, and Changing Times, 1930-1945. In: J.Helm (Ed.), a.a.O., S.122-138

Kemmis, Stephen. 1990. Action Research in Retrospect and Prospect. In: ders./R.McTaggart (Eds.), a.a.O., S.27-40

- - - - & Robin McTaggart (Eds.). 1990. (4. Auflg.). The Action Research Reader. Deakin, Australia: Deakin Uni-versity Press

Kennard, Edward A. & Gordon MacGregor. 1953. Applied Anthropology in Government: United States. In: A.L.Kroeber (Ed.), a.a.O., S.832-840

Kennedy, Elizabeth Laporsky. 1995. In Pursuit of Connection: Reflection on Collaborative Work. In: AA, Vol. 97 (1), S.26-33

Kennedy, Raymond. 1943. Acculturation and Administration in Indonesia. In: AA, Vol. 45 (2), S.185-192

Kielstra, Nico. 1977. Is Useful Action Research Possible? In: G.Huizer/B.Mannheim (Eds.), a.a.O., S.281-289

Kievelitz, Uwe. 1986. Es ist an der Zeit: Ethnologen in die Entwicklungspolitik. In: E+Z, Nr. 6, S.18-19

- - - - 1988. Kultur, Entwicklung und die Rolle der Ethnologie. Zur Konzeption einer Entwicklungsethnologie. Beiträge zur Kulturkunde 11. Bonn: Polit. Arbeitskreis Schulen

- - - - 1996. Partizipation, soziale Prozesse und "Empowerment". Kommentare und Ergänzungen zum Artikel von Michael Schönhuth. In: F.Bliss/S.Neumann (Hg.), a.a.O., S.37-51

Kimball, Solon T. 1987. Anthropology as a Policy Science. In: W.L.Partridge/E.M.Eddy (Eds.), a.a.O., S.383-397

Kimmerle, Heinz. 1978. Philosophie der Geisteswissenschaften als Kritik ihrer Methoden. Den Haag: Nijhoff

Kippenberg, Hans G. & Brigitte Luchesi (Hg.). 1978. Magie. Die sozialwissenschaftliche Kontroverse über das Verstehen fremden Denkens. Frankfurt a.M.: Suhrkamp

Kirschbaum, Stefan. 1992a. Regenwaldzerstörung - nicht nur ein Umweltproblem. Waldvölker und deutsche Politik. In: infoemagazin 1/92, S.38

- - - - 1992b. Kein Platz am grünen Tisch. Indigene Völker und deutsche Entwicklungspolitik. In: infoemagazin 2/92, S.7

Klaus, Georg & Manfred Buhr. 1972. (2. Auflg.). Marxistisch-Leninistisches Wörterbuch der Philosophie. 3 Bde. Reinbek: rowohlt

Kleivan, Helge. 1973. Den fjerde verden. Baggrunden for en planlagt international konference af og for de indfødte folk. Copenhagen: Gronland, 5&6

Klöckeis-Stangl, E. 1980. Methoden der Sozialisationsforschung. In: D.Ulich/K.Hurrelmann, Handbuch der Sozialisationsforschung. Weinheim/Basel. S. 321ff.

Kloos, Peter. 1975. Anthropology and Non-Western Sociology in the Netherlands. In: P. Kloos/H. J.M.Claessen (Eds.), Current Anthropology in the Netherlands. Rotterdam: Nederlandse Sociologische en Antropologische Verenigung, S.10-29
Kluckhohn, Clyde. 1964. (7. Auflg.). Mirror for Man. New York: McGraw-Hill
- - - - & Dorothea C.Leighton. 1946. The Navajo. Cambridge, Mass: Harvard Univ. Press
- - - - & Dorothea C.Leighton. 1947. Children of the People. Cambridge, Mass: Harvard Univ. Press
- - - - & Henry A. Murray (Eds.). 1948. Personality in Nature, Society, and Culture. N.Y.: Knopf
Kluge, Friedrich. 1975. Etymologisches Wörterbuch der deutschen Sprache. Berlin/New York: Walter de Gruyter
Knauft, Bruce M. 1994. Pushing Anthropology Past the Posts: Critical Notes on Cultural Anthropology and Cultural Studies as Influenced by Postmodernism and Existentialism. In: Critique of Anthropology, Vol. 14 (2), S.117-152
Koepping, Klaus-Peter. 1980. Ist die Ethnologie auf dem Weg zur Mündigkeit? Einige erkenntnistheoretische Anmerkungen zur teilnehmenden Beobachtung. In: Paideuma, Nr. 26, S.21-40
- - - - 1984. Feldforschung als emanzipatorischer Akt? Der Ethnologe als Vermittler von Innen- und Außenansicht. In: E.W.Müller et al. (Hg.), a.a.O., S.216-239
- - - - 1993. Ethik in ethnographischer Praxis: Zwischen Universalismus und pluralistischer Autonomie. In: W.Schmied-Kowarzik/J.Stagl (Hg.), a.a.O., S.107-128
- - - - (Co-Editor). 1994. Anthropology and Ethics. Anthropological Journal on European Cultures, Vol. 3 (2).
Kohl, Karl-Heinz. 1987. Abwehr und Verlangen. Zur Geschichte der Ethnologie. Frankfurt a.M./Paris: Ed. Qumran im Campus-Verlag
- - - - 1993. Ethnologie - die Wissenschaft vom kulturell Fremden. München: Beck
Kohler, Josef. 1897. Fragebogen zur Erforschung der Rechtsverhältnisse der sogenannten Naturvölker, namentlich in den deutschen Kolonialländern. In: Zeitschrift für vergleichende Rechtswissenschaft XII, S.427-440
Köhler, Hans. 1959. Das Hamburgische Welt-Wirtschafts-Archiv. Geschichte einer wissenschaftlichen Anstalt. Hamburg
Köhler, Ulrich. 1969. Gelenkter Kulturwandel im Hochland vom Chiapas. Eine Studie zur Angewandten Ethnologie in Mexiko. Bielefeld: Bertelsmann Universitätsverlag
- - - - 1984. Symposium: Beiträge von Ethnologen zur Gestaltung von Entwicklungsprojekten in Übersee. Vorträge der DGV-Tagung Münster, Okt.,. In: ZfE, H. 109, S.75-150
Kolata, Gina. 1987. Anthropologists Turn Advocates for the Brazilian Indians. In: Science, Vol. 236, 5. Juni, S.1183-1187
Kolig, Erich. 1994. Rationality, Ideological Transfer, Cultural Resistance, and the Dreaming: The Development of Political Thought in Australian Aboriginal Society. In: Anthropos, Vol. 89 (1-3), S.111-124
König, René. 1969. Action Research. In: W.Bernsdorf (Hg.), Wörterbuch der Soziologie. Stuttgart (2. Auflg.). S.8
- - - - 1984. Soziologie und Ethnologie. In: E.W.Müller et al. (Hg.), a.a.O., S.17-35
Korff, Rüdiger. 1993. Entwicklungsethnologie und -soziologie für eine kritische Entwicklungspraxis. In: EE, H. 1/93, S.61-65
Kottack, Conrad Philipp. 1982. (3. Auflg.). Cultural Anthropology. N.Y.: Random House
Kramer, Fritz. 1977. Verkehrte Welten. Zur imaginären Ethnographie des 19. Jahrhunderts. Frankfurt a.M.: Syndikat
- - - - 1995. Einfühlung. Überlegungen zur Geschichte der Ethnologie im präfaschistischen Deutschland. In: Th.Hauschild (Hg.), a.a.O., S.85-102

Krause, Fritz. 1932. Ethnology and the Study of Culture Change. In: Africa, Vol. V (4), S.383-392
Krause, Gernot. 1985. Warum orientiert sich die Entwicklungspolitik nicht stärker an der Ethnologie? In: ZfE, H. 110 (2), S.287-294
Kressing, Frank. 1994a. Wer sind indigene Völker? In: H.Muth/F.Seithel (Hg.), a.a.O., S.9-24
- - - - 1994b. Rassismus im neuen Gewand. Das "Human Genome Diversity Project". In: infoemagazin 1/94, S.16-21
Krickau, Ortrud & Gundolf Krüger (Hg.). 1993. Verzeichnis zur deutschsprachigen Ethnologie. Arbeitskreis für Internationale Wissenschaftskommunikation. Göttingen: Ed. Re
Kroeber, Alfred (Ed.). 1953. Anthropology Today. Chicago: Chicago University Press
- - - -& Clyde Kluckhohn. 1963. Culture: A Critical Review of Concepts and Definitions. New York:Vintage
Kröger, Axel. 1982. Kranksein in fremden Kulturen: Aufgabe und Dilemma der ethnologischen und sozialmedizinischen Forschung. In: Curare, Bd. 5, S.167-176
Krotz, Esteban. 1991. A Panoramic View of Recent Mexican Anthropology. In: CA, Vol. 32 (2), S.183-188
Krüger, Helga, J. Klüver & Fritz Haag. 1975. Aktionsforschung in der Diskussion. In: Soziale Welt, Nr. 26, S.1-30
Kuhn, Thomas S. 1976. Die Struktur wissenschaftlicher Revolutionen. (zuerst 1967). Frankfurt a.M.: Suhrkamp
KULA (Gesellschaft für kooperative Kulturwissenschaft). 1993. Nur ein grüner Indianer ist ein guter Indianer. "Huren" oder "Heilige" - Indigene Völker in den 90er Jahren. Positionspapier. In: IFAK/infoe (Hg.) a.a.O., S.74-78
Kuper, Adam. 1983. (2. Auflg.). Anthropologists and Anthropology. The British School, 1922-1972. London: A.Lane
- - - - 1994. Einheimische Ethnographie, politische Korrektheit und das Projekt einer kosmopolitischen Anthropologie. In: Anthropos, Vol. 89, S.529-541
Kuppe, René. 1994. Zum Selbstbestimmungsrecht indigener Völker. Die Ausführungen in der Working Group on Indigenous Populations im Lichte des Völkerrechts. In: H.Muth/ F.Seithel (Hg.), a.a.O., S.101-122
- - - - 1986. Introduction. In: Law and Anthropology. Internat. Jahrbuch f. Rechtsanthropologie, Bd. 1, Wien: Hohenschäftlarn. S. 1-13
Kushner, Gilbert. 1978. Applied Anthropology Training Programs. In: Practicing Anthropology 1 (2), S.3
- - - - 1988. Powerless People: The Administered Community. In: Th.Downing/G.Kushner (Eds.), a.a.O., S.27-42
Kutchins, Herb & Stuart Kutchins. 1978. Advocacy and Social Work. In: G.H.Weber/G.J.McCall (Eds.), a.a.O., S.13-48
La Rusic, Ignatius. 1985. Reinventing the Advocacy Wheel? In: R.Paine (Ed.), a.a.O., S.22-27
Lackner, Helen. 1973. Social Anthropology and Indirect Rule. The Colonial Administration in Eastern Nigeria: 1920-1940. In: T.Asad (Ed.), a.a.O., S.123-151
Landstreet, Peter, Jinny Arancibia, Marcelo Charlin, Harry Diaz & Jacques Doyer. 1991. Human Rights Advocacy in a Repressive Context: Chile, 1973-1989. In: P.Harries-Jones (Ed.), a.a.O., S.28-53
Lang, Hartmut, Berthold Riese, Gerhard Gerdsmeier & Thomas Schweizer. 1981. Wissenschaftstheorie für die ethnologische Praxis. Skript. zur Ethnologie, Bd.1. Berlin: Reimer
Lange, Bastian, Mark von Itter & Thomas Schröer (Hg.). 1998. Kursbuch Ethnologie & Beruf. Erfahrungen, Berufswege und Informationen für Studierende der Ethnologie und Kulturwissenschaften. Marburg: Curupira Workshop

Larenz, Antonius. 1992. Öko-Heilige. Oder: Renaissance der Naturvölker. In: infoemagazin 1/92, S.30-32
Law and Anthroplogy. 1990. Internationales Jahrbuch für Rechtsanthropologie. Bd. 5. Wien: VWGÖ-Verlag
Leacock, Eleanor & Richard B. Lee (Eds.). 1982. Politics and History in Band Societies. Cambridge, Mass: Cambridge University Press
Leacock, Eleanor, Nancy Gonzales & Gilbert Kushner (Eds.). 1974. Training Programs for New Opportunities in Applied Anthropology. Washington, D.C.: AAA
Leclerc, Gérard. 1976. Anthropologie und Kolonialismus. (orig. frz. 1972). Frankfurt u.a..: Ullstein
Leighton, Alexander H. 1945. The Governing of Men. Princeton, N.J.: Princeton Univ. Press
Lévi-Strauss, Claude. 1952. Race and History. Paris: UNESCO
Lewin, Kurt. 1948. Action Research and Minority Problems. (orig. 1946). In: ders., Resolving Social Conflicts. Selected Papers on Group Dynamics. Research Center for Group Dynamics, University of Michigan. New York:Harper & Row, S.201-216
- - - - 1953. Tat-Forschung und Minderheitenprobleme. In: ders., Die Lösung sozialer Konflikte, Bad Nauheim. S.278-293
- - - - 1963. Feldtheorie in den Sozialwissenschaften. Ausgewählte theoretische Schriften. (orig. engl. 1951). Bern/Stuttgart: Hans Huber
Lewis, Diane. 1973. Anthropology and Colonialism. In: CA, Vol. 14 (5), S.581-602
Linimayr, Peter. 1994. Wiener Völkerkunde im Nationalsozialismus. Ansätze zu einer NS-Wissenschaft. Europäische Hochschulschriften Bd. 42. Frankfurt a.M.: Peter Lang
Linton, Ralph (Ed.). 1940. Acculturation in Seven American Tribes. New York: Appleton
Lips, Julius. 1932. Ethnopolitik und Kolonialpolitik. In: Kolon. Rundschau, Nr. 24, S.530-538
- - - - 1937. The Savage Hits Back or: The White Man through Native Eyes.N.Y.:Lov.Dickson
Lockhart, Alexander & D. McCaskill. 1986. Toward an Integrated, Community-Based Partnerschip Model of Native Development and Training: A Case Study in Process. In: The Canadian Journal of Native Studies 6 (2), S.159-172
Lurie, Nancy Oestreich. 1955. Anthropology and Indian Claims Litigation. Problems, Opportunities, and Recommendations. In: Ethnohistory, No. 2, S.357-375
- - - - 1961. The Voice of the American Indian: Report on the American Indian Chicago Conference. In: CA, Vol. 2 (5), S.478-500
- - - - 1971. As Others See Us. In: New University Thought, Vol. 7 (3)
- - - - 1973. Action Anthropology and the American Indian. In: Anthropology and the American Indian, a.a.O., S.4-15
- - - - 1976. Comment To Paredes. In: HO, Vol. 35 (3), S.320-321
- - - - 1985. Epilogue. In: I.Sutton (Ed.), a.a.O., S.363-382
- - - - 1988. Relations Between Indians and Anthropologists. In: W.E.Washburn (Ed.), a.a.O., S.548-556
Luschan, Felix von. (o.J.). Ziele und Wege der Völkerkunde in den deutschen Schutzgebieten. Sonderabdruck aus den Verhandlungen des deutschen Kolonialkongresses 1902.
Lutz, Gerhard. 1973. Johann Ernst Fabri und die Anfänge der Volksforschung im ausgehenden 18. Jahrhundert. In: Zeitschrift für Volkskunde, Nr. 69, S.19-42
MacCall, Brian. 1981. Popular Participation, Research and New Alliances. In: Convergence, Vol. XIV (3), S.65-73
MacGregor, Gordon. 1946. Warriors without Weapons. Chicago: University of Chicago Press
Maddock, Kenneth. 1961. Action Anthropology or Applied Anarchy? In: Anarchy, No. 8, Oct., S.232-236
- - - - 1989. Involved Anthropologists. In: E.D.Wilmsen (Ed.), a.a.O., S.155-176

Maderspacher, Florian & Peter Stüben (Hg.). 1984. Bodenschätze contra Menschenrechte. Vernichtung der letzten Stammesvölker und die Zerstörung der Erde im Zeichen des "Fortschritts". Hamburg: Junius Verlg. in Zusamm.arbeit mit der Ges. für bedr. Völker
Magubane, Bernard. 1971. A Critical Look at Indices Used in the Study of Social Change in Colonial Africa. In: CA, Vol. 12, S.419-446
- - - - & John G. Faris. 1985. On the Political Relevance of Anthropology. In: Dialectical Anthropology, Vol. 9 (1-4), S.91-104
Maihold, Günther. 1986. Identitätssuche in Lateinamerika. Das indigenistische Denken in Mexiko. Forschungen in Lateinamerika, Bd. 5. Saarbrück./Ft.Lauderdale: Breitenbach
Mair, Lucy P. 1957. Studies in Applied Anthropology. Monographs on Social Anthropology, No. 16. London: Univers. Press
- - - - 1969. Anthropology and Social Change. London: Macmillan
Malinowski, Bronislaw. 1930. The Rationalization of Anthropology and Administration. In: Africa, Vol. 3, S.405-429
- - - - 1938. Introductory Essay on "The Anthropology of Changing African Cultures". In: Methods of the Study of Culture Contact, Memorandum 15, International Africa-Institute. London: Oxford University Press, S.VII-XXXVII
- - - - 1951. Die Dynamik des Kulturwandels (orig. engl. 1945) Wien/Stuttg.:Humboldt-Vrlg.
- - - - 1970. Practical Anthropology. In: Africa, Vol.2, S.23-38. Nachdruck. In: J.Clifton (Ed.), a.a.O., S.12-25
- - - - 1979. Argonauten des westlichen Pazifik. Frankfurt a.M.: Syndikat
Manndorff, Hans. 1955. Sozioökonomische Struktur und Kulturwandel in südindischen Dörfern. In: Sociologus, Bd. 5 (2), S.156-174
- - - - 1956. Angewandte Völkerkunde im Dienste der Bevölkerung unterentwickelter Gebiete. In: Die Wiener Schule der Völkerkunde. Festschrift zum 25-jährigen Bestehen des Instituts für Völkerkunde der Universität Wien, 1929-1954, S.123-143
- - - - 1961. Zum Stand der Forschungen über Akkulturation und Integration der Eingeborenenstämme Indiens. In: Sociologus, Vol. 11, S.20-34
- - - - 1962. Probleme des sozialen Wandels in Indien. In: ZfE, H.87, S.209-216
Manners, Robert A. 1973. Functionalism, Realpolitik, and Anthropology in Underdeveloped Areas. In: Th.Weaver(Ed.), a.a.O., S.113-126 (zuerst 1956)
Mannheim, Karl. 1936. Ideology and Utopia: An Introduction to the Sociology of Knowledge. New York: Harcourt/Brace
Manuel, Georg & Michael Posluns. 1974. The Fourth World, An Indian Reality. Ontario: Collier-MacMillan Ltd.
Maquet, Jacques J. 1964. Objectivity in Anthropology. In: CA, Vol. 5 (1), S.47-55
Marcus, George E. & Dick Cushman. 1982. Ethnographies as Texts. In:ARA, Vol.11, S.25-69
Marcus, George E. & Michael M.J.Fischer. 1986. Anthropology as Cultural Critique. An Experimental Moment in the Human Sciences. Chicago/London: Univ. of Chicago Press
Markov, G. 1985. L'Evolutión de l'Ethnologie Oueste-Allemande. In: Ethnologie Occidentale: Essais Critiques Sur l'Ideologie. Moskau: Editiones du Progrès, S.134-150
Markus, Gyorgy. 1993. Culture: The Making and the Make-Up of a Concept. An Essay in Historical Semantics. In: Dialectical Anthropology, Vol. 18 (1), S.3-29
Maruyama, Magoroh. 1974. Endogenous Research vs. the Delusions of Relevance and Expertise among Exogenous Academics. In: HO, Vol. 38 (3), S.318-321
Matthes, Joachim & Fritz Schütze. 1973. Zur Einführung: Alltagswissen, Interaktion & gesellschaftliche Wirklichkeit. In: ABS (Hg.), a.a.O., S.11-53
Matthiasson, J. 1974. Comment to: The Anthropologist as Advocate. In:HO 33 (3), S.323-324
Mattingly, D.J. 1992. War and Peace in Roman North Africa: Observations and Models of State-Tribe Interaction. In: R.B.Ferguson/N.L.Whitehead (Eds.), a.a.O., S.31-60

Maxwell, Joseph A. 1993. Gaining Acceptance from Participants, Clients, and Policy-Makers for Qualitative Research. In: D.M.Fetterman (Ed.), a.a.O., S.105-115
May, Tim. 1993. Feelings Matter: Inverting the Hidden Equation. In: D.Hobbs/T.May (Eds.), a.a.O., S.69-97
Maybury-Lewis, David. 1985. A Special Sort of Pleading: Anthropology at the Service of Ethnic Groups. In: R.Paine (Ed.), a.a.O., S.130-148
Maynard, Eileen. 1974. The Growing Negative Image of the Anthropologist among the American Indians. In: CA, Vol. 33 (4), S.402-404
McCall, Brian. 1981. Popular Participation, Research and New Alliances. In: Convergence, Vol. XIV, No.3, S.65-73
McCracken, J.A., J.N. Pretty & G.R.Conway. 1988. An Introduction to Rapid Rural Appraisal for Agricultural Development. London: IIED
McNickle, D'Arcy. 1979. Anthropology and the Indian Reorganization Act. In: W.Goldschmidt (Ed.), a.a.O., S.51-60
Mead, Margaret. 1950. Food and Family. Paris: UNESCO
- - - - 1953. National Character. In: A.Kroeber (Ed.), a.a.O., S.642-667
- - - - 1977. Applied Anthropology: The State of the Art. In: A.F.Wallace (Ed.), Perspectives on Anthropology. Washington, D.C.:AAA, S.142-161
- - - - 1978. The Evolving Ethics of Applied Anthropology. In: E.M.Eddy/W.L.Partridge (Eds.), Applied Anthropology in America. N.Y.: Columbia Univ. Press, S.425-437
- - - - 1979. Anthropological Contributions to National Policies During and Immediately After World War II. In: W.Goldschmidt (Ed.), a.a.O., S.145-157
- - - - & Rhoda Metraux (Eds.). 1953. The Study of Culture at a Distance. Chicago: University of Chicago Press
Medicine, Bea. 1971. The Anthropologist as the Indian's Image-Maker. In: Indian Historian, Vol.4, S.27-29
- - - - 1987. Learning to Be an Anthropologist and Remaining "Native". In: W.L.Partridge/ E.E.Eddy (Eds.), a.a.O., S.182-196
Mekeel, Scudder. 1944. An Appraisal of the Indian Reorganization Act.In:AA 46(2),S.209-17
Melber, Henning. 1985. Stammeskultur als Zivilisationsprojekt. In: Peripherie 18/19, 5. Jg., Herbst/Winter, S.143-161
Melhuus, Marit. 1993. Pursuit of Knowledge - Pursuit of Justice: A Marxist Dilemma? In: Social Anthropology, Vol. 1 (3), S. 265-275
Memmi, Albert. 1980. Der Kolonisator und der Kolonisierte. Zwei Portraits. Frankfurt a.M.: Syndikat
Mendez, Martha & Wendel Trio. 1994. Getting in Touch. A Guide for Indigenous Peoples to the European Union's Institutions. Brüssel: EAIP
Menguet, Patrick. 1988. Reflexiones Sobre el Derecho y la Existencia de las Communidades Indígenas en Brasil. In: Indianidad, Etnocidio y Indigenismo, a.a.O., S.183-195
Menzel, Ulrich. 1992. Das Ende der Dritten Welt und das Scheitern der großen Theorie. Frankfurt a.M.: Suhrkamp
Meriam, L. et al. 1928. The Problem of Indian Administration. Baltimore: Hopkins Press
Merry, Sally Engle. 1992. Anthropology, Law, and Transnational Process. In: ARA, Vol. 21, S.357-379
Messer, Ellen. 1993. Anthropology and Human Rights. In: ARA, Vol. 22, S.221-249
Metraux, Alfred. 1951. UNESCO and Anthropology. In: AA, Vol. 53 (2), S.294-300
Meyer-Bahlburg, Hilke & Ekkehard Wolf. 1986. Afrikanische Sprachen in Forschung und Lehre. 75 Jahre Afrikanistik in Hamburg (1909-184). Berlin/Hamburg: Reimer
Meyer-Clason, Kurt (Hg.). 1987. Lateinamerikaner über Europa. Frankfurt a.M.: Suhrkamp

Michel, Ute. 1986. Ethnologie und Nationalsozialismus am Beispiel W.E.Mühlmann. Hamburg: unveröfftl. M.A.-Arbeit
- - - - 1995. Neue ethnologische Forschungsansätze im Nationalsozialismus? Aus der Biographie von W.E.Mühlmann (1904-1988). In: Th.Hauschild (Hg.), a.a.O., S.141-167
Mies, Maria. 1987a. (3. Auflg.). Methodische Postulate zur Frauenforschung - Dargestellt am Beispiel der Gewalt gegen Frauen. In: Frauenforschung oder feministische Forschung? Beiträge zur feministischen Theorie und Praxis, Bd. 11, S.7-25
- - - - 1987b. Frauenforschung oder feministische Forschung? Die Debatte um feministische Wissenschaft und Methodologie. In: Frauenforschung oder feministische Forschung? Beiträge zur feministischen Theorie und Praxis, Bd. 11, S.40-60
Miller, D. 1994. The Uses and Abuses of "Ethnicity": A Review Article. In: Ethnos, Vol. 59 (1-2), S.91-99
Miller, Walter B. 1960. Authority and Collective Action in Fox Society. In: F.Gearing et al. (Eds.), a.a.O., S.126-166
Mills, C. Wright. 1956. The Power Elites. New York: Oxford University Press
- - - - 1959. The Sociologiocal Imagination. New York: Oxford University Press
Mohawk, Johnny. 1985. In Search of Humanistic Anthropology. In: Dialectical Anthropology, Vol. 9 (1-4), S.165-170
Molano, Alfredo. 1978. Introducción. In: Simposio Mundial de Cartagena, Bd. 1, a.a.O., S.IX-XLVIII
Moody, Roger (Ed.). 1988. The Indigenous Voice: Visions and Realities. 2 Vols. London/Kopenhagen: Zed Books/IWGIA
Mooney, James. 1896. The Ghost-Dance Religion and the Sioux Outbreak. In: Bureau of American Ethnology, Annual Report for 1893. Washington, D.C.: BAE, S.641-1136
Moore, John. 1971. Radical Academic Guide: Perspective for a Partisan Anthropology. In: Liberation, Nov., S.34-43
Moravia, Sergio. 1977. (2. Auflg.). Beobachtende Vernunft. Philosophie und Anthropologie in der Aufklärung. Frankfurt a.M.: Ullstein
Morgan, Gareth. 1991. Advocacy as a Form of Social Science. In: P.Harries-Jones (Ed.), a.a.O., S.223-231
Morgan, Lewis H. 1871. Systems of Consanguinity and Affinity of the Human Family. Washington, D.C.: Smithsonian Institution
- - - - 1963 (1877). Ancient Society. New York: World Publishing
Morin, Francoise. 1988. Introducción: Indio, Indigenismo, Indianidad. In: Indianidad, Etnocidio y Indigenismo, a.a.O., S.13-19
Morris, Glenn T. 1986. In Support of the Right of Self-Determination for Indigenous Peoples under International Law. In: German Yearbook of International Law 29, S.277-316
Morris, Naval. 1978. Forward. In: G.H.Weber/G.J.McCall (Eds.), a.a.O., S.6
Morse, Bradford W. (Ed.). 1991. Aboriginal Peoples and the Law: Indian, Metis and Inuit Rights in Canada. Ottawa: Carleton Univ. Press
Mosen, Markus. 1991. Der koloniale Traum. Angewandte Ethnologie im Nationalsozialismus. Bonn: Mundus. Reihe Ethnologie Bd. 44, Holos-Verlag
Moser, Heinz. 1975. Aktionsforschung als Kritische Theorie der Sozialwissenschaften. München: Kösel
- - - - 1977a. Praxis der Aktionsforschung. Ein Arbeitsbuch. München: Kösel
- - - - 1977b. Methoden der Aktionsforschung. Eine Einführung. München: Kösel
- - - - 1995. Grundlagen der Praxisforschung. Freiburg i.Br.: Lambertus
- - - - & Helmut Ornauer (Hg.). 1978. Internationale Aspekte der Aktionsforschung. München: Kösel

Moser, Thomas. 1985. Aufgaben und Grenzen angewandter Wissenschaft in der deutschen Ethnologie - Eine Literaturübersicht. In: F.Bliss/W.Erlenbach (Hg.), a.a.O., S.89-98
Moser-Schmitt, Erika. 1984. Ein ethnologischer Beitrag zum Bereich COMMUNICATION AND COMMUNITY DEVELOPMENT in einem nepalesischen Stadtentwicklungsprojekt. In: ZfE, H. 109 (1), S.125-141
Mühlmann, Wilhelm E. 1936. Rassen- und Völkerkunde. Lebensprobleme der Rassen, Gesellschaften und Völker. Braunschweig: Verlag Friedr. Vieweg und Sohn
- - - - 1939. Einige Probleme und Aufgaben der Völkerkunde von heute. In: Archiv für Bevölkerungswissenschaft und Bevölkerungspolitik, Leipzig, Nr. 9, S.358-366
- - - - 1962. Bewegung, Kulturwandel, Geschichte. In: ZfE, H.87 (2), S.163-190
- - - - 1964. Rassen, Ethnien, Kulturen. Moderne Ethnologie. Neuwied/Berlin: Luchterhand
- - - - 1968. (2. Auflg.). Geschichte der Anthropologie. Frankfurt/Bonn: Athenäum Verlag
- - - - 1975. Soziologie und Ethnologie. Zu ihrer wechselseitigen Korrektur. In: R.Schwarz (Hg.), Internationales Jahrbuch für interdisziplinäre Forschung, Bd. 2, S.78-97
- - - - & Ernst Wilhelm Müller (Hg.). 1966. Kulturanthropologie. Köln/Berlin: Kiepenhauer & Witsch
Müller, Ernst Wilhelm. 1962. Ethnologische Bemerkungen zu einem belgischen Entwicklungsprojekt bei den Ekonda. In: ZfE, H. 87 (2), S.244-249
- - - - 1984. Ethnologie als Sozialwissenschaft. In: ders. et al. (Hg.), a.a.O., S.36-43
- - - -, René König, Klaus-Peter Koepping & Peter Drechsel (Hg.). 1984. Ethnologie als Sozialwissenschaft. Kölner Zeitschrift für Soziologie und Sozialpsychologie, Sonderheft 26. Opladen: Westdeutscher Verlag
Müller, Klaus E. 1992. Geschichte der Ethnologie. In: H.Fischer (Hg.), a.a.O., S.23-56
Müller, Werner. 1968/69. Erlebnis und Ergebnis: Zur Selbstbesinnung der Ethnologie. In: Anthropos, Bd. 63/64, S.83-96
Mundt, Hans Werner. 1997. Welches Qualifikationsprofil wird von EthnologInnen in der entwicklungspolitischen Praxis erwartet? Vortrag, DGV-Tagung. Oktober, Frankfurt
Munson, L. 1983. Native/Non-Native Collaborative Efforts: Walking a Socio-Political Tightrope. Paper Presented at the XIth International Congress of Anthropological and Ethnological Sciences, Vancouver.
Münzel, Mark (Hg.). 1978a. Die indianische Verweigerung. Lateinamerikas Ureinwohner zwischen Ausrottung und Selbstbestimmung. Reinbek: rowohlt
- - - - 1978b. Europäisierung gegen Europa. Das Paradox des indianischen Widerstands. In: ders. (Hg.), a.a.O., S.180-196
- - - - 1980. Aktions-Ethnologie: Sich verstecken hinter dem abstrakten Gesamtbetroffenen? In: Ethnologische Absichten, Nr. 6, S.61-66
- - - - 1984. Neue Formen der Opposition bei Indianern. In: Th.Ginsburg/M.Ostheider (Hg.), a.a.O., S.67-84
- - - - 1985. Der vorläufige Sieg des indianischen Funktionärs über den indianischen Medizinmann in Lateinamerika. Anmerkungen zum europäischen Diskurs über ethnische Minderheiten in der Dritten Welt. In: Peripherie, Nr. 20, S.5-17
- - - - 1993. Gibt es eine postmoderne Feldforschung? Skizzen einiger möglicher Fragen zum ethnologischen Umgang mit Altmodischem. In: W.Schmied-Kowarzik/J.Stagl (Hg.), a.a.O., S.395-406
- - - - & Bernhard Streck. 1981. Minderheit Zigeuner. Kulturelle Alternative und Integration. Bericht über ein Forschungsprojekt. In: Ethnologische Absichten, Nr. 7, S.42-47
Murumbi, D. 1994. The Concept of Indigenous Peoples in Africa. In: Indigenous Affairs, No. 1, Jan.-March, S.52-57
Muth, Hannelore & Friderike Seithel (Hg.). 1994. Indigene Völker - Zwischen Vernichtung und Romantisierung. Hamburg: infoe

Myers, Fred. 1988. Locating Ethnographic Practice: Romance, Reality, and Politics in the Outback. In: AE, Vol. 15 (4), S.609-624
Nader, Laura. 1974. Up the Anthropologist - Perspectives Gained from Studying up. In: D. Hymes (Ed.), a.a.O., S.284-311
- - - - 1995. Comment to D'Andrade and Scheper-Hughes. In: CA, Vol. 36 (3), S.426
Nadig, Maya. 1997. Über die Schwierigkeit in der ethnologischen Forschung Grenzen zu ziehen. Überlegungen zur Ethnologie in der Spätmoderne. In: ZfE, Bd. 122 (1), S.73-99
Nagata, Judith A. 1974. What is a Malay? Situational Selection of Ethnic Identity in a Plural Society. In: AE, No. 1, S.331-350
Nahmad Sittón, Salomon. 1991. Guillermo Bonfil: Un Visionario de la Sociedad Multi-Etnica Mexicana. In: AI, Vol. LI (2-3), S.403-409
Nahr, Heinrich. 1985. Aufgaben und Grenzen angewandter Wissenschaft in der Ethnologie - von der Hilfswissenschaft des Kolonialismus zur Stütze moderner Entwicklungspolitik? In: F.Bliss/W.Erlenbach (Hg.), a.a.O., S.77-87
Nanda, Serena. 1987. (2. Auflg.). Cultural Anthropology. Belmouth, CA: Wadsworth
Narayan, Kirin. 1993. How Native is a Native Anthropologist? In: AA, Vol. 95 (3), S.671-686
Narby, Jeremy & Shelton H. Davis (Eds.). 1983. Resource Development and Indigenous Peoples: A Comparative Bibliography. Boston: ARC
Naroll, Raoul. 1964. On Ethnic Unit Classification. In: CA, Vol. 5 (4), S.283-312
Nash, Manning. 1959. Applied and Action Anthropology in the Understanding of Man. In: Anthropological Quarterly, No. 32 (1), S.67-81
Naylor, Larry L. 1973. Applied Anthropology: Approaches to the Using of Anthropology. In: HO, Vol. 32 (4), S.363-369
Nienhaus, Michael. 1986. Möglichkeiten der Mitarbeit von Ethnologen in der technischen Zusammenarbeit. In: F.Bliss (Hg.), a.a.O., S.49-54
Nietschmann, Bernd. 1987. The Third World War. In: Cultural Survival Quarterly, Vol. 11 (2), S.1-16
Nixdorf, Heide & Thomas Hauschild (Hg.). 1982. Europäische Ethnologie. Berlin: Reimer
Norris, Clive. 1993. Some Ethical Consideration on Field Work with the Police. In: D.Hobbs/ T.May (Eds.), a.a.O., S.122-143
Nowotny, Karl A. 1980. Die Krise der Völkerkunde. In: ZfE, H. 105 (1), S.113-124
Nuñez del Prado, Oscar & William Foote Whyte. 1973. Kuyo Chico: Applied Anthropology in an Indian Community. Chicago: University of Chicago Press
Nuscheler, Franz. 1996. Lern- und Arbeitsbuch Entwicklungspolitik. Bonn: Dietz
O'Connor, Mary I. 1989. Environmental Impact Review and the Construction of Contemporary Chumash Ethnicity. In: S.Keefe (Ed.), a.a.O., S.9-17
Ogan, Eugene. 1992. Ethnicity in Theory and Practice. In: Reviews in Anthropology, Vol. 21 (2), S.127-135
Ong, Aihwa. 1995. Comment to D'Andrade and Scheper-Hughes. In: CA, Col. 36 (3), S.428
Onoge, Omafume F. 1981. Afrika-Forschung: Die angewandte Anthropologie. In: Ethnolog. Absichten, Nr. 7, S.24-39
Oppitz, Michael. 1975. Notwendige Beziehungen. Abriß der strukturalen Anthropologie. Frankfurt a.M.: Syndikat
Ornauer, Helmut. 1978. Gesellschaftliche Realität und Aktionsforschung: Einleitung zu einer Nord-Süd-Diskussion. In: H.Moser/H.Ornauer (Hg.), a.a.O., S.9-24
Ortiz, Roxanne D. 1985. Protection of American Indian Territories in the United States: Appliability of International Law. In: I.Sutton (Ed.), a.a.O., S.247-266
Ortner, Sherry B. 1984. Theory in Anthropology Since the Sixties. In: Comparative Studies in Society and History, Vol. 26, S.126-166

Orywal, Erwin & Katharina Hackstein. 1993. Ethnizität: Die Konstruktion ethnischer Wirklichkeiten. In: Th.Schweizer et al. (Hg.), a.a.O., S.593-609
Otieno, Gladwell. 1993. Zum Begriff "indigen" im afrikanischen Kontext. In: ASW, a.a.O., S.26-27
Ovesen, Jan. 1994. Anthropology by (Re)-Capture? A Reconsideration of "Recapturing Anthropology. Working on the Present" edited by Richard G. Fox. In: Ethnos, Vol. 59 (1-2), S.81-90
Paine, Robert (Ed.). 1985a. Advocacy and Anthropology. First Encounters. St.John's: Institute of Social and Economic Research
- - - - 1985b. The Claim of the Fourth World. In: J.Brøsted et al. (Ed.), a.a.O., S.49-66
- - - - 1985c. Ethno-Drama and the "Fourth World": The Saami Action Group in Norway, 1979-81. In: N.Dyck (Ed.), a.a.O., S.190-235
Panoff, Michel & Michel Perrin (Eds.). 1982. (2. Auflg.). Taschenwörterbuch der Ethnologie. Berlin: Reimer
Paredes, J. Anthony. 1976. New Uses for Old Ethnography: A Brief Social History of a Research Project with Eastern Creek Indians. Or: How to Be an Applied Anthropologist without Really Trying. In: HO, Vol. 35 (3), S.315-319
Parker, Linda & Bertney Langley. 1993. Protocol and Policy-Making Systems in American Indian Tribes. In: D.Fettermann (Ed.), a.a.O., S.70-75
Parra, Ernesto E. 1983. La Investigación-Acción en la Costa Atlantica. Evaluación de la ROSCA, 1972-1974. Calí: FUNCOP
Partridge, William L. (Ed.). 1984. Training Manual in Development Anthropology. Special Publication of the AAA, No. 17. Washington, D.C.: AAA
- - - - 1987. Toward a Theory of Practice.In:E.M.Eddy/W.L.Partridge (Eds.),a.a.O.,S.211-233
- - - - & Elizabeth M. Eddy. 1987. The Development of Applied Anthropology in America. In: E.M.Eddy/W.L.Partridge (Eds.), a.a.O., S.3-55
Paul, James C.N. 1990. Participatory Approaches to Human Rights in Sub-Saharan Africa. In: A.A.An-Na'im/F.M.Deng (Eds.), a.a.O., S.213-239
Peattie, Lisa. 1958. Interventionism and Applied Science in Anthropology. In: HO 17, S.4-11
- - - - 1960. The Failure of the Means-End-Scheme in Action Anthropology. In: F.Gearing et al. (Ed.), a.a.O., S.300-304
- - - - 1968. Reflections on Advocacy Planning.In: Americ. Instit. of Planners, No.34, S.80-87
Pelto, Pertti J. & Jean J. Schensul. 1987. Toward a Framework for Policy Research in Anthropology. In: E.M.Eddy/ W.L.Partridge (Eds.), a.a.O., S.505-527
Peoples, James G. & Garrick Bailey. 1991. (2. Auflg.). Humanity: An Introduction to Cultural Anthropology. St. Paul u.a.: West Publishing
Petersen, Robert. 1982. Some Ethical Questions in Connection with Research Activity in an Asymmetrical Ethnic Situation. In: H.Fahim (Ed.), a.a.O., S.223-241
Peterson, John H., Jr. 1974. The Anthropologist as Advocate. In: HO, Vol. 33 (3), S.311-318
- - - - 1987. The Changing Role of an Applied Anthropologist. In: E.M.Eddy/W.L.Partridge (Eds.), a.a.O., S.263-281
Peyer, Bernd. 1986. Bürger - mehr oder weniger. Indianer und das Gesetz in den U.S.A. In: P.Gerber (Hg.), a.a.O., S.103-115
Pfeffer, Georg. 1984. Ethnologen als Zeugen und Betroffene landesinterner Entwicklungsprogramme (mit Beispielen aus Indien). In: ZfE, H. 109 (1), S.143-150
Pfleiderer, Beatrix & Wolfgang Bichmann. 1985. Krankheit und Kultur. Berlin: Reimer
Phelan, John L. 1969. Panlatinismo. La Intervención Francesa en México y el Origen de la Idea de Latinoamérica. In: Latinoamérica, Vol. 2, S.119-141
Piddington, Ralph. 1970. Action Anthropology. In: J.Clifton (Hg.), a.a.O., S.127-143

Pitt, David. 1976. Development from Below. Anthropologists and Development Situations. Paris: Mouton Publ.
Poeschke, Roman. 1991. Auf dem Weg zu einer Entwicklungsethnologie. Die Einstellungen westdeutscher Ethnologen zur Entwicklungspolitik. Bonn: Kölner ethnolog. Arbeitspapiere, Bd.2
Polgar, Steven. 1979a. From Applied to Committed Anthropology: Disengaging from our Colonial Heritage. In: G.Huizer/B.Mannheim(Eds.), a.a.O., S.259-266
- - - - 1979b. Applied, Action, Radical, and Committed Anthropology. In: R.Hinshaw (Ed.), a.a.O., S.409-418
Pool, Robert. 1991. Postmodern Ethnography? In: Critique of Anthropology, Vol. 11 (4), S.309-331
Por la Liberación del Indígena. 1975. Documentos y Testimonios. Compilación del Proyecto Marandú. Prólogo y Notas de Adolfo Colombes. Buenos Aires: Ediciones del Sol, Serie Antropológica
Posey, Darrell. 1992. Patentschutz nur für Multis? Die Sicherung der geistigen Eigentumsrechte indigener Kulturen. In: Ökozid 3, S.11-15
- - - - 1994. Indigenous Peoples, Traditional Technologies and Equitable Sharing: International Instruments for the Protection of Community Intellectual Property and Traditional Resource Rights. Prepared for the IUCN by D.Posey et al. Oxford: The Working Group on Traditional Resource Rights
Powell, John Wesley. 1881. First Annual Report of the Bureau of Ethnology (1879-80). Washington, D.C.: Government Printing Office
Pozas, Ricardo & Isabel Pozas. 1971. Los Indios en las Clases Sociales de México. México: Siglo Veintiuno
Prochnow, Martina. 1996. Entwicklungsethnologie: Ansätze und Probleme einer Verknüpfung von Ethnologie und Entwicklungshilfe: Zur Diskussion in der deutschsprachigen Ethnologie. Hamburg: Lit-Verlag
Punch, Maurice . 1986. The Politics and Ethics of Fieldwork. Qualitative Research Methods Series, No. 3. Beverly Hills, CA: Sage
Quetzal. Magazin für Politik und Kultur in Lateinamerika. 1994. Schwerpunkt: "Indígenas". Heft 8, August.
Quintanilla, Oscar. 1990. Del Indigenismo a la Indianidad: Cinquenta Años de Indigenismo Continental. In: J.A.Franch (Ed.), a.a.O., S.18-33
Rabinow, Paul. 1977. Reflections on Fieldwork in Marocco. Berkeley u.a.:Univ. of Calif. Press
- - - - 1993. Repräsentationen sind soziale Tatsachen. Moderne und Postmoderne in der Anthropologie. In: E.Berg/ M.Fuchs (Hg.), a.a.O., S.158-199
Rahman, Muhammad Anisur. 1983. The Theory and Practice of Participatory Action Research. WEP 1/WP.29, August. ILO
- - - - 1991a. The Theoretical Standpoint of Participatory Action Research. In: O.Fals Borda/M.A.Rahman (Eds.), a.a.O., S.13-23
- - - - 1991b. Glimpses of the "Other Africa". In: O.Fals Borda/M.A.Rahman (Eds.), a.a.O., S.84-108
- - - - & Orlanda Fals Borda. 1991. A Self-Review of Participatory Action Research. In: O. Fals-Borda/M.A.Rahman (Eds.), a.a.O., S.24-34
Rahnema, Majid. 1992. Participation. In: W.Sachs (Ed.), a.a.O., S.116-131
Ramaswamy, M. Krischke. 1985. Ethnologie für Anfänger. Eine Einführung aus entwicklungspolitischer Sicht. Opladen: Westdeutscher Verlag
Ramos, Alcida Rita. 1988. Indian Voices: Contact Experienced and Expressed. In: J.D.Hill (Ed.), a.a.O., S.214-234

- - - - 1990. Ethnology Brazilian Style. In: Cultural Anthropology, Vol. 5 (4), S.452-472
- - - - 1994. The Hyperreal Indian. In: Critique of Anthropology, Vol. 14 (2), S.153-171
Ranger, Terence. 1993. Die Erfindung des Tribalismus in Zimbabwe. In: ASW (Hg.), a.a.O., S.28-32
- - - - & Eric Hobsbawm (Eds.). 1987. (5. Auflg.). The Invention of Tradition. Cambridge: Cambridge University Press
Rappaport, Roy A. 1993. Distinguished Lecture in General Anthropology: The Anthropology of Trouble. In: AA, Vol. 95 (2), S.295-303
- - - - 1996. Comment To Bennett. In: CA,Vol. 36, Supplement, Febr., S.42-43
Rathgeber, Theodor. 1996. Europa als Zielpunkt. Der Indigenenrat in den Niederlanden. In: pogrom, Nr. 188, April-Mai, S.60
Rauch, Theo. 1996. Nun partizipiert mal schön. Modediskurse in den Niederungen entwicklungspolitischer Praxis. In: Blätter des IZ3W, Nr. 213, März, S.20-22
Read, C.H. 1906. Anthropology at the Universities. In: Man, No. 38, S.56-59
Reason, Peter. 1994. Three Approaches to Participative Inquiry. In: N.K.Denzin/Y.S.Lincoln (Eds.), Handbook of Qualitative Research. Thousand Oaks u.a.: Sage, S.324-339
Redfield, Alden (Ed.). 1973. Anthropology Beyond the University. Proceedings of the Southern Anthropological University, No. 7. Athens: University of Georgia Press
Redfield, Robert. 1953. The Primitive World and Its Transformation. Ithaca,N.Y.: Corn. Univ.
- - - - 1962. Human Nature and the Study of Society. Chicago: Univers. of Chicago Press
- - - -, Ralph Linton & Melville J. Herskovits. 1936. Memorandum on the Study of Acculturation In: AA, Vol. 38 (1), S. 149-152
Rees, Tim & Carol Tator. 1991. Advocacy and Race Relations. In: P.Harries-Jones (Ed.), a.a.O., S.74-92
Rees, William. 1986. The Genesis and Structure of the "Dene Gondie" Study: What the People Say About the Norman Wells Project. In: The Canadian Journal of Native Studies 6 (1), S.141-157
Reeves Sanday, Peggy. 1976. Anthropology and the Public Interest. N.Y.: Academic Press
Reinaga, Fausto. 1969. La Revolución India. La Paz: Ediciones PIB
- - - - 1974. América India y Occidente. La Paz: Ediciones PIB
Reining, Conrad C. 1970. A Lost Period of Applied Anthropology. In: J.Clifton (Ed.), a.a.O., S.3-11
Renner, Egon. 1983. Ethnologie und Kultur: Der Kulturbegriff als entwicklungsprägender Faktor der ethnologischen Forschung. In: ZfE, H.108, S.177-234
Renteln, Alison Dundes. 1988a. Relativism and the Search for Human Rights. In: AA, Vol. 90 (1), S.56-72
- - - - 1988b. The Concept of Human Rights. In: Anthropos, No. 83, S.343-364
- - - - 1990. International Human Rights: Universalism vs. Relativism.Newbury Park,CA: Sage
Report of Survival International. 1976. Joint Projects Comitee. In: CA, Vol. 17 (3), S.542-543
Resek, E. 1960. Lewis Henry Morgan: American Scholar. Chicago: Univ. of Chicago Press
Rew, Allan. 1991. The Link Between Advisory Work and Academic Research and Teaching: Perspectives from a Supplier Institution for Development Cooperation. In: M.Schönhuth (Hg.), a.a.O., S.45-53
Reynaga, Ramiro. 1972. Ideología y Raza en América Latina. La Paz: Ediciones Futuro
Richards, Audrey I. 1944. Practical Anthropology in the Lifetime of the International African Institute. In: Africa, Vol. 14, S.289-301
Richards, Paul. 1995. Participatory Rural Appraisal: A Quick and Dirty Critique. In: PLA Notes, No. 24, S.13-16

Riese, Berthold. 1995. Während des Dritten Reiches (1933-1945) in Deutschland und Österreich verfolgte und von dort ausgewanderte Ethnologen. In: Th.Hauschild (Hg.), a.a.O., S.210-220
Rifkin, Jeremy. 1994. Ethnography and Ethnocide. A Case Study of the Yanomami. In: Dialectical Anthropology, No. 19, S.295-327
Ritter, Joachim (Hg.). 1974. Historisches Wörterbuch der Philosophie. Basel/Stuttgart: Schwabe & Co. AG
Robins, Steven. 1996. On the Call for a Militant Anthropology: The Complexity of Doing the Right Thing. In: CA, Vol. 37 (2), S.341-3
Robinson, Sarah Anne. 1979. Memorandum to a Coast Salish Band on Politics and Policy Making. In: R.Hinshaw (Ed.), a.a.O., S.457-486
Rodrian, Wilhelm. 1993a. "Ethnology Brazilian Style?" Eine Untersuchung zur historischen Entwicklung des ethnologischen Selbstverständnisses in Brasilien. München: unveröfftl. M.A.-Arbeit
- - - - 1993b. Das Klimabündnis: Modell für eine Nord-Süd-Zusammenarbeit? In: IFAK/infoe (Hg.), a.a.O., S.37-41
Roel P., Virgilio. 1980. Raíz y Vigencia de la Indianidad. Cuadernos Indios, No. 3. Lima
Rosaldo, Renato. 1989. Culture and Truth: The Remaking of Social Analysis. Boston: Beacon Press
Rose, Arnold M. 1968. Minorities. In: International Encyclopedia of the Social Sciences, Vol. 10. Crowell Collier & MacMillan Inc., S.365-371
Roseneil, Sasha. 1993. Greenham Revisited: Researching Myself and my Sisters. In: D.Hobbs/T.May (Eds.), a.a.O., S.177-208
Rosenthal, Harvey D. 1985. Indian Claims and the American Conscience: A Brief History of the Indian Claims Commission. In: I.Sutton (Ed.), a.a.O., S.35-70
Rosman, Abraham & Paula G. Rubel. 1992. (4. Auflg.). The Tapestry of Culture. An Introduction to Cultural Anthropology. New York et al.: McGraw-Hill Co.
Rubinstein, Robert A. 1986. Reflections on Action Anthropology: Some Developmental Dynamics of an Anthropological Tradition. In: HO, Vol. 45 (3), S.270-278
- - - - 1991. A Conversation with Sol Tax. In: CA, Vol. 32 (2), S.175-183
Rudnitzki, Gerhard, Wulf Schievenhövel & Ekkehard Schröder (Hg.). 1977. Ethnomedizin. Beiträge zu einem Dialog zwischen Heilkunst und Völkerkunde. Barmstedt: Detlev Kurth
Rudolph, Hans-Heiner. 1988. Partizipatorische Forschung als Beitrag zu einer eigenständigen Regionalentwicklung. Überlegungen und Beispiele aus der Arbeit des Instituto Superior und seines Forschungszentrums für Regionalentwicklung in Villa Maria/Argentinien. In: W.Sülberg (Hg.), a.a.O., S.157-179
Rudolph, Wolfgang. 1961. Entwicklungshilfe und Sozialwissenschaften. In: Sociologus, Nr. 11, S.4-19
- - - - 1968. Der kulturelle Relativismus. Kritische Analyse einer Grundsatzfragendiskussion in der amerikanischen Ethnologie. Berlin: Dunker und Humblot
- - - - 1973. Ethnologie. Zur Standortbestimmung einer Wissenschaft. Tübing.:Verl. Elly Huth
- - - - 1992. Ethnos und Kultur. In: H.Fischer (Hg.), a.a.O., S.57-78
- - - - & Peter Tschohl (Hg.). 1977. Systematische Anthropologie. München: Fink
Russell, Frank. 1902. "Know, then, Thyself". In: The Journal of American Folk-Lore, No. 15, S.1-13
Rylko-Bauer, Barbara, John van Willigen & Ann McElroy. 1989. Strategies for Increasing the Use of Anthropological Research in the Policy Process: A Cross-Disciplinary Analysis. In: J.van Willigen et al. (Eds.), a.a.O., S.2-25

Rynkiewich, Michael A. & James P. Spradley (Eds.). 1976. Ethic and Anthropology: Dilemmas and Fieldwork. New York u.a.: John Wiley & Sons

Ryser, Rudolph. 1985. Fourth World Wars: Indigenous Nationalism and the Emerging New International Order. In: M.Boldt/J.A.Long (Eds.), a.a.O., S.304-315

Sachs, W. (Ed.). 1992. The Development Dictionary. A Guide to Knowledge as Power. London/New Jersey: Zed Books

Sahlins, Marshall. 1973. The Established Order: Do Not Fold, Spindle, or Mutilate. In: Th. Weaver (Ed.), a.a.O., S.148-152

Said, Edward W. 1979. Orientalism. New York: Pantheon Books

- - - - 1993. Culture and Imperialism. New York: Knopf

Salas, Maruja. 1991. Partizipative Aktionsforschung in Lateinamerika und Lehren für die Beratung. In: V.Hoffmann (Hg.), Beratung als Lebenshilfe. Humane Konzepte für eine ländliche Entwicklung. Hohenheim: Verlag Josef Margraf, S.245-256

Salemink, Oscar. 1991. Mois and Maquis. The Invention and Appropriation of Vietnam's Montagnard from Sabatier to the CIA. In: G.W.Stocking (Ed.), a.a.O., S.243-284

Salisbury, Richard F. 1976. The Anthropologist as Societal Ombudsman. In: D.Pitt (Ed.), a.a.O., S.255-265

- - - - 1986. A Homeland for the Cree. Regional Development in James Bay 1971-1981. Montreal: McGill-Queen's University Press

Salomon, Frank. 1982. The Andean Contrast. In: Journal of International Affairs, Vol. 36 (1), S.55-71

Sanders, Douglas E. 1977. The Formation of the World Council of Indigenous Peoples. IWGIA, Doc. 29. Copenhagen: IWGIA

- - - - 1985a. The Indian Lobby and the Canadian Constitution. In: N.Dyck (Ed.), a.a.O., S. 151-189

- - - - 1985b. Aboriginal Rights: The Search for Recognition in International Law. In: M. Boldt/A.Long (Eds.), a.a.O., S.292-303

Sansom, Basil. 1985a. Canons of Anthropology? In: R.Paine (Ed.), a.a.O., S.3-12

- - - - 1985b. Aborigines, Anthropologists and Leviathan. In: N.Dyck (Ed.), a.a.O., S.67-94

Schäfer, Manfred (Hg.). 1982. Weil wir in Wirklichkeit vergessen sind. Gespräche mit Indianern im Tiefland von Peru. München: Trickster

Schensul, Stephen. 1973. Action Research: The Applied Anthropologist in a Community Mental Health Program. In: A.Redfield (Ed.), a.a.O., S.106-119

- - - - 1974. Skills Needed in Action Anthropology: Lessons from El Centro de la Causa. In: HO, Vol. 33 (2), S.203-209

- - - - 1980. Anthropological Fieldwork and Socio-Political Change. In: Social Problems, No. 27 (3), S.309-319

- - - - 1987. Perspectives on Collaborative Research. In: D.Stull/J.Schensul (Eds.), a.a.O., S.211-219

- - - - & Jean J. Schensul. 1978. Advocacy and Applied Anthropology. In: G.H.Weber/ G.J. McCall (Eds.), a.a.O., S.121-165

- - - - & Gwen L. Stern. 1985. Collaborative Research and Social Policy. In: American Behavorial Scientist, No. 29, S.131-264

- - - - , Donna Denelli-Hess, Maria G.Borrero & Ma Prem Bhavati. 1987. Urban Comadores: Maternal and Child Health Research and Policy Fomrulation in a Puerto Rican Community . In: D.Stull/J.Schensul (Eds.), a.a.O., S.9-31

Scheper-Hughes, Nancy. 1992. Death Without Weeping. The Violence of Everyday Life in Brazil. Berkeley: University of California Press

- - - - 1995. The Primacy of the Ethical. Propositions for a Militant Anthropology. In: CA, Vol. 36 (3), S.409-440

Schiel, Tilman. 1985. Ethnie, Stamm, Nation: Was ist Fiktion, was ist Realität? In: Peripherie 18/19, 5. Jg., Herbst/Winter, S.162-171
Schierholz, Petra & Elisabeth Schwarzer. 1991. Ethnologie zwischen Bildung und Beschäftigung: Zur Berufstätigkeit Berliner EthnologInnen der Absolventenjahrgänge 1977-1988. Sozialanthropologische Arbeitspapiere Nr.46. Berlin: Das Arabische Buch
Schierle, Sonja. 1993. Nordamerikanische Indianer zwischen Anspruch und Wirklichkeit. In: P.Gerber (Hg.), a.a.O., S.13-34
Schiffauer, Werner. 1995a. "Sie verlassen die geschützte Zone!" In: taz, 14. Nov., S.14-15
- - - - 1995b. Europäische Ängste - Metaphern und Phantasmen im Diskurs der Neuen Rechten in Europa. In: W.Kaschuba (Hg.), a.a.O., S.45-63
- - - - 1996. Die Angst vor der Differenz. Zu neuen Strömungen in der Kulturanthropologie. In: Zeitschrift für Volkskunde, 92 Jg. (1), S.20-31
- - - - 1997. Kulturdynamik und Selbstinszenierung. In: taz, 4. März, S.14-15
Schirmer, Jennifer, Alison Dundes Renteln & Laurie Wisberg. 1988. Anthropology and Human Rights. A Selective Bibliography.In:Th.Downing/G.Kushner (Eds.),a.a.O.,S.121-97
Schlesier, Erhard. 1957. Möglichkeiten und Grenzen einer "Angewandten Völkerkunde" in Deutschland. Ein Beitrag zur Klärung der gegenwärtigen Lage der deutschen Völkerkunde. In: Göttinger Völkerkundl. Studien, Bd. II, S.91-107
- - - - 1964. Der Völkerkundler als Kontaktpartner. Erfahrungen in Neuguniea 1961/62. In: Sociologus, Jg. 14, H. 2, S.126-135
- - - - 1974. Überlegungen zur gegenwärtigen Lage der Ethnologie. In: Miteilungen der Anthropologischen Gesellschaft in Wien, H.104, S.68-75
Schlesier, Karl H. 1972. The Strategy of Southern Cheyenne Action Anthropology. In: Atti del XL Congreso Internazionale Degli Americanisti, Vol. II, Genua, S.113-117
- - - - 1974. Action Anthropology and the Southern Cheyenne. In: CA, Vol. 15 (3), S.277-283
- - - - 1976. Die Ersten und die Letzten. Vom Überleben der nordamerikanischen Indianer. In: Frankfurter Hefte, Nr. 10, S.24-32
- - - - 1977. Der Staat Oklahoma vor Gericht: Die Jagd- und Fischereirechte der Cheyenne, 1976-1977. In: ZfE, H.102 (1), S.38-43
- - - - 1980. Zum Weltbild einer neuen Kulturanthropologie. Erkenntnis und Praxis: Die Rolle der Action Anthropology. Vier Beispiele. In: ZfE, H. 105 (1), S.32-66
- - - - 1985. Die Wölfe des Himmels. Welterfahrung der Cheyenne. Köln: Eugen Diederichs
- - - - 1988. Action Anthropology. Oder: Der Mensch ist nicht das Maß der Dinge. Gespräch mit Karl H. Schlesier. In: P.Stüben (Hg.), a.a.O., S.87-97
- - - - 1990. Action Anthropology. In: Ökozidmagazin 1/90, S. 30-34
- - - - 1994. Plains Indians A.D.500-1500. The Archaeological Past of Historic Groups. Norman/London: University of Oklahoma Press
Schmied-Kowarzik, Wolfdietrich. 1966. Philosophische Besinnung auf die Grundlagen der Völkerkunde als einer eigenständigen Wissenschaft. In: Paideuma, Bd. 12, S.41-52
- - - - 1967. Philosophische Erörterungen zum gegenwärtigen Stand der Kulturanthropologie. In: Anthropos, Nr. 62, S.823-932
- - - - 1993. Philosophische Überlegungen zum Verstehen fremder Kultur und zu einer Theorie der menschlichen Kultur. In: ders./J.Stagl (Hg.), a.a.O., S.51-90
- - - - & Justin Stagl (Hg.). 1993. (2. Auflg.). Grundfragen der Ethnologie. Beiträge zur gegenwärtigen Theoriediskussion. Berlin: Reimer
Schmitz, Lilo. 1993. Ethnologie und Sozialarbeit/Sozialpädagogik. In: Th. Schweizer et al. (Hg.), a.a.O., S.613-621
Schneider, Robin & Konrad Melchers. 1987. Planerischer Abkürzungsweg des BMZ: Soziokulturelle Kriterien. In: epd-Entwicklungspolitik, Nr.17, S.5

Schneider-Bartholdt, Wolfgang, Dieter Gagel, Peter Hillen & Horst Mund. 1994. Aktionsforschung. Partizipative und prozeßorientierte Methoden in der Entwicklungszusammenarbeit. In: D.Gagel (Hg.), a.a.O., S.3-29
Scholte, Bob. 1974. Toward a Reflexive and Critical Anthropology. In: D.Hymes (Ed.), a.a.O., S.430-457
- - - - 1980. Anthropological Traditions: Their Definitions.In: S.Diamond (Ed.), a.a.O., S.53-87
Schönhuth, Michael (Ed.). 1991. The Socio-Cultural Dimension in Development: The Contribution of Sociologists and Anthropologists to the Work of Development Agencies. Workshop Proceedings. Eschborn: GTZ
- - - - 1994. Arbeitsgemeinschaft Entwicklungsethnologie. In: Mitteilungen der DGV, Nr. 23, S.6-7
- - - - 1996. RRA und PRA. Gedanken zur Standortbestimmung und möglichen kulturwissenschaftlichen Perspektiven eines partizipativen Analyse-, Planungs- und Beratungsansatzes nach 15 Jahren Praxis. In: F.Bliss/S.Neumann (Hg.), a.a.O., S.13-36
- - - - & Uwe Kievelitz. 1993. Partizipative Erhebungs- und Planungsmethoden in der Entwicklungszusammenarbeit. Rapid Rural Appraisal, Participatory Appraisal. Eine kommentierte Einführung. Eschborn: GTZ
- - - - & Uwe Kievelitz. 1994. Participatory Learning Approaches. Rapid Rural Appraisal, Participatory Appraisal. An Introductory Guide. Eschborn: GTZ
Schoolcraft, Henry Rowe. 1852-57. Historical and Statistical Information Respecting the History, Condition, and Prospects of the Indian Tribes of the United States. Philadelphia: Lippincott
Schott, Rüdiger. 1961. Auswirkungen und Gefahren der Entwicklungshilfe für die Gesellschaft in den Entwicklungsländern. In: Junge Kirche, Prot. Monatshefte, 22. Jg., H.4, S.201-214
- - - - 1962. Beiträge der Ethnologie zur Entwicklungsländerforschung. In: G.K.Kindermann (Hg.), Kulturen im Umbruch. Studien zur Problematik und Analyse des Kulturwandels in Entwicklungsländern. Freiburg: Verlag Rombach, S.9-28
- - - - 1971. Aufgaben und Verfahren der Völkerkunde. In: H.Trimborn (Hg.), Lehrbuch der Völkerkunde. Stuttgart, S.1-36
- - - -1981. Aufgaben der deutschen Ethnologie heute. In: W.Schmied-Kowarzik/J.Stagl (Hg.), Grundfragen der Ethnologie. Berlin: Reimer, S.39-62
- - - - 1988. Die Ethnogenese von Völkern in Afrika. Verhandlungen der Rheinisch-Westfälischen Akademie der Wissenschaften, Nr. 78. Opladen: Westdeutscher Verlag
Schröder, Eckehart (Hg.). 1977. Faktoren des Gesundwerdens in Gruppen und Ethnien. Verhandlungen des 2. Rundtischgesprächs "Ethnomedizin" in Heidelberg vom 29./30.11.1974. Unter Schirmherrschaft des Südostasien-Instituts, dem Institut für Tropenhygiene und öffentliches Gesundheitswesen und dem Seminar für Ethnologie
Schröder, Peter. 1993. Uñiao e Organização. Zur Entstehung modernen indigenen Widerstands in Brasilien. Eine vergleichende Untersuchung anhand von Fallbeispielen. Mundus Reihe Ethnologie, Bd. 68. Bonn: Holos-Verlag
Schukies, Renate. 1993. Red Hat. Cheyenne Blue Sky Maker and Keeper of the Sacred Arrows. Hamburg: LIT-Verlag
Schulz, Jochen. 1994. Indianerpolitik in Venezuela. Ansätze zur Mitsprache der Betroffenen? Mit Beiträgen von H. Dieter Heinen und Carola Kasburg. Ethnologische Studien 5. Hamburg/Münster: LIT-Verlag
Schulze, Waltraud & Heinz Schulze. 1978. Volkserziehung in Lateinamerika. Von der Theorie Paulo Freires zur politischen Praxis der Unterdrückten. Berlin: Sozialpolit. Verlag

Schusky, Ernest L. 1982. Anthropology and Public Policy. In: Social Science and Policy Research, Vol. IV (3), S.81-94
Schütz, Alfred. 1974. Der sinnhafte Aufbau der sozialen Welt. Eine Einleitung in die verstehende Soziologie. Frankfurt a.M.: Suhrkamp
Schweidlenka, Roman. 1990. Neoschamanismus: Hochsaison für Plastikmedizinmänner. In: A.Gehling (Hg.), Ethno-Reader Nr. 1, Emsdetten: A.Gehling Verlag, S.187-198
Schweizer, Thomas. 1978. Methodenprobleme des interkulturellen Vergleichs. Probleme, Lösungsversuche, exemplarische Anwendung. Kölner ethnograph. Mitteilungen 6. Köln/Wien: Boehlau
- - - - 1993. Perspektiven der analytischen Ethnologie. In: ders. et al.(Hg.), a.a.O., S.79-113
- - - -, M. Schweizer & Waltraud Kokot (Hg.). 1993. Handbuch der Ethnologie. Festschrift für Ulla Johannsen. Berlin: Reimer
Science. 1992. Vol. 257. Human Rights for Scientists. S.1851
Scoones, Ian & John Thompson (Eds.). 1994. Beyond Farmers First - Rural People's Knowledge, Agricultural Research and Extension Practice. IIED. London: Intermediate Technology Publication Ltd.
Scrimsaw, S. & E. Hurtado. 1987. Rapid Assessment Procedures for Nutrition and Primary Health Care. Los Angeles: UCLA, Latin American Center Publications
Seiler, Signe. 1979. Wissenschaftstheorie in der Ethnologie. Zur Kritik und Weiterführung der Theorie von Thomas S. Kuhn anhand ethnographischen Materials. Berlin: Reimer
Seiller, Monika. 1995. Alles nur für den Papierkorb? UN-Menschenrechtskommission verwirft Deklaration. In: Coyote, Nr. 1/95, S.33-34
Seithel, Friderike. 1989a. Action Anthropology und Ethno-Ökologie. Positionen.In: infoe (Hg.), a.a.O., S.2-4
- - - - 1989b. Partizipatorische Forschung und Handlung. Die Ansätze der Action Anthropology und Ethno-Ökologie. Vortrag anläßl. des Welternährungstages, Universität Hamburg. unveröfftl. Ms.
- - - - 1990a. (3. Auflg.). Action Anthropology: Geschichte und Grundzüge mit Beispielen aus Nordamerika. Mainz: Verlag Titus Grab/Pö-a-Pö-Presse
- - - - 1990b. BOV: Erfahrungen mit einem Berufspraktika-Projekt am Hamburger Institut für Ethnologie. In: F.Bliss (Hg.), a.a.O., S.57-86
- - - - 1990c. Action Anthropology. In: A.Gehling (Hg.), Ethno-Reader Nr. 1. Emsdetten: Verlag A.Gehling, S.47-77
- - - - 1992. Action Anthropology. Vortrag am Institut für Völkerkunde und Afrikanistik der Universität München, Febr. unveröfftl. Ms.
- - - - 1993. Von Indigenen und Abgeordneten. Eine Umfrage. In: infoemagazin 2/93, S.36-37
- - - - 1994. "In die Schule der kleinen Gesellschaften gehen....." - Perspektiven der Aktionsethnologie. In: H.Muth/F.Seithel (Hg.), a.a.O., S.213-233
- - - - 1998. Angewandte Ethnologie. In: Lange et al. (Hg.), a.a.O., S. 44-57
- - - - & Dirk Stähler. 1987/88. "Yo Hablo a Caracas....." - Indianerpolitik und Indianerbewegung in Venezuela. 5-teilige Serie. In: pogrom, Nr. 129, 133, 136, 137 u. 139,
Selmeci, Andreas. 1995. Wer nennt sich "indigen" in Afrika? Diese Frage berührt die Identität aller Afrikaner. In: pogrom, Nr. 185, Okt./Nov., S.9-10
Senghaas, Dieter (Hg.). 1972. Imperialismus und strukturelle Gewalt. Analysen über abhängige Produktion. Frankfurt a.M.: Suhrkamp
- - - - (Hg.). 1974. Peripherer Kapitalismus. Analysen über Abhängigkeit und Unterentwicklung. Frankfurt a.M.: Suhrkamp
Senghor, Leopold S. 1967. Negritude und Humanismus. Düsseldorf u.a.: Diederichs
Serbin, Andrés. 1980. Etnicidad y Política. Los Movimientos Indígenas en América Latina. In: Nueva Sociedad, No. 49, S.57-71

- - - - & Omar González (Eds.). 1980. Indigenismo y Autogestión. Caracas: Monte Avila Eds.
Sevilla-Casas, Elías. 1976. Action Anthropology and Transdisciplinary Perspectives. In: CA, Vol. 17 (3), S.490-497
- - - - (Ed.). 1977. Western Expansion and Indigenous Peoples. The Heritage of Las Casas. World Anthropology Series. Paris/The Hague: Mouton Publ.
- - - - 1978. Humanisierung und Sozialwissenschaft: Perspektiven der Aktionsethnologie. In: H.Moser/H.Ornauer (Hg.), a.a.O., S.136-149
SfAA (Society for Applied Anthropology). 1950. Code of Ethics. In: HO, Vol. 10 (2), S.32
- - - - 1963. Statement on Ethics. In: HO, Vol. 22 (4), S.237
- - - - 1973. Statement on Professional and Ethical Responsibility. Circulated to the membership
- - - - 1983. Proposed Statement on Professional and Ethical Responsibilities. Washington, D.C.: SfAA
- - - - 1989. Annual Meeting: "Collaboration in Research and Practice". April 5-9, Santa Fe, New Mexico. Tagungsprogramm
Shirokogoroff, S.M. 1963. Die Grundzüge der Theorie vom Ethnos. In: C.A.Schmitz (Hg.), Kultur. Frankfurt a.M.: Akademische Verlagsgesellschaft, S.254-286
Shostak, Marjorie. 1981. Nisa erzählt. Das Leben einer Nomadenfrau in Afrika. Reinbek: rowohlt
Sich, Dorothea & Paul Hinderling. 1984. Ethnomedizinische Gesichtspunkte für die medizinische Entwicklungshilfe. In: H.J.Diesfeld/S.Wolter (Hg.), Medizin in Entwicklungsländern. Frankfurt u.a.: Peter Lang, S.53-58
Sider, Gerald M. 1993. Lumbee Indian Histories. Race, Ethnicities, and Indian Identity in the Southern United States. Cambridge: Cambridge University Press
Siebert, Ute. 1995. Die verratene Dekade. In: pogrom, Nr. 182, S.15
- - - - 1997. Die Bedeutung des Indigenen-Begriffs im UNO-System. In: TSANTSA, Zeitschrift der Schweizerischen Ethnologischen Gesellschaft, 2/97, S.76-91
- - - - & Andreas Selmeci. 1995. Wie ein Wolf im Schafspelz. Die "indigenen" Buren vor der UNO. In: pogrom, Nr. 185, S.11
Siegel, Bernard J. & Alan R. Beals. 1960. Pervasive Factionalism. In: AA, Vol. 62 (3), S.394-417
Simposio Mundial de Cartagena. 1978. Crítica y Política en Ciencias Sociales. El Debate Teoría y Práctica. 2 Bde. Bogotá: Punta de Lanza
Simson, Uwe. 1991. Entwicklungspolitik und Wissenschaft. Die Forderungen des Entwicklungspolitikers an seine kulturwissenschaftlichen Berater. In: Sociologus, Nr. 41 (1), S.73-85
Singer, Merill. 1990. Another Perspective on Advocacy. In: CA, Vol. 31 (5), S.548-550
- - - - 1994. Community-Centered Praxis. Toward an Alternative Non-Dominant Applied Anthropology. In: HO, Vol. 53 (4), S.336-344
Smith, Gavin. 1994. Comment to Starn. In: CA, Vol. 35 (1), S.33
Smith, Richard Chase. 1984. A Search for Unity within Diversity. In: Cultural Survival Quarterly, Vol. 8 (4), S.6-13
Social Responsibility Symposium. 1968. Mit Beiträgen von Gerald D. Berreman, Gutorm Gjessing und Kathleen Gough. In: CA, Vol. 9 (5), S.391-435
Søftestad, Lars T. 1988. Indigene Völker und Landrechte: Ein Überblick. In: Geographica Helvetica, Nr. 4, S.164-176
- - - - 1991. Anthropology, Development, and Human Rights. The Case of Involuntary Resettlement. In: E.Berg et al. (Hg.), a.a.O., S.365-387
- - - - 1993. Indigene Völker und die Vereinten Nationen. In: P.Gerber (Hg.), a.a.O., S.333-52

Sohn-Rethel, Alfred. 1972. Geistige und körperliche Arbeit. Zur Theorie der gesellschaftlichen Synthese. Frankfurt a.M.: Suhrkamp
Speck, George. 1993. An Interview with George Speck and Renee Taylor. In: N.Dyck/J.B. Waldram, a.a.O., S.174-191
Spencer, Metta. 1991. Advocating Peace. In: P.Harries-Jones (Ed.), a.a.O., S.209-222
Spicer, Edward H. 1946. The Uses of Social Scientists by the War Relocation Authority. In: Applied Anthropology, Vol. 5 (1), S.16-36
- - - - 1952. Human Problems in Technological Change. New York: Russell Sage Foundation
Spillius, James. 1957. Natural Disaster and Political Crisis in a Polynesian Society: An Exploration of Operational Research. In: Human Relations, Vol. 10 (2), S.113-125
Spittler, Gerd. 1989. Handeln in einer Hungerkrise. Tuaregnomaden und die große Dürre von 1984. Opladen: Westdeutscher Verlag
Spradley, James P. & David McCurdy. 1980. (2. Auflg.). Anthropology - The Cultural Perspective. New York u.a.: Alfred A. Knopf
Srinivas, M.N. (Ed.). 1958. Method in Social Anthropology. Selected Essays by Radcliffe-Brown. Chicago: University of Chicago Press
Stagl, Justin. 1974. Kulturanthropologie und Gesellschaft. Wege zu einer Wissenschaft. München: Paul List
- - - - 1985. Völkerkunde und Entwicklungshilfe. In: F.Bliss/W.Erlenbach (Hg.), a.a.O.: 149-163
- - - - 1993. Szientistische, hermeneutische und phänomenologische Grundlagen der Ethnologie. In: W.Schmied-Kowarzik/J.Stagl (Hg.), a.a.O., S.15-49
Stähler, Dirk. 1984. Zur Entwicklung einer Aktionsforschung in der Linguistik. München: AG SPAK
Stammer, Otto. 1975. Macht. In: W.Bernsdorf (Hg.), Wörterbuch der Soziologie. Bd. 2. Frankfurt a:M.:Fischer, S.514-516
Stanley, Sam. 1975. The Panajachel Symposium. In: CA, Vol. 16 (4), S.518-524
Starn, Orin. 1994. Rethinking the Politics of Anthropology. The Case of the Andes. In: CA, Vol. 35 (1), S.13-38
Stauder, Jack. 1974-75. The Relevance of Anthropology to Colonialism and Imperialism. In: Race and Class, Vol. 16 (1), S.27-51
Stavenhagen, Rodolfo. 1968. Clases, Colonialismo y Acculturación: Ensayo Sobre un Sistema de Relaciones Interétnicas en Mesoamérica. In: M.O.Mendizabal et al. (Eds.), Ensayos Sobre Las Clases Sociales en México. México: Editorial Nuestro Tiempo, S.109-169
- - - - 1971. Decolonizing Applied Social Sciences. In: HO, Vol. 30 (4), S.333-357
- - - - 1989. Comunidades Étnicas en Estados Modernos. In: AI, Vol. 49 (1), S.11-34
- - - - 1990a. The Right to Cultural Identity. In: J.Berting et al. (Hg.), a.a.O., S.255-258
- - - - 1990b. Derecho Consuetudinario Indígena en América Latina. In: ders./D.Iturralde (Eds.), a.a.O., S.27-46
- - - - 1992. La Situación y los Derechos de los Pueblos Indígenas de América. In: AI, Vol. LII (1-2), S.63-118
- - - - & Diego Iturralde (Eds.). 1990. Entre la Ley y la Costumbre: El Derecho Consuetudinario Indígena en América Latina. México: Inst. Indig.Interamericano y Inst. Interam. de Derechos Humanos
Steele, Selby. 1988. I'm Black, You're White, Who's Innocent? In:Harpers 276 (1657),S.45-53
Steiner, Stan. 1968. The New Indians. New York: Harper and Row
- - - -1976. The Vanishing White Man. New York: Harper and Row
Steinmetz, S.R. 1903. Rechtsverhältnisse von eingeborenen Völkern in Afrika und Ozeanien. Beantwortungen des Fragebogens der Internationalen Vereinigung für Vergleichende Rechtswissenschaft und Volkswirtschaftslehre zu Berlin. Berlin: Julius Springer

Stellrecht, Irmtraud. 1993. Interpretative Ethnologie. Eine Orientierung. In: Th. Schweizer et al. (Hg.), a.a.O., S.29-78
Stellungnahme von Vertretern indigener Völker. 1991. Anläßlich der Kampagne zur Anerkennung der Menschenrechte indigener Völker, April-Mai 1991. Informationsblatt
Stern, Gwen & John van Willigen (Eds.). 1982. Training Programs in Applied Anthropology. Practicing Anthropology, No. 4 (3/4), Special Issue.
Steward, Julian. 1948. Comments on the Statement on Human Rights. In: AA, Vol. 50 (2), S.351-352
- - - - 1968. Limitations of Applied Anthropology: The Case of the Indian New Deal. In: Journal of the Steward Anthrop. Society, Vol. 1 (1), S.1-17
Stewart, Omer C. 1973. Anthropologists as Expert Witnesses for Indians: Claims and Peyote Cases. In: Anthropology and the American Indian, a.a.O., S.35-42
- - - - 1985. The Shoshone Claims Cases. In: I.Sutton (Ed.), a.a.O., S.187-206
Stocking, George W., Jr. 1976. Ideas and Institutions in American Anthropology: Thoughts Toward a History of the Interwar Years. In: Selected Papers from the AA, 1921-1945. Washington: AAA, S.30-37
- - - - 1978. Die Geschichtlichkeit der Wilden und die Geschichte der Ethnologie. In: Geschichte und Gesellschaft, Nr. 4 (4), S.520-535
- - - - 1979. Anthropology as Kulturkampf: Science and Politics in the Career of Franz Boas. In: W.Goldschmidt (Ed.), a.a.O., S.33-50
- - - - 1982. Afterword: A View from the Center. In: Ethnos, No. 1-2, Sondernr., S.172-186
- - - - 1991. Colonial Situations. Essays on the Contextualization of Ethnographic Knowledge. History of Anthropology, Vol. 7. Madison, Wisconsin: University of Wisconsin Press
Stolcke, Verena. 1995. Talking Culture. New Boundaries, New Rhetorics of Exclusion in Europe. In: CA, Vol. 36 (1), S.1-24
Straatman, Silke & Michael Schönhuth. 1992. Interessengemeinschaft Berufsperspektiven. In: Mitteilungen der DGV, Nr. 21, S.21-22
Straus, Terry, Ron Bowan & Michael Chapman. 1986. Anthropology, Ethics, and the American Indian Chicago Conference. In: AE, Vol. 13 (4), S.802-804
Streck, Bernhard. 1987. Angewandte Ethnologie. In: ders. (Hg.), Wörterbuch der Ethnologie. Köln: DuMont, S.21-24
- - - -1992. Zur Stiftung von Gruppenidentität als ethnologisches Problem. In: Sociologus, Nr. 42 (2), S.97-112
- - - -1995. Entfremdete Gestalt. Die Konstruktion von Kultur in den zwei Frankfurter Denkschulen. In: Th.Hauschild (Hg.), a.a.O., S.103-120
Strynadka, Arnold. 1970. One Native Person's Comment on the Field of Anthropology. In: The Western Canadian Journal of Anthropology, Vol. 1 (3), S.32-36
Stüben, Peter E. (Hg.). 1985. Kahlschlag im Paradies. Die Vernichtung der Regenwälder - das Ende der Stammesvölker. Ökozid Nr. 1. Giessen: Focus
- - - - (Hg.). 1986. Nach uns die Sintflut. Staudämme - Entwicklungs"hilfe", Umweltzerstörung und Landraub. Ökozid Nr. 2. Giessen: Focus
- - - - (Hg.). 1988a. Die Neuen "Wilden" - Umweltschützer unterstützen Stammesvölker. Theorie und Praxis der Ethnoökologie. Ökozid Nr. 4. Gießen: Focus
- - - - 1988b. Einleitung. Ökozid - Naturzerstörung = Kulturzerstörung. Aufbruch ins ökozentrische Weltbild. In: ders. (Hg.), a.a.O., S.21-44
- - - - 1988c. Earth First! Ethno-Ökologie: Von der Aktionsethnologie zur Aktionsökologie. In: ders. (Hg.), a.a.O., S.98-130
- - - -1988d. "In die Schule der kleinen Gesellschaften gehen..." Ethno-Ökologie zwischen Umweltdeterminismus und Umweltspiritualität. In: ders. (Hg.), a.a.O., S.199-216

- - - - & Valentin Thurn (Hg.). 1991. WüstenErde. Der Kampf gegen Durst, Dürre und Desertifikation. Ökozid 7. Gießen: Focus
Stucki, Larry. 1967. Anthropologists and Indians: A New Look at the Fox Project. In: Plains Anthropologist, Vol. 12, S.300-317
Stull, Donald D. 1988. Collaboration and Social Change. In: High Plains Anthropologist, Vol. 8 (1), S.33-50
- - - - & Jean J. Schensul (Eds.). 1987. Collaborative Research and Social Change. Applied Anthropology in Action. Boulder/London: Westview Press
- - - - , Jerry A. Schultz & Ken Cadue, Sr. 1987. In the People's Service. The Kansas Kickapoo Technical Assistance Project. In: D.Stull/J.Schensul (Eds.), a.a.O., S.33-54
Suhrbier, Mona B. 1991. Der Überlebenskampf der Amazonas-Indianer. In: P.Gerber (Hg.), Ka'apor. Menschen des Waldes und ihre Federkunst. Eine bedrohte Kultur in Brasilien. Zürich: Völkerkunde Museum der Univers. Zürich, S.155-175
Sülberg, Walter (Hg.). 1988. Demokratisierung und Partizipation im Entwicklungsprozeß - Eine entwicklungspolitische Notwendigkeit oder Ideologisierung? Jahrbuch Pädagogik/ Dritte Welt. Frankfurt a.M.: IKO-Verlag für Interkulturelle Kommunikation
Survival International. 1993. Creme, Crunch und Krise. Body Shop und Cultural Survival spalten Indianergemeinden. In: infoemagazin 2/93, S.10-12
Sutton, Imre (Ed.). 1985. Irredeemable America. The Indians' Estate and Land Claims. Albuquerque, N.M.: University of New Mexico Press
Svensson, Frances. 1982. Comparative Ethnic Policies on the American and Russian Frontiers. In: Journal of International Affairs, Vol. 36 (1), S.83-103
Sverre, Knut. 1985. Indigenous Populations and Human Rights: The International Problem from a Nordic Point of View. In: Brøsted et al. (Eds.), a.a.O., S.188-195
Swepston, Lee. 1989. Indigenous and Tribal Peoples and International Law. Recent Developments. In: CA, Vol. 30 (2), S.259-264
Szalay, Miklós. 1977. Praxis als Problem (am Beispiel der Khoi-San-Mission 1792-1909): Fragen zur Aktionsethnologie. In: Ethnologische Zeitschrift Zürich, Nr. 2, S.93-111
- - - - 1981. Ethnologie als Geschichte. In: W.Schmied-Kowarzik/J.Stagl (Hg.), Grundfragen der Ethnologie. Berlin: Reimer, S.253-263
Talbert, Carol. 1974. Experiences at Wounded Knee. In: HO, Vol. 33 (2), S.215-217
Talbot, Steve. 1977. The Meaning of Wounded Knee, 1973: Indian Self-Government and the Role of Anthropology. In: G.Huizer/B.Mannheim (Eds.), a.a.O., S.229-249
Tandon, Rajesh. 1981. Participatory Research in the Empowerment of People. In: Convergence, Vol. IX (3), S.20-29
- - - - 1982. A Critique of Monopolistic Research. In: B.Hall et al. (Eds.), a.a.O., S.79-84
Tax, Sol. 1945. Anthropology and Administration. In: AI, Vol. V (1), S.21-33
- - - - 1956. The Freedom to Make Mistakes. In: AI, Vol. 16 (1), S.171-177
- - - - 1965. The History and Philosophy of Current Anthropology. In: CA, Vol. 6 (3), S.238, 242-269
- - - - 1970. The Fox Project. In: J.Clifton (Ed.), a.a.O., S.106-112 (zuerst 1958)
- - - - 1975a. Action Anthropology. In: CA, Vol. 16 (4), S.514-517 (zuerst 1952)
- - - - 1975b. The Bow and the Hoe: Reflections on Hunters, Villagers, and Anthropologists. In: CA, Vol. 16 (4), S.507-513
- - - - 1988. Pride and Puzzlement: A Retro-Introspective Record of 60 Years of Anthropology. In: ARA, Vol. 17, S.1-21
Tedlock, Dennis. 1983. The Spoken Word and the Word of Interpretation. Philadelphia: Univ. of Philadelphia Press
- - - - 1985. Die analogische Tradition und die Anfänge einer dialogischen Anthropologie. In: Trickster 12/13, S.62-74 (zuerst 1979)

- - - - 1993. Fragen zur dialogischen Anthropologie.In:E.Berg/M.Fuchs (Hg.), a.a.O., S.269-87
Tenbrock, Christian. 1995. Wir haben überlebt, wir werden immer hier sein. In: Die Zeit, Nr. 17, 21.4.1995, S.24
Tennant, Paul. 1985. Aboriginal Rights and the Penner Report on Indian Self-Government. In: M.Boldt/A.J.Long (Eds.), a.a.O., S.321-333
Thiel, Franz. 1992. (5. Auflg.). Grundbegriffe der Ethnologie. Vorlesungen zur Einführung. St.Augustin: Anthropos-Institut
Thilenius, Georg. 1910. Rede bei der Feier der Übergabe des Vorsitzes im Professorenrat. Hamburgisches Kolonialinstitut. Hamburg: Lütcke und Wulff
Thomi, W. 1996. Partizipation: "Zeitgeist" oder neue Dimension in der Entwicklungszusammenarbeit? In: F.Bliss/S.Neumann (Eds.), a.a.O., S.65-73
Thompson, Laura. 1950. Action Research among American Indians. In: Scientific Monthly, Vol. LXX, S.34-40
- - - - 1956. U.S.Indian Reorganization as an Experiment in Social Action Research. Estudios Antropologicos Publicado en Homenaje a Doctor Manual Gamio. México: Dirección General de Publicaciones
- - - - 1960. Applied Anthropology, Community Welfare, and Human Conservation. In: A.F. Wallace (Ed.), a.a.O., S.769-774
- - - - 1970. Exploring American Indian Communities in Depth. In: P.Golde (Ed.), Women in the Field. Chicago: Aldine, S.47-64
- - - - 1976. An Appropriate Role for Postcolonial Applied Anthropologists. In: HO, Vol. 35 (1), S.1-8
- - - -1979. The Challenge of Applied Anthropology. In: HO, Vol. 38 (2), S.114-119
- - - - & Alice Joseph. 1944. The Hopi Way. Chicago: University of Chicago Press
Thompson, Richard H. 1989. Theories in Ethnicity: A Critical Appraisal. Westport: Greenwood Press
Thurnwald, Richard. 1905. Koloniale Eingeborenenpolitik. In: Archiv für Rassen- und Gesellschaftsbiologie, Bd. 2, S.632-638
- - - - 1910. Die eingeborenen Arbeitskräfte im Südseeschutzgebiet. In: Koloniale Rundschau, Nr. 2, S.607-632
- - - - 1912. Angewandte Ethnologie in der Kolonialpolitik. In: Verhandl. der 1. Hauptversammlung der Internat. Vereinig. für vglchd. Rechtswissenschaft u. Volkswirtschaftslehre. Heidelberg/Berlin, S.59-65
- - - - 1932. The Psychology of Acculturation. In: AA, Vol. 34 (4), S.557-569
- - - - 1939. Koloniale Gestaltung. Methoden und Probleme überseeischer Ausdehnung. Hamburg: Hoffmann & Campe
Timm, Klaus. 1972. Leninismus, nationale Befreiungsbewegung und ethnographische Forschung. In: Jahrbuch des Museums für Völkerkunde zu Leipzig, Bd. 28, S.9-63
Tomberg, Friedrich. 1973. Bürgerliche Wissenschaft. Begriff, Geschichte, Kritik. Frankfurt a.M.: Fischer
Torres, Camillo. 1969. Vom Apostolat zum Klassenkampf. Reinbek: rowohlt
Trappe, Paul. 1960. Zur ethnologischen Problematik der Entwicklungsländer. In: Tribus, Nr. 9, S.16-39
Treide, Dietrich. 1980. Zu einigen aktuellen Fragen der ethnographischen Wirtschafts- und Sozialforschung.In: Jahrbuch des Museums für Völkerkunde zu Leipzig,Bd.32,S.11-107
Trickster. 1980. Schwerpunktthema: Action Anthropology. Heft Nr. 4/5.
- - - - 1987. Redaktion: Die praktische Illusion? Ethnologen und Entwicklung. In: Nr. 15, S.11-21
- - - - 1988. Diskussion: Ethnologie und Entwicklung. In: Nr. 16, S.146-155

- - - - 1989. Schwerpunktthema: Wüste oder blühendes Land? Zur deutschsprachigen Ethnologie, Nr. 17.
Trigger, Bruce. 1988. A Present of Their Past? Anthropologists, Native People and Their Heritage. In: Culture, Vol. 8 (1), S.71-79
Trimborn, Hermann. 1971. (4. Auflg.). Lehrbuch der Völkerkunde. Stuttg.: F. Enke Verlag
Trotter, Robert T. 1988. Anthropology for Tomorrow: Creating Practioner-Oriented Applied Anthropology Programs. Special Publication of the AAA, No. 24. Wash., D.C.: AAA
Turner, Terence. 1979. Anthropology and the Politics of Indigenous People's Struggle. In: Cambridge Anthropology, Vol. 5 (1), S.1-43
- - - - 1988. History, Myth and Social Consciousness among the Kayapo of Central Brazil. In: J.D.Hill (Ed.), a.a.O., S.195-213
Tyler, S. Lyman. 1973. A History of Indian Policy. Washingt., D.C.:U.S.Depart. of the Interior
Tyler, Stephan A. 1991. Das Unaussprechliche. Ethnographie, Diskurs und Rhetorik in der postmodernen Welt. München: Trickster (orig. amerikan. 1987)
Tylor, Edward B. 1871. Primitive Culture: Researches into the Development of Mythology, Philosophy, Language, Art and Custom. London: J. Murray
Tyrnauer, Gabrielle. 1984. Handeln und Ethik in der Angewandten Ethnologie. In: E.W.Müller et al. (Hg.), a.a.O., S.113-123
UN DOC. A/CONF. 151/4. 1992. UN Conference on Environment and Development. Agenda 21. Chap. 26: "Recognizing and Strengthening the Role of Indigenous Peoples and Their Communities".
UN DOC/E/CN.4/Sub.2/1994/2/Add. 1. 1994. Discrimination Against Indigenous Peoples. Technical Review of the United Nations Draft Declaration on the Rights of Indigenous Peoples and Their Communities. Genf.
UN DOC E/CN.4/Sub.2/ 1996/21. 1996. 16. August. Discrimination Against Indigenous Peoples. Report of the Working Group on Indigenous Populations on Its Fourteenth Session. Genf: 29.7.-2.8.1996
UNRISD. 1979. Popular Participation Programme. Inquiry Into Participation - A Research Approach. Genf: UNRISD/79/C.14
- - - - 1983. Dialogue About Participation. Genf: UNRISD
- - - - 1985. Of People, Power and Participation. Genf: UNRISD (GE.85-01948)
Urban, Greg & Joel Sherzer (Eds.). 1991. Nation-States and Indians in Latin-America. Austin: University of Texas Press
Uribe T., Carlos A. 1980. La Antropología en Colombia. In: AI, Vol. XL (2), S.281-308
Usher, Peter J. 1993. Northern Development, Impact Assessment, and Social Change. In: N. Dyck/J.B.Waldram (Eds.), a.a.O., S.98-130
Vail, Leroy (Ed.). 1989. The Creation of Tribalism in Southern Africa. Berkeley: Univ. of California Press
Valencia, Enrique. 1984. Indigenismo y Etnodesarollo. In: Annuario Indigenista, Vol. XLIV, Dec., S.29-52
Valjavec, Friedrich. 1984. Zwischen Korporatismus und Anarchie: Anatomie der westdeutschen Ethnologie. In: E.W.Müller et al. (Hg.), a.a.O., S.431-477
van der Vlist, Leo (Ed.). 1994. Voices of the Earth. Indigenous Peoples, New Partners and the Right to Self-Determination in Practice. Amsterdam: NCIP
van Esterik, Penny. 1985. Confronting Advocacy, Confronting Anthropology. In: R.Paine (Ed.), a.a.O., S.59-77
van Willigen, John. 1976. Applied Anthropology and Community Development Administration: A Critical Assessment. In: M.Angrosino (Ed.), a.a.O., S.81-91
- - - - 1979. Recommendations for Training and Education for Careers in Applied Anthropology: A Literature Review. In: HO, Vol. 38 (4), S.411-416

- - - - 1980. Anthropology in Use. A Bibliographic Chronology of the Development of Applied Anthropology. Applied Anthropology Documentation Project, Univ. of Kentucky. 2 Bde. New York: Redgrave Publ. Co.
- - - - 1987a. Becoming a Practicing Anthropologist: A Guide to Careers and Training Programs in Applied Anthropology. Washington, D.C.: NAPA/AAA
- - - - 1987b. Guide to Training Programs in the Application of Knowledge. Knoxville, TN: Soc. for Appl. Anthrop.
- - - - 1988. Types of Programs. In: R.Trotter (Ed.), a.a.O., S.8-19
- - - - 1991. Anthropology in Use. A Source Book on Anthropological Praxis. Boulder u.a.: Westview Press
- - - - 1993. (2. Auflg.). Applied Anthropology. An Introduction. Westport, Conn: Bergin & Garvey
- - - - 1996. Comment to Bennett. In: CA, Vol. 36, Supp., Febr., S.44-45
- - - - & Billie R. Dewalt. 1985. Training Manual in Policy Ethnography. Spec. Publication of the AAA, No. 19. Washington, D.C.: AAA
- - - -, Barbara Rylko-Bauer & Ann McElroy (Eds.). 1989. Making Our Research Useful: Case Studies in the Utilization of Anthropological Knowledge. Boulder: Westview Press
Vandenberg, Lela & Frank A. Fear. 1983. Participatory Research: A Comparative Analysis of Two Aproaches. In: Journal of Voluntary Action Research, Vol. 12 (4), S.11-28
Varese, Stefano. 1982a. Ethnische Strategie oder Klassenstrategie? In: Indianer in Lateinamerika, a.a.O., S.31-42
- - - - 1982b. Restoring Multiplicity. Indianities and the Civilizing Project in Latin America. In: Latin American Perspectives, Vol. IX (2), S.29-41
Veber, Hanne, Jens Dahl, Fiona Wilson & Espen Wæhle (Eds.). 1993. "...Never Drink from the Same Cup." Proceedings of the Conference on Indigenous Peoples in Africa. Tune, Dänemark. IWGIA-Doc. No. 74. Copenhagen: IWGIA & Centre for Develop. Research
Vío Grossi, Francisco. 1981. Socio-Political Implications of Participatory Research. In: Convergence, Vol. XIV (3), S.43-51
- - - -, Vera Gianotten & Ton de Wit (Eds.). 1981. Investigación Participativa y Praxis Rural. Lima: Mosca Azul Eds.
- - - -, Sergio Martine, Gonzalo Tarpia & M. Ines Pascal. 1984. Investigación Participativa. Marco Teórico, Metódos y Técnicas. Santiago: Apuntes 4
Vivelo, Frank Robert. 1981. Handbuch der Kulturanthropologie. Stuttgart: Klett-Cotta
Voget, Fred W. 1975. A History of Ethnology. New York: Holt, Rinehart & Winston
von den Steinen, Karl. 1905. Gedächtnisrede auf Adolf Bastian. In: ZfE, Heft 37, S.236-249
von der Ohe, Werner et al. 1982. Die Bedeutung sozio-kultureller Faktoren in der Entwicklungstheorie und -praxis. Forschungsberichte des BMZ, Nr. 29. Köln u.a.: BMZ
von Werlhof, Claudia. 1987. (3. Auflg.). "Vom Boden des Fasses aus..." Ein Forschungsbericht aus Venezuela. In:Beiträge zur feministischen Theorie und Praxis, Bd.11, S.111-22
- - - -, Maria Mies & Veronika Bennholdt-Thomsen. 1983. Frauen, die letzte Kolonie: Zur Hausfrauisierung der Arbeit. Reinbek: rowohlt
Vonäsch, Brigitte. 1986. Indianergesetzgebung Kolumbiens von der Eroberung bis heute. In: P.Gerber (Hg.), a.a.O., S.153-172
Vossen, Rüdiger. 1969. Ethnologie - Wie lange noch eine Wissenschaft von Privatgelehrten? In: Sociologus, Nr. 19, S.1-19
- - - -& Wilhelm Seidensticker. 1970. Gegenwartssituation und Zukunftsperspektiven der Ethnologie in der BRD. Um die Neuorientierung einer Wissenschaft. In: Internationales Europa-Forum, 4. Jg., Nr. 4, S.304-308

Wagner, Günther. 1938. The Study of Culture Contact in Its Practical Applications. In: Methods of Study of Culture Contact in Africa. Reprint from "Africa", Vols. VII, VIII & IX. Internat. Inst. of African Languages and Cultures. Memorandum XV, S.92-105
Wagner, Roy. 1975. The Invention of Culture. Chicago: University of Chicago Press
Wahrlich, Heide. 1984. Tourismus - Eine Herausforderung für Ethnologen. Berlin: Reimer
Wald, Hermann J. 1981. Nutzen, Luxus oder Störung? In der Entwicklungszusammenarbeit hat die Ethnologie immer noch nicht Fuß gefaßt. In: E+Z, Heft 12, S.14 u. 21
Waldmann, Peter & Georg Elwert (Hg.). 1989. Ethnizität im Wandel. Saarbrücken u.a.: Breitenbach
Waldram, James B. 1993. Some Limits to Advocacy Anthropology in the Native Canadian Context. In: N.Dyck/J.B. Waldram (Eds.), a.a.O., S.293-310
Wallace, Anthony F. (Ed.). 1960. Men and Cultures. Philadelphia: Univ. of Philadelphia Press
Wallerstein, Immanuel. 1974. The Modern World System. Orlando: Academic Press
- - - -1990. Culture as the Ideological Battleground of the Modern World System. In: Theory, Culture and Society, No. 7, S.31-55
Walsh, James Leo. 1972. Comment. In: HO, Vol. 31 (4), S.451-452
Warman, Arturo, Guillermo Bonfil Batalla, Margarita Nolasco, Mercedes Olivera, Enrique Valencia, Lina Odena Guerns, Leonel Durán, Alfonso Munoz. 1970. De Esto Que Llaman Antropología Mexicana. México: Nuevo Tiempo
Warren, D. Michael, L.J. Slikkerveer & S.O. Titiloa (Eds.). 1989. Indigenous Knowledge Systems: Implications for Agriculture and International Development. Ames: Studies in Technology and Social Change Program, No. 11
Warry, Wayne. 1992. The Eleventh Thesis: Applied Anthropology as Praxis. In: HO, Vol. 51 (2), S.155-163
Washburn, Wilcomb E. 1987. Cultural Relativism, Human Rights, and the AAA. In: AA, Vol. 89 (4), S.939-943
- - - - (Ed.). 1988. History of Indian-White Relations. Handbook of North American Indians. Vol. 5. Washington, D.C.: Smithsonian Institution
Watahomigie, Lucille J. & Akira Y. Yamamoto. 1987. Linguistics in Action: The Hualapai Bilingual/Bicultural Education Program. In: D.Stull/J.Schensul (Eds.), a.a.O., S.77-98
Watson-Verran, Helen & Leon White. 1993. Issues of Knowledge in the Policy of Self-Determination for Aboriginal Communities. In: Knowledge and Power 6 (1), S.351-366
Wax, Murray L. 1996. Comment to Bennett. In: CA, Vol. 36, Suppl., Febr., S.45-47
WCIP (World Council of Indigenous Peoples). 1995. Informationsblatt.
Weaver, Sally M. 1985a. Federal Difficulties with Aboriginal Rights Demands. In: M.Boldt/ J.A.Long (Eds.), a.a.O., S.139-147
- - - - 1985b. Impediments to the Creation and Use of Research for Social Problem Solving: A Perspective from Anthropology and Native Studies. In: Science Council of Canada. Social Science Research in Canada: Stagnation or Regeneration? Ottawa. S.160-166
- - - - 1993. The Hawthorn Report: Its Use in the Making of Canadian Indian Policy. In: N. Dyck/J.B.Waldram (Eds.), a.a.O., S.75-97
Weaver, Thomas. 1973. To See Ourselves. Anthropology and Modern Social Issues. Glenview/London: Scott, Foresman & Co.
- - - - 1985a. Anthropology as a Policy Science: Part I. In: HO, Vol. 44 (2), S.97-105
- - - - 1985b. Anthropology as a Policy Science: Part II. In: HO, Vol. 45 (3), S.197-205
Weber, George H. & George J. McCall (Eds.). 1978. Social Scientists as Advocates. Beverly Hills: Sage Publications
Weber, Max. 1960. § 16: "Macht". In: ders. , Soziologische Grundbegriffe, Tübingen: J.C.B. Mohr, S.42

Weeks, Margaret R. & Jean J. Schensul. 1993. Ethnographic Research on AIDS Risk Behavior and the Making of Policy. In: D.M.Fetterman (Ed.), a.a.O., S.50-69
Weidman, Hazel H. 1976. In Praise of the Double Bind Inherent in Anthropological Application. In: M.V.Angrosino (Ed.), a.a.O., S.105-117
- - - - 1982. Research Strategies, Structural Alerations and Clinically Applied Anthropology. In: N.J.Chrisman/ Th. W.Maretzki (Eds.), Clinically Applied Anthropology. Dordrecht u.a: D.Reidel Publ. Co., S.201-241
Weltbank. 1991. Using Indigenous Knowledge in Agricultural Development. World Bank Discussion Paper No. 127.
- - - - 1994. Social Assessment. Incorporating Participation and Social Analysis into the Bank's Work. Washington, D.C.: World Bank
Wentzel, Sondra. 1984. Schutz und Unterstützung ethnischer Minderheiten. Ein Handlungsrahmen. Gelsenkirchen: Verlag Andreas Müller
Wesseler, Matthias. 1988. "Muster, die verbinden". Erfahrungen aus dem Alltag eines Koordinators im International Participatory Research Network. In: W.Sülberg (Hg.), a.a.O., S.75-96
West, Douglas E. 1995. Epistemological Dependency and Native Peoples: An Essay on the Future of Native/Non-Native Relations in Canada. In: The Canadian Journal of Native Studies, Vol. XV (2), S.279-291
Westermann, Dietrich. 1937. Eingeborenenpolitik. In: ders. (Hg.), Beiträge zur deutschen Kolonialfrage. Veröffentlichg. des Deutschen Instituts für Außenpolit. Forschung, Bd. 1, Berlin u.a., S.93-110
- - - - (Hg.). 1940. Die heutigen Naturvölker im Ausgleich mit der neuen Zeit. Stuttg.:F. Enke
- - - - 1941a. Die koloniale Aufgabe der Völkerkunde. In: Koloniale Rundschau, Nr. 33, S.1-5
- - - - 1941b. Afrika als europäische Aufgabe. Berlin: Deutscher Verlag
Westphal-Hellbusch, Sigrid. 1954. Die Tagung für Völkerkunde in Bremen vom 14.-17.Juni 1954. In: Sociologus, Nr. 4 (2), S.185-187
- - - - 1958. Akkulturationsvorgänge als Gegenstände ethnologischer Forschung. In: Sociologus, Bd. 8 (2), S.97-112
- - - - 1959. The Present Situation of Ethnological Research in Germany. In: AA, Vol. 61 (5), S.848-865
Whisson, M G. 1985. Advocates, Brokers, and Collaborators: Anthropologists in the Real World. In: R.Grillo/A.Rew (Eds.), a.a.O., S.131-147
Whitehead, Neil L. 1992. Tribes Make States and States Make Tribes: Warfare and the Creation of Colonial Tribes and States in Northeastern South America. In: R.B.Ferguson/N.L.Whitehead (Eds.), a.a.O., S.127-150
- - - - 1993. Ethnic Transformation and Historical Discontinuity in Native Amazonia and Guayana, 1500-1900. In: L'Homme 126-128, avr.-dic., Vol. XXXIII (2-4), S.285-305
Whitten, Philipp & David E.K.Hunter (Eds.). 1990. (6. Auflg.). Anthropology - Contemporary Perspectives. New York u.a.: HarperCollinsPublisher
Whyte, William Foote. 1987. Organizational Behavior Research: Changing Styles of Research and Action. In: E.M.Eddy/W.L.Partridge (Eds.), a.a.O., S.159-183
- - - - 1991. Participatory Action Research. Newbury Park u.a.: Sage Publ.
Wicker, Hans-Rudolf. 1993. Pai-Tavyterã - "Menschen im Zentrum der Erde". Zur Lebenssituation der Guaraní in Nordostparaguay. In: P.Gerber (Hg.), a.a.O., S.223-245
Wikan, Unni. 1992. Beyond Words: The Power of Resonance. In: AE, Vol. 19, S.460-482
Willard, William. 1977. The Agency Camp Project. In: HO, Vol. 36 (4), S.352-362
Willems, Emilio. 1981. Die Kulturanthropologie in den Vereinigten Staaten und Lateinamerika: Umrisse eines kulturgeschichtlichen Vergleichs. In: H.von Alemann/H.P.Thurn (Hg.), Soziologie in weltbürgerlicher Absicht. Opladen: Westdeutscher Verlag, S.45-67

Willner, Dorothy. 1980. For Whom the Bell Tolls: Anthropologists Advising on Public Policy. In: AA, Vol. 82 (1), S.79-94

Wilmsen, Edwin N. 1989. We Are Here: Politics of Aboriginal Land Tenure. Berkeley: Univers. of California Press

Wilson, Godfrey. 1940. Anthropology as a Public Service. In: Africa, No. 13, S.43-60

Wimmer, Andreas. 1993. Ethnischer Radikalismus als Gegennationalismus. Indianische Bewegungen im 6. Jahrhundert nach Kolumbus. In: P.Gerber (Hg.), a.a.O., S.127-149

- - - - 1995. Die komplexe Gesellschaft. Eine Theorienkritik am Beispiel des indianischen Bauerntums. Studien zur Sozialanthropologie. Berlin: Reimer

Wißmann, Ulrich. 1993. Indianischer Widerstand in Nordamerika der Gegenwart. infoestudie 7. Mönchengladbach: infoe-Verlag

Wohlgemuth, Arno. 1986. Menschenrechte und Landrechte der Ureinwohner beider Amerika im heutigen Völkerrecht. In: P.Gerber (Hg.), a.a.O., S.11-31

Wohlrapp, Harald R. 1979. Handlungsforschung. In: J.Mittelstrass (Hg.), Methodenprobleme der Wissenschaften vom gesellschaftlichen Handeln. Frankf. a.M.:Suhrkamp, S.122-68

Wolf, Eric R. 1974. American Anthropologists and American Society. In: D.Hymes (Ed.), a.a.O., S.251-264

- - - - 1980. The United States: The Cultural Predicament of the Anthropologist. In: S.Diamond (Ed.), a.a.O., S.455-462

- - - - 1986. (2. Auflg.). Europe and the People Without History. Berkeley u.a.: University of California Press

- - - - 1994. Perilous Ideas: Race, Culture and People. In: CA, Vol. 35 (1), S.1-12

Wolfe, Alvin W. 1996. Comment to Bennett. In: CA, Vol. 37, Supplement, Febr., S.47-48

- - - - -, Erve Chambers & Jerome Smith. 1981. Internship Training in Applied Anthropology: A Five-Year Review. Tampa: Human Resources Institute, Univ. of Florida

Wolff, Kurt H. 1974. This is the Time for Radical Anthropology. In: D.Hymes (Ed.), a.a.O., S.99-120

Worsley, Peter. 1970. The End of Anthropology. In: Western Canadian Journal of Anthropology, Vol. 1 (3), S.1-9

Wright, Robin M. 1988. Anthropological Presuppositions of Indigenous Advocacy. In: ARA, Vol. 17, S.365-390

WUH (World Uranium Hearing). 1994. Poison Fire, Sacred Earth. München: WUH

Wulff, Robert & Shirley J. Fiske (Eds.). 1987. Anthropological Praxis: Translating Knowledge into Action. Boulder: Westview Press

Zedler, Peter & Heinz Moser (Hg.). 1983. Aspekte qualitativer Sozialforschung. Studien zu Aktionsforschung, empirischer Hermeneutik und reflexiver Sozialtechnologie. Opladen: Leske Verlag und Budrich GmbH

Zeitschrift für Ethnologie. 1962. Schwerpunkt: Ethnologische Probleme der modernen Entwicklung. In: Vol. 87 (2), S.163-263

- - - - 1976. Schwerpunkt: Bilanz und Zukunft der Völkerkunde-Museen. In: Vol. 101 (2), S.197-313

Zinser, Judith P. 1994. A New Partnership: Indigenous Peoples and the United Nations System. Educational Studies and Documents, No. 62. Paris: UNESCO

Zülch, Tilmann. (Hg.). 1975. Von denen keiner spricht. Unterdrückte Minderheiten - Von der Friedenspolitik vergessen. Reinbek: rowohlt

- - - - 1982. Tsiganologische Absichten: Bedenkliche Aussichten für die Bürgerrechtsbewegung der Sinti und Roma in Deutschland (West). In: Ethnologische Absichten, Nr. 8/9, S.34-43

Interethnische Beziehungen und Kulturwandel

Ethnologische Beiträge zu soziokultureller Dynamik
herausgegeben von Prof. Dr. Jürgen Jensen
(Universität Hamburg)

Hatice Yurtdas
Pionierinnen der Arbeitsmigration in Deutschland
Lebensgeschichtliche Analysen von Frauen aus Ost-Anatolien
Als Arbeitsmigrantinnen kamen Selma, Aylin und Halime in den 60er und 70er Jahren nach Deutschland. Ihr gesamtes Arbeitsleben haben sie hier in der Fremde verbracht, die ihnen zur Heimat geworden ist.
Was hat sie veranlaßt, ihr Land zu verlassen? Mit welchen Plänen und Vorstellungen sind sie gekommen? Die Frauen haben ihre Lebensgeschichten erzählt. Und die Autorin hat sie einer ethnologischen Analyse unterzogen, indem sie besonders den für die Frauen relevanten Themen ihre Aufmerksamkeit schenkte.
Stellvertretend für eine ganze Generation wurden drei Frauen ausgewählt, denen als Pionierinnen der Arbeitsmigration große Verdienste zukommen. Ihre Geschichte festzuhalten heißt, Geschichte der anatolischen Arbeitsmigration zu schreiben und sie für künftige Generationen zu bewahren und zu würdigen.
Bd. 23, 1997, 208 S., 29,80 DM, br., ISBN 3-8258-2925-1

Martina Prochnow
Entwicklungsethnologie: Ansätze und Probleme einer Verknüpfung von Ethnologie und Entwicklungshilfe
Zur Diskussion in der deutschsprachigen Ethnologie
Die Auseinandersetzung mit entwicklungspolitischen Problemstellungen ist in der deutschsprachigen Ethnologie eine neuere Erscheinung, die kaum vor die 80er Jahre zurückreicht. Dieser Gegenstand gewinnt jedoch zunehmend an Bedeutung; gleichzeitig scheiden sich an ihm die Geister mehr als an jedem anderen. Die Arbeit versucht eine Bestandsaufnahme:
sie spürt den Gründen für die spezifisch deutsche Situation nach;
fragt, inwieweit die Entwicklungsethnologie inzwischen im Fach verankert ist und eine Systematisierung und theoretische Durchdringung erfahren hat;
arbeitet die diskutierten Aufgaben- und Rollenkonzeptionen heraus;
thematisiert die besondere Bedeutung von Kulturrelativismus und Werturteilsproblematik für ein entwicklungsethnologisches Engagement;
untersucht den Stellenwert der Kultur in der Entwicklungspolitik der BRD und
fragt, ob mit dem einzigen umfassenden, von Kievelitz ausgearbeiteten Modell einer Entwicklungsethnologie eine aus ethnologischer Sicht akzeptable Alternative zu den gängigen Entwicklungskonzeptionen formuliert werden konnte.
Bd. 24, 1996, 112 S., 29,80 DM, br., ISBN 3-8258-2927-8

Claudia Chávez de Lederbogen
Afro-Peru
Eine Analyse von Forschungsergebnissen
Die *afro-amerikanische* Bevölkerung wird in der Regel mit jenen Regionen in Verbindung gebracht, in denen sie einen dominanten Teil der Bevölkerung bildet, wie beispielsweise in den Südstaaten der USA, in der Karibik und in Brasilien. Weniger bekannt ist, daß es auch in den übrigen südamerikanischen Staaten schwarze Bevölkerungsteile gibt, die dort jedoch eine Minorität darstellen.
Die vorliegende Arbeit hat die afro-amerikanische Bevölkerung Perus zum Thema. Ziel ist es, die bisherigen Forschungsarbeiten vorzustellen und kritisch zu beleuchten. Der Betrachtungszeitraum der Untersuchungen beginnt mit den Anfängen der Kolonisation und reicht bis in die Gegenwart. Dabei geht es um *Afro-Peruaner* als eine kulturell definierte Gruppe.
Die Ausführungen werden von der Autorin durch eine umfangreiche Bibliographie ergänzt.
Bd. 25, 1997, 232 S., 38,80 DM, br., ISBN 3-8258-3059-4

Sabine Schupp
Die Ethnologie und ihr koloniales Erbe
Ältere und neuere Debatten um die Entkolonialisierung einer Wissenschaft
Als die koloniale Ära sich ihrem Ende zuneigte, begannen EthnologInnen, sich mit dem kolonialen Charakter ihres Faches kritisch auseinanderzusetzen. Wie wurde in diesen Auseinandersetzungen die Beziehung zwischen Ethnologie und Kolonialismus bestimmt? Wurden Möglichkeiten gesehen, die Ethnologie zu "entkolonialisieren" und zu einer emanzipatorischen, zur Befreiung von Unterdrückung und Ausbeutung beitragenden Wissenschaft umzugestalten? Im vorliegenden Buch werden die unterschiedlichen, zum Teil äußerst konträren Stellungnahmen zu diesen Fragen vorgestellt und diskutiert.
Aber auch in der "postkolonialen Welt" bleibt es notwendig, daß sich EthnologInnen selbstkritisch mit der Position ihrer Wissenschaft innerhalb globaler Machtverhältnisse auseinandersetzen und darüber hinaus zur Kritik dieser Verhältnisse beitragen. Eine von vielen als "postmodern" bezeich-

L I T Verlag Münster – Hamburg – London
Bestellungen über:
Grevener Str. 179 48159 Münster
Tel.: 0251 – 23 50 91 – Fax: 0251 – 23 19 72
e-Mail: lit@lit-verlag.de – http://www.lit-verlag.de
Preise: unverbindliche Preisempfehlung

nete neuere Richtung innerhalb der Ethnologie erhebt den Anspruch, genau dies zu tun und die damals begonnene Kritik am kolonialen Charakter des Faches fortzuführen, ja sogar zu verstärken. Kann sie mit ihrer Konzentration auf Fragen der Repräsentation diesem Anspruch gerecht werden?
Bd. 26, 1997, 168 S., 34,80 DM, br., ISBN 3-8258-3217-1

Guido Sprenger
Erotik und Kultur in Melanesien
Eine kritische Analyse von Malinowskis "The Sexual Life of Savages"
Diese Literaturstudie geht u. a. den Fragen nach, warum Trobriand-Männer mit geschlossenen Augen keine Erektion bekommen und worin der erotische Aspekt des Kula-Ringtausches liegt. Dabei findet eine bewußte Abgrenzung vom westlichen Konzept "Sexualität" statt, dessen Grundlagen und Einfluß auf Malinowskis Werk – sowie in Erweiterung auf den größten Teil der Ethnologie – kritisch untersucht werden. An Stelle des klassischen psychologischen Modells von Sexualität wird für einen ethnologischen Umgang mit erotischen Phänomenen plädiert, durch den Liebestechniken, Geschlechtervorstellungen, Magie und Austausch miteinander verbunden werden können.
Bd. 27, 1997, 160 S., 39,80 DM, br., ISBN 3-8258-3326-7

Maximilian Martin
Operation Cooperation
Discourses on Joint Ventures and Development
Whether in the idioms of corporate profit or national development, joint ventures function as a ubiquitous operator in discourses on international economic cooperation. But unlike the "development" apparatus whose mechanisms of control and object constitution are now being deconstructed, these interorganizational partnerships are so far virtually overlooked in cultural analysis. Extending the deconstruction of development to the realm of joint venture cooperation, Maximillian Martin integrates the two domains in a provocative analysis that inquires into the reorganization of the realities experienced by "knowing subjects" and "knowledgeable objects", as well as the normalization of their practices under different regimes of truth. The author concludes his discussion of the relation between discursive frames and possibilities of agency with an inquiry into the limitations of Foucauldian analysis and the promises of practice theory. This book is an important contribution to our understanding of the present process of globalization, the new geographies of power in the making, and their academic representations. Operation Cooperation will be indispensable to anyone interested in a poststructuralist approach to economic anthropology.
Bd. 28, 1997, 240 S., 34,80 DM, br., ISBN 3-8258-3239-2

Julia Crause
Kapverdische und guineische Migranten in Lissabon
Eine Untersuchung über die Konstruktion von sozialer Distanz und Ausgrenzung von Migranten
Warum leben viele Immigranten auch noch nach Jahrzehnten in Distanz zur Aufnahmegesellschaft? Bislang wurden unüberwindbare kulturelle und religiöse Unterschiede oder gegensätzliche wirtschaftliche oder politische Interessen als Gründe für die Ausgrenzung der Einwanderer vermutet. In diesem Buch wird am Beispiel kapverdischer und guineischer Migranten in Lissabon gezeigt, daß diese Faktoren nicht ausreichen, um die Situation der Einwanderer zu erklären. Vielmehr bestimmen die bestehenden Strukturen im Aufnahmeland, Rassismus sowie die ideelle und wirtschaftliche Bindung zum Heimatland den Grad ihrer Integration.
Bd. 29, 1998, 112 S., 19,80 DM, br., ISBN 3-8258-3548-0

Bettina Beer
Post von den Philippinen
Ethnologische Forschung durch Briefe
"Post von den Philippinen" – die Briefe einer Filipina an eine Ethnologin in Deutschland. Alma Pineda ist 30 Jahre alt, sie hat fünf Kinder und ist verheiratet mit einem viel älteren Mann. Sie beschreibt ihren Alltag aus pesönlichen Erfahrungen, schreibt von Armut, Problemen und Schwierigkeiten, aber auch von dem Stolz auf ihre Arbeit und der Freude an ihren Kindern. Almas Geschichte vereint das Besondere ihrer Situation als Angehörige der ethnischen Minderheit der Negritos auf den Philippinen mit Gedanken, Hoffnungen und Problemen, die Frauen in vielen Kulturen haben. Die begleitenden ethnologischen Kommentare zu den Briefen basieren auf dem Zusammenleben der Autorin mit Almas Familie und langdauernden Forschungserfahrungen auf den Philippinen. Sie stellt auch den Prozeß des Kennenlernens und der interkulturellen Kommunikation ausführlich dar. Eine fremde Kultur ausgehend von einer Person und ihrer Familie zu beschreiben ist eine relativ neue Entwicklung in der Ethnologie. Die daraus gewonnenen Erfahrungen durch Briefe zu ergänzen, sie einem breiteren Publikum zugänglich zu machen, ist bislang noch nicht geschehen.
Bd. 30, 1998, 192 S., 38,80 DM, br., ISBN 3-8258-3685-1

LIT Verlag Münster – Hamburg – London
Bestellungen über:
Grevener Str. 179 48159 Münster
Tel.: 0251 – 23 50 91 – Fax: 0251 – 23 19 72
e-Mail: lit@lit-verlag.de – http://www.lit-verlag.de
Preise: unverbindliche Preisempfehlung

Karin Berger
Der Gahu
Ein Beispiel für die Übertragung westafrikanischer Tänze und Rhythmen nach Deutschland
Der Gahu – in Ghana Vergnügungstanz und Satire auf europäisierte Afrikaner, in Deutschland europäisierte afrikanische Folklore. Ob in Seminaren oder am Lagerfeuer – oft erfüllt der in Westafrika entstandene Tanz für Deutsche eine Sehnsucht nach ungehemmter Emotionalität, nach Ursprünglichkeit und Naturverbundenheit.
Dieses Buch informiert – exemplarisch für westafrikanische Tänze allgemein – über den Gahu in Ghana und in Deutschland sowie über den Prozeß seiner Übertragung. Die zugrundeliegende empirische Untersuchung in Hamburg ermöglicht lebendige Einblicke in Motivation und Probleme der Beteiligten. Mechanismen der Veränderung des Tanzes und gesellschaftliche Zusammenhänge werden in einer differenzierten Analyse aufgezeigt.
Die Analyse stützt sich auf ein Modell interkultureller Übertragungsprozesse, das im ersten Teil des Buches vorgestellt wird. Die Autorin will damit nicht nur Kultur- und SozialwissenschaftlerInnen ansprechen, sondern insbesondere auch Menschen, die sich selbst in dem untersuchten musikalischtänzerischen Annäherungsprozeß der beiden Kulturen befinden. Für Trommel- und Tanzbegeisterte kann die Studie eine Anregung sein, die eigene Position in diesem Prozeß zu reflektieren.
Bd. 31, 1998, 144 S., 29,80 DM, br., ISBN 3-8258-3813-7

Hauke Dorsch
Afrikanische Diaspora und Black Atlantic
Einführung in Geschichte und aktuelle Diskussion
Essentielle Identitätskonstruktionen scheinen sich als das Andere der Postmoderne zu verfestigen. Ein Beispiel ist der Afrozentrismus, der durch Hip Hop und akademische Diskurse schwarzes Selbstverständnis auch außerhalb der USA prägt. Schlüsselbegriff hierfür ist "Diaspora". Schwarze britische Autoren aus dem Umfeld der Cultural Studies verbinden diesen Begriff aber mit der Suche nach einer schwarzen Identität, die sich des transatlantischen Austauschs bewußt ist, ohne einen afrikanischen Wesenskern reifizieren zu müssen.
Ausgehend von der aktuellen Diskussion des Diasporabegriffs bietet der vorliegende Band eine Arbeitsdefinition für Diaspora, anhand derer in konzise Darstellung der historischen Entwicklung der afrikanischen Diaspora erfolgt. Dieser Überblick bildet die Grundlage für die vergleichende Betrachtung der Ansätze der schwarzen britischen Autoren Stuart Hall, Kobena Mercer und Paul Gilroy. Der "Black Atlantic", Gilroys Konzept einer schwarzen, atlantischen Literatur- und Musiktradition wird umfassend dargestellt und anhand der wissenschaftlichen Rezeption kritisch beleuchtet. *Afrikanische Diaspora und Black Atlantic* ermöglicht eine kritische Reflektion der konkurrierenden Imaginationen schwarzer Identität und der zuweilen überraschenden Aspekte afrodiasporischer Geschichte.
Bd. 32, Frühjahr 2000, 224 S., 39,80 DM, br., ISBN 3-8258-3929-x

Regina Böhnke
Teneriffe – zwischen Tourismus und kultureller Identität
Eine ethnologische Untersuchung zur Konstruktion von Identität auf den Kanaren
Bd. 33, Frühjahr 2000, 128 S., 34,80 DM, br., ISBN 3-8258-3981-8

Götz Leineweber
Physische Gewalt
Analyse einzelkultureller Handhabungen
In dieser Arbeit werden verschiedentlich beschriebene Handhabungen *physischer Gewalt* gesammelt und geordnet – nach sich aus dem Material ergebenden Dimensionen. Dabei wird davon ausgegangen, daß die *physische Gewalt* einem tief verwurzelten Mechanismus folgt, der bei allen Bestimmungen von Sozialität ein Rolle spielt. Daher ist ein Rückbezug auf die Sache eine Grundlage differenzierter Betrachtungen. In Abschnitt A: erfolgt die Beschreibung des Problemraums. Beispiele aus Monographien werden in Abschnitt B: mit Material aus der Datenbank CO-NAN (Beschreibung im Anhang) zu einem Fundus (Abschnitt C:) verknüpft, der in der Gliederung dem Ablaufschema der meisten Konflikte folgt: *Anlässe, Ausübung, Schlichtung* und *Vermeidung*. In Abschnitt D: erfolgt eine fallspezifische und in Abschnitt E: eine regelhafte Auswertung. Abschnitt F: bietet einen kurzen Ausblick auf eine weitere – dem Thema angemessene – Beschäftigung mit *physischer Gewalt*.
Bd. 35, 1999, 104 S., 29,80 DM, br., ISBN 3-8258-4156-1

Maike Wischmann
Angewandte Ethnologie und Unternehmen
Die praxisorientierte ethnologische Forschung zu Unternehmenskulturen
Unternehmen gleichen Stämmen, Unternehmenskulturen betreiben Kulturwandel, Multinationale Unternehmen befinden sich im Kulturschock: Ethnologie und Betriebswirtschaft bieten ein inspirierendes und nutzbringendes Feld gemeinsamer Praxis.
Seit den 30er Jahren beschäftigen sich Ethnologen

LIT Verlag Münster – Hamburg – London
Bestellungen über:
Grevener Str. 179 48159 Münster
Tel.: 0251 – 23 50 91 – Fax: 0251 – 23 19 72
e-Mail: lit@lit-verlag.de – http://www.lit-verlag.de
Preise: unverbindliche Preisempfehlung

mit der Untersuchung von Unternehmenswelten. Mit der ethnologischen Feldforschungsmethode werden spezifische Verhaltensweisen einer Unternehmenskultur entschlüsselt. Wer im Zuge der Globalisierung erfolgreich sein will, muß nicht nur die eigene Kultur verstehen, sondern auch die der internationalen Wirtschaftsunternehmen und Verhandlungspartner.
Ethnologen analysieren Unternehmenskulturen und beraten bei der Organisationsentwicklung. Sie verfügen über spezifisches Wissen, um interkulturelle Wirtschaftsprozesse optimal betreuen zu können.
Die praxisorientierte Unternehmensethnologie ist für Wirtschafts- und Geisteswissenschaftler überwiegend Neuland. Deshalb präsentiert diese Studie ethnologisch-betriebswirtschaftliche Tätigkeits- und Forschungsfelder.
Bd. 36, 1999, 136 S., 39,80 DM, br., ISBN 3-8258-4258-4

Rainer Lucht
"Wir wollen unsere Identität bewahren"
Mapucheorganisationen und ihre Positionen im heutigen Chile
Eingliederung unterworfener Völker in die Gesellschaft der Sieger und ethnische Gegenreaktion der Betroffenen. Das kontroverse Thema wird hier am Beispiel der *Mapuche in Chile* behandelt.
100 Jahre nach ihrer endgültigen Unterwerfung trifft man immer noch auf ihr starkes ethnisches Selbstbekenntnis. Was sich an Positionen dahinter verbirgt, stellen Vertreter der Mapucheorganisationen dar und wird im Kontext ihrer Geschichte und heutigen Lebensrealitäten beleuchtet.
Das Selbstbildnis fordert zum Umdenken auf. Statt die allmähliche Auflösung solcher Völker zu erwarten, spricht es für ihre Weiterexistenz als moderne, komplexe, aber ethnisch andersartig orientierte Gesellschaften.
Bd. 37, 1999, 352 S., 59,80 DM, br., ISBN 3-8258-4297-5

Andrea Harmsen
Globalisierung und lokale Kultur
Eine ethnologische Betrachtung
Das vorliegende Buch wirft einen ethnologischen Blick auf das Phänomen der Globalisierung und seine kulturellen Implikationen. Im Zentrum steht dabei die Frage nach der Beziehung zwischen dem Globalen und dem Lokalen, nach Prozessen, die aus dem Zusammentreffen externer kultureller Elemente mit jeweils spezifischen lokalen Gegebenheiten resultieren. Dem populären Schreckensszenario einer globalen MacDonaldisierung, einer Zerstörung des angenommenermaßen authentischen Lokalen durch westlich dominierte Globalisierungsprozesse, stellt die vorliegende Arbeit einen optimistischen Gegenentwurf entgegen: Anhand von Fallbeispielen zeigt die Autorin, daß es auf lokaler Ebene keine dumpfe Übernahme westlicher Kultur und Lebensweise gibt, sondern vielmehr eine aktive Auseinandersetzung mit dem von Außen kommenden. Akkulturative Tendenzen stehen dabei neben Prozessen der Reinterpretation und Transformation externer Elemente und Beispielen der Abgrenzung und bewußten Betonung lokaler Besonderheiten. Was auf den ersten Blick nach einer zunehmenden globalen kulturellen Homogenisierung aussehen mag, erweist sich bei näherer Betrachtung als eine neue Form globaler kultureller Diversität. Die vorliegende Arbeit gibt einen dezidierten Einblick in dieses noch junge Untersuchungsfeld der Ethnologie.
Bd. 38, 1999, 128 S., 34,80 DM, br., ISBN 3-8258-4320-3

Ilona Möwe
Umstrittene Grenzen
Untersuchungen über Geschlecht und sozialen Raum in einer türkischen Stadt
Bd. 39, Frühjahr 2000, 368 S., 49,80 DM, br., ISBN 3-8258-4401-3

Andrea Tauber
Armenier in Hamburg
Ethnographie einer Gemeinde in der Diaspora
Ausgelöst durch verstärkte Migrationsbewegungen werden heute Identitäts- und Migrationstheorien diskutiert. Der Begriff Diaspora gewinnt an Bedeutung. Jüdische, armenische und griechische Siedlungen sind Beispiele langbestehender Diasporagruppen, deren Untersuchung die Frage nach der Aufrechterhaltung der kulturellen Identität in der Zerstreuung erklären helfen können. In der vorliegenden ethnographischen Arbeit wird die Entstehung, Entwicklung und aktuelle Situation der armenischen Gemeinde in Hamburg dargestellt und beschrieben, wie sich Armenier abhängig von Situation und Kontext mit anderen Gemeindemitgliedern identifizieren bzw. sich voneinander abgrenzen und welche Symbole dazu dienen.
Bd. 40, Frühjahr 2000, 128 S., 29,80 DM, br., ISBN 3-8258-4457-9

Kristina Kortländer
Das Land des Lächelns
Thailand als Mythos in Reisekatalogen
Bd. 41, Frühjahr 2000, 104 S., 34,80 DM, br., ISBN 3-8258-4632-6

LIT Verlag Münster–Hamburg–London
Bestellungen über:
Grevener Str. 179 48159 Münster
Tel.: 0251–235091 – Fax: 0251–231972
e-Mail: lit@lit-verlag.de – http://www.lit-verlag.de
Preise: unverbindliche Preisempfehlung